명청교체기 대명 해로사행로의 노선과
지명 재구 및 인문지리학적 고찰 4
― 산동 청주부(하)

조선 해로사행의 인문지리학적 연구 4

명청교체기 대명 해로사행로의 노선과 지명 재구 및 인문지리학적 고찰 4
― 산동 청주부(하)

한종진·당윤희

역락

This work was supported by Seed Program for Korean Studies through the Ministry of Education of Republic of Korea and Korean Studies Promotion Service of the Academy of Korean Studies (AKS-2020-INC-2250002).
이 저서는 2020년도 대한민국 교육부와 한국학중앙연구원(한국학진흥사업단)의 해외한국학 씨앗형 사업의 지원을 받아 수행된 연구임(AKS-2020-INC-2250002).

부족한 제자들을 항상 너그러운 마음으로 가르쳐주신
은사 故 오수형 선생님께 본서를 바칩니다.

머리말

명청교체기에 해상사행로를 통해 명나라를 오갔던 조선사신의 중국 사행 기록인 해로조천록(연행록)에는 명청교체기 조선과 명, 청 사이에 이루어졌던 치열한 외교 활동의 모습이 고스란히 담겨 있을 뿐만 아니라 조선문인들의 명과 청에 대한 인식, 중국과 한반도 사이의 전쟁과 경제 관계, 문화와 인적 교류 상황 등 다양한 역사적 사실이 생생하게 기록되어 있다. 또한 조선시대 사신들의 사행활동이 이루어진 사행로와 사행 경유지는 단순히 지도 상에 점과 선으로 표시된 물리적 교통로나 감정없는 장소가 아니라 우리 선조들이 역사의 현장에서 국가의 안위를 위해 몸으로 부딪히고 발로 뛰었던 발자취, 곧 그 시대사적 고뇌가 고스란히 묻어 있는 문화유적지로서 재인식되고 고찰할 필요가 있다. 그래서 본서는 이러한 문제의식을 바탕으로 인문지리학 혹은 문학지리학의 시각에서 해로사행길에 올랐던 조선사신들의 과거 활동 공간을 현재의 중국 공간에 재구해 보고자 하였다. 그리고 이를 바탕으로 과거의 기록인 조천록을 현재의 공간에 소환하여 조선사신들이 남긴 시와 문장, 공문서, 일기, 그림 등을 분석하여 명말 중국 국내외 정세, 조선 사신들의 실제 외교 활동 모습, 중국 문인과 조선 문인 간의 시문 창화, 명말 중국 현지의 풍속과 생활 양상 등 사행활동의 실체를 생생히 파악하여 문헌에만 의존한 기존의 연구의 한계를 넘어서고자 하였다.

처음에 조선사신들이 명나라로 사행을 가면서 주로 이용한 노선은 요동지역을 거치는 육로 노선이었다. 요동지역을 거치지 않고 해로 노선을 이용한 사행은 明初(洪武, 建文 연간1369-1402)와 明末(天啓, 崇禎 연간 1621-1636) 두 차례 비교적 짧은 기간에만 이루어졌다. 明初 사행의 목적지는 南京이었고, 明末 사행의 목적지는 북경이었다. 그런데 해로 사행로는 원래부터 한반도의 삼국시대부터 중국의 여러 왕조와 교류했던 중요한 사행길이었다. 산동 등주(登州)에는 대대로 한반도의 사신을 접대하기 위한 신라관, 발해관, 고려관이 운영되었다. 조선의 경우 1621년 3월에 후금이 심양과 요양을 탈취하고 요동 반도 전역을 지배하게 되자 사신들이 육로로는 안전하게 왕래할 수 없게 되었기에 선박을 이용해 바닷길로 산동 등주로 가게 되었다. 그 후 1637년 1월 후금(청)과 정축맹약(丁丑盟約)을 맺은 조선은 명나라와 국교를 단절하고 후금(청)의 수도인 심양에만 사신을 보내게 되었고, 1644년 3월에 명나라가 망하고 청나라가 북경을 점령한 후에는 조선 전기와 같은 육로 사행이 재개되었다.

본서에서는 명말 해로 사행 문헌을 대상으로 연구를 진행했는데, 그 이유는 다음과 같다. 첫째, 明末 해로 사행 관련 문헌들은, 명초의 해상사행 기록이 대부분 조천시 형식이었던 것과는 달리, 사행 중 겪은 구체적인 사건과 견문을 여정에 따라 기행문 형식으로 기록하거나 사행 관련 공문서와 편지 등을 함께 수록하고 또한 지리지 형식으로 기록한 것까지 있어서 공식적인 사행 활동이 이루어진 역사 현장, 현지 문인들 혹은 현지인들과 교류 양상, 당시 중국 현지의 상황, 민간풍속, 자연환경 등을 생생하게 전하고 있는 문헌들이 많기 때문이다. 둘째, 기존의 조천록(연행록) 연구가 주로 요동지역을 사행로로 하는 《열하일기(熱河日記)》, 《노가재연행일기(老稼齋燕行日記)》, 《담헌연기(湛軒燕記)》등의 문헌에 대한 연구에 치중된 반면, 해상 사행의 실체를 체계적으로 밝히는 연구는 미흡했기 때문이다. 셋째, 조선 이전 신라, 발해, 고려 등 왕조들도 해상 사행을 공식적인 경로로 활용했으므로, 조선 시기 해상 사행로에 대한 연구는 차후 신라, 발해, 고려 시기 해상 사행의 역사적 실체를 밝히는 간접 자료로 활용될 수도 있기 때문이다.

이처럼 본서는 명말 조선사신의 해로 사행 관련 문헌을 주요 연구대상으로 하여 인문지리, 문학지리의 시각에서 사행 경유지 현지조사, 현지 연구자 및 주민 인터뷰, 문헌 고증 등의 연구 방법을 활용하였다. 그리고 이러한 방법으로 조선사신의 사행 노선을 재구하고 지명의 역사적 변천을 살피며 사행록에 나타난 시와 문장을 분석하는 한편, 조선사신의 외교활동, 중국 문인 및 현지 주민들과의 문화적 인적 교류활동의 실체를 파악하여 조선 사신의 중국 문화공간을 총체적으로 그려보았다.

명말 평안도 앞바다에서 출항한 조선 사신들은 조선과 요동의 연안 도서를 따라 항해하다가 여순구(旅順口) 부근 해역(지금의 요녕성遼寧省 대련시大連市 노철산老鐵山 부근 해역)에서 남하하여 발해를 건너 산동 등주(登州, 지금의 산동성山東省 연태시煙台市 봉래蓬萊)에 상륙하였다. 이후의 육로 경유지는 정두원의 《조천기지도》에 따르면 등주부(登州府), 황현(黃縣), 황산역(黃山驛), 주교역(朱橋驛), 래주부(萊州府), 회부역(灰埠驛), 창읍현(昌邑縣), 유현(濰縣), 창락현(昌樂縣), 청주부(靑州府), 금령역(金岭驛), 장산현(長山縣), 추평현(鄒平縣), 장구현(章丘縣), 용산역(龍山驛), 제남부(濟南府), 제하현(濟河縣), 우성현(禹城縣), 평원현(平原縣), 덕주(德州)이며 이상은 산동성 경내에 해당한다. 그리고 이어지는 경로는 경주(景州), 부성현(阜城縣), 부장역(富庄驛), 헌현(獻縣), 하간부(河間府), 임구현(任丘縣), 막주(莫州), 웅현(雄縣), 신성현(新城縣), 탁주(涿州), 량향현(良鄕縣), 제경(帝京) 등으로 이상은 하북성 및 북경 경내이다. 본서는 2022년에 출간된 "조선 해로사행의 인문지리학적 연구 총서" 제3권 《명청교체기 대명 해로사행로의 노선과 지명 재구 및 인문지리학적 고찰 3 - 산동 청주부(상)》 (창락현[昌樂縣], 청주부[靑州府]) 연구를 지속한 결과물이며, 이후 제남부, 덕주부까지의 노선을 따라 순차적으로 연구성과가 출간될 예정이다.

이 책에 담긴 연구는 우연한 계기로 시작되었다. 8년 전 학교에서 대학 교수들의 자체 연구역량 강화의 일환으로 중국 내 영향력 있는 학자들을 초빙하여 정기적인 학술대회를 개최하고 유방학원학보(濰坊学院学报)를 발간하게 되었는데, 당시 우리 대학 중문과 조홍위 교수가 조선 사신이 쓴 웨이팡(명대 당시 유현 濰縣) 관련 시문에 대해 발표하였고 한국어문학과 소속이던 필자 일동은 명대 조선 사신들이 웨이팡 지역을 경유하면서 이 지역과 관련된 적지 않은 기록을 남겼다는 사실을 그 때 처음 알게 되었다. 필자 일동의 조사에 따르면, 한국에서의 조천록(연행록) 연구는 당시까지 발표된 논문만 500여 편에 이를 정도로 이미 방대하고 깊이 있는 연구가 진행되고 있었다. 그러나 대부분의 연구가 요동지역을 거쳐서 갔던 청대 육로 사행 관련 연행록 연구에 집중되어 있었고 명말 이루어졌던 해상 사행에 대한 연구는 상대적으로 적었으며, 특히 중국 현지 답사와 명대 문헌에 대한 고증을 바탕으로 한 문학지리적, 인문지리적 연구는 초보단계에 있다는 사실을 알게 되었다. 이에 건국대 중문과의 당윤희 교수, 웨이팡 대학 중문과의 조홍위, 진금방 교수, 한국어문학과의 왕가, 한종진 교수, 난창공대 영상매체학과 김보경 교수가 의기투합하여 본 연구에 대한 계획을 수립하고, 한국학중앙연구원 해외한국학 씨앗형사업에 지원하게 되었다. 많이 부족한 연구계획서였지만 웨이팡대가 위치한 지역이 바로 명말 조선 사신들이 반드시 거쳐야 했던 경유지인 "유현(濰縣)"이었던 만큼 현지답사와 중국 현지 문헌 조사에 있어서는 다른 어떤 연구팀보다 장점을 가지고 있었다. "지역 특화형 한국학 연구"라는 연구팀의 주장이 설득력이 있었던 것인지 결국 좋은 심사 평가를 받아 2017년도 해외한국학 씨앗형 사업(초기단계)에 선정되는 기쁨을 누렸고 성공적으로 연구를 수행한 결과, 그 성과를 인정받아 2020년도 해외한국학 씨앗형 사업(발전단계)에 순조롭게 진입하여 연구를 계속 이어갈 수 있게 되었다.

연구팀은 명말 평안도 해안을 출발하여 한국의 서해와 중국의 발해를 거쳐 산동 등주에 상륙한 조선사신들을 모두 조사하고 현재까지 남아 있는, 그들이 남긴 자료를 모두 확보하여 이를 일목요연하게 정리하였고, 2022년도에는 산동 청주부 구간의 모든 사행록 문헌을 꼼꼼하게 강독해 나갔다. 이 과정에서 사신들이 동일한 경유지를 다양한 지명으로 기록하고 있으며, 어떤 구간에서는 사신들의 경유 경로가 약간씩 차이가 나는 것을 확인하였다. 이렇게 정리된 사신들의 경유지 노선과 지명 관련 기록을 당시 중국 내 통용되던 지방지 및 관련 역사서를 참고로 꼼꼼히 고증하였고, 이 고증의 결과를 현지 답사와 현지인 탐방을 통해 확인하고 수정하였다. 이 과정에서 현지인, 현지 학예연구사나 현지 역사 연구자의 호의적인 도움을 많이 받았다. 사신들이 이용한 경로는 대부분 명과 청대 관방에서 관리하는 공식적인 관도(官道)였는데, 근대 이후 이 관도가 대부분 국도로 재건되거나 오랜 기간 방치되어 그 흔적조차 찾을 수 없는 경우가 많았다. 그래서 오랜 기간 현지에서 근무

하면서 지방사지(地方史志)를 발간해 온 현지 학예연구사를 방문하여 그들의 도움을 받는 것은 필수적인 연구 과정이었다. 어떤 때는 학예연구사들조차 구체적인 위치와 지명의 변천을 잘 알지 못하는 경우가 있었는데, 이런 경우라도 다행히 현지에서 대대로 살아온 촌로들을 만나 그들의 증언을 통해 조선사신들이 거쳐간 구체적인 경로를 확인하고 그 길을 직접 눈으로 확인할 수 있었다. 현지 답사 과정을 통해 조선사신들이 직접 걸었던 들판, 직접 보았던 산천, 직접 건넜던 강과 다리, 직접 겪었을 당시의 풍속, 직접 맛보았을 현지 음식 등을 직접 체험하게 되었을 때, 그들이 남긴 시문 한 구절 한 구절이 생생하게 살아나 연구자들의 가슴에 와 닿는 묘한 경험을 하였다. 그리고 현지 촌로들의 사투리를 통해 당시 동일한 경유지를 거쳐간 여러 조선사신들이 현지 지명을 다양한 이체자(異體字)로 표기한 이유가 현지 사투리의 영향 때문임을 확인했을 때는, 연구자들 스스로가 사투리로 들은 지명을 어떤 한자로 기록해야 좋을지 고민했었을 조선 사신이 된 듯한 착각에 빠지기도 하였다.

본 연구는 많은 분들의 도움 덕분에 가능한 것이기에 이 자리를 빌어 감사의 말씀을 남기고 싶다. 매년 10여 차례에 가까운 현장답사를 다녀야 하고, 국내외 관련 연구자를 초빙하여 연구성과를 공유하고 토론하는 국제학술회의를 정기적으로 개최하며, 중국과 한국에서 논문을 발표하고 학술서적을 출간하는 데에 적지 않은 비용이 소요되고 있는데, 한국정부(한국학중앙연구원 한국학진흥사업단)의 연구비 지원이 없다면 본 연구는 실현되기 어려울 것이다. 특히, 연구 초기 단계에서 연구방향과 연구방법을 정립해 나가는 과정에서 약간의 혼란과 실무적 어려움을 겪고 있을 때, 카자흐스탄에서 열린 한국학 국제 세미나에서 한국학중앙연구원 안병욱 전 원장님과 한국학진흥사업단 구난희 전 단장님께서 보여주신 관심과 격려는 연구팀에 큰 힘이 되었으며 실무책임자인 김예원님은 연구팀이 겪던 행정 절차 처리상의 어려움을 적극적으로 도와 해결해 주었다. 웨이팡대 측에서도 연구의 중요성을 인정하여 연구팀이 모여 연구하고 연구자료를 체계적으로 수집 보관할 수 있는 "웨이팡대 한국학 연구소"를 정식으로 설립해 주었는데, 이 과정에서 외국어대학 한택정 전 학장님의 도움이 컸다.

또한 2021년 12월 20일 연구팀이 주관하여 건국대에서 개최한 〈제4회 한국학 해외씨앗형사업 국제학술회의〉에 국내외 여러 학자들이 참여하여 현재 진행 중인 연구팀의 연구를 점검하고 소중한 조언을 많이 해주셨다. 한국학중앙연구원 신익철 교수님은 "연행록사전 편찬 경과와 기대 효과"를 발표하여 연구팀이 이미 확보한 조선 해로사행에 대한 인문지리학적 연구의 성과물과 중국 지방지 내 한국사 관련 사료를 디지털 자료로 체계적으로 집성하는 데 모범적인 예를 보여주셨으며, 건국대 사학과 한정수 교수님은 "고려 성종 시기 송과의 사신 왕래와 그 정치문화적 의미"라는 논문을 발표하여 연구팀의 연구 시야를 한층 더 확대시켜주셨고, 오랜 기간 명청교체기 조선 사행록을 연구해오신 공주대 한문교육과 이성형 교수님은 "조선 중기 대명 해로 사행노정 고찰"이라는 논문을 발표하여 연구팀의 노선과 지명 고증에서 추가적으로 고려해야 할 부분들을 제안해 주어 연구의 엄밀성을 높이는 데 크게 도움을 주셨다. 그 밖에 건국대 사학과 한승현 교수님, 한국학중앙연구원 정은주 선생님, 단국대 동양학연구소 장유승 선생님, 울산대 인문과학연구소 김정숙 선생님께서도 토론자로 참여하여 열띤 토론과 귀중한 조언을 많이 해주셨다.

그리고 2023년 1월 7일 연구팀이 주관하여 웨이팡대에서 개최한 〈제5회 한국학 해외씨앗형사업 국제학술회의〉에도 여덟 분의 국내외 학자들이 참여하여 중국 내 한국어교육과 한국문화, 한국문학 연구에 새로운 비전을 제시해주셨으며, 특히 제주대 중어중문학과 최석원 교수는 "唐詩 選集의 조선 간행과 수용의 역사"를 발표하여 사행활동을 통해 조선에 유입된 서적들이 조선의 학계와 문단에 어떤 과정을 거쳐 수용되고 어떤 영향을 끼쳤으며 이후 중국과는 다른 조선 특유의 학풍이 어떻게 형성될 수 있었는지 보여주어 조선사신의 사행이 단순한 정치외교적 사안의 해결을 넘어 양국의 학문교류와 학술발전에 중대한 기능을 했음을 상기시켜주었다. 또한 廣西科技大學 人文藝術與設計學院 高靜 교수는 한국의 안동 하회탈과 廣西 吉曼村 跳芒蒿탈을 문화인류학적으로 비교한 연구를 발표하여 한중문화비교연구에 새롭게 적용할 수 있는 연구방법론을 제시해줌으로써 본 연구팀의 이후 연구발전 방향에 큰 비전을 제시해주였다.

중국 측 연구자로는 청주시 지방사지 연구센터(青州市 地方史志 研究中心) 염성무(閆成武) 주임 등이 산동 청주부(하권) 구간의 조선 사신 경유지 고증에 도움을 주었다. 그리고 현장답사 과정에서 한국에서 온 연구팀을 기쁘게 환영해주시고 자신의 일처럼 짧지 않은 시간을 내어 사행 현장을 안내해주고 인터뷰에 응해 주신 수많은 현지 주민들께도 머리 숙여 깊은 감사의 인사를 올린다.

일반적으로 인문학은 공동연구가 어렵다고들 말하는데, 이번 연구는 한중 연구자간의 긴밀한 협력 속에서 공동연구의 장점을 십분 발휘한 결과여서 그 의미가 더욱 깊다. 특히, 한국과 중국의 연구자들이 각자의 관점을 한 걸음 양보하면서 서로의 입장과 해석을 균형있게 조율하여 공동의 연구성과물을 도출하였기에, 이 책은 "21세기에 다시 쓰여진 연행록"이라 부를 만하다. 특히 코로나라고 하는 전대미문의 팬데믹 사태로 인한 예기치 않은 어려움들을 극복하고 현장 답사 활동과 학술교류 활동을 계속 이어나가 금년에도 어김없이 한 권의 연구성과물을 무사히 출간하게 된 기쁨은 이루 말할 수 없다. 한편, 이 책은 앞으로 계속 진행될, 조선 해상 사행록에 대한 문학지리, 인문지리적 연구의 중간 성과물로서 그 의미가 자못 깊지만, 동시에 실험적 연구의 결과물로서 착오와 오류 또한 적지 않을 것이다. 이 자리를 빌어 관련 연구자분들의 양해를 구하면서 많은 조언과 지도를 부탁드린다. 마지막이 연구가 계속 진행될 수 있도록 지원해 주신 관계 기관과 연구자분들의 성원에 감사드리며, 앞으로 최선의 노력을 다해 좋은 연구 성과로 보답할 것을 다짐하면서 책의 머리말을 마치고자 한다.

癸卯年 얼었던 강이 풀리는 雨水 절기를 기쁘게 맞이하며
저자 일동 삼가 씀

목차

그림 4-4　康熙《益都縣志》중《益都縣城圖》

萊州府 濰縣을 지난 조선사신들은 계속 길을 떠나 青州府 경내로 들어와 계속 서진하여 青州府城으로 입성하여 성내를 관통한 후 青州府城 北門인 瞻星門으로 나와 彌陀寺, 孟嘗君遺址, 萬年橋 등을 거쳐 益都縣 金嶺驛을 향해 여정을 이어갔다. 좌측 하단 붉은 동그라미로 표시한 곳이 彌陀寺, 瞻星門과 萬年橋이다. 좌측 상단에서 우측 상단으로 차례로 劈峰(劈山), 雲門山, 駝山을 확인할 수 있다.

사진 4-3　青州府城 北門 "瞻星門(첨성문)"城樓의 內景

사진 4-5　지금의 青州市 北關街道 三合東街 부근의 青州 彌陀寺 옛 터

조선사신들은 青州府城의 北門인 瞻星門으로 성을 빠져나와 北關 부근에 있던 유서깊은 사찰인 彌陀寺를 방문하여 그곳 스님들과 교류하였다. 조선사신 홍익한은 당시 스님들에게 6수의 題扇詩를 써주었는데, 그 때 쓴 제선시들이 그의 사행록에 고스란히 남아 있다. 조선사신 이민성은 미타사 경내에 송대 대문호 蘇軾이 쓴 제시가 남아 있다는 말을 듣고는 이를 직접 찾아 자세히 살펴본 후, 스스로 《題彌陀寺》題詩 한 수를 지어 그의 사행록에 남겼다.

그림 4-7 《航海朝天圖》중《齊青州府圖》에서 "孟嘗君이 살던 옛 마을"을 묘사한 부분, 왼쪽 상단에 "孟嘗君古里"라는 글자가 보인다.

조선사신들은 青州府城 밖 서남쪽 역도를 지나면서 그곳 가까운 곳에 이른바 戰國 四公子로 후대에 회자는 孟嘗君이 살던 저택이 있다는 말을 전해 들었다. 대부분의 조선사신들은 이 사실을 사행록에 기록했고 몇몇 사신들은 맹상군을 주제로 영사시를 남겼다.

사진 4-8 1930년대 青州 文昌宮 안에 있던 "大齊碑". 지금은 青州偶園 안에 안치되어 있는데 지금도 "龍興之寺"라 새긴 글씨가 선명하며 원래 이 비석은 용흥사 경내에 있었던 것으로 사료된다.

조선사신들은 《大明一統志》의 기록을 쫓아 명말 당시 龍興寺 遺址에 있던 마을을 孟嘗君의 고택이 있던 곳이라 여기고서 사행록에 기록을 남기고 맹상군 관련 영사시를 읊었다. 그러나 필자들이 고증한 바에 따르면, 《大明一統志》의 기록은 오류이고 실제 용흥사 옛터에는 맹상군이 아니라 南朝 宋 시기 劉善明의 故居가 있었다. 한편, 조선사신들이 맹상군의 고택이 있었다고 착각한 용흥사의 옛 터는 지금의 青州市 博物館 남측 일대이다.

사진 4-10 龍興寺 옛 터 위에 조성된 지금의 용흥사 문화공원

그림 4-13 《航海朝天圖》의 《齊靑州府圖》에 묘사된 靑州府 북쪽 성문과 만년교

靑州 南陽河(남양하)에 놓여있던 萬年橋는 명청 양대에 걸쳐 靑州府城으로 들어가려면 거쳐야만 하는 관문으로서 명청 교체기 북경을 왕래하던 조선사신들도 반드시 건너야만 하는 다리였다. 조선사신 오윤겸은 만년교를 지날 때 《이학관의 〈만세교〉 시에 차운하다(次李學官〈萬歲橋〉)》라는 시를 한 수 지었다. 오윤겸이 이 시에서 말한 萬歲橋는 바로 靑州府城의 북쪽에 있던 만년교를 가리킨다.

사진 4-15 1930년대 청주부성 북쪽 성문과 남양하, 만년교

사진 4-18　지금의 만년교 전경과 다리 아래의 남양하

사진 4-22　지금의 만년교 서쪽에 위치한 남양하의 이름 모를 정자. 아마 명말 漂海亭도 이와 같은 운치있는 풍광을 자랑했을 것이다.

조선사신 김덕승과 남이웅은 "남양교" (즉, 만년교)의 북쪽 가까운 곳에 표해정이 있었다고 기록했다. 표해정은 강태공 呂尙(여상)이 齊 지방을 잘 다스린 공적을 표창하기 위해 건립한 것인데 표해정 안에는 북송 대문호 歐陽修, 範仲淹(범중엄), 蘇軾 등이 남긴 시편이 남아있었다. 그러나 아쉽게도 이 정자를 주제로 시를 남긴 조선사신은 없다.

그림 4-23 《航海朝天圖》의《齊青州府圖》중에 묘사된 "운문산"

조선사신들은 청주부성의 북문을 빠져나오면서 성루 위에 올라 〈그림4-23〉, 〈사진 4-27〉와 같이 운문산 및 청주부성을 둘러싼 여러 산들을 조망할 수 있었을 것이다. 조선사신 홍익한과 정두원은 운문산이 청주부성 남쪽 5리 정도에 위치하고 있으며 산의 정상에는 구멍이 있는데 마치 문과 같은 모양으로 남북으로 관통하고 있으며 그 안에는 약 백 여 명이 들어갈 수 있다고 하였다. 그 구멍은 멀리서 보면 마치 맑은 거울이 허공에 걸려 있는 것과 같았다. 홍익한의 기록에 따르면, 운문산은 "많은 신선들이 유람하고 쉬는 곳"이었다.

사진 4-27 청주고성 북쪽 성문에서 바라본 지금의 운문산(중간)과 劈山(벽산, 오른쪽)

사진 4-24　1930년대 운문산의 雲門

그림 4-28　《雲門山川圖》康熙《益都縣志》卷首圖《益都縣城圖》

사진 4-25　지금의 운문산의 雲門

운문산은 산세가 험준하고 풍경이 기이하고 수려하며 오랜 역사를 지니고 있었으므로 수많은 시인과 묵객들이 들러 詩作을 남기는 명승지가 되었을 뿐만 아니라 이곳과 관련된 道家의 전설도 상당히 많이 전해지고 있다.《太平廣記》,《醒世恒言》등에 이곳에서 승천한 도인의 이야기가 수록되어 있고 가정《청주부지》에도 명 영락 연간 張三豐(장삼풍)이 운문산의 남쪽 동굴에서 수련하였다는 이야기가 전한다. 산 속의 절벽 위에는 富弼(부필), 歐陽修, 趙抃(조변), 王世貞, 施潤章(시윤장) 등 수 많은 명인들의 유필이 남아 있는데, 도가뿐만 아니라 불가의 유적도 매우 많다.

사진 4-39　지금의 西店大街에 남은 옛 역참로 유적과 "兩京通衢" 석문, 그리고 석문 곁의 玄帝閣(석문 오른쪽 청기와를 이고 있는 건물-도교의 玄天大帝를 모시고 있음)

청주부성 북문을 빠져나온 조선사신들은 북서쪽으로 성을 돌아 계속 서진하여 靑社驛을 지나 옛 東陽城의 성문인 鎭靑門을 지났다. 지금의 西店大街에는 이 구간 역도의 일부가 아주 잘 보존되어 있어(《사진 4-39, 40, 42》) 명말 당시 조선사신들이 실제로 걸었을 옛 역도의 광경을 생생하게 상상해볼 수 있다. 명말의 청주부성은 南陽城이었고 남양성 이전에 원래 청주부 治所가 있던 곳이 동양성이다.

사진 4-40　지금의 西店大街에 남은 옛 역참로 유적

사진 4-42　"兩京通衢" 석문을 북쪽에서 본 근경

사진 4-45   1930년대의 예천(범공정)의 옛모습

사진 4-44   1950년대 청주부성 서쪽을 지나는 옛 역참로

靑社驛과 옛 東陽城의 성문인 鎭靑門을 차례로 지나 계속 서진하여 石洋鋪로 향하던 조선 사신들은 역도 곁에 范井遺淸(범정유청) 欄門, 堯山在望(요산재망) 欄門 등이 차례로 서 있는 것을 보았고, 근처에 馮尙書墓(풍상서묘)와 富公亭이 있다는 사실을 들었으며 석양포에 도착하기 직전 "獨津橋"를 건넜다.

사진 4-48   지금의 청주시 범공정 공원 三賢祠(삼현사) 내의 范公井(범공정)과 范公亭(범공정)

조선사신 정두원이 기록한 바에 따르면, 청주부성 서북쪽 7리 거리에 "范井遺淸(범정유청)"이라는 방표가 있었다. "范井"은 바로 "范公泉"(범공천, 범공은 북송 대문호 范仲淹을 말함)을 가리키는 것이다. 이민성은 범공천이 청주부성 서문 밖에 위치해 있으며, 범공천 샘물 위에 지어진 정자를 "범공정"이라 부른다고 하였다.

사진 4-56   지금의 堯王山(요왕산) 원경

조선사신 정두원은 청주부성 서북쪽 25리 지역에 "요산재망"이라는 이름이 붙은 패문이 있었고 또 요산이라는 지명의 유래는 요임금이 이곳을 순회하고 살펴보면서 이 산에 올랐기 때문이라고 서술하였다. 그리고 조선사신 이민성의 기록에 따르면, 요산은 청주부 서쪽 8리 거리에 있는데, 이 기록은 《대명일통지》와 일치한다

사진 4-50 　지금 청주고성 내에 남아 있는, 진사를 많이 배출한 馮氏(풍씨) 가문을 표창하기 위해 세워진 "一門科第(일문과제-한 집안에 과거급제자가 많이 배출되었음을 뜻함)"방표. 馮氏집안은 四代에 걸쳐 進士6人, 舉人 3人을 배출하여 "父子進士", "祖孫四代皆進士"로 이름이 높았다.

조선사신 이민성 일행은 익도현 서북쪽 10리 즈음의 지역에서 "풍상서묘(馮尙書墓)"를 보았다. 풍상서는 명말 名臣 馮琦(풍기, 1558-1603)를 말한다.

사진 4-51 　지금 청주고성 내에 남아있는 명청 시대 馮氏(풍씨) 일족의 저택인 馮府(풍부)

사진 4-60　지금의 옥황묘촌(玉皇廟村) 안에 있는 청대 공진교(拱辰橋)로 추정되는 古石橋

조선사신 김덕승이 기술한 바에 따르면, 청주부성에서 서쪽으로 30리를 가면 청주부성 益都縣(익도현)과 臨淄縣(임치현)의 경계에 도착하고, 경계 근처 익도현 측의 동편에 "獨津橋(독진교)"가 있다고 했다. 조선사신이 말한 바가 사실이라면 독진교는 강희《산동통지》에 기록된 "拱辰橋(공진교)"일 가능성이 아주 크다. 집필진은 현장답사를 통해 이 공진교가 지금의 옥황묘촌 내 내력을 알 수 없는 古石橋로 보호되고 있음을 확인했다.

사진 4-61　지금의 옥황묘촌 고석교에 붙어 있는 "청주시 역사 문화 유적지"의 안내판

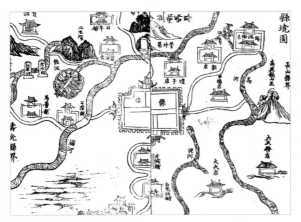

그림 5-1　康熙《臨淄縣誌》중《縣境圖》

그림의 왼쪽이 동쪽, 오른쪽이 서쪽이다. 북경으로 향하던 조선사신들은 臨淄縣 南界(임치현 남계)를 지나 二王塚(이왕총, 그림 좌측 상단)을 경유하여 淄河(치하, 그림 좌측 중앙)를 건넌 후, 임치현성(그림 중앙)을 돌아 達子店, 新店 (그림 우측 상단)을 거쳐 長山縣으로 향했다.

그림 5-2　《航海朝天圖》중《齊靑州府(圖)》부분

조선사신들은 익도현 "獨津橋(독진교)"를 건너 "臨淄縣 南界(臨淄交界)"를 지난 후 臨淄縣 경내로 진입했다. 그 후 驛道 곁에 서있던 齊桓公과 齊景公의 墓(二王塚), 四王墓(威王, 宣王, 湣王, 襄王), 田單(전단)의 비석과 묘를 보았고 제나라 재상 管仲과 포숙아의 비석도 보았다. 〈그림 5-2〉《航海朝天圖》를 보면 驛道 위로 "齊宣王墓", "齊景公墓"라고 쓰인 석비와 분묘를 확인할 수 있고, 아래로는 "齊桓公墓"라고 쓰인 석비와 무덤을 확인할 수 있다.

사진 5-4　20세기 초의 二王冢 원경

사진 5-5　淄博市 臨淄區 齊陵街道와 靑州市 盆都街道의 경계를 이루고 있는 지금의 "二王塚"원경

齊桓公과 齊景公의 墓(二王塚)은 지금의 정족산 위에 있으므로 조선사신들이 역도 곁에서 보았다는 그들의 비석과 봉분은 진짜가 아닐 가능성이 크다. 또한, 1980년대에 이루어진 발굴조사 결과 "二王塚"의 실제 주인은 齊桓公과 田和(太公和 혹은 田和子라고도 불리며 제나라에서 姜氏 왕족을 몰아내고 田氏 왕권을 최초로 세웠음)의 것으로 확인되었다.

그림 5-12 《航海朝天圖》중《齊靑州府》에 묘사된 田單墓

조선사신들이 임치현 경내를 지나면서 다수의 관련 영사시를 남긴 인물 중 하나를 꼽으라면 田單(전단)을 들 수 있을 것이다. 전단은 燕나라 장군 樂毅(악의)가 전국시기 다른 다섯 나라와 연합하여 제나라의 70여 성을 파죽지세로 함락하고 제나라를 멸망의 위기로 몰아넣었을 때, 즉묵성(即墨城)의 태수로서 배수진을 치고 제나라를 구하였고 이후 제나라 재상이 되어 安平君에 봉해진 인물이다.

사진 5-13 지금의 臨淄區 皇城鎭 皇城村 동남측에 세워져 있는 "田單墓"문물표지석

사진 5-14 지금의 田單墓 전경

사진 5-16　지금의 淄博市 臨淄區 齊陵街道 淄河店村 촌민위원회

북경을 향하던 대부분의 조선사신들은 치하를 건너기 직전에 있던 淄河店에서 잠시 쉬거나 점심을 먹었다. 그리고 치하점에서 출발하여 치하를 건너기 전에 牛山을 바라 볼 수 있었다. 牛山은 齊景公이 올라 아름다운 제나라 도성 임치성을 바라보면서 인간이라는 유한한 존재로 태어나 부귀영화를 영원히 누릴 수 없음을 탄식하면서 눈물을 흘리자 재상 안영이 이를 질타한 "牛山歎(牛山淚 혹은 牛山悲)"의 典故로 유명했다. 또한 맹자는 우산이 원래 초목이 무성하게 자라는 아름다운 곳이었지만 사람들이 벌목하고 가축을 방목하여 결국에는 민둥산이 되어버린 광경을 보고서는 사람의 마음에 仁義의 성품이 자라는 것을 우산 초목의 성장에 비유하여 인의가 사람의 본성이라는 성선설을 주장하고 이를 인욕(人慾)으로 잘라내지 않고 잘 키우기만 하면 누구나 성인이 될 수 있다 설파였다. 그래서 대부분의 조선사신들은 우산을 멀리서 바라보면서 이러한 고사와 관련된 영사시를 지어남겼다.

그림 5-18　《航海朝天圖》중《齊青州府(圖)》우산을 묘사한 부분과 관중묘(管仲墓)

사진 5-19　牛山 산중턱에서 멀리 북쪽으로 지금의 臨淄市 시내를 조망한 풍경

이곳 부근이 바로 춘추시대 제경공이 우산에 올라 멀리 제나라 도읍 임치성의 아름다운 풍경을 보고 눈물 흘렸다는 牛山淚(우산루) 고사의 배경이 되는 장소라 할 것이다.

사진 5-22　지금의 淄河 西岸에서 멀리 牛山을 조망한 풍경

전국시대 맹자가 원래는 위의 사진처럼 초목이 무성하던 牛山이 당시 민둥산이 되어버린 광경을 멀리서 목도하고서는 사람의 마음에 仁義의 성품이 자라는 것을 우산 초목의 성장에 비유하여 性善說을 설파하였을 것이다.

그림 5-21　《臨淄八景》중《牛山春雨》

牛山은 또한 풍경이 아름다워서 淸 康熙《臨淄縣誌》에서 "牛山春雨"를 臨淄縣 8景 가운데 하나로 꼽고 있다.

사진 5-24　지금의 牛山 북쪽 기슭에 있는 管仲紀念館 내 管仲墓 앞에 놓인 管仲像 석각

조선사신들은 牛山의 북쪽 기슭에 管仲墓(관중묘)가 있었다고 기재했으며 관중을 주제로 하여 여러 편의 영사시를 남겼다. 조선사신들은 대체로 관중이 齊桓公을 도와 尊王攘夷(존왕양이, 주나라를 받들어 오랑캐를 물리침)의 기치 아래 아홉 차례 제후들과 회맹하여 어지러운 천하를 안정(一匡天下)시켜 백성들로 하여금 편안한 삶을 살게 한 점, 공자가 일찍이 관중을 仁한 사람이라고 평가한 점 등을 들어 관중을 찬송했으나 숭명배청(崇明排淸) 사상을 일관되게 주장했던 김상헌 같은 이는 관중이 공자 糾(규)에 대한 절의를 저버리고 그의 정적이었던 제환공을 쫓아 섬겼던 일을 일종의 변절 행위로 보고 비판하기도 했다.

사진 5-37　지금의 관중묘, 석비에는 "齊相管夷吾之墓"라는 글자가 써있다.

사진 5-34　지금의 濟南市 曆城區 鮑山街道에 있는 "齊大夫鮑叔牙墓"

조선사신들은 관중과 포숙아의 사귐을 군자 사이의 진정한 우정으로 인식하였고 현지인들이 그 둘을 하나의 사당에 함께 모시고 대대로 제사지내고 추모하고 있음을 칭송했다. 그러나 실제 포숙아의 묘는 관중묘와 함께 임치현에 있던 것이 아니라 제남부에 따로 있었다.

사진 5-31　晏嬰塚의 역사 유적 안내표지석

사진 5-33　晏嬰塚 안에 세워진 "晏平仲像" 석비

조선사신 이민성은 《過管晏墓》라는 시를 지었는데 "管晏墓(관안묘)"가 실제로는 존재하지 않으므로 이는 잘못된 것이다. 晏嬰墓는 현재 晏嬰塚(안영총)으로 불리며 지금의 臨淄區 齊都鎭 永順村에서 동남쪽으로 750m, 지금의 齊國故城 유적지에서 동북쪽으로 약 600m 떨어진 곳으로 조선사신들이 다니던 역로에서 꽤 떨어진 거리에 있기 때문에 조선사신들이 보았을 리 만무하다.

사진 5-40　지금의 淄河와 치하의 강물 위에 비친 牛山 그림자의 모습

조선사신 조즙 일행은 명 천계 3년 10월 19일 청주부성에서 서쪽으로 35리 떨어진 곳에서 淄河(치하)를 건넜다. 옛날 禹임금이 천하를 九州로 나누어 치수를 할 때 淄河의 물길을 냈다는 기록이 있다. 臨淄라는 지명은 淄河에서 유래한 것이다. 조즙은 淄河에 명대 말기 "臨淄八景(임치팔경)"중의 하나인 "淄河晚釣(치하만조, 치하 강변에서 저녁 석양 아래 한가로이 낚시하는 풍경 〈그림 5-39〉)"의 장소가 있다는 말을 들었다.

그림 5-41　《航海朝天圖》중《齊青州府》의 일부 "臨淄古渡(임치고도)" 刻碑를 묘사한 부분이 보인다.

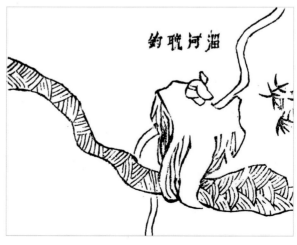

그림 5-39　《臨淄八景》중 하나인《淄河晚釣》

사진 6-4　淄博市 臨淄區 齊都鎮 長胡村 마을 입구에 있는 齊國故城 城桓(성환, 즉 성곽) 유적비

조선사신 안경은 치하를 건넌 후 "姜太公 시절의 古城"의 유적이 남아 있는 것을 보았다고 했다. 김덕승 또한 "古齊城"을 언급하면서 강태공이 처음 齊나라에 책봉되어 정한 도읍은 "營邱"인데 齊獻公이 臨淄로 도읍을 이전하였고 당시 임치에 남아 있던 "고제성"이 바로 그곳이라고 하였다. 齊古城은 春秋 齊獻公 시절부터 唐나라까지 줄곧 임치현의 治所가 소재한 곳으로 특히, 춘추전국시대 이곳에 있던 稷下學宮은 제자백가의 위대한 사상가들이 모여들어 백가쟁명의 토론을 펼쳤던 명소로 靑史에 이름을 크게 남겼다.

사진 6-6　淄博市 臨淄區 齊都鎮 長胡村 마을 입구에 있는 齊國故城 성곽유적(사진 우측에 수풀로 가려진 곳에 옛 토성 유적이 남아 있음)

사진 6-5　淄博市 臨淄區 齊都鎮 小王村 남쪽의 遄台(천대) 遺址

遄台(천대)는 《晉書·劉邁傳》에 "桓玄이 일찍이 殷仲堪의 관사 앞에서 말을 타고 놀다가 긴 창으로 殷仲堪을 겨누었다"던 곳이며, 民國《臨淄縣誌》에 "遄台는 臨淄縣 서쪽 5리에 있는데 안영이 화이부동(和而不同)의 도리를 논한 곳이며 일명 歇馬台(헐마대) 혹은 戱馬台라고 한다"라는 기록이 보인다. 遄台는 지금의 淄博市 臨淄區 齊都鎮 小王村 남쪽이다.

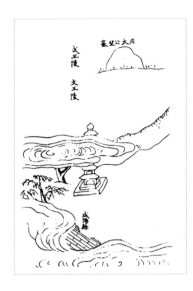

그림 6-7 《關中陵墓志》에 묘사된 명대 咸陽城 밖에 있던"周太公望墓

조선사신들은 청주부성으로부터 서쪽으로 역참로를 따라 임하를 건너 臨淄城의 남쪽 일대를 지나 達子店, 新店鋪 등 차례로 거치며 계속 서쪽으로 이동하여 金嶺驛에 도착했는데, 달자점에 이르기 전에 태공총을 가리키는 표지석을 보았으며 대부분의 조선사신들은 이 태공총을 그들의 사행록에 언급했다.

사진 6-8 姜太公 衣冠塚과 石坊

石坊 상단에 가로로 쓰인 글씨는 "周師齊祖(주왕의 스승이자 제나라의 시조)"이고, 좌우 기둥에 대련으로 쓰인 글씨는 각각 "葬衣冠永懷太公德(의관을 장사지내 강태공의 덕을 영원토록 추모한다)", "建祠宇重現武成光(사당을 세워서 무성왕-강태공을 이름-의 영광을 다시 드러낸다)"이다.

사진 6-11 姜太公 衣冠塚 역사유적 안내표지석

사진 6-13 臨淄區 齊都鎭 南關村 동남쪽에 있는 三士塚의 전경

조선사신 정두원은 唐 李白의 시 《梁甫吟(양보음)》을 언급하며 제나라 재상 안영이 두 개의 복숭아를 써서 죽인 세 명의 용사 公孫捷(공손첩), 田開疆(전개강), 古冶子(고야자)[二桃殺三士 고사의 주인공]의 무덤인 "三士塚"를 기록했다. 三士塚는 齊古城 남문에서 1리 정도 떨어진 곳에 있다.

사진 6-14 三士塚 앞의 역사유적 안내표지석

그림 6-22 《臨淄八景》중의 하나인《矮槐夏陰》

조선사신 안경은 益都縣 "迴洱店(거이점)"에서 金嶺驛으로 가는 도중에 "矮槐古跡(왜괴고적)"이라고 쓰여진 題門이 서있는 客館을 지났다. "矮槐夏陰店(왜괴하음점)"은 명말청초 "臨淄八景(임치팔경)" 중의 하나로서 역참의 객사 건물 밖에 서있는 矮槐 나무, 古亭(왜괴정), "矮槐夏陰"이라고 쓴 碑刻, 그리고 주위를 휘감아 흐르는 맑은 개천이 한 데 어우러져 한 폭의 풍경화를 이룬 아름다운 곳이다.

사진 6-23 淄博市 臨淄區 辛店街道 矮槐樹村 동쪽에 있는 "矮槐夏陰"石碑와 최근 복원 차원에서 심어놓은 槐나무.

전하는 바에 따르면 송 태조 조광윤이 아직 황제가 되기 전에 이곳을 지나가다가 입고 있던 도포를 벗어 여기 괴나무 위에 걸었다고 한다. 조선사신들은 "矮槐亭" 곧, "矮槐樹鋪"를 지날 때 이곳의 연원과 역사에 대한 정보가 없었기 때문인지 아무런 관련 詩作을 남기지 않았다.

사진 6-26　臨淄區 辛店街道 矮槐樹村 동쪽 槐나무 아래 남아 있는 古驛道 유적
(돌들 위로 수레가 다닌 자국이 역력하게 남아 있음을 확인할 수 있었다)

사진 6-28　臨淄區 辛店街道 矮槐樹村 동쪽에 있는 澅源橋 전경
(조선사신 김덕승은 이 다리를 "矮槐橋"라고 기록하고 있음)

사진 6-29　지금의 淄博市 臨淄區 汞山(홍산, 명말 "孟丘山")의 원경,

조선사신 정두원은 청주부성에서 60리를 가서 "孟丘積翠(맹구적취)"라 적힌 패문을 보았고 "孟丘(맹구)"라는 이름 때문에 이곳이 "孟子"와 관련이 있는 곳이라고 추측했으나 이는 근거없는 억측이다. 《臨淄區地名志》의 기록에 따르면, "孟丘山"은 지금의 汞山(홍산)으로 淄博市 臨淄區 雪宮街道에 위치하며 해발 약 200m이다.

사진 6-30　淄博市 臨淄區 金嶺回族鎮 金嶺大街와 金嶺南街 교차지점 부근에 세워져 있는 金嶺鎮 石碑(正面)

대부분의 조선사신들은 淄河店(치하점)을 지난 후 金嶺驛(금령역)에서 하루를 묵었다. 명말 金嶺驛은 상인과 물자의 왕래가 빈번하여 상업이 번성하였고 그에 따라 인구가 증가하면서 배후의 너른 농지를 이용한 농업 또한 크게 발전했다.

그림 6-32　정두원의《朝天記地圖》중《金嶺驛圖》

조선사신 최응허, 정두원은 金嶺驛이 바로 "孟子가 제나라를 떠날 때 주땅에서 3일 동안 머무른 후 떠났다는 고사"가 생겨난 바로 그 지역이라는 말을 현지인에게 들었다. 여기서 말하는 "晝地(주지)"는 바로 晝邑(주읍)이며《孟子·公孫丑下》에 관련 전거가 보인다. 일찍이 淸 顧炎武도《山東考古錄》에서 금령역 부근이 맹자가 제나라를 떠나기 전 3일 머무른 곳라고 고증했으나 최근 학계의 연구에 따르면 이는 사실이 아니다.

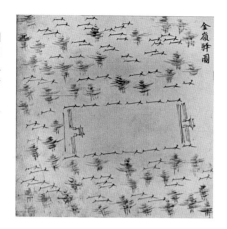

사진 6-33　지금의 金嶺回族鎭 金嶺大街

현지 주민 馬東 씨(남, 93세)의 증언에 따르면 이 길이 바로 張店과 益都를 잇는 옛 官道였다고 한다. 명청 교체기 조선사신들도 북경과 등주를 오가는 여정에 바로 이 길을 지났을 것이다.

사진 6-37　金嶺大街에 있던 옛 錦繡橋의 자리에 그려진 벽화

(철거 이전 금수교와 금수교 주위의 풍경을 상상해 볼 수 있다)

사진 7-4　지금의 齊州路 옆 사진 속 장소에 조선사신 정두원이 언급한 "金嶺桑麻"欄門이 있었을 것으로 추정된다.

金嶺驛을 지난 조선사신들은 濟南府 長山縣을 향해 계속 여정에 올랐는데 제남부의 경계에 도착하기 전까지 차례로 "金嶺桑麻"欄門 과"迎神仙門"欄門을 보았고 마침내 .益都西界에 도착했다. 조선사신 정두원의 기록에 따르면, 金嶺驛에서 서쪽으로 3리를 가면 "금령상마" 패문이 있었는데, 이는 金嶺驛 一帶가 桑麻(뽕나무 재배와 길쌈)의 역사가 유구하며 재배면적도 넓은 곳임을 알리는 표지이다.

사진 7-8　지금의 淄博市 張店區 四寶山街道 迎仙村 村碑(正面)

조선사신 정두원은 金嶺驛에서 서쪽 20리 지점에 "迎神仙門" 欄門이 있다고 기록했으며 이곳을 秦始皇과 漢武帝가 神仙을 맞이한 곳이라고 추측했다.

〈표 明末 對明 海路使行 中 青州府(하) 經由地名 종합표〉

序號 1. 青州府城至臨淄縣南界

青州府境內經由地	程	崔應虛	安㦲	吳允謙	李慶全	尹暄	李民宬	趙濈	李德泂	吳翩	洪翼漢	航海朝天圖	金德承	全湜	金尚憲	南以雄	金地粹	申悅道	鄭斗源
青州府城	來程	青州府	青州益都	青州青州城	青州城東店	青州北館	青州北城門	青州府北關	青州益都縣	青州益都城	青州益都縣南關	齊青州府	青州府益都縣	青州	青州	青州青州益都縣		青州府東館驛	青州府青州益都縣
	歸程			青州府城東館店	青州城東店		益都之北館驛，益都，青社											州之東館驛	
彌陀寺	來程			青州北關彌陀寺			彌陀寺		彌陀寺		彌陀寺		彌陀寺						
	歸程					彌院禪寺（北樓）													
海岱樓	來程						提及海岱樓						海岱樓凝翠樓			海岱樓凝翠樓			
	歸程																		
孟嘗君故宅	來程						孟嘗君第		孟嘗君故宅		孟嘗君古宅	孟嘗君古里					孟嘗君遺址		孟嘗君第 龍興寺田文故第（附城北隅）
	歸程																		

지명	구분						
萬年橋	來程	萬歲橋					萬年橋(青州府城北門外)
	歸程						
南陽水	來程		萬年橋		南陽水	南陽水	
	歸程						
雲門山	來程		提及雲門山	雲門山	雲門山	雲門山	雲門山
	歸程		望見雲門門諸山	望見雲門山			
青祀驛	來程		青祀驛 青社				
	歸程						
鎭青門	來程		古西北城門				
	歸程		鎭青門				
馬耳門	來程						馬耳門
	歸程						馬耳門
富公亭	來程			當相亭	當相亭	富相亭	當公亭(青州城西二十里)
	歸程						
龍興寺 田文故第	來程			田文故第 龍興寺	田文第 龍興寺		田文第 龍興寺
	歸程						

地點	程	記一	記二	記三	記四	記五	記六
"范井遺清"欄門	來程	"范井遺清"遺門（青州城西七里）	范公亭 范公泉	范公亭 范公泉	范希文 感泉	范希文 感泉	提及 范公泉 范公亭
	歸程						
馮尚書墓	來程						馮尚書墓（西北十里）馮氏先塋
	歸程						
"先山在望"欄門	來程	"先山在望"欄門（青州城西二十五里）	提及堯山	提及堯山	提及堯山		提及堯山
	歸程						
獨津橋	來程		獨津橋"獨津橋"碑	獨津橋			
	歸程						
臨淄文界	來程						臨淄縣南界 臨淄文界
	歸程						

2. 臨淄縣南界至淄河	齊桓公景公墓	兎頭山	四王墓	田單墓	淄河店
来程 / 歸程	齊桓公景公墓	兎頭山	四王墓	田單墓	淄河店 / 淄河鋪
来程 / 歸程	齊桓公(墓)景公(墓)	齊景公,桓公墓	宣王墓	田單墓	淄河店 / 滋河店
来程 / 歸程	齊桓公(墓)景公公(墓)		宣王墓,齊景公墓	田單墓	淄河店 淄河公署 / 淄河店
	齊桓公景公墓	桓宣景三君(墓之碑)	齊宣王墓	田單墓	(淄河)店舍 / 淄河店古臨淄縣
	齊前後君臣之掩骨處 齊景公墓	桓宣景三君墓之碑	齊宣王墓	田單墓	淄河店古臨淄縣
	齊桓公墓 齊景公墓	兎頭山	齊前後君臣之掩骨處	田單墓	淄河店古臨淄縣
	齊景公墓 齊桓公墓	兎頭山 鼎足駝頭	齊宣王墓	田單墓	
	齊桓公家 桓公碑	兎頭山 鼎足駝頭 (威宣閔襄)四王碑	宣王墓	田單墓	
	齊桓公家 桓公碑	兎頭山 鼎足駝頭 (威宣閔襄)四王碑	宣王墓	田單墓	
	齊桓公 景公墓		宣王墓		淄河店
	"齊桓公墓" "景公墓" 石碑		四王墓 "宣王墓" 石碑		淄河店

	牛山		管仲墓		葵丘		管鮑莊	"臨淄古渡"石碑	淄河/淄水
	牛山		管仲墓						
	牛山		"齊相管鮑墓"石碑		葵丘				
	牛山 "牛山淄水"牌榜		管仲墓						"牛山淄水"牌榜
	牛山		管仲墓						
	牛山		管仲墓						
	牛山（臨淄城西五里）								淄河
	牛山		管仲墓		葵邱				淄水 "淄水"石碑
	牛山				葵丘		"臨淄古渡"石碑		淄湄
	牛山 景公之下淚處		管仲墓		葵丘				淄水
	牛山	牛山	管仲墓						淄河（河）上
	牛山 景公下淚處		管仲塚		安平之葵（石碑）				
	牛山石碑	牛山 "牛山"石碑（臨淄縣南十里）	管仲之墓 管晏墓	管仲墓		管鮑莊			淄河 "淄河"石碑 淄水（三十五里） 淄水
		牛山 "牛山"石碑				齊相管鮑祠			淄水
			齊國葵山						
牛山									淄河
來程									淄河
歸程									
來程									
歸程									
來程									
歸程									
來程									
歸程									
來程									
歸程									
牛山	管仲墓	葵丘	管鮑莊	"臨淄古渡"石碑	淄河				

3. 淄河至金嶺驛		來程/歸程					
大公時古城	大公時古城	來程					
		歸程					
大公塚		來程		大公墓	大公墓	大公塚	
		歸程		大公塚	大公塚		
三士墓		來程		三士墓	三士墓	三士墓	
		歸程					
達子店	達子店	來程					
		歸程					
晏子墓		來程	管晏墓	晏嬰之墓			晏子墓
		歸程					
矮槐橋		來程		矮槐橋	矮槐橋		
		歸程					
矮槐古迹	"矮槐古迹"題門	來程		矮槐夏陰	矮槐夏陰店		
		歸程					
"孟丘積翠"欄門	"孟丘積翠"欄門	來程					"孟丘積翠"積翠欄門（青州城西六十里）
		歸程					

金嶺驛		金嶺鎮		金嶺鎮	金嶺驛	金嶺鎮		金鈴店(金鈴)驛	金嶺明	金嶺驛		
"金嶺桑廠"柵門(金嶺驛西三里)	金嶺驛			金嶺鎮	金嶺趙秉忠之鄉	金嶺駐	金嶺鎮		孟子去齊三宿出畫之地古書地	來程	"金嶺桑廠"柵門	
"迎神口門"柵門(金嶺驛西二十里)						金嶺鎮				歸程		
										來程		
										歸程		
					青州益都縣西北九十里界	金都西北九十里界				來程	"迎神口門"柵門	
					(店舍)					歸程	金都西北九十里界	

4. 金嶺驛至金都西界

제4장 青州府城에서 臨淄縣 南界까지

青州府는 山東道에 속하며《서경》〈禹貢〉에서 언급한 青州의 지역이다. 天文으로는 虛宿(허수)과 危宿(위수)의 分野에 속한다.《周禮》에正東 방위를 青州라고 했다. 이곳의 땅이 햇빛이 적어 그 색이 파랗기때문에 청주라는 이름이 붙었다 했으나 직접 보니 토양이 파란색으로보이지는 않는다. 武王이 太公望을 여기에 봉하여 齊國이 되었으며秦나라는 齊郡을 설치했고 漢나라는 北海郡으로 분리시켰으며 魏나라 때는 益都城이 되었다가 隋나라 때 青州가 되었다. 唐나라 때 다시北海郡으로 바꾸었다가 平盧節度(평로절도)로 승격시켰다. 宋나라 때는 鎮海郡으로 바꾸었고 金나라 때는 益都府가 되었다가 元나라 때益都路로 바뀌었다. 明나라 때 青州가 되어 하나의 州와 13개의 縣을거느리고 있다. 동쪽으로 萊州府 濰縣(유현)경계까지100리, 남쪽으로兗州府(연주부) 沂州(기주)경계까지 385리, 서쪽으로 濟南府 淄川縣(치천현)경계까지 120리, 북쪽으로 濟南府 利津縣까지 190리이다. 府治로부터 京師까지 1000리이다. …… 동쪽과 북쪽은 바다가 막고 있고 서쪽과 남쪽은 태산이 막고 있어 사방이 막혀 있는 요새와 같아 동쪽 지역에서 으뜸이다. …… 내가 일전에《대명일통지》에서 "青州는발해와 태산 사이의 큰 都會로서 옛날부터 영웅호걸이 京東 지역에서제일이다."라는 글을 읽었었는데 이 말을 족히 징험할 수 있겠다. 그

래서 100세대가 지난 지금도 그 감회가 새로워 옛 영웅호걸들의 발자
취 앞에서 말을 멈추고 차마 길을 떠나지 못한다.

　青州府, 屬山東道.《禹貢》: "青州之域." 天文虛, 危分野.《周禮》正
東曰青州, 蓋土居少(小)陽, 其色青, 故以名州. 臣見其土色不青, 武王
封太公望于此, 爲齊國. 秦置齊郡. 漢分北海郡. 魏爲益都城. 隋爲青州. 唐
改北海郡, 又升平盧節度. 宋改鎮海郡. 金爲益都府. 元改爲益都路. 皇
明改青州, 領州一, 縣十三. 東至萊州府濰縣界一百里, 南至兗州府沂
州界三百八十五里, 西至濟南府淄川縣界一百二十里, 北至濟南府利
津縣一百九十里. 自府治至京師一千里. ……東北距海, 西南距岱, 四
塞之固, 東道[1]之雄. ……臣見《一統志》: "青州, 海岱間一都會, 自古英
雄豪傑之士, 甲於京東." 斯言之足徵也. 臣曠百代而相感, 重爲之駐馬
夷猶.

—鄭斗源《朝天記地圖》

　조선사신 鄭斗源은 비교적 상세하게 青州의 지리와 명승지, 지명의 유래, 연혁
및 사적을 자세히 기록하고 있다.《尚書》에 "발해와 태산 사이에 있는 땅(海岱惟青
州)"[2]으로 언급된, 옛 九州 가운데 하나였던 青州는 동으로는 齊나라 魯나라와 이
어지고, 서로는 萊牟(래모)[3]지역과 접하는 지리적 요충지였으며, 경내에는 齊나라
의 유적이 많이 남아있던 유서깊은 고장이었다. 청주는 이처럼 유서깊은 고장이었

1　東道란 동쪽지역을 가리킨다.《意林》卷三에서 漢 桓譚(환담)의《新論》의 다음과 같은 구절
　을 인용한 것이 보인다. "張子侯가 말하기를 '楊子雲(양웅)은 서쪽 지역(西道)의 孔子라 할
　것이니 그 청빈함이 이와 같습니다.'라고 하였다. 내가 응하여 말하기를 '양웅은 동쪽지역
　(東道)에서도 공자 같은 사람이라 할 것입니다. 옛날 仲尼께서 어찌 魯나라만의 孔子였겠
　습니까? 齊와 楚나라의 聖人이기도 했던 것이지요.'"(張子侯曰 : '楊子雲, 西道孔子也, 乃貧如此.'
　吾應曰 : '子雲亦東道孔子也. 昔仲尼豈獨是魯孔子, 亦齊楚聖人也.'")
2　《尚書》卷3《禹貢第一》, 清乾隆武英殿刻本, p.2b.
3　명대의 萊州府 지역에는 춘추시기 齊나라 萊子國이 있었고 登州府 지역에는 춘추시기 존
　재했던 牟子國이 있었으므로 "萊牟(래모)"라는 명칭으로 지금의 산동반도 膠東지역을 일
　컫기도 했다.

기에 조선사신들은 역사의 흔적이 그대로 남은 이곳의 유적지들을 지날 때면 이전에 경서와 역사서에서 읽어보았던 내용들을 떠올리면서 깊은 감회에 젖어 말고삐를 부여잡고는 쉽게 발길을 옮기지 못했다. 명대의 靑州府는 山東承宣佈政使司에 속했고 아래로 益都縣, 臨淄縣, 博興縣, 高苑縣, 樂安縣, 壽光縣, 昌樂縣, 臨朐縣(임구현), 安丘縣, 諸城縣, 蒙陰縣, 沂水縣(기수현), 日照縣, 莒州(거주)를 관할하였으며 그 府治는 益都縣城에 있었다. 한편, 위의 글에서 정두원은《一統志》, 즉《大明一統志》를 인용하고 있는데, 분명 다른 조선사신들도 사행여정에 오르기 전에 현지의 풍속을 이해하고 사행 여정에 도움이 되는 지리적 정보를 취득하기 위해 이러한 지방지를 참조했음이 분명하다. 특히 명나라 때는 태조 朱元璋을 비롯하여 여러 제왕들이 여러차례 전국 범위의 지방지를 편찬하도록 명했다. 그래서 洪武 연간에는《大明志書》,《大明天文分野書》(이미 逸失됨)등 總志를 편찬했고, 永樂 연간에는 成祖가 夏原吉 등에게 명하여《天下郡縣誌》(전권을 완성하지는 못함)를 찬수했으며, 景泰 연간에는《寰宇通志》(英宗이 復位되는 바람에 통용되지 못함)를 편찬하였다. 天順 2년(1458)에는 "대일통의 정신을 선양한다(昭我朝一統之盛)"는 기치[4]아래, 英宗 朱祁鎮(주기진)이 翰林學士 李賢, 彭時, 萬安 등에게 명하여 경태 연간에 집필된《寰宇通志》를 바탕으로 "번잡하거나 너무 간략하지 않도록 취사선택을 합당하게 하여 깊이 있으면서도 요점만을 드러낼 수 있도록 힘쓴다(繁簡適宜, 去取惟當, 務臻精要)"[5]라는 원칙에 따라《大明一統志》의 찬수에 착수하였고 天順 5년에 마침내 전권을 완성하였다. 總志인《大明一統志》는 남경과 북경 두 도읍과 전국 13개의 布政使司 전부를 포괄하였을 뿐만 아니라 포정사사 아래에 예속된 하부행정단위인 府, 縣, 直隸州까지를 집필대상으로 하여 建置, 沿革, 風俗, 山川, 名勝, 古跡 등을 10여개 항목으로 나누어 각 지역의 상세한 정보를 기술하였다.

한편, 조선 성종 11년(1480) 奏聞使臣團 副使 李承召가 "北京에 도착하여《大明

---

4   (明)朱祁鎮:《御制大明一統志序》,《大明一統志》卷首《序》, 明天順五年內府刻本, p.2b.

5   (明)朱祁鎮:《御制大明一統志序》,《大明一統志》卷首《序》, 明天順五年內府刻本, p.2a.

一統志》한 질을 서점에서 구했다.”6라고 했고, 명 成化 21년(1485), 조선 성종 16년
에 임금이 《大明一統志》의 體例에 근거하여 편찬한 조선의 관방 지리서인 《東國
輿地勝覽》을 신하들에게 보여주고 교정을 명했다고 하며,7 《燕山君日記》에는 “중
국 사신이 頭目 2人에게 명하여 《大明一統志》와 《綱目通鑑》을 바치도록 하니 임
금께서 承旨 權景佑에게 명하여 사례하게 했다”8라는 기록이 보인다. 이상의 기록
을 볼 때 《大明一統志》는 아마 조선 성종시기에 조선에 전해져 조선 선비들 사이
에서 광범위하게 읽혔음을 짐작할 수 있다. 정두원이 명나라로 사행을 떠난 시기는
명 숭정 3년(1630)이므로 그의 사행록에 《大明一統志》를 언급한 것은 어쩌면 너무
나 당연할 것이라 할 것이다.

   그 밖에 정두원은 “靑州의 영웅호걸이 京東 지역에서 제일이다(自古英雄豪傑之
士, 甲於京東)”라고 기록하고 있는데, 여기서 “京東”이라는 어휘에 대해서 좀 살펴
볼 필요가 있다. 우선, 정두원이 인용한 《대명일통지》는 명 영락 16년에 편찬된 관
찬 지리총서 《寰宇通志》에 기초한 것으로 짐작되는데, 《寰宇通志》에도 “(靑州府)의
英雄豪傑이 京東지역에서 최고이고 文物이 풍성하고도 좋으며 호방하고 용맹함
을 숭상하는 기운이 넘친다”9라고 기록하고 있으니 이를 통해 《寰宇通志》와 《大明
一統志》의 계승관계를 확인해 볼 수 있다. 그 다음으로 “京東”은 그 문자뜻 그대로
보면 京師의 동쪽에 있는 연안지역을 뜻한다고 볼 수 있으며 또한 宋代 행정구역상

---

6   “到北京, 求買《大明一統志》, 得一件於書肆”[朝鮮] 李承召 :《次〈北京八景〉詩》,《三灘集》
     卷8《詩》, 韓國國立圖書館藏本, p.10b.
7   “成化二十一年三月. 上命承政院. 召今平安道觀察使臣成俔, 忠淸道觀察使臣蔡壽泊臣宗
     直, 出示宣城府院君臣盧思愼等所進東國輿地勝覽五十卷. ……然其間山川及古, 實恐脫
     略, 而諸人之作, 荒冗殽雜者頗有之. 卿等宜更讎校檃括, 期至於精當, 其凡則一以大明一統
     志爲法. 臣等聞命兢惶.”[朝鮮] 金宗直,《輿地勝覽跋》,《佔畢齋文集》卷2,《韓國文集叢刊》
     第12冊, p.418.
8   《燕山君日記》卷6, 燕山君 元年 六月 十九日 기사.
     본서에 인용된 《燕山君日記》는 韓國國史委員會의 한국역사정보통합시스템 (https:// www.
     koreanhistory.or.kr/)에서 검색한 것임.
9   “(靑州府)英雄豪傑之士甲於京東, 文物彬彬, 而豪悍之習自若.”《寰宇通志》卷75《靑州府》,
     明景泰刻本, p.5a.

山東지역은 京東東路에 속했으므로 송대 이후로 京東이라는 어휘가 山東지역의 代稱으로 쓰이기 시작했다. 建隆 元年(960) 宋 太祖 趙匡胤이 開封을 도읍으로 정한 후 路[10]라는 행정구역 체제를 도입하여 전국을13개 路로 나누었는데 京東路는 지금의 河北省 南部, 河南省 西部, 安徽와 江蘇省 北部, 山東省 全域을 포함한다.[11] 宋 熙寧 7년(1074) 京東路를 京東東路(대략 지금의 靑州 동쪽 지역)와 京東西路(대략 지금의 濟南 서쪽 지역)로 나누었다. 宋代로부터 京東路가 관할하는 지역은 경제적으로 번화한 곳으로서《宋史·地理志》에는 그 번화함을 "營丘는 東道 지역의 큰 도시로 일명 富衍으로 불리며 물산이 지극히 풍부하며, 등주, 래주, 고밀 등의 도시는 발해를 북쪽에 두고 있어 楚지역 상인들이 모여들었다."[12]라고 묘사하고 있다. 北宋 名臣들은 "京東, 京西 兩路는 中國의 根幹이요 畿甸의 보호막이다"[13]라고 언급하기도 했다. 남송 시기 金나라 上京(지금의 黑龍江 哈爾濱市)을 도성으로 삼게 되자 京東路는 그 명칭을 山東路로 바꾸었고 元代에는 山東路를 山東東路와 山東西路로 나누었으며 明代에는 다시 山東承宣佈政使司로 고쳤다. 洪武 9년(1377)에는 그 治所를 靑州에서 濟南으로 옮겼다.

---

10 이후 차츰 15路, 18路, 23路, 24路, 26路로 확대되었다.

11 郭沫若主編,《中國史稿地圖》(下), 中國地圖出版社1990年版, p.42 ; 譚其驤主編,《中國歷史地圖集》第六冊, 中國地圖出版社1982年版, pp.14-15.

12 "營丘, 東道之雄, 號稱富衍, 物產尤盛, 登, 萊, 高密, 負海之北, 楚商兼湊."《宋史》卷85《地理志》, 清乾隆四年刻本, p.18b.

13 "京東西兩路, 中國根幹, 畿甸遮罩"(明)黃淮撰, 楊士奇輯 :《歷代名臣奏議》卷299《災祥》, 明永樂十四年內府刻本, p.32a.

사진 4-1 　지금의 青州古城 阜財門 북쪽에 전시된 青州府 坊巷圖

사진 4-2 　지금의 산동성 청주시(명대 청주부) 시청청사

(7월) 10일 맑음. 새벽에 (益都縣 泜洱店거이점을) 출발하여 청주에 도착했다. 王姓을 가진 민가에서 아침밥을 먹었다. ……淄河(치하)를 건너 金嶺駅(금령일)에서 유숙했다.

(七月)初十日, 晴. 曉發(益都縣㳍洱店[14])到靑州, 朝飯于王姓家. ……
渡淄河, 宿金嶺駬.

—安璥《駕海朝天錄》

명 천계 원년(1621) 7월 10일 조선사신 安璥은 昌樂 㳍洱店에서 출발하여 王씨의 민가에서 아침을 먹은 후에 서쪽으로 靑州府城을 향해 출발했는데 临淄縣(임치현)를 지나 益都縣 서북쪽 70리에 있던 金岭驛(금령역)[15]에 도착하여 유숙했다. 이 구간 노선을 지나면서 安璥은 다음과 같이 2편의 시를 남겼다. 여기서 이들 2편의 시를 살펴보고 당시 이 구간 노선의 풍경과 유적, 조선사신 안경이 느낀 감회를 함께 느껴보기로 하자.

〈아침에 거이점을 떠나면서〉

새벽부터 긴 여정길 오르느라 곤한 잠 잘 수 없고

하늘 끝 항하는 먼 여행길, 덜컹이는 수레 위 오래 앉자 있자니 곤욕스럽기 그지없네.

순우분은 꿈 속 개미나라에서 얼마나 많은 인간사 부침과 영욕을 겪었으며

노생은 기장밥이 익는 짧은 시간 동안 꿈 속에서 평생의 부귀영화를 누렸는가. 그러나 그 모든 것은 일장춘몽에 불과한 것이었네.

그러니 풍찬노숙의 괴로움 온몸으로 겪어도 이 한 몸 평안하여 병이 없고

여행길에 가득한 흙먼지 눈앞을 가려도 아름다운 시 읊기 좋으니 (오히려

---

14   安璥의 7월 9일자 기록과 중국 지방지의 기록을 함께 살펴보면, 安璥 일행이 9일 유숙한 곳은 益都縣의 서쪽 35里에 있던 㳍洱店이다. "(7월) 9日 맑음, (潍縣에서 출발하여)昌樂에서 점심을 해먹었다……㳍洱河를 건넌 후 周姓을 가진 민가에 묵었다. 이 날은 모두 80里를 움직였다. (七月初九日, 晴. (從潍縣發行)中火于昌樂……又渡㳍洱河, 宿周姓人家, 共八十里路)"[朝鮮] 安璥《駕海朝天錄》, 美國哈佛大學燕京圖書館藏本, p.19a; "㳍洱店은 縣의 동쪽 35里에 있다. (㳍洱店, 在縣東三十五里)" 嘉靖《靑州府志》卷11《兵防》明嘉靖刻本, p.11b.

15   "益都金嶺驛, 在縣西北七十里" 嘉靖《靑州府志》卷11《兵防》明嘉靖刻本, p.4b.

의미있는 삶이라 할 것이네!)

이곳은 해가 떠오르는 우이땅이 가까워서 동녘 하늘 훤해지는 듯 싶더니

청주부에 이르기도 전에 해가 솟아오르는구나!

早發泹洱店[16]

曉過長途睡不知, 天涯行役[17]轉[18]支[19]難.

槐安國裡何多事, 梁夢[20]人間始熟炊.

風露滿身寧免病, 塵沙蔽目好[21]吟詩.

嵎夷[22]咫尺東方白, 未到青州日出時.

—安璥《駕海朝天錄》

---

16   이 시의 제목은 본서의 집필진이 붙인 것이다.

17   行役은 旅行을 뜻한다. 唐 李白의 《估客行》에 "바다 나그네 하늘에서 불어오는 바람에 배를 타고 먼 길 떠나니 마치 구름 속 날아가는 새처럼 한 번 가니 그 종적 찾을 수도 없구나 (海客乘天風, 將船遠行役, 譬如雲中鳥, 一去無蹤跡)"라는 표현이 보인다. (唐)李白 : 《李太白集》卷6《樂府四》, 宋刻本, p.2b.

18   轉이란 수레로 운송한다는 뜻이다. 宋 梅堯臣의 《書南事》에 "노인과 아이는 목재와 석재를 수레로 나르고 건장한 어른은 창과 활을 잡는다(老幼轉木石, 壯健操矛弧)"란 표현이 보인다. (宋)梅堯臣 : 《宛陵先生文集》卷15, 四部叢刊續編景明萬曆梅氏祠堂刻本, p.12a.

19   支란 지탱하거나 유지한다는 뜻이다. 《左傳·定西元年》에 "하늘이 해하려고 하면 누구라도 지탱할 수 없고 대중들이 하고자 하면 아무도 간여할 수 없다(天之所壞, 不可支也 ; 衆之所爲, 不可奸也)."라는 표현이 보인다. (周)左丘明撰, (晉)杜預注, (唐)孔穎達疏 : 《左傳注疏》卷54《定公》, 宋本十三經注疏本, p.4b.

20   宋 范成大의 《邯鄲道》詩에 "피곤해서 잠들었을 때 노생처럼 높은 작위를 받는 황량몽을 꾼 것이 아니라 조용히 은거할 석호를 보았다네(困來也作黃粱夢, 不夢封侯夢石湖)"라고 한 표현이 보인다. (宋)范成大 : 《石湖集》卷13, 明弘治十六年印本, p.6a.

21   好는 할 수 있다, 무엇을 하기 편하다, 좋다는 뜻이다. 南朝 梁劉緩《江南可採蓮》에 "노가 작아도 마땅히 돌아갈 수 있으며, 배가 가벼워도 수풀로 들어가기는 좋다(楫小宜回徑, 船輕好入叢.)"이란 표현이 보인다. (唐)歐陽詢輯 : 《藝文類聚》卷82《藥香草部下》, 宋紹興刻本, p.2a.

22   《尙書·堯典》에 "희중에게 따로 명하여 우이땅에 살게 하니 이곳이 곧, 태양이 떠오른다는 양곡이다. (分命義仲, 宅嵎夷, 日暘穀)"라는 표현이 보인다. (漢)孔安國傳, (唐)陸德明音義 : 《尙書》卷1《堯典第一》, 仿宋相台五經本, p.2a.

이 시는 支韻으로 압운된 七言 律詩의 근체시이다. 그러나 2구의 압운이 맞지 않
는데, 2구 끝의 두 글자 "支難"의 순서를 "難支"로 바꾸면 정확하게 압운이 맞게 되
므로 혹시 기록상에 착오가 있었던 것 같다. 먼저, 1, 2구(起)에서 말하기를, 기나긴
사행 여정을 빠듯한 일정에 완수하기 위하여 작자는 새벽부터 길을 나서느라 밤에
잠조차 제대로 잘 수 없어 피로감을 느끼는데 덜컹이는 수레에 오랜시간 앉아 있으
려니 육체적 정신적 고단함은 더욱 배가된다. 이어진 3, 4구(乘)에서는 전기소설의
주인공인 淳于棼(순우분)과 盧生(노생)의 전고를 들어 인생의 부귀영화와 안락함이
일장춘몽과 다름없듯이 지금 자신이 겪고 있는 사행의 시련도 높은 경지에서 보면
찰나의 어려움에 불과한 것이니 대수로울 것이 없다며 자신을 안위하고 있다. 槐安
國(괴안국)은 槐國이라고도 하며 唐 李公佐의 傳奇小說《南柯太守傳(남가태수전)》
에 등장하는 상상의 나라이다. 소설의 주인공 淳于棼(순우분)은 술을 마시다가 잠을
자게 되는데 꿈속에서 槐나무 아래 개미굴로 들어가니 거기가 괴안국이라는 나라
였으며 거기서 왕의 사위로 온갖 부귀영화를 누리다가 공주인 그의 아내가 죽자 도
리어 왕의 미움을 받아 추방당하고 인간세계로 돌아오는 와중에 꿈에서 깨게 된다.
이 소설은 사람들이 추구하는 속세의 부귀영화는 봄날의 한바탕 꿈처럼 부질없다
는 교훈을 전하고 있다.[23]

梁夢은 원래 기장을 뜻하는데 黃粱夢, 黃粱一夢, 黃粱一炊夢(황량일취몽), 一炊之
夢이라고도 하며 인생이란 문틈 밖 찰나의 순간에 지나가는 백마처럼 덧없고, 부귀
영화란 눈 앞에서 사라지는 안개처럼 허무하다는 뜻을 나타내는 전고이다. 이 전고
는 唐 沈既濟(심기제)의 傳奇小說《枕中記(침중기)》에서 유래하는데 주인공 盧生(노
생)이 과거에 낙방하고 주막에 들러 술을 마시다가 도사 呂翁(여옹)에게 신세한탄

23　元 鮮于樞(선우추)의《困學齋雜錄》에 "사람의 일생이란 꿈 속 괴안국에서 부귀영화를 누리
　　는 것처럼 덧없고, 새옹지마 같은 인생부침은 한고조 유방이 그에게 국 한 그릇 주기 인색
　　해하던 형수의 아들을 조롱 섞인 이름-갱힐후로 봉하게 했네(百年身世槐安國, 千古人情羹頡
　　侯)"라고 田時秀의《感興》詩를 인용한 것이 보인다. (元)鮮于樞 :《困學齋雜錄》, 知不足齋
　　叢書本, p.17a.

을 하다 잠이 든다. 꿈속에서 그는 과거에 급제하여 그가 바라던 온갖 부귀과 권력을 얻고 천수를 누리다가 병들어 죽게 되었는데 막 숨이 넘어가기 직전 꿈에서 깨어난다. 비몽사몽 간에 주위를 둘어보니 그가 잠들기 전에 주막 주인이 찌던 기장밥(黃粱)이 아직 다 익지도 않은 상태였다.

이어 5, 6구(轉)에서는 이렇게 생각을 바꾸고 보니 풍찬노숙의 나날이 비일비재하고 흙먼지 매번 앞을 가리는 힘든 사행여정이지만 병치레 한 번 없이 건강하게 지내고 사행길에 아름다운 풍경과 유서깊은 사적지도 종종 볼 수 있으니 오히려 마음 편히 시를 짓고 음영하기 좋은 시절 같다고 느낀다. 마지막 7, 8구(結)에서는 지금 작자가 지나는 땅이 바로 경전에서만 읽었던 嵎夷(우이) 땅에 가깝다는 사실을 깨닫고는 유서깊은 고장을 직접 목도하게 되었음에 감개무량해한다. 여기서 嵎夷는 청주부 동쪽 산동 동부 연안 지역을 가리키며 중국 대륙에서 볼 때 해가 가장 먼저 떠오르는 곳이 된다.

〈부채에 쓴 시〉

즉묵은 火牛陣으로 연나라를 패퇴시킨 명장 전단의 고향이고
임치는 강태공의 봉읍으로 그의 유허 아직도 남아 있다하네.
사행의 먼 길 언제쯤 끝날까?
가마꾼이 맨 작은 가마에선 삐걱이는 소리 들릴 뿐이네.

題人扇
即墨田單邑, 臨淄尚父墟.
遠遊何日到, 伊軋[24]小肩與.

—安璥《駕海朝天錄》

---

24   宋 范成大의《夜歸》詩에 "대나무로 만든 가마 타고 삐걱거리며 긴 거리 지나는데, 청량한 바람 얼굴에 스쳐지나가니 술취해 몽롱했던 정신 맑아지네(竹興伊軋走長街, 掠面風淸醉夢回)" 라는 표현이 보인다.

이 시는 安璥이 靑州府城에서 출발하여 金嶺驛으로 가는 도중에 누군가를 만나 부채에 題詩로 써서 증정한 것으로 보이는데, 당시 書狀官이었던 安璥과 동행한 正使 崔應虛가 남긴 사행록[25]에도 관련 기록이 없어 구체적인 정황을 확인하기는 힘들다. 1구 即墨(즉묵)은 춘추전국시기 齊나라의 큰 城邑 중 하나로서 지금의 山東 靑島市 東南部 即墨市 지역이다. 田單(전단)은 臨淄(임치) 사람으로 戰國時期 齊나라의 名將이다. 燕나라 장군 樂毅(악의)가 다섯 나라와 연합하여 제나라를 공격하여 절체절명의 위기에 빠졌을 때 即墨의 태수로서 火牛陣으로 연나라 군대를 패퇴시키고 잃었던 失地 70여 城을 회복했다. 그 공으로 재상이 되어 安平君에 봉해졌다. 2구 臨淄는 제나라의 故都로서 지금의 山東 淄博市(치박시) 東部 臨淄區 지역이다. 尙父(상보)는 尙甫(상보)라고도 쓰며 呂尙(여상)을 가리킨다. 여상은 姓이 姜이고 氏가 呂이며 이름이 尙이다. 字는 子牙이고 號는 飛熊이며 太公望, 師尙父(사상보), 呂望 등으로도 불린다. 3구의 遠遊란 원래는 멀리 먼 곳으로 遊歷한다는 뜻인데 여기서는 使行을 가리킨다. 4구의 伊軋(이알)은 의성어로서 배의 노를 젓거나 수레가 굴러갈 때 바퀴 축에서 나는 "삐걱"거리는 소리를 가리키는데 여기서는 사신이 타고 있는 가마에서 움직일 때 나는 소리를 가리킨다. 또한 與는 輿(수레)와 통용되며 그래서 小肩輿란 사람이 어깨로 매는 작은 가마를 뜻한다.

이 시는 魚韵으로 압운된 五言 絶句의 근체시형을 갖추고 있다. 안경을 비롯한 조선 사행단은 이곳 청주지역을 지나오면서 무수한 역사유적지를 직접 목도했다. 곧, 그들이 지나온 즉묵지역은 태수 전단이 황소 떼의 꼬리에 불을 붙여 火牛陣으로 연나라 대군을 섬멸하여 제나라의 국운을 회복한 곳이고 임치 지역은 그 유명한 강태공이 봉읍을 받은 땅으로 아직도 그의 衣冠塚이 남아 있는 지역이다. 그러나

---

25 "(七月)初十日己酉, 晴. 曉頭(自洰洱店)啓程, 行三十五裡, 到靑州府. 分巡道魏□□(缺字), 知州蔡寅賓, 知縣胡良機云, 而皆不問矣. 城外康姓人家朝飯. 行三十五里, 溜(오기이며 실제로는 "淄"자이어야 함)河鋪暫歇. 渡大川, 名溜("淄")河. 行三十五里, 到金嶺驛, 止宿張姓人家矣. 金嶺乃孟子去齊三宿, 出畫之地, 古書地雲. 黃虫亦盛."[朝鮮] 崔應虛 :《朝天日記》, 韓國忠淸南道靑陽郡慕德祠藏本.

천하의 영웅호걸도 지금은 그 자취조차 찾을 수 없고 삐걱거리는 가마소리만 황량한 벌판에 조용히 울릴 뿐이다.

　青州府城에서 金嶺驛으로 가는 길은 예전 제나라의 옛 고도였던 臨淄지역으로 제왕들과 명신들의 큰 무덤들이 지금도 언덕을 이루어 끝을 모르고 이어져있으며 아직도 상당수의 무덤들이 그 주인이 구체적으로 누구인지 밝혀지지 않고 있다. 明末 益都縣 출신의 문인 鐘羽正은《古塚歎》이라는 한 편의 시를 남겨 青州府城(益都縣城)으로부터 淄河까지 옛 무덤들이 이어진 풍경을 자세히 묘사하고 관련 역사 전고까지 언급하고 있는데, 이 시를 통해 명말 조선 사신들이 목도했을 청주 경내 역도변의 구체적인 풍경을 상상해 볼 수 있다. 여기서 명말 문인 종우정의 시를 함께 살펴보기로 한다.

　　〈고총탄〉
　　명 종우정 지음

　　益都(익도, 청주부를 가리킴)에서 淄河(치하)까지 난 역도길을 따라 높은 언덕들이 나란히 계속 이어져 서로 마주보고 있으니 바로 옛 齊나라의 왕릉이다. 멀리 초목이 무성한 평야를 마주하고 위로는 저녁 석양이 내려앉아 있는 풍경을 바라보며 옛 제나라의 역사를 회고해보니 참으로 감개무량하여 일찍이 맹상군이 옹문자주의 음악을 듣고 눈물을 흘렸다는 일이 정말 그럴 만한 것임을 깨달았다. 그래서 즉석에서 민간가요의 형식을 빌어 시 한 수를 지었다.

　　제나라 옛 수도 임치의 남쪽에 어찌하여 수많은 언덕있는가?
　　줄줄이 이어져 있는 모습을 보니 왕과 제후들의 무덤인 듯하네.
　　수천년의 세월 흘러 그들은 유골조차 이미 풍화되어 사라졌을 것인데
　　무덤 사이 열 길 높이로 솟은 桓公台는 늦가을 하늘을 가리고 서있네.
　　임치성 옛시절을 회상해보니 조정과 저잣거리는 참으로 번화하고

왕성하고 힘찬 기운 하늘 위 구름 너머 뻗칠 듯 했겠지.

(맹상군의 부친 전영이 제나라 재상이 되어) 단정하고 훌륭하게 성장한 제후들과 단을 쌓아 회맹할 때

무장한 전차는 서리같은 위엄 떨치며 황하 강변 따라 줄지어 늘어서 있었겠지.

당시 제나라 임치성 궁궐에서는 여색과 가무를 마음껏 향략하고

사직에 제사지내는 곳에서조차 공놀이하고 큰 생황 불며 놀았다 하네.

(그러나 전영의 아들 맹상군이 그 뒤를 잇자) 재능있는 인재들이 앞다투어 몰려와 자신의 재주를 자랑하며 총애를 다투었는데

(맹상군이) 모든 식객을 문경지교의 의리로 대하고 애첩처럼 총애하니 식객들이 자신의 공을 논하는 것을 부끄러워했다네.

빈천한 모습에 낡은 검을 두드리며 물고기 반찬을 요구하던 식객 馮驩(풍환) 같은 천하의 호걸협객과

기름 바른 수레바퀴 축 돌아가듯 언변에 능한 淳于髡 같은 유세객들 모여들었다네.

살아서는 화려한 조정의 궁궐에서 서로 높은 자리를 다투다가

죽어서 영락하여 지금은 황량한 무덤 언덕 이와 같네.

화려한 궁전에서 황량한 무덤 언덕으로 바뀌는 것도 찰나의 순간인데

치수의 강물은 동쪽으로 한 번 흘러가면 다시 돌아오지 않는다네.

그 옛날 위풍당당했던 천대의 수레, 만명의 기병 지금 그 어디에도 없듯이

석곽 속에 썩어가는 화려한 염복 역시 마음에 둘 필요없네.

천추만대의 현자와 어리석은 자 모두 한 봉우리 봉분으로 돌아갈 뿐이고

牛山에서 齊景公을 따라 슬퍼하던 간신배와 이를 비웃던 晏嬰도 지금은 모두 옛 이야기일 뿐이네.

제나라 땅에 처음 살았다는 爽鳩氏가 지금까지 살아있을 필요가 없음은

彭祖처럼 장수하든 젊은 나이에 요절하든 모두 썩어 없어지기는 마찬가지이기 때문이네.

저건 어느 왕의 무덤, 이건 어느 재상의 무덤이라 가리키나 그 사실을 누

가 알겠는가?

시골 노인들 사이에 전해지는 전설 같은 이야기 믿을 수 없다네.

말에 채찍질하며 노래 가락 길게 읊조리며 길 떠나려니

마침 석양이 지고 서풍 불어와 인생무상함에 죽도록 슬픈 감정에 사로잡

히네.

古塚歎[26]

明 鐘羽正[27]

---

26   ㈜趙東甫輯 : 《靑州明詩抄》卷3, 靑州古籍文獻便委員會 : 《靑州古籍文獻》14, 內部資料
       2008年版, pp.195-196.

27   "鐘羽正는 字가 叔濂 혹은 洲子이다. 萬曆 8년 進士가 되었고 滑縣知縣(활현지현)을 제수받
       았다. 縣에 산전 600頃이 있었는데 세금을 제때 내지못할 정도로 열악했다. 종우정이 말
       하기를 '산전을 그냥 없애버리면 토지를 버리는 일이고 그대로 남겨두면 백성을 버리는
       일이므로 모두 불가하다'하고 친히 현장에 가서 살펴 버리고 남길 땅을 정하고 새땅으로
       바꾸어주니 현 백성들이 편안해졌다. 이후 禮科給事中에 발탁되고……工科左給事中으로
       이직했다가 宣府로 가서 변경 업무를 담당했는데 함부로 몽고인을 죽이지 않았고, 몽고의
       諸部에 하사하는 27만이 넘는 상금을 삭감하도록 건의했다. ……20년 正月에 동료인 李
       獻可 등과 함께 황제의 長子를 궁에서 내보내 교육시키도록 건의했는데 황제가 노하여 이
       헌가를 유배보내니 종우정이 실제로는 자신이 주장한 일이라고 하면서 함께 유배보내기
       를 청하였다. 황제가 더욱 노하여 午門에서 곤장을 치게 하였으나 종우정은 웃으며 태연자
       약했으며 끝내 오문 근처에서 성지를 받아 삭탈관직되어 평민으로 강등되었다. 30여 년을
       초야에 지내면서 京師와 연락이 끊어졌다. 光宗이 즉위하자 太僕少卿으로 기용되었다가
       다시 正卿으로 승진하였다. ……종우정이 書院을 설치하는 일은 실로 京師에서 우선 권해
       야 할 일이고 금해서는 안되는 일이라고 하면서 스스로를 탄핵하여 휴직을 청했다. 조금
       있다가 從吾를 대신하여 左副都御史가 되었다가 곧 戶部右侍郎이 되어 세금의 출납을 관
       장하게 되었다. 다음해 봄에 工部尚書가 되었다.……楊漣이 魏忠賢을 탄핵하는 疏에서 말
       하기를 '종우정은 청렴하기가 학과 같은데 그를 쫓아낸 것이 죄 중 첫째이다.'라고 하며 환
       관의 무리가 실각하고 淸流를 일컬음에 종우정을 첫째로 꼽았다. 죽은 후 太子太保에 제
       수되었고 저서로 《崇雅堂集》十五卷이 있는데 四庫全書에 그 목록이 전한다. 또한 《厚德
       錄》二卷, 《管見錄》一卷, 《靑州府志》二十卷, 《靑州人物考》, 《靑州風土志》, 《掖垣疏稿》몇
       권이 전한다. (钟羽正, 字叔濂, 洲子. 萬曆八年進士. 授滑縣知縣. 縣有陂田六百頃, 苦逋稅. 羽正曰 : '蠲之
       棄地, 留之棄民, 均不可.'躬自履勘, 定去留, 以新償舊, 滑人便之. 擢禮科給事中. ……遷工科左給事中, 出視
       宣府邊務. 哈刺慎, 老把都諸部挾贈市賞二十七萬有奇, 羽正建議裁之. ……二十年正月偕同官李獻可等請呈
       長子出閣豫教. 帝怒, 謫獻可官. 羽正以己實主議, 請與同謫. 帝益怒, 傳杖午門, 羽正言笑自若. 近午得旨, 斥

益都至淄河, 並路高丘比比, 相望皆先齊舊塚也. 遠峙平蕪, 高銜夕照, 追

惟今昔, 良用慨然, 雍門之泣,[28] 信有以也. 馬上成俚歌[29]一首.

爲民. 林居幾三十年, 未嘗尺書入京師. 光宗立, 起太僕少卿, 晉正卿. ……會朱童蒙以講學擊鄒元標及從吾,
羽正言書院之設, 實爲京師首善勸, 不當議禁, 因自劾乞休. 頃之, 代從吾爲左副都御史, 俄改戶部右侍郎, 督
倉場. 明年春, 拜工部尚書. ……楊漣劾魏忠賢疏雲：'鐘羽正清修如鶴, 逐之使去, 其罪一也.'及瑠敗, 起□清
流, 首列羽正名. 卒, 贈太子太保. 著有崇雅堂集十五卷, 四庫全書存其目. 又有《厚德錄》二卷, 《管見錄》一卷,
《靑州府志》二十卷, 《靑州人物考》《靑州風土志》《掖垣疏稿》若干卷)" 咸豐《靑州府志》卷45《人物》, 清
咸豐九年刻本, pp.4a-6a.

28 雍門(옹문)에는 크게 두 가지 뜻이 있다. 첫째, 春秋시기 齊나라의 城門을 말한다. 《戰國策·
齊策一》에 "군대와 군량을 가지고 고완에 이르러 가벼운 전차와 날카로운 기병으로 하여
금 제나라 서문을 공략하십시오(軍重踵高宛, 使輕車銳騎沖雍門)"라는 표현이 보이고 高誘는
注에서 "옹문은 제나라 서문의 이름이다(雍門, 齊西門名也)"라고 설명했다. 둘째 雍門鼓琴(옹
문고금)의 고사를 가리키며 "雍門泣"이라고도 하는데, 부귀와 권세는 영원하지 없으며 크
게 성공하여 영달한 이후에는 반드시 쇠망하게 되고마는 철리를 깨닫고 슬퍼한다는 뜻이
다. 劉向의 《說苑·善說》에 다음과 같은 고사가 전한다. "雍門子周(옹문자주)가 琴을 잘 타는
재주로 孟嘗君을 알현했다. 孟嘗君이 물었다. "선생은 琴을 연주하여 나를 울게 할 수 있
소?" 그러자 雍門子周가 이렇게 대답하였다. '臣이 어찌 足下을 슬프게 할 수 있겠는지요
……그러나 臣이 足下를 슬프게 할 방법이 단 하나 있습니다. 듣건대 秦王과 대적하여 秦
을 곤궁에 빠뜨릴 수 있는 자는 君이고 다섯 나라와 맹약을 맺고 남면하여 楚나라를 공격
할 수 있는 자도 군이라고 합니다. 천하에는 아무런 일이 없었던 적이 없었으니 6국이 서
로 합종하지 않으면 연횡합니다. 합종했을 때는 초나라가 왕이 되었고 연횡이 성립되자
진나라가 제왕이 되었습니다. 그러나 어떤 경우든 앞으로 楚王과 秦帝 모두 족하의 봉지
인 薛에게 보복하려 할 것입니다. 만약 강성한 秦과 楚가 작은 나라인 설에 보복하면 마치
날카롭게 잘 간 도끼로 아침에 돋아난 버섯을 자르는 것 같이 조금도 거침이 없을 것입니
다. 그래서 천하의 견식이 있는 선비들이 모두 足下 때문에 슬퍼하고 눈물을 흘립니다. 오
랜 세월이 흐른 후 족하의 廟堂에는 더이상 血食의 제사 없을 것입니다!" 맹상군이 이 말
을 듣고 눈시울을 적시며 울었다. 이에 子周가 琴을 타기 시작하니 맹상군이 더욱 슬퍼하
며 눈물을 흘리며 말하기를 "선생의 금소리는 나를 마치 멸망한 나라의 도읍에 서있는 사
람처럼 만드는구료."라고 하였다(雍門子周以善琴見孟嘗君, 孟嘗君曰：'先生鼓琴亦能令文(孟嘗君
名)悲乎? 雍門子周曰：'臣何獨能令足下悲哉……然臣之所爲足下患者事也. 夫聲敵帝而困秦者, 君也, 連五
國之約南面而代楚者又君也. 天下未嘗無事, 不從(縱)則橫. 從(縱)成則楚王, 橫成則秦帝. 楚王秦帝, 必報仇
于薛矣. 夫以秦楚之強而報仇于弱薛, 譬之猶摩蕭斧而伐朝菌也, 必不留行矣. 天下有識之士無不爲足下寒心
酸鼻者, 千秋萬歲之後, 廟堂必不血食矣. 高臺既以壞, 曲池既以漸. 墳墓既以下而青廷矣, 嬰兒豎子樵采薪蕘
者, 躑躅其足而歌其上, 衆人見之, 無不愀焉.'孟嘗君聞之悲淚盈眶. 雍門子周於是引琴而鼓, 孟嘗君增悲流涕
曰'先生之鼓琴, 令文立若破國亡邑之人也'.)

29 俚歌(리가)는 자신이 지은 시를 낮추어 부르는 말이다. 唐 劉禹錫의 《插田歌引》에 "우연히

齊城之南何者丘, 累累相似多王侯.

千年枯骨今已矣, 十丈高臺掩暮秋.

憶昔繁華據朝市, 崢嶸意氣排雲起.

衣冠濟濟會盟壇, 兵車烈烈橫江汜.

撞鐘舞女向深宮, 蹴鞠吹竽里社中.

疊馳上駟爭誇巧, 刎頸雙桃恥論功.

食魚彈鋏豪俠子, 雕龍炙轂游談士.

生存華屋竟相高, 零落荒丘今若此.

荒丘華屋須臾間, 淄水東流去不還.

千輻萬騎復何在, 石槨珠襦亦等閒.

萬代賢愚一抔土, 牛山悲笑皆千古.

爽鳩何必至今存, 彭殤修短同朽腐.

指點誰知主與臣, 野老流傳總未真.

策馬長歌從此去, 落日西風愁殺人.

이 시는 작자가 自註에서 스스로 밝히고 있듯이 압운이나 평측을 고려하지 않은 7언 고체시로서 총 28구로 구성되어 있다. 전체적인 구성을 보면 1구에서 4구까지 (총 4구)는 시상을 일으키는 起로서 제나라 왕후장상의 무덤들이 옛 제나라 도읍의 남쪽 땅에 지금도 여전히 언덕처럼 이어져 남아 있고, 심지어 높다란 환공대 유적은 지금도 저녁 노을을 받아 장엄하기까지 하다. 어어진 5구에서 14구까지(총 10구)는 시상을 발전시키는 承으로 지금까지 남아있는 무덤들의 옛 주인인 제나라의 걸출한 인물들에 대한 회상으로 본격적으로 이어진다. 특히 제나라의 전성기를 열었던 맹상군과 그의 부친 전영에 대한 회상을 중심으로 옛 도읍의 번성함과 영웅호걸들의 전설같은 일화를 회고한다. 그 다음 15구부터 24구까지(총 10구)는 장쾌한 회상의 감정을 전환시켜 비애의 감정으로 바뀌는 轉으로서 번성했던 옛 도읍도 황량

군루에 올라 때마침 느끼는 바가 있어서 그 일을 기록하고 스스로 시를 지어 채시관이 이를 채록하기를 기다린다. (偶登郡樓, 適有所感, 遂書其事爲俚歌, 以俟采詩者)"라는 표현이 보인다.

한 언덕으로 변하여 옛 모습 찾을 길 없고 옛 영웅호걸들은 무덤 속 한줌의 흙으로 사라졌으며 그들이 활약하던 역사적 장소도 이제는 어디가 어디인지 더이상 확인할 수 없을 정도로 황폐해졌다. 다만 도도히 동쪽으로 흘러가는 치수의 강물만이 옛날과 변함이 없어서 짧고 유한한 인간사를 절로 탄식하게 만들기에 옹문자주의 음악을 듣고 권세의 유한함에 눈물을 흘렸던 맹상군과 우산에 올라 부귀영화를 영원히 누릴 수 없어 탄식했던 제경공의 인생무상의 심정을 이해할 수 있을 것만 같다. 마지막 25구에서 28구까지(총 4구)는 結로서 작자 또한 석양이 붉게 물들고 차가운 서풍 부는 옛 무덤들 앞에서 차마 발걸음을 옮기지 못하고 인생무상의 애잔한 감정에 사로잡힌다.

1구 齊城은 齊나라 故都 즉, 山東 臨淄를 가리킨다. 2구 累累(루루)는 줄줄이 이어져 있는 모양을 비유하는 말이다. 《漢書·五行志下之下》에 "다음해에 여러 제후들이 과연 줄줄이 초나라로부터 채나라로 몰려들었다(明年, 中國諸侯果累累從楚而圍蔡)"[30]라는 표현이 보이고 顔師古는 注에서 "루는 끝이지 않는 모양(累, 不絕之貌)"이라고 해설했다. 3구 已矣는 끊어져 없어졌다는 뜻이다. 漢 李陵의 《答蘇武書》에 "본인 이릉이 심장을 찔러 스스로 결백함을 밝히고 목을 베어 그 뜻을 보이는 것은 어렵지 않으나 조국 한나라의 나에 대한 은혜가 끊어져 없어졌음을 돌아보건대(陵不難刺心以自明, 刎頸以見志. 顧國家於我已矣)"[31]라는 표현이 보인다. 4구 高臺는 齊나라 故城의 북쪽에 있던 "桓公台"를 가리킨다. 이 台는 원래 齊나라 도성 내에 그 유적이 남아 秦漢시기까지 전해졌으므로 環台라고 불렸다가 唐나라 이후로 그 위에 桓公廟와 管子廟를 추가로 건축하였고 桓公台라고 불리게 되었다. 이상 1구에서 4구까지는 起로서 작자는 제나라 옛 수도 임치 땅으로 부임해 오는 길에 남쪽으로 줄줄이 언덕을 이루며 이어진 옛 제나라 왕과 제후들의 무덤을 보았고 그 무덤들 사이로 지금도 여전히 높다랗게 서서 늦가을 하늘을 가리고 장엄하게 서 있는 桓公

---

30   《漢書》卷27《五行志》, 淸乾隆四年武英殿校刻本, p.28a.
31   《藝文類聚》卷30《人部十四》, 宋紹興刻本, p.4b.

台를 바라보면서 이들 무덤들의 주인인 옛 영웅호걸들의 이야기와 기상을 떠올리
게 된다.

　5구 朝市는 朝廷과 시장을 가리킨다.《左傳·襄公十九年》에 "부녀자에게는 형벌
이 없으니 비록 있다고 하더라도 조정과 시장에서 공개적으로 하지 않는다.(妇人无
刑, 虽有刑, 不在朝市)"[32]라는 기록이 보인다. 6구 崢嶸(쟁영)은 탁월하고 뛰어난 모습
을 형용한다. 唐张의《唐故夏州都督太原王公神道碑》에 "(빼어난 문장 탁월한 무예
(卓荦文艺, 崢嶸武节)"[33]라는 표현이 보인다. 排雲란 구름을 열어젖힌다는 뜻으로 높
은 모양을 형용한다. 晉 郭璞의《遊仙詩》제6수에 "신선이 구름을 열어 젖히고 올라
가면 온통 금은대의 화려한 풍광이 보이고(神仙排雲出, 但見金銀台)"라는 표현이 보
인다. 7구 濟濟는 의관이 훌륭하고 단정한 모양을 형용하는 말이다.《詩·齊風·載
驅》에"네 마리 검은 말 가지런히 훌륭하고 늘어뜨린 고삐 치렁치렁 휘날리네(四驪
濟濟, 垂轡濔濔)[34] 이란 표현이 보인다. 盟壇(맹단)이란 옛날 국가 간에 結盟하던 장소
이다.《孔叢子·儒服》: "조말이 魯나라를 위해 3차례 齊나라와 싸웠서 3차례 모두 땅
을 잃고 말았다. 그후 盟壇에서 제환공, 관중과 결맹할 때 용맹을 떨쳐 三尺의 劍을
휘둘러 잃었던 땅을 돌려받았다.(曹子爲魯三與齊戰, 三敗失地, 然以勇敢之節奮三尺之
劍, 要桓公, 管仲於盟壇, 卒收其所喪)"[35] 라는 표현이 보인다. 8구 兵車는 戰車를 가르
킨다.《左傳·襄公十年》에 "정자산이 강도가 들었다는 소식을 듣고서 문지기를 세
우고 여러 가신들을 조직하여 창고를 굳게 잠그고 물건들을 잘 간수하게 하여 방비
를 다 갖추고는 대열을 맞추어 출동했는데 전차가 70승에 이르렀다.(子產聞盗, 爲門
者, 庀群司, 閉府庫, 愼閉藏, 完守備, 成列而後出, 兵車十七乘)"[36]라는 표현이 보인다. 氾
(사)는 물가, 강변의 뜻이다. 晉 陸機의《爲顧彦先贈婦》詩 제1수에 "고향 돌아가는

32　《左傳注疏》卷34《襄公》, 宋本十三經注疏本, pp.4b-5a.
33　(宋)李昉輯：《文苑英華》卷913, 明刻本, p.4a.
34　(漢)毛亨傳, 鄭玄箋, (唐)陸德明音義：《毛詩》卷5《齊雞鳴訓詁傳第八》, p.9a.
35　(漢)孔鮒：《孔叢子》卷中, 漢魏叢書本, p.8a.
36　《左傳注疏》卷31《襄公》, 宋本十三經注疏本, p.10a.

기러기 날개 빌릴 수 있다면 푸드덕 날아올라 강변 위를 날아갈텐데(願假歸鴻翼, 翻飛游江氾)."[37] 라는 표현이 보인다.

9구 撞鐘舞女(당종무녀)란 가무와 여색을 마음껏 즐긴다는 뜻이다.《左傳·昭公二十年》에 "만약 그 백성들이 황음무도한 군주를 만난다면 조정의 안과 밖이 모두 편파적이고 사악해지고 윗사람과 아랫사람이 서로 원망하고 미워하며 모든 행동 거지가 편벽되고 도리에 어긋나며 욕심을 좇아 사욕을 마음껏 채우고자 하여 높은 누각과 깊은 연못을 파고 가무와 여색을 즐김에 꺼리낌이 없어진다. (其適遇淫君, 外內頗邪, 上下怨疾, 動作辟違, 從欲厭私, 高臺深池, 撞鐘舞女)"라는 표현이 보인다. 深宮이란 제왕이 거처하는 궁궐이다. 10구 蹴鞠(축국)은 蹋跼(답박)과 같은 뜻으로 지금의 축구와 유사한, 공을 차고 노는 고대의 놀이이다.《戰國策·齊策一》에 蘇秦이 齊나라에 와서 齊宣王에게 "임치는 지극히 부유하고 경제적으로 내실이 있어서 그 백성들 가운데 생활, 금과 비파를 연주하지 않는자가 없고 투계과 투견, 주사위 놀이, 공차기 놀이를 즐기지 않는 자가 없다 (臨淄甚富而實, 其民無不吹竽, 鼓瑟, 擊築, 彈琴, 鬪雞, 走犬, 六博, 蹴跼者)"라고 말했다는 기록이 보인다. 곧, 당시 제나라는 경제적으로 부유하여 민간에 다양한 스포츠와 향락문화가 발달했던 것 같다. 里社란 옛날 마을에서 土地神에게 제사를 지내는 處所이다.《史記·封禪書》에 "백성들이 리사에서 각자의 재물로써 제사를 올린다(民里社, 各自財以祠)"라는 표현이 보인다. 11구 疊馳(첩치)란 "끊임없이" 라는 뜻이다. 上駟(상사)는 上等의 말, 좋은 말의 뜻으로 걸출한 인재, 여럿 중에 빼어난 것을 뜻한다.《史記·孫子吳起列傳》에 "지금 임금의 하등의 말을 저들의 상등의 말과 겨루게 하고, 임금의 상등의 말을 골라 저들의 중등의 말과 겨루게 하고 임금의 중등의 말을 골라 저들의 하등의 말과 겨루게 하십시오.(今以君之下駟與彼上駟, 取君上駟與彼中駟, 取君中駟與彼下駟)" 라는 표현이 보인다. 12구 刎頸(문경)은 刎頸之交의 뜻으로 상대방을 위해 목숨을 내어줄 정도로 깊은 우정을 나누는 사이를 가리킨다. 전국 시대 趙나라 上大夫 藺相如(인상여)과 上

---

37   (淸)張玉書, 陳廷敬輯:《佩文韻府》卷34下《上聲》, 淸康熙五十年刻本.

將軍 廉頗(염파)가 고사의 주인공이다. 雙桃(쌍도)는 桃根과 桃叶 자매를 가리킨다. 둘은 東晉의 미녀로서 桃叶이 언니이고 桃根이 동생인데 둘 다 유명한 서예가 王獻之의 첩이 되었기에 이후에 미녀를 가리키는 범칭이 되었다. 13구의 食魚彈鋏(식어탄협)은 제나라 맹상군의 식객 馮諼(풍훤)과 관련된 전고로서 겉보기에는 빈천해보이나 재주를 감춘 빈객을 알아보고 잘 대우하고 대접해 준다는 뜻으로 쓰인다. 《史記·孟嘗君列傳》,[38]《戰國策·齊策四》[39] 등에 "풍훤은 맹상군이 빈객 대접을 잘해 준다는 소문을 듣고 짚신을 신고 맹상군을 보러갔다. 맹상군이 말하기를 '선생께서 먼길을 마다하지 않고 오셨으니 저에게 무슨 가르침을 주실 것입니까?'하니, 풍훤이 말하기를 '군께서 선비를 잘 대접하신다고 해서 빈천한 몸을 군에게 의탁하려고 왔습니다.' 라고 하였다. 이에 맹상군이 풍훤을 傳舍에 10일 동안 머물게 했다. 맹상군이 傳舍의 지배인에게 '손님이 뭐하고 있나?'라고 물었는데 지배인이 답하였다. '풍선생은 무척이나 빈궁하여 칼 한 자루 밖에 가진 것이 없고 그것도 칼자루를 새끼줄로 감았습니다. 그 검을 두드리며 노래하기를 '장검아 돌아가자! 식사에 물고기가 없구나'라고 합니다.' 이에 맹상군이 풍훤을 幸舍로 모시게 하고 물고기 요리를 식사로 대접했다. 5일이 지나서 다시 지배인에게 물으니 답하기를 '풍선생께서 다시 검을 두드리며 노래하기를 '장검아 돌아가자! 외출하는데 수레가 없구나!'

---

38   馮聞孟嘗君好客, 躡蹻而見之. 孟嘗君曰"先生遠辱, 何以教文也?" 馮曰"聞君好士, 以貧身歸於君." 孟嘗君置傳舍十日. 孟嘗君問傳舍長曰"客何所爲?" 答曰"馮先生甚貧, 猶有一劍耳, 又蒯緱. 彈其劍而歌曰 '長鋏歸來乎, 食無魚'." 孟嘗君遷之幸舍, 食有魚矣. 五日, 又問傳舍長. 答曰"客復彈劍而歌曰'長鋏歸來乎, 出無輿'. 孟嘗君遷之代舍, 出入乘輿車矣. 五日, 孟嘗君復問傳舍長. 舍長答曰"先生又嘗彈劍而歌曰'長鋏歸來乎, 無以爲家'." 孟嘗君不悅.

39   "齊人有馮諼者, 貧乏不能自存, 使人屬孟嘗君, 願寄食門下. 孟嘗君曰: '客何好?'曰: '客無好也.'曰: '客何能?'曰: '客無能也.'孟嘗君笑而受之曰: '諾.'左右以君賤之也, 食以草具. 居有頃, 倚柱彈其劍, 歌曰: '長鋏歸來乎! 食無魚.'左右以告. 孟嘗君曰: '食之, 比門下之客.'居有頃, 復彈其鋏, 歌曰: '長歸來乎! 出無車.'左右皆笑之, 以告. 孟嘗君曰: '爲之駕, 比門下之車客.'於是乘其車, 揭其劍, 過其友曰: '孟嘗君客我.'後有頃, 復彈其劍鋏, 歌曰: '長鋏歸來乎! 無以爲家. 左右皆惡之, 以爲貪而不知足.'孟嘗君問: '馮公有親乎?'對曰: '有老母.'孟嘗君使人給其食用, 無使乏. 於是馮諼不復歌." (漢)高誘撰, (宋)姚宏續撰 : 《戰國策注》卷11《齊四》, 士禮居叢書景宋剡川姚氏本, p.1a.

라고 합니다.' 이에 맹상군이 풍훤을 代舍에 모시게 하고 출입할 때 수레를 타도록
해주었다. 5일 후에 맹상군이 다시 지배인에게 물으니 지배인이 답하기를 '풍선생
께서 또 검을 두드리며 노래하기를 '장검아, 돌아가자! 살 집이 없구나!'라고 합니
다.'라고 했다. 이에 좌우의 신하들은 모두 풍훤이 탐욕스럽다고 여기고 그를 미워
했다. 그런데 맹상군이 다시 묻기를 '공은 가족이 있소?'라 하니, 풍훤이 대답하여
말하기를 '늙은 노모가 있습니다.'라고 했다. 이에 맹상군이 사람을 시켜 그의 노모
에게 음식을 제공하고 부족함이 없게 했다. 그 이후로 풍훤은 다시 노래하지 않았
다."라는 관련 전고가 남아 있다. 豪俠(호협)은 힘과 권력이 있지만 다른 사람을 돕
기 좋아하는 사람을 뜻한다. 《漢書·遊俠傳·萬章》: "장안은 크게 번성하였고 거리
마다 호협이 있었다(長安熾盛, 街閭各有豪俠)"[40] 라는 표현이 보인다. 14구의 雕龍(조
룡)은 雕鏤龍紋(조루용문)의 줄임말로 원래는 새기어 치장하고 화려한 용무늬로 장
식한다는 뜻인데 비유적으로 문장을 수식하고 문자를 조탁한다는 뜻으로 쓰인다.
《史記·孟子荀卿列傳》에 "추연의 학술은 도도하게 넓었고 크게 변설하였으며 추
석은 문장은 갖추었으나 실행하기 어려웠다. 순우곤은 오래 함께 있으면 때때로 좋
은 말을 얻어들을 수 있었다. 그래서 제나라 사람들이 말하기를 '하늘을 논하는 것
은 추연이요, 문장을 수식하는 것은 추석이고 언변에 능한 것은 순우곤이다'라고
하였다.(騶衍之術迂大而閎辯, 奭也文具難施, 淳於髠久與處, 時有得善言. 故齊人頌曰'談天
衍, 雕龍奭, 炙轂過髠)"라는 기록이 보이며 裴駰(배인)의 集解에서 劉向의 《別錄》을
인용하여 "추연과 추석이 문장을 가다듬고 늘리는 것이 마치 화려한 용무늬를 새기
고 치장하는 것 같았기 때문에 '조룡'이라고 한다(騶奭脩衍之文, 飾若雕鏤龍文, 故曰'雕
龍')"[41]라고 해설하였다. 炙輠(적과)는 《史記·孟子荀卿列傳》의 기록에 따르면 "炙轂
過(적곡과)"로 써야하는데 여기서 過를 "輠"로 쓴 것은 假借한 것이다. 輠는 옛날 수
레 위에 설치한 기름을 담는 도구로서 輠가 뜨거워져 기름이 흘러나와야 車軸을 미

40   《漢書》卷92《遊俠》, 淸乾隆四年刻本, p.10a.
41   《史記》卷74《孟子荀卿傳》, 淸乾隆四年刻本, p.5a.

끄럽게 하여 바퀴와의 마찰이 없이 수레바퀴가 잘 굴러갈 수 있다. 나중에 말이 유창하고 언변에 능함을 비유하는 전고로 사용되었다. 이상 5구에서 14구까지는 承으로서 옛 제나라의 수도였던 임치성이 얼마나 번성했을지를 상상하고 이어 옛날 제나라의 부국강병을 이끌었던 맹상군과 그의 부친 전영이 이루었던 영광스러웠던 역사를 회고한다. 특히 맹상군이 천하의 인재를 총애하여 풍환과 순우곤 같은 영웅협객 3천명을 모아 문하에 두고 활약한 전설같은 역사를 떠올리며 작자도 호쾌한 감정에 잠긴다.

이어진 15구의 華屋은 화려하고 큰 집을 가리키는데 주로 조정이나 회의를 하는 장소를 말한다. 《史記·平原君虞卿列傳》에 "만약 외교적 수단으로 능히 담판이 성공한다면 좋지만 외교적 수단이 통하지 않는다면 조정의 회당에서 협박하여 반드시 맹약을 성사시킨 후에 귀국해야 한다(使文能取胜, 则善矣. 文不能取胜, 则歃血于华屋之下, 必得定从而还)"라는 표현이 보인다. 19구의 輜(치)는 짐수레를 뜻한다. 20구의 石槨은 "石郭"으로도 쓰며 돌로 만든 外棺을 가리킨다. 《禮記·檀弓上》"옛날 공자께서 송나라에 거처할 때 사마 환퇴(司馬 桓魋)가 자신의 석곽을 3년 동안 만들었으나 완성하지 못하자 공자께서 말씀하시기를 '만약 그처럼 사치스럽다면 죽어서 빨리 썩어 없어지는 것만 못하다 (昔者夫子居於宋, 見桓司馬自爲石槨三年而不成, 夫子曰 : '若是其靡也, 死不如速朽之愈也')"라는 표현이 보인다. 珠襦(주유)는 고대 제왕과 왕후, 귀족의 殮服을 말한다. 元나라 때 虞集의 《賦吳郡陸友仁得白玉方印》詩에 "죽은 자의 염복은 이미 썩어서 흙으로 변했지만 이 물건의 장식은 금빛 기러기가 날아가듯이 완정하네(珠襦已隨黃土化, 此物還同金雁翔)"[42]라는 표현이 보인다. 等閒(등한)은 마음에 두지 않고 대수롭지 않게 등한시하는 것이다. 21구의 一抔土(일부토)란 원래 한 움큼의 흙을 말하는 것인데 이후 墳墓를 가리키게 되었다. 《史記·張釋之馮唐列傳》에 "만약 어리석은 백성이 漢高祖의 릉인 장릉의 흙을 파내간다면 폐하께서는 그를 어떻게 벌하시겠습니까?(陵假令愚民取長陵一抔土, 陛下何以加其法

---

42   (元)虞集撰, (元)劉沙剌班編 : 《道園類槁》卷4《古詩七言》, p.4b.

乎?)"라는 구절이 보인다. 22구의 牛山悲笑는 牛山之悲의 전고를 가리키면서 人生의 유한함과 덧없음을 뜻하는 전고로 《晏子春秋·諫上十七》에 "제나라 경공이 우산을 유람하면서 북쪽으로 도성을 바라보며 눈물을 흘리며 말하기를 '어찌하여 저 흐르는 물처럼 이처럼 아름다운 나라를 떠나 죽어야 한단말인가?'(景公游于牛山, 北臨其國城而流涕曰 : '若何滂滂去此而死乎?')"[43]라는 표현이 보인다. 爽鳩(상구)는 爽鳩氏를 가리키는데 전설에 따르면 강태공이 제나라의 땅을 다스리기 전에 원주민인 少暤(소호) 部落의 수령이자 五帝중의 한 명인 昊氏(소호씨)의 司寇(사구–형벌을 관장하는 관리의 우두머리)였다고 한다. 《晏子春秋·重而異者第七》에 "제나라 경공이 술을 마시고 즐거워하면서 '옛 제왕들이 장생불사했다면 얼마나 즐거웠을고?'라고 물었다. 안영이 대답하여 말하기를 '옛 제왕들이 죽지 않으면 그것은 그들의 즐거움일뿐 제왕께서 무얼 얻을 게 있겠습니까? 옛날 爽鳩氏(상구씨)가 처음 이땅에 살기 시작했고 그 뒤 季萴(계측)이 이었으며 逢伯陵(봉백릉)과 蒲姑氏(포고씨)가 차례로 계승했다가 그 후 姜太公이 있었습니다. 옛 제왕들이 죽지 않았다면 그것은 爽鳩氏의 즐거움일뿐이지 임금이 원하는 바가 아닙니다. (齊景公飮酒樂, 公曰 : '古而無死, 其樂若何?'晏子對曰 : '古而死, 則古之樂也, 君何得焉? 昔爽鳩氏始居此地, 季萴因之, 有逢伯陵困, 蒲姑氏因之, 而後太公因之. 古君无死, 爽鳩氏之乐, 非君所愿也')"[44]라고 하였다. 24구의 彭殤(팽상)이란 壽夭(수요) 곧 장수와 요절을 가리킨다. 전하는 바에 따르면, 彭祖는 堯임금의 신하로 彭 땅에 봉해졌고 夏와 商나라에 걸쳐 800년을 살았다고 한다. 彭祖는 장수를 상징하는 인물이고 殤이란 어린 나이에 요절한 자를 뜻한다. 《莊子·齊物論》에 "어려서 요절한 자보다 오래 산 사람이 없다고 할 수 있으므로 팽조도 단명했다 할 수 있다(莫壽於殤子, 而彭祖爲夭)"[45]라는 구절이 나온다. 修短이란 壽命의 長短을 가리킨다. 《漢書·谷永傳》에 "거기에 더해 군왕의 공덕의 후덕함과 박함의 차이, 즉위 기간과 자질의 길고 짧음, 처한 시대가 중기인지 말기인지, 천도

43　《晏子春秋》卷1《內諫上》, 經訓堂叢書印本, p.9b.

44　《晏子春秋》卷7《外篇》, 經訓堂叢書印本, p.2b.

45　(宋)呂惠卿撰 : 《莊子全解》卷1《齊物論二》, 金刻本, p.3b.

사진 4-3   青州府城 北門 "瞻星門(첨성문)"城樓의 內景[47]

가 성한 때인지 쇠락한 때인지의 차이도 있다. (加以功德有厚薄, 期質有修短, 時世有中季, 天道有盛衰.)[46]이라는 표현이 보인다. 朽腐(후부)란 썩고 부패했다는 뜻이다. 이상 15구에서 24구까지는 轉으로서 14구까지 이어진 장쾌한 시의 분위기가 인생무상에 대한 애상적 감정으로 바뀐다. 곧, 수천 년의 세월이 지난 후에도 변함없이 도도히 동쪽으로 흘러가는 치수의 강물과는 달리 그 옛날 역사의 한 장을 장식했던 영웅호걸들은 이제 황량한 무덤의 한줌 흙으로 변하여 그 흔적조차 찾을 수 없다. 그래서 작자는 옹주자주의 음악을 듣고 인간 성세의 유함함에 눈물 흘렸던 제환공과 牛山에 올라 제왕의 권력과 부귀영화를 영원히 누릴 수 없음을 슬퍼한 제경공의 인생무상의 심정을 십분 동감하게 되었고 동시에 彭祖처럼 장수하든 젊은 나이에 요절하든, 역사에 이름을 남긴 걸출한 인물이던 오명을 남긴 졸렬한 인물이든 인간은 누구든지 언젠가는 사라지고마는 유한한 존재라는 점을 새삼 깨닫고 깊은 애상에 잠긴다.

　　마지막 28구의 愁殺이란 愁煞이라고도 쓰며 사람을 무척이나 근심스럽고 우수에 잠기게 한다는 뜻인데 여기서 殺은 문법적으로 정도가 심함을 나타내는 보어로 쓰였다. 《古詩十九首·去者日以疏》에 "백양나무 사이로 솨아아 슬픈 바람 크게 불어오니 지나가는 나그네 죽도록 애상에 잠기게 하네(白楊多悲風, 蕭蕭愁殺人)"라는 표현이 보인다. 이상 25구에서 28구까지는 結로서 붉은 석양이 깔리고 쓸쓸히 서풍 불어오는 늦은 오후에 이제는 그 주인이 누구인지조차 알 수도 없는 옛 무덤을

46   《漢書》卷85《谷永杜鄴傳》, 淸乾隆四年刻本, p.23b.

47   孟慶剛主編 : 《古城舊影―靑州歷史圖片》, 山東畫報出版社2014年版, p.30.

바라보면서 작자는 인생무상의 슬픔이 그저 남의 일이 아닌 듯하여 차마 떠나지 못하고 말고삐를 잡고 한참 서있다.

　조선사신들은 이처럼 옛 제왕들의 무덤이 언덕처럼 이어진 청주땅을 지나 靑州府城(청주부성)으로 입성하여 성내를 관통한 후 靑州府城 北門인 첨성문(瞻星門)으로 나와 계속 서쪽으로 이동하여 여러 명승고적을 거쳐가면서 계속 益都縣(익도현) 金嶺驛(금령역)을 향해 여정을 이어갔다.

제1절 彌陀寺(彌院禪寺), 孟嘗君遺址[48]

(6월) 14일 맑음. 날이 밝자 출발해서 靑州 北關 彌陀寺(미타사)에 도착했다. 인부와 말, 가마꾼이 갖추어지지 못해 바로 출발하지 못하고 오전부터 오후까지 절에 머물렀다. 遼東에서 난리를 피하여 절에 머물고 있던 선비 李喬, 田大觀, 李日培 등 세 사람이 찾아와서 말하기를, 경략 楊縞, 경략 熊廷弼, 안찰사 王化貞, 劉國晉 등 네 사람은 현명하고 또한 공이 있으며 비록 요동을 잃은 죄가 있다하나 지금 형세로는 불가한 일이었으며 만약 이들을 사면하여 다시 등용한다면 인심이 크게 진작되고 의병이 구름처럼 모여 요동과 廣寧(광녕, 지금의 遼寧省 北鎭市) 땅을 회복할 수 있을 것이라 한다. 疏의 초안을 가지고 있다가 보여주었는데 그 문사가 무척 좋았으며 앞서 말한 네 사람 가운데 王化貞이 가장 현명하다고 했다. 또한 명 조정에 도착하여 행여 조정 대신을 만나게 되면 이런 사정을 전해달라고 했다. 그리고 濟南과 登州 軍門에게도 이 疏를 보여줄 것이라고 한다. 내가 답하여 말하기를, 疏의 내용과 문사가 모두 잘 갖추어져 재삼 경탄하게 된다고 했고, 그러나 소국의 신하로서 말도 통하지 않는데다가 명 조정의 대신을 접견할 방법도 알지 못하니 그런 사정을 전할 방도가 전혀 없으나 조선으로 돌아가서 국왕에게 이 疏를 올린다면 혹시 그 인물들의 정황을 조정의 일로 전달할 수도 있겠다고 대답해주었다. 이어서 疏를 어느 秀才가 지었는지 물어보았는데 두 사람 다 李喬를 가리켰다. 내가 문장이 진실되고 간절하다고 말하고 이교에게 손을 올려 예를 표하니 이교 역시 손을 올려 감사하기 이를 데 없다고 답했다. 그들이 계절 과일 세 가지를 가지고 왔으므로 부채 6개를 주어 사의를 표했다.

(六月)十四日, 晴. 平明(自菊迷河[49])發行, 到靑州北關彌陀寺, 夫馬轎

---

48 조선사신의 사행록에는 孟嘗君第, 田文故第, 田文第, 田文之故第, 孟嘗君古里 등으로 기록되어 있다.

49 菊迷河는 益都縣 동쪽 35리에 있는 巨彌河店(지금의 靑州市 黃樓街道 巨彌村) 부근에 있다.

軍不齊, 不復發, 自朝至午留寺. 遼東避亂流寓士人李喬, 田大觀, 李日培三人來見, 爲言楊經略縞, 熊經略廷弼, 王安察化貞, 劉國晉四人之賢而有功, 雖有失遼之罪, 今不可得. 如此人赦罪復用, 則人心大振, 義兵雲集, 自可還復遼廣. 持疏草出示, 疏辭極好. 四人中稱王化貞最賢, 且言到朝廷幸與宰執相見, 爲道此情. 濟南及登州軍門欲呈此疏云. 吾答云：疏辭意俱好, 三復敬歎. 但小邦之臣言話不通, 且無接見天朝宰執之路, 固難通情. 還我國當啓此疏于國王, 則或不無將此人情轉達朝廷之事也. 因問此是何秀才所撰, 二人皆指李喬. 吾稱道文辭誠懇, 擧手向李, 李亦擧手稱謝不已. 以時果三色來, 贈以六扇, 還報謝意.

—吳允謙《海槎朝天日錄》

윗글은 登極使 오윤겸이 명 천계 2년(1622) 6월 14일에 靑州 北關 彌陀寺에 유숙할 때 기록한 것이다. 요동의 난리를 피해 靑州로 흘러든 중국 문인들은 당시 요동의 정세에 정통했기에 미타사에서 우연히 만난 오윤겸에게 나중에 명나라 조정에 들어가 대신들을 만나게 되면, 요동에서 후금과의 전쟁에서 패했다는 이유로 죄를 받아

50　楊鎬(?-1629)는 河南 商丘사람이다. 萬曆 8년(1580)에 進士가 되어 南昌, 酈縣知縣으로 부임했다가 御史로 다시 右僉都御史로 승진했다. 萬曆 25년(1597)에 經略朝鮮軍務使로 조선에 와서 정유재란 중 조명연합군을 지휘했는데 초기 작전 실패로 파직되었다. 萬曆 46년(1618) 遼東諸事를 잘 안다는 연유로 兵部右侍郎兼僉都御史 및 經略遼東을 맡았는데 47년 군대를 四路로 나누어 後金을 공략했으나 대패하고 만다. 이후 투옥되어 문책당했고 崇禎 2년(1629)에 사형에 처해졌다.

51　熊廷弼(1569-1625)은 字가 飛百이고 號는 芝崗으로 湖廣 江夏(지금의 湖北 武昌)사람이다. 萬曆 26년(1598)進士가 되어 保定推官, 監察御史, 右副都御史, 巡按遼東등의 직책을 차례로 역임했다. 楊鎬가 후금과의 전쟁에서 대패한 후 熊廷弼은 兵部右侍郎兼都御史를 역임함과 동시에 楊鎬를 대신해서 遼東經略도 맡았다. 이후 魏忠賢의 誣告로 인해 파직되었다. 천계 원년(1621) 後金軍이 遼陽와 瀋陽을 점령하게 되자 熊廷弼은 재차 遼東經略으로 임명되어 山海關에 진을 쳤다. 그러나 遼東巡撫였던 王化貞와 불화하였다. 천계 2년에 後金軍에 참패한 후에 廣甯을 잃었으므로 熊廷弼과 王化貞는 패잔병을 이끌고 산해관 안으로 퇴각했다. 두 사람 모두 죄를 물어 하옥되었다. 천계 5년에 참수되어 그 수급이 변방 9개 군진에 효수되었다. 諡號는 襄湣(양민)이고 저서로《遼中書牘》,《熊襄湣公集》등이 있다.

하옥되어 있는 楊鎬(양호),[50] 熊廷弼(웅정필),[51] 王化貞(왕화정),[52] 劉國晉(유국진)[53] 등 4명의 장수들을 사면하고 재차 기용하여야 잃어버린 영토를 회복할 수 있다는 의견을 전해달라고 부탁한다. 그러나 吳允謙은 자신이 그런 의견을 명 조정에 전할 수 있는 방법도 알지 못하고 그것이 자신의 본분도 아니라며 완곡하게 거절하면서도 최대한 그들을 도울 수 있는 다른 방법을 모색하기로 하고 우호적인 분위기에서 서로 선물을 교환하면서 친분을 돈독히 한다. 위의 기록을 통해서 우리는 당시 요동지역민들의 楊鎬 등 4인에 대한 평가가 기존 역사서의 묘사와 큰 차이가 있음을 알 수 있다.

만력 44년(1616) 정월에 누르하치는 스스로를 汗(한)이라 칭하고 年號를 天命으로 선포하고 後金을 건국하였다. 만력 46년(1618) 4월에 누르하치는 "七大恨"을 詔書로 반포하고 명과의 전쟁을 선언한다. 이후 후금군은 遼東의 중진인 淸河, 撫順 및 주변 성들을 차례로 공략하여 연전연승을 거듭하였으므로 "명나라 조정과 요동 전체가 충격에 빠졌다."[54] 이런 상황에서 明 神宗은 정유재란 때 조선에 파견되었다가 탄핵되었던 楊鎬를 새로이 기용하여 兵部右侍郎 겸 遼東經略의 직위를 맡기고 요동에서 후금군과 대적하도록 했다. 만력 47년(1619) 2월 楊鎬는 명나라 군대

---

52   王化貞(?-1632)는 山東 諸城사람으로 만력 41년에 진사가 되어 戶部主事, 右參議 등을 역임했다. 천계 원년에 魏忠賢 일당이 嚴黨과 東林黨을 견제하기 위하여 王化貞를 遼東巡撫로 임명하여 遼東 廣寧의 防衛를 맡도록 했다. 그러나 왕화정이 독자적인 작전으로 廣寧을 잃는 바람에 熊廷弼은 하는 수 없이 廣寧을 중심으로 하는 遼東 방어선을 포기하고 明軍을 山海關 안쪽으로 후퇴시킬 수밖에 없었다. 이 일로 웅정필과 왕화정 두 사람 모두 문책당해 하옥되었으나 魏忠賢과 嚴黨의 농간으로 熊廷弼은 王化貞의 패전 책임을 혼자 뒤집어쓰고 참수되었다. 崇禎 황제가 등극하자 魏忠賢 일당이 실각하게 되었고 王化貞 역시 사형에 처해졌다.

53   조선사신이 언급한 劉國晉(유국진)은 아마도 "劉國縉"의 通假 표기인 듯하다. 劉國縉은 復州 衛軍 출생으로 萬曆 23년(1595) 進士가 되어 監察御史에 임명되었는데 요동에서 후금과의 전쟁이 급박해지자 유국진을 贊畫主事로 삼아서 요동으로 들어가 南四衛의 軍民을 위무하도록 했다. 이후 登萊招練副使로 발탁되었는데 이때 요동에서 수많은 難民이 바다를 건너 登州로 몰려왔다. 유국진은 국고 10만 금을 요청하여 그들을 규휼하였다. (民國《奉天通志》卷154《選擧志》, 民國二十三年鉛印本, p.10).

54   (淸)夏燮編:《明通鑒》卷75《神宗》, 淸同治十二年刻本, p.33b.

에 더해 조선과 建州 女真 葉赫部의 연합군을 이끌고 四路로 나누어 後金의 都城인 赫圖阿拉(허투하라)에 대한 전면적인 공격을 감행했다. 그러나 이 전쟁에서 조명연합군은 薩爾滸(살이호)에서 대패하여 철군할 수밖에 없었는데 史書에서는 "당시죽은 병사가 10여 만을 넘었기에 온나라가 큰 충격에 빠졌다(士卒死者不啻十余萬, 舉國震動)"[55]고 기록하고 있다. 이로 인해 楊鎬는 明軍을 이끈 主將으로서 문책당해하옥되었다. 明 神宗은 兵部右侍郎 겸 右僉都御史였던 熊廷弼을 遼東經略으로 승진시켜 양호의 직책을 잇게 했는데 熊廷弼은 내부적으로 민심을 안정시키고 성을굳건히 지키는 데 힘써 방어위주의 보수적인 전략을 취했다.[56] 조정 내 웅정필의 반대세력인 魏忠賢 일당은 이러한 웅정필의 전략을 모함하는 상소를 올려 그를 파직하도록 했는데[57] 그후에 遼陽와 瀋陽이 차례로 함락되어 後金軍은 이제 산해관만넘으면 바로 명의 京師를 넘볼 수 있게 되었다. 명 천계 원년(1621)에 明 熹宗이 등극하자 다시금 熊廷弼을 兵部尚書 겸 右副都御使, 遼東經略으로 임명하고 동시에王化貞을 右僉都御史, 巡撫廣寧으로 임명하여 요동 방비의 임무를 맡겼다. 그러나 웅정필과 왕화정 두 사람은 각각 당시 조정에서 대립하고 있던 魏忠賢의 閹黨과東林黨에 속했기에 둘 사이의 갈등은 차츰 격화되었고 특히 왕화정은 웅정필의 보수적인 방어 전략에 반대하면서 주동적이고 선제적으로 후금군을 격퇴해야 한다고 주장했다. 이러한 둘 사이의 대립은 요동에서 효과적인 군사작전을 수행하는 데여러 어려움을 야기하여 명군은 좀처럼 전쟁의 전기를 마련하지 못했다. 그런 와중에 명 천계 2년(1622) 1월 즉, 吳允謙이 명나라로 사행을 떠나기 3개월 전 쯤 누르

---

55 《淸太祖高皇帝實錄》卷6, 天命四年三月一日, 國立北平圖書館紅格鈔本, pp.14b-15a.

56 《明史》卷259《列傳第一百四十七·熊廷弼傳》, 淸乾隆四年英武殿刻本, pp.7a-8b.

57 "전교하였다. 양경략이 이미 軍刑을 받았다고 하니 너무 불쌍하고 가엾다. 우리 나라에서 그의 生祠堂에 별도로 제를 올릴 일은 없겠는가. 그리고 熊經略도 이미 교체되어 떠났다고 하는데 이번 진위·진향사가 赴京할 때 가져간 예물과 揭帖은 그가 이미 멀리 가버렸으면 억지로 전하려 말고 도로 가져오게 하라. (傳曰: '楊經略已正軍刑云, 極爲慘惻. 自我國別無致祭於生祠之事乎? 且熊經略亦已遞去云, 令此陳慰進香使赴京時, 禮物揭帖. 若已遠去, 則勿爲強傳, 還爲齎來.')"《光海君日記》卷157, 光海君十二年十月三十日.

하치는 친히 후금군을 이끌고 遼河를 건너 西平堡를 전면적으로 공략하여, 平陽橋 일대에서 왕화정 수하의 孫得功(손득공), 祖大壽(조대수), 祁秉忠(기병충)을 수장으로 하는 명나라 군대를 대패시켰다. 게다가 전쟁에서 패하여 달아나던 孫得功은 자신의 수장인 왕화정을 생포하여 누르하치에게 바칠 모반까지 꾸미는 지경에 이르렀다. 이런 상황에서 어쩔 도리 없이 왕화정은 廣寧(광녕)을 버리고 패잔병을 이끌고 山海關 안으로 도망쳤다. 그 후 채 몇일이 지나지 않아 후금군은 무주공산이던 廣寧의 40여 성을 쉽게 차지했다. 이로 인해 조정에서는 熊廷弼과 王化貞 모두에게 죄를 물어 그들을 감옥에 가두었다. 이 전쟁을 계기로 遼東지역에서 명과 후금 세력의 균형추는 되려 후금쪽으로 기울고 말았다.

熊廷弼에 대한《明史》의 평가를 보면, 비록 그가 "성격이 강퍅하고 험한 말을 잘하고 지기를 싫어하여 다른 사람을 잘 섬기지 못하므로 민심이 잘 따르지 않았다"고 부정적으로 평가하기도 했으나 "용병에 지략이 있고 활을 잘 쏘았으며 … 요동에 수년간 있으면서 뇌물을 막고 군비를 튼튼하고 일시의 편안함을 추구하지 않으며 장수와 관리를 잘 단속하여 군영의 기세를 크게 진작시켰다"[58] 거나 "웅정필이 천하를 호령할 재주를 가지고도 편협한 성격으로 인해 미움을 받아 요동에서 功名을 날렸으나 동시에 요동에서 무너지고 말았다. 만약 변방에서 목숨 바쳐 싸우고 의로움을 위해 물러서지 않았다면 어찌 의연한 열사 대장부로 칭송받지 못했겠는가!"[59]라고 하면서 그의 재주를 높이 평가하기도 했다. 그런 반면에 王化貞에 대해서는 "사람됨이 어리석고 괴팍하며 병사의 조련에도 자질이 없고 큰 적을 가벼이보고 오만방자하였다. 문관과 무관, 서리들이 간언을 해도 듣지 않았으며 더욱이

---

58   "性剛負氣, 好謾罵, 不爲人下, 物情以故不甚附", 但"有膽知兵, 善左右射", "在遼數年, 杜饋遺, 核軍實, 按劾將吏, 不事姑息, 風紀大振"《明史》卷259《列傳第一百四十七·熊廷弼傳》, 淸乾隆四年英武殿刻本, p.10.

59   "惜乎廷弼以蓋世之材, 褊性取忌, 功名顯於遼, 亦隳於遼. 假使廷弼效死邊城, 義不反顧, 豈不毅然節烈丈夫哉"《明史》卷259《列傳第一百四十七·熊廷弼傳》, 淸乾隆四年英武殿刻本, p.10.

웅정필과는 서로 반목했다."[60]라고 하는 등 부정적인 평가 일색이다. 또한 廣寧을 잃은 것은 왕화정 때문인데[61] 明 熹宗은 되려 조정 내 파벌로 인해 웅정필을 그릇 죽게하여 변방 9개 진에서 효수했으나, 왕화정은 魏忠賢 一派의 비호로 수년 동안 이나 형벌 집행을 끌다가[62] 숭정 5년(1632)에 이르러서야 비로소 참소하고 이간질 하였다는 죄명으로[63] 주살되었다고 기록했다. 이는 웅정필이 아닌 왕화정의 자질 과 지도력 부족, 군사적 실책 등이 명나라 군대가 후금군에게 대패했던 결정적 요 인이었던 것으로 인식되고 있었음을 보여준다.

조선 사신 오윤겸의 기록은 이상과 같은 正史의 기록과는 달리 명대 말기 당시 일반적인 문인들은 여러가지 이유로 인해 요동땅을 잃은 책임이 있는 楊鎬, 熊廷 弼, 王化貞, 劉國縉 등 4인에 대해 비교적 긍정적인 평가를 하고 있었으며, 심지어 이들 4인을 재차 기용해야 요동의 민심을 안정시키고 잃은 땅을 수복할 수 있을 것 이라는 의견까지 개진하고 있었음을 말해준다. 사실 명말 명군이 요동땅을 잃은 것, 더 나아가 명나라가 청나라에 의해 멸망당한 이유를 몇몇 패전 장수들에게 찾 는 것은 어불성설이라 할 것이다. 근본적으로는 명말 관료집단 내 부정부패 풍조의 만연, 조정 내 정파들 사이의 소모적인 정쟁으로 인한 행정시스템의 마비, 지방 독 자 세력의 확대와 중앙정부 권위의 축소, 국외에서 부상하는 새로운 도전 세력에 대한 정보 부족과 그에 대한 대응력의 상실 등 국가적 차원의 문제들이 복합적으로 누적되어 나타난 결과로 보는 것이 더욱 타당할 것이다.

---

60 "爲人昬而愎, 素不習兵, 輕視大敵, 好謾語. 文武將吏進諫悉不入, 與廷弼尤抵悟"《明史》 卷259《列傳第一百四十七》, 淸乾隆四年英武殿刻本, p.13b.

61 儘管"廣寧之失, 罪由化貞"《明史》卷259《列傳第一百四十七》, 淸乾隆四年英武殿刻本, p.13b.

62 但是明熹宗卻"以門戶曲殺廷弼", "傳首九邊", 而王化貞因魏忠賢一派的庇護, "稽誅者且 數年"《明史》卷259《列傳第一百四十七》, 淸乾隆四年英武殿刻本, p.13b.

63 崇禎五年(1632), 明思宗"以讒間誅"《明史》卷259《列傳第一百四十七》, 淸乾隆四年英武殿 刻本, p.13b.

(3월) 15일 아침에 안개가 꼈고 저녁에는 맑았다. (滋河店에서 출발하여)……靑州 北館에 도착하여 북경 갈 때 묵었던 주인집에서 아침을 먹었다. 주인집 맞은 편 집은 양어를 하는 곳이었는데 붉은 색의 비단 잉어가 연못 속을 노닐고 좌우로 화초들이 열을 맞춰 심어져 있어서 번잡한 성읍 가운데 자못 운치가 있었다. 이어 彌院禪寺(미원선사)의 北樓에 올라 성 안을 조망해보았는데 멀리 雲門山(운문산)의 여러 봉우리가 보였지만 일정이 바빠 직접 올라가 보지 못했으니 참으로 아쉬웠다.

(三月)十五日, 朝霧, 晩晴. (自滋河店發行)……到靑州北館舊主人(處). 朝飯後, 主人對門家有養魚地, 有紅色魚游泳于池中, 花卉列植左右, 城市中稍有幽致. 又登彌院禪寺北樓, 俯瞰城中, 望見雲門諸山, 而行忙未及登陟, 良可惜也.

—尹暄《白沙公航海路程日記》

명 천계 4년 3월 15일 윤훤 일행은 북경으로부터 조선으로 돌아가는 길에 다시 靑州을 지나게 되었는데 이 때는 이미 奏聞(請封)과 辨誣의 사행 임무를 무사히 마친 터라 가벼운 마음으로 시간을 가지고 청주 경내의 명승고적을 유람할 수 있었다. 이날 尹暄은 靑州 彌院禪寺를 유람했는데 절 안에 있던 높은 누각에 올라 북쪽으로 청주부성을 바라보았고 멀리 雲門山, 駝山(타산), 劈山(벽산) 등의 명산도 함께 조망할 수 있었다. 또한 尹暄이 같은 해에 기록한《送吳翻朝京並序》에 보면, "彌院禪寺는 용마루와 추녀가 모두 금빛 유리 기와를 얹고 화려한 단청으로 장식하여 장려하기가 이를 데 없다."[64]라는 표현이 보이는데 조선사신 李德泂과 洪翼漢은 미타사(미원선사)에 대해 아래와 같이 더욱 자세하게 기록하고 있다.

---

64 "彌院禪寺, 棟宇金碧, 極其壯麗."[朝鮮] 尹暄 :《送吳翻朝京並序》,《白沙集》卷2, 韓國國立中央圖書館藏本, p.31a.

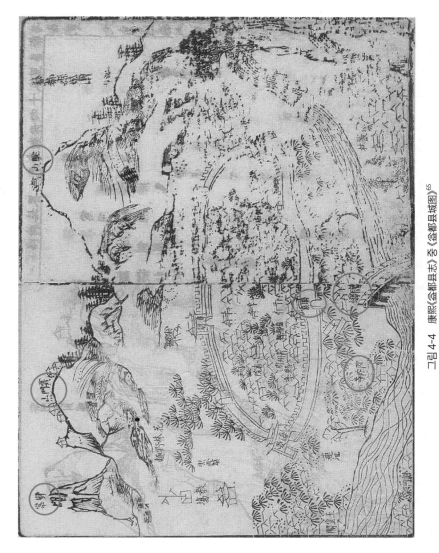

그림 4-4　康熙《益都縣志》중《益都縣城圖》[65]

좌측 하단 붉은 동그라미로 표시한 곳이 彌陀寺, 靑州府城 北州瞻星門과 萬年橋이다. 좌측 상단에서 우측 상단으로 차례로 劈峰(劈峰山), 雲門山, 駝山임을 확인할 수 있다.

65　康熙《益都縣誌》卷首圖《益都縣城圖》, 淸康熙十一年刊本, pp.2b-3a.

(9월) 22일 임신일. 금령역에 묵었다. 아침에 海岱橋(해대교)를 건넜
는데 다리는 높이가 100척에 이르고 그 형상이 마치 무지개 같았다.
彌陀寺(미타사)에 들렀는데 황금빛과 푸른빛으로 단청한 누각과 대전
이 허공 중에 솟아 눈부시게 빛났으며 불탑 또한 높고 장대했다.

　(九月)二十二日,[66] 壬申, 宿金嶺驛. 朝渡海岱橋, 橋高百尺宛如彩虹.
入彌陀寺, 樓殿金碧照耀半空, 有塔亦甚高.

—李德泂《朝天錄一云航海錄》

(9월) 21일 임신일 맑음. 아침에 海岱橋(해대교)를 건넜는데 다리의
높이는 100 여 척에 이르렀고 흡사 무지개가 허공에 걸려 있는 듯했
다. 이어 彌陀寺(미타사)에 들렀는데 절은 청주부성 동북 5-6리 근방
에 있었다. 높다란 누각들은 허공에 걸려있고 금빛 푸른빛 화려한 단
청이 눈부시게 빛났다. 절의 스님이 말하기를 북송시기에 세워졌다고
한다. 노승은 우리를 심히 후대하여 차와 과일을 내놓았고 금화전으
로 만든 값비싼 부채를 가지고 와서 시를 써주기를 간청하므로 6편의
시를 써서 주었다. 雲門書院(운문서원)을 지났다.

　(九月)二十一日, 壬申, 晴. 朝渡海岱橋, 橋高百餘尺, 恰如彩虹跨
空. 入彌陁寺, 寺在城東北五六里許, 危構[67]半空, 金碧照耀. 寺僧云 :
'趙宋時所建.' 老僧出接甚款, 設茶果, 持金花箋扇乞詩, 題六篇以贈.
過雲門書院.

—洪翼漢《花浦朝天航海錄》

천계 4년(1624) 9월 21일 謝恩兼奏請使 정사 이덕형, 부사 오숙, 서장관 홍익한

66　정확히는 21日이다.
67　危構는 높이 솟은 건축물을 가리킨다. 宋 蘇舜欽의 《宿華嚴寺與友生會話》詩에 "화엄사
　　높은 누각 허공 위로 높다랗게 솟아있으매 오롯이 정좌하여 붉은 석양 광활한 평야 위로
　　내려앉는 것 바라보네(構嶪嶢出太虛, 坐看斜日墮平蕪)"라는 표현이 보인다.

일행은 북경으로 가는 길에 靑州府城 南關[68]으로부터 東門 海岱門을 거쳐 海岱橋
를 지나 靑州府城에 진입한 후, 北門인 瞻星門으로 성을 빠져나와 北關 부근에 있
던 彌陁寺를 방문했는데, 이곳이 바로 앞서 尹暄이 언급한 "彌院禪寺(미원선사)"이
다. 이덕형과 홍익한의 기록으로 우리는 송나라 때 건축된 彌陀寺의 전반적인 면모
를 파악할 수 있으니, 곧 彌陀寺 경내 건물은 모두 높고 장려했으며 건물의 지붕은
모두 금빛 유리 기와를 얹고 화려하게 단청을 했기에 햇살이 비추자 온 절이 금빛
으로 영롱하게 빛났고 경내에는 우뚝 솟은 불탑도 있었다. 절의 스님들은 조선사신
들이 방문하자 귀한 차와 과일을 내놓으면서 지극히 환대하였고 황금빛이 도는 금
화전 종이로 만든 귀한 부채를 가지고 와서는 題詩를 써줄 것을 간청하였다. 이에
홍익한은 6수의 題扇詩를 써주었다. 아래의 시는 구체적인 창작 장소가 밝혀지지
않았지만 시의 내용과 사신의 기록을 함께 살펴보면 홍익한이 미타사를 방문했을
때 스님들에게 써 주었던 6편의 제선시 가운데 하나일 가능성이 크다. 그러므로 여
기서 살펴보도록 한다.

〈스님에게 드리다〉

새벽에 갑자기 내린 첫눈 서쪽 봉우리에 하얗게 쌓여있는데
다정다감 정다운 이야기 나누다 보니 저녁 석양 어느덧 내려앉네.
북경 갔다가 돌아올 때, 한가한 틈을 봐서 다시 만나기로 했으니
봄바람 불고 이른 매화꽃 피는 시절이 오면 잊지말고 알려달라 청했네.

贈僧[69]

---

68 "20일 신미일 맑음. 아침 일찍 (창락현 남관 마을을) 출발하여 ………거이하점에서 점심을 해
    먹었다……청주 익도현 남관 마을에서 유숙했으니 이날은 총 70리 여정이었다. (二十日, 辛
    未. 晴. 早發(昌樂縣南關里)……中火洰洱河店……宿青州益都縣南關里, 是日行七十里)"

69 [朝鮮] 洪翼汉：《花浦先生遺稿》卷1《七言绝句》, 韩国国立中央图书馆藏本, p.15页b.

晨斫西峰白雪來, 多情軟語[70]夕陽穨.[71]
歸時請結閑中約, 爲報[72]春風早早[73]梅.

—洪翼漢《花浦先生遺稿》

이 시는 灰韵으로 압운하고 평측과 대우를 강구한 7언 절구의 전형적인 근체시형을 갖추고 있다. 제1구의 斫(작)은 내려치듯 갑자기 공격한다는 뜻인데 霜降 시절이 지난 늦가을 산 중에 갑자기 첫눈이 내려 멀리 서산 봉우리가 하얗게 보이는 것을 절묘하게 표현한 것이다. 1구에서 말하기를, 조선사신 일행이 미타사를 방문한 것은 초겨울로 막 들어서려는 만추의 때인데 간밤에 첫눈이 예고도 없이 내려 서쪽 봉우리에 쌓여 있고 날씨는 더욱 쌀쌀해져 옷깃을 절로 여미게 된다. 2구에서는 이러한 바깥의 추운 날씨와 달리 선방에 둘러 앉은 조선사신과 선승들은 국적의 다름도 잊고 다양한 주제로 정다운 분위기에서 이러저런 이야기를 나누느라 시간 가는 줄 모르는데 바깥을 보니 어느덧 붉은 석양이 내리는 저녁이 되었다. 이어진 3구, 4구에서는 시상의 전환이 일어나는데 이제 내일의 사행일정을 위해서 아쉬움을 뒤

---

70 軟語(연어)란 부드럽고 정다운 이야기를 말한다. 宋 史達祖의 《雙雙燕》詞에 "대들보와 천장의 화려한 장식 서로서로 이어져있고 부드럽고 완약한 말소리 끊이지 않고 들리네(還相雕梁藻井, 又軟語商量不定)"라는 표현이 보인다. (宋)何士信輯 : 《群英草堂詩餘·後集》卷下, 明洪武二十五年刻本, p.87a.

71 穨(퇴)란 떨어진다는 뜻이다. 《楚辭·劉向〈九歎·逢紛〉》에 "슬픈 마음에 깊은 생각에 잠기고 울적한 심정인데 저녁해는 떨어지네(心怊悵以永思兮, 意晻晻而日穨)"라는 표현이 보이는데 洪興祖는 補注에서 "穨는 아래로 떨어지는 것이며 隤(퇴)과 뜻이 같다고 해설했다" (周)屈原撰, (漢)劉向編集, (漢)王逸章句 : 《楚辭》卷169《歎》, 湖北叢書本, p.3b.

72 報는 알린다는 뜻이다. 唐 杜甫의 《秦州雜詩》제 13수에 "뱃사람에게 동하곡에 이르면 바로 알려달라고 당부했으니 혹여 도화원을 잘못 지나칠까 염려했기 때문이네(船人近相報, 但恐失桃花)"라는 표현이 보인다.. 唐 杜甫《秦州雜詩》之十三 : (唐)杜甫 : 《杜工部集》卷10《近體詩一百二十二首》, 續古逸叢書景宋刻本配毛氏汲古閣本, p.17a.

73 早早는 평상시보다 더욱 이르다는 뜻이다. 唐 杜甫《南楚》시에 "남쪽 초나라 봄시절은 북쪽 지방과 달라, 추위가 가고 따뜻함이 옴이 참으로 빠르네(南楚青春異, 暄寒早早分)"라는 표현이 보인다. (唐)杜甫 : 《杜工部集》卷14《近體詩一百首》, 續古逸叢書景宋刻本配毛氏汲古閣本, p.8b.

로 하고 조선사신들과 선승들은 헤어져야만 하는 것이다. 그러나 조선사신들이 북경에서 사행의 임무를 마치고 돌아오는 길에 다시 미타사를 지나게 되므로 다시 재회를 할 수 있는 기회가 있고, 게다가 그 때는 사행의 임무를 이미 완수한 때라 심리적으로 더욱 여유가 있을 것이며 계절 또한 매화꽃이 막 피기 시작하는 초봄으로 화창하고 따뜻하여 회포를 풀기 더욱 좋을 것이니, 조선사신과 선승들은 다음해 좋은 시절을 놓치지 말고 다시 꼭 만나서 재회의 기쁨을 나누자고 다짐하며 시를 마무리 한다.

> (7월) 3일, 신묘일 (昌樂縣에서 출발하여) 靑州에 도착했다. ……靑州北城門 밖에 도착하여 彌陀寺(미타사)에 묵었는데 청주부성은 창락현에서 70리 거리이다. 4일 임진일에 金嶺鎭(금령진)에 도착했다. 그 날 아침에 절의 스님 遠祥의 안내로 佛殿을 둘러보았는데 "大雄寶殿"이라 현액되어 있었고 壯麗하기 그지없었다. 절은 宋 熙寧 연간에 창건되었는데 소식의 題詞가 남아있어 모두 둘러보고 떠났다.
>
> (七月)初三日, 辛卯. (自昌樂縣發行)到靑州. ……抵靑州北城門外, 寓彌陀寺, 府距昌樂七十里. 初四日, 壬辰. 到金嶺鎭. 朝, 寺僧遠祥導入佛殿, 榜曰 : "大雄寶殿", 壯麗無敵, 創于宋熙寧中, 蘇子有題, 覽畢而行.
>
> —李民宬《癸亥朝天錄》

명 천계 3년 7월 3일 이민성 일행은 昌樂縣에서 출발하여 靑州府城 北門 瞻星門 밖에 있던 彌陀寺에 도착하여 유숙했다. 그 다음날 미타사 스님의 안내로 이민성 일행은 경내를 둘러보았는데 절의 건물들은 모두 장엄하고 화려하여 이민성에게 깊은 인상을 남겼으며 스님의 설명에 따르면 미타사는 北宋 熙寧 연간(1068-1077)에 창건되었음을 알게 되었다. 또한 경내에는 蘇軾이 직접 쓴 제시가 남아 있었고 이민성 일행은 이를 자세히 살펴본 후에 떠났다. 李民宬 또한 미타사에 제시를 써서 남겼으니 아래에서 이민성이 쓴《題彌陁寺》시를 살펴보기로 한다.

〈미타사 제시〉

靑州城 외곽에 있는 彌陁寺는

송熙寧 연간에 창건된 후 유구한 세월을 거쳤네.

지금은 이미 주자의 참다운 유학이 흥기한지 500년이 지났건만

뉘라서 아직 불법이 삼천대천세계에 두루 펼쳐진다고 가르치는가?

대웅전을 휘감은 구슬장막은 북두칠성을 박아놓은 듯 휘황찬란하고

전각 내에 울려퍼지는 범종소리는 범천 하늘을 진동시킬 듯하네.

아서라! 영웅은 마치 잠시 지나가는 새와 같으니

詩仙 蘇軾이 유일하게 남긴 제시를 향해 읍을 올릴뿐이네.

題彌陁寺

靑州郭外彌陁寺, 創自熙寧紀歷年.[74]

已際眞儒[75]興五百, 誰教竺法[76]遍三千.[77]

74　紀歷年이란 달력이나 역법으로 기재한다는 뜻으로 晉陶潛의 《桃花源》詩에 "비록 역법으로 기록하지 않아도 사시는 저절로 세월을 이루네(雖無紀歷志, 四時自成歲)" 라는 표현이 보인다. (晉)陶潛 : 《陶淵明集》卷6《記傳替述十三首》, 宋刻遞修本, p.2b.

75　眞儒란 유학의 참다운 도를 깨친 진정한 유학자라는 뜻인데 여기서는 송대 신유학을 창도한 유학자 일군을 가리킨다. 漢 揚雄《法言·寡見》에 "만약 참다운 유학자를 등용한다면 천하에 적이 없을 것입니다(如用眞儒, 無敵於天下)"라는 표현이 보인다.

76　竺法(축법)이란 佛法을 가리킨다. 明 李贄《缽盂庵聽誦〈華嚴〉並喜雨》제1수에 "아침에 내리는 비에 놀란 듯 불법 깨치니 화염경 독경 소리 자색 안개 속에 내려앉고 있네(竺法驚朝雨, 經聲落紫煙)"이라는 표현이 보인다. (明)李贄 : 《續焚書》卷5《詩匯》, 明刻本, p.2b.

77　南朝 宋 謝靈運의 《與諸道人辨宗論》에 "삼생은 백년의 시간보다 길고 삼천세계는 중국보다 넓네. 사부대중은 중국의 인구보다 많으며 칠보의 보물은 돌과 모래보다 신묘하다네(三世長於百年, 三千廣於赤縣 ; 四部多於戶口, 七寶妙於石沙)" 라는 표현이 보인다. (明)張溥輯 : 《漢魏六朝百三家集·宋謝康樂集》卷1, 淸光緒五年刻本, p.3a.

78　斗柄이란 北斗柄이라고 쓰며 北斗七星의 꼬리부분의 세 별 즉 玉衡, (옥형) 開陽, 搖光星(요광성)을 가리킨다.

79　珠網(주망)이란 구슬을 그물처럼 엮은 화려한 장막을 가리킨다. 《文選·王巾〈頭陀寺碑文〉》에 "저녁 이슬은 구슬 장막 같고 새벽 여명은 단청과 같다(夕露爲珠網, 朝霞爲丹雘)라는 표현이 보이고 呂延濟의 注에 "주망이란 구슬을 그물처럼 엮어 전각에 걸어두는 것이다(珠網, 以珠爲網, 施於殿屋者)"라고 해설하였다. (唐)李善等注 : 《六臣注文選》卷59《碑文下》, 四部叢刊景宋刻本, p.13a.

插空斗柄[78]垂珠網,[79] 繞閣鐘聲殷[80]梵天.[81]

算了英雄如過鳥, 獨留詩句揖蘇仙.

　　　　　　　—李民宬《燕槎唱酬集》

　　이 시는 先韵으로 압운하고 평측과 대우를 강구한 七言律詩의 근체시형을 갖추고 있다. 1, 2구에서 청주외곽에 있는 미타사가 송나라 희녕 연간에 창건된 유서깊은 사찰이라는 사실을 언급하면서 시를 시작한다. 2구의 熙寧(희녕)은 중국 송나라의 제6대 황제 神宗 趙頊(조욱)이 1068년부터 1077년까지 10년 간 사용한 첫번째 연호이다. 3, 4구에서는 송대 성리학의 태두인 주희(1130-1200)가 신유학을 활발하게 전파하던 송 희종 년간에 불법을 널리 펼치려는 미타사가 창건된 것에 큰 의구심을 품는다. 조선이 건국되면서 신유학을 건국이념으로 삼고 숭유억불의 국가 정책을 대대적으로 시행했던 조선의 사정에 비쳐보면 조선사신의 입장에서는 놀랍고 기괴한 현상으로 보였다는 것이다. 三千이란 三千大千世界의 줄임말이며 大千世界라고도 하는데 소승불교의 논서인《俱舍論(구사론)》등에 근거하여 광대한 우주를 표현하는 불교용어이다. 즉, 하나의 小世界는 중심에 須彌山이 있고 그 주위를 七山과 八海가 둘러싸고 있다. 이러한 1천개의 小世界가 합쳐서 小千世界를 이루고 이러한 1천개의 小千世界가 다시 합쳐져 中千世界를 이루며 이러한 1천개의 中千世界가 다시 합쳐져 하나의 大千世界를 이루게 되므로 이 모든 세계의 총합을 三千大千世界로 총칭하는 것이다. 5, 6구는 송나라 때 창건된 미타사가 신유학이 흥성한 원, 명 시기를 거치면서도 쇠퇴하지 않고 현재까지 장려한 규모와 위엄을 자랑하고 있음에 크게 놀라면서 비판적인 눈빛을 거두지 않는다. 아마 조선사신인

80　　殷(은)은 震動(진동)의 뜻이다.《文選·司馬相如〈上林賦〉》에 "수레와 말이 우뢰처럼 출발하니 하늘이 진동하고 땅이 흔들린다(車騎雷起, 殷天動地)"라는 표현이 보이고 郭璞은 注에서 "은이란 진동시킨다와 같은 뜻이다(殷, 猶震也)"라고 해설했다. (漢)司馬相如 :《司馬文園集》卷1《賦》, 七十二家集本, p.9b.

81　　梵天(범천)이란 佛經에서 三界 가운데 色界의 처음 三重天을 말하며 佛教의 12天 가운데 하나이다.

작자는 명나라가 말기에 변방의 만주족에게 괴롭힘을 당하고 국운이 쇠퇴한 원인 가운데 하나가 바로 신유학의 이념은 쇠퇴한 반면, 이단으로 인식되는 불교가 민간에서 여전히 흥성하고 있었기 때문이라 느낀 것이다. 7, 8구는 국운이 쇠퇴하고 신유학이 진흥되지 못한 상황에서 민간에서는 불교가 흥성하는 명말의 현지 실태에 대한 복잡한 심정을 떨쳐버리고는 미타사에 남아 있는 소식의 친필 제시에 집중하고 그에 대해 공경을 표시하면서 위대한 인물이 남긴 행적에 감개무량함을 느끼면서 시를 마무리 하고 있다. 7구의 算了는 "됐다, 더이상 따지지 않겠다"는 白話體 표현이다. 揖(읍)은 상대방에게 두 손을 모아 올려서 예의를 표하는 행위이다.

　　조선 사신의 사행록과 중국 지방지는 모두 彌陀寺의 위치를 "靑州府城 北門 밖에 있다"[82]라고 기록하여 일치하고 있는 반면, 그 창건 시기에 대해서는 차이가 있다. 조선사신 洪翼漢은 미타사 승려의 말을 빌려 "趙宋시기에 창건되었다"고 했는데, 趙宋란 北宋과 南宋시기를 가르킨다. 李民宬은 그 시기를 "宋 熙寧 년간" 즉, 北宋 中期로 좀더 구체적으로 언급했다. 그런데 嘉靖《山東通志》에는 彌陀寺가 "宋나라 때 창건되어 명 洪武 년간에 重修되었다"[83]고 했고, 康熙《山東通志》에는 좀더 구체적으로 "南朝 宋시기(420-479, 劉裕가 세운 南朝 宋나라를 가리킴)에 창건되어 北齊(550-577)시기에 보수했고 明 洪武 년간에 重修되었다"[84]고 했으며 光緖《益都縣圖志》에는 舊志을 인용하여 彌陀寺가 "劉宋 시기(南朝 宋을 가리킴)에 창건되어 北齊시기에 重修되었으며 明 衡藩 商河王이 재차 重修했다."[85]라고 기록하고 있으므로 李民宬의 기록과 어긋난다. 그렇다면 왜 중국 지방지의 기록과 조선 사신의 기록에 차이가 나는 것일까? 어느 기록이 더 신빙성이 높은 것인가? 한편, 현재 전하는 중국 지방지에는 조선사신이 기록한 彌陀寺에 있었다는 蘇軾의 제시에 대한

82　"在(靑州)府城北門外"《大明一統志》卷24《靑州府》, 明天順五年內府刻本, p.32a.

83　"宋建, 國朝洪武中重修."嘉靖《靑州府志》卷11《寺觀》, 明嘉靖刻本, p.66b.

84　"南宋建, 北齊時修, 明洪武中重修"康熙《山東通志》卷20《寺觀》, 淸康熙四十一年刻本, p.22b.

85　"劉宋時建, 北齊重修, 明衡藩商河王重修" 光緖《益都縣圖志》卷13《益都縣營建志上·志九》, 淸光緖三十三年刻本, p.20b.

기록도 찾아볼 수 없다. 그렇다면 미타사에는 소식의 제시가 정말 존재했던 것인가? 아니면 소식의 이름을 빌린 가짜 작품이었을까? 현재로서는 미타사의 창건 시기와 미타사에 존재했다는 소식의 제시의 유무와 실체에 대해 정확하게 고증하기는 어렵다. 그러나 李民宬이 천계 3년 7월 3일 彌陀寺 경내에 "소식(蘇子)의 제시가 있다"라고 한 기록과 이를 직접 보고 쓴 題彌陀寺 시의 내용이 사실이라고 가정하고 소식이 남긴 다른 시들과 당시 소식과 교유했던 인물들의 기록, 행적 등을 함께 고찰해보면, 조선사행록과 중국 지방지 가운데 미타사의 건축 시기에 차이가 나는 이유와 미타사에 있었다는 소식의 친필 제시의 내용과 행방에 대해 간접적인 추론은 가능하다.

우선 이민성이 그의 사행록과 시에서 언급한 '蘇子'나 '蘇仙'이 北宋 文學 大家인 蘇軾을 가리킴은 의심의 여지가 없다. 蘇軾은 字가 子瞻이고 號가 東坡이며 北宋 景祐 4년(1037)에 태어나 北宋 建中靖國 元年(1101)에 죽었다. 이민성은 미타사가 宋 熙寧 연간에 건축되었다고 했는데 蘇軾이 熙寧 11년, 즉 1078년 지은《次韻答頓起二首》를 보면 "옛 제나라 땅 청주는 낙양에 비길만한데 작년에 거기 고찰에 가서 돈기와 함께 제시를 썼다네"[86] 라고 언급한 부분이 보인다. 頓起(돈기)는 鄆州(운주)사람[87](지금의 山東 菏澤)으로 字는 頓詩이며 北宋 熙寧 3년(1070) 진사에 及第하였다. 그는 蘇軾이 殿試 編排官이었을 때 처음 소식을 알게 되어 친분을 쌓았을 뿐만 아니라 희녕 5년(1072)에는 소식의 동생인 蘇轍과 함께 洛陽의 과거 시험 감독관을 하게 되면서 소철과도 친분을 쌓아 소식형제와는 시종 친밀한 관계를 유지한 인물이다. 돈기는 희녕 7년(1074) 靑州 敎授에 임명된 후 監察御史, 泰州通判, 西川提點刑獄 등의 직책을 역임했다.[88] 頓起는 學識이 깊고 넓었고《詩經》강학을

86 "十二東秦比漢京, 去年古寺共題名. 公自注 : '去歲見之於靑州'." 宋蘇軾撰, (宋)王十朋集注 :《王狀元集注東坡詩》卷18《酬答中》, p.18a.
87 "頓起, 鄆州人, 時來徐州試擧人, 見公自注" 宋蘇軾撰, (淸)査愼行補注 :《補注東坡編年詩》卷17《古今體詩五十一首》, 淸文淵閣四庫全書本.
88 (宋)李燾 :《續資治通鑑長編存》卷327, 334, 335, 淸光緖七年刻本.

잘 했기에 蘇軾, 蘇轍 형제와 교유하면서 여러 首의 唱和詩와 贈詩를 남겼다. 蘇軾의《東坡集》에는 돈기와 주고 받은《與頓起孫勉泛舟得未字》,《次韻答頓起二首》,[89]《送頓起》등의 시가 실려있고 蘇轍의《欒城集》에도 역시 돈기와 화창하고 주고받은《送頓起及第還蔡州》,《登封道中三絕·少林寺贈頓起》,《和青州教授頓起九日見寄》,[90]《次韻頓起考試徐沂舉人見寄二首》등의 시가 실려 현재까지 전한다. 앞서 언급한 소식의 시《次韻答頓起二首》로 다시 돌아와보면 蘇軾과 頓起는 희녕 10년(1077)에 青州에서 만나 "고찰에서 함께 제시를 썼다(古寺共題名)"고 했다. 여기서 주목해 볼 것은 "고찰(古寺)"이라는 소식의 언급이다. 아마도 이 절은 송 희녕 연간보다 훨씬 이전에 건축된 규모가 상당히 큰 사찰임을 알 수 있다. 이러한 사실은 미타사가 유송(420-479남조의 송나라 시기)에 처음 건축되었다는 중국 지방지의 기록과 일치한다. 그러므로 미타사는 중국 지방지의 기록처럼 유송시기에 창건되었을 가능성이 크다. 그리고 송 희년 년간은 소식의 제시가 씌어진 시기로서 사찰의 승려가 사신들에게 소식 제시를 소개하면서 언급한 내용이 역관을 거쳐 전달될 때 잘못 전달되지 않았을까 조심스럽게 추정해본다. 그렇다면 미타사에 있던 소식의 제시는 그 후로 어디로 사라진 것일까?

　　光緒《益都縣圖志》의 기록에 따르면, 미타사는 명나라 때 크게 흥성했다가 淸 乾隆 初期에 "차츰 쇠망하고 건물은 무너지기 시작하여 知縣 李時乘이 절의 山門과 大雄殿을 철거해서는 그 목재로 東嶽廟를 보수한 이후로 완전히 폐쇄되었다. 마을

89　이 시의 전체는 다음과 같다. "其一 : '挽袖推腰踏破紳, 舊聞攜手上天門. 相逢應覺聲容似, 欲話先驚歲月奔. 新學已皆從許子, 諸生猶自畏何蕃. 殿廬直宿真如夢, 猶記憂時策萬言. 自注 : "頓君及第時, 餘爲殿試編排官, 見其答策語頗直. 其後與子由試舉人西京, 既罷, 同登嵩山絕頂, 嘗見其唱酬詩十餘首, 頓詩中及之.'"其二 : '十二東秦比漢京, 去年古寺共題名. 早衰怪我遽如許, 苦學憐君太瘦生. 茆屋擬歸田二頃, 金丹終掃雪千莖. 何人更似蘸司業, 和遍新詩滿洛城.'" (宋)蘇軾 :《蘇文忠公全集·東坡集》卷9《詩六十八首》, 明成化本.

90　이 시의 전체는 다음과 같다. "歲月飄然風際煙, 紫萸黃菊又霜天. 莫思太室杉松外, 且醉青州歌舞前(自注 : 昔年與頓君同登嵩頂, 時正重九). 杯酒追歡真一夢, 天涯回望正三年. 近來又欲東觀海, 聽說毛詩雅頌篇(自注 : 君善講《詩》)" (北宋)蘇轍 :《欒城集》卷5, 四部叢刊景明嘉靖蜀藩活字本.

사람들이 그곳의 불상을 定慧寺로 옮겼다".[91] 이런 기록에 비추어보면, 蘇軾의 진적
이 정말로 미타사에 있었으나 청나라 초기 이후로 일실되었거나 다른 절로 옮겨졌
을 것이다. 혹여 청나라 시기 다른 절로 옮겨졌다면 도대체 어디로 옮겨진 것일까?
중국 지방지에는 淸末 民初 靑州府城의 "西北 2리 밖"[92]에 法慶寺라는 절이 있었는
데 거기 경내에 소식 친필 제시《蘇東坡醉道士石詩》石碑가 있다는 기록이 보인다.
곧, 光緒《益都縣圖志》에 보이는 "《蘇東坡醉道士石詩》가 法慶寺에 있었는데 구체
적인 시기는 알 수 없다"[93]라는 기록이 그것이다. 그러나 淸나라 査愼行(사신행)은
그의 補注에서《蘇東坡醉道士石詩》의 창작 배경을 "그날 큰 바람이 일어 우리가
탄 배가 흰 포말이 일어나는 거친 물결 위에서 날 듯이 출렁거렸다. 楊次公(宋 楊傑,
字는 次公, 號는 無爲子)과 잘 익은 술 한 병 나눠 마시고는 취중에 공과 함께 醉道士
石詩를 지어서는 전령을 통해 (소식에게) 보내준 것이다"[94]라고 했으며, 淸 馮應榴
또한 이 시가 "楊康功이 楊州 지주로 있을 때 지은 것"[95]으로 보았다. 곧, 이 시는 소
식이 직접 지은 작품이 아닌 것이다.《蘇東坡醉道士石詩》를 썼다는 楊康功은 바로

---

91   "漸就傾圮, 知縣李時乘拆其山門及大雄殿以修東嶽廟, 後遂廢. 里人移其像於定慧寺" 光
　　緒《益都縣圖志》卷13《益都縣營建志上·志九》, 淸光緒三十三年刻本, pp.20b-21a.

92   康熙《靑州府志》卷20《寺觀》, 淸康熙六十年刻本, p.12a ; 咸豐《靑州府志》卷26《營建考
　　二》, 淸咸豐九年刻本, p.12a.

93   "《蘇東坡醉道士石詩》, 在法慶寺, 無年月" 光緒《益都縣圖志》卷27《金石志中》, 淸光緒
　　三十三年刻本, p.80a. 볍경사의 금석에 새겨진 시의 내용은 다음과 같다. "楚山固多□, 靑
　　者點而壽. 化爲狂道士, 山谷恣騰跮. 誤入華陽洞, 竊飮□君酒. 君命囚岩間, 岩石爲械杻. 松
　　根絡其足, 滕蔓縛其肘. 蒼苔眯其目, 叢棘哽□□. 三年化爲石, 堅瘦敵瓊玖. 無復號雲聲, 空
　　餘舞杯手. 樵夫見之笑, 抱賣易升門. 楊朱隆中仙, 世俗所得□. 海邊逢姑射, 一笑微俛首. 胡
　　不載之歸, 用此頑且醜. 求詩紀其異, 本末得細剖. 吾言豈妄云, 得之亡是叟. 眉山蘇軾" 이
　　와 같이 법경사의 금석에는 이 시를 소식이 직접 쓴 것으로 기록하고 있다.

94   "今日大風, 孤舟掀舞雪浪中, 楊次公惠醒一壺, 醉中與公作醉道士石詩, 托楚守寄去" (宋)蘇
　　軾撰, (淸)査愼行補注:《補注東坡編年詩》卷26《古今體詩五十一首》, 淸文淵閣四庫全書本.

95   "榴按:'蘇子容集楊康功墓誌銘云: 諱景略, 用祖借歸, 守將作監主簿. 治平二年擢進士第.
　　元豐七年避親嫌知揚州, 移蘇州, 復徒維揚. 元佑元年八月卒.《續通鑑長編》載, 元佑元年八
　　月知揚州楊景略卒, 與養同. 而先載元豐八年七月避規嫌知蔡州, 與墓誌蘇州不同. 至先生
　　作詩, 自系康功知楊州時也. 査本附秦少遊, 參寥詩, 今皆不趣.'"

楊景略(1004-1086)으로 字가 康功이고 河南 洛陽사람이다. 양강공은 蘇軾과는 우호적인 관계를 맺고 있었으며 일찍이 北宋 元豊 6년(1083)에 祭奠使의 신분으로 密州를 지나 膠州 板橋鎮(지금의 山東 膠州)에서 배를 타고 高麗로 사신을 다녀 온 적이 있다. 고려에 사신으로 갔다가 돌아온 후에 北宋 원풍 7년(1084)에 揚州知州로 부임했다가 元亨 元年(1086)에 揚州에서 병사했다. 蘇軾은 희녕 7년에서 희녕9년, 즉 1074-1079년 사이에 密州 知州[96]를 지냈으므로 양강공이 고려로 사행을 떠나기 위해 밀주를 지날 때(1083)나 양주 지주로 있을 때(1086)와 시기가 겹치지 않아 소식과 만났을 가능성이 없으므로 청말 민국 초기 청주의 法慶寺에 있던 《蘇東坡醉道士石詩》는 소식의 친필 제시가 아닌 것이 확실한 것 같다. 곧, 미타사에 있던 소식의 친필 제시는 淸 乾隆 初期 미타사가 철거되고 폐쇄되는 과정에서 아쉽게도 일실된 것으로 보인다.

青州市 史志辦公室 主任 閭成武 선생은 明代 彌陀寺는 지금의 青州市 北關大街와 三合街가 만나는 사거리의 동쪽 부근에 있었다고 하였으며 필자 일행이 청주시 北關 일대에 답사를 갔을 때 촌로들이 北大寺가 있던 자리라고 했던 곳과 일치한다.

사진 4-5   지금의 青州市 北關街道 三合東街 부근의 青州 彌陀寺 옛 터

사진 4-6   青州 彌陀寺 옛 터

---

96   嘉靖《青州府志》卷3《職官表》, 明嘉靖刻本, p.25a.

孟嘗君(맹상군)의 저택이 靑州府城 서남쪽에 있었다고 하는데 지금
은 城隍廟(성황묘)가 들어서 있다.

孟嘗君第, 在(靑州)府城西北隅, 今爲城隍廟.

—李民宬《癸亥朝天錄》

孟嘗君의 저택은 靑州府城 북쪽에 있었으며 宋나라 때는 그 자리
에 龍興寺(용흥사)가 있었다. 夏竦(하송985-1051)이 기록한 바 "맹상군
전문의 고택이다"라고 한 곳이 바로 여기다.

孟嘗君第, 在(靑州)府城北隅, 宋爲龍興寺, 夏竦記曰 : "田文故第",
即此也.

—鄭斗源《朝天記地圖》

맹상군 전문의 저택은 청주성 북쪽 修身防("坊"의 통가자)에 있었다.
宋나라 때는 龍興寺(용흥사)가 있었고 夏竦은 이곳이 맹상군 전문의
고택이라고 기록했다.

田文第, 在城北隅修身防(通"坊"). 宋爲龍興寺. 夏竦記曰 : 此田文故
第也.

—金德承《天槎大觀》

맹상군 전문의 저택은 청주성 북쪽 修身坊에 있었다. 宋나라 때는
龍興寺(용흥사)로 바뀌었는데 夏竦이 기록한 바 이 곳이 맹상군 전문
의 고택이라고 했다.

田文第, 在城北隅修身坊. 宋朝變爲龍興寺. 夏竦記曰 : 此田文之故
第也雲爾.

—南以雄《路程記》

위에서 여러 조선사신들이 기록한 바와 같이 靑州府城 서남쪽에는 孟嘗君(본명
田文)의 저택이 있었는데 宋代 이후 그 옛터에 龍興寺가 지어졌다. 孟嘗君은 孟嘗이

라고도 하며 姓은 田, 이름은 文이고 孟嘗君은 諡號이다. 薛(지금의 山東 滕州)땅에 봉해졌으므로 薛公이라고도 부른다. 戰國時期 齊나라를 부국강성하게 만든 인물로 그의 탁월한 업적과 재주를 기려 趙나라 平原君 趙勝, 魏나라 信陵君 魏無忌, 楚나라 春申君 黃歇과 함께 "戰國 四公子"로 후대에 회자되었다. 孟嘗君은 家産을 아끼지 않고 天下의 賢士를 모았으므로 그의 문하에 천 여 명이 넘는 食客이 모여들어 그 명성이 천하에 떨쳤다. 秦나라 昭王이 두 차례에 걸쳐 그를 秦나라의 재상으로 초빙하자 孟嘗君은 결국 거기에 응해 진나라로 갔으나 제나라 사람인 맹상군을 등용하면 결국 진나라에 해를 끼칠 것이라는 진나라 대소 관료들의 모함에 결국 진나라 소왕은 어쩔 수 없이 맹상군을 감옥에 가두고 만다. 그러나 기발한 재주를 가진 문하 식객들의 도움으로 그는 결국 제나라로 탈출할 수 있었고 더 나아가 제나라 재상의 직위에까지 오른다. 그러나 맹상군은 齊 湣王(민왕)이 자신의 세력이 강대해지는 것을 염려하여 끊임없이 자신을 견제할 것을 알았기에 병을 핑계로 그의 봉지인 薛땅으로 돌아온다. 그 기회를 틈 타 齊 湣王은 宋나라를 친다는 핑계로 孟嘗君를 제거하려고 했으나 孟嘗君은 되려 魏나라로 가서 위나라의 宰相이 되어 秦, 趙, 燕나라와 연합하여 齊나라를 공격하여 齊 湣王을 몰아내고 만다. 그 후 齊 襄王이 즉위했으나 민왕을 몰아낸 孟嘗君을 두려워하였으므로 맹상군이 죽기까지 우호적인 관계를 유지한다. 그러나 孟嘗君이 죽자 그 자식들 사이의 불화로 薛邑에서는 내홍이 끊이지 않았고 이 기회를 노려 齊와 魏나라는 서로 연합하여 맹상군의 봉읍인 薛땅을 공격하여 맹상군의 가문을 멸족시키고 만다.[97]

후세의 孟嘗君에 대한 평가는 크게 3가지로 나뉘지만, 공히 그가 "得士(천하의 인재를 얻음)"과 "養士(천하의 인재를 기름)"에 능했다는 점은 대체로 높이 평가했다. 우선 첫째, 맹상군을 긍정적으로 평가한 사람들로는 賈誼, 曹植 등을 들 수 있다. 賈誼는 《過秦論》에서 "당시 제나라에는 맹상군이 있었는데……명석하고 지혜로우며

---

97   (漢)司馬遷撰, (劉宋)裴駰集解, (唐)司馬貞索隱, 張守節正義 :《史記》卷75《孟嘗君列傳》, 淸乾隆四年刻本, pp.1a-9b ; (漢)高誘撰, (宋)姚宏續撰 :《戰國策注》卷10《齊三》, 士禮居叢書景宋剡川姚氏本, pp.3b-8a ; (唐)李延壽撰 :《南史》卷37《宋沈慶之傳》, 淸乾隆四年刻本.

충성되고 신의가 있었고 너그럽게 다른 사람을 대하고 현자를 존중하고 선비를 중
시했다"⁹⁸라고 했으며 曹植은《七啟》에서 "무릇 田文(맹상군)과 無忌(신릉군)과 같
은 무리는 옛날 준수한 선비들이다. 仁義를 표양하고 학문과 기예를 진작시켰으며
생각에 걸림이 없었고 고상한 기개는 하늘의 구름처럼 높았으며 뭇 諸侯를 압도하
여 한 시대를 풍미했으니 옷소매를 한 번 휘저으면 온 하늘에서 바람이 일었고 한
번 발분하면 그 기세가 무지개를 이루었다"⁹⁹라고 하였다.

　둘째, 荀子, 司馬光 등은 부정적으로 평가했다.《荀子·臣道篇》에는 孟嘗君이 "위
로는 임금에게 不忠하면서도 아래로는 백성들에게 민심 얻기를 잘하고 공정한 도
리와 보편적 정의를 돌보지 않고서 사적으로 무리를 지어 의견이 다른 이들을 배척
하고 임금의 눈을 가려 사익을 도모하는 데 힘썼다"라고 하면서 "簒臣(찬신-임금의
권위를 빼앗는 신하)"¹⁰⁰으로 평가했다. 또한 사마광은《資治通鑒》에서 "君子가 인재
를 기르는 것은 백성들을 위해서인데" 훌륭한 인재란 곧 "그 덕이 돈후하여 풍속을
교화할 수 있고, 그 재주가 조정의 기강을 바로 잡고 기율을 진작시킬 수 있으며, 그
명철함은 세부적인 문제도 꼼꼼히 살피고 먼 미래의 일도 미리 숙려하고, 그 강인
함은 仁을 펼치고 義를 굳건하게 할 수 있다. 그래서 크게 쓰이면 天下를 이롭게 하
고 작게 쓰이면 한 나라를 이롭게 할 수 있으므로 君子는 봉록을 넉넉히 하여 그를
후대하고 높은 직위를 주어 그를 존대하는 것이다. 이는 한 사람을 길러 만인을 이
롭게 하는 것이니 이것이 바로 현명한 선비를 기르는 道다"라고 하면서 孟嘗君
의 "선비를 기르는 도"는 "지혜로움과 어리석음, 선과 악을 신경써서 가리지 않고
그 임금의 재부를 빼앗아 私黨을 이롭게 하고 헛된 명성을 천하에 떨쳐 위로는 그

98　"當此之時, 齊有孟嘗……明智而忠信, 寬厚而愛人, 尊賢而重士." (漢)賈誼 :《賈長沙集》卷
　　3《疏》, 七十二家集本, p.9b.

99　"若夫田文, 無忌之疇, 乃上古之俊公子也, 皆飛仁揚義, 騰躍道藝, 遊心無方, 抗志雲際, 淩
　　轢諸侯, 驅馳當世, 揮袂則九野生風, 慷慨則氣成虹霓." (三國魏)曹植 :《曹子建集》卷9《七
　　啟》, 四部叢刊景明活字本, p.9b.

100　"上不忠乎君, 下善取譽乎民, 不恤公道通義, 朋黨比周, 以環主圖私爲務," 故"可謂簒臣也".
　　(周)荀況撰, (唐)楊倞注, (淸)盧文弨校補 :《荀子》卷9《臣道篇第十三》, 抱經堂叢書本, p.1a

사진 4-7   《航海朝天圖》중《齊靑州府圖》에서 "孟嘗君이 살던 옛 마을"을 묘사한 부분. 왼쪽 상단에 "孟嘗君古里"라는 글자가 보인다.

임금을 욕되게 하고 아래로는 그 백성을 우매하게 하는" 것이라고 하면서 孟嘗君을 "간악한 무리들의 영웅으로 족히 숭상할 인물이 못된다"라고[101] 부정적으로 평가했다.

마지막으로 司馬遷과 같은 인물은 孟嘗君이 "인재를 기르는 덕(養士之德)"이 있기는 했으나 한편으로 "인재를 기르는 데 아쉬운 점(養士之憾)"도 있다고 비교적 중립적인 평가를 하기도 했다. 司馬遷의《史記·孟嘗君傳》에는 "내가 일찍이 맹상군의 봉읍인 薛땅을 지난 적이 있었는데 마을마다 성질이 사납고 강한 子弟들이 많아서

鄒나라나 魯나라와는 달랐다. 그 이유를 물으니 '孟嘗君이 천하의 협객들과 모질고 악한 인물들을 설땅에 불러모았는데 당시 거의 6만 여 호에 이르렀기 때문이다'라고 한다. 세상에 孟嘗君이 손님을 좋아하고 스스로 기뻐했다는 말이 전하는데 과연 명불허전이라 할 만하다"[102]라는 평가가 보인다.

앞서 여러 차례 지적했듯이, 중국 지리와 관련된 조선사신들의 사행록 기록은 많

---

101   "君子之養士, 以爲民"作爲評判標準, 認爲"夫賢者, 其德足以敦化正俗, 其才足以頓綱振紀, 其明足以燭微慮遠, 其強足以結仁固義；大則利天下, 小則利一國. 是以君子豐祿以厚之, 隆爵以尊之；養一人而及萬人者, 養賢之道也". 在此前提下, 將孟嘗君"養士"看做"不恤智愚, 不擇臧否, 盜其君之祿, 以利私黨, 張虛譽, 上以侮其君, 下以蠹其民"的行爲, 故孟嘗君"是奸人之雄也, 無足尚哉". (宋)司馬光撰, (元)胡三省音注：《資治通鑒》卷2《周紀二》, 淸嘉慶二十一年刻本.

102   "吾嘗過薛, 其俗閭里率多暴桀子弟, 與鄒, 魯殊. 問其故, 曰：'孟嘗君招致天下任俠, 奸人入薛中蓋六萬餘家矣.'世之傳孟嘗君好客自喜, 名不虛矣." (漢)司馬遷撰, (劉宋)裴駰集解, (唐)司馬貞索隱, 張守節正義：《史記》卷75《孟嘗君列傳》, 淸乾隆四年刻本, p.9a.

은 경우《大明一統志》를 참고하고 있으며 孟嘗君의 고택에 대한 기록 또한 예외가
아니다. 맹상군의 고택에 대하여《大明一統志》는 다음과 같이 기록하고 있다. "田
文의 저택은 靑州府城 서남쪽 修身坊에 있었다. 宋나라 때는 龍興寺가 있었고 夏
竦(하송)이 기록한 바 '이 곳이 田文의 고택이다'라 한 곳이 여기다. 지금은 城隍廟
가 있다."[103] 孟嘗君 곧, 田文의 고택에 관하여 현재까지 알려진 최초의 기록은 唐
代 封演이 찬술한《封氏見聞錄》이다.《封氏見聞錄》의 기록은 다음과 같다. "靑州
城 남쪽에 있던 절에 오래된 큰 무쇠솥(鐵鑊) 2개가 있었는데 큰 것은 40石, 작은 것
은 30石의 용량으로 아주 정교하게 제작되었다. 또한 작은 솥(釜)도 하나 있었는
데 7-8石의 용량으로 모양이 항아리 같고 손잡이가 달려 있었다. 전하는 바로는 거
기가 孟嘗君의 家宅이 있던 곳이고 가마솥들은 孟嘗君이 사용하던 기물이라 한
다."[104] 이처럼《封氏見聞錄》이 저술된 唐代 이후의 사료들에서는 龍興寺가 孟嘗君
의 고택 자리에 세워졌다는 기록을 심심찮게 찾아볼 수 있다. 그러나 明代 靑州府
城 즉, 南陽城은 北魏(東晉)때 修建되었으므로 封演이 말한 靑州城은 南陽城이 아
니라 그 북쪽에 있던 "東陽城"을 가리킨다.[105] 그래서 元代 황명으로 간행된《齊乘》

---

103 "田文第, 在(靑州)府城西北隅修身坊. 宋爲龍興寺, 夏竦記曰 : '此田文故第也.' 今爲城隍廟."
《大明一統志》卷24《靑州府》, 明天順五年內府刻本, pp.34b-35a.

104 "靑州城南佛寺中, 有古鐵鑊二口, 大者四十石, 小者三十石, 製作精巧. 又有一釜, 可受七八
石, 似甕而有耳, 相傳雲是孟嘗君家宅. 鑊釜皆是孟嘗君之器也." (唐)封演 :《封氏見聞錄》
卷8《孟嘗鑊》, 淸文淵閣四庫全書本, p.4b.

105 義熙 6년(410)에 南朝 劉宋의 開國 군주인 劉裕가 南燕을 멸망시켰는데 이 과정에서 廣固
城이 파괴되었다. 廣固城의 遺址는 지금의 靑州市 邵莊鎭 堯王山 東南 一帶이다. 南燕을
멸망시킨 후, 劉裕는 楊穆을 靑州刺史로 파견했는데 楊穆은 청주 南陽河의 북쪽에 새로이
東陽城(北城이라고도 함)을 축건하였다. 東陽城은 "동서로 길고 남북으로 좁은 구조(東西長而
南北狹)"를 가지고 있었고 "구불구불 험준한 성벽과 해자가 성을 둘러싸고 있어 곳곳이 높
은 보루요 치성이 뻗쳐 있어 방대한 대군도 능히 다 매복할 수 있었으므로 기묘한 병략으
로 반드시 승리를 거둘 수 있었다(控帶闔閭, 卷陷歧出, 千軍之伏, 出奇制勝)." 東陽城은 明末 靑
州府治 즉, 益都城의 북쪽에 있었으며 지금의 靑州市 王府街道 北關社區 附近이다. 北魏
시기에는 "별다른 병란이 없었기에(無大兵革)" "날마다 거주민이 늘어나 결국 동양성도 너
무 번잡해졌기 때문에 남쪽 성벽을 넓혀서 사람들이 거주하게 했다(戶口日繁, 而東陽又狹隘,
故廣南郭以處之)." 熙平 2년(517)에 재차 東陽城 南郭을 증수하였으니 이때부터 증수된 東陽

에서는 비록 龍興寺 경내 소재한 宋代 石碑에 새겨진 "용흥사는 전문의 고택 자리에 세워졌다"라는 기록을 소개하고는 있지만, "靑州城(南陽城)은 東晉 때 청주자사 羊穆이 처음 세운 것으로 맹상군이 살던 戰國시기에는 이 성(南陽城)이 없었다"라고 하면서 기존 지방지의 오류를 지적했다. 그러면서 남조 송나라의 劉善明이 청주성 백성들에게 베푼 선정을 소개하면서 용흥사터가 원래는 "孟嘗君의 고택이 아니라 남조 송나라 劉善明의 고택[106]"[107]이라고 보았다. 그러나 明에서 淸初까지의 중국 방지, 즉 明 嘉靖《靑州府志》,[108]《大明一統志》, 康熙《山東通志》[109] 등에서는《齊乘》이 아니라 다시《封氏見聞錄》의 견해를 쫓아 龍興寺가 孟嘗君의 고택 옛터에 세워진 것으로 기술하고 있으며 淸 康熙년간 이후의 방지 즉, 咸豐《靑州府志》, 光緒《益都縣圖志》[110]에서만 재차《齊乘》의 견해를 쫓아 龍興寺가 劉善明 故宅의 옛

城 南郭을 南陽城으로 부르게 되었다. 金 天會 연간(1123-1135)에 이르러 東陽城이 차츰 허물어지고 황폐해졌기 때문에 益都의 치소를 南陽城으로 옮겼다. 咸豐《靑州府志》卷23《形勝考》, 淸咸豐九年刻本, pp.1b-2a ; (淸)葉圭綬 :《續山東考古錄》卷15《靑州(上)》, 淸咸豐元年刻本, p.4b. 參見嘉靖《靑州府志》卷11《城池》, 明嘉靖刻本, pp.25b-26a ; 咸豐《靑州府志》卷25《考四之一》, 淸咸豐九年刻本, pp.1b-2a ; 光緒《益都縣圖志》卷13《營建志(上)》, pp.1a-3b ; 靑州市地名委員會編《靑州市地名志》, 天津人民出版社1991年版, p.484.

106 "劉善明은 남조 宋나라 때 北海太守를 역임했다. 元嘉 연간에 靑州에 기황이 들어 백성들이 서로를 잡아먹는 지경에 이르자 유선명이 집안에 있던 곡식으로 죽을 끓여 백성들에게 베풀고 창고를 열어 구휼했다. 이에 고을 백성 모두가 기아를 벗어날 수 있었다. 그래서 백성들이 유선명의 집안을 "續命田 劉善明"이라고 불렀다(仕宋爲北海太守. 元嘉中, 靑州饑, 人相食. 善明家有積粟, 自作饘粥, 開倉賑救, 鄕里皆獲全濟. 百姓呼其家爲續命田)"《肇域志·山東七》, 淸鈔本.

107 "寺卽田文宅……靑州城晉羊穆(南宋)之始築, 戰國時未有此(南陽)城……慕其名, 謂能飯客者, 必斯人而隱沒……非孟嘗君宅, 乃南史劉善明宅"《齊乘》卷4《古跡》, 淸文淵閣四庫全書本, p.30.

108 "城隍廟有二, 其一在城內, 卽孟嘗君故第. 北齊武平四年, 建爲龍興寺. 元末兵毁. 國朝洪武元年, 改城隍廟. 八年, 知府張思問因建. 齊藩以其地爲世子府, 徙廟于西門外洋河北岸. 齊庶人國除. 天順元年, 知府徐郁復遷故址, 卽今廟也. 其洋河北廟亦存, 禱雨有應. 正德十年, 知府朱鑒仍修"嘉靖《靑州府志》卷10《祠廟》, 明嘉靖刻本, p.2.

109 "田文第, 在(靑州)府城西北隅. 宋爲龍興寺, 夏竦有記. 今城隍廟卽其地"康熙《山東通志》卷18《古跡》, 淸康熙四十一年刻本, p.26a.

110 咸豐《靑州府志》卷24上《古跡考上》, 淸咸豐九年刻本, pp.3b-5b ; 光緒《益都縣圖志》卷12《古跡志》, 淸光緒三十三年刻本, p.5b.

터에 세워진 것으로 기록하고 있다.

　그런데 龍興寺에 대한 역사 기록[111]을 살펴보면, 龍興寺는 北魏시기에 처음 축건되었고 남조 宋 元嘉 二년(425)에는 "佛堂"으로 일컬어졌으며 北齊 武平 四년(573)에는 "南陽寺"로, 隋 開皇 元년(581)에는 "長樂寺" 불렸다가 다시 "道藏寺"로 개칭되었다. 武則天 天授 二년(691)에 재차 "大雲寺"로 개명되었고 唐 玄宗 開元 18년(730)에야 비로소 "龍興寺"로 불리기 시작했다. 元末에 兵亂으로 인해 파괴되었다가 明 洪武 元年(1368)에 용흥사의 옛터 위에 城隍廟를 지었으며 天順 元年에 知府 徐郁

사진 4-8　1930년대 靑州 文昌宮 안에 있던 "大齊碑". 지금은 靑州偶園에 안에 안치되어 있는데 지금도 "龍興之寺"라 새긴 글씨가 선명하며 원래 이 비석은 용흥사 경내에 있었던 것으로 사료된다.

(서욱)이, 正德 10년에 知府 朱鑒(주감) 등이 城隍廟를 보수하였다. 이상의 기록들을 종합해 보면, 결국 조선사신들이 《大明一統志》를 쫓아 龍興寺 遺址에 있던 마을을 孟嘗君 田文의 고택이 있던 곳이라 기록한 것은 오류이고 실제로는 남조 송나라 시기 劉善明의 故居가 거기 있었음을 알 수 있다. 용흥사의 옛 터는 지금의 靑州市 博物館 남측 일대이다.

　그 밖에 조선사신 정두원의 《朝天記地圖》에는 孟嘗君 고택 유지에 대해 상기의 기록들과는 다른 내용이 기재되어 있다. 곧, "萬年橋는 (청주성) 北門 밖에 있는데

111　《齊乘》卷4《古跡》, 淸文淵閣四庫全書本, p.30 ; 嘉靖《靑州府志》卷10《祠廟》, 明嘉靖刻本, p.2 ; 咸豊《靑州府志》卷24上《古跡考上》, 淸咸豊九年刻本, pp.3b-5b ; 民國《山東通志》卷200《雜誌下》, 民國七年鉛印本, p.57a.

그 구름다리 입구가 바로 孟嘗君의 고택이 있던 자리다"[112]라고 기록하고 있는 것이다. 萬年橋는 靑州府城 北門 밖에 있었는데 서쪽으로는 濟南, 동쪽으로는 登州를 잇는 도로를 연결하는 중요한 다리였다. 제4장 제2절의 만세교를 그린 옛 그림 〈그림 4-13〉과 옛 사진 〈사진 4-14〉를 살펴보면, 만세교의 남단 동측으로 靑州府城 北城門에 인접하여 一群의 높은 건축물들이 모여 있음을 확인할 수 있다. 그러나 중국 지방지에는 이 건축물들에 대한 기록이 전혀 남아 있지 않아 조선사신 정두원이 기록한 사실의 신빙성을 입증할 방법이 없다. 그러나 이전에 필자들이 명말 조선사신의 사행로를 재구하고 고증하는 연구 과정에서 과거 현지 거주민들이 실제 역사 사실과는 무관하게 유명한 역사 인물들과 자신들이 사는 고장의 연관성을 견강부회하여 조선사신들에게 알려준 경우가 상당히 많았음을 고려해보면, 정두원의 맹상군 고택 옛터에 대한 기록도 이러한 경우에 해당하지 않을까 조심스럽게 추측해본다. 물론 이러한 추측이 십분 타당하다고 하더라도 조선사신의 사행기록은 철저하게 문헌에 근거하거나 현지인의 증언에 근거하여 기록되었음이 분명하며 이런 점에서 조선 사신의 사행록은 중국 지방지 기록에 빠져 있는 역사적 사실에 대한 중요한 보충사료임은 틀림없다할 것이다.

---

112 "萬年橋在北門外, 又雲橋頭是孟嘗君第宅也" [朝鮮] 鄭斗源 : 《朝天記地圖》, 韓國成均館大學尊經閣藏本.

사진 4-9   지금의 靑州市 博物館 남측에 세워진 龍興寺 遺址碑

사진 4-10   龍興寺 옛 터 위에 조성된 지금의 용흥사 문화공원

사진 4-11   지금의 용흥사 문화공원 내 소
재한 靑州 龍興寺 遺址를 簡介하는 石碑

〈맹상군〉

제나라 출신 영웅호걸은 출중한데다가

객관을 가득 배운 객경은 분분히 구름처럼 그 수가 많았다고 하나

맹상군이 진나라를 탈출할 수 있었던 것은 요행히 계명구도의 잔재주 가진 이를 받아 들였기 때문이니

위나라를 쫓아 (모국인 제나라를 공격하는 등 의리에 어긋나는 일을 했으니) 어찌 패업과 공훈을 세울 수 있었겠는가?

풍환을 등용하여 교토삼굴의 묘책을 완성함에 (사람들은) 그 득의함을 칭송하고

소인배들은 그 아름다운 이름 대대로 전해짐을 부러워하였네.

맹상군의 봉지인 설땅 풍속이 과연 공맹의 전통 이어진 다른 산동지역과 다르니

태사공 사마천의 맹상군에 대한 평가가 공평했음을 비로소 알겠네.

孟嘗君

尹暄

齊戶雄豪已出群,[113] 堂中食客亂如云.

脫秦幸自收鳴吠, 從魏哪能樹霸勳.

---

113 出群은 出衆하다는 뜻이다. 唐 杜甫 의 《海棕行》에 "잡목들 사이에 함께 섞여 자란다면 빼어난 대추야자도 어찌 스스로가 출중함을 알겠는가?(自是衆木亂紛紛, 海棕焉知身出群)"라는 표현이 보인다.

(唐)杜甫 : 《杜工部集》卷5《古時五十二首》, 續古逸叢書景宋刻本配毛氏汲古閣本, p.14b.

兔窟成來誇得意, 鰍生[114]譚處艶[115]遺芬.[116]

薛城余俗殊鄒魯,[117] 看取公平太史文.

—尹澄之[118]《棄庵集》[119]

　　이 시는 천계 3년 奏聞(請封)辨誣使 書狀官으로 북경을 다녀 온 尹暄이 지은 것이다. 윤훤 본인의 문집에 수록된 것이 아니라 그 아들인 윤징지의 문집에 수록된 것으로 윤훤이 사행기간 중 쓴 것인지 아니면 귀국 전후로 쓴 것인지 구체적인 창작 연도는 알 수 없으나 조선 문인들의 맹상군에 대한 평가를 이해할 수 있는 좋은 예가 되므로 여기서 함께 살펴보기로 한다.

　　이 시는 文韵으로 압운하고 평측과 대우를 강구한 전형적인 7언 율시의 근체시 형을 갖추고 있다. 1, 2구에서 작자는, 옛날 전국시기 제나라는 이른 시기부터 직하 학궁을 열고 천하의 인재를 모으고 영웅호걸을 배출한 이름난 고장이며 맹상군은

114　鰍生(추생)이란 천박하고 우매한 소인배를 가리킨다. 《史記·項羽本紀》에 "어떤 추생이 나에게 말하기를 '함곡관을 지켜 수성하여 제후들을 들이지 않으면 진나라 땅에서 왕노릇을 다할 수 있다' 라고 했다(鰍生說我曰 : '距關, 毋內諸侯, 秦地可盡王也')'"라는 기록이 보이고 裴駰은 集解에서 服虔의 말을 인용해서 "鰍는 그 발음은 淺자와 같고 小人의 모양을 형용하는 것이다(鰍音淺. 鰍, 小人貌也)"라고 했다. (漢)司馬遷撰, (劉宋)裴駰集解, (唐)司馬貞索隱, 張守節 正義 : 《史記》卷7《項羽本紀》, 清乾隆四年刻本.
115　艶(염)이란 부러워한다는 뜻이다. 明 宋濂의 《贈清源上人歸泉州覲省序》에 "청원 상인은 어릴 때부터 불교를 염모하였다(清源上人, 曩自蚤歲, 即艶空門)"라는 표현이 보인다. (明)宋濂 : 《宋學士文集·補遺》卷2《贈清源上人歸泉州覲省序》, 金華叢書本, p.63b.
116　遺芬이란 옛사람이 남긴 盛德과 아름다운 이름을 가리킨다. 宋 朱熹의 《挽吳給事》제2수에 "아마 유구한 세월이 지나도 이 땅에 옛 사람이 남긴 성덕과 아름다운 이름을 생각하리라(懸知千載下, 此地想遺芬)"라는 표현이 보인다.
　　(宋)朱熹 : 《晦庵集·文集》卷8《詩》, 四部叢刊景明嘉靖刻本, p.6a.
117　鄒魯(추노)란 戰國時期의 鄒나라와 魯나라를 합쳐서 부른 이름인데 지금의 山東 지역을 대표한다.
118　尹澄之(1601-1663)는 字가 巨源, 號가 棄庵(기암)이며 명말 朝鮮使臣 尹暄의 아들이다. 明 天啟 四年(1624 조선 인조 2년)에 進士에 及第한 후 承政院注書, 司憲府持平, 侍講院說書, 兵曹正郎, 錦山郡守 등의 직위를 역임했다.
119　[朝鮮] 尹澄之 輯 : 《棄庵集》卷1《七言律詩》, 首尔大学奎章阁所藏本, p.17.

이러한 제나라의 인재 중시 전통을 계승하여 그의 문하에 천하의 인재를 구름처럼 초빙했다고 찬탄한다. 그런데 3, 4구에서 작자는 맹상군의 인재 선발 원칙과 이들 인재를 등용하여 국정을 운영하는 방식에 비판적인 속내를 드러낸다. 곧, 맹상군은 인재의 인품과 도량, 학식 등을 두루 살피지 않고 잔재주 한 가지만 가지고 있어도 그들을 받아들였다. 비록 그 덕분에 진나라에서 무사히 탈출하는 요행을 누릴 수 는 있었으나 결국에는 대의를 살피지 못하고 모국인 제나라를 공격하는 우를 범하 게 되었으니 패업과 공훈을 이루지 못했고 심지어 자식 대에 이르러서는 가문 자체 가 멸족하는 화까지 당하게 된 것이다. 3구의 鳴吠(명폐)란 원래 아양을 떨어 총애 를 구하는 것을 가리키나 여기서는 맹상군이 秦나라 昭王의 위협에서 벗어날 때 닭 울음 소리와 개짖는 소리를 잘 흉내내는 식객들의 도움을 받아 진나라는 탈출할 수 있었던 鷄鳴狗盜(계명구도)의 고사를 가리킨다.

이어 5, 6구에서 작자는 소인배들이 맹상군의 이러한 인재 선발과 운용에 근본 적인 문제가 있음을 인지하지 못하고서 맹상군이 한 때 득의함을 칭송하고 그의 명 성이 널리 전해짐을 부러워한다고 재차 비판적 견해를 이어간다. 마지막인 7, 8구 에서 작자 본인이 조선사신으로서 맹상군이 살았다는 마을을 지나면서 현지인들 이 과연 지금도 산동의 다른 지역과는 달리 성정이 거칠고 협객 기질이 있음을 직 접 확인할 수 있었고 이를 통해 일찍이 사마천의 맹상군에 대한 평가가 정확했음에 다시 한번 감탄하면서 시를 마무리한다.

사실 맹상군은 윤훤뿐만 아니라 조선문인들에게는 문제적 인물로서 다양한 시 문에서 인용되었으며 그에 대한 평가 또한 조선문인들의 학문적 입장, 역사적 견 해, 정치적 입지 등에 따라 무척 다양했다. 여기서 조선 문인들이 맹상군을 주제로 지은 시 몇 수를 더 살펴보고 조선문인들이 맹상군에 대해 어떻게 평가하고 있는지 좀 더 알아보도록 한다.

〈맹상군120 과작〉

오월생 아이가 군주(전영)에게 우환이 아니니

식객 삼천 양성함에 전문(맹상군)에게만은 한 수 접는다네

그날 함곡관을 빠져 나올 때는 정말로 죽을 뻔 하였고

노년에 설 지방에 살면서는 재산을 나누고자 하였네

진나라의 요구 끝이 없어 호백구를 훔쳐 내었고

고을 사람들 빚을 갚지 못하매 빚 문서를 불살랐네

영원토록 영웅이란 칭송, 아! 다함이 없으니

길이 닭과 개를 흉내내던 무리로 하여금 황량한 무덤에 절하게 하리

孟嘗君, 課作

生兒五月不憂君, 養客三千獨讓文.

當日脫關眞萬死, 老來居薛欲中分.

秦求無已裘須竊, 邑債多逋券可焚.

終古英聲嗟未沫, 長教雞狗拜荒墳.

—朴世堂121 《西溪集》122

위의 시는 박세당이 32세(1660)로 증광시에 장원급제한 후에 과작(課作, 課製라고
도 함)으로 지은 시이다. 과작란 조정에서 과거에 막 급제한 유생과 신진문관들을
대상으로 유교경전과 역사서를 주제로 한 詩와 문장을 정기적으로 짓도록 하여 이
를 인사고과에 반영한 제도로서 과작의 부과가 제도화된 조선 중기 이후로는 과작

---

120 본 시의 번역은 [주영아 (2013) 17세기 課製詩文에 나타난 典故의 수용 양상—박세당의 課
    製 作品을 중심으로—, 동방학, 26, p.74]를 따름.

121   朴世堂(1629-1703)은 字가 季肯, 號는 潛叟, 西溪樵, 西溪 등이며 成均館典籍, 禮曹左郎, 弘
    文館副提學, 漢城府判尹, 禮曹判書, 吏曹判書 등의 직위를 역임했다. 저서로《西溪先生
    集》,《思辨錄》,《新注道德經》,《南華經批註刪補》등이 있다.

122 [朝鮮] 朴世堂:《西溪集草稿》卷1《潛稿·詩》, 한국국립중앙도서관 소장본, pp.11b-12a.

을 정해진 기일에 제출하지 않으면 파직을 당할 정도로 엄격하게 시행되었다.[123] 박세당은 32세인 조선 현종1년(1660)에 증광시에 장원급제하여 성균관전적에 제수된 뒤, 예조좌랑, 병조좌랑, 정언, 병조정랑, 지평, 홍문관교리 겸 경연시독관, 함경북도 병마평사를 차례로 역임했으므로[124] 이 시는 아마도 장원급제한 후 막 관직에 올랐던 30세 초중반에 씌어진 것으로 보인다.

이 시는 文韻으로 압운을 맞추고 평측과 댓구를 강구한 전형적인 7언율시의 근체시형을 갖추고 있다, 원래는 버려질 운명의 아이였던 맹상군 전문이 나중에 천부적인 능력을 발휘하여 3천명의 식객을 거느려 나라의 운명을 바꾸는 위대한 인물이 되었음을 전설처럼 이야기하면서 시를 시작한다. 이러한 이야기는 유대인 모세가 이집트인의 핍박으로 유아 시절 나일강에 버려졌다가 결국에는 유대민족을 구원하는 영웅으로 성장했다는 성경 속 이야기처럼, 시대를 바꾸는 영웅은 보통의 인간으로서는 결코 이겨낼 수 없는 고난을 극복한 뒤 탄생한다는 원형신화의 영웅담을 떠올리게 한다. 1구의 "生兒五月"은 5월 5일 낳은 아들이라는 뜻으로 당시에 "5월 5일에 태어난 아이는 장차 문설주 높이 만큼 키가 자라면 그 아버지에게 이롭지 않다"[125]라는 불길한 소문이 있었다. 그런데 바로 맹상군이 5월 5일에 태어났다.《史記·孟嘗君傳》[126]의 기록에 따르면, 맹상군의 아버지 田嬰(전영)이 5월 5일에 태어난 맹상군이 장차 자신에게 해가 될까 염려하여 그 모친에게 키우지말고 버리라고 명했지만 맹상군의 모친은 그 명을 어기고 몰래 혼자서 맹상군을 키웠으며 장성한 이후로 맹상군은 불길한 예언이 무색하게도 인재를 포용하는 능력과 대범한 풍모로 그 명성을 천하에 떨쳤다. 맹상군의 아버지 田嬰도 결국에는 그의 재주와 도량을 인정하여 父子의 禮로 孟嘗君을 맞이하였고 맹상군을 가문의 후계자로 정하게 되

---

123 위 주영아 (2013)의 논문 pp.64-65 참조.

124 한국민족문화대백과(http://encykorea.aks.ac.kr/) 박세당 조목 참조.

125 "五月子者, 長與戶齊, 將不利其父" (漢)司馬遷撰, (劉宋)裴駰集解, (唐)司馬貞索隱, 張守節正義 :《史記》75《孟嘗君傳》, 清乾隆四年刻本.

126 (漢)司馬遷撰, (劉宋)裴駰集解, (唐)司馬貞索隱, 張守節正義 :《史記》75《孟嘗君傳》, 清乾隆四年刻本.

었다. 2구의 讓(양)이란 다른 것에 비추어 미치지 못하다, 모자라다는 뜻이다. 宋 王禹偁의 《神童劉少逸與時賢聯句》詩序에 "11살까지 이미 삼 백 편을 썼으니 옛 사람에 견주어도 크게 손색이 없다 할 것이다(逮十一歲, 成三百篇, 求之古人曾不多讓)"[127]라는 표현이 보인다.

이어진 3-6구에서는 1, 2구의 시상을 이어받아 대표적인 일화 두 가지를 소개하여 파란만장한 영웅의 일생과 업적을 찬송하고 있다. 곧, 鷄鳴狗盜의 재주를 가진 문객의 도움으로 진나라를 탈출한 일화와 겉보기에 보잘 것 없었던 문객 풍훤을 알아보고 그를 중용하여 자신의 봉읍인 설땅의 채권을 불살라 민심을 얻은 일화가 그것이다. 우선 3구와 5구는 격구로 내용상 호응하여 전자의 고사를 서술한다. 곧, 孟嘗君이 일찍이 秦나라로 가서 재상을 맡았는데 당시 秦나라 조정 관원들의 시기와 모함을 받아 감옥에 갇히게 되었다. 이에 맹상군은 秦 昭王의 寵妃였던 愛姬에게 사람을 보내 도움을 구했는데 愛姬는 맹상군을 구해주는 조건으로 맹상군이 이전에 秦 昭王에게 바쳤던 狐白裘(호백구-여우 겨드랑이의 흰 털이 있는 부분의 가죽으로 만든 갖옷)를 자신에게 선물해 줄 것을 요구했다. 그러나 호백구는 다시 구할 수 없는 너무 값진 물건이었으므로 孟嘗君은 개처럼 몰래 도둑질 잘 하는 재주를 가진 문객의 도움으로 진나라 소왕에게서 이를 훔쳐 내어 愛姬에게 선물로 주었다. 그덕분에 맹상군은 감옥에서 풀려날 수 있었고 한밤중에 마침내 函谷關에 도착하였다. 그러나 秦나라는 國法으로 새벽닭이 울어야만 관문을 열 수 있도록 하였으므로 맹상군은 함곡관에서 발이 묶이고 만다. 이 때 그의 문객 가운데 닭 울음 소리를 잘 흉내내는 자가 있었으므로 그의 도움으로 함곡관의 문지기를 속여 마침내 진나라 국경을 무사히 통과하게 되었다.

다음으로 4구와 6구는 격구로 내용상 호응하면서 후자의 이야기를 기술한다. 즉, 맹상군은 3천 명의 식객을 거두고 후원하기 위해 봉읍인 薛땅에서 정기적으로 세금을 거두고 채권에 대한 이자를 받았는데, 하루는 새로 맞이한 문객인 풍훤

127　(宋)王禹偁：《小畜外集存》卷13《神童劉少逸與時賢聯句》, 武英殿聚珍版全書本, p.2a.

의 능력도 알아볼 겸 그로 하여금 설땅에 가서 세금과 이자를 받아오도록 했다. 그러나 풍훤이 현장에 가서 살펴보니 설땅의 많은 백성들이 세금을 낼 여력이 없었고 채무를 진 자 가운데 이자조차 낼 수 없는 자도 상당했다. 그래서 풍훤은 백성들에게서 세금을 거두지 않았을 뿐만 아니라 가난하여 이자조차 낼 수 없는 채무자의 채권은 탕감해 주었고 이자를 낼 여력이 있는 채무자조차도 그 납부기일을 연장해 주었다. 풍훤은 결국 빈손으로 돌아와 세금과 이자 대신에 설땅 백성들의 의(義- 민심)를 구해왔다고 고하였다. 당시 맹상군은 풍훤의 이러한 처결이 불만족스러웠으나 한편으로 일리 있는 조치였으므로 그냥 묵인하고 넘어갔다. 그 후 제나라의 재상인 맹상군의 명성이 군주인 泯王(민왕)보다 천하에 널리 알려지자 민왕은 그에게 모반을 획책했다는 의심을 두어 그의 재상 직위를 박탈하였고 맹상군은 어쩔 수 없이 두려움과 걱정, 실의에 빠져 봉읍인 설땅으로 돌아가야만 했다. 그런데 그 때 예상치도 않게 설땅 백성들이 마을 100리 밖까지 벗은 발로 쫓아나와 은혜에 감사해 하며 맹상군을 눈물로 맞이하였는데 이는 모두 일전에 풍훤이 그들의 세금을 면제해주고 채권을 불살라 주었던 조치 때문이었다.[128] 이후 맹상군은 이러한 설땅 민심의 지지를 바탕으로 재기에 성공할 수 있었다. 이상의 2가지 일화는 맹상군의 인재를 알아보는 안목과 인재를 품는 도량이 남달랐음을 보여주는 대표적인 이야기로 작자도 이러한 전고를 인용하여 맹상군의 용인술을 크게 평가한 것이라 볼 수 있다.

　3구의 關은 函谷關(함곡관)을 가리키고 4구의 薛은 田文 즉, 孟嘗君의 封邑인 薛邑을 가리킨다. 中分은 分裂의 뜻이다. 元 趙孟頫(조맹부)의 《岳鄂王墓》詩에 "천하의 영웅 악비는 이미 죽었으니 지금 와서 탄식한다고 해도 늦었고 송나라도 북과 남으로 나뉘어 버렸으니 남송도 결국 지키지 못했네(英雄已死嗟何及, 天下中分遂不支)"[129]라는 표현이 보인다. 6구의 逋券(포권)이란 債券을 뜻한다. 《新唐書·裴度傳》에 "방사인 양조문이….노대부의 채권을 압수하여 노탄(749-817)의 가객으로 하여

128 　(漢)司馬遷撰, (劉宋)裴駰集解, (唐)司馬貞索隱, 張守節正義 :《史記》75《孟嘗君傳》, 清乾隆四年刻本.

129 　(元)趙孟俯 :《松雪齋文集》卷4《律詩》, 四部叢刊景元刻本, p.11a.

금 상환토록 했다. 한참의 세월이 흐른 후에 원래는 노군(742-800)의 채권임을 알게 되었다(坊使楊朝汶……又獲盧大夫逋券, 捕盧坦家客責償 ; 久乃悟盧群券)"[130]라는 표현이 보인다.

　7, 8구에서는 한때 천하에 이름을 날린 맹상군 같은 영웅도 결국은 죽어서 한 줌의 황량하고 초라한 무덤만을 남겼을 뿐이고 심지어 지금은 그의 무덤을 찾아와서 추모하는 이의 발길조차 찾아볼 수 없게 되었음을 비탄한다. 작가는 과거 맹상군을 따르는 무리들을 초혼하여 그를 위해 분향하도록 해야겠다는 생각이 들 정도로 인생 무상의 감정을 절감하고 알 수 없는 비애감에 잠긴다. 이 시는 맹상군에 대해 본격적으로 역사적 평가를 가하려는 태도보다는 과거 인물을 통해 인생무상의 감정을 결론적으로 표현하고 있다는 점에서 앞서 살펴본 윤훤의 시와는 차이가 있다. 곧, 윤훤의 시가 맹상군이란 역사적 인물을 시라는 형식을 통해 역사적으로 평가하려 했다면 이 시는 맹상군이라는 역사적 인물을 통해 작자의 시적 감성을 표현하고 있는 것이다. 7구의 英聲이란 아름다운 名聲을 뜻한다. 漢 司馬相如의 《封禪文》에 "만세에 걸쳐 맑은 청류를 고무시켜 처음에는 작은 물결로 일어나게 하여 차츰 아름다운 명성을 드날리고 결국 무성한 결실을 맺도록 한다(俾萬世得激淸流, 揚微波, 蜚英聲, 騰茂實)"[131]라는 표현이 보인다. 未沫이란 원래 '아직 한 번도 멈춘 적이 없다'는 뜻인데 引申하여 아직 사라지지 않았다는 뜻으로 쓰인다. 《楚辭·離騷》에 "아름다운 향기 그윽하여 사라지기 어려웁거니 그 향기 지금도 아직 다 사라지지 않았네!(芳菲菲而難虧兮, 芬至今猶未沫)"[132]이라는 표현이 보인다.

130　(宋)歐陽修 : 《新唐書》卷173《裴度傳》, 淸乾隆四年刻本, p.4b.

131　(漢)司馬相如 : 《司馬文園集》卷2《歌》, 七十二家集本, p.12a.

132　(周)屈原撰, (漢)劉向編集, (漢)王逸章句 : 《楚辭》卷1《離騷經》, 湖北叢書本, p.18a.

〈전국시대 사군자를 읊어 감회를 기탁했으니 오른쪽은 맹상군을 읊은 것이다.〉

옛날 제나라땅 5월에 아기울음 소리 들렸는데 (그 아기가 바로 맹상군이라)

서얼의 신분임에도 불구하고 아버지 정곽군 전영을 계승하였네

제나라 전국 70여 성에서 토산품과 세금을 거두어

3천 명의 문객을 아침 저녁으로 배불리 먹이고 후대하였다네.

도둑질 잘 하던 그의 문객은 진왕의 창고에서 호백구를 훔쳤고

닭 울음 소리 잘 흉내내던 어느 문객은 함곡관에서 한밤 중에 닭 울음 소리 냈다네.

결국 개처럼 도둑질하고 닭 울음 소리나 흉내내던 소인들이 상사의 높은 직위에 올랐으니

사마광이 맹상군 전문에게 침을 뱉은 연유를 내가 알겠네!

詠四君[133]以寓懷, 右詠孟嘗君

青齊五月始呱聞, 餘子還承靖郭君.

七十諸城收貢賦, 三千遊客飽朝曛.

能偸秦府狐毛眼, 更唱函關並羽群.

狗盜雞鳴升上士, 吾知涑水唾田文.

—李重明[134]《安谷集》[135]

이 시의 작자인 이중명은 1651년(효종2년) 司馬試에서 進士에 급제했으며 1667

---

133 戰國시기에 齊나라 孟嘗君, 魏나라 信陵君, 趙나라 平原君, 楚나라 春申君은 모두 현자를 존중하고 재능있는 선비를 알아보고 후대하여 나라를 강성하게 했으므로 천하에 명성이 높았기에 당시 이들을 전국시기 "四君(子)"라고 불렀다.

134 李重明(1605-1672)은 字가 子文이고 號는 安谷으로 1651년 사마시에 及第하여 진사가 된 후에 顯陵參奉, 廣興倉奉事 등의 직위를 역임했으며 저서로《奉周錄》등을 남겼다.

135 [朝鮮] 李重明 :《安谷集》卷2下, 국립중앙도서관장본, p.2b.

년(현종 8) 명나라는 이미 망했지만 임진왜란 때 도움을 준 再造之恩의 의리를 잊지 않아야 한다면서 명 神宗과 毅宗의 사묘를 건립하고 명나라 원군을 이끌고 조선에 왔던 명나라 장수 楊鎬와 李如松을 배향해야 한다고 주장하는 상소를 올린 인물이다.[136]

이 시는 文韻으로 압운하고 평측과 댓구를 강구한 전형적인 7언 율시의 근체시이다. 首聯인 1, 2구에서는 5월 5일에 태어나 아비에게 불길하다 하여 버림받을 뻔했고, 게다가 서얼 출신이라는 핸디캡을 극복하고 마침내 아버지 정곽군 전영을 계승한 맹상군의 입지전적인 이력을 찬탄하면 시를 시작한다. 2구의 靖郭君은 孟嘗君 田文의 아버지 田嬰을 가리킨다. 羽群이란 鳥類를 뜻한다. 漢 馬融의 《廣成頌》에 "길짐승을 풀어주고 날짐승을 후려 날려보내네(散毛族, 梧羽群)"[137]이라는 표현이 보인다.

이어진 함련(3, 4구)에서는 수련의 시상을 이어받아 맹상군이 현자와 인재를 좋아하여 재물을 아끼지 않고 그들을 후대하였기에 천하의 재주있는 자들이 스스로 모여들어 문하 식객이 3천 명에 이르렀음을 말하면서 인재를 아끼고 후하게 대접했던 맹상군을 다시 한번 크게 찬양한다.

그러나 경련(5, 6구)에서부터 시상이 전환되기 시작하여 미련(7, 8구)에서는 통렬한 비판으로 시를 마무리한다. 곧, 비록 鷄鳴狗盜의 잔재주를 가진 문하 식객의 도움으로 한 때의 위기에서 벗어날 수는 있었으나 이러한 소인배들이 잔재주로 공을 쌓아 높은 직위에 오른 것은 크게 잘못된 처사라는 것이다. 그래서 《資治通鑑》을 쓴 司馬光의 맹상군에 대한 통렬한 비판을 무척 타당한 것으로 보았다. 일찍이 司馬光은 《資治通鑑》에서 "맹상군이 인재를 양성하는 방법이란 현자와 우매한 자를 살피지 않고 선악을 가리지 않아 군주가 내릴 녹봉을 훔쳐내어 자신의 무리를 키워 천하에 헛된 명성을 구하는 것이니 이는 위로는 그 임금을 욕되게 하고 아래로는

---

136 한국민족문화대백과(http://encykorea.aks.ac.kr/) 이중명 조목 참조.

137 (劉宋)範曄撰, (晉)司馬彪撰, (梁)劉昭注, (唐)李賢注 : 《後漢書》卷90上《馬融傳》, 淸乾隆四年刻本, p.7a.

백성들을 좀먹는 것이 아닌가? 그는 바로 간악한 자들의 영웅일 뿐이니 어찌 높이 송찬할 바가 있겠는가!"[138]라고 통렬하게 비판한 바 있다. 7구의 上士란 춘추전국시기 귀족계급의 직위 중 하나이다.《孟子·萬章下》: "군주, 경, 대부, 상사, 중사, 하사가 각각 하나의 직위로 모두 6등급이다(君一位, 卿一位, 大夫一位, 上士一位, 中士一位, 下士一位, 凡六等)"[139]라는 표현이 보인다. 8구의 涑水(속수)란 司馬光을 가리킨다. 司馬光은 山西 涑水(山西省 運城市 絳縣[강현]) 사람이다. 淸 沈惟賢의《〈萬國演義〉序》에 "비록 사마광과 같이 뛰어난 재주를 가진 자라 할지라도 산실된 것들을 망라하여《泰東西通鑒》같은 책을 지으려 해도 해낼 수 없을 것이다.(雖有涑水之才, 欲網羅散失, 以爲《泰東西通鑒》, 未之或逮也)"[140]라는 표현이 보인다.

〈닭 닮은 노인〉

두 팔을 닭날개처럼 푸드덕거리며 닭 무리 가운데 들어가서
먼저 한 번 닭 울음 소리 내면 사방 벌판의 닭들이 따라 우는 소리 들리네.
무위도식하며 어슬렁 어슬렁 소일하는 삶, 괜찮아 보이기는 하나
일생토록 맹상군을 만나보지는 못한다네.

雞老人
雙翮膈膊[141]入雞群 一喔先聲四野聞.
徒食徒行還似許 人生不遇孟嘗君.
趙秀三《秋齋集》권7〈紀異〉[142]

---

138   今孟嘗君之養士也, 不恤智愚, 不擇藏否, 盜其君之祿, 以立私黨, 張虛譽, 上以悔其君, 下以囊其民? 是奸人之雄也, 烏足尚哉!

139   (漢)趙岐注, (宋)孫奭疏:《孟子注疏》卷10《萬章下》, 重刊宋本十三經注疏本, p.4b.

140   (淸)沈惟賢:《萬國演義》序, 淸光緖二十九年刊本.

141   膈膊(껍박) 닭이 날개를 푸드덕 거리는 모양을 형용한다. 唐 韓愈와 孟郊의《鬪雞聯句》에 "푸드덕거리며 싸우는 소리 소란스럽고 어지럽게 날아올라 뒤엉키니 닭 깃털 사방으로 날아 흩어지네(膈膊戰聲喧, 繽翻落羽雕)"라는 표현이 보인다.

142   [朝鮮] 趙秀三《秋齋集》권7〈紀異〉, 고려대 중앙도서관장본, p.2b.

이 시는 조선후기의 유명한 여항 시인인 趙秀三(1762-1849)[143]이 쓴 시인데 맹상군이란 인물, 그리고 그에 얽힌 고사가 조선의 문인들 사이에서 얼마나 광범위하게 그리고 다양하게 문학적 형상화에 활용되었는지를 보여주는 대표적인 작품이다.

당시 도성에 한 노인이 있었는데 키와 덩치가 작고 대머리였고 그 모습이 마치 암탉 같았다. 게다가 두 손으로 양팔을 두드리며 닭 울음 소리를 내면 사방의 닭들이 따라 울었는데 멀리서 들으면 사람이 내는 소리인지 실제 닭 울음 소리인지 사광(春秋시기 晉나라의 맹인 樂師로 음률에 정통하였다함)처럼 음률에 뛰어난 악사조차도 분별하기 어려울 지경이었다.[144] 이처럼 닭과 비슷하게 생겼고 닭 울음 소리 잘 내는 노인을 직접 목도한 작자는 자연스레 맹상군의 "계명구도"의 고사를 떠올리면서 만약 당시 임금이 맹상군과 같은 군주였다면 조정에 부름을 받지 않았을까 해학적인 상상을 해본다. 이러한 상상은 맹상군이 인재를 모으고 인재를 감별하고 등용하는 방식에 대한 간접적인 비판인 동시에, 당시 공부하는 선비들 대부분이 진지하게 학문을 추구하고 민생을 살피려는 책임감이 없이 단지 얄팍한 재주를 익혀 출세와 세속 이익만을 도모하는 세태를 풍자한 것이도 하다.

---

143 조수삼은 자가 芝園, 子翼이며 호는 秋齋, 經畹(경원)으로 조선 후기 中人 출신의 대표적인 閭巷 시인이다. 중인이라는 산분제약 때문에 조수삼은 타고난 재주에도 불구하고 1844년(헌종 10)에야 83세의 나이로 진사시에 합격할 수 있었다. 松石園詩社의 핵심 인물로 趙熙龍 등과 교류했으며 金正喜, 趙寅永, 趙萬永 등 사대부 문인과도 친하게 지냈다. 특히, 풍양 조씨 세도정치의 중추인물인 조인영과 조만영은 중인이었던 조수삼이 시단에서 제약 없이 활동할 수 있는 배경이 되어 주었다. 조수삼은 1789년(정조 13)에 처음으로 청나라를 여행한 이래 6차례나 중국을 다녀왔으며 청나라 문인 吳崇梁, 劉喜海, 江漣, 朱文翰 등과 사귀었다. 그의 시는 전기에서는 생활주변이나 자연을 소재로 하여 대상과의 조화를 추구한 작품들이 주를 이루지만 후기로 올수록 내용적으로는 사회현실에 대한 사실적 묘사와 풍자가 많아지고 형식적으로는 장편화가 두드러진다. 김정희는 이러한 조수삼의 후기 시풍에 대해 杜甫의 시풍과 근접한다고 평가했다. 저서로는 『추재집』(8권 4책)등이 전한다. (한국민족문화대백과 [http://encykorea.aks.ac.kr/] 조수삼 조목 참조)

144 "一老人. 身短少禿髮. 如牝雞冠. 兩手撲其臂. 作雞鳥聲. 四隣之雞. 皆鳴. 聽諸遠則人聲雞聲. 雖師曠之聰. 亦難辨也." 조수삼의 自註.

제2절 萬年橋,[145] 雲門山

(3월) 15일 기사일 昌樂縣(창락현)에 도착했다. 아침 일찍 淄河店(치하점)을 출발하여 益都北館(익도북관)에서 아침을 해 먹고는 李堂, 鄭昌雲, 林春茂[146]를 인솔하여 당나귀를 타고 店主의 아들을 앞세워 萬年橋(만년교)를 지나 鎭靑門(진청문)과 靑州北城門을 차례로 통과했다.

(三月)十五日, 己巳, 到昌樂縣. 早發淄河店, 朝火於益都之北館馹. 率李堂, 鄭昌雲, 林春茂乘驟, 借店主之子導行. 過萬年橋, 入鎭靑門, 靑州北城門.

—李民宬《癸亥朝天錄》

---

145 조선사신은 南洋橋(남양교), 萬歲橋(만세교)라고도 기록했다.

146 《癸亥朝天錄》의 기록에 따르면, 鄭昌雲은 隨行軍官이며, 林春茂는 司憲府書吏이다. 李堂에 관해서는 사행록에 언급이 없어 당시 그가 맡은 구체적인 직무를 알 수 없다. [朝鮮] 李民宬：《敬亭先生續集》卷1《癸亥朝天錄》, p.9b.

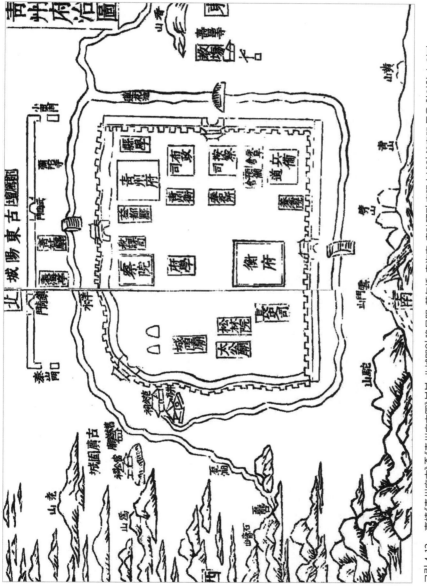

그림 4-12 嘉靖《青州府志》중〈青州府志圖〉부분. 北城門인 瞻星門, 萬年橋, 表海亭 靑社驛과 東陽古城인 鎮靑門 등을 확인할 수 있다.

위의 〈그림 4-12〉 嘉靖《青州府志》 중 《青州府志圖》지도를 살펴보면, 명 천계 4년(1624) 3월 15일 조선사신 李民宬이 북경에서 사행 임무를 완성하고 귀국하는 길은 서쪽에서 동쪽으로 차례로 淄河店, 益都縣(青州府城)北館駅, 鎭青門, 萬年橋, 青州北城門, 青州府城 등을 거치는 노선이었음을 알 수 있다. 그러나 이민성은 치하점을 지나 익도현 북관일을 지난 후 만년교, 진청문, 청주북성문을 지났다고 기록하고 있으므로 만년교와 진청문의 순서가 뒤바뀌어 있다. 이는 아마도 이민성이 기록을 남길 때 일시적인 착오가 있었던 것으로 짐작된다. 이러한 오류는 조선사신의 여러 사행록에 종종 발견되는 것이기도 하다.

青州 南陽河(남양하)에 놓여있던 萬年橋(만년교)는 명청 양대에 걸쳐 青州府城으로 들어가려면 거쳐야만 하는 관문으로서 명청 교체기 북경을 왕래하던 조선사신들이 반드시 건너야만 하는 다리였다. 명 천계 2년 吳允謙은 만년교를 지날 때 《이학관의 〈만세교〉 시에 차운하다(次李學官〈萬歲橋〉)》라는 시를 한 수 지었다. 오윤겸이 이 시에서 말한 萬歲橋는 바로 青州府城의 북쪽에 있던 만년교를 가리킨다.

學官은 吏文學官의 약칭으로 漢吏學官이라고도 불렸는데 조선시대 조선과 명나라 사이에 주고받던 외교 문서의 집필을 담당한 관리로서 承文院[147]에 속했다. 吏文(吏書)이란 애초에는 원나라 수도 大都의 구어를 서면어로 옮긴 문체인데 명대 이후로 공문서의 문체로 자리를 잡아 보편화되었다. 외교관계에 있어 명의 조공과 책봉제도를 따르고 있던 조선은 명의 공문서 체제를 따라야 했으므로 吏文으로 외교문서를 작성하여 명나라와 교류해야만 했다. 특히, 명나라가 규정한 조공과 책봉체제 하에서 이문으로 작성되는 외교문서는 그 형식과 사용용어, 구성 등이 엄격히 규정되어 있어서 외교문서 상의 조그마한 실수도 예기치 못한 외교문제로 비화되는 경우가 비일비재했다. 그래서 조선 조정은 외교문서의 작성과 관리를 건국 초기부터 국가의 중대사로 인식하여 외교문서의 출납과 관리를 전문적으로 담당하는 관청인 승문원을 설치하였을 뿐만 아니라 외교문서인 이문을 자유자재로 다룰 수

---

147   조선시대 외교문서를 담당했던 관청

있는 인재 배양에도 크게 관심을 기울였고 "吏文學官"이라는 직위를 승문원 안에 별도로 설치하여 외교문서를 전문적으로 작성하도록 하였다.

한편, 이들 이문학관은 조선에서 명나라로 파견할 사행단을 구성할 때 반드시 포함되어야 하는 핵심인원이기도 했다.[148] 왜냐하면 아무리 중국 고전 시문에 능했던 조선사신들도 이문 문체에 대해서 문외한인 경우가 많았고 더구나 이를 외교문서로 작성하는 것은 별도로 전문적인 지식이 필요하였으므로 사신들도 외교문서의 작성은 이문학관에게 일임해야만 했기 때문이다. 그리고 이들 이문학관은 대부분 중국 고전 시문에도 해박했을 뿐만 아니라 명나라 당시 구어체 중국어에도 능숙한 경우가 많았기에 사행기간 동안 명나라의 중량급 인사와 깊은 교유를 맺는 경우도 종종 있었고 사행기간 중 수행했던 조신사신들과는 깊은 우정을 나누는 일이 많았다. 예를 들어 명 천계 3년 奏聞(請封)兼辨誣使(정사 李德泂, 부사 尹暄, 서장관 李民宬)의 사행에 동행했던 李長培(이장배),[149] 명 천계 4년(1624) 謝恩兼奏請使(정사 李德泂, 부사 吳翻, 서장관 洪翼漢)의 사행에 동행했던 李元亨(이원형),[150] 숭정 원년(1628)冬至

---

148 예를 들어, 명 천계 2년(1622) 7월에 출항하여 다음해 5월에 귀국한 冬至兼聖節使 李顯英이 조선에서 출발하기 전에 국왕에게 올린 奏疏에서 다음과 같이 언급한 기록이 보인다. "신이 외람되이 성절의 임무를 맡아 행장을 준비함에 두서가 없는데 배표할 날이 이미 박두하였습니다. (중략) 그들에게 응답할 말도 묘당으로 하여금 상의하여 알려주게 하시고 일에 능숙한 吏文學官(이문학관)과 寫字官(사자관)도 각각 한 명씩 대동할 수 있게 해주십시오. (臣叨承賀節之命, 凡幹行李杳, 無頭緒, 而拜表已迫, 只仰有司速爲整頓而已. (중략) 其所應對之辭, 請令廟堂商確指授, 事知吏文學官, 寫字官, 各一員並爲帶去)"《光海君日記》卷177, 光海君 14년 5월 14일. 이처럼 조선사신들은 명나라로의 사행에 일반적으로 이문학관과 사자관을 대동하여 외교임무에 따른 외교문서의 작성을 일임하였고 이들의 선발과 관리를 매우 중시했음을 알 수 있다.

149 "(五月)二十二日, 辛亥, 晴, 乘船. ……第二船, 副使駕, 坐堂上. 譯官李膺, 學官李長培, 譯官丁仁信, 軍官柳敬地, 尹衍之, 鄭禮男, 咸得瑞, 李德龍, 具翻, 樸黔同. 醫員李坡. 北京奴三名, 梢工樸石乙屎等五名, 格軍劉頁福等四十六名, 炮手金義傑等九名坐焉. 合七十四人."[朝鮮] 李民宬：《敬亭先生續集》卷1《癸亥朝天錄》, p.9.

150 "(四月)初四, 丙戌. 乃開洋簡辰也. ……與正使李德泂, 副使吳翻, 領率譯官知事表廷老, 同知全悌佑, 僉知秦仁男, 吏文學官李元亨, 上通事黃孝誠, 樸仁厚, 押物官玄禮祥, 寫字官玄得洪, 乾糧掌務林致龍, 李應翼等四十餘人, 乘各船."[朝鮮] 洪翼漢：《花浦先生朝天航海

聖節兼辨誣使(정사 宋克訒, 서장관 申悅道)의 사행에 동행했던 李壽百(이수백)[151] 등이 대표적이다.

　그렇다면 오윤겸의 시《이학관의 〈만세교〉 시에 차운하다(次李學官〈萬歲橋〉)》에 등장하는 이학관은 누구였을까? 오윤겸이 登極使의 정사로서 명 천계 2년(1622) 4월 조선에서 출항하여 그해 10월에 귀국한 후, 남긴《海槎朝天日錄》에는 이 인물에 대한 구체적인 기록이 없으며 당시 함께 했던 부사 邊瀷(변흡), 서장관 劉應元은 사행록 자체를 남기지 않았다. 또한 명 천계 2년(1622) 7월에 출항하여 다음해 5월에 귀국한 冬至兼聖節使 李顯英도 오윤겸과 사행시기가 겹치기는 하지만 이현영 또한 사행록을 남기지 않았으므로 현재로선 李學官이 누구인지 정확하게 확증하기 어렵다.

　《이학관의 〈만세교〉 시에 차운하다(次李學官〈萬歲橋〉)》 시의 끝에 "나는 마침 성 북쪽의 다른 길로 갔기 때문에 그곳을 못 본 것이 한스러웠으므로 시구의 끝에 적어 놓았다.(吾適由城北他路, 恨不得見, 故末句云云)"라고한 自註와, 명 천계 원년(1621) 謝恩, 冬至 겸 聖節 사신단(정사 崔應虛, 서장관 安璥)이 사행을 왔던 시기(천계 원년 5월부터 다음해 10월 9일까지)로 추정해보건대 이학관은 아마도 천계 원년 謝恩, 冬至 겸 聖節 사신단을 수행한 이문학관이었을 것이다. 그러나 유감스럽게도 최응허의《朝天日記》과 안경의《駕海朝天錄》에는 이와 관련된 상세한 기록이 남아있지 않다.

　錄》卷1
151　申悅道《朝天時聞見事件啟》중에 8월 29일 조에는《이학관(이수백)의 시에 차운하다(次李學官(壽百)韻)》한 편이 남아있다. 이 시는 三山島와 平島 일대에서 작성된 것으로 보인다. [朝鮮] 申悅道 :《朝天時聞見事件啟》참고.

그림 4-13   《航海朝天圖》의《齊靑州府圖》에 묘사된 靑州府 북쪽 성문과 만년교

〈이학관의《만세교》시에 차운하다.〉

소문에 듣자니, 날아갈 듯 솟아오른 교량은 구름 끝으로 건네준다던데
함께 교량에 올라 벽옥 같은 물줄기를 내려다보지 못함이 아쉬웠네.
상쾌한 기운이 항상 통하여 한나라 누각까지 닿아 있고
맑은 바람은 길게 불어와 빈 난간에 걸쳐있네.
우주 끝까지 도달한 듯 흉금은 탁 트여 머나먼 곳에 이르고
광활한 하천과 평원을 바라보노라니 시야는 더욱 넓어진다.
돌아가는 길에 만약 그대가 갔던 길로 가게 된다면
즐거운 유람길의 특이한 구경거리들을 그대와 함께 나누고 싶네.

次李學官《萬歲橋》[152]
飛橋[153]聞說跨雲端, 恨不同登俯碧湍.

---

152   詩題의 自注에 "다리는 청주성문 밖에 있고, 다리 위에 누각이 있다(橋在靑州城門外, 橋上有
閣.)"라고 적혀있다.
153   飛橋는 공중에 걸려 있는 교량을 말한다.《後漢書·西域傳·大秦》에 "높이 걸려 있는 다리

爽氣常通淩漢閣,[154] 清風長引架虛欄.

想窮宇宙[155]襟懷遠, 眺極川原[156]眼界寬.

歸路倘由君去路, 勝遊[157]奇賞與君班.[158][159]

—吳允謙《朝天詩》

　　이 시는 오윤겸이 이학관의《만세교》시에 창화하여 지은 것으로 분명히 명 천계 2년 6월 14일에 창작되었을 것이다. 당일에 오윤겸 일행은 청주 彌陀寺(미타사)에서 출발하여 "만세교"를 지나서 북쪽으로 청주부성을 나왔다. 두 사람이 "만세교"를 창화의 소재로 삼은 까닭은 조선 咸興府城의 서문 밖에 있는 城川江에도 역시 같은 이름의 교량이 있었기 때문이다. 조선의 만세교는 고려 시기에 건축되었고 목재로 구조를 짰고 교량에 150개의 난간이 달려 있고 길이는 5리에 이른다.[160] 조선

가 수백 리에 달하니 바다의 북쪽으로 건너갈 수 있다(有飛橋數百里, 可度海北)."라는 표현이 보인다. (劉宋)範曄撰, (晉)司馬彪撰, (梁)劉昭注, (唐)李賢注 :《後漢書》卷118《西域傳》, 清乾隆四年刻本, p.11a.

154　한나라 누각[漢閣]은 본래 漢代 揚雄이 서적을 교감하였던 天祿閣(천록각)을 가리키는데 여기서는 "만세교" 위에 있는 누각을 가리킨다. 唐 杜甫의《夔府書懷四十韻》시에 "문원은 끝내 적막해졌고 한나라 누각은 절로 부서지고 검게 변했네(文園終寂寞, 漢閣自磷緇)."라는 구절이 보인다. (唐)杜甫 :《杜工部集》卷15《近體詩一百三十三》, 續古逸叢書景宋刻本配毛氏汲古閣本, p.14b.

155　宇宙는 천하와 국가를 가리킨다. 沈約의《遊沈道士館》에 "진시황은 우주를 거느리고 한 무제는 무공을 뽐내었네(秦皇御宇宙, 漢帝恢武功)."라는 표현이 보인다. (南朝梁)沈約 :《沈隱侯集》卷4《詩》, 七十二家集本, p.9a.

156　川原은 하천과 먼 평야를 가리킨다.

157　勝遊는 유쾌한 유람길을 뜻한다. 唐 劉禹錫의《奉和裴侍中將赴漢南留別座上諸公》에 "관학기와 현악기로 음악을 연주하던 자리에는 고아한 음률이 남아 있고 산수를 따라가다보니 즐거운 유람길에 들어섰네(管弦席上留高韻, 山水途中入勝遊)."라는 표현이 보인다. (唐)劉禹錫 :《劉夢得集·外集》卷6《律詩》, 嘉業堂叢書本.

158　班은 나누어 향유한다는 의미이다.

159　詩의 말미의 自注에 "나는 마침 성 북쪽의 다른 길로 갔기 때문에 그곳을 못 본 것이 유감스러웠으므로 시구의 끝에 적어 놓았다(吾適由城北他路, 恨不得見, 故末句云云)."라고 적혀 있다.

160　"함관의 만세교는 (함흥)부성 서쪽에 있으며 성천강에 걸쳐 있다. 목재로 제작된 교량은 넓이가 다섯 수레가 지나갈 만하고 그 길이는 장장 5리나 된다(咸關萬歲橋, 在(咸興)府城西, 跨城

의 문인 중에 李好閔(이호민), 李廷龜(이정구), 李安訥(이안눌), 鄭斗卿(정두경)과 같은 인물들이 이와 관련한 시편을 남겼다.

이 시는 전형적인 영물시로서 시의 대상은 오윤겸이 청주를 지날 때 보았던 그 만세교이다. 시의 수련과 함련에서 시인이 청주부 북문 밖에 있는 "만세교"가 구름 속에 들어갈 듯 높이 솟아있다는 소문을 듣고 이학관과 함께 "만세교"에 올라가서 교량 아래로 펼쳐진 수려한 南陽河의 자태를 감상하고 싶은 마음을 묘사하였다. 교량의 양 끝에 있는 누각과 교량의 옆면에 있는 난간의 풍경을 보고 시인은 "만세교"의 위풍당당하고 장엄한 아름다움에 감탄해 마지 않았고 또한 가슴이 탁 트이는 경치는 마치 우주 끝에 다달아 산천을 내려보는 듯 시원한 마음을 느끼게 해주었다.

사진 4-14   1930년대 청주부성 북쪽 성문과 남양하, 만년교[161]

사진 4-15   1930년대 청주부성 북쪽 성문과 남양하, 만년교 2[162]

관련된 지방지 기록에 의하면,[163] 만년교는 청주부성 북문—瞻星門(첨성문) 밖에 남양하(南陽河)의 위에 걸쳐져 있었으며 등주와 래주, 청주의 역도를 연결하는 중요

川江, 以木爲橋, 廣可並五車, 其長幾五里)." 《新增東國輿地勝覽》卷8《咸鏡道》.

161   孟慶剛主編:《古城舊影—青州歷史圖片》, 山東畫報出版社2014年版, pp.24-25.

162   孟慶剛主編:《古城舊影—青州歷史圖片》, 山東畫報出版社2014年版, pp.28-29.

163   咸豐《青州府志》卷二十七, 清咸豐九年刻本, p.21a ; 光緒《益都縣圖志》卷十四《官廨·營建志下》, 清光緒三十三年刻本 ; (民國)周貴德 :《青州紀行》; 青州市志編纂委員會編 :《青州市志》, 南開大學出版社 1989年版.

한 통로였다. 北宋 明道 연간(1032-1033), 青州知州 夏竦(하송)이 "적을 방어하고자
하는 마음이 있었는데 마침 견고한 성이 허물어졌으므로 마침내 지략을 내어 큰 돌
을 쌓아 둑을 견고하게 하고 큰 나무 수십 동을 가져다 서로 연결하여 가교를 쌓아
높은 다리를 만들었다"[164]라고 하였으니, 이것이 만년교의 전신인 南陽橋(남양교)이
다. 《青州市志》에서는 南陽橋가 중국 고대의 "첫번째 목조 교량"[165]이라고 칭하였
다. 송대 曾肇(증조)가 이 일을 기록하여 《修橋記》를 편찬하였고, 송대의 저명한 서
예가인 米芾(미불)이 붉은 색으로 글씨를 쓴 비석을 세웠다. 원대의 저명한 유학자
인 郝經(학경)이 "남양교에서 말에게 물을 먹이고 미불의 기록을 쓰다듬어본다(飮
馬南陽橋, 摩挲米芾記)"라는 시구를 남겼다. 즉 원대까지 미불의 비석은 남양하의 다
리 옆에 존재해 있었음을 의미한다. 명 영락 12년, 鄭綱(정강)이 이 비석을 중수하였
는데, 홍치 7년 가을에 남양하의 강물이 범람하면서 비석과 다리가 모두 훼손되었
다. 만력 22년, 知府 衛一鳳(위일봉), 知縣 劉養浩(유양호)가 중수하였고 만년교로 이
름을 바꾸었다. 청 강희 35년 여름에 강물이 범람하였을 때 만년교도 반 넘게 훼손
되었으므로 知府 羅大美(나대미)가 중수하였고, 가경 6년에 知府 李戴春(이대춘)이
다시 중수하였다. 民國 초년,"수레와 말이 시끄럽게 오가고 왕래하는 사람들이 날
로 번성하여 교량의 양끝이 좁게 느껴졌고 꽤 막히기까지 하였다." 게다가 "교량의
몸체를 오랜 세월 동안 수리하지 못하여 반 이상 기울어지게 되었다."[166] 이 때문에
청주의 "자선가인 夏光斗(하광두)가 혼자 거금을 기부하여 수리공을 모아서 중수하
고 양끝 부분을 넓혔다." 중수한 후의 만년교의 전체 부분은 "큰 돌로 쌓아올렸다.
길이는 24 丈이고 넓이는 그의 8분의 1정도 되며 높이는 3丈 남짓하였다. 아치가 7
개가 있고 교량의 담벽은 6개이다. 담벽에 새겨진 물에 사는 괴수는 용의 머리에 긴

---

164   光緒《益都縣圖志》卷十四《官廨·營建志下》, "思有以捍之, 會得牢城廢卒有智思, 疊巨石固
　　　其岸, 取大木數十相貫, 架爲飛橋", 清光緒三十三年刻本.

165   青州市志編纂委員會編 : 《青州市志》, "第一座木結構虹橋", 南開大學出版社 1989年版,
　　　p.853.

166   (民國)周貴德 : 《青州紀行》, "車馬喧闐, 往來日繁, 橋之兩端狹窄, 頗爲擁擠", "橋身因年久
　　　失修, 多半傾斜".

수염이 달려 있고 매우 커다랗다. …… 교량의 난간은 흰 돌로 쌓아올려 높이가 수 척이나 되고《二十四孝圖》와《松鶴同春》,《張良圯下遇黃石公》등 많은 그림들을 새겨넣었다. 제작법이 소박하고 옛스러우니 대략 한나라 때의 기풍을 닮았다. 동쪽 난간에는 41개의 石柱가 있고, 기둥의 끝에는 22개의 寶瓶과 19수의 사자가 올려 져 있다. 寶瓶의 크기나 정교함이 모두 다르고, 사자의 크기나 암수, 덩치가 크고 작 거나 세밀한 부분의 묘사와 자태가 모두 다르다."[167] 만년교의 이러한 외관은 아마 도 조선사신이 보았던 모양과 가장 근접할 것이다. 민국 시기의 문인인 周貴德(주 귀덕)은《청주기행》이라는 문장에서 "매일 석양이 떨어질 즈음에 성중의 선비와 여 인들이 교량 위를 천천히 걸으면서 멀리 운문산을 바라다보고 남양하를 굽어본다. 강둑에는 푸르른 버드나무가 가지를 드리우고 있고 물은 투명하여 노니는 물고기 를 세어볼 수 있다."라고 묘사하였고 그 풍경은 "자연이 그려낸 한 폭의 그림 같다 (一幅天然畫圖也)"라고 감탄해 마지않았다.[168] 1986년, 청주시 정부는 "조각된 돌을 쌓고 시멘트를 쌓아 수로를 통하게 하는 한편, 난간의 기둥을 복제하고 도안을 새 겨 넣는"[169] 방식으로 교각의 윗부분을 보수하였다. 보수된 후의 만년교는 길이가 86m, 넓이는 9.4m, 높이는 9m에 달하며 지금 보이는 만년교의 외형을 갖게 되 었다.

---

167 (民國)周貴德：《靑州紀行》,"慈善家夏光斗獨捐巨款, 鳩工重修, 並加寬兩端.","以巨石 構成. 長二十四丈, 寬當其八分之一, 高三丈許, 爲虹七, 垛有六. 垛中部鏤水獸, 龍首長鬣, 頗麗大. ……橋欄用白石雕成, 高數尺, 刻有《二十四孝(圖)》《松鶴同春》《張良圯下遇黃石 公》等, 圖畫甚多. 制作樸古, 大類漢人作風. 東欄有石柱四十一, 柱端有寶瓶二十二, 獅子 十九；西欄有石柱三十七, 柱端有寶瓶十七, 獅子二十. 寶瓶之大小精粗, 式樣不一. 獅子之 肥瘦雄雌, 高矮巨細, 體態各殊."

168 (民國)周貴德：《靑州紀行》,"每至夕陽將下, 城中士女, 徘徊橋上, 遠眺雲門, 俯瞰陽水. 綠 柳垂岸, 遊魚可數".

169 靑州市志編纂委員會編：《靑州市志》,"壘雕石, 灌水泥, 復制欄柱, 鐫刻圖案", 南開大學出 版社 1989年版, p.853.

사진 4-16   지금의 만년교 남단에 위치한 文保碑(앞면)

사진 4-17   지금의 만년교 남단에 위치한 文保碑(뒷면)

사진 4-18   지금의 만년교 전경과 다리 아래의 남양하

사진 4-19   지금의 만년교 교량의 근경

  유감스럽게도 조선사신들은 매우 바쁜 여정 때문에 "만세교"에 관해서는 단 한 편의 시작만을 남겼으며 南陽河(남양하)의 아름다운 경치에 대해서도 자세하게 묘사하지 못한 듯하다. 북송의 대문호인 黃庭堅(황정견)의 부친인 黃庶(황서)[170]가 남긴 시편을 잠깐 빌려서 당시에 조선사신이 목도하였을 남양하의 풍경을 그려볼 수 있겠다.

〈남양수〉
황서

향기로운 꽃과 풀이 모두 떨어지고 자취도 끊어졌을 시절이건만
이곳에 와서 물을 바라보며 천천히 머물다보니 경치가 또 새롭구나.
아마도 하천의 근원이 가장 먼 곳으로부터 오는가보다.
꽃잎 떨어진 물이 흘러 흘러오니 한창 봄빛이로구나.

南陽水[171]
黃庶
芳菲[172]已去絕音塵,[173] 臨水踟躕[174]景又新.

---

170 康熙《靑州府志》卷12《名宦》, "황서의 자는 아보이고, 강서 분의 사람이다. 청주종사를 지냈으며 저서로《청사벌단집》이 전한다. (黃庶, 字亞夫, 江西分宜人. 爲靑州從事. 所著有《靑社伐檀集》)" 淸康熙六十年刻本, p.12a.

171 亦名"次韻元伯初夏南洋河卽事". 題注："黃庶, 字亞夫, 分寧人. 宋, 靑州從事." (淸)丁漢三：《百壺齋拾遺》, 2010年靑州市政府史志辦公室內部刊印本.

172 芳菲는 향기로운 꽃과 화초이다. 唐 李嶠의《二月奉敎作》시에 "봄을 맞아 다시 유람에 나서 꽃과 풀의 향기에 묻혀 감상하고 즐기네(乘春重遊豫, 淹賞玩芳菲)."라는 표현이 있다. (淸)彭定求纂：《全唐詩》卷58, 淸康熙四十四至四十六年刻本, p.5a.

173 音塵은 발자취를 가리킨다. 唐 李白의《憶秦娥》詞에 "중양절을 맞아 평원에서 즐거운 유람할 때, 함양의 옛 길은 발자취가 끊겼네(樂遊原上淸秋節, 咸陽古道音塵絕)."라는 표현이 있다. (淸)彭定求纂：《全唐詩》卷890, 淸康熙四十四至四十六年刻本, p.3b.

174 踟躕(지주)는 역시 "踟跦"라고도 하며 머무르는 것이고 또 멈추어 쉰다는 뜻이다. 宋 歐陽修의《再至汝陰三絕》중 세 삼수에 "14, 5년간 꿈 속에서도 노력하였으니 이 때에야 비로

應是溪源來最遠, 落花流水洞中春.

이 시는 비교적 간단명료하게 봄이 물러가고 여름이 다가오는 무렵의 남양하의 아름다운 풍경을 묘사하였다. 시인이 남양하의 강둑에 가까이 다가가자 눈앞에 비취색으로 푸른 강물이 유유히 흘러가는 풍경이 펼쳐졌다. 비록 "떨어진 꽃잎이 물 위를 떠가는" 화사한 봄 풍경은 이미 지나갔지만 이곳에서는 아직 봄빛이 좋아서 버드나무가 우거지고 화사한 꽃이 한창이었으므로 그 속에서 시인은 기쁨을 느낄 수 있었다.

관련된 지방지의 기록에 따르면,[175] 명대의 南陽水는 北魏 시기에 陽水, 長沙水라고 불렸으며 원대부터 청대 초기까지 南陽水, 長沙水로 불렸다. 청 건륭 시기부터 비로소 南陽河라고 칭해졌으며 역시 南陽水, 長沙水라고 불리기도 하였다. 지금은 南陽河라고 불리고 있다. 남양하는 靑州市 王墳鎭 玲瓏山 북쪽 기슭에서 발원하여 동북쪽으로 흘러가 청주시 구역을 지난다. 그리고 청주시 雲門山街道 張河社區 부근에서 꺾여져 동쪽으로 향하게 되며 청주시 黃樓街道 東陽河村 즈음에서 합쳐지며 彌河로 들어간다. 하류의 총 길이는 32.5㎞이고 유역의 면적은 171㎢이며 계절성 하류에 속한다.

소 조금 쉴 수 있었네(十四五年勞夢寐, 此時才得少跏躕)."라는 표현이 있다. (宋)歐陽修：《居士集》卷14,《律詩六十五首》, 四部叢刊景元刻本, p.5b.

175 참고문헌은 다음과 같다. (北魏)酈道元：《水經注》卷3《河水三》, 明嘉靖十三年刻本, p.13a；《齊乘》卷2《益都水》, 淸文淵閣四庫全書本, pp.6b-7a；嘉靖《山東通志》卷6《山川下》, 明嘉靖刻本, pp.15b-16a；嘉慶《大淸一統志》卷170《靑州府一》, 四部叢刊續編景舊鈔本, 17；咸豐《靑州府志》卷22下《山川考二下》, 淸咸豐九年刻本, pp.1b-2a；(淸)許鴻磐：《方輿考證》卷20《山東四》, 民國七至二十一年濟寧潘氏華鑒閣刻本, pp.21b-22a；光緖《益都縣圖志》卷10《山川志下》, 淸光緖三十三年刻本, p.3a；靑州市志編纂委員會編《靑州市志》, 南開大學出版社1989年版, p.161；靑州市地名委員會編《靑州市地名志》, 天津人民出版社1991年版, p.466.

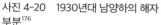

사진 4-20 1930년대 남양하의 해자 부분[176]

사진 4-21 지금의 範公亭公園(범공정공원) 안의 남양하, 청주시박물관과 청주부 성곽 유적

表海亭(표해정)은 南洋橋(남양교)의 북쪽에 있는데, 《좌전》에 "강태공에게 세습하는 봉작을 내려 동해에서 모범이 되도록 하였다."라는 구절에서 이름을 가져왔다. 구양수의 시가 전한다.

表海亭, 在南洋橋之北, 取《左傳》: "世胙太公以表[177]東海"爲名, 歐陽修有詩.

—金德承《天槎大觀》

南洋橋(남양교)의 북쪽에는 表海亭(표해정)이 있는데, 《좌전》에 "강태공에게 세습하는 봉작을 내려 동해에서 모범이 되도록 하였다"라는 구절에서 이름을 가져왔다. 정자에는 구양영숙이 읊은 시가 있다.

南洋橋之北, 又有表海亭, 取《左傳》: "世胙太公以表東海"爲名者也. 亭有歐陽永叔之詠.

— 南以雄《路程記》

---

176 孟慶剛主編 : 《古城舊影—靑州歷史圖片》, 山東畵報出版社2014年版, p.95.

177 表는 표창한다는 뜻이다. 《尙書·畢命》: "정기를 내려 맑은 이와 사특한 이를 구별하고 그의 집에 표창을 내린다(旌別淑慝, 表厥宅裏)."

조선사신 김덕승과 남이웅이 서술한 것과 같이 표해정은 "남양교"(즉 만년교)의 북쪽에 가까운 곳에 위치하고 있었고 강태공 呂尙(여상)이 齊 지방을 잘 다스린 공적을 표창하기 위해 건립한 곳이었다. 이러한 기술은 《齊乘》과 《大明一統志》의 기록과[178] 비교해보건대 서로 일치한다. 표해정이 건립된 이유에 대해서는 명대의 靑州知府 李昂(이앙)은 《表海亭記(표해정기)》에서 "武王이 商나라를 정벌하고 강태공을 齊나라에 봉작한 것은, 천하의 모범이 되는 중대한 책임을 스스로 맡는 한편 동해의 모범이 되는 중대한 책임을 강태공에게 맡긴 것이다."[179]라고 추측하였다. 또한 관련된 지방지의 다른 기록들에 근거해보면,[180] 표해정이 처음 건립된 연대는 상세하지 않지만 북송의 정치가이자 문학가인 歐陽修(구양수)가 靑州知州로 있을 때 지은 《表海亭》시 한 편으로 인하여 천하에 널리 알려지게 되었다고 한다. 그런데 원대에는 다만 정자의 터만 남아 있게 되었고, 명 성화 원년에 知府 李昂(이앙)이 청주부성의 북쪽 관문 서쪽(지금의 靑州市 鎭武廟西街 일대)에 표해정을 다시 중건하였다. 명 가정 원년에 知府인 胡湘(호상)이 杜思(두사), 王世能(왕세능) 등과 함께 표해정을 중수하였으나, 청 강희 연간에 표해정은 이미 사라져버렸다.

지금은 청주시에서 衡王府路(형왕부로)의 동쪽, 남양하의 북쪽 강둑, 偕園(해원) 동쪽에 표해정을 중건하고 있다.(2022년 10월까지 아직 준공되지 않았음) 이밖에, 명대 말기에 만년교의 북쪽에 위치해 있던 표해정의 터나 혹은 이전하여 건립한 표해정의 위치에 대해 뚜렷한 표지가 없었기 때문에 조선사신들은 그들이 경유하는 지역 안에 있던 표해정의 위치를 명확히 알 수 없었다. 다만 원래의 표해정 안에는 북송

---

178 《齊乘》卷4《古跡》, "表海亭, 府城北, 南洋橋北, 惟古台存焉. 取《左傳》: '世胙太公以表東海'爲名, 不知創於何代. 自歐陽文忠公知靑州, 已有詩." 淸文淵閣四庫全書本, p.34b ; 《大明一統志》卷24《靑州府》, "表海亭, 在府城北南洋橋北, 取《左傳》: '世胙太公以表東海'爲名. 宋歐陽修嘗有詩" 明天順五年內府刻本, p.31a.

179 (明)李昂:《表海亭記》, "武王克商, 封太公於齊, 蓋自任以天下之表之重, 而寄東海之表於公也." 嘉靖《靑州府志》卷7《地理志二》, 明嘉靖刻本, p.27a.

180 참고문헌은 다음과 같다. 《齊乘》卷4《古跡》, 淸文淵閣四庫全書本, p.34b ; 康熙《靑州府志》卷22《藝文上》, 淸康熙六十年刻本, p.50b ; 咸豐《靑州府志》卷24上《古跡》, 淸咸豐九年刻本, p.8a ; 光緒《益都縣圖志》卷12《古跡志》, 淸光緒三十三年刻本, p.9b.

歐陽修(구양수), 範仲淹(범중엄), 蘇軾(소식) 등이 남긴 시편이 있었으므로 만약 조선 사신이 이 시들을 보았다면 북송의 문학 대가들과 시공을 초월하여 조우할 수 있었 을 것이다.

사진 4-22　　지금의 만년교 서쪽에 위치한 남양하의 이름 모를 정자, 아마도 명대 표해정의 규모는 이보다 훨씬 장대했을 것이나 그 주위 풍경은 사진 속 모습과 유사했을 것이다.

〈표해정[181]〉
(송)구양수

바다를 바라보며 꼿꼿하게 오래된 성가퀴 사이에 서서
홀로 높은 난간에 기대어 인간 세상을 내려다보네.
지독히 차가운 얼음이 합하였다가 나뉘어 물을 따라 흘러가다가
눈과 구름이 되어 사면의 산으로 떨어져내리네.
넓적다리 살은 이미 사라져서 병든 뼛골을 한탄하다가
겨울 막걸리를 꺼내어 드니 수심 어린 얼굴이 펴지는구나.

181　嘉靖《靑州府志》卷7《古跡》, 明嘉靖刻本, p.28a.

영주의 밭 두 고랑은 봄이 되어도 황량하고 싹이 트지도 않는데

어디서 장식 없는 소박한 수레라도 얻어서 스스로 돌아갈 수 있으려나.

表海亭[182]

(宋)歐陽修

望海亭亭[183]古堞[184]間, 獨憑危檻[185]俯人寰.[186]

苦寒冰合分流水, 欲雪雲垂四面山.

髀肉[187]已消嗟病骨, 凍醪[188]猶可慰愁顏.

---

182 嘉靖《青州府志》卷7《古跡》, 明嘉靖刻本, p.28a.

183 亭亭(정정)은 꼿꼿하게 높이 솟아 있는 모양이다.《文選·張衡〈西京賦〉》: "운무를 뚫고 위로 도달하니 그 모양은 꼿꼿하고 높다랗다(幹雲霧而上達, 狀亭亭以苕苕)."라는 표현이 있고, 薛綜注에 "亭亭, 苕苕는 높은 모양이다(亭亭, 苕苕, 高貌也)."라고 하였다. (梁)蕭統輯, (唐)李善注 :《文選》卷2《京都上》, 清嘉慶重刻本, p.9b.

184 堞(첩)은 성가퀴, 즉 고대 성벽 위에 이빨 모양으로 들쭉날쭉하게 자리잡은 낮은 담벼락을 말한다.

185 危檻(위함)은 높이 솟은 난간이다. 李商隱의《北樓》시에 "이 누각에서는 감히 북쪽으로 조망할 수 있으니 목숨을 가볍게 여기고 높이 솟은 난간에 기대었다네(此樓堪北望, 輕命倚危欄)."라는 표현이 있다. (唐)李商隱 :《李義山詩集》卷3《五言古詩》, 四部叢刊景明嘉靖二十九年刻本, p.9a.

186 人寰(인환)은 인간 세계를 가리킨다. 白居易의《長恨歌》에 "고개를 돌려 인간 세계를 내려다보았더니 장안은 보이지 않고 먼지와 안개만 보이는구나(回頭下望人寰處, 不見長安見塵霧)."라는 표현이 나온다. (唐)白居易 :《白氏長慶集》卷12《感傷四》, 宋刻本, p.55.

187 髀肉(비육)은 넓적다리 안쪽으로 종아리에 가까운 근육이다. 白居易의《題裴晉公女幾山刻石詩後》시에 "전투복은 헤어졌어도 여전히 남아있는데 넓적다리 살이 쪄서 둥그렇게 되었네(戰袍破猶在, 髀肉生欲圓)."라는 표현이 나온다. (唐)白居易 :《白氏長慶集》卷30《格詩》, 宋刻本, p.38a.

188 凍醪(동료)는 겨울에 빚어서 여름에 꺼내 먹는 일종의 막걸리와 같은 술이다. 杜牧의《寄內兄和州崔員外十二韻》에 "비가 내려 한기가 찾아오는 창가 아래서 꿈에서 깨어나 매화를 보고는 겨울 막걸리를 꺼내어 기울였네(雨侵寒牖夢, 梅引凍醪傾)."라는 표현이 나온다. (唐)杜牧 :《樊川文集》卷4, 四部叢刊景明翻宋本, p.11b.

穎田[189]二頃春蕪沒, 安得柴車[190]自駕還.

 구양수(1007-1072)는 송 희녕 원년부터 희녕 3년(1068-1070)까지 靑州知州 겸 京東東路安撫使를 지냈다. 구양수가 청주지주로 재임하는 동안 행정을 간소화하고 너그럽게 했으며 각종 민생 정책을 시행했으므로 관료들의 기풍이 맑아지고 백성들은 안락하게 거주하였다. 구양수가 청주에 임직하는 동안 창작한 시문들은 인구에 회자되는 것이 많은데, 《표해정》이라는 시도 그 중의 한 수이다. 《표해정》은 유구한 역사를 거친 표해정의 웅장하고 화려한 모습과 그 주변의 수려한 겨울 풍경을 묘사하였고, 자연의 아름다움에 대한 작자의 찬미와 함께 자연 속에서 은거하는 생활에 대한 동경을 표현하였다.

  〈표해루에 오르다〉
  (송)범중엄

  일대를 두른 산등성이는 수려하고 기이한 풍경이라
  매번 이곳에 와서 난간에 기대어 바라보노라면 미간이 절로 펴진다.
  멋진 산은 시인의 마음에 딱 들어맞아
  머물다 보니 어느새 석양이 끝없이 펼쳐지는 시간이 되었네.

  登表海樓[191]

---

189 穎田(영전)은 穎州(영주)의 밭을 말한다. 宋 重熙 18년(1049), 구양수는 영주태수를 지낸 바 있다.

190 柴車(시차)는 장식이 없는 수레를 말한다. 《後漢書·文苑傳下·趙壹》에 "이때 많은 계리들이 대부분 화려하게 장식한 마차를 타고 천막을 치고 지냈는데, 조일은 홀로 장식 없는 수레를 타고 풀로 울타리를 만들어 그 옆에서 노숙하였다(時諸計吏多盛飾車馬帷幕, 而壹獨柴車草屛, 露宿其傍)." 라는 구절이 있고 李賢注에 "시차는 헤지고 못쓰는 수레이다(柴車, 弊惡之車也)."라고 하였다. (劉宋)範曄, (晉)司馬彪撰, (梁)劉昭注, (唐)李賢注:《後漢書》卷110下《文苑傳》, 淸乾隆四年刻本, p.5a.

191 (宋)範仲淹:《範文正集》卷4《律詩》, 四部叢刊景明翻元刻本, p.14a.

(宋)範仲淹

一帶林巒秀復奇, 每來憑檻卽開眉.

好山深會詩人意, 留得夕陽無限時.

　북송 皇祐 3-4년(즉, 1051-1052)의 2년 동안 範仲淹(범중엄, 989-1052)은 靑州知州를 지내었다. 임직하는 기간 중에 범중엄은 시간 날 때면 항상 "표해루"(표해정)에 올라 경관을 구경하고 청주를 둘러보았고 또한 이 시를 남겼다. 범중엄은 이미 꽤 연로한 나이였으나 신정 개혁을 추진하였던 정책이 실패하면서 지방으로 폄적된 상황이었다. 그러나 그는 때때로 "표해루"에 올라 청주부의 아름다운 경관을 두루 둘러보곤 하였다. 그가 남긴 시 속에서 범중엄은 청주의 아름다운 경관이 시인의 마음에 와닿았으므로 위로를 느꼈고 또 아름다운 석양을 바라보았다. 그러나 시인은 "석양은 한없이 아름답지만 다만 황혼이 가까움이 아쉽다(夕陽無限好, 只是近黃昏)"라는 우울한 감정 속에 빠지지 않았고 아름다운 석양 속에서 평안한 감정을 담담하게 묘사하였다.

　〈해표정에 올라서〉 시에 창화하다.

　(송)소식

　성곽의 전망대는 높이 솟아 가파른 언덕을 내려다보고

　뛰어난 경관을 많이 둘러보았지만 이곳만큼 크게 기이한 곳이 없었지.

　서쪽 산 끝까지 멀리 보니 태산이 가려졌고

　멀리 펼쳐진 동쪽 평야 너머로 신라의 땅이 있네.

　꽃이 피는 날은 천 개의 밭에 붉은 비단을 가득히 쌓은 듯하고

　마침 눈이 내리는 한낮에는 흰 포말이 첩첩이 쌓이는 듯하네.

　고개를 돌리니 격구장이 보여 눈이 더욱 크게 뜨이고

　한 줄기 바람이 불어와서 녹슨 거울을 다시 닦아주네.

和人登海表亭[192]

(宋)蘇軾

譙門[193]對聳壓危坡, 覽勝無如[194]此得多.

盡見西山[195]遮岱嶺,[196] 迴分東野[197]隔新羅.

花時千圃堆紅錦, 雪晝雙成疊白波.

回首球場[198]尤醒眼, 一番風送鑒重磨.

앞서 말한 바와 같이 소식은 북송 희녕 10년(1077)에 頓起(돈기)와 함께 청주에서

192　(宋)蘇軾撰, (淸)査愼行 : 《東坡編年詩補注》卷49《和人登海表亭》, 淸乾隆二十六年刻本, p.20b.

193　譙門(초문)은 높은 전망대가 될 수 있는 城門이다. 《漢書·陳勝傳》에 "진나라를 공격할 때 진의 수령이 모두 자리에 없었으며 다만 수승이 함께 초문에서 싸웠다(攻陳, 陳守令皆不在, 獨守丞與戰譙門中)."라는 구절이 있고 顔師古注에 "초문은 문 위에 높은 누대가 있어서 멀리 바라볼 수 있는 곳이다(譙門, 謂門上爲高樓以望者耳)."라고 하였다. 《漢書》卷31《陳勝項籍傳》, 淸乾隆四年刻本, p.3b.

194　無如는 비할 수 없다는 뜻이다. 《史記·高祖本紀》에 "신은 어려서부터 다른 사람의 관상을 잘 보았고 또 많은 사람의 관상을 보았습니다. 그런데 그대의 관상은 누구도 비할 수 없이 좋습니다. 원컨대 스스로를 아끼십시오(臣少好相人, 相人多矣, 無如季相, 願季自愛)." (漢)司馬遷撰, (劉宋)裴駰集解, (唐)司馬貞索隱, 張守節正義 : 《史記》卷8《漢高祖本紀》, 淸乾隆四年刻本, p.4a.

195　西山은 서쪽에 있는 산을 가리키며 여기서는 청주부성의 서쪽에 자리잡고 있는 堯山(요산) 등 여러 산들을 말한다.

196　岱嶺은 泰山을 말한다. 唐 王勃의 《廣州寶嚴寺舍利塔碑》에 "월계에 사는 신선의 칼날은 빛을 내뿜으며 사람을 놀라게 하고, 태산에 있는 겨울 소나무는 돌풍을 맞으며 강인한 성품을 갖춘다(越溪仙鍔, 吐光芒而駭人 ; 岱嶺寒松, 排風飆以成性)."라는 구절이 있다. (唐)王勃 : 《王勃集》卷16《碑》, 趙氏藏書本, p.5b.

197　東野는 춘추 시기 魯나라 季孫氏의 채읍이다. 여기서는 비유하여 산동반도를 가리킨다. 《左傳·定公五年》에 "계평자는 동야로 갔다(季平子行東野)."는 구절이 있는데 杜預注에 "동야는 계씨의 채읍이다(東野, 季氏邑)."라고 하였다. (周)左丘明撰, (晉)杜預注, (唐)孔穎達疏 : 《左傳注疏》卷55《定公》, 重刊宋本十三經注疏本.

198　球場은 고대에 擊球를 즐겼던 경기장을 가리킨다. 唐 楊巨源의 《觀打球有作》 시에 "친히 격구장을 청소하니 숫돌처럼 평평한 땅에 용양말이 모여드니 새벽빛이 투명하다(親掃球場如砥平, 龍驤驟馬曉光晴)."라는 표현이 보인다. (淸)彭定求纂 : 《全唐詩》卷333, 淸康熙四十四至四十六年刻本, p.8b.

모임을 가진 적이 있었는데, 이 시는 분명히 그 즈음에 창작되었을 것이다. 소식이 "表海亭"을 "海表亭"으로 기록하였기 때문에 후인들이 주석을 붙이지 않을 수 없었는데 "사신행이 해표정의 주석을 붙인 것은 참고 자료가 없다"[199]라고 하거나 혹은 "해표정에 대해서는 참고 자료가 없다"[200]라고 하는 등, 그 위치나 근거는 오랫동안 홀시되었다.

구양수가 서술한 표해정의 풍경과는 달리, 소식은 그 지세가 "가파른 언덕을 압도하는(壓危坡)" 표해정에 올라서 멀리 보이는 아름답고 뛰어난 경치를 둘러보며 이곳에 이렇게나 많이 다채롭고 화려하게 펼쳐진 풍광을 마음껏 즐겼다. 멀리 바라보이는 堯山 등의 산맥은 서쪽으로 태산을 건너다 보고자 했던 시인의 시선을 방해했지만, 시인은 태산의 산맥은 산동의 땅에 길게 걸쳐서 저 멀리 조선반도에 있는 신라의 땅과 서로 마주보고 있으리라 짐작하였다. 바로 가까운 곳에 있는 광활한 면적의 정원과 밭에 심겨진 울긋불긋한 화초들이 서로 화려함을 뽐내고 있었으며 곱디고운 꽃의 바다를 이루고 있었다.

표해정에 올라서 남쪽을 건너다보면 청주의 명산인 雲門山(운문산)이 바라다보였으니, 운문산의 웅장하고 수려한 풍광은 조선사신들에게 감탄과 경외의 심정을 느끼게 하기에 충분하였다.

> (9월) 20일, 신미, 맑음. 아침에 (창락현 남관에서) 출발하였다. ……
> 청주 익도현 남관 안에서 숙박하였다. 이날 70리를 이동하였다. ……
> (청주부성)남쪽에 운문산이 있는데 봉우리에 있는 돌문에는 큰 구멍이
> 있다. 옛날부터 여러 신선들이 이곳에서 유람하고 쉬었다고 하니, 선
> 배들이 신선의 일을 매우 상세하게 서술하였다.
>
> (九月)二十日, 辛未, 晴. 早發(昌樂縣南關裏). ……宿青州益都縣南關

---

199 (清)馮應榴輯：《蘇詩合注》卷49《古今體詩四十七首》," 查注海表亭, 無考", 清乾隆五十八年刻本, p.20b.

200 (清)查慎行注：《東坡編年詩補注》卷49《古今體詩四十七首》," 海表亭, 失考, "清乾隆二十六年刻本, p.20b.

裏. 是日行七十里. ……(靑州府城)南有雲門山, 峰頭石門呀然,[201] 從古
群仙, 遊憩於此, 而前輩道神仙事甚詳.

—洪翼漢《花浦朝天航海錄》

　　운문산은 청주부성 남쪽 5리 거리에 있다. 정상에는 통과할 수 있는
큰 구멍이 있는데 마치 문과 같은 모양으로 백여 명이 들어갈 수 있고
멀리서 보면 거울이 매달린 것 같다고 한다. 먼 곳에서 보니 산의 높이
가 우리나라의 관악산과 비슷하고 동굴에 구멍이 뚫려 있는 것이 과
연 둥근 거울을 매달아 놓은 형상이었다. 조거정의 시에 "저녁 무렵
운문산에 오르니 곧바로 일천 척이나 올라가네."라고 한 것이 바로 이
곳이다. 벽산과 운문산은 서로 이어져 있는데, 봉우리의 정상 가운데
가 갈라진 모양이 마치 칼로 자른 것과 같아서 그런 이름이 붙었다. 내
가 보니 과연 도끼로 쪼갠 것과 같은 형상이었다.

　　雲門山, 在府城南五里, 頂有通穴如門, 可容百餘人, 遠望如懸鏡. 臣
望見山高如我國之冠嶽而其穴空明, 果如懸鏡之狀. 趙居貞有詩云 :
晚登雲門山, 直上一千尺,[202]即此也. 劈山與雲門山相連, 峰頂中分如
以刀開劈故名, 臣望見果如斧斫之狀.

—鄭斗源《朝天記地圖》

　　(3월) 15일, 아침에는 안개가 끼고 저녁에는 개었다. (자하점 맹씨의
집에서 출발하였다)…… 청주북관의 옛주인 집에 도착하여 아침식사를

201　呀然은 입을 벌린 모양이다. 唐 孫樵의《書田將軍邊事》에 "吾嘗伺其來, 朔風正嚴, 緩步坦
　　途, 日次一舍, 固已呀然汗矣."

202　趙居貞(조거정)은 당나라 천보 연간에 北海郡太守를 지냈다. 당 현종을 위해 복을 빌면서
　　운문산에 金龍環璧(금룡환벽)을 던졌으니, 이 일을 시로 짓고 돌에 새겼다. 시의 전문은 다
　　음과 같다. "曉登雲門山, 直上一千尺. 絕頂彌孤聳, 盤途幾傾窄. 前對豎裂峰, 下臨削成壁.
　　陽巘靈芝秀, 陰崖仙乳滴. 兀然超群山, 遠望何所隔. 被展送龍儀, 寧安服狐白. 沛恩惟聖主,
　　祈福在方伯. 霞聞朱紱縈, 嵐際黃裳襞. 玉爰奉誠信, 仙佩來奔驛. 香氣入岫門, 瑞雲出岩石.
　　至誠必招感, 大福旋來格. 空中忽神言, 帝壽萬千百." 嘉靖《靑州府志》卷6《地理志一》, 明嘉
　　靖刻本, p.2.

한 후 …… 다시 미원선사 북루에 올라서 청주성을 내려다보았다. 멀

리 운문산이 바라다보였으나 일정이 바빠서 산에 오르지는 못했으니

정말 아쉬웠다.

　　(三月)十五日, 朝霧晚晴. (自滋河店孟姓家發行)……到靑州北館舊主

人朝飯後……又登彌院禪寺北樓, 俯瞰城中, 望見雲門諸山, 而行忙未

及登陟, 良可惜也.

　　　　　　　　　　　　　　　　　　—尹暄《白沙公航海路程日記》

　　홍익한과 정두원이 기술한 것과 같이 운문산은 청주부성 남쪽 5리 정도에 위치

하고 있었다. 산의 정상에는 구멍이 있는데 마치 문과 같은 모양으로 남북으로 관

통하고 있으며 그 안에는 약 백여 명이 들어갈 수 있다고 하였다. 그 구멍은 멀리서

보면 마치 맑은 거울이 허공에 걸려 있는 것과 같다고 하였다. 홍익한의 문장 속에

서 서술한 것에 따르면, 운문산은 "많은 신선들이 유람하고 쉬는 곳"이었으며 조선

사신들 역시 관련된 "신선의 일들"에 대해서 들은 바가 있었다.

　　산세가 험준하고 풍경이 기이하고 수려하며 오랜 역사를 지니고 있었으므로 운

문산은 수많은 시인과 묵객들이 들러 시작을 남기는 명승지가 되었을 뿐만 아니라

이곳과 관련된 道家의 전설도 상당히 많이 전해지고 있다. 송대에 간행된《태평광

기》의[203] 기록에 따르면, 수나라 開皇 연간의 청주 사람 李淸(이청)은 매우 부유한

집안에서 태어나 유복하게 생활하였는데 어릴 때부터 도술을 좋아하였다고 한다.

그의 나이가 70세가 넘었을 때, "운문산은 신선이 깃들어 사는 소굴이다"[204]라고 여

기고 그곳으로 향해갔다. 하지만 이청은 세속의 생각을 다 잊지 못했으므로 운문

산의 도인은 이청을 돌려보냈고 이청은 청주성으로 돌아갈 수밖에 없었다. 그런데

운문산에서 지낸 시간은 겨우 하루 이틀이었을 뿐이지만, 이청이 집으로 돌아가보

203　(宋)李昉輯 :《太平廣記》卷36《神仙三十六·李淸》, 明嘉靖四十五年刻本

204　(宋)李昉輯 :《太平廣記》卷36《神仙三十六·李淸》, "雲門山, 神仙之窟宅," 明嘉靖四十五年

　　刻本, p.4.

니 그가 떠난 후로 이미 백 년의 시간이 흐른 뒤였다. 청주로 돌아간 후로 이청은 선행을 베풀고 도를 닦으며 마침내는 신선의 반열에 들게 되었다고 한다. 명대 소설집인《성세항언》에도 역시 "이 도인이 홀로 운문산을 걸어갔다"[205]는 고사가 수록되어 있다. 또한 가정《청주부지》[206]에도, 명 영락 연간에 저명한 도인인 張三豐(장삼풍)이 운문산의 남쪽 동굴에서 수련하였다는 이야기가 전한다. 明 成祖가 그에게 "三豐"이라는 道號(도호)를 내렸다는데, 후에 그의 종적은 알 수 없게 되었다.

그림 4-23　《航海朝天圖》의《齊靑州府圖》중에 묘사된 "운문산"

사진 4-24　1930년대 운문산의 雲門(운문)[207]　　사진 4-25　지금의 운문산의 雲門(운문)

205　㈜馮夢龍：《醒世恒言》卷38《李道人獨步雲門》, "李道人獨步雲門", 明天啟刻本, pp.1a-40b.
206　嘉靖《靑州府志》卷15《隱逸》, 明嘉靖刻本, p.56.
207　《山東省政府公報》, 1933 年第237期, p.97.

사진 4-26   1940년대의 운문산 원경[208]

사진 4-27   청주고성 북쪽 성문에서 바라본 운문산(중간)과 劈山(벽산, 중간 오른쪽)

　　홍익한의 기술에 따르면, 명대 말기 청주부의 지역의 사람들이 운문산은 도를 닦고 신선술을 수련하는 성스러운 곳이라고 믿었던 것은 의심할 여지가 없다. 조선사신 윤훤도 당시에 일정이 긴박하여 운문산을 등정할 수 없었던 것에 아쉬운 마음이 가득하다고 서술한 바 있다. 또 운문산에 대하여 조선사신 이민성은 《운문산을 바라보며[望雲門山]》라는 시 한 편을 지었다.

〈운문산을 바라보며〉

청주 남곽 밖에서 말을 멈추고 멀리 신선이 산다는 산을 건너다보네.
산의 정상은 막힘없이 뚫려 구름 기운이 통과할 수 있고
가운데가 텅 비어 있으니 세상과도 멀리 떨어져 있구나.

208　孟慶剛主編：《古城舊影—青州歷史圖片》, 山東畫報出版社2014年版, pp.106-107.

일찍이 영험한 발자취가 그곳에 있다고 들었건만 관문을 통과해보지는
못하였네.
지금까지 전해오는 도술을 담은 신비한 서적을 얻어볼 수 있다면
나도 이곳에서 신선이 되어 돌아가지 않으리라.

望雲門山[209]

靑州南郭外, 駐馬望仙山.

頂谺通雲氣, 中空隔世寰.

曾聞靈躅[210]在, 休遣洞門關.

秘籙[211]如傳得, 從茲[212]夫不還.

—李民宬《燕槎唱酬集》

이 시는 명 천계 4년 3월 15일에 이민성 일행이 귀국하는 도중에 청주부성 남관
을 지날 때 지은 시이다. 청주의 운문산은 역대로 불교와 도교의 추종자들이 신령
스러운 산으로 여겼던 곳이며 그 위에는 석굴과 불교와 도교의 仙尊의 造像이 있
다. 수련에서는 이 시의 창작 배경을 밝혀 말하였으니 즉 시인 일행이 청주부성 남

---

209 詩自注에 "청주의 남관 밖 5리 지역에 있으니 산의 정상에는 구멍이 뚫려 있어서 가히 백
여 명이 들어갈 수 있다. 이청이 벽옥을 던진 곳이라고 한다(在靑州南門外五里, 頂有通穴, 可容
百人, 李淸投處也)."라고 밝혔다.

210 躅(촉)은 종적을 가리킨다.《漢書·敍傳上》에 "엎드려 공자의 궤적을 따라 돌아보네(伏周孔
之軌躅)."라는 구절이 있다. 顔師古注는 鄭氏를 인용하여 "촉은 종적이다(躅, 跡也)."라고 하
였다.《漢書》卷100《敍傳》, 淸乾隆四年刻本, p.7a.

211 秘籙(비록)은 도교에서 전하는 신비한 서적이다. 唐 陳子昂의《洛城觀酺應制》시에 "새파
란 하늘 끝은 신비한 공적으로 덮이고 푸른 빛 도는 구름에는 신비한 서적이 펼쳐져 있네
(蒼極神功被, 靑雲秘籙開)."라는 표현이 보인다. (淸)張玉書, 陳廷敬輯:《佩文韻府》卷91《入
聲》, 淸康熙五十年刻本, p.33a.

212 從茲는 여기에서라는 뜻이다. 唐 杜甫의《爲農》시에 "집터를 가려 집을 짓고 이곳에서 늙
어갈 것이니 농사를 지으며 나라에 세금을 내지 않는다네(卜宅從茲老, 爲農去國賒)."라는 표
현이 보인다. (唐)杜甫:《杜工部集》卷11《近體詩一百十五首》, 續古逸叢書景宋刻本配毛
氏汲古閣本, p.5a.

관을 지난 후에 말의 재갈을 당겨 말을 멈추고 멀리 성 남쪽으로 바라보이는 운문산을 조망하는 광경을 묘사하였다. 함련에서는 시인이 운문산의 봉우리가 높고 웅장하며 산 정상에는 백여 명이 들어갈 수 있는 천연의 石門이 있는데 남북 방향으로 뚫려 있음을 말하였다. 여름이 가고 가을이 올 무렵이면 자욱한 운무가 이 석문을 통과해 지나가는데 마치 신선의 세계를 보는 듯 풍경이 매우 장엄함을 설명하였다. 경련과 미련에서 시인은 옛 청주 사람 이청이 운문산으로 신선을 찾아갔다가 마침내 신선의 반열에 들었다는 고사를 묘사하였다. 전체의 시는 먼 곳에서 가까운 곳으로 접근하고 넓은 시각에서 미세한 시각으로 찬찬히 이동하여 상상력과 전설의 이야기를 결합한 시상을 창조하였다. 창작의 장법이 엄정하고 단락의 맥락이 선명한 이 시는 작자의 운문산에 대한 동경의 감정을 잘 표현하고 있다

　　상술한 조선사신의 기록을 통하여 알 수 있는 것은 조선사신들이 청주부성을 지나가는 도중에 현지의 주민들로부터 운문산의 장엄하고 아름다운 풍경과 많은 "신선 고사"를 소개받았을 것이라는 점이다.

그림 4-28 《雲門山川圖》[213]

213 　康熙《益都縣志》卷首圖《益都縣城圖》, 清康熙十一年刊本, pp.3b-4a.

사진 4-29   1930년대 초의 운문산[214]

〈운문산에서 멀리 바라보며〉

(明)馮琦

험준한 산세는 하늘의 조정을 밀어올리고

높은 곳에 기대어 바라보니 설궁이 건너다보이네.

다섯 명의 장사는 혼돈을 열어젖히고 단숨에 홍몽의 세계를 깨뜨렸다네.

지형은 허수와 위수의 별자리에 응하여 일어났고

산의 지형은 태산과 대산의 산맥과 이어지며 크고 웅장하도다.

하늘로 곧바로 솟아올라 가로로 장벽을 만들며

고여 있는 깊은 물은 활 모양처럼 구부러져있네.

큰 동굴의 입구에 밝은 빛이 들어오니 부슬비가 잦아들고

하늘의 연못은 물을 들이마셔 무지개를 끊어버리네.

형형색색 고운 구름은 때에 따라 끊임없이 이어지고

기괴한 협곡 사이를 돌아가니 산세는 더욱 높고 험준하다.

신비하고 그윽한 신선의 동굴은

아주 높은 곳에 자리하였으니 조물주의 솜씨라네.

---

214   孟慶剛主編 : 《古城舊影—靑州歷史圖片》, 山東畫報出版社2014年版, pp.104-105.

만 그루의 나무가 평평한 초원을 둘러싸고

천 개의 봉우리는 동쪽 끝까지 감싸네.

학의 울음 소리는 하늘 밖까지 길게 울려퍼지고

신선의 음악은 공중에 울리는 듯 사라지네.

패업을 모두 이루고 난 후에 뛰어난 경치를 즐기는 여유를 가지니

의관을 갖춰 입고 함께 모이길 기대하였네.

때를 맞추어 기뻐할 줄 아는 것도 군자의 덕목이려니

동해의 끝에 빛나는 모범이 됨은 황제의 교화 덕분이리라.

雲門遠眺[215]

(明)馮琦[216]

設險推天府,[217] 憑高望雪宮.[218]

五丁[219]開混沌, 一氣破鴻蒙.

地應虛危[220]起, 山連泰岱雄.

---

215   (明)馮琦, 《馮琢庵先生北海集》卷5《五言排律》, 明萬曆三十七年刻本, p.4a.

216   馮琦(풍기, 1559-1603), 자는 用韞(용온), 호는 琢庵(탁암), 胊南(구남)이며 靑州 臨胊(임구) 사람
      이다. 編修, 侍講, 禮部右侍郞, 禮部尙書 등의 관직을 지내었다.

217   天府는 천계의 조정, 즉 신선 세계의 조정을 말한다.

218   雪宮은 청주부성에 있는 눈의 궁전을 가리킨다. 《孟子·梁惠王下》에 "제선왕이 설궁에서
      맹자를 접견하였다(齊宣王見孟子於雪宮)."라는 구절이 있는데 趙岐注에 "설궁은 이궁의 별
      칭이다. 궁중에 정원과 동산, 누대와 연못 등의 장식이 있고 금수도 많이 기른다(雪宮, 離宮
      之名也. 宮中有苑囿台池之飾, 禽獸之饒)."라고 하였다. (漢)趙岐注, (宋)孫奭疏 : 《孟子注疏》卷2
      上《梁惠王下》, 重刊宋本十三經注疏本, p.5a.

219   五丁은 고대 전설 속에 나오는 다섯 명의 장사이다. 漢 揚雄의 《蜀王本紀》에 "하늘이 촉
      왕을 위하여 다섯 명의 힘센 장사를 내리셨으니 그 힘은 산을 들어올릴 수도 있었다. 진혜
      왕이 미녀를 촉왕에게 바치자, 촉왕은 다섯 명의 장사를 보내어 미녀를 영접하게 하였다.
      한 마리의 큰 뱀이 산의 동굴 속으로 들어가는 것을 보고 다섯 명의 장사가 함께 뱀을 잡아
      당기자 산이 무너져 내렸다. 진나라의 다섯 미녀는 모두 산 위로 올라가서 돌로 변하였다
      (天爲蜀王生五丁力士, 能獻山, 秦王(秦惠王)獻美女與蜀王, 蜀王遣五丁迎女. 見一大蛇入山穴中, 五丁並引
      蛇, 山崩, 秦五女皆上山, 化爲石)."라는 이야기가 전해진다. (唐)歐陽詢輯 : 《藝文類聚》卷7《山部
      上》, 宋紹興刻本, p.1a.

220   虛危(허위)는 虛宿(허수)와 危宿(위수)의 두 별을 말한다.

摩霄[221]橫作障, 涔海曲如弓.

洞口明殘雨, 天池飮斷虹.

喬雲[222]時靉靆,[223] 怪峽轉巃嵸.[224]

窈窕[225]神仙窟, 崢嶸造化工.

猿啼秋壑靜, 月落曉岩空.

萬樹圍平楚,[226] 千峰繞大東.[227]

---

221 摩霄(마소)는 수직으로 솟아올라 하늘로 올라간 것이다. 唐 慧淨의《和盧贊府遊紀國道場》
　　에 "넓적한 나무 그루터기는 우러러 이슬을 받아내고 사찰의 봉황은 굽어보다가 갑자기
　　하늘로 솟아오른다(株盤仰承露, 利鳳俯摩霄)."라고 하였다 (淸)彭定求纂 :《全唐詩》卷808, 淸
　　康熙四十四至四十六年刻本, p.3a.

222 喬雲(율운)은 고대에 상서로운 조짐을 나타내는 채색을 띠는 구름을 말한다. 漢 董仲舒의
　　《雨雹對》에 "구름이 오색을 띠는 것을 경이라 하고, 삼색을 띠는 것을 율이라 한다(雲則五
　　色而爲慶, 三色而成喬)."라는 구절이 나온다. (漢)董仲舒 :《董仲舒集》卷2《章》, 七十二家集本,
　　p.8b.

223 靉靆(애체)는 구름이 운해를 이루어 서로 끊임없이 연결된 모양을 가리킨다. 元 卞思義의
　　《溪山春雨圖》시에 "빽빽한 구름은 끝없이 이어져서 봄빛이 낮게 드리우고 흘러가는 개울
　　물 위의 작은 다리에는 행인이 거의 없다(雲林靉靆春日低, 小橋流水行人稀)."라는 표현이 나온
　　다. (淸)顧嗣立輯 :《元詩選·三集》, 淸康熙三十三年至五十九年刻本, p.1a.

224 巃嵸(롱종)은 산세가 높고 험준한 모양이다. 宋 歐陽修의《秋懷二首寄聖兪》詩의 두번째 수
　　에 "나무들은 텅 빈 평원에 점점이 떨어져 있고 남산은 높이 솟아 험준하구나(群木落空原, 南
　　山高巃嵸)."라는 표현이 있다. (宋)歐陽修 :《居士集》卷3《古詩三十一首》, 四部叢刊景元刻
　　本, p.11a.

225 窈窕(요조)는 깊이가 있고 신비한 모양이다. 唐 盧照鄰의《雙槿樹賦》에 "넓은 정원에는 무
　　성한 풀들이 빽빽하고, 겹쳐진 복도는 깊고 아득하여 숨겨진 듯하다(紛廣庭之霍靡, 隱重廊之
　　窈窕)."라는 표현이 보인다. (唐)盧照鄰 :《盧升之集》卷1《賦》, 趙氏藏書本, p.4a.

226 平楚는 평탄하고 광활한 평야이다. 宋 文天祥의《汶陽道中》시에 "광활한 평야에서 사방
　　의 끝까지 눈길을 던져보고, 눈과 바람이 가득하여 먼 하늘도 어렴풋하다(平楚渺四極, 雪風迷
　　遠天)."라고 표현하였다. (宋)文天祥 :《文山集》卷14《指南後錄卷之一上》, 四部叢刊景明刻
　　本, 25a.

227 大東은 동쪽 끝을 말하는데 여기서는 청주성을 가리킨다.《詩·魯頌·閟宮》에 "문득 귀산과
　　몽산을 소유하고 마침내 황량한 동쪽 끝까지 다스렸네(奄有龜蒙, 遂荒大東)."라는 구절이 있
　　는데 鄭玄箋에 "대동은 극동이다(大東, 極東)."라고 하였다. (漢)毛亨傳, 鄭玄箋, (唐)陸德明音
　　義 :《毛詩》卷20《駉詁訓傳第二十九》, 仿宋相台五經本, p.10b.

鶴聲縹緲²²⁸外, 仙樂有無中.
伯業²²⁹餘形勝, 衣冠想會同.
乘時欣在德, 表海²³⁰是皇風.²³¹

　　이 시는 명대 청주 출신의 관료였던 馮琦(풍기, 1559-1603)가 운문산을 소재로 창작한 시편이다. 시인은 기묘한 필치로 운문산의 험준한 산세와 기이하고 뛰어난 자연 풍광을 묘사하여 웅장한 의경을 형성하였다. 첫 구에서 "하늘의 조정을 밀어올린다"던가 "설궁을 건너다본다"라고 형용하는 중에서 이 산의 높이와 정상에 올라 조망할 때 보이는 시야의 광활함 등이 자연스럽게 드러나며 독자들에게 운문산의 첫인상을 전달한다. 그 다음으로 시인은 시간과 공간을 활용하여 상상을 펼쳐내는데, 시간적으로 운문산은 천지가 개벽한 뒤에 전설 속의 다섯 명의 장사가 만들어낸 것으로 여겼고 공간 상으로는 태산과 함께 연이어 있는 것으로 보았다. 이 시는 또한 운문산의 경치를 매우 세밀하고 생동감 있게 묘사하였으니, 귀신 같은 솜씨로 조각한 듯한 산의 암석과 비가 온 후 영롱하고 고운 색채를 띠며 무지개가 걸려 있는 모습을 드러내었다. 그리고 빈 산에서 원숭이들이 울 때 산중의 고요한 정적을 느낄 수 있고 수많은 봉우리가 둘러싸고 우거진 수목이 빽빽한 곳에 들어가서 신선이 느끼는 즐거움을 깨닫게 되기도 한다. 이러저러한 아름다운 경치들이 모두 이 시를 통하여 눈앞에 나타나니 마치 환상인 듯도 하고 사실인 듯도 하여 마치 이 경관은 인간 세계의 것이 아닌 듯도 하다. 이 시는 사실적인 필치와 상상의 나래를 교

---

228 縹緲(표묘)는 끝없이 넓거나 멀어서 있는지 없는지 알 수 없을 만큼 어렴풋한 것이다. 혹은 소리가 길고 가늘게 끌리는 것이다.

229 伯業은 즉 패업을 말한다.

230 表海는 바닷가이다.《子華子·晏子問黨》에 "또 제지역이 나라가 되니 바다를 대하여 우뚝 섰고 산모퉁이를 등지고 있었네(且齊之爲國也, 表海而負嶼)."라는 표현이 있다. (周)程本 :《子華子》卷下《晏子問黨》, 子彙本, p.3a.

231 皇風은 황제의 정치와 교화를 말한다. 唐 王昌齡의《放歌行》에 "맑은 음악이 천문에 울려 퍼지고 황제의 교화는 구주와 바닷섬을 덮었네(淸樂動千門, 皇風被九州島)."라는 표현이 있다. (唐)王昌齡 :《王昌齡集》卷1《五言古》, 日本平安刻本, p.14a.

묘하게 결합하여 운문산의 독특한 풍경을 묘사해내었으니 실로 운문산을 소재로
써낸 한 편의 가작이라고 하겠다.

〈운문산〉
(명)왕세정

부용 꽃 같이 솟아오른 운문산은 군성의 서쪽에 꼿꼿하게 서있고
한발한발 돌을 밟고 오르는데 좁은 길은 더욱 헛갈리네.
홀연히 보이는 푸른 하늘은 화살대의 끝 같은 봉우리에 닿았으니
처음에는 벽옥 같은 달이 옥사다리에 걸친 것인 줄 알았네.
구름의 끝이 반쯤 걸쳐 있으니 천개의 봉우리가 작게 보이고
바다의 기운에 전부 삼켜지니 만개의 성가퀴가 나즈막하네.
머리를 긁으며 미친 듯 노래를 부르는 것이 싫지 않지만
놀란 비바람이 일어나 새로 새긴 題字를 질투하지 않도록 하리.
열 가지 부국의 조건 중에 두 가지 이상 갖춘 제나라의 봉지는 초목이 무
성하고
마음을 시원하게 하는 가을 빛은 봉우리에 층층이 겹쳐져 있네.
가파른 절벽 위로 해와 달은 시간에 맞춰 쌍쌍이 떨어지고
갑자기 내리는 비 사이로 교룡이 순식간에 뚫고 지나네.
흰 오도관을 쓰고 술잔 바닥에서 떨어지며
푸른 색 벽의를 입고 걸려 있는 거울 속으로 들어가네.
그대에게 자랑할 것이 있으니, 천문이 여기에 또 있다네.
지팡이를 짚고 봄 옷을 입으니 수많은 계곡에 연기가 자욱하구나.

雲門山[232]

(明)王世貞[233]

芙蓉[234]削立郡城西, 躡蹬[235]攀岩徑欲迷.

忽有青天通箭括,[236] 初疑璧月掛瑤梯.

雲根半壓千峰小, 海氣全吞萬堞低.

搔首狂歌吾不厭, 莫驚風雨妒新題.

十二齊封自鬱然, 蕩胸秋色鎖層巔.

危崖[237]日月時雙墮, 急雨蛟龍乍一穿.

鳥道白從杯底落, 薜衣[238]青入鏡中懸.

誇君更有天門在, 策杖春襄萬壑煙.

232　康熙《青州府志》卷22,《藝文上》, 清康熙六十年刻本, p.8a.

233　王世貞(왕세정, 1526-1590), 자는 符美, 호는 鳳洲이고 강소 太倉(태창) 사람이다. 大理寺左寺, 刑部員外郎和郎中, 山東按察副使青州兵備使, 浙江左參政, 山西按察使, 湖廣按察使, 廣西右布政使, 應天府尹, 南京兵部侍郎, 南京刑部尚書 등의 관직을 역임하였고 명대 말기 복고주의 문풍을 창도한 대표적인 문인이다. 저서로《弇州山人四部稿》,《弇山堂別集》,《嘉靖以來首輔傳》,《藝苑巵言》,《觚不觚錄》등이 전한다.

234　芙蓉은 본래 연꽃을 가리키지만 여기서는 마땅히 운문산을 지칭하는 말일 것이다.

235　躡蹬(섭등)은 계단을 따라 밟고 올라가는 것이다.

236　箭括(전괄)은 본래 陝西 岐山을 가리키는 말인데 산꼭대기에 갈라진 곳이 마치 箭括(화살의 끝부분)과 유사하여 붙여진 이름이다. 여기서는 운문산 옆의 劈山(벽산)을 가리킨다.

237　危崖는 가파르게 솟아오른 절벽을 말한다. 明 徐弘祖의《徐霞客遊記·遊嵩山日記》에 "양쪽으로 위태로운 절벽이 만 인의 높이로 솟아있고 돌로 된 기둥이 그 사이에 매달려 있으니, 일 촌 정도의 흙도 없다(兩旁危崖萬仞, 石脊懸其間, 殆無寸土)."라는 구절이 나온다. (明)徐弘祖 :《徐霞客遊記》卷1下《遊嵩山日記》, 清嘉慶十三年增校本, p.6a.

238　薜衣(벽의)는 즉 薜荔衣(벽려의)를 말하는 것으로 薜荔, 즉 목련의 이파리로 만든 의복이다. 본래는 신선이나 요괴들이 걸치는 웃옷을 가리키는 말이었으나 후에는 은사의 복장을 지칭하는 것도 되었다. 唐 沈佺期의《入少密溪》시에 "스스로 시끄러움을 피하고자 하였으나 진나라를 피하지 못하였으니, 벽려의를 입고 농사를 지으며 요임금 때의 사람이 되고자 하였다네(自言避喧不避秦, 薜衣耕鑿帝堯人)."라는 표현이 보인다. (唐)沈佺期 :《沈佺期集》卷1《七言古詩》, 明銅活字印本, p.11b.

　　왕세정은 이 시를 통해서 운문산의 기괴하고 험준하여 수려한 풍경과 자신이 빗
속에서 등산하며 보고 느꼈던 감상을 묘사해내었는데 풍격이 호방하고 매우 소탈
하다. 시인의 붓으로 그려진 운문산은 숲이 울창하고 산세가 높고 험준하였다. 더
욱이 소나기가 갑자기 쏟아졌는데 큰 비는 마치 교룡이 산간 사이로 휘감아가는 듯
했고 경치는 더욱 장관을 이루었다. 이 시는 여러 곳에서 이백과 두보, 楚辭(초사)의
구절을 인용하여 독특한 상상력과 기발한 시어를 사용하여 자유로운 필치로 흥취
를 담아내었으니 낭만주의적 정취가 가득하다고 하겠다.

　　관련된 지방지의 기록에[239] 따르면, 운문산(일찍이 '雲峰山운봉산'이라고도 불렸음)
은 청주시구로부터 2.5㎞ 떨어진 곳에 위치한 해발 421m, 면적 5.5㎢의 산이다. 주
봉우리의 이름은 大雲頂(대운정)이며 그 위에는 "구멍이 뚫려 있는데 문과 같으며
가히 백여 명이 들어갈 수 있는"[240] 雲門(雲門洞운문동이라고도 불림)이 있었으니, 산
의 남과 북 양쪽을 관통하며 구름과 안개가 석문을 지나가므로 붙여진 이름이었다.
"멀리서 조망하면 매달려 있는 거울과 같은"[241] 운문의 경치는 명청 시기에도 靑州
十景 중 으뜸으로 꼽히는 "雲門拱壁(운문공벽)"으로 불렸다. 북송 희녕 연간에 靑州
知州를 맡았던 盧士宗(노사종)은 《山路記(산로기)》에서 "영구 지방 동쪽은 秦나라
가 오랫동안 복속시켰으니, 그 주위에 많은 산이 둘러싸고 있는데 운문산이 그 중
의 으뜸이다."[242]라고 하였다. 산 속의 절벽 위에는 수많은 명인들의 유적이 남아 있
는데, 富弼(부필), 歐陽修(구양수), 趙抃(조변), 王世貞(왕세정), 施潤章(시윤장) 등이

239　참고자료는 다음과 같다. 《齊乘》卷1《山川》, 淸文淵閣四庫全書本, pp.8a-9a ; 《寰宇通志》
　　卷75《靑州府》, 民國三十六年玄覽堂叢書續集影印明景泰間刻本 ; 嘉靖《靑州府志》卷6
　　《山川》, 明嘉靖刻本, p.1b ; 《讀史方輿紀要》卷35《山東六》, 淸光緖二十七年上海圖書集成
　　局鉛印本, p.9b ; 靑州市志編纂委員會編《靑州市志》, 南開大學出版社1989年版, pp.874-
　　875 ; 光緖《益都縣圖志》卷9《山川志上》, 淸光緖三十三年刻本, pp.1a-3a ; 靑州市地名委
　　員會編《靑州市地名志》, 天津人民出版社1991年版, p.472.
240　《齊乘》卷1《山川》, "通穴如門, 可容百餘人", 淸文淵閣四庫全書本, p.8a.
241　《齊乘》卷1《山川》, "遠望如懸鏡", 淸文淵閣四庫全書本, p.8a.
242　(淸)王士禎撰, 惠棟訓纂 : 《漁洋山人精華錄訓纂》卷5上《今體詩一》, "營丘東, 秦舊服, 周環
　　衆山, 雲門爲之冠", 淸乾隆刻本, p.8a.

내린 글씨가 새겨져 있다. 산 속에는 도가뿐만 아니라 불가의 유적도 매우 많다.

사진 4-30 　 지금의 청주고성 魁星樓(괴성루)에서 조망한 운문산

제3절 靑社驛, (東陽故城之)鎮青門, 富公亭(富相亭)

　　(7월)초 3일, 신묘일. 청주에 도착하였다. 아침에 昌樂을 출발하여
……靑州北城門(청주북성문) 밖에 도달했고 彌陀寺(미타사)에서 묵었
다.……초4일, 임진일. 金嶺鎮(금령진)에 도착하였다. 아침에 ……靑
社驛(청사역)을 지나면서 西北外城門으로 나오고 이어서 古西北城門
으로 나왔다. 漏澤園(누택원)을 지났는데 누택원의 법도는 송 元豐 연
간에서 시작되었으니, 대체로 상주가 없는 이를 장례치러 주는 곳이
다. ……(3월) 15일, 을사일. 昌樂縣(창락현)에 도착하였다. 아침에 淄河
店(치하점)을 출발하여 益都의 北館馹(북관일)에서 아침 식사를 했다.
李堂, 鄭昌雲, 林春茂를 인솔하여 나귀를 타고 점주의 아들에게 부탁
해서 길을 안내하도록 했다. 萬年橋(만년교)를 지나고 鎮青門(진청문),
靑州北城門(청주북성문)으로 들어가서 西城(서성)을 거쳐서 나왔고 다
시 軍門 邢玠(형개)의 저택을 지났다.

　　(七月)初三日, 辛卯. 到青州. 朝發昌樂. ……抵青州北城門外. 寓彌
陀寺. ……初四日, 壬辰. 到金嶺鎮. 朝……過青社驛, 出西北外城門,
又出古西北城門. 過漏澤園. 漏澤園之法, 起於有宋元豐間, 蓋官葬無
主之處也. ……(三月)十五日, 己巳. 到昌樂縣. 早發淄河店, 朝火於益
都之北館馹. 率李堂, 鄭昌雲, 林春茂乘騾借店主之子導行, 過萬年橋,
入鎮青門, 青州北城門, 打西城而行, 過邢軍門玠之第.

—李民宬《癸亥朝天錄》

　　(10월) 19일, 병자일, 맑음. 날씨가 화창하고 따뜻하였다. ……(青州
府 北關에서 출발하여) 5리쯤 가서 옛날에 축조된 土城을 통과하여 지
났다. …… 저녁에는 金嶺驛(금령역)으로 들어가서 숙박하였다. 금일
은 70리를 이동하였다.

　　(十月)十九日, 丙子, 晴. 日氣和暖. ……(從青州府北關發行)五里穿舊
制土城……晚入金嶺驛宿. 今日行七十里.

—趙濈《燕行錄一雲朝天錄》

〈그림 4-12〉로부터 알 수 있는 것은, 이민성이 말한 靑社驛은 靑州府城과 南陽河
의 북쪽에 있었다는 점이다. 관련된 지방지의 기록에[243] 의하면, 靑社는 본래 齊의
별칭이었다. "옛날에 太社의 오색 흙을 방위에 따라서 그 나라에 봉작하고 사직을
세우게 하였다"는[244] 이야기에서 유래를 찾을 수 있으니, 이후에는 靑州라고 부르
게 되었다. 청주부성 북문 밖에 있는 靑社驛이 처음 건립된 시기는 정확하지 않지
만 본래는 靑社遞運所였던 곳을 명 嘉靖 5년(1526), 청주지부 李獻可가 靑社驛으로
중건하였다. 중건된 뒤의 靑社驛은 이른바 "三進形"으로 제작되었으니, 즉 앞면의
중앙은 廳이고 뒷면에는 堂을 만들었으며 좌우에는 각각 사행들이 잠시 머물 수 있
는 使客房과 역참의 당직이 사무를 보는 直房이 있었다. 그리고 다시 뒤쪽에는 식
사를 제공하기 위한 주방이 있었다. 王世貞의《청사역에서 북쪽으로 올라가는 동
년의 소비부 형님을 만나 시를 지어 드리다(靑社驛遇同年蘇比部兄北上有贈)》라는 시
에서 "작은 역참의 등불이 다하여 재가 떨어지니 말없는 가운데 그리움은 날아가
는구나"라는[245] 구절이 나온 것을 보면, 청사역은 비록 요충지에 있었지만 그 규모
는 크지 않았던 것 같다. 조선사신들이 보았던 청사역의 풍경 또한 대략 이러했을
것이다. 청사역은 명대에는 청주부 소속 역참이었지만 청 康熙 연간 이후로는 益都
縣 소속 역참이 되었다. 靑社驛(소재지의 거리명은 처음에 候官驛街였으나 1940년대부
터 지금까지는 後官驛街로 불린다)은 지금의 靑州市 王府街道 後官營社區 일대이다.

243　嘉靖《靑州府志》卷11《驛傳》, 明嘉靖刻本, p.4b ; 康熙《大淸一統志》卷104《靑州府》, 淸乾
　　隆九年武英殿刻本, p.43a ; 康熙《靑州府志》卷6《驛傳》, 淸康熙六十年刻本, p.6a ; 光緒
　　《益都縣圖志》卷23《武備志》, 淸光緒三十三年刻本, p.6b ; 靑州市地名委員會編《靑州市地
　　名志》, 天津人民出版社1991年版, p.58.
244　"古者以太社五色土隨方封國, 使立社"《齊乘》卷3《郡邑》, 淸文淵閣四庫全書本, p.1b.
245　"小驛燈垂燼, 無言思欲飛"(明)王世貞 :《弇州四部稿》卷26《詩部》,《靑社驛遇同年蘇比部
　　兄北上有贈》, 明萬曆五年刻本, p.15a.

사진 4-31   지금의 청주시 王府街道 後官營社區 주민위원회

이민성이 기술한 바에 따르면 그의 일행들이 북경행 여정에서 거쳐간 청주부성
의 경유지는 순서대로 (청주부성 북쪽)彌陀寺→靑社驛→西北外城門→古西北城門
이었고, 귀국행 여정에서 지나온 곳은 益都의 北館馹→萬年橋→鎭靑門→靑州北
城門→靑州府城西城→邢軍門玠之第라고 볼 수 있다. 그런데 〈그림 4-12〉의 嘉靖
《靑州府志》에 수록된《靑州府志圖》에 기술된 내용과 대조하여 이민성이 귀국하는
여정 중에 지나온 경유지를 순서대로 정리한다면, 鎭靑門→益都의 北館馹(즉 靑社
驛)→萬年橋→靑州北城門→靑州府城西城→邢軍門玠之第와 같이 앞의 몇 장소의
순서가 바뀌게 된다. 이렇게 지명의 순서에 혼란이 오게 된 것은 아마도 조선사신
들이 생소한 중국 지명에 익숙하지 않았기 때문일 수도 있겠다. 또 이민성은 북경
행 여정 중에서 "西北外城門"와 "古西北城門"이라는 지명을 적었는데 이 장소에
대해 중국 지방지를 참고하여 몇 가지 사실을 확인할 수 있었다.

　먼저 "西北外城門"은 靑州府城 西門인 岱宗門을 가리키는 듯하다. 嘉靖《靑州
府志》의 기록에[246] 따르면, 南陽城에는 네 개의 성문이 있었는데 각각 東門을 海晏,

246　嘉靖《靑州府志》卷11《城池》, 明嘉靖刻本, pp.25b-26a 참고.

南門을 阜財, 西門을 岱宗, 北門을 瞻辰이라 하였다. 그런데 실제로 〈그림 4-12〉를 살펴보면, 岱宗門은 청주부성 성벽이 정서쪽 방향에 있지 않고 오히려 청주부성의 서북쪽에 위치해 있다. 게다가 그 지명이 비교적 생소했으므로 이민성은 혹시 岱宗門을 그냥 "西北外城門"이라고 적었을지도 모른다. 명대 말기에는 岱宗門을 통하여 서쪽으로 青州城을 나갈 수 있었지만 이민성 일행은 青社驛을 경유한 후에 서쪽으로 나가는 길을 따라갔으므로 다시 岱宗門으로 길을 되돌아갈 필요는 없었을 것이고 마땅히 東陽故城을 지나 제남-청주의 역참로로 진입했을 가능성이 크다.

다음으로 "西北外城門"은 "青州北城門", 즉 "東陽故城"을 가리키는 것으로 추정된다. "西北外城門"이란 이름은 "古西北城門"과 표현방식이 상당히 유사하다. 앞에서 언급한 것과 같이 명대 청주부성은 곧 南陽城이었지만, 청주부, 혹은 益都縣의 행정 관청은 東陽城에 위치해 있었다. 東陽故城은 명대 말기에 青州府治, 즉 益都縣城의 북쪽에 있었을 것이며 그 옛 부지는 지금의 청주시 王府街道 北關社區 부근이다. 동양고성은 北魏 시기에 "큰 전란이 없었고", 또 "호구가 날로 번성하였는데, 동양성은 좁고 협소하였으므로 남쪽 성곽을 넓혀서 이곳에 거주하게 하였다"라는[247] 기록이 있다. 北魏 熙平 2년(517)에 東陽城 남쪽 성곽을 넓힌 것이 즉, 후대의 南陽城이 된 것이다. 金 天會 연간(1123-1135) 무렵에는 東陽城이 점차 낡아서 무너졌으므로 南陽城이 점차 중심지가 되었고, 北宋 말기에 東陽城은 전란을 겪으며 크게 훼손되었다. 명대 말기에 흙을 다져서 東陽城의 城池를 다시 쌓아올렸으니, 남아 있는 동양성의 네 개의 문은 각각 西門—泰山門, 西北門—鎮青門(속칭 馬驛門, 馬異門[248]), 東北門—車陽門(속칭 車轅門, 武曲門), 東門—小東門(속칭 曉東門)[249]이었다.

---

247 "無大兵革", 且"戶口日繁, 而東陽又狹隘, 故廣南郭以處之"., 光緒《益都縣圖志》卷5《大事志》, 清光緒三十三年刻本, p.7b.

248 "鎮青門, 青州府城外羅北門曰鎮青, 俗曰：'馬異'." (明)郎瑛：《七修類稿》卷2《天地類》, 明刻本, p.84a.

249 康熙《青州府志》卷9《古跡》, 清康熙六十年刻本, p.1b ; 咸豐《青州府志》卷2, 清咸豐九年刻本, p.36 ; 光緒《益都縣圖志》卷12《古跡志》, 清光緒三十三年刻本, pp.2b-3a.

이민성은 또한 그의 일행이 청주부성 북쪽의 漏澤園을 지났다고 서술하였다. "명 만력 연간에 익도지현 毛維驤(모유추)가 기부하여 義塚地 2畝를 조성하였으니 馬驛門 북쪽에 있었다"라는[250] 기록이 있다. 즉 누택원은 馬驛門, 즉 鎭靑門 밖에 있었던 것이므로 이로부터 이민성 일행이 靑社驛을 경유하여 서쪽으로 東陽故城의 西北門인 鎭靑門을 나온 후에 臨淄로 가는 역참로를 밟아갔을 것으로 추측할 수 있다. 그러므로 이민성이 북경행 여정에서 경유했던 지명은 "靑州府北城門"→彌陀寺→靑社驛→古西北城門의 순서대로 정리하는 것이 옳을 것이다.

그 밖에, 趙濈이 청주부성 북쪽 5리 지역에 있다고 기술한 옛날에 축조된 토성은 東陽故城을 가리키는 것이라고 추정된다. 이민성 일행이 귀국행 여정을 서술했던 기록과 조즙 일행이 귀국행 여정을 서술한 기록을 함께 보면, 조즙 일행도 역시 "鎭靑門"으로부터 濟南으로 향하는 역참로를 지나갔을 것으로 추측된다.

사진 4-32   1920년대의 鎭靑門과 옛 역참로[251]

250 "明萬曆中, (益都)知縣毛維驤捐置義塚地二畝, 在馬驛門北." 咸豐《靑州府志》卷30下《考七下》, 清咸豐九年刻本, p.2a.

251 孟慶剛主編:《古城舊影—靑州歷史圖片》, 山東畫報出版社2014年版, pp.6-7.

사진 4-33   1930년대의 鎭靑門[252]

　(10월) 14일, 신축일, 밤에 비가 오고 아침에 흐림. 巳時에 (청주부 東
館駟로부터)출발하였다. 청주부성 가운데를 지나서……馬耳門(마이
문)을 통과하였다. 그 위에는 새로 건축된 寺刹이 있는데 우뚝하니 중
천을 향해 솟아있고 성대하게 불사를 행하고 있었다. 원근의 백성들
이 머리에 그릇을 이고 향을 사르니, 오가는 사람들이 길을 빽빽하게
메웠다. ……(4월) 28일, 계축일, 맑음. 아침에 金嶺(금령)을 출발하여
오후에는 淄河店(치하점)에서 휴식하였다. 靑州에 도착하여 조금 쉬
었다. 馬耳門 위에는 馮씨 성을 가진 사람이 말하길, 軍門이 해상 사건
을 방비하기 위해 登州로 순찰하러 오는데 아마도 당신 나라에 사건
이 일어났기 때문인 것 같다고 말하였다. 상세히 물어보고자 했으나
그 사람은 "복잡한 일이라 감히 말할 수 없다"고 하면서 다만 毛字를
써서 내게 보여주었다. 더욱 은밀히 물어보니 그가 말해주길, 毛장군
이 식량을 빌리기 위해 군사를 거느리고 당신의 나라로 향하고 있다
는 것이었다. 그 말을 다 믿을 수는 없지만 내심 우려가 되었다. 저녁

───────────────

252　孟慶剛主編：《古城舊影—靑州歷史圖片》, 山東畵報出版社2014年版, p.8.

에 청주의 東館馹에서 숙박하였다. 이 날은 70리를 이동하였다.

> (十月)十四日, 辛丑, 夜雨, 朝陰. 巳時, (自靑州府東館馹)發行. 由(靑州
> 府)城中而過……過馬耳門, 其上新構寺刹. 突兀中天, 盛張佛事, 遠近
> 士女[253]頂盆燒香, 而往者塞路填街. ……(四月)二十八日, 癸丑, 晴. 早
> 發金嶺. 午憩淄河店, 到靑州少憩. 馬耳門上有馮姓人, 言 : 軍門以防
> 海事, 巡向登州, 蓋緣你國有事云. 欲詳問, 則曰 : "煩不敢言". 只書毛
> 字示之. 更爲密問, 則言 : 毛帥以借糧事, 擧兵向你國云. 其言雖不可
> 信, 而心甚疑慮. 夕宿州之東館馹. 是日行七十里.
>
> ─申悅道《朝天時聞見事件啟》

  명 숭정 원년(1628) 10월 14일에, 신열도 일행은 청주부성 북쪽의 "馬耳門"을 지나면서 그 위에 새로 건축된 사찰을 보았다. 이 사찰은 하늘로 솟구치는 듯 매우 높게 지어져서[254] 웅장하고도 화려하였다. 신열도는 새로 건축한 이 청주성의 사찰이 큰 인기를 끌어 수많은 백성들이 길을 꽉 메울 정도로 사찰 앞에 모여들어 앞다투어 향을 피운 그릇을 머리에 이고 예불을 올리고 참배하는 광경을 묘사하였다.

  그런데 여러 지방지 중에는 "馬耳門"과 관련된 기록이 없다. 아마도 "耳"와 "異"는 한국어 한자음으로 동일하게 "이"로 발음되므로, 수행하는 역관이 번역하는 과정 중에 通假字를 사용하여 기록한 것이 아닐까 추정된다. 게다가 鎭靑門의 속명은 馬驛門, 혹은 馬異門이므로, "馬耳門"은 분명히 東陽故城의 西北城門─鎭靑門을 가리키는 것이 틀림없다.

  康熙《益都縣志》의 기록에[255] 의하면, 명 숭정 연간에 給事中 馮鎭(마진)이 鎭靑

---

253 士女는 백성을 가리킨다.《後漢書·王暢傳》: "郡爲舊都侯甸之國, 園廟出於章陵, 三後生自新野, 士女沾教化, 黔首仰風流, 自中興以來, 功臣將相, 繼世而隆" (劉宋)范曄撰, (晉)司馬彪, (梁)劉昭注, (唐)李賢注 :《後漢書》卷86《王暢傳》, 清乾隆四年刻本, p.8b.

254 鎭靑門이 있던 곳의 성벽 유적으로 보건대 그 높이는 분명히 20여 m쯤 되었을 것이다. 이로써 불사의 높이는 거의 30m에 가까웠을 것으로 추정된다.

255 "碧霞宮, 一在鎭靑門, 明崇禎年間給事中馮起震建" 康熙《益都縣志》卷3《寺觀》, 清康熙十一年刊本, p.28b.

門 위에 碧霞宮(벽하궁)을 건축하였다고 한다. 보통 碧霞宮(碧霞寺, 碧霞元君祠라고
도 칭함)은 주로 碧霞元君(벽하원군)을 받들어 모시고 예를 올리는 곳이다. 碧霞元
君은 또한 泰山聖母 碧霞元君(태산성모 벽하원군, 속칭 泰山娘娘, 泰山奶奶라고 함), 혹
은 天仙玉女 泰山碧霞元君(천선옥녀 태산벽하원군)이라고 불리기도 한다. 전설에 의
하면 벽하원군은 東嶽(즉 泰山)大帝의 딸이며 또 어떤 전설에는 皇帝의 딸이라고도
한다. 오악 중의 하나로서 신비스럽고 장엄함이 넘치는 태산은 도교 사상에 대한
숭배와 결합되면서 태산 지역을 중심으로 한 중국 북부 지방 백성들이 신봉하는 곳
이었다. 송대부터 시작하여 특히 명청 시기에 이르러 태산의 신녀인 벽하원군은 그
지역 백성들이 신봉하는 신선으로서 지방의 불사에서도 사당을 들이고 함께 신봉
하는 대상이 되었다. 신열도가 기술한 바에 따르면, 청주 鎭青門 碧霞宮이 완공된
시기는 분명히 명 숭정 원년 무렵이었을 것이며 또한 명대 말기 청주의 민간 신앙
에서 불교와 도교가 융합되는 현상도 찾아볼 수 있다.

    신열도는 명 숭정 2년(1629) 4월 28일에 鎭青門에서 馮씨 성을 가진 수비병이 전
해준 조선의 전란 소식과 軍門(즉 登萊巡撫)이 登州로 순행을 올 것이라는 이야기
를 들었다. 마음이 조급해진 신열도는 관련된 소식을 상세하게 듣고자 했는데 성문
의 수비병은 곧바로 말해주지 않았고 다만 글자가 쓰여진 종이를 보여주었다. 그리
고 이어서 東江鎭主帥 毛文龍이 식량이 부족하자 조선에 군대를 보냈다고 이야기
해주었다. 신열도는 이 말의 진위를 의심하기는 하였지만 걱정이 되지 않을 수 없
었다. 光緖《增修登州府志》의 기록에[256] 따르면, 천계 7년(1627)부터 孫國楨(손국정)
이 登萊巡撫(등래순무)로서 재직하였으나 숭정 2년(1620) 봄에 파면되었다가[257] 숭정
3년에 다시 복직되어 登萊巡撫를 맡아보았다. 6월에 寧前兵備副使 孫元化가 右僉
巡撫登萊, 東江으로 승진하였다. 당시에 登萊巡撫, 조선, 毛文龍 삼자 간의 관계에
대해서는 당시의 兵部가 毛文龍이 올린 상소에 대해 허가한 답신의 내용으로부터

256　光緖《增修登州府志》卷25《文秩一》, 淸光緖刻本, p.1b.
257　(淸)佚名 : 《明季烈臣傳》, 淸鈔本 참고.

확인하고 추정해볼 수 있겠다. 그 문장에는 "야만인의 우두머리를 견제하는 것은 조선이고, 조선에게 부탁할 수 있는 것은 毛鎭이며, 毛鎭을 부릴 수 있는 것은 등주 순무이다"라고[258] 적혀 있다.

천계 7년 정월에 後金의 군대는 조선을 향해서 침입 전쟁을 시작하였으니 이것이 역사에서 일컫는 丁卯胡亂(중국에서는 丁卯之役 혹은 丁卯虜亂이라고 일컬음)이다. 비록 毛文龍은 이 전쟁에서 조선을 보호해주었으며 공적이 하늘과 땅을 덮을 만하다는 큰 명성을 얻었지만[259] 실제로 모문룡의 부대는 조선의 鐵山, 義州 등지의 屯田에 머물고 있었다. 숭정 원년 3월에 모문룡이 상소를 올린 것을 보면, "살펴보니 이번 3월이 다 가고 있는데 군량 한 톨도 오지 않았고 양식 일 인분도 도착하지 않았습니다. (東江鎭에는) 아프다고 울부짖는 소리로 시끄럽고 백골이 개울마다 가득합니다"라고[260] 호소하였다. 7월에 登萊海防道 王廷試는 東江鎭에 주둔한 군인의 수를 2만 8천명 정도로 헤아렸지만 실제와는 큰 차이가 있었으므로 9월에도 東江鎭에는 충분한 군량이 지급되지 못하였다. 숭정 2년 봄, 심중에 불만이 가득한 채 식량도 거의 떨어지는 위기에 임박한 모문룡은 병사를 이끌고 등주와 래주 지역을 노략질 하였다. 당시에 登萊巡撫로 있던 孫國禎은 방비를 잘 하지 못하였다는 책임을 물어 파면되었다. 바로 이와 같은 역사적 사실이 당시 鎭靑門의 馮씨 성을 가진 수비병이 신열도에게 몰래 일부를 이야기해 준 사건의 전모이다. 아마도 풍씨 성의 수비병은 계급이 높지 못하여 전체의 사건의 면모를 잘 이해하지 못하고 모문룡이 병사를 이끌고 등주와 래주로 향하였던 사실을 잘못 오해하여 조선으로 향하였던 것이라고 여겼을지도 모른다. 어쨌든 숭정 초기에 遼東 지역의 형세는 급격하게 변화하고 있었고 시시각각으로 명나라와 조선의 백성들의 마음을 불안하게

---

258 "牽制奴酋者, 朝鮮也；聯屬朝鮮者, 毛鎭也；駕馭毛鎭者, 登撫也"《明實錄·明熹宗實錄》卷66, 天啟五年十二月十五日.

259 《明實錄·熹宗哲皇帝實錄》卷84, 天啟七年五月十一, 十三日 참고.

260 "觀今三月將盡, 糧未來一粒, 餉未到一分, (東江鎭)啼號疾病, 白骨滿溝"（明）吳國華輯：《東江疏揭塘報節抄(外二種)》, 崇禎元年三月二十六日具奏, pp.111-112.

했다.

청대 益都縣 출신 孫廷銓은《南征紀略》중에서 묘사하길, 청대의 鎭青門은 "벽돌을 정교하게 쌓아 조성되었고 매우 높고 넓었다"[261]라고 형용했는데, 문 위의 "옛 사묘에서 향불이 꺼져 있고 높이 솟은 난간에는 창문이 닫혀있어"[262] 쓸쓸한 모습이라고 하였다. 청주시 지방사지연구실의 閆成武(염성무) 주임의 설명에 따르면, 청주부성 북쪽에 있던 鎭青門은 속칭 馬驛門, 馬異門이라고도 불렸는데 오랜 역사를 거쳐왔다. 唐代에 이곳에 馬驛(즉 驛站)을 설치했으므로 마역문이란 이름이 붙여졌다고 한다. 중국 건국 초기 무렵에 鎭青門이 있던 성벽의 잔해는 길이 약 30m, 높이 약 20m, 넓이 약 14m 정도만 남아있었다. 2013-2014년에 청주시는 진청문의 옛 터였던 青州市 堯王山路와 駝山中路의 서남쪽에 鎭青門遺址公園(진청문유지공원)을 만들었다.

사진 4-34   지금의 鎭青門遺址公園 안에 옛 鎭青門을 모방하여 세운 건축물

---

261 "磚礱精妙, 高廣莫京" (清) 孫廷銓:《南征紀略》上卷, 勵守謙家藏本.

262 "古廟斷香火, 崇軒辟窗牖" (清) 趙懷玉:《馬驛門》,《亦有生齋集·詩》卷20《古今體詩》, 清道光元年刻本. 전체의 시는 다음과 같다. "登高及上春, 燕九作重九. 言尋馬驛門, 相與陟岡阜. 古廟斷香火, 崇軒辟窗牖. 天風颯颯來, 山勢蜿蜿走. 頗欣瞻眺暢, 復慨陵穀久. 寄奴一世雄, 長駕恣撃搰. 想當設官時, 大費築城手. 南燕已難問, 東陽亦何有. 落日催歸人, 蒼茫重回首".

사진 4-35 鎭青門遺址公園 안의 鎭青門 유적(오른쪽 흙언덕)

사진 4-36 청주시 鎭青門遺址公園 안에 옛 "鎭青門"을 모방하여 세운 건축물

청주시 지방사지연구실의 閆成武 主任이 설명해준 바에 따르면, 鎭青門遺址公園의 북쪽, 즉 西店村의 부근에 아직 옛 역참로의 일부 구간이 남아 있다고 한다. 이 역참로의 끝에는 명대에 건축된 "兩京通衢(양경통구)"라는 석문이 있으며, 그 위

에는 玄帝閣(현제각)이 있다고 하였다. 본서의 집필진은 청주시 益都街道 西店村을 방문하였는데 지역 경제가 크게 발전하여 西店村 전체가 재개발로 이전되었으므로 관련된 유적을 찾기 어려웠다. 다방면으로 물색하다가 지나가던 주민의 도움으로 西店大街의 옆에 아직 이전하지 않은 옛 주택을 찾아낼 수 있었다. 魯世亮(노세량, 남, 60세)씨의 증언에 의하면, 이 주택 바깥에 보이는 西店大街가 즉 예전의 오래된 관도였으며 지금은 원래의 다져진 땅 위에 시멘트를 깔아 정비하여 큰 도로로 변하였다. 현재의 西店大街는 원래의 길이보다 좀 단축되었으며 본래는 일직선으로 玄帝廟(閣) 북쪽까지 연결되었다고 한다.

관련된 지방지의 기록에[263] 따르면, 지금의 西店村은 명대 초기에 세워진 마을로서 馬驛店(村)이라고도 불렸는데 鎭青門(즉 馬驛門)의 밖에 있었기 때문에 붙여진 마을명이라고 한다. 청 雍正 연간에 청주부성 북쪽에 滿洲旗城이 세워졌고 그 성의 서쪽에 위치하였으므로 이 마을의 이름도 속칭 西店(村)이라고 불렸으며 益都縣 附郭鄉에 속하였고 민국 초기에는 익도현 제6구에 소속되었다. 1952년, 이 마을은 익도현 제1구에 속하였다가 1958년에는 익도현 鋼鐵人民公社(강철인민공사)가 되었고 1962년에는 익도현 普通公社(보통공사)에 소속되었다. 1983년에는 益都鎭이 되었고 1993년10월부터 청주시 益都街道에 속하게 되었다.

현지 답사를 통해 살펴보니 西店村(지금의 西店社區)는 鎭青門 유적으로부터 서북쪽으로 약 200m 정도 떨어져 있었다. 지금의 西店大街의 전체 길이는 약 500m 이고 아직 정비되지 않은 구간의 도로가 200m 가량 되므로 모두 합쳐서 700m 정도의 옛 역참로가 남아있다. 西店大街의 폭은 약 5m 정도이다. 시멘트를 깔지 않은 구간의 길은 단단하게 다져진 기초 위에 청석을 깔아두었는데 그 폭이 약 5m 정도 되며, 도로의 끝에는 염성무 주임이 말해준 "兩京通衢"의 석문이 오랜 세월의 풍파를 견디고 장엄하게 자리하고 있었다. 이 석문은 분명히 조선 사신이 청주를 왕래

---

263   光緒《益都縣圖志》卷41《人物志十三》, 淸光緒三十三年刻本, p.17a ; 青州市地名委員會編《青州市地名志》, 天津人民出版社1991年版, p.90 ; 青州市鎭村志編纂委員會編《青州鎭村志·益都街道卷》, 團結出版社2019版, pp.25-27 참고.

할 때 반드시 지나갔던 장소일 것이다. 석문의 폭은 약 3m이고 높이는 약 2.5m이며 그 위에는 玄天大帝를 모시는 玄帝閣이 세워져 있었다.

사진 4-37　청주시 益都街道 西店大街 361호 주택

사진 4-38　361호 주택 밖에 남북 방향으로 나 있는 옛 역참로 유적

사진 4-39　복개하지 않은 구간의 西店大街(즉 옛 역참로)와 玄帝閣

사진 4-40　복개하지 않은 구간의 西店大街에 남은 옛 역참로 유적

사진 4-41　"兩京通衢" 석문 남쪽에서 본 근경

사진 4-42　"兩京通衢" 석문의 북쪽에서 본 근경

富相亭(부상정)은 청주부 서쪽 4리 거리에 있다.

富相亭, 在(青州)府西四里.

—李民宬《癸亥朝天錄》

富相亭(부상정)은 顔文姜廟(안문강묘)의 동쪽 瀑水澗(폭수간) 옆에 있는데 富弼(부필)이 청주지주를 지낼 때 건립한 것으로 후인들이 부 필을 공경하여 그의 이름을 딴 것이다.

富相亭, 在其(顔文姜廟)東瀑水澗側, 富弼知青州時建, 後人愛而名 之.

—金德承《天槎大觀》

조선사신 이민성과 김덕승의 기록에 따르면, 富相亭, 즉 富公亭은 청주부성 서 쪽 4리 즈음에 있었고 北宋 富弼이 青州知州로 있을 때 건립한 것이라고 한다. 청 주 지방의 사람들이 부필을 추모하며 이 정자에서 제사를 지내고 富相亭이라고 이 름 지었다고 하니, 중국 지방지의 기록과 거의 유사하다. 嘉靖《青州府志》는 한걸 음 더 나아가 富相亭은 "宋 富弼이 청주지주로 있을 때 기우제를 지내던 곳이다"라 고[264] 설명하였다. 역사서의 기록에[265] 따르면, 富弼(부필, 1004-1083)의 자는 彦國이 고 河南人이다. 어릴 때부터 학문을 즐기고 도량이 컸으므로, 范仲淹은 그를 가리 켜 "군왕을 보좌할 인재(王佐才也)"라고 칭찬하였다. 宋 仁宗 天聖 8년(1030)에 富 弼은 뛰어난 인재로서 천거를 받아 조정의 관리로 들어가게 되었다. 부필은 차례로 監承, 河陽判官 등의 관직을 지냈고 慶曆 2년(1042)에 知制誥가 되었으며 또한 거 란국에 사신으로 나가서 땅의 분할 요구를 거절하는 대신 매년 보내는 비단을 더 해주는 조건으로 타협을 이끌어 내는 등 외교 능력을 발휘하였다. 慶曆 3년에 樞密

264 "宋富弼知青州時禱雨處", 嘉靖《青州府志》卷7《古跡》, 明嘉靖刻本, p.30b.

265 참고 자료는 다음과 같다. (元)脫脫 : 《宋史》卷313《富弼》, 清乾隆四年刻本, pp.1a-9b ; (宋) 李攸 : 《宋朝事實》卷4《玉牒》, 武英殿聚珍版書本, p.11 ; (宋)司馬光 : 《溫國文正公文集》卷 49, 四部叢刊景宋紹熙刻本.

直學士로 승진하여 范仲淹 등과 함께 "慶曆新政"을 추진하였다. 慶曆 7년(1047) 5월에 資政殿學士로서 給事中의 관직이 가수되었고 이후에 靑州知州 겸 東京路安撫使의 관직을 지냈다. 부필은 관직에 재직하는 동안 늘 근면하게 업무를 수행하고 백성을 위한 정책을 시행하며, 재해를 당한 이들과 궁핍한 이들을 구휼하였으므로 청주 백성들의 깊은 존경과 사랑을 받았다. 皇祐 2년(1050)말에 范仲淹은 富弼을 이어 靑州知州가 되었고 富弼은 禮部侍郎으로 승진하였다. 至和 2년(1055), 富弼은 中書門下平章事로 임직하면서 청렴하고 공정한 정치를 하고 온 마음으로 나라를 위해 일하였으므로 많은 사람들에게 "賢相"이라는 칭송을 들었고 다음 해에는 宰相이 되었다. 元豊 6년(1083), 富弼이 병으로 별세하자 太尉에 추증되었고 "文忠"의 시호를 하사 받았다. 저서로는《富鄭公詩集》이 전한다.

　富弼이 청주에 재임하던 기간 중에 黃河에 홍수가 나는 재해가 발생하여 수백만의 백성들이 집을 잃고 유민이 되어 떠돌게 되었다. 부필은 청주성의 백성들에게 명을 내려 재해를 당한 유민들을 받아주고 그들에게 숙식을 제공해주도록 하였고, 세상을 떠난 사람들을 위해 "義塚"을 만들어 장례를 지내고 묘지에 묻어주는 등 仁政을 시행하였다. 그리고 다음해에 보리 싹이 익을 때 즈음에 유민들의 고향까지 가는 거리가 멀고 가까운 정도를 헤아려서 분량대로 양식을 나누어 주고 그들이 고향으로 돌아갈 수 있도록 보내주었다. 이러한 재난 구조 조치로 인해 50 여 만이 넘는 백성들이 생존할 수 있었다고 한다.《宋史》에서는 富弼에 대해 평가하길, "성품은 지극히 효성스럽고 어른을 공경하며 근검한 생활 태도에 학문을 좋아하였다. 다른 사람들과 말할 때 공경을 다하였고 비록 말직의 인물이나 평범한 백성이 알현하러 오더라도 똑같이 예를 갖추었다. 기색은 늘 온화하고 기쁨이나 성냄을 드러내지 않았다." 또 "선행을 좋아하고 악행을 미워하였다"라는[266] 평가를 내렸다. 蘇軾은《議富弼配享狀》라는 문장에서 富弼에 대해 평가하기를, "심성이 곧고 잘 헤아리며

---

266 "性至孝, 恭儉好修, 與人言必盡敬, 雖微官及布衣謁見, 皆與之亢禮, 氣色穆然, 不見喜慍" 且"好善嫉惡" (元)脫脫 :《宋史》卷313《富弼》, 淸乾隆四年刻本, p.9b.

품행이 조심스럽고 치술은 먼 곳까지 생각하였다. 세 분의 임금을 차례로 섬겼으며 종사를 안정시킬 계책을 세웠다"라고[267] 하면서 富弼을 北宋 皇室의 宗廟에 배향해야 한다고 제안하였다.

조선사신이 대부분 富公亭이라고 기록한 이유는 아마도《대명일통지》중에서 "富相亭은 청주부성이 서쪽 4리에 있는 瀑水澗의 옆에 있다. 宋 富弼이 청주지주를 지낼 때 건립된 것으로 후인들이 그를 기려 이름을 붙였다"라는[268] 기록과 관련이 있을 것이다. 嘉靖《青州府志》와 光緒《益都縣圖志》등의 지방지에서는 "富相亭"을 "富公亭"이라고 서술하였다. "相"은 재상의 의미인데, 富弼이 일찍이 황제의 재위가 세 번 바뀌는 동안 줄곧 재상을 지냈으므로 후대인들이 그에 대한 존중과 경의를 표하는 의미로 이곳을 "부상정"이라고 부르게 된 것이다. 반대로 "公"은 비록 고대에 "三公"과 같은 고위 관료를 지칭하는 의미가 있지만 청주부의 백성이 富弼을 대할 때 "부상"이라고 부른 것은 마치 동향 사람을 대하듯, 친밀한 감정을 표시하는 것이니 일종의 애칭이라고 볼 수도 있겠다. 北宋 皇祐 2년 歐陽修는 富弼을 이어 청주지주에 재임하게 되었고,《富公亭》이라는 시 한 편을 지어서 부공정의 존재를 천하 사람들에게 알렸다.

〈부공정〉
(송)구양수

깎아지른 듯 높은 정자는 본래 산 속 개울가에 있었는데
우연히 좋은 손님들을 모셔와 함께 천천히 걸어보네.
자리 사이로 바람이 일어나니 다양한 자연의 소리가 들려오고
비 온 뒤 산의 반짝이는 푸른 빛이 술잔 안으로 들어온다.

---

267 "秉心直諒, 操術閎遠. 曆事三世, 計安宗社" (宋)蘇軾 :《東坡集·奏議》卷3《議富弼配享狀》, 清光緒重刊明成化刻本, p.10b.

268 "富相亭, 在府城西四里瀑水澗側. 宋富弼知青州時建, 後人名之"《大明一統志》卷24《青州府》, 明天順五年內府刻本, p.21a.

샘은 절벽에서 떨어져 내려 작은 계곡에 닿으니 물 소리가 울리고

꽃은 깊은 산모퉁이에 숨어있다가 봄을 맞아 피어나네.

사슴과 고라니, 새들이 놀라서 돌아보지 않도록

태수는 수레와 말을 탄 사람들이 오지 않게끔 하였네.

富公亭[269]

(宋)歐陽修

巖崿[270]高亭元澗隈,[271] 偶攜佳客共徘徊.[272]

席間風起聞天籟,[273] 雨後山光入酒杯.

泉落斷崖臨壑響, 花藏深崦[274]遇春開.

麋麑[275]禽鳥莫警顧, 太守不將車騎[276]來.

---

269 (淸)丁漢三：《百壺齋拾遺》, 2010年靑州市政府史志辦公室內部刊印本.

270 巖崿(절알)은 巖崿로도 쓰며, 본래는 陝西(섬서)에 있는 嵯峨山(차아산, 일명 慈峨山)을 가리킨다. 전하는 말에 黃帝가 일찍이 여기에서 큰 솥을 주조했다고 한다. 여기서는 비유하여 사물이 준엄하게 높은 모양을 나타내었다.

271 澗隈(간외)는 산 속의 개울이 구불구불 흘러내려오는 곳이다. 明 張羽의《何楷讀書堂》시에 "진나라 때 고매한 인물이 있었으니 산속의 개울가에 집을 짓고 살았다(晉代有高人, 結屋臨澗隈)."라는 표현이 있다. (明)張羽：《靜居集》卷1《五言古體》, 豫章叢書本, p.35b.

272 徘徊(배회)는 천천히 돌아다니는 모양이다. 漢 班固의《西都賦》에 "큰 길에서는 임금의 수레에 다는 방울 소리 울리고, 평온하고 느긋하게 돌아다니네(大路鳴鑾, 容與徘徊)."라는 구절이 있다. (梁)蕭統輯, (唐)李善注：《文選》卷1《西都賦》, 淸嘉慶重刻本, p.20a

273 天籟(천뢰)는 바람 소리, 새 소리, 물 흐르는 소리와 같은 자연의 소리를 말한다.《莊子·齊物論》에 "그대는 사람의 소리는 듣지만 땅의 소리를 듣지 못하는구려. 그대는 땅의 소리는 듣지만 하늘의 소리를 듣지 못하는구려(女聞人籟而未聞地籟, 女聞地籟而未聞天籟夫)!"라는 구절이 있다. (淸)郭慶藩集釋：《莊子集釋》卷1下《齊物論》, 淸光緒二十年刻本, p.2a.

274 崦(엄)은 산모퉁이이다. 唐 顧非熊의《寄陸隱君》시에 "시원한 가을 날을 골라 남쪽 산모퉁이를 지나가니 큰 소나무 늘어진 돌 위로 샘물 소리가 들리네(定擬秋涼過南崦, 長松石上聽泉聲)."라는 표현이 있다. (淸)彭定求纂：《全唐詩》卷509《寄陸隱君》, 淸康熙四十四至四十六年刻本, p.11b.

275 麋麑(균가)는 사슴 류의 동물을 가리킨다.

276 車騎는 수레와 말이다.《禮記·曲禮上》에 "앞에 먼지가 자욱하면 우는 소리개의 깃발을 싣는다. 앞에 수레와 말이 있으면 날아가는 기러기의 깃발을 싣는다(前有塵埃, 則載鳴鳶. 前有車騎, 則載飛鴻)."라는 구절이 있다.

이 시는 수련에서 富公亭이 雲門山 아래 石子澗의 옆에 있다고 명확히 밝혀주었고 또한 이 시를 짓게 된 동기에 대해 서술하였다. 즉 자신이 친구들과 함께 이 정자에 와서 유람하게 되었는데 이곳의 경치가 너무 아름답고 좋아서 천천히 거닐며 차마 떠나지 못하고 있음을 표현하였다. 함련과 경련에서는 부공정 주위의 그림 같은 풍경과 정취를 묘사하였으니, 바람이 살랑거리고 비가 그친 뒤의 싱그러운 공기 속에서 산의 빛깔이 신록을 띠어 봄빛이 참으로 좋은 날이었다. 미련에서는 장난스러운 필치로 사람과 자연이 함께 즐기며 화해하는 광경을 그려 놓았다. 전체의 시는 생동하고 자연스러운 필치로 시어가 유창하게 연결되는 구양수 특유의 시풍을 잘 나타내고 있다. 그 밖에, 명대 청주 臨朐 출신의 고위 관리로서 貴州按察司副使까지 지내었던 馮裕(풍유) 역시《富公亭》이라는 시 한 편을 남겼다.

〈부공정〉
(명)풍유

石子澗을 흐르는 개울물은 맑고 깨끗하니
石子澗의 개울물 위로 부공정이 서 있다네.
부공이 한번 떠나간 후 몇 백 년이나 흘렀어도
백성을 위해 남긴 은덕은 마치 팥배나무처럼 여전히 푸르도다.
옛날과 지금의 군수들은 전기를 남겼으며
멀고 가까운 구름과 산들은 채색된 병풍처럼 펼쳐지네.
아이를 불러 술을 메고 오게 하고 높이 올라 먼 곳까지 바라보리.
다만 원하는 것은 백성과 함께 취하였던 취옹처럼 깊게 취하여 깨지 않는 것이네.

富公亭[277]

---

277   (淸)丁漢三：《百壼齋拾遺》, 2010年靑州市政府史志辦公室內部刊印本.

(明)馮裕[278]

石子澗中水泠泠,[279] 石子澗上富公亭.

富公一去幾百載, 遺棠[280]彷佛甘棠靑.

---

278 馮裕(풍유, 1479-1545)의 자는 伯順이고 臨朐 사람이다. ……어려서 고아가 되어 가난하게
자라면서 각고의 노력으로 공부하였다. 儀州 賀醫閭 선생이 理學에 밝다는 소문을 듣고
찾아가서 스승으로 삼아 학문을 배워 많은 깨달음을 얻었다. 고향으로 돌아가 성리학을 수
학하니 행동거지와 말씨에 반드시 세심하고 조심하였다. 집안에 쌓아놓은 책이 없었으므
로 책을 빌려서 암송하여 견문을 넓혔다. 경학에 침잠하여 한두 글자의 전주(箋注)라고 해
도 반드시 끝까지 연구하여 확연히 이해된 후에야 그만 두었다. 正德 초년에 진사에 급제
하였고 華亭令을 제수받았는데, 백성을 위해 정직하고 청정한 정치를 펼쳤으므로 일시에
명성이 높아졌다. 蕭縣令과 晉州知府를 지내었으며 가는 곳마다 은혜로운 정치를 펼쳐서
백성들이 풍유가 떠난 뒤에도 그리워하는 마음을 가득 하였다. 戶部郎으로 승진하여 재정
을 출납하는데 모두 법에 따라 공정하게 하였다. 후에 貴州 지부를 지냈고 按察司副使로
승진하였다. 그 전후로 7년 간 남만의 오랑캐를 평정하는 공적을 여러 차례 세웠다. 관직에
서 물러난 후 靑州로 돌아와서 생산과 경영을 도모하지 않고 십여 년을 조용히 거주하면
서 정직함을 버리지 않았고, 비싼 것을 사들이려 하지도 않았다. 그러므로 주머니에는 남
은 돈이 없었고 항아리에는 쌓아둔 곡식이 없었으나 집안 살림을 자세히 묻지 않았다. 성
품이 중후하고 강직하고 기개가 있어서 사람들이 감히 풍유를 건드리지 못했다. 만년에는
누추한 방에 앉아서 손에서 책을 놓지 않았으니 여러 같은 뜻을 가진 지인들과 문사를 지
어 시를 읊었고 충의와 백성을 위한 마음, 엄격하며 진지한 학문의 자세를 잊지 않았다. 일
찍이 醫閭先生集을 위해 서문을 써주기로 하였는데 병으로 자주 아팠지만 글자를 다듬고
확정한 후에 바르게 써놓으라고 명하였다. 곧이어 관을 바르게 쓰고 별세하였다. 그가 관
리로서 부임한 곳마다 청관의 명성이 자자했으며, 고향으로 돌아간 후에도 항상 늠름하게
몸가짐을 바르게 하여 의롭지 않은 일에는 조금도 닿지 않도록 하였다고 한다. 嘉靖《靑州
府志》卷14《人物》, 明嘉靖刻本, pp.31b-33a.

279 泠泠(랭랭)은 맑고 깨끗한 모양이다. 《楚辭·東方朔＜七諫·怨世＞》에 "맑고 깨끗한 것들은
모두 사라졌고, 탁하고 더러운 것들은 나날이 많아지네(淸泠泠而殲滅兮, 溷湛湛而日多)."라는
구절이 있는데, 王逸 注에 "淸泠泠은 희고 깨끗한 것을 비유한다(淸泠泠, 以喻潔白)."라고 하
였다. (周)屈原撰, (漢)劉向編集, (漢)王逸章句 :《楚辭》卷13《七諫》, 湖北叢書本, p.6a.

280 遺棠(유당)은 召伯公(소백공)이 성덕과 인정을 베풀었음을 말한다. 《詩·召南·甘棠》에 "작고
무성한 팥배나무, 자르지 말고 치지도 마라. 소백님의 초막 자리였으니(蔽芾甘棠, 勿翦勿伐,
召伯所芨)."라는 구절이 있는데, 鄭玄 箋에 "芨(발)은 초막이다. 소백이 백성들의 소송을 들
어줄 때 귀찮고 수고로움을 중요하게 여기지 않았고, 백성들이 팥배나무 아래에 오면 그들
의 이야기를 듣고 판단을 해주었다. 나라 사람들이 그의 은덕을 입고 교화됨을 기뻐했으며
소백을 그리워하고 팥배나무를 공경하였다(芨, 草舍也. 召伯聽男女之訟, 不重煩勞, 百姓止舍小棠

古今郡守有列傳, 遠近雲山開畫屏.

呼童載酒一臨眺,[281] 但願沉醉不須醒.

이 시에서 고금의 郡守는 富弼과 歐陽修를 가리키는 것으로, 시인은 재난을 당한 백성을 구휼하고 인자한 정치를 베풀었던 부필과 백성을 평안하게 다스리고 함께 술에 취하고 즐기며 여민동락의 이상을 실현하였던 취옹 구양수를 함께 칭송하였다. 이 시에서는 富公亭 자체의 아름다운 경치를 묘사하는 데 집중하지 않고, 富弼이 청주지주로 있을 때 백성들에게 베풀었던 인자하고 은혜로운 정치와 그 은덕을 상징적으로 드러낼 수 있는 경치를 선택적으로 묘사한 것이 앞서 살펴본 구양수의 《부공정》시와 다른 점이라고 하겠다. 시인은 백성을 위해 봉직하는 목민관의 시각으로 옛날 훌륭한 정사를 펼친 부필과 구양수를 칭송하고 있으며 이를 예술적으로는 청신하고 담백한 시어로 수려한 경관과 연관시켜 표현하고 있는 것이다.

원대《齊乘》이 기록에 의하면, 元代의 富公亭은 이미 "선현의 남은 자취가 거의 흐려졌다"라고[282] 하였고 嘉靖《青州府志》에서도 역시 "富公亭은 宋 富弼이 청주지주로 있을 때 건립한 정자로서 후인들이 부필을 그리워하여 이 정자에서 부공에게 제사 지내었다. 또 冰廉堂도 건립하였는데 지금은 없어졌다."라고[283] 기술하였다. 그러나 풍유의《부공정》시에서 묘사한 것처럼 명 가정 연간에는 청주부 서쪽 4리 지역에 富公亭이 여전히 존재하였다. 가정 이후의 지방지에서는 줄곧 嘉靖《青州府志》의 기록을 인용하였고 내용을 수정하거나 보충하지 않았으므로 부공정의

之下聽斷焉, 國人被其德, 說其化, 思其人, 敬其樹.)"라고 하였다. (漢)毛亨傳, 鄭玄箋, (唐)陸德明音義 :《毛詩》卷1《周南關雎詁訓傳第一》, 仿宋相台五經本, p.18b.

281   臨眺는 높은 곳에 올라서 멀리 바라보는 것이다.《南史·徐勉傳》에 "화려한 누대와 굽이진 정자에 올라 제법 멀리 아름다운 경관이 바라보이네(華樓回榭, 頗有臨眺之美)."라는 표현이 나온다. (唐)李延壽 :《南史》卷60《梁徐勉傳》, 清乾隆四年刻本.

282   "先賢遺跡殆將泯焉"《齊乘》卷4《古跡》, 清文淵閣四庫全書本, p.34b.

283   "富公亭……宋富弼知青州時……嘗建亭, 後人思之, 即亭祀公. 又建冰廉堂. 今廢." 嘉靖《青州府志》卷7《古跡》, 明嘉靖刻本, p.30b.

연혁에 대한 자료는 좀더 조사할 필요가 있다. 청주시 지방사지연구실의 閻成武(염성무) 주임은 부공정의 옛터는 현재의 청주시 王府遊樂園(왕부유락원) 안에 있었다고 설명해주었다.

사진 4-43　지금 청주시 范公亭公園 三賢祠 안의 富公祠

> (10월) 14일, 신축일. 밤에 비가 오고 아침에 흐림. 巳時에 (청주부 東館驛에서) 출발하였다. ……古城門을 지나고 연이어서 靑龍橋(청룡교), 富相亭(부상정)을 지났다. ……저녁에는 金嶺驛(금령역)에 도착했는데 청주로부터 70리 떨어져 있다.
>
> (十月)十四日, 辛丑, 夜雨, 朝陰. 巳時, (自青州府東館驛)發行. ……出古城門, 迤過青龍橋, 富相亭. ……夕抵金嶺驛, 距青州七十里.
>
> ――申悅道《朝天時聞見事件啓》

앞 문장에서 기술한 東陽故城과 鎭靑門에 관한 설명에서 알 수 있듯이, 신열도가 언급한 古城門은 분명히 東陽故城의 鎭靑門이었으리라고 추정된다. 그렇다면 아마도 "鎭靑門", "靑龍橋", "富相亭"의 세 장소의 위치 역시 조선사신 일행이 지나간 경유지의 순서대로 적은 것이 아닐 가능성이 있다. 康熙《益都縣志》의 기록에 의하면, "靑龍橋는 益都縣의 正東關에 있다"[284]라고 하였다. 앞서 조선사신이 "富相亭" 은 청주부성 서쪽 4리 지역에 있다고 기술한 것과 중국 지방지에서 鎭靑門이 청주부성 북쪽에 있다고 기술한 것을 종합하여 본다면, 진청문, 청룡교, 부상정의 세 장소는 삼각형을 이루게 된다. 만약 일부러 그런 것이 아니라면 조선사신들이 청주부성의 북쪽 東陽故城으로부터 빙 둘러서 東關으로 왔다가 다시 청주부성 서쪽으로 가지는 않았을 것 같다. 오히려 東關으로부터 靑州府城을 경유하여 북쪽으로 東陽故城의 西北門—鎭靑門으로 나간 후에 臨淄로 향하는 역참로에 들어섰다는 것이 자연스럽다. 다시 말하면, 신열도가 사행문헌 중에 표기한 경유지들은 순서대로 적은 것이 아니라는 점을 시사한다. 그렇다면 청주부성 서쪽의 "富相亭"을 지나갔다는 것은 잘못 기록한 것일까?

> 청주부 서쪽으로부터 金嶺驛(금령역)까지는 70리 거리이다. ……
> 20리를 가면 패문이 있는데 "富公亭(부공정)"이라고 쓰여 있다. 이곳
> 은 송 富弼(부필)이 청주지주를 지낼 때 건립한 것이다.
> 自靑州府西至金嶺驛, 七十里程也. ……行二十里, 有欄門, 書之
> 曰 : "富公亭", 宋富弼知靑州時建.
>
> —鄭斗源《朝天記地圖》

정두원이 서술한 것에 의하면, 청주 서쪽 20리 지역에 "富公亭"이라는 欄門, 즉 坊表가 있었다. 이 패문과 관련된 내용은 嘉靖《靑州府志》나 康熙《益都縣志》, 光緒《益都縣圖志》중에는 나오지 않는다. 이것은 앞서 여러 번 살펴본 바와 같이, 지방지의 편찬 체계 중에서 府城이나 縣城, 城池 주위의 중요한 방표는 지방지 중에 수록하지만 그 밖에 지역의 유구한 역사와 유적을 알리기 위해 작은 마을과 역참로

---

284 "靑龍橋, 在(益都)縣正東關." 康熙《益都縣志》卷3《城池》, 淸康熙十一年刊本, p.8a.

옆에 세워두는 패문이나 방표는 종종 홀시되어 지방지 기록에 누락되기도 했던 때문일 것이다. 嘉靖《靑州府志》의 기록에[285]따르면, 청주부성 서쪽 20리 지역에 있는 益都縣의 급체포는 普通鋪이며, 지금의 청주시 邵莊鎮 北普通村과 南普通村에 있었다(관련 내용은 4장 4절에서 상술함). 그렇다면 신열도는 "富相亭"이라는 글자가 쓰여진 방패를 지나간 것이며 청주부성 서쪽 4리에 있는

사진 4-44　1950년대 청주부성 서쪽을 지나는 옛 역참로[286]

"富相亭"을 지나간 것은 아닐 것이다. 상술한 이야기를 종합하면 신열도는 아마도 사행 도중에 지나간 경유지를 잠깐 기록해 두었다가 시간이 충분할 때 다시 보충해서 기록한 것임을 짐작할 수 있다. 당연히 사행 기간 동안에 수행역관이 조선사신의 사행 여정 기록 활동에 참여했을 가능성도 배제할 수 없다. 어쨌든 신열도 등 조선사신들은 북쪽으로 鎮青門을 나간 후에 臨淄로 가는 역참로에 들어설 수 있었다.

285　嘉靖《靑州府志》卷11《驛遞》, 明嘉靖刻本.

286　孟慶剛主編：《古城舊影—青州曆史圖片》, 山東畫報出版社2014年版, p.86.

제4절 "范井遺清"欄門, 馮尚書墓(馮氏先塋), "堯山在望"欄門(堯山), "獨津橋", 臨淄縣南界(臨淄交界)

(청주부로부터) 7리를 가면 패문이 있는데, "范井遺清(범정유청)"이라고 쓰여 있다. 이곳은 송 범중엄이 청주지주를 지낼 때, 은혜로운 정치를 베풀자 샘에서 단물이 솟았으므로 사람들이 范泉(범천)이라 불렀다고 한다. 의사들이 이것으로 환약을 만들어 청주 백환자라고 이름 붙였다.

(自青州府)行七里, 有欄門, 書之曰 : "范井遺清", 宋范仲淹知青州, 有惠政, 醴泉出焉, 人謂范泉. 醫家用爲丸藥, 名青州白丸子.

—鄭斗源《朝天記地圖》

范公泉(범공천)은 청주부 서문 밖에 있다. 범문정공이 청주지주를 지낼 때 샘에서 단물이 나왔으므로 이름을 지었다고 한다. 위에는 范公亭(범공정)이 있는데 구양수를 비롯한 여러 문인들이 지은 시가 정자에 새겨져 있다.

范公泉, 在府西門外. 范文正知州時, 醴泉出, 人名之. 上有范公亭, 歐公諸賢賦詩刻於亭中.

—李民宬《癸亥朝天錄》

정두원이 기록한 바에 따르면, 청주부성 서북쪽 7리 거리에 "범정유청"이라는 방표가 있었다. "范井(범정)"은 즉 "范(公)泉(범공천)"을 가리키는 것이다. 이민성은 범공천이 청주부성 서문 밖에 위치해있다고 기록하였고 샘물의 위쪽에 정자가 지어져 있는데 "범공정"이라고 불린다고 하였다. 이렇게 기록과 지명의 차이가 나는 원인은 앞 절에서 "부상정"의 상황과 마찬가지로 청주부성 북쪽 7리에 있는 방표는 그곳을 지나는 나그네와 상인들에게 그 지역의 유구한 역사와 그곳에서 배출된 명인들을 선양하기 위해 세워진 것이기 때문이다. 실제로 "범공천"의 위치는 청주부

서문 밖에 있었다.

정두원이 기록한 것과 대체로 일치하는 내용이 중국의 지방지에도 수록되어 있다.《대명일통지》에 역시 "범공천은 청주부성 서문 밖에 있다. 송 범중엄이 청주지주로 있을 때 은혜로운 정치를 베풀자 洋溪(양계)에서 단물의 샘이 솟았다. 사람들은 이 샘이 범공 때문이라고 여겼다. 지금 의사들이 이 샘물로 환약을 만드는데 청주백환자라고 부른다."[287] 북송의 범중엄이 청주지주로 재임하고 있을 때 남양수의 옆에 단물의 샘이 솟아나왔으므로 옛날 사람들은 단물이 나온 것은 범중엄이 백성을 위해 부지런히 치적을 쌓고 도덕 정치를 행하였음을 증명하는 상서로운 조짐이라고 여겼고 이 샘물을 "범공천"이라 칭하며 또한 "醴泉(예천)"이라고도 불렀다. 원대《제승》의 기록에 따르면,[288] 원대 범공천의 윗편에는 범공정이 있었고 그 주위에는 "고목이 빽빽하게 심겨져 있어 세속의 흔적이 닿지 않았다." "시내의 거리에서 수백 보 떨어져 있을 뿐이었지만 마치 깊은 산중에 있는 것 같았으니, 도사와 은둔자들이 그 사이에서 거문고를 뜯고 시를 지으며 차를 음미하는 모습은 진실로 현실 밖에서 유람하고 있는 듯했다." 于欽(우흠)은 이곳이 "영구에서 가장 아름다운 곳"이라고 여겼다. 범공정에는 원래 구양수와 소식 등 저명한 문인들의 시편과 석각 등이 있었는데, 원말명초에 범공정과 석각 모두 전란 중에 훼손되었고 다만 金代 王成의《醴泉碑(예천비)》만이 화를 면하였다. 명 천순 5년, 청주부 知府(지부) 趙偉(조위)가 범공천 윗편에 범공정을 중수하였고, 記文을 지었다. 명 정덕 9년과 15년에는 청주부 지부 朱鑒(주감)과 巡按御史(순안어사) 熊相(웅상)이 연이어 범공정을 수리하였다.[289]

가정《청주부지》의 기록으로부터[290] 알 수 있듯이, 적어도 명 중기까지는 郎中

---

287 "范公泉, 在府城西門外. 宋范仲淹知青州, 有惠政, 洋溪測出醴泉, 人以范公目之. 今醫家用以丸藥, 名青州白丸子."《大明一統志》卷24《青州府》, 明天順五年內府刻本, p.29b.

288 "古木蒙密, 塵跡不到", "去廛市數百步, 如在深山中, 幽人通客", "琴詩試茗於其間, 真如物外之遊", "最爲營邱佳處",《齊乘》卷4《古跡》, 清文淵閣四庫全書本, p.34b.

289 光緒《益都縣圖志》卷10《山川志》, 清光緒三十三年刻本 참고.

290 嘉靖《青州府志》卷7《古跡》, 明嘉靖刻本, p.28b-30a 참고.

(낭중)이 범공천의 물을 사용하여 환약을 빚었다. 이 환약은 半夏(반하), 天南星(천남성), 白附子(백부자) 등 흰색의 과립형 식물들을 함유하고 있었기 때문에 환약은 흰색을 띠어 백환자라고 칭하였다. 《환우통지》에 청주백환자는 "병을 치료하는데 효험이 있다"[291]라고 하였다. 명대의 의서인 《증치준승》에서는 더욱 구체적으로 기술하여 "어린 아이의 경기와 성인의 풍증을 치료할 수 있다"[292]라고 하였다.

　　명대 청주의 문인들이 범공정을 소재로 지은 시편들을 빌려서 명대 말기 범공정의 모습을 추측해보고 범공천(예천)의 역사 유적을 상상하여 복원해볼 수 있다.

사진 4-45　1930년대의 예천(범공정)의 옛모습[293]

사진 4-46　1930년대 말의 범공정[294]

〈범공정의 단물 샘〉

(명)이본위

썩지 않을 불후의 공적이 후한 기록보다 앞섰으니

291　"療病有效", 《寰宇通志》卷75《青州府》, 民國三十六年玄覽堂叢書續集影印明景泰間刻本.

292　"治小兒, 驚風, 大人諸風", (明)王肯堂 : 《證治准繩·幼科證治准繩》集2《肝》, 明萬曆三十至三十六年刻本, p.50a.

293　孟慶剛主編 : 《古城舊影—青州曆史圖片》, 山東畫報出版社2014年版, p.84.

294　孟慶剛主編 : 《古城舊影—青州曆史圖片》, 山東畫報出版社2014年版, p.82.

백성을 위한 선하고 자애로운 정치를 펼친 덕에 샘에서 단물이 나오네.

샘의 근원은 창해가 나오는 곳의 작은 구멍이니

세차게 뿜어져 나오는 물방울은 야광주처럼 동그랗다.

옥호랑이는 샘물을 길어 올려 상낙주를 담게 하고

은병정의 물을 길어 은행나무 밭에 종묘를 심네.

평상 옆에는 범문정공을 송양하는 석비가 우뚝 솟아 있으니

정결하고 깨끗한 물로 높은 제단의 깔개 앞에서 제사 지내네.

范井甘泉[295]

(明)李本緯[296]

不朽先憂識, 棠陰出醴泉.

淵源滄海竅, 噴迸夜珠圓.

玉虎[297]供桑落, 銀瓶[298]種杏田.[299]

---

295   康熙《益都縣志》卷11《遺文》, 淸康熙十一年刊本, p.28a.

296   "이본위의 자는 군장이다. 만력 임진년 진사이고 공창부추관을 제수받았고 산동우포정사를 역임하였다. 학문이 넓고 문장을 잘 지었으며 특히 시가 뛰어났다. 저서에 《관소원집》이 전한다(李本緯, 字君章. 萬曆壬辰進士, 除鞏昌府推官, 歷任山東右布政使. 博學能文, 尤工詩. 著有《灌蔬園集》行於世)", 民國《新修曲沃縣志》卷13《文儒傳》, 民國十七年鉛印本, p.4a.

297   玉虎는 우물에서 물을 길을 때 줄을 끌어올리는 장치이다. 唐 李商隱의 《無題》시에 "금두꺼비가 물고 있는 자물쇠에는 향 냄새가 들어오고 옥호랑이는 줄을 당겨 우물물을 길어올리네(金蟾囓鎖燒香入, 玉虎牽絲汲井回)."라는 표현이 나온다. (唐)李商隱 :《李義山詩集》卷5《七言律詩》, 四部叢刊景明嘉靖二十九年刻本, p.8a.

298   銀瓶(은병)은 즉 銀瓶井(은병정)을 말하며 여기서는 범공정을 가리킨다. 전하는 이야기 중에 嶽飛(악비)가 秦檜(진회)의 박해를 받게 되자 그의 딸인 安孃(안낭)이 은병을 안고 우물에 떨어져 죽었으므로 그 우물을 "銀瓶井(은병정)"이라고 불렀다고 한다.

299   杏田(행전)은 은둔자가 백성을 위하여 이익을 도모한다는 뜻으로 쓰인다. 이 전고의 출전은 갈홍의 《신선전·동봉》으로 다음과 같다. "동봉은 산에 거주하면서 밭을 경작하지 않고 매일 사람들을 치료해주면서도 돈을 받지 않았다. 대신 위중한 병을 치료해준 사람에게는 은행 다섯 그루를 심게 하고 가벼운 병을 치료해주면 은행나무 한 그루를 심게 하였을 뿐이다. 이와 같이 하여 수 년이 지나 계산해보니 은행나무 십만여 그루가 울창하게 숲을 이루게 되었고 산중의 새들과 온갖 짐승들이 숲에서 노닐자 잡초가 생기지 않아 늘 잘 정돈한 듯했다. 후에 은행이 잘 익자 숲에 풀로 창고를 만들고 사람들이 보도록 써 놓았다. '은행

床邊歸頌石,³⁰⁰ 井井³⁰¹祀高氈.

이 오언율시는 범공정(예천)을 소재로 읊은 것이다. 수련은 "棠陰(당음)"과 "醴泉
(예천)"등의 시어를 사용하였고, 시인은 이 우물은 매우 상서로운 장소이며, 범중엄
이 청주에 재임할 때 인정과 은혜가 가득한 선정을 베풀었음을 보여주는 곳임을 찬
양하였다. 이어 함련에서 시인은 마음의 눈으로 보면 우물이 깊어서 창해로 통할
것이라고 서술하였다. 계속해서 시인은 "夜珠", "玉虎", "銀瓶" 등의 시어를 활용하
여 이 우물이 지닌 특별한 의미와 정취, 그리고 뿜어져 나오는 샘물의 투명한 아름
다움을 형용하였다. 또한 이 샘물이 무수한 농가와 좋은 밭에 물을 대어주는 것이
마치 범문정공이 일찍이 청주에서 선정을 베풀어 그 지역의 주민들이 은혜를 가득
히 입었던 것과 같다고 은유적으로 표현하면서 시를 마무리했다. 전체의 시는 대구
가 정교하고 시어의 활용이 진지하고 엄숙하여 비유적으로 그 지역 백성들의 범문
정공에 대한 존경과 사랑, 감사의 마음을 전달하고 있다.

을 사고 싶은 사람은 꼭 동봉에게 보고할 필요 없으니 다만 곡식 한 그릇을 창고 안에 넣어
두고 스스로 가서 은행 한 그릇을 가지고 간다.' …… 동봉은 매년 은행을 곡식과 바꾸도록
하였고 이 곡식으로 빈곤한 사람들을 구휼해주었고 나그네들에게 제공해주기도 했으니
매해 이만여 곡이나 되었다(奉居山不種田, 日爲人治病, 亦不取錢, 病重愈者, 使栽杏五株, 輕者一株.
如此數年, 計得十萬餘株, 鬱然成林, 乃使山中百禽群獸遊戲其下, 卒不生草, 常如芸治也. 後杏子大熟, 於林
中作一草倉, 示時人曰: '欲買杏者, 不須報奉, 但將穀一器, 置倉中, 即自往取一器杏去.'……奉每年貨杏得
穀, 旋以賑救貧乏, 供給行旅不逮者, 歲二萬餘斛)." (晉)葛洪 :《神仙傳》卷6《董奉》, 道藏精華錄本,
p.26b.

300 頌石(송석)은 공덕을 칭송하고 송양하는 내용의 석비를 가리킨다.《史記·秦始皇本紀》에
"돌을 세웠고 노나라의 여러 유생들과 의논하여 돌에 글을 새겨서 진나라의 덕을 송양하
였다(立石, 與魯諸儒生議, 刻石頌秦德)."라는 구절이 나온다. (漢)司馬遷撰. (劉宋)裴駰集解, (唐)
司馬貞索隱, 張守節正義 :《史記》卷6《秦始皇本紀》, 清乾隆四年刻本, p.14.

301 井井(정정)은 정결하고 깨끗하며 변하지 않는 모양이다.《易·井》에 "往來井井."王弼注 :
"不渝變也."孔穎達疏: "此明性常井井, 絜靜之貌也. 往者來者皆使潔靜, 不以人有往來改
其洗濯之性, 故曰往來井井也." (三國魏)王弼注, (晉)韓康伯注, (唐)孔穎達疏 :《周易注疏》卷
5下《經夫傳》, 重刊宋本十三經注疏本, pp.14b-15a.

〈범공정〉

(명)마지기

높은 산에서 흘러나온 물은 적성을 밝게 비추니

우연히 이곳에 와서 세속의 번뇌를 씻어버리네.

맑게 울리는 소리를 내는 구슬 같은 포말이 뒤집히며 옥 같은 거품이 나

오고

새하얗게 얼어붙은 호리병은 눈처럼 희고 맑다.

구름이 은으로 만든 도르래 대를 스치는 곳은 아침 이슬로 촉촉히 젖고

달빛이 옥 난간을 따라 움직이는 곳에는 저녁 노을이 맑게 비친다.

이름난 현인들이 남긴 은택이 지금도 전해지고 있구나.

윤택한 은혜를 입은 백성의 풍속은 백 대를 지나도 청명하다.

范公井[302]

(明)馬之驥[303]

流水高山映赤城,[304] 偶來此地濯塵纓.[305]

---

302 康熙《益都縣志》卷11《遺文》, 清康熙十一年刊本, p.27b.

303 "馬之驥(마지기)의 자는 승천이고 익도 사람이다. 천계 을축년 진사 출신으로 관 관직을 제수받았으나 魏忠賢(위충현) 일당의 미움을 받아 고향으로 돌아갔다. 숭정 초년에 검토 벼슬을 받아 다시 조정으로 나아갔다. 황제의 물음에 적정한 대책을 올렸으므로 승지를 받아서 복건 지역의 과거시험을 주관하고 많은 인재를 뽑았다. 국자사업으로 승진하여 제사단을 소제하고 일을 깔끔하게 정돈하였으므로 이름이 다섯 번째에 올랐다. 노고가 계속되어 병에 걸려 사망하였다(馬之驥, 字勝千, 益都人. 天啓乙丑進士, 授館職, 以忤魏閹歸. 崇禎初, 起檢討, 召對稱旨, 典試閩省, 得人爲盛. 升國子司業, 署祭, 灑事枚卜, 名在第五. 以積勞成病卒)" 康熙《靑州府志》卷16《事功》, 清康熙六十年刻本, p.32a.

304 赤城은 전설에 나오는 신선 세계이다. 北周 庾信의《奉答賜酒》시에 "신선의 동자가 적성으로 내려왔고 신선의 술을 왕평에게 마시게했네(仙童下赤城, 仙酒餉王平)."라는 표현이 보인다. (北朝周)庾信:《庾子山集》卷6《詩》, 七十二家集本, p.2a.

305 塵纓(진영)은 세속의 일을 가리킨다.《文選·孔稚珪＜北山移文＞》에 "옛날에 듣기에 비녀를 던져버리고 바닷가 절벽에 숨었다고 하였는데, 지금 나타나 난초를 버리고 세속의 끈에 묶였네(昔聞投簪逸海岸, 今見解蘭縛塵纓)."라는 구절이 나오는데 李周翰注에 "진영은 세속의 일이다(塵纓, 世事也)."라고 하였다. (梁)蕭統輯, (唐)李善注:《文選》卷34《七上》, 清嘉慶重刻

冷冷306珠浦翻瓊液, 皎皎冰壺泛雪瑩.

雲拂銀床307朝露濕, 月移玉檻晚霞明.

名賢遺澤於今在, 漱潤308流風百世清.

　이 시는 수련에서 직접적으로 "세속의 번뇌를 씻어버렸다(濯塵纓)"라고 말하였으니 이 곳이 범속한 생각들을 씻어버릴 수 있는 곳임을 보여주었다. 함련과 경련에서는 이곳의 별다른 정취와 시상을 독자들이 머릿속에 구상할 수 있도록, "맑게 울리는 소리를 내는 구슬 같은 포말(冷冷珠浦)"과 "새하얗게 얼어붙은 호리병(皎皎冰壺)", "은으로 만든 도르레 대(銀床)", "옥으로 만든 난간(玉檻)" 등의 형용사를 활용한 시어를 결합하여 청아하고 맑은 분위기의 시상을 창조하였다. 미련에서는 범문정공에게로 다시 돌아와서 그가 청주에서 재임하면서 다스릴 때 백성들을 위해 선정을 베풀어 민생을 윤택하게 해주었음을 칭송하였다. 이 시 역시 범공정을 소재로 하였지만 이본위의《범공정의 단물 샘(范井甘泉)》시와 비교해볼 때 풍격이 매우 다르다.

本, p.27a.

306 冷冷(냉랭)은 소리가 청아하고 높이 울림을 형용한다. 晉 陸機의《招隱詩》之二에 "산에서 졸졸 흘러나오는 물은 어찌나 맑고 청아한 소리가 나는지. 솟아오르는 샘물은 옥돌을 씻으며 맑게 울리네(山溜何冷冷, 飛泉漱鳴玉.)"라는 구절이 나온다. (晉)陸機 :《陸士衡集》卷5《詩上》, 小萬卷樓叢書本, p.4b.

307 銀床(은상)은 우물 옆에 있는 급수용 도르레 대이다. 唐 杜甫의《冬日洛城北謁玄元皇帝廟》시에 "바람에 날리는 연은 옥기둥에 스치고 이슬 맞은 우물 옆에 도르레 대가 얼어붙었네(風箏吹玉柱, 露井凍銀床.)"라는 표현이 있다. (唐)杜甫 :《杜工部集》卷9《近體詩八十五首》, 續古逸叢書景宋刻本配毛氏汲古閣本, p.5a.

308 漱潤(척윤)은 윤색하여 매끄럽게 하는 것이다.

사진 4-47　지금 청주시 범공정공원 三賢祠(삼현사) 밖의 文保碑

사진 4-48　지금의 청주시 범공정공원 三賢祠(삼현사) 내의 范公井(범공정)과 范公亭(범공정)

정두원이 범공정의 위치를 청주부성 서쪽 7리 거리에 있다고 기술한 것에 근거
하여 고대와 현대의 지도에 대조하여 보면, "범정유청"의 패문은 아마도 지금의 청

주시 邵莊鎭(소장진) 鍾家莊村(종가장촌)에 위치해 있었을 것으로 추측할 수 있다. 관련된 지방지의 기록에[309] 따르면, 종가장촌은 명대부터 이미 존재했으며 명대와 청대에는 王家莊村(왕가장촌)으로도 불렸다. 이 마을이 종가장촌으로 불린 이유는 천계 연간에 그 마을 출신 鍾羽正(종우정)의 관직이 工部尚書(공부상서)까지 올랐기 때문에 그를 기려서 마을을 속칭 종가장촌으로 부르게 된 것이다. 이 마을은 청주 시구 서북쪽 3.9㎞ 거리에 있으며 촌락의 모양은 장방형이다. 명대부터 민국 초년 까지 종가장촌은 益都縣(익도현) 務本鄕(무본향)에 소속되었고 1951년에는 익도현 제10구에, 1952년에 익도현 제9구에 속하였으며, 1958년에는 익도현 普通人民公 社(보통인민공사)에 속하였다. 1984년에는 익도현 普通鄕(보통향)에 들어가고 청주 시 普通鎭(보통진)에 속했으며 2007년부터 지금까지 청주시 邵莊鎭(소장진)에 속하 고 있다.

사진 4-49   지금의 청주시 邵莊鎭(소장진) 鍾家村(종가촌) 촌민위원회

309 光緒《益都縣圖志》卷1《天象圖》, 清光緒三十三年刻本, p.28a ; 青州市地名委員會編《青州 市地名志》, 天津人民出版社1991年版, p.243 ; 青州市鎭村志編纂委員會編《青州鎭村志· 邵莊鎭卷》, 團結出版社2019版, pp.341-345 참고.

(7월)초4일, 임진일, (청주 彌陀寺미타사로부터 출발하여) 金嶺鎭(금령
진)에 닿았다. …… 옛 서북쪽 성문을 나와서, ……馮尙書墓(풍상서 묘)
를 지났다. 묘지는 益都(익도) 서북쪽 10리 지역에 있으며, 비석에는
황제가 쓴 제문을 새겨넣었다. 상서의 이름은 기(琦), 호는 琢庵(탁암)
이고 臨朐(임구) 사람이며, 본적은 廣寧(광녕)에 있다. 만력 계묘년에
예부상서의 관직에 있을 때 별세하였다.

(七月)初四日, 壬辰, (自靑州彌陀寺)到金嶺鎭. ……出古西北城門,
……過馮尙書墓, 墓在益都西北十里地, 有碑刻皇帝祭文. 尙書名琦,
號琢庵, 臨朐人, 籍在廣寧, 萬曆癸卯, 終於禮部尙書.

—李民宬《癸亥朝天錄》

명 천계 3년(1623) 7월 4일, 이민성 일행은 청주부성 북쪽 관문에 있는 彌陀寺(미
타사)를 출발하여 東陽故城(동양고성) 서북쪽 성문인 鎭靑門(진청문)을 지나간 후에
익도현 서북쪽 10리 즈음의 지역에서 "풍 상서 묘"를 보았다.《명사》, 함풍《청주부
지》, 광서《임구현지》등의 사료에[310] 기록된 바에 따르면, 풍 상서의 이름은 馮琦
(풍기, 1558-1603)이고, 호는 琢庵(탁암), 자는 用韞(용온)이며, 조상의 본적은 臨
朐(임구)이다. 명 홍무 초년에 증조부인 馮思忠(풍사충)이 요동 廣寧(광녕, 지금의 遼
寧요녕 北鎭북진)에서 指揮僉事(지휘첨사)의 벼슬을 하였으므로 광녕에 본적을 두게
되었다. 풍기는 광녕에서 태어났으나 임관한 후에 조상의 본적을 임구로 회복하였
다. 풍기는 어릴 때부터 영특하여 곧 그 지역에서 견줄 사람이 없게 되었다. 풍기는
만력 5년(1577)에 진사에 급제하였고 庶吉士(서길사)에 임명된 후 곧 編修(편수)를
제수받았다.《明會典(명회전)》을 찬수하는 데 공훈을 세워 侍講(시강)으로 승진하였
고 황태자의 日講官(일강관)을 맡게 되었다. 만력 연간의 "國本之爭(국본지쟁)"중에
서 미관말직임에도 자신의 견해를 과감히 드러냈다. 후에 翰林院少詹事(한림원소

---

310   참고자료는 다음과 같다.《明史》卷216《馮琦傳》, 淸乾隆四年刻本, pp.9b-12b ; 咸豐《靑州
府志》卷45《人物傳八》, 淸咸豐九年刻本, pp.2b-4a ; 光緖《臨朐縣志》卷14上《人物一》, 淸
光緖十年刊本, pp.25b-27b.

첨사), 禮部右侍郞(예부우시랑), 吏部右侍郞(이부우시랑), 吏部左侍郞(이부좌시랑), 禮部尚書(예부상서) 등의 관직을 역임하였다. 풍기는 몸이 쇠약해지고 자주 병이 들어 16차례나 상소를 올려 사직을 청하였는데 만력제의 윤허를 받지 못하여 계속 관직을 맡고 있다가 결국 46세의 나이로 병사하였다. 이에 대해 만력제는 너무나 애석하게 여겼고 그에게 太子少保(태자소보)를 추증하였고 천계 원년에는 "文敏(문민)"의 시호가 내려졌다. 저서로《經濟類編(경제유편)》,《北海集(북해집)》,《宗伯集(종백집)》,《兩朝大政記(양조대정기)》,《唐詩類韻(당시유운)》,《通鑑分解(통감분해)》,《宋史紀事本末(송사기사본말)》 등이 전한다.《명사》에서는 풍기가 "전고를 명확하게 알고 있고 학문의 바탕이 있었다. 수차례에 걸쳐 이치에 맞는 논의를 진언하였으므로 국내외에서 그의 풍채를 보고자 하는 이가 많았고 황제 역시 그를 심하게 아끼고 의지하였다."[311]라고 하였다. 풍씨 일족에서 많은 진사가 배출되었으므로 청주부성 안에는 풍씨 가문의 공적을 표창하기 위해 "祖孫父子兄弟進士坊", "一門科第坊", "四世藩垣坊(사세번원방)", "太子太保坊"[312] 등의 방표가 세워졌다.

풍기는 늘 "사람의 평생이 영예롭게 되는 것은 우연인데 이 하루 이틀로 백 년을 감당하기에 족하다. 오직 군주의 은혜를 좇을 뿐이니 더욱 감격하여 보답하고자 하네"라고 말하였으니, 세상을 떠나기 전에 遺疏(유소)를 남겼다. 풍기는 유소에서 만력제에게 "엄격하게 밝은 도리를 행하시고 章奏를 내리시어 결손된 관리를 보충하시며, 성의를 다하여 아랫사람을 대해주시고 인심을 수습하시기를"[313] 권계하는 말을 올렸다. "그 말이 지극히 간절하고 진실되었으므로", 만력제는 크게 감동을 받았다. 조선사신 이민성이 본 유소는 바로 풍기가 만력제에게 올렸던 유소로서《聖明省覽大修德政, 以慰輿情以補未報深恩疏》라는 문장이다.《종백집》에 수록된 거의

311 "明習典故, 學有根柢. 數陳讜論, 中外想望風采, 帝亦深眷倚.",《明史》卷216《馮琦傳》, 清乾隆四年刻本, p.12a.

312 康熙《益都縣志》卷3《坊表》, 清康熙十一年刊本, p.6a.

313 "請屬明作, 發章奏, 補缺官, 推誠接下, 收拾人心",《明史》卷216《馮琦傳》, 清乾隆四年刻本, p.12b.

2천 자에 달하는 유소의 전문[314]을 살펴보면, 이민성이 채록한 부분[315]은 주로 만력
제에게 언로를 넓히고 현명한 선비들을 초청하며 행정 업무를 정돈하는 등의 대책
이며, 풍기가 관리의 행정 방면의 개혁을 논하는 진언은 생략하였다. 이민성이 유
소에서 일부분의 내용만을 채록한 이유는 풍기에 대한 존경을 표하고 천계 연간 명
조정의 현황에 대한 정보를 기록으로 남기고자 하였으나 사행 일정이 촉박하여 세
세하게 기록할 여유가 없었기 때문인 듯하다.

만력제는 "국본의 전쟁(國本之爭)" 때문에 장장 29년의 시간동안 조정에 들어서
지 못했다. 만력 연간, 특히 만력 중후기에 당쟁이 더욱 격렬해지고 관원들의 부패
가 날로 심해지자 명나라의 국운은 점차 쇠미해지기 시작했다. 아주 짧은 재위 기
간을 누렸던 명 泰昌帝(태창제)는 "홍환의 사건(紅丸案)"으로 인해 붕어하고 天啟帝
(천계제)가 이어서 즉위하였다. 천계 연간에도 풍기의 유소 중에 서술된 사회 각 분
야의 병폐는 분명하게 해결되지 않은 상태였고 오히려 더욱 심해지고 있었다. 게다
가 후금이 요동 지역에서 세력을 크게 키우고 있었으므로 명나라에게는 더욱 위험
천만한 국내외 정세가 형성되고 있었다. 이러한 형세 중에 있었기 때문에 풍기는
유소를 남기며 만력제에게 간곡한 간언을 남겼던 것이었다.

이민성은 또한 "馮氏先塋(풍씨선영)"을 지날 때 또한《풍상서의 묘를 지나며(過馮
尙書墓)》라는 시 한 편을 남겼다.

---

314 (明)馮琦:《宗伯集》卷59《奏疏》, 明萬曆三十五年刻本, pp.16a-24a.
315 (七月)初四日, 壬辰, (自靑州彌陀寺)到金嶺鎭. ……其遺疏略曰：臣謹取病中未上之疏, 補綴
    上之. 惟皇上在位三十一載矣, 自古帝王即有享國長久, 未有曆年三十餘年. 而方春秋鼎盛,
    正際中天之運, 臣願陛下穆然自省, 所行盡是邪, 則三十餘年者, 固陛下持盈保泰之時；所
    行未盡是邪, 則三十餘年者, 亦陛下回心轉意之時. 此盛壯之年, 正是理亂之會, 若不將大小
    政務整頓一番, 中外人心收拾一番, 日復一日, 盛年漸往, 蠱惑益深, 即欲挽不返之勢於倦
    勤之餘, 亦無及矣. 夫朝政未肅者, 病在人情之惰；吏治未淸者, 病在士風之貪；君臣上下
    之睽者, 病在形跡之疑, 而其要在於服人心. 陛下奈何以二百年固結之人心, 一朝令其渙散
    至此乎? 古稱成湯改過不吝, 非是聖人無過, 惟聖人乃能改過耳. 漢武帝垂老而悔, 唐德宗
    經亂而悔, 若不老不亂而悔者, 千古更有何人? 以聖主當盛年, 一日不悔即漢、唐, 一日悔即
    堯、舜, 章疏可一日發, 缺官可一日補, 百姓所不便者可一日罷也. 陛下何憚一日之發, 不以
    成萬世之業, 立萬世之名乎? 云云.—李民成《癸亥朝天錄》

사진 4-50 　지금 청주고성 내에 남아 있는, 진사를 많이 배출한 馮氏(풍씨) 가문을 표창하기 위해 세워진 "一門科第(일문과제-한 집안에 과거급제가 많이 배출되었음을 뜻함)"방표
馮氏집안은 四代에 걸쳐 進士6人, 擧人 3人을 배출하여 "父子進士", "祖孫四代皆進士"로 이름이 높았다.

사진 4-51 　지금 청주고성 내에 남아있는 명청 시대 馮氏(풍씨) 일족의 저택—馮府(풍부)

〈풍상서의 묘를 지나며〉

한림원으로 향하는 수레의 덮개가 대궐 밖 계단으로 가까와지니
학문을 관장하는 여덟 좌의 문창성이 자미성으로 걸어올라갔네.
晉나라 장막에서 경전을 늘어놓고 열람하니 기밀 대신의 자질이 있었고
虞나라 조정의 법식과 예의를 올바르게 지켜서 칭찬을 받았다네.
부들 깔개에 엎드려 나라를 다스릴 큰 계획을 논하고 봉작을 받았던 날,
죽음에 임해서도 충언을 다하여 군주를 그리워하던 시간은 지나고
석마는 소리도 없이 황량한 잡초 가운데 서 있으니
공경하는 마음으로 송백을 쳐다보며 슬픈 마음 가눌 수 없구나.

過馮尙書墓
翰林華蓋[316]近天墀,[317] 八座文昌踐斗司.
晉幄橫經[318]資密勿,[319] 虞庭[320]典禮贊匡維.[321]

---

316 華蓋(화개)는 본래 제왕이나 고관이 타는 수레의 우산 덮개를 가리키지만 여기서는 고관이
     타는 수레를 가리킨다. 三國魏曹植《求通親親表》: "出從華蓋, 入侍輦轂." (三國魏)曹植 :
     《曹子建集》卷8《求通親親表》, 四部叢刊景明活字本, p.12b.
317 天墀(천지)는 황제가 있는 궁전 밖의 계단을 가리킨다. 宋 蘇軾의《坤城節集英殿宴教坊詞
     ·放隊》에 "멀리 붉은 대궐문을 보고 서서 비춰 빛 옷소매를 가다듬고 돌아갈 뜻을 전하네.
     궁전 밖의 계단 앞에서 두 번 절하고 재상과 장수가 떠나간다네(望彤闈而卻立, 斂翠袂以言歸.
     再拜天墀, 相將好去)." (宋)蘇軾 :《東坡七集·樂語》, 淸光緖重刊明成化刻本, p.4a.
318 橫經(횡경)은 가로로 나열해놓은 경전을 가리키며 수업을 받거나 독서하는 것을 뜻한다. 南
     朝 梁 何遜의《七召·儒學》에 "경서를 늘어놓은 자들이 어깨를 맞대고 있고 빗자루를 든
     이들의 발이 이어진다(橫經者比肩, 擁帚者繼足)."라는 표현이 있다. (南朝梁)何遜 :《何記室集》
     卷3《聯句》, 七十二家集本, p.14a.
319 密勿(밀홀)은 본래 근면하고 노력한다는 뜻이며 여기서는 중요한 기밀을 맡은 직무를 가
     리킨다.《三國志·魏志·杜恕傳》에 "함께 정사를 듣는 중요한 직무를 맡은 대신이 어찌 궁
     궁하며 이런 일을 걱정하는가?(與聞政事密勿大臣, 寧有懇懇憂此者乎)"라는 구절이 있다. (晉)陳
     壽 :《三國志·魏志》卷16《杜畿傳》, 淸乾隆四年刻本, p.13b.
320 虞庭(우정)은 역시 "虞廷"이라고도 하는데 虞(우)나라 舜(순)임금의 조정을 가리킨다. 옛 사
     람들은 요임금과 순임금을 성군으로 여겼으므로 "虞庭"은 "성군의 조정(聖朝)"을 가리킨
     다. 明 李東陽의《揭曉後次韻答何穆之等》에 "임금의 명령이 산과 같이 무거움을 잘 알고
     있기에 친히 성군의 조정을 향해 절하고 나아가는구나(極知君命如山重, 親向虞廷拜往哉)."라는
     표현이 있다. (明)李東陽 :《懷麓堂集·文後續稿》卷3《北上錄》, 淸康熙二十年刻本, p.1b.
321 匡維는 바름을 지키는 것이다.

伏蒲[322]大計封儲日, 屬纊[323]忠言戀主時.

石馬無聲荒草裏, 恭瞻松柏不勝悲.[324]

—李民宬《燕槎唱酬集》

　　이 시는 이민성이 풍기의 묘를 지나면서 지은 시로 시인은 풍기를 매우 높이 평가하며 긍정하였음을 볼 수 있다. 수련에서는 "한림원으로 향하는 수레의 덮개"와 "여덟 좌의 문창성"을 비유하여 풍기의 재능을 찬양하였고, 함련에서는 풍기가 황제의 총애와 신임을 얻었던 일을, 경련에서는 서한의 대신인 史丹(사단)에 비유하여 풍기가 충심으로 국사를 걱정하여 심지어 장차 죽음이 임박한 날에도 피눈물을 흘리며 황제에게 상소문을 올렸던 일을 서술하였다. 그러나 동시에 그 옛날 우국우민의 충정으로 가득 찼던 수많은 충신들과 장군들이 그러했듯이 풍기의 나라를 구할 재능과 충군의 정신도 결국 그의 마지막을 돌이킬 수는 없었고 다만 우울하게 세상을 떠났음을 상기하였다. 이민성은 풍기의 묘를 지나면서 그의 일생을 반추해 보았고 그의 시선이 닿는 곳에 황량한 잡초가 무성히 자란 것을 보며 처량하고 서글픈 마음을 금할 수 없어 이 시를 써내려간 것이다. 미련에서 "슬픔 마음 가늘 수

322　伏蒲(복포)의 "蒲(포)"는 부들로 직조한 깔개를 말한다. 《漢書·史丹傳》에 나오는 이야기이다. 漢元帝(한원제)가 병이 난 후, 傅昭儀(부소의)와 定陶王(정도왕)은 항상 한원제의 곁에서 시중을 들며 모셨고, 황후와 태자는 가끔 병문안을 올 뿐이었다. 그러자 한원제는 태자를 폐위하려고 하였다. 駙馬都尉侍中(부마도위시중)이라는 직책을 맡고 있던 史丹(사단)은 사람들이 없을 때 임금의 침소에 들어가서 부들 자리 위에 다리를 뻗고 앉아서 한편으로는 통곡하고 한편으로는 태자를 폐위하는 조치를 취할 수 없음을 한원제에게 간곡하게 간언하였다. 이후에 "伏蒲"와 "靑蒲"는 충신이 임금의 안색에 개의치 않고 직언으로 간한다는 의미의 전고가 되었다. (漢)班固：《後漢書》卷82《史丹傳》, 淸乾隆四年刻本.

323　屬纊(속광)은 장차 죽는다는 의미이다. 宋 蘇軾의 《張文定公墓志銘》에 "공이 성품은 하늘의 도와 부합하고 불가와 도가의 오묘한 이치를 깨달았으니 죽음을 맞이하였을 때에도 의연한 모습이 평소와 같았다(公性與道合, 得佛老之妙, 屬纊之日, 凜然如平生)."라는 구절이 있다. (宋)蘇軾：《東坡七集·後集》卷17《墓志銘一首》, 淸光緖重刊明成化刻本, p.18b.

324　시 말미의 自注에 "풍공의 유소에, '병이 위급하니 군주를 더욱 그리워하는 마음으로 삼가 몇 마디 말을 올립니다'는 말이 있다(馮公遺疏云, 病危戀主, 恭進微言云云)."라고 쓰여 있다.

없구나(不勝悲)"라는 시어로 마무리하면서 시인의 마음을 전달하는 동시에 이 시의
여운이 길게 이어지면서 독자들의 공명을 일으키는 듯하다.

강희《익도현지》에 기재된 바에 의하면, "유지를 내려 예부상서겸추증태자소보
의 관함에 문민의 시호를 받은 풍기의 장례를 지내주도록 하였으니, 묘지는 (益都縣
익도현)성의 北新店(북신점)에 두었다."라고 하였다.[325] 옹정《산동통지》, 광서《익도
현도지》, 민국《산동통지》[326] 등도 모두 이와 같은 내용을 기록하였다. 관련된 지방
지의 기록에[327] 따르면, 청주성 북쪽의 新店(신점)은 명 가정 연간에 이미 존재했으
며 '신점'이라고 불렸고 益都縣(익도현) 務本鄕(무본향)에 속해 있었다. 청 강희 연간
에 新店鋪(신점포)가 되었고 역시 익도현 무본향에 속하였다. 청 광서 연간에 신점
포는 南新店(남신점)과 北新店(북신점)의 두 마을로 나뉘었고, 민국 시기 후에는 점
차 "남신점"과 "북신점"으로 마을 이름이 구별되었다. 1930년 후에 두 마을은 익도
현 제5구에 속하였고 1948년 후에는 익도현 普通區(보통구)에 소속되었으며, 1958
년부터 1984년까지 익도현 普通人民公社(보통인민공사)에 귀속되었다. 2007년부
터 지금까지 청주시 邵莊鎭(소장진)에 속해있는데, 이민성이 말한 "馮氏先塋(풍씨선
영)"은 지금의 南辛店村(남신점촌)에 소재하고 있다.

남신점촌 주민인 張世葵(장세규, 남, 80세)씨가 소개해준 바에 따르면 남신점촌에
위치한 풍씨 가문의 묘지의 면적은 대단히 크며 동묘와 남묘로 나뉘어 있었다고 한
다. 본서의 집필진이 찾고자 했던 풍기의 묘는 남묘 쪽에 위치해 있었다. 묘지의 옛
터에는 일찍이 남쪽을 향한 패방이 있었고 그 위에는 "풍씨선영" 네 글자가 쓰여

---

325 "謚葬禮部尚書, 贈太子少保, 謚文敏馮琦, 墓在(益都縣)城北新店." 康熙《益都縣志》卷4《陵
墓》, 淸康熙十一年刊本, p.23b.

326 雍正《山東通志》卷32《陵墓志》, 淸文淵閣四庫全書本, p.18b ; 光緒《益都縣圖志》卷12《古
跡志》, 淸光緒三十三年刻本, p.21b ; 民國《山東通志》卷37《古跡志》, 民國七年鉛印本,
p.3b 참고.

327 康熙《益都縣志》卷3《橋梁》, 淸康熙十一年刊本, p.8b ; 光緒《益都縣圖志》卷1《天象圖》, 淸
光緒三十三年刻本, p.8b ; 靑州市地名委員會編《靑州市地名志》, 天津人民出版社1991
年版, p.243 ; 靑州市鎭村志編纂委員會編《靑州鎭村志·邵莊鎭卷》, 團結出版社2019版,
pp.414-415 참고.

있었으며, 그 주위에는 석비, 석마, 석양 등의 석조물이 많이 둘러 있었다고 한다. 1960년대말 이후로는 "풍씨선영"의 패방과 수많은 석조물은 모두 자취를 찾을 수 없게 되었는데, 풍기 가문이 현지에서 대대로 존중을 받아온 명문세가 임을 감안해 보면, 다른 수많은 중국의 역사적 유적지와 마찬가지로 문화대혁명 기간에 고의로 훼손이 이루어진 것으로 추측된다.

사진4-52　지금의 청주시 邵莊鎭(소장진) 南辛店村(남신점촌) 마을위원회

사진 4-53　南辛店村(남신점촌) 남쪽에 위치한 "馮氏先塋(풍씨선영)"의 옛터

〈台韻(대운)에 차운하여 짓다〉

질병과 근심은 서로 동반하여

같이 다니다가 늙음을 따라서 침입해 들어온다.

아아, 공연히 고향에 돌아가고 싶은 마음이 문득 들어

빨리 벼슬을 버리지 못했던 것을 후회해본다.

이미 三齊의 땅에서 두루 돌아보았으니

멀리 만 리나 떨어진 고향으로 향하는 마음을 형용하기 어려워라.

청주에서 해야 할 일이 많이 있어서

나의 마음을 알아줄 술 한잔에 기탁할 여유도 없네.

奉次台韻

病與憂相伴, 行隨老見侵.

嗟哉空彈鋏,[328] 悔殺不抽簪.[329]

已遍三齊境, 難攄萬里襟.

青州從事在, 未遽托知音.[330]

—李民宬《燕槎唱酬集》

---

328 彈鋏(탄협)은 칼자루를 치는 동작으로 혹은 고향으로 돌아가고 싶어하는 것을 말한다. 明
     郭登의《送岳季方還京》시에 "몸은 변새의 북쪽에 남아 공연히 칼자루를 툭툭 쳐보니 꿈
     속은 강남을 둘러보지만 아직 퇴직하지 못하였네(身留塞北空彈鋏, 夢繞江南未拂衣)."라는 구절
     이 있다. (淸)朱彝尊輯 :《明詩綜》卷20, 淸康熙四十四年刻本.
329 抽簪(추잠)은 비녀를 뽑는 것으로, 벼슬을 버리고 은퇴함을 말한다. 옛날에 벼슬을 하던 사
     람들은 머리를 묶고 단정하게 관을 썼으며 비녀로 관을 머리카락에 고정하였다. 그러므로
     은퇴하는 것을 "비녀를 뽑는다"라고 한 것이다.《文選·沈約 <應詔樂遊苑餞呂僧珍詩 >》
     에 "장차 함께 있으며 예식을 갖출 것이니, 여기서 기다리며 벼슬을 버리지 않으리(將陪告
     成禮, 待此未抽簪)."라는 표현이 있다. (梁)蕭統輯, (唐)李善注 :《文選》卷20《獻詩》, 淸嘉慶重
     刻本, p.31b.
330 시 말미의 自注에 "병이 나서 술을 끊었으므로 시의 끝 구절에 언급한 것이다(病廢酒, 故落句
     及之)."라고 써놓았다.

이 시는 명 천계 3년(1623) 7월 4일 청주부에서 金嶺驛(금령역)으로 가는 도중에 지은 시이다. 이 시는 이민성이 병에 걸렸을 때 지은 것으로 수련의 첫 구에서 "질병과 근심은(病與憂)"이라는 구절로 시작하였다. 길고 긴 사행 여정 중에서 시인은 고향과 고국을 그리는 마음이 절로 일어 더욱 여정의 피로가 크게 느껴졌다. 함련에서는 전고를 사용하여 만약 가능하다면 벼슬을 버리고 빨리 은퇴했으면 어땠을까 싶을 만큼 고향을 그리워하는 간절한 심정을 나타냈다. 경련에서는 대구를 사용하였는데 매우 엄밀하여, "삼제의 땅(三齊境)"과 "만 리나 먼 고향을 그리는 마음(萬里襟)"이 대우를 이루면서 기백이 크고 의경이 매우 시원스럽다. 그러나 이민성은 이어서 "이미 두루 돌아보았음(已遍)"과 "형용하기 어렵다(難攄)"는 시어를 앞에 둠으로써 길고 긴 사행 여정으로 인해 쌓인 피로와 그 때문에 얻은 질병으로 몸이 더욱 고되어, 고향을 그리워하는 마음이 가득한 상태를 나타내었다. 긴박한 일정의 사행 업무를 수행하면서 여독으로 얻은 질병 때문에 괴로운 몸과 울적한 마음을 달래 줄 술 한 잔도 할 수 없어 더욱 우울한 시인의 마음이 엿보인다. 이 시는 고된 사행길을 서술하였으니 행간에 고독한 정서와 귀향과 은둔을 갈망하는 심경이 은연 중에 드러난다. 아마도 이민성이 병 때문에 더욱 우울해진 심정이《풍상서의 묘를 지나며(馮尚書墓)》와《대운에 차운하여 짓다(奉次台韻)》의 두 편의 시 중에서 각각 영웅의 죽음에 대한 탄식과 은퇴 후 고향으로 돌아가고 싶은 갈망 등으로 표현되었을 지도 모른다.

남신점촌의 주민인 장세규씨가 안내해준 바에 따르면, 청주로부터 臨淄縣(임치현)까지 연결되는 옛 官道(관도), 즉 역참로는 남신점촌을 지난 후에 서북쪽으로 이어져 北普通村(북보통촌)과 南普通村(남보통촌)을 만나게 된다고 한다. 가정《청주부지》의 기록에[331] 따르면, 청주부성 서북쪽 20리 지역에 급체포가 하나 있는데 바로 普通鋪(보통포)라고 한다. 이 기록은 장세규 노인이 설명해준 것과 일치하였다. 그 밖에 4장 3절에서 서술한 것과 같이 조선사신 정두원이 기재한 대로 청주부성

331　嘉靖《青州府志》卷11《驛遞》, 明嘉靖刻本, p.42a 참고.

서북쪽 20리 지역, 즉 보통포 부근에는 "富相亭(부상정)"이라고 적혀진 패문이 있었다.

2013년부터 邵莊鎭工業園(소장진공업원) 普通高新發展區(보통고신발전구) 계획에 따라 南普通村(남보통촌)과 北普通村(북보통촌)은 이미 모두 철거되고 이전하였으므로 본래의 마을 부지에 살고 있는 주민은 거의 없었으나, 본서의 집필진은 다행스럽게도 북보통촌의 주민인 尹淑芬(윤숙분, 여, 74세)씨를 인터뷰할 수 있었다. 윤숙분씨의 설명에 따르면, 원래 북보통촌 안에는 北路(북로)와 南路(남로)의 두 갈래 대로가 있었다고 한다. 남로는 본래 익도(명말의 청주부성)으로 향하는 대로이고, 그 위에는 본래 자갈돌이 깔려 있었으며 왕래하는 사람도 매우 많았다.

남로의 끝에는 南橋溝(남교구)라는 개울이 있었으며 이 개울은 남보통천과 북보통천에 인접해 있었다. 그리고 그 위로 지역 주민들이 靑龍橋(청룡교)라고 부르는 다리가 있었다. 이 다리는 지금은 이미 존재하지 않는다. 관련된 지방지의 기록에[332] 의하면, 명대 말기의 보통포는 청주부 益都縣(익도현) 務本鄕(무본향)에 속하였다. 청 광서 연간에 인구가 증가함에 따라 보통포는 남북의 두 마을로 나뉘었다. 1930년 이후로는 익도현제5구에 속하였다가 1948년 이후로는 익도현 普通區(보통구)에 소속되었다가 1958년 이후로는 익도현보통인민공사에 귀속되었다. 1991년 이후로는 청주시 普通鎭(보통진)에 소속되었고 2007년부터 지금까지 청주시 邵莊鎭(소장진)에 속하고 있다.

---

332 嘉靖《靑州府志》卷11《驛遞》, 明嘉靖刻本, p.42a ; 咸豊《靑州府志》卷27《驛遞》, 淸咸豊九年刻本, p.7b ; 光緖《益都縣圖志》卷23《武備志》, 淸光緖三十三年刻本, p.7a ; 靑州市地名委員會編《靑州市地名志》, 天津人民出版社1991年版, p.241 ; 靑州市鎭村志編纂委員會編《靑州鎭村志·邵莊鎭卷》, 團結出版社2019版, pp.384-394 참고.

사진 4-54   지금의 청주시 邵莊鎭(소장진) 北普通村(북보통촌) 촌비

사진 4-55   옛 역참로의 "南路(남로)" 유적의 방향을 안내해주는 북보통촌 주민 윤숙분 씨

(청주부로부터) 25리를 가니 패문이 있었는데 "堯山在望(요산재망)"
이라고 쓰여 있었다. 《삼제기(략)》에 "요임금이 이 지역을 순회하여
보살피고 이 산에 올랐다"라고 하여, 이름이 붙었다고 한다.

(自青州府)行二十五里, 有欄門, 書之曰: "堯山在望",《三齊記(略)》:

"堯巡狩所登", 故名.

—鄭斗源《朝天記地圖》

(9월) 20일, 신미, 맑음. 아침에 (창락현 남관 안에서)출발하였고 ……
청주 익도현 남관 안에서 숙박하였다. 이날 70리를 이동하였다. ……
(청주부)서쪽에 堯山(요산)이 있는데, 전하는 말에 옛날 요임금이 이곳
을 순회하였다고 한다.

(九月)二十日, 辛未, 晴. 早發(昌樂縣南關裏) ……宿靑州益都縣南關
裏. 是日行七十里. ……(靑州府)西有堯山, 相傳昔堯巡曆於此云.

—洪翼漢《花浦朝天航海錄》

堯山(요산)은 청주부 서북쪽 8리 거리에 있는데 요임금이 이곳을 순
회하며 살펴보고 이 산에 올랐으므로 이 이름이 붙었다.

堯山, 在府西北八里, 堯巡狩登臨故名.

—李民宬《癸亥朝天錄》

첫번째 문장에서 정두원은 청주부성 서북쪽 25리 지역에 "요산재망"이라는 이
름이 붙은 패문이 있었고 또 요산이라는 지명의 유래는 요임금이 이곳을 순회하고
살펴보면서 이 산에 올랐기 때문이라고 서술하였다. 그리고 세번째 문장에서 이민
성의 기록에 따르면, 요산은 청주부 서쪽 8리 거리에 있는데, 이 기록은《대명일통
지》에 기재된 것[333]과 일치한다.《수경주》에서《從征記(종정기)》의 말을 인용하여,
"광고성 북쪽 3리 지역에 요산사가 있으니 요임금이 이곳을 돌아보며 살펴보고 이
산에 올라갔으므로 후인들이 그를 따라 이름을 붙였다"라고[334] 기록하였다. 이것이

---

333 "堯山, 在府城西北八里.《三齊記》謂堯巡狩所登, 故名"《大明一統志》卷24《靑州府》, 明天
    順五年內府刻本, p.27a.
334 "廣固城北三里有堯山祠, 堯因巡守登此山, 後人遂以名."(漢)桑欽撰, (北魏)酈道元注:《水
    經注》卷26《淄水》, 明嘉靖十三年刻本, p.12a.

아마도 청주 요산에 관한 최초의 사료일 것이다. 북송《태평환우기》에서 "廣固城(광고성)은 익도현 서쪽 5리에 있다"라고[335] 기록하였고, 원대《제승》에서는 "광고성은 청주부 서북쪽 요산 아래에 있다"라고[336] 기재하였다. 원대 이전에는 광고성의 위치가 부정확하였으므로 고대 사학자와 지리학자들은 대체로 요산과 광고성은 모두 서로 가까운 지점에 위치해 있을 것으로 여겼다. 함풍《청주부지》에[337] 비교적 명확하고 상세하게 두 지역에 대해 기술하였으니, 광고성은 청주부성 서쪽 8리 거리에 있고 요산은 청주부성 서쪽 10리 거리에 있다고 밝혔다. 관련된 지방지의 기록에[338] 따르면, 조선사신이 언급한 요산은 일찍이 丹山(단산), 凡山(범산), 幾山(기산), 堯王山(요왕산) 등으로도 불렸으며 지금은 堯王山(요왕산)으로 칭해진다고 한다. 아홉 봉우리가 있으므로 九頂蓮花山(구정연화산)으로 칭해지기도 하는데, 청주 시내 서쪽 4㎞ 거리에 있고, 주봉의 높이는 334.2m이며 산의 면적은 4000㎡에 이른다.

사진 4-56   지금의 堯王山(요왕산) 원경

---

335   "廣固城在(益都)縣西五里."《太平寰宇記》卷18《河南道十八》, 淸文淵閣四庫全書補配古逸叢書景宋本, p.6b.

336   "廣固城, 府西北堯山下.",《齊乘》卷4《古跡》, 淸文淵閣四庫全書本, p.1b.

337   咸豊《靑州府志》卷21《山川考一下》, 淸咸豊九年刻本 참고.

338   靑州市地名委員會編《靑州市地名志》, 天津人民出版社1991年版, p.456.

堯山(요산)은 서북쪽에 있다.《삼제기》에 요임금이 이곳을 순회하
며 보살피고 이 산에 올랐으므로 요임금의 이름을 따서 산의 이름을
지었다. 산속에 堯祠(요사)가 있고 사당에는 비문이 있는데 당 朱誕(주
탄)이 편찬한 것이다.

堯山, 在西北.《三齊記》: 堯巡狩而登此, 故以堯名其山. 山中有堯
祠, 祠有碑, 唐朱誕所撰也.

—南以雄《路程記》

남이웅이 기록한 것처럼 요산에는 요사가 있었고 그 옆에는 당나라 사람 주탄이
적은 석비의 비문이 있었다. 가정《청주부지》에 따르면, 이 석비의 이름은《堯祠碑
(요사비)》(혹은《唐堯山神碑(당요산신비)》라고도 함)라고 하며 윗면에는 당대 이탄의[339] 비
문이 적혀 있다.《제승》에는 또한 당대 "《大曆八年平盧淄青節度使李正已碑(대력
8년평로치청절도사이정기비)》"[340]의 기록이 전한다. 가정《청주부지》와 원대《제승》
에 기록된 두 석비의 성립 시간은 상당히 근접하고 있는데, 송대《보각총편》[341]에서
는《堯祠碑(요사비)》가 京東東路(경동동로) 청주의《唐堯廟碑(당요묘비)》라고 하였
다. 李正已(이정기)는 唐代宗(당대종) 대력 연간에 平盧淄青節度使(평로치청절도사)
를 지냈다고 했으니, 李誕과 李正已는 동일 인물을 가리키는 것으로 보인다.《신당
서》의 기록에[342] 따르면, 李正已(이정기, 733-781)의 본명은 懷玉(회옥)이고 고려인이
며 당 건원 연간에 平盧節度使(평로절도사) 侯希逸(후치일)을 따라 청주로 옮겨왔고

---

339 "석비는 긴 시간을 거치면서 침식되었으며 "이"자에 이르러 모호해졌다(石碑因長期風雨寢
室, 至"李"字模糊)"라고 하였다. 아마 "李"와 "朱"의 글자의 형태가 서로 비슷하기 때문에 착
각한 듯하다. 비문의 편찬자는 주탄이 아니라 이탄이 맞을 것이다.

340《齊乘》卷1《山川》,《大曆八年平盧淄青節度使李正已碑》, 清文淵閣四庫全書本, p.9b.

341 ㈜陳思 :《寶刻叢編》卷1《青州》, 十萬卷樓叢書本, p.30a.

342 "李正已, 本名懷玉, 高麗人, 初任營州(今遼寧朝陽). 唐乾元年間, 隨平盧節度使侯希逸遷往
青州, 任折沖都尉. 寶應年間, 隨侯希逸平定史朝義叛亂, 升任兵馬使. 永泰年間, 代替侯希
逸任平盧淄青節度使, 獲賜名'正已'. 唐建中二年, 病逝, 追贈太尉.",《新唐書》卷212《列傳
第一百三十七》, 清乾隆武英殿刻本.

보응 연간에 史朝義(사조의)의 반란을 평정하고 兵馬使(병마사)에 임명되었다. 영태 연간에 후치일을 대신하여 平盧淄靑節度使(평로치청절도사)를 지내고 "正己(정기)"라는 이름을 하사받았다. 당 건중 2년 병으로 별세하였고 태위를 추증받았다고 한다.

堯祠(요사)는 堯廟(요묘), 堯山祠(요산사)라고도 불리며 요산 기슭 아래에 있다. 원나라《제승》, 가정《청주부지》, 함풍《청주부지》, 광서《익도현도지》등 지방지의 기록에[343] 따르면, 요사가 처음 건립된 연대는 헤아리기 어렵다. 그러나《수경주》에서는《從征記(종정기)》를 인용하여 요사는 요산의 왼편 산기슭에 있으며, "사당은 동쪽을 향해 있고 화려한 묘실이 잘 정비되어 있으며 요임금의 화상도 엄숙하게 장식되어 있으니 임금의 용안은 온화하다"라고[344] 서술하였다.

명 영락 8년에는 지역의 유지들과 현명한 선비들이 뜻을 모아 다시 수리하였다. 정통 6년에는 청주지부 孟迪(맹적)이 중건하였고, 만력 42년에는 청주지부 王家賓(왕가빈)이 재차 수리하였다. 청 강희 연간에는 청주지부 陶錦(도금)이 중수하였으나, 광서 연간에 이르러서는 요사도 오랜 세월이 지나 거의 허물어져 다만 약간의 담벼락만 남게 되었다.

〈요산〉
(명)종수

요사의 서편 산기슭에 화창한 빛이 비추니
제왕의 기운을 가까이 바라보기 위해 이곳에서 말고삐를 멈추었네.
띠풀로 지은 집과 진흙으로 쌓은 계단의 흔적으로 상상해보니

---

343 《齊乘》卷1《山川》, 淸文淵閣四庫全書本, p.9b ; 嘉靖《靑州府志》卷10《祠廟》, 明嘉靖刻本, p.15a ; 咸豊《靑州府志》卷21《山川考一上》, 淸咸豊九年刻本, p.4b ; 光緖《益都縣圖志》卷9《山川志五》, 請光緖三十三年刻本, p.6b 참고.

344 "廟向東面, 華宇修整, 帝圖嚴飾, 軒冕之容穆然", (漢)桑欽撰, (北魏)酈道元注:《水經注》卷26《淄水》, p.12a.

붉은 수레와 흰 말의 흔적이 희미하게 남아있네.

태산 동쪽의 풍물과 유적은 옛 그대로 남아있으며

바다 위의 연무와 노을은 멀리 희미하게 바라보이네.

순임금과 우임금이 유가의 정통을 전해주어 함께 반열에 올랐으니

화로의 향기가 감도는 가운데 밝게 비추며 의복을 길게 내려뜨렸네.

堯山[345]

(明)鍾秀[346]

堯祠西麓敞晴暉, 就日瞻雲[347]此駐騑.

茅室土階[348]餘想象, 彤車白馬[349]尚依稀.

---

345 康熙《靑州府志》卷22《藝文下》, 淸康熙二十二年刻本, p.9b.

346 "종수의 자는 조암이고 자감자라고도 불린다. 학문을 좋아하여 깊이 빠져들었고 오묘한 이치를 체득하였다. 가정 25년 거인으로 광종지현을 제수받았다. 광종현을 투명하고 간소하게 다스렸고 소송하는 사람에게 이치를 밝혀 깨우쳐주었다. 육조에 사건이 없으므로 날마다 발을 드리우고 책을 뒤적였고 학생들을 오게 하여 경의를 담론하였다. 봉급이 들어오면 학궁에 기부하고 가난한 선비들을 도왔으니 한나라의 학술관인 임여장 같다는 치사를 들었고, 生祠碑(생사비)가 광종현 치소에 세워졌다. 종수는 어릴 때부터 가문의 학술을 전수받았고 고서를 좋아하였으며 특히 사기와 한서를 숙독하였다. 가문의 친척 중에 금전적 도움을 받은 이가 많아서 사람들이 모두 그를 신뢰하였다. 평생 풍수가의 말을 믿지 않았으므로 별세하는 날에도 장례를 후하게 치르지 말라고 유언하였다(鍾秀, 字照庵, 子鑒子. 沈潛嗜學, 深入理奧. 嘉靖二十五年擧人. 授廣宗知縣. 淸靜爲治, 訟者以理諭之. 六曹無事, 日垂簾翻書, 進諸生與談經義. 奉入以葺學宮, 振貧士, 比之漢林廬長雲. 有生祠碑在縣治. 子洲少傳家學, 嗜古書, 尤熟史, 漢. 族黨多所資給, 人皆賴之. 生平不信堪輿家言. 卒之日, 遺命勿厚葬.)", 咸豐《靑州府志》卷44《人物傳七》, 淸咸豐九年刻本, p.28b.

347 就日瞻雲(취일첨운)은 본래 현명한 군주의 은택이 백성들에게 미친다는 뜻이며 후에는 비유하여 천자에게 가까이 다가감을 의미하게 되었다.

348 茅室土階(모실토계)는 띠풀로 지붕을 덮은 가옥과 진흙을 이겨 쌓은 계단을 말하는 것으로 가옥이 비루하고 생활이 검소한 것을 형용한 것이다.

349 彤車白馬(동거백마)는 붉은 수레와 흰 말이라는 뜻으로《金樓子》에 "요임금의 자는 방훈이고, 일명 동성이라고 하는데, 도당씨의 후예이고 제곡의 아들이며 이기의 성을 따랐다. …… 검은 옷을 입고 붉은 수레를 타고 흰 말을 몰았으며, 겨울에는 사슴가죽 옷을 입고 여름에는 성긴 베옷을 입었다. 집의 서까래는 다듬지 않았으며 흙으로 만든 계단은 3층만 올렸다. 그러나 큰 덕행을 밝혀 보이고 구족을 친화하게 하여, 구족이 화목하고 백성을 평온

岱東風物遺蹤古, 海上煙霞入望微.

舜禹傳心[350]還在列, 爐香清晝[351]共垂衣.[352]

이 시는 명 가정 연간에 청주 익도 출신 종수라는 문인이 지은 것으로 요산의 풍
경을 묘사하면서 특히 그 곳에 있는 요사의 경관을 자세히 서술하였고, 요임금에
대한 시인의 추모와 존경을 표현해내었다. 요산은 전하는 바에 따르면 요임금의 출
생지이기 때문에 지명이 붙여졌다고도 한다. 이 시는 칠언율시로 요산을 노래했는
데 요임금의 공적과 품행을 칭송하는 것이 주된 내용이다. 수련에서 "화창한 빛(晴
暉)", "제왕의 기운을 가까이 바라봄(就日瞻雲)" 등의 시어는 실제로 요임금의 백성
에 대한 은택을 상징하는 것이다. 요임금은 아주 오래전에 붕어하였으므로 시인은
이곳에서 발을 멈추고 요임금께 제사 올리고 향을 사르는 요사를 멀리 바라볼 수
있을 뿐이었다. 이때 시인은 요임금이 띠풀로 만든 집에서 거주하며 백마가 타는
붉은 수레를 타고 다녔다는 전고를 떠올렸고 제왕이라는 높은 직위에도 불구하고
살림살이가 간소하고 사치하거나 교만하지 않은 요임금의 모습을 상상하였다. 비
록 성현은 이미 세상을 떠난 지 오래되었으나 천고의 세월을 흘러도 그 선한 영향

하게 다스렸으니 만방이 협력하고 화해하였다(帝堯, 字放勳, 一名同成, 育陶唐氏, 帝嚳之子, 伊祁
姓也. ……純衣彤車白馬, 冬則鹿裘, 夏則絺葛, 采椽不斫, 土階三等, 克明俊德, 以親九族, 九族既睦, 平章百
姓, 百姓昭明, 協和萬邦.)"라는 표현이 나온다. 즉 요임금이 흰 말이 끄는 붉은 수레를 탔다는
것으로 요 임금이 부유하지만 사치하고 교만하지 않았음을 나타내는 것이다.

350 傳心은 유가의 도통을 전수하는 것을 가리킨다.

351 清晝(청주)는 대낮을 가리킨다. 唐 李白의 《秦女休行》에 "손으로 백양도를 휘두르니 대낮
에 원수의 집안을 살육했네(手揮白楊刀, 清晝殺讎家)."라는 표현이 있다. (唐)李白 : 《李太白
集》卷5《歌詩五十六首》, 宋刻本, p.5a.

352 垂衣(수의)는 즉 의복을 길게 내려뜨린 것이니 의미는 의복의 제도를 정하여 천하에 예법
을 보인다는 뜻이다. 후에는 제왕이 無爲(무위)의 정치를 하는 것을 칭송하는 의미로 쓰였
다. 《易·系辭下》에 "황제, 요, 순은 의복을 길게 내려뜨리고 천하를 다스렸으니 대체로 하
늘과 땅의 법도를 취하였다(黃帝, 堯, 舜垂衣裳而天下治, 蓋取諸乾坤)."라는 구절이 있다. 韓康伯
의 注에 "의복을 내려뜨려 입는다는 것은 귀천을 구별하는 것이며 하늘은 존귀하고 땅은
비천하다는 뜻이다(垂衣裳以辨貴賤, 乾尊坤卑之義也)."라고 하였다. (三國魏)王弼注, (晉)韓康伯
注, (唐)孔穎達疏 : 《周易注疏》卷8《系辭下》, 重刊宋本十三經注疏本, p.6b.

력이 남아있으므로 시인은 요사의 향 연기가 푸르게 서려 있는 중에 요임금과 순임금, 우임금의 세 성인들이 세운 유가의 도통과 예법이 천하에 드리워졌다고 칭송하였다. 이 시의 시어는 우아하고도 명랑한 기분이 넘치며 의경은 쾌활하고 시원하다.

북송 시기에 청주지부를 지냈던 범중엄 역시 《요묘(堯廟)》라는 시 한 편을 남겼다.

〈요묘〉
(송) 범중엄

천고의 시간에 걸쳐 하늘과 태양처럼 굳건하게 빛나니
높고 위대한 치적과 선한 공적이여.
禹임금은 평생에 걸쳐 치수 사업에 힘썼고
舜임금 역시 백성의 풍족하게 생활하도록 하였네.
나라 밖으로는 강과 바다가 생기와 영험한 기운을 띠고
나라 안에서는 하늘과 땅이 인사하며 양보하였네.
마을 사람들은 이러한 것은 잘 모를지라도
퉁소를 불고 북을 치며 해마다 풍년이 드는 것에 감사한다네.

堯廟[353]
(宋) 范仲淹
千古如天日,[354] 巍巍[355]與善功.

---

353 嘉靖《靑州府志》卷10《祠廟》, 明嘉靖刻本, p.15a.
354 天日은 원래 하늘과 태양을 가리키는데, 여기서는 비유하여 제왕을 말한다.《宋書·武帝紀中》에 "진북장군 종지와 청주자사 경선은 모두 유유가 심히 꺼리고 미워하는 사람이므로 차례로 제거하고 이후에 제왕을 무너뜨려 바꾸려고 하니, 이 일은 바꿀 수 있다(鎭北將軍臣宗之, 靑州刺史臣敬宣, 並是裕所深忌憚, 欲以次除蕩, 然後傾移天日, 於事可易)."라는 표현이 있다. (梁) 沈約 :《宋書》卷2《武帝紀》, 淸乾隆四年刻本.
355 巍巍(위위)는 숭고하고 위대한 모양이다.《論語·泰伯》에 "숭고하고 위대하도다! 순임금과 우임금은 천하를 소유하였으나 그것에 관여하지 않았다(巍巍乎! 舜禹之有天下也而不與焉)."라는 구절이 있다. 何晏의 集解에 "위위는 높고 큰 것을 말한다(巍巍, 高大之稱)."라고 하였다.

禹終平濟水, 舜亦致薰風.[356]

江海生靈外, 乾坤揖讓中.

鄕人不知此, 簫鼓[357]謝年豐.

　범중엄은 이 시에서 역시 요임금의 공적을 칭송하면서 요임금의 업적과 영향력
은 마치 태양 같이 천고의 시간을 걸쳐 영원히 이어져 왔음을 노래하였다. 동시에
시인은 요임금의 공적은 순임금과 우임금에게 이어져서 우임금이 자연재해를 막
아 도탄에 빠진 백성들을 구제해주고 순임금이 백성을 평안하게 살 수 있도록 한
크나큰 치적을 세웠음을 송양하였다. 비록 천년이 넘게 지났고 평범한 백성들은 三
帝(삼제)의 구체적인 행적과 치적에 대해서 자세히 모르지만 이 지역에서 해마다
풍성한 수확을 거두고 평안한 생활을 보낼 수 있는 것에 대해 제사를 올리고 감사
하는 의식을 치르고 있음을 형용하였다. 이 시의 의경은 활달하고 대범하면서 기상
은 웅건하다는 점에서 범중엄의 예술적 특색을 드러내었다. 앞의 수련, 함련, 경련
은 삼제, 특히 요임금의 공적과 영향력을 두드러지게 묘사하였고 미련에서는 필봉
을 한번 전환하여 평범한 마을 사람들의 순수한 공경과 흠모의 정을 표현하였으니,
명확히 알지 못하더라도 요임금에게 감사의 제사를 지내는 백성들의 순박하고 넉
넉한 인심을 통해 요임금이 후세에 미친 선한 영향력을 은근하게 강조하였다. 필치
가 신선하면서 구성이 교묘하다고 할 수 있겠다.

　조선사신 정두원이 기술한 바와 같이 청주부성 서북쪽 25리 지역에는 "堯山在望
(요산재망)" 패문을 볼 수 있었다. 고금의 지도와 지방지의 기록을 종합해보면, "요

　(魏)何晏集解：《論語》卷4《述而第七》, 天祿琳琅叢書景元翻宋本, p.10a.

356　薰風(훈풍)은 舜임금이 부른《南風歌(남풍가)》에 나오는 "남풍의 훈훈함이여(南風之薰兮)"라
　　는 구절에서 유래하였다. 이후에 "훈풍"은 고대의 악곡명 -《南風歌》를 가리키게 되었다.
　　《남풍가》는 주로 편안하고 풍족한 생활에 대해 찬미하는 내용이다. 전체의 노래 가사는 다
　　음과 같다. "南風之熏兮, 可以解吾民之兮；南風之時兮, 可以阜吾民之財兮"(梁)蕭統輯,
　　(唐)李善注：《文選》卷18《音樂下》, 清嘉慶重刻本, p.12a.

357　簫鼓(소고)는 퉁소와 북으로, 음악의 연주를 가리킨다. 南朝 梁 江淹의《別賦》에 "琴羽張兮
　　簫鼓陳, 燕趙歌兮傷美人.", (南朝梁)江淹：《江醴陵集》卷1《賦》, 七十二家集本, p.10b.

산재망" 패문은 청주시 邵莊鎭(소장진) 玉皇廟村(옥황묘촌)에 있었을 것이다. 옥황 묘촌은 청주시구 서북쪽으로 11.5㎞ 거리에 있다. 마을 안에 玉皇廟(옥황묘)가 있으 므로 마을 이름의 유래가 되었다. 관련된 지방지의 기록에[358] 의하면, 명청 시기에 이 마을은 청주부 益都縣(익도현) 務本鄕(무본향)에 속했다. 그리고 1930년 이후에 는 익도현 제5구에 소속되었으며 1958년 이후에는 익도현 普通人民公社(보통인민 공사)에 소속되었고 1966년 이후로는 勝利大隊(승리대대)라고 불렸다. 1984년 이후 에 다시 玉皇廟村(옥황묘촌)이라고 불렸으니 익도현 普通鄕(보통향)에 속하였으며 1993년 이후로는 청주시 普通鎭(보통진)에 소속되었다. 2007년부터 지금까지 청주 시 邵莊鎭(소장진)에 소속되어 있는데, 2013년에 남보통촌, 북보통촌과 마찬가지로 전체가 철거되어 옮겨졌다. 보통촌 주민인 윤숙분씨의 소개에 따르면 옥황묘촌의 마을 안에는 여전히 서북—동남 방향으로 지나가는 오래된 관도(역참로)가 있다고 한다.

사진 4-57　지금의 청주시 소장진 玉皇廟村(옥황묘촌)의 촌비　　사진 4-58　옥황묘촌 안에 있는 옛 역참로의 유적

　　臨淄(임치)는……(청주)부성 서쪽 30리에 있다. 경계의 동쪽에 "獨 津橋(독진교)"가 있는데 다리 앞에 비석이 서 있다. 북쪽으로는 修真觀

358　嘉靖《靑州府志》卷11《橋梁》, 明嘉靖刻本, p.37a ; 靑州市地名委員會編《靑州市地名志》, 天 津人民出版社1991年版, p.241 ; 靑州市鎭村志編纂委員會編《靑州鎭村志·邵莊鎭卷》, 團 結出版社2019版, pp.407-411 참고.

(수진관)이 있는데 원 연우 연간에 건립되었으며 명 홍무 연간에 중수
되었다. 남쪽으로는 桓公廟(환공묘)와 太公廟(태공묘)가 있는데 본래
의 옛 터는 營邱(영구)의 동쪽 편에 송 경우 연간에 새겨진 비석과 함
께 있었지만 명 성화 연간에 이곳으로 이전되었다. 노중련과 어울린
일곱 현인이 이곳에서 배향되며 봄, 가을로 제사 지낸다.

　　臨淄……自(靑州)府西三十里也. 界東有"獨津橋", 碑立橋頭. 北有
修眞觀, 元延佑建, 大明洪武重修. 其南有桓公, 太公廟二, 故基在營邱
之東, 宋景佑間碑刻在, 大明成化徙建於此. 以魯仲連流七賢配享, 春
秋祀之.

　　　　　　　　　　　　　　　　　　　　　　—金德承《天槎大觀》

　　김덕승이 기술한 바에 따르면, 청주부성에서 서쪽으로 30리를 가면 청주부성 益
都縣(익도현)과 臨淄縣(임치현)의 경계 지역을 만날 수 있었고, 이곳에서 서쪽으로 계
속 이동하면 청주부성 임치현 지역으로 들어가게 된다. 관련된 지방지의 기록에[359]
의하면, 임치현은 처음에는 古爽鳩氏(고상구씨)의 땅이었다고 한다. 虞(우), 夏(하), 殷
(은) 시기에는 季萴(계즉)과 逢伯陵(방백릉)에 속한 지역이었다. 西周(서주) 시기에,
齊獻公(제헌공)이 제나라의 도성을 薄姑(박고, 아마도 지금의 산동 博興박흥) 지역에서
臨淄(임치)로 옮겼다고 한다. 진시황 26년(BC221), 진나라가 제나라를 겸병하고 齊
郡(제군)을 설치하였는데 임치현이 그 중에 속했다. 서한 말기에 王莽(왕망)은 임치
현을 齊陵縣(제릉현)으로 변경하였고 濟南郡(제남군)에 귀속시켰으나 동한 초에는
다시 臨淄縣(임치현)으로 복원되었다. 위진 시기에는 齊國(제국)에 귀속되었고 남북
조 시기에는 청주 齊郡(제군)에, 수, 당, 오대 시기와 북송 시기에는 청주 北海郡(북
해군)에 소속되었다. 금대에는 益都府(익도부)에 속하였고 원 지원 2년에는 益都縣

359　康熙《臨淄縣志》卷1《沿革》, 淸康熙十一年刻本, pp.1b-3a ; 民國《臨淄縣志》卷1《地理志
　　上》, 民國九年石印本, pp.34b-37b ; 臨淄區區志編纂委員會編《臨淄區志》, 中華書局2007
　　年版, pp.69-72 ; 淄博市臨淄區民政局編《臨淄區地名志》, 山東人民出版社2019年版,
　　pp.49-51.

(익도현)에, 지원 12년에는 益都路(익도로)에 소속되었다. 명청 시기에는 임치현으로서 청주부에 속했고, 민국 시기에는 膠東道(교동도)에 속했다. 1953년 이후에 임치현은 昌濰專區(창유전구)에 속하였고 1958년 후에 임치현은 益都縣(익도현)에 병합되어 창유전구에 속하였다. 1961년 이후로 다시 임치현을 설치하였고 1969년부터지금까지는 구획이 나뉘어 일부는 淄博市(치박시)로 들어가고, 일부는 臨淄區(임치구)가 되었다.

김덕승은 익도현의 서쪽에 있는 경계 지역의 동편에 "獨津橋(독진교)"가 있고 또이 교량을 나타내는 비석이 있다고 하였다. 곤혹스러운 점은 이 교량에 대한 기록이《대명일통지》, 가정《산동통지》, 가정《청주부지》등의 중국 지방지 중에는 나타나지 않는다는 점이다. 이로써 본다면, "독진교"는 분명히 김덕승이 익도현—임치현의 경계 지역을 지날 때 그 부근에서 직접 목도하였던 장소일 것이다.

가정《청주부지》의《益都縣境圖(익도현경도)》에 기록된 바에 따르면, "익도현 …… 북쪽 경계 : 임치현 30리"라고 하였고,《臨淄縣境圖(임치현경도)》에서는 "임치현 …… 남쪽 경계 : 익도 …… 25리"라고[360] 하였다. 명대 말기 청주부성(즉 익도현성)은 임치현성의 동남쪽에 위치해 있었고, 익도현의 서북쪽 경계와 임치현의 동남쪽 경계선은 서로 맞물려 있는데 마치 요철처럼 들쭉날쭉하다. 그러므로 가정《청주부지》중에서 익도현성으로부터 서북쪽 경계까지의 거리와 임치현성으로부터 동남쪽 경계까지의 거리가 같지 않게 기록되었다. 가정《청주부지》의 기록에[361]의하면, 익도현성 서쪽 30리 지역에는 익도현의 급체포인 石洋鋪(석양포)가 있다. 바꾸어 말하면, "獨津橋(독진교)"는 분명히 익도현 석양포 부근에 있었을 것이다. 관련된 지방지의 기록에[362] 의하면, 명 가정 연간에 석양포는 또한 石羊店(석양점)이

---

360 "益都(縣)……北界 : 臨淄(縣)三十里", "臨淄(縣)……南界 : 益都……二十五里". 嘉靖《靑州府志》卷首圖, 明嘉靖刻本, pp.3b-5a.

361 嘉靖《靑州府志》卷11《驛傳》, 明嘉靖刻本, p.41a.

362 嘉靖《靑州府志》卷11《驛傳》, 明嘉靖刻本, p.41a ; 康熙《靑州府志》卷6《驛傳》, 淸康熙六十年刻本, p.7a ; 咸豐《靑州府志》卷27《驛傳》, 淸咸豐九年刻本, p.14b ; 靑州市地名委員會編《靑州市地名志》, 天津人民出版社1991年版, p.233 ; 靑州市鎭村志編纂委員會編《靑州

라고 불리기도 했고 익도현 務本鄕(무본향)에 속하였다. 청 康熙 연간부터 咸豐 연
간까지 石羊鋪, 石羊店으로 불렸으며 역시 益都縣 務本鄕에 속하였는데, 청 光緖
말년에 석양포는 폐지되었지만 그곳의 인구는 점차 증가하였으므로 석양점도 점
차 확대되다가 이후에 石家石羊村, 馬家石羊村, 朱家石羊村 등으로 나뉘게 되었
다. 1930년 이후에는 익도현제5구에 속하였다가 1952년 이후로는 石石羊村, 馬石
羊村, 朱石羊村으로 명칭이 바뀌었고 익도현제8구에 귀속되었으며 1958년 이후
로는 익도현 普通人民公社에 소속되었다. 석석양촌, 마석양촌, 주석양촌은 1982년
이후로는 邵莊人民公社(소장인민공사)에 소속되었다가 1984년 후로는 邵莊鄕(소장
향)에 귀속되었다. 1994년부터 지금까지는 청주시 邵莊鎭에 속해 있다.

사진 4-59　지금의 청주시 소장진 石石羊村(석석양촌) 마을 패방

강희《산동통지》의 기록에 따르면, "拱辰橋(공진교)는 청주부 정북쪽 30리 거
리에 있는 石羊店의 남쪽에 있다. 명 嘉靖 43년에 청주지부 杜思가 건립한 것이
다."[363] 이 사실을 김덕승이 기술한 것과 결합하여 추측해본다면, 공진교(역시 拱宸

　　　鎭村志·邵莊鎭卷》, 團結出版社2019版, pp.297-302.

363　"拱辰橋, 在府正北三十里石羊店南. 明嘉靖四十三年, (靑州)知府杜思建." 康熙《山東通志》
　　　卷22《橋梁》, 淸康熙四十一年刻本, 14b.

橋라고도 함)는 분명히 사신 김덕승이 말한 "獨津橋(독진교)"일 것이다. "獨津(독진)"
은 아마도 당시에 교량 아래로 흘러가던 하천의 이름일 것이라고 추정된다. 《청주
시지》, 《청주시지명지》의 관련 기록으로부터[364] 알 수 있는 것은 "독진교" 아래로
지나가던 하천의 명칭은 裙帶河(군대하)였으며 속칭 女水河(여수하), 女織水(여직수)
라고도 불렸다는 것이다. 獨津河가 명말 裙帶河의 별칭이었는지의 여부는 좀더 고
찰해볼 필요가 있다. 어쨌든 조선사신이 "獨津橋"에 대해 기록한 사실로부터, "拱
辰橋"는 일찍이 청주 益都縣 女水(河) 위를 지나던 교량이었으며 청주의 益都 - 臨
淄 구간의 역참로를 이어주는 중요한 통행로가 되었다는 것이다. 본서 집필진들은
현지 조사를 통하여 지금의 청주시 邵莊鎭 石石羊村의 서남쪽 2㎞ 지점에서 원래
玉皇廟村(옥황묘촌) 내에 존재하였고 지금도 일부 유적이 남아있는 "拱辰橋"를 찾
아내었다. 현재 裙帶河는 이미 다 말라버렸고 공진교의 양 끝단 역시 거의 채워지
고 평평해져서 겨우 다리 옆면의 일부를 볼 수 있을 뿐이었다. 본서의 집필진의 추
정에 대해 史志辦公室의 閆成武(염성무) 주임과 북보통촌 주민인 윤숙분(尹淑芬)씨
도 이 교량의 흔적이 옛 공진교일 가능성이 매우 크다고 긍정해주었다. 그러나 김
덕승이 말한 교량의 명칭을 새긴 비각은 이미 그 흔적을 찾을 수 없었다.

사진4-60   지금의 옥황묘촌 안에 있는 이를 모를 석교, 아마도 청대 지방지에 기록된 拱辰
橋(공진교)로 추정된다.

---

364 靑州市地名委員會編《靑州市地名志》, 天津人民出版社1991年版, p.467 ; 靑州市志編纂委
員會編 :《靑州市志》, 南開大學出版社1989年版, pp.162-163.

사진4-61　지금의 옥황묘촌 공진교 위에 있는 "청주시 역사유적지"의 명패

　　김덕승의 이 부분에 대한 서술 방식으로부터 보건대, 김덕승의《천사대관》의 창작 특징을 엿볼 수 있다. 즉《천사대관》은 다만《대명일통지》의 서술만을 참고한 것은 아니며, 사행 경로의 순서에 따라서《대명일통지》에 기재된 관련 내용들을 다시 구성하여 작성하고 또 자신이 직접 목도한 견문을 첨가한 것이다. 구체적으로 말하자면, 김덕승은 또한 "獨津橋"의 북쪽에 修真觀(수진관), 桓公廟(환공묘), 太公廟(태공묘) 등에 대해서도 기록하고 있는데, 민국《임치현지》의 기록을[365] 참고하면 修真觀은 臨淄縣의 북쪽에 있는 東古城莊의 동쪽에 있는 건물로서 즉 지금의 淄博市 臨淄區 齊都鎮 東古城村 지역에 있다. 또한 桓公廟와 太公廟는《대명일통지》와 옹정《산동통지》의 기록에[366] 따르면, 송 景佑 연간에 건축된 건물들로 명 成化 연간에 중수된 바 있으며 그 옛터는 지금의 淄博市 臨淄區 齊都鎮 東西大街 지역에

365　"修真觀, 在縣北東古城莊之東. 元延佑間, 道人羅志隱建. 洪武三年, 道人王智重修. 地勢爽塏, 廣袤數十畝, 俯殿淄流, 下有寒泉, 煮茗餉客, 異常甘烈, 林木千章, 樓閣高聳, 昔年文祉多會於此, 爲淄北第一勝境. 今則松栢盡伐, 風景都非矣"民國《臨淄縣志》卷3《古跡志》, 民國九年石印本, pp.14b-15a.

366　"齊桓公廟, 在臨淄縣西北二里營丘東, 宋景佑間碑刻在焉."《大明一統志》卷24《青州府》, 明天順五年內府刻本, p.32b ; "齊太公, 桓公廟, 舊址在縣西北二里營邱東. 明成化三年改建於儒學東北, 以魯仲連等七賢配享"雍正《山東通志》卷21《秩祀志》, 清文淵閣四庫全書本, p.29b.

위치해 있다. 익도현의 "獨津橋"와 임치현의 "修真觀", "桓公廟, 太公廟" 세 곳은
대략 거리가 약 13-30㎞에 이르는 삼각형 모양을 형성한다. 다시 말하면, 김덕승 등
의 조선사신들은 명나라로 사행을 오기 전에 이미《대명일통지》등의 지방지 종류
서적들을 숙독하고 숙지하고 왔으며 사행 도중에서 경유하는 지역들에 따라 순서
를 다시 구성하고 지리 정보와 인문 정보를 보충하면서 사행록을 완성하는 과정을
거쳤던 것이다.

> (7월)초10일, 맑음. 새벽에 (昌樂 서쪽 80리 지역에서) 출발하여 청주
> 에 도착하였고 왕씨의 집에서 아침 식사를 했다. ……臨淄와 교차하
> 는 경계 지역의 길에는 사람들이 많고 물산이 매우 풍성하고 화려하
> 였다. 사람들이 부딪치며 다닐 정도로 많다는 명성이 과연 사실이었
> 다. 淄河(치하)를 건너서 金嶺馹(금령일)에서 숙박하였다.
>
> (七月)初十日, 晴. 曉發(昌樂西八十里), 到青州, 朝飯於王姓家. ……
> 臨淄交界, 道路人民, 物華繁盛, 肩磨之聲果然. 渡淄河, 宿金嶺馹.
>
> —安璥《駕海朝天錄》

> (7월)초4일, 임진일. (청주 彌陀寺에서 출발하여) 金嶺鎮(금령진)에 도
> 착하였다. …… 臨淄縣南界(임치현남계)를 지났다.…….
>
> (七月)初四日, 壬辰. (自青州彌陀寺)到金嶺鎮. ……過臨淄縣南界
> …….
>
> —李民宬《癸亥朝天錄》

앞 문장에서 말한 바와 같이, 익도현성은 임치현성 동남쪽에 위치하고 있으며,
중국 지방지 중에 출현하고 있는 익도현 서북쪽 경계와 임치현 동남쪽 경계는 모
두 등주-래주-청주를 잇는 역참로가 가로로 통과하는 益都-臨淄의 접경지를 가리
킨다. 안경, 이민성 등 조선사신들이 익도-임치 접경지를 서술할 때 "臨淄交界(임치
교계)", "臨淄縣南界(임치현남계)" 등의 서로 다른 표현법을 사용하였다. 안경의 사

행록에 따르면, 명말 익도현과 임치현의 접경 지역은 왕래하는 객상들이 매우 많고 점포가 밀집해 있는 모양새로, 상업이 크게 발달한 지역이었다.

石石羊村의 주민 馮美彩(풍미채, 여, 81세)씨가 설명해 준 바에 따르면, 지금의 석석양촌 안에 동서 방향으로 나 있는 대로가 원래 익도에서 임치로 가는 옛 관도의 길이었다고 한다. 옛 관도는 石石羊村을 지난 후에 곧바로 馬石東村과 馬石西村을 통과하여 갔다. 풍미채씨가 어린 시절에 마을 노인들이 전하는 말을 들었는데, 옛 관도는 매우 오랜 역사를 가지고 있고 소금을 운반하던 도로였다고 한다. 앞의 문장과 지방지 중에 수록된 "石洋鋪"와 익도-임치 접경지의 기록을 종합하여 추측해 보건대, 명대 말기 익도-임치 접경지는 대체로 지금의 馬石東村(마석동촌)과 馬石西村(마석서촌) 부근이 된다. 관련된 지방지의 기록에[367] 따르면, 지금의 馬石東村과 馬石西村은 명청 시기에 石東馬와 石西馬로 불리기도 했으며 益都縣 務本鄕에 속하였다. 이 지역은 1930년에 익도현제5구에 속하게 되었고 1952년 이후에 지금의 이름으로 바뀌게 된 후 익도현제8구에 속하게 되었다. 1958년 이후로는 익도현 普通人民公社에 소속되었고 1962년 이후로는 익도현 王孔人民公社에 소속되었으며, 1982년에 익도현 邵莊人民公社로 귀속되었다가 1984년 5월에 익도현 邵莊鄕에 소속되었다. 1994년부터 지금까지는 청주시 邵莊鎭(소장진)에 속해 있다.

---

367 光緖《益都縣圖志》卷1《天象圖》, 淸光緖三十三年刻本, p.8a ; 靑州市地名委員會編《靑州市地名志》, 天津人民出版社1991年版, p.233 ; 靑州市鎭村志編纂委員會編《靑州鎭村志·邵莊鎭卷》, 團結出版社2019版, pp.289-296.

사진 4-62　지금의 청주시 소장진 馬石東村(마석동 촌)의 촌비

사진 4-63　지금 청주시 石石羊村 북쪽에 남아 있는 옛 역참로의 유적

사진 4-64　馬石東村과 馬石西村 북쪽으로부터 臨淄 로 향하는 옛 역참로에 시멘트가 깔리고 확장된 모습.

사진 4-65　지금 G309 국도에 있는, 청주시에서 淄 博市 臨淄區로 진입하는 곳의 톨게이트

사진 4-66　지금의 G309 국도 위에 표시된 靑州市와 淄博市 臨淄區의 경계 표지

이상에서 서술한 바를 종합해보면, 명대의 명칭에 따라 청주부성으로부터 臨淄
縣 南界까지 조선사신들이 경유한 장소의 지명은 순서대로 다음과 같이 정리할 수
있다. 1. 彌陀寺(彌院禪寺) 2. 孟嘗君遺址 3. 萬年橋(南洋橋, 萬歲橋) 4. 青社驛 5. (東陽
故城之)鎭青門 6. 富公亭(富相亭)[368] 7. "范井遺清"欛門 8. 馮尙書墓(馮氏先塋) 9. "堯
山在望"欛門(堯山), "獨津橋" 10. 臨淄縣南界(臨淄交界).

그리고 문헌 고증과 현지 조사 및 인터뷰 등의 기록을 종합하여 조선사신들이 지
나간 경유지의 현재 위치를 추정한 결과와 현재의 지명을 순서대로 정리해보면 다
음과 같다. 1.청주시 北關大街와 三合街가 교차하는 사거리 동쪽 부근 2.청주시 박
물관 남쪽 인근 3.청주시 青州古城 북단의 萬年橋 4.청주시 王府街道 뒷쪽 官營社
區 일대 5.청주시 堯王山路와 駝山中路 서남쪽 6.청주시 王府遊樂園 내부 7.청주시
邵莊鎭 鍾家莊村 8.청주시 邵莊鎭 南辛店村 9.청주시 邵莊鎭 玉皇廟村 10.청주시
邵莊鎭 馬石東村과 馬石西村 부근.

---

368 "富公亭" 패문은 지금의 청주시 邵莊鎭 北普通村과 南普通村 사이에 있다.

그림 4-67 靑州府城에서 臨淄縣 南界까지 조선사신 경유 노선 및 경유지점 명대 지명과 현대 지명 대조도(1)
彌陀寺(彌院禪寺)– 富公亭(富相亭)구간

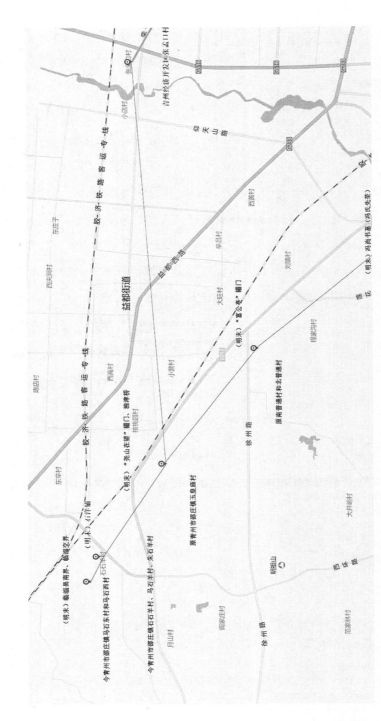

그림 4-68 青州府城에서 臨淄縣 南界까지 조선사신 경유 노선 및 경유지점 명대 지명과 현대 지명 대조도(2) "范井遺淸鋪門" – 臨淄縣南界(臨淄縣交界)구간

제5장 臨淄縣 南界에서 淄河까지

조선사신들은 "臨淄縣 南界(臨淄交界)"를 지난 후 臨淄縣 경내로 진입했다. 앞서
살펴본 대로 臨淄縣은 齊나라의 옛 도성으로 역사가 유구하고 수많은 명승고적이
남아 있었다. 明末 淸初《國権(국각)》을 지은 談遷(담천1594-1658)은 《北遊錄》에서
"臨淄縣城의 10리 밖에는 수많은 무덤들이 연이어 펼쳐져 있었는데 작은 것은 높
이가 2-3丈이고 큰 것은 산마루, 언덕과 연이어 있었으니 모두 춘추전국시기 제나
라 君臣의 葬地이다."[1]라고 기록했으며, 民國《臨淄縣誌》에도 臨淄를 많은 위인을
배출한 명당으로 소개하면서 "옛 제나라로부터 2000여 년의 역사가 지났지만 靑
史에는 당시 왕궁과 도읍의 아름다움과 번성함이 생생하게 기록되어 현재까지 전
하고 있다. …… 지금 제나라의 옛땅을 여행하면서 옛 유적 앞에서 추모의 념을 올
리는 순례자들은 단지 드넓은 옛 땅의 동쪽 齊景公이 인생무상을 탄식했다는 牛山
의 정상에 올라 보고. 齊桓公의 사당이 있었다는 桓公台와 管仲과 晏嬰의 묘를 찾
아 배알할 뿐이라네."[2]라고 기록하고 있다.

---

1   "臨淄縣城十里內外, 累累多大塚, 小者二三丈, 大者連岡帶阜, 皆齊初君臣葬地." (淸)談
     遷：《北遊錄》, 淸鈔本.
2   "抵今二千餘載, 汗靑耿耿, 當時宮室之美, 景物之盛, 亦溢於言外……游齊地而吊古跡者,
     惟一觀齊東之闊, 陟牛山之巓, 登桓公之台, 謁管, 晏之墓"民國《臨淄縣誌》卷3《古跡志》, 民
     國九年石印本, p.34b.

大禹가 천하를 구주로 나누어 대홍수를 다스렸다는 淄河와 齊桓公 등 춘추전국 시대의 역사를 화려하게 장식했던 옛 제나라의 군왕들과 管仲과 晏嬰 등으로 대표 되는 명재상들의 무덤, 그리고 제경공의 탄식이 서려 있는 牛山 등 무수한 옛 제나 라의 유적들은 조선사신들이 바쁜 사행 일정 중에 발걸음을 멈추고 시간을 쪼개서 방문한 곳들로서 이런 유적 앞에서 사신들은 통렬한 감개에 젖어 자신도 알지 못하 는 사이 눈물을 흘리곤 했던 것이다.

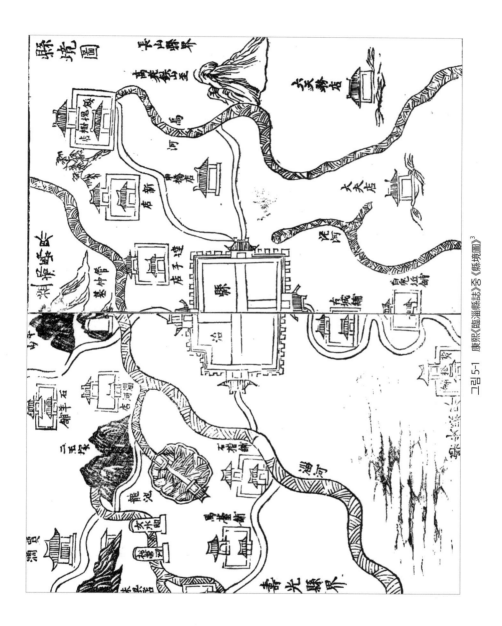

3   康熙《臨淄縣誌》卷首圖《縣境圖》, 康熙十一年刊本, pp.1b-2a.

제1절 齊桓公 景公墓,[4] (威宣閔襄)四王碑,[5] 淄河店[6]

> (9월) 19일 (鄒平縣 李山店에서) 새벽에 뜬 달을 보면서 發行하였다.
> 40리를 가서 張店에서 말을 쉬게 했는데 길 가에 齊桓公(제환공), 齊
> 景公(제경공), 齊宣王(제선왕)의 무덤이 있었다. 아마 옛 齊나라 葵山
> (규산)인 것 같다. 저녁에 大慈店(대자점)에서 유숙했다.
>
> (九月)十九日, (自鄒平縣李山店)曉月發行, 歇馬張店, 行四十里, 路側
> 有齊桓公, 景公及宣王墓, 想是齊國葵山也, 宿大慈店.
>
> ─吳允謙《海槎朝天日錄》

위의 글은 명 천계 2년(1622) 9월 19일 登極使 오윤겸이 북경에서의 사행임무를
완성하고 조선으로 돌아가는 도중 臨淄縣을 지날 때 남긴 것이다. 이 기록은 명대
말기 조선사신들이 齊桓公, 齊景公, 齊宣王의 무덤에 관해서 남긴 최초의 기록이
다. 위의 오윤겸의 기록에 따르면 濟南府 新城縣 張店 급체포에서 새벽에 출발하
여 동쪽으로 40리를 가자 齊桓公, 景公, 宣王 무덤들이 나타났는데 오윤겸은 그곳
이 바로 옛 齊나라의 "葵山(규산)"이라고 여겼다.

嘉靖《青州府志》기록에서[7] 葵丘(규구)라는 지명이 확인되는데, 오윤겸이 언급한
葵山의 정확한 명칭은 葵丘이며 이곳은 임치현에서 서쪽으로 10리(지금의 淄博市
臨淄區 朱台鎭 일대)떨어진 곳이다. 葵丘라는 지명은《左傳 莊公 八年》의 기록에도
보이는 바 齊襄公이 連稱(연칭, ?~BC 686)과 管至父(관지보)를 수자리 보낸 곳이며
齊桓公이 처음 霸業을 이룰 때 "葵丘會盟(규구회맹)"을 한 장소로도 알려져 있다.
그리고 그 위치는 陳留(지금의 河南 蘭考縣, 民權縣 경내) 일대로 추정되고 있다. 그러

---

4   조선사신들은 이를 齊桓公墓, 桓宣墓, 桓公碑, 齊宣王墓, 齊桓公塚, "齊桓公墓"石碑나 "景
公墓"石碑, 齊景公墓 혹은 齊前後君臣之掩骨處, 菀頭山(도두산) 등으로도 기록했다.
5   조선사신들은 이를 宣王墓, 齊宣王墓, "宣王墓"石碑 등으로도 기록했다.
6   조선사신들은 이를 淄河鋪, 滋河店(자하점), 淄河公署 등으로도 기록했다.
7   嘉靖《青州府志》卷7《古跡》, 明嘉靖刻本, p.34a.

나 강태공이 처음 봉해진 제나라의 도읍 營丘의 소재지에 관하여 다양한 설이 존재하고 아직까지 정설이 없는 것과 마찬가지로 이른바 "葵丘會盟"의 "葵丘"가 도대체 어디인지는 여전히 정해진 설이 없다.[8] 그러므로 정말로 임치현의 葵丘가 연칭과 관지보가 수자리 보내진 장소인지, 제환공이 '규구회맹'을 한 장소인지 고증하기도 어려우며, 오윤겸이 이곳을 "옛 제나라 땅의 규산이다(齊國葵山)"라고 언급한 것도 크게 신빙성이 없다.

한편, 《寰宇通志》에는 "齊桓公의 墓가 臨淄縣 동남쪽 15리 鼎足山에 있으며"[9] 齊景公의 墓는 "桓公의 墓와 같은 곳이다"[10]라고 기록하고 있다. 民國《臨淄縣誌》에는 "齊 四王墓가 (臨淄)縣 남쪽 牛山의 동쪽에 있는데, 《齊記補遺》에는 '齊나라 威王, 宣王, 湣王, 襄王 등 사왕묘는 魏書地形志에서는 四豪塚(사호총)이라고 칭했으며 水經注에서는 四豪 혹은 四王塚이라고 불렀다'."[11]라는 기록이 보인다.

한편, 오윤겸은 이곳을 지나면서 아래와 같은 《過齊景公墓》라는 시 한 수를 남겼다.

〈齊景公의 墓를 지나면서〉

(제경공의) 은택과 유풍 어디에 남아 있는지 물어보나니
길가에 남은 그의 봉분 곁에는 다 부서진 비석만이 남아 있네.
옛날 우산에 올라 인생무상을 슬퍼한 (제경공의) 눈물에 다함이 없었듯이
지금 그의 무덤 곁 지나는 나그네 또한 (세월의 무상함에) 고개 숙여 슬퍼
하네

8   任乃宏：《齊桓公會盟諸侯之"葵丘"地望新考》, 鄭開主編《齊文化與稷下學論叢(2019)》, 齊魯書社2020年9月1版, pp.342-350.
9   "齊桓公墓, 在臨淄縣東南十五里鼎足山"《寰宇通志》卷75《靑州府》, 民國三十六年玄覽堂叢書續集影印明景泰間刻本, p.8a.
10   "與桓公墓同處"嘉靖《靑州府志》卷11《陵墓》, 明嘉靖刻本, p.60b.
11   "齊四王墓, 在(臨淄)縣南牛山東.《齊記補遺》云：齊威, 宣, 湣, 襄四王墓, 魏書地形志作四豪塚, 水經注作四豪, 亦日四王塚."民國《臨淄縣誌》卷3《古跡志》, 民國九年石印本, p.15a.

過齊景公墓

遺澤[12]流風[13]何處問, 路邊杯土倚殘碑.

當年不盡牛山淚, 今日行人亦自垂.

　　　　　　　　　　　　　　　　　　　　—吳允謙《朝天詩》

　　이 시는 支韻으로 압운하고 평측과 댓구를 맞춘 전형적인 7언 절구 근체시형을
갖추고 있다. 제1구는 시상을 일으키는 起로서 작자는 이곳이 바로 명재상 안영을
등용하여 제나라의 국운을 진작시킨 제경공의 무덤이 있는 고장이라는 말을 전해
듣고는 구체적인 위치를 현지인에게 물어보는 것으로 시를 시작한다. 2구는 承으
로서 1구의 질문에 대한 대답으로 현지인의 인도를 받아 직접 제경공의 무덤을 목
도한 사실을 읊고 있다. 그런데 제경공의 무덤은 그 비석이 이미 크게 훼손되어 일
부만 남아 있을 정도로 아무런 관리가 되지 않고 방치되어 있었다. 杯土(배토)란 봉
분을 가리킨다. 3구는 轉으로서 제경공의 이지러진 무덤을 바라보면서 작자는 제
경공에 얽힌 牛山淚(우산루 혹은 牛山悲라고도 함)의 고사를 떠올린다. 우산루란 齊
景公이 옛날 牛山에 올라 인생무상에 슬퍼하면서 눈물을 흘린 일을 가리키는데
《晏子春秋·內諫上第一》에 다음과 같은 고사가 보인다. "제경공이 하루는 牛山을
유람하였는데 산 북쪽으로 제나라 도성을 바라보다가 눈물을 흘리며 말하기를 '이
렇게 하염없이 눈물 흘리면서 언젠가는 죽어 이처럼 아름다운 곳을 떠나야하는가!'
라고 했다. 이에 곁에 있던 艾孔, 梁丘據가 모두 제경공을 따라 울었으나 안영만은
홀로 곁에 서서 폭소를 터뜨렸다. 제경공이 눈물을 훔치고 안영을 돌아보며 '과인

---

12   遺澤(유택)은 後人에게 남긴 은덕이라는 뜻이다.《宋書·孝武帝紀》에 "외람되이 제왕의 후
　　　손으로 태어나 대업을 이어받아 제왕이 남긴 은덕 널리 선양하고자 하는 그 마음 잃은 적
　　　없네(猥以眇躬, 屬承景業, 闡揚遺澤, 無廢厥心)"라는 표현이 보인다. (梁)沈約 :《宋書》卷6《孝武
　　　帝紀》, 淸乾隆四年刻本, pp.3b-4a.

13   流風은 옛부터 전하여 내려오는 기풍을 가리킨다.《孟子·公孫丑上》에 "紂임금은 武丁임
　　　금으로부터 그리 오래 지나지 않았으므로 무정이 남긴 훌륭한 가신과 아름다운 풍속, 건전
　　　한 유풍과 선량한 정사가 여전히 남아 있었다(紂之去武丁未久也, 其故家遺俗, 流風善政, 猶有存者)"
　　　라는 표현이 보인다. (漢)趙岐注 :《孟子》卷3《公孫丑上》, 微波榭叢書本, p.3a.

은 오늘 유람이 너무 슬프고 애공과 양구거 두 신하도 과인을 따라서 우는데 안영
그대만은 어째서 홀로 웃고 있는 것인가?'라고 물었다. 안영은 '제나라 옛 역사를
살펴보건대 만약 현명함으로써 오래 동안 그 보위를 지킬 분을 꼽으라면 강태공과
제환공이 있고, 만약 용감함으로써 오랫 동안 그 보위를 지킬 분을 꼽으라면 齊莊
公과 齊靈公이 있습니다. 만약 이런 분들이 정말로 오랫동안 그 보위를 지키셨다면
지금 임금께서 어떻게 지금 그 자리에 오를 수 있었겠습니까? 그분들께서 교대로
즉위하시고 또 차례로 보위를 떠나셨기에 지금 임금께 그 보위가 이른 것인데, 어
찌 임금께서만 유독 보위를 오래 차지하지 못한다고 해서 눈물을 흘리십니까? 이
는 不仁한 것입니다. 이처럼 첫째로는 不仁한 군주를 보았고 둘째로는 이런 군주에
게 아첨하는 신하들을 보았기 때문에 혼자서 몰래 웃고 있었던 것이지요.'라고 대
답했다."[14] 이어진 4구는 結로서 제경공이 우산에 올라 인생무상을 슬퍼했듯이 작자
는 이제 아무도 찾아오지조차 않는 제경공의 이지러진 무덤을 보고서 옛날의 제경
공처럼 절로 고개 숙여 인생무상을 느끼고 슬퍼하게 되었다고 말하면서 시를 마무
리짓고 있다.

　그런데 오윤겸 이후로 이곳을 지나던 조선사신들은 齊桓公, 齊景公 및 齊宣王의
무덤 위치에 대해서 오윤겸보다 더욱 상세한 기록을 아래와 같이 남기고 있다.

> 청주부로부터 …… 35리를 가니 비석이 하나 나오는데 "齊桓公墓
> (제환공묘)"라고 써 있었고 다시 "景公墓(경공묘)"라고 쓰인 비석, "宣
> 王墓(선왕묘)"라고 쓰인 비석, "齊相管鮑墓(제상관포묘)" 즉, 管仲과 鮑
> 叔牙의 묘라 쓰인 비석이 차례로 보였다. …… 四王墓(사왕묘)는 방형

14　"景公游于牛山, 北臨其國城而流涕曰:'若何滂滂去此而死乎!'艾孔, 梁丘據皆從而泣, 晏
子獨笑於旁. 公刷涕而顧晏子曰:'寡人今日游悲, 孔與據皆從寡人而涕泣, 子之獨笑, 何也
?'晏子對曰:'使賢者常守之, 則太公, 桓公將常守之矣 ; 使勇者常守之, 則莊公, 靈公將常
守之矣. 數君者將守之, 則吾君安得此位而立焉? 以其迭處之, 迭去之, 至於君也, 而獨爲之
流涕, 是不仁也. 不仁之君見一, 諂諛之臣見二, 此臣之所以獨竊笑也.'"(周)晏嬰 :《晏子春
秋》卷1《內諫篇上第一》, 經訓堂叢書印本, p.9b.

의 기단 위에 둥근 봉분이 또렷했으니 四王이란 바로 齊威王, 齊宣王, 齊閔王, 齊襄王이다.

自靑州府……行三十五里, 有碑, 書之曰："齊桓公墓", 又碑曰："景公墓", 又碑曰："宣王墓", 又碑曰："齊相管鮑墓", 卽管仲鮑叔之墓也. ……四王墓, 方基圓塚宛然. 四王齊威, 宣, 閔, 襄也.

—鄭斗源《朝天記地圖》

(10월) 19일 병자일 맑음. 날씨가 온화하고 따뜻했다……(청주부 北關에서 發行하여)……20 여 리 떨어진 곳에 이르니 북쪽으로 齊桓公(제환공)과 齊景公(제경공)의 墓가 있었고 管仲과 晏嬰의 墓도 이 지역에 있었다. 남쪽으로는 齊宣王(제선왕)의 墓가 있는데 무덤 (석비) 양쪽으로 3개의 석비가 세워져 있었으니 곧, 고을 사또가 새겨 세운 石碑들이다.

(十月)十九日, 丙子, 晴. 日氣和暖. ……(從靑州府北關發行)……至二十餘里, 北有齊桓公景公墓, 管仲晏嬰之墓亦在焉. 南有齊宣王墓兩邊豎三碑, 乃邑令所刻石碑也.

—趙濈《燕行錄一云朝天錄》

菟頭山(도두산)은 一名 鼎足山(정족산), 혹은 駝頭山(타두산)이라고도 한다. 산 위에 齊桓公의 릉이 있는데 唐 貞觀 연간에 조서를 내려 제사를 올리고 릉에 올라가 땔나무 채취하는 것을 금했다. ……《齊記》에 이르기를 '四王墓(사왕묘)는 鼎足山에 있는데, 네모난 기단 위에 둥근 봉분이 조성되어 있고 동서 방향으로 사왕의 능이 배열되어 있는데 사왕이란 威王, 宣王, 閔王, 襄王이며 四王의 碑와 齊桓公의 碑는 길의 좌측에 차례로 서 있다.'고 했다.

菟頭山一名鼎足(山), 又名駝頭(山). 上有齊桓公塚, 唐貞觀中詔致祭, 禁樵采塚. ……《齊記》：四王墓在鼎足(山), 方基圓塚, 東西直列, 乃威, 宣, 閔, 襄, 而四王碑, 桓公碑並立路左.

—金德承《天槎大觀》

먼저 정두원의 기록을 보면, 그가 지나던 驛道 곁에 제환공과 제경공, 제선왕 등의 묘지를 나타내는 석비가 차례로 세워져 있었음을 알 수 있고, 아마도 이를 통해 오윤겸 등 이곳을 지나던 다른 조선사신들도 쉽게 그 릉의 주인이 누구인지 알 수 있었을 것이다. 게다가 정두원은 이들 묘의 석비가 益都縣 石洋鋪 서쪽 5리 떨어진 곳에 있었다는 사실을 정확하게 기록하고 있으며 오윤겸은 언급한 바 없는 옛 제나라 재상 관중과 포숙아 묘의 존재도 함께 기술하고 있다.

한편, 조즙의 또 다른 기록에서는 이들 묘지석의 위치를 더욱 상세하게 기록하고 있는데 즉, 驛道의 북쪽으로 "齊桓公墓", "齊景公墓", "齊相管鮑墓"의 석비가, 길의 남쪽으로 "齊宣王墓"의 석비가 있었다고 한 것이다. 현재까지 전해지는 중국 지방지에도 이들 제나라 재상과 임금의 능묘에 대한 기록이 존재하기는 하지만 이들 능묘 비석의 존재와 위치에 대한 구체적인 기록은 남아 있지 않으므로 조선사신의 이러한 기록들은 중국지리서에 대한 중요한 보충자료가 된다.

계속해서 김덕승의《天槎大觀》의 기록을 보면, 그의 기록이《大明一統志》의 일부분을 그대로 인용하고 거기에 자신이 직접 보고 들은 정보를 추가하는 형태로 작성되었음을 재차 확인할 수 있다. 즉, "'四王墓는 鼎足山에 있으며,《齊記》에 이르기를 '네모난 기단 위에 둥근 봉분이 조성되어 있고 동서 방향으로 사왕의 능이 배열되어 있는데 사왕이란 威王, 宣王, 閔王, 襄王이다'라고 했다"[15]라는 기록은《大明一統志》를 그대로 전제한 것이다. 그러나 "四王의 碑와 齊桓公의 碑는 길의 좌측에 차례로 서 있다(四王碑, 桓公碑並立路左)"라는 부분은 중국 지방지에는 보이지 않는 정보로서, 김덕승 자신이 사행 중에 직접 목도한 정보를 추가로 기재한 것이다. 이처럼《大明一統志》는 명대 말기에 중국으로 사행 왔던 조선사신들이 수시로 참고하고 관련 지역의 기록에 활용했던 일종의 여행참고서로서 기능했다고 볼 수 있다. 그리고 정두원의 기록에 근거한다면 김덕승이 靑州, 특히 臨淄 지역을 기술할 때는

---

15   "四王墓, 在鼎足山.《齊記補遺》: 方基圓塚, 東西直列, 乃齊威, 宣, 閔, 襄四王墓也"《大明一統志》卷24《靑州府》, 明天順五年內府刻本, p.33b.

그 여정이 서쪽에서 동쪽으로, 곧 북경에서 조선으로 돌아가는 귀로를 따라 서술되었음을 알 수 있다.

그림 5-2   《航海朝天圖》중《齊靑州府(圖)》부분

이상 조선사신들의 여러 기록을 종합해보면, 우리는 이곳 사행구간 역참로의 여러 지리적 표지물의 위치를 비교적 정확하게 추정할 수 있다. 즉, 臨淄縣과 益都縣을 잇는 驛道의 남쪽으로는 "齊宣王墓"의 비석이, 북쪽으로는 "齊桓公墓", "齊景公墓", "四王墓"의 비석이 있었다. 그리고 嘉靖《靑州府志》에 언급한 바 "四王墓는……威王, 宣王, 湣王, 襄王의 墓이다"[16]라는 기록을 고려해보면, 조즙이 언급한 바 "齊宣王墓(碑)의 양 옆으로 3개의 비석이 세워져있다."라는 기록 가운데 3개의 비석은 각각 "齊威王墓", "齊湣王墓", "齊襄王墓"의 비석이며 명대 말기 臨淄縣 知縣이 세운 것임을 알 수 있다. 한편, 제나라 재상 관중과 포숙아의 묘는 이곳 역로변이 아니라 牛山에 있었으므로 이에 관해서는 뒤의 우산에 관련된 고증 부분에서 자세히 살펴보기로 한다.

그림 5-2《航海朝天圖》를 보면 驛道 위로 "齊宣王墓", "齊景公墓"라고 쓰인 석비와 분묘를 확인할 수 있고, 아래로는 "齊桓公墓"라고 쓰인 석비와 무덤을 확인할 수 있다. 그런데 이러한 석비와 무덤의 배치와 순서는 앞서 살펴본 조선사신의 기

---

16   "四王墓……(爲)齊威宣湣襄四王墓" 嘉靖《靑州府志》卷11《陵墓》, 明嘉靖刻本, pp.59b-60a.

록과 다르기 때문에 왜 이런 차이가 나는지 의문이다. 그러나 관련 중국 지방지의 지도를 살펴보아도 무덤과 석비의 구체적인 배치와 순서는 나와 있지 않으므로 조선사신이 잘못 기록한 것인지,《航海朝天圖》를 그린 수행화원이 잘못 묘사한 것인지 명확하게 판단할 수 없다. 단, 조선사신의 사행록이 비록 비공식적인 개인 기록이기는 하지만 지금까지 살펴보았듯이 대부분 직접 목도한 객관적인 사실은 정확하게 기록하고 있다는 점을 고려해보면, 이는 수행화원의 착오가 아닐까 한다.

전국 시대의 제나라는 戰國 七雄 가운데 하나이며 특히 전국 시대를 통일한 秦나라 다음으로 강성했던 강국이어었으므로 제나라와 관련된 역사 典故는 이루 헤아릴 수 없이 많이 유전되었다. 대부분의 조선사신 역시 이 구간 역도를 지나면서 역사서 속에서만 읽어 보았던 역사적 유적지를 직접 목도한 감개무량함을 시를 통해 직접 표현하곤 했다.

〈제환공의 묘를 지나며〉

(제환공은) 莒나라로 망명했던 어려운 시절들을 잊지 않고서
자신의 허리띠 걸쇠를 화살로 쏘아 맞춘 관중을 오히려 재상으로 삼았다네.
초나라를 정벌하여 주나라 왕실의 위엄과 덕망을 떨치고
제후를 규합하여 주나라를 받들고 오랑캐를 물리치는 일을 일신했다네.
그런데 어찌하여 관중이 임종 시 남긴 원대한 책략을 힘써 시행하지 않고서
형벌받아 마땅한 소인배 무리를 다시금 가까이하여 등용했는가!
일망무제 황량한 벌판 위에 서있는 (제환공의) 묘지석 앞에서
가던 말 세우고 바라보니 슬픈 생각 절로 드네.

過齊桓公墓
無忘在莒日, 置相射鉤臣.

伐楚王靈[17]振, 尊周霸業新.

如何勤遠略, 又復近刑人.

一片荒原石, 停驂爲愴神.[18]

—李民成《燕槎唱酬集》

　　이 시는 천계 3년(1623) 7월 4일 이민성 일행이 청주부성을 출발하여 청주 金嶺
驛으로 가는 도중에 齊桓公의 무덤을 지나면서 지은 것이다. 1구의 莒(거)는 西周시
대 제후국 가운데 하나인데 지금의 산동 莒縣으로서《春秋·隱公二年》에 "莒나라
사람들이 向나라를 침입했다"라는 기록이 보이고, 杜預는 注에서 "莒나라는 지금
의 城陽 莒縣이다"[19]라고 설명했다. 齊桓公 즉, 姜小白은 젊은 시절 莒나라로 망명
을 한 적이 있었다.《管子·大匡第十八》에 "襄公이 小白을 쫓아내자 小白은 莒나라
로 달아났다"[20]라는 기록이 보인다. 2구의 射鉤臣(사구신-허리띠쇠를 쏘아맞춘 신하)
이란 管仲를 가리킨다. 관중이 제나라의 재상이 되기 전에 姜小白(곧, 제환공)의 형
인 公子糾(공자규)를 보좌했었는데 姜小白이 제나라로 돌아오는 행차를 보고는 姜
小白을 화살로 쏘아 맞췄다. 그러나 운좋게도 화살은 허리띠쇠에 맞았기 때문에 姜
小白은 아무런 상처도 입지 않고 무사히 달아나 결국에는 제나라의 임금이 될 수

17　靈(영)이란 王靈을 가리키며 朝廷의 위엄과 덕망을 말한다. 漢 班固의《寶車騎北伐頌》에
　　"제왕의 교화가 아직 백성에 이르지 못함은 조정의 위엄과 덕망(王靈)이 미치지 못했기 때
　　문인데, 황제의 위엄이 떨치게 되면 마치 천둥과 벼락이 치듯이 신속하리라("聲教未暨, 弗及
　　王靈. 皇震其威, 赫如雷霆)"라는 표현이 보인다. (唐)房玄齡 :《晉書》卷51《摯虞傳》, 清乾隆四年
　　刻本, p.16b.

18　愴神(창신)이란 상심하다, 슬퍼하다라는 뜻이다. 宋 陸遊의《夜登千峰榭》詩에 "높은 누각
　　은 북두성을 찌를 듯하고 먼 산은 달을 머금었는데 이리 저리 배회하며 소리 높여 노래부
　　르니 갑자기 슬퍼지네(危樓插斗山銜月, 徙倚長歌一愴神)"라는 표현이 보인다.

19　"莒人入向."杜預注 : "莒國, 今城陽莒縣." (周)左丘明撰, (晉)杜預注, (唐)孔穎達疏 :《左傳
　　注疏》卷2《隱公》, 重刊宋本十三經注疏本, p.27a.

20　"襄公逐小白, 小白走莒." (周)管仲撰, (唐)房玄齡注 :《管子》卷7《大匡第十八》, 四部叢刊景
　　宋刻本, p.4b.

있었다. 《史記·齊太公世家第二》에 관련 기록[21]이 보인다. 3구의 伐楚(벌초)란 周惠王 21년(B.C.656)부터 4년 동안 齊桓公이 中原의 패자로서 楚나라의 부속국인 蔡나라를 정벌하고 이어서 楚나라를 무력으로 위협한 전쟁을 가리킨다. 《左傳》에 "齊나라의 제후가 제후들의 연합군을 이끌고 蔡나라를 공격하여 蔡나라를 궤멸시키고 이어서 楚나라를 토벌하였다"[22]라는 기록이 보인다. 4구의 尊周霸業(존주패업)이란, 齊桓公이 管仲의 "尊王攘夷(존왕양이-주왕실을 받들고 오랑케를 물리침)"의 계책을 수용하여 결국 "諸侯를 규합하고 어지러운 천하를 바로잡은 일(一匡天下)"을 가리킨다. 6구의 刑人(형인)이란 형벌을 받을 사람 혹은 宦官의 뜻이다. 《周禮·地官·司市》에 "國君이 시장을 지나가면 刑人을 사면한다"[23]라는 표현이 보인다. 이 시에서는 齊桓公 때 세 명의 간신인 易牙(역아), 開方, 豎刁(수조)를 가리킨다. 《史記》에 다음과 같은 기록이 있다. "管仲이 노환으로 정사를 돌볼 수 없게 되자 제환공이 '여러 신하들 가운데 누가 재상 자리를 맡을 수 있을까?'라고 물으니 管仲이 '임금님보다 신하를 잘 아는 사람이 어디 있겠습니까?'라고 대답했다. 제환공이 '易牙가 어떠한가?'라고 물으니 대답하기를 '친자식을 죽이고 임금을 맞이했으니 사람으로 차마 하지 못할 일을 한 것이니 不可합니다'라고 대답했다. 제환공이 '開方은 어떠한가?'라고 물으니 대답하기를 '친척을 등지고 임금을 맞이했으니 이 또한 사람으로 차마 하지 못할 일을 한 것이니 가까이 두기 어렵습니다.'라고 대답했다. 이어서 '豎刁은 어떠한가?'라고 물으니 '스스로 거세를 하고서 임금을 맞이했으니 이 또한 사람으로서 차마 하지 못할 일을 한 것이니 가까이하기 어렵습니다.'라고 대답했다. 管仲이 병으로 죽고나서 제환공이 管仲의 말을 듣지 않고 결국에는 이들 세 명

21 "魯聞無知死, 亦發兵送公子糾, 而使管仲別將兵遮莒道, 射中小白帶鉤. 小白佯死, 管仲使人馳報魯." (漢)司馬遷撰, (劉宋)裴駰集解, (唐)司馬貞索隱, 張守節正義 : 《史記》卷32《齊太公世家第二》, 清乾隆四年刻本, p.7a.

22 : "四年春, 齊侯以諸侯之師侵蔡. 蔡潰. 遂伐楚." (周)左丘明撰, (晉)杜預注, (唐)孔穎達疏 : 《左傳注疏》卷12《僖公》, 重刊宋本十三經注疏本, p.10b.

23 "國君過市, 則刑人赦." (漢)鄭玄注, (唐)陸德明音義 : 《周禮》卷4《地官司徒下》, 士禮居叢書景明嘉靖刻本, p.14b.

을 가까이하여 등용했으니 결국 세 명은 제나라의 대권을 농단했다."[24]

이 시는 詠史的 서정시로서 전성기의 齊桓公을 명군으로 평가하는 역사적 사실로부터 시작한다. 젊은 시절 제환공은 형제 간의 권력 다툼 속에서 죽음을 피해 거나라로 망명하는 등의 어려움을 겪었지만 좌절하지 않고 오히려 臥薪嘗膽하여 결국에는 명군이 되었다. 그 단적인 예가 바로 그를 활로 쏘아 죽이려한 원수인 管仲을 죽이기는 커녕 鮑叔牙(포숙아)의 조언을 받아들여 제나라의 재상으로 등용하여 제나라를 춘추시기 제후국 가운데 가장 강성한 나라로 만든 것이다. 또한 제환공은 管仲의 尊王攘夷의 계책에 따라 제후를 규합하여 초나라를 정벌하는 등 어지러운 천하를 바로잡아(一匡天下) 명실상부한 중원의 패자가 되었다. 그러나 5, 6구인 轉에서는 시상이 전환되어 관중이 죽고 난 후 제환공이 관중의 유언을 따르지 않고 간신배 무리들을 가까이하여 그들을 등용하는 바람에 결국에는 나라를 혼란에 빠뜨리고 자신도 그런 혼란 중에 아사하게 된 사실을 질타하면서도 안타까워한다. 이어진 7, 8구인 結에서는 작자인 이민성 자신이 오늘 이렇게 황량한 벌판에 우두커니 남아 있는 제환공의 무덤을 지나게 되는데 지금은 아무도 찾아오지 않는 그의 무덤에는 외로운 석비만 덩그렇게 서있고 그 앞에서 말을 세우고 멍하니 제환공의 무덤을 바라보고 있자니 자신도 모르게 슬픈 생각에 눈물 짓게 되었다며 스스로 감정을 토로하면서 시를 마무리하고 있다. 이 시는 제환공의 전고를 자유자재로 인용하면서 춘추오패 가운데 한 명인 제환공이 전성기 때는 정사에 온힘을 쏟고 사리사욕을 버리고 인재를 등용하여 한 시대를 풍미할 수 있었지만 나중에는 정사를 태만하고 소인배의 무리를 가까이하여 나라를 혼란에 빠뜨렸을 뿐만 아니라 자신도 헛되이 죽게 되었음을 특히 강조하고 있는데, 이는 당시 조선의 집권자들이 명나라와

---

24 "管仲病, 桓公問曰：'群臣誰可相者?'管仲曰：'知臣莫如君.'公曰：'易牙如何?'對曰：'殺子以適君, 非人情, 不可.'公曰：'開方如何?'對曰：'倍親以適君, 非人情, 難近.'公曰：'豎刁如何?'對曰：'自宮以適君, 非人情, 難親.'管仲死, 而桓公不用管仲言, 卒近用三子, 三子專權." (漢)司馬遷撰, (劉宋)裴駰集解, (唐)司馬貞索隱, 張守節正義：《史記》卷32《齊太公世家第二》, 清乾隆四年刻本, p.8b.

청나라 사이 벌어지고 있던 패권전쟁의 와중에서도 국익보다는 당리당략을 우선
시하고 능력보다는 당파를 중시했던 인재등용의 세태에 대한 간접적인 勸誡이기
도 했을 것이다.

사진 5-3　管仲紀念館 입구에 管仲을 기념하기 위해 걸려 있는 "一匡天下"라 쓰인 橫額
(지금 淄博市 臨淄區 소재)

〈제환공의 묘〉

여러 나라를 종횡무진 유세하고 또 공략하였으니
尊王攘夷(주왕실을 받들어 오랑캐를 물리침)는 당시 최고의 계략이었다네.
아홉 번 제후들과 회맹하여 천하를 바로 잡았음은 스스로 얻은 것이 아
니라
다만 관중이라는 출중한 인물을 알아보고 능히 등용할 수 있었기 때문이
었네.

桓公墓

竪橫談說惣[25]區區,[26] 最是尊周時勝謨.[27]

九合一匡非自致,[28] 只應能得管夷吾.

　　　　　　　　　　　　　　　　　—李慶全《石樓先生朝天錄》

　　이 시는 명 천계 3년 奏聞(請封)兼辨誣使行臣 정사 이경전이 지은 것으로 바로 앞에서 살펴본, 같은 사행단의 서장관 이민성이 지은《過齊桓公墓》시와 비슷한 때 지어졌을 것이다. 3구의 九合一匡(구합일광)이란 제환공이 뭇제후들과 9차례 회맹하여 어지럽던 천하를 바로잡은 일을 가리킨다.《管子·小匡》에 다음과 같은 기록이 보인다. "齊桓公이 管仲을 불러 계책을 논의했는데 管仲이 말하기를 '임금된 자가 임금 노릇 못하고 신하된 자가 신하 노릇을 못하는 것이 바로 천하가 어지러워지는 근본 원인이다'라고 하니, 齊桓公이 '내가 乘車를 타고서는 3차례 회맹했고 兵車를 타고서는 6차례 회맹하여 9 차례나 뭇 諸侯를 만나 어지러운 천하를 바로잡았다'라고 했다"[29] 이처럼 齊桓公은 여러 차례 제후들과 會盟하여 당시 혼란에 빠진 천하의 정세를 안정시켜 春秋五覇 가운데 으뜸 가는 인물로 인정받았다. 그후 '구합일광'이란 탁월한 治國의 才能이 있음을 형용하는 전고로 사용된다. 管夷吾란 곧, 管仲을 가리키는데 管敬仲(姓이 管, 이름이 夷吾며 字는 仲 혹은 敬仲임)이라

25　惣(홀)은 치다, 공격하다는 뜻이다.

26　區區는 國家의 뜻이다.《新唐書·李常趙崔齊盧傳》에 "옛날 齊桓公과 前秦의 苻堅(재위 357-385)은 각각 管仲과 王猛(325-375)을 중용하여 나라를 부흥시키고 천하의 패자가 되었다(昔齊桓, 秦堅任管仲, 王猛, 興區區, 霸天下)"라는 표현이 보인다. (宋)歐陽修：《新唐書》卷150《李常趙崔齊盧傳》, 清乾隆四年刻本, p.10a.

27　勝謨(승모)란 필승의 모략을 가리킨다.

28　自致(자치)란 스스로의 주견에 따라 노력하여 얻음을 말한다. 唐 杜甫의《送顧八分》詩에 "烈士는 부당하고 구차하게 얻음을 싫어하고 준수하고 걸출한 인물은 자신의 주견에 따라 노력하여 얻고자 숙고한다(烈士惡苟得, 俊傑思自致)"라는 표현이 보인다. (唐)杜甫：《杜工部集》卷8《古詩四十五首》, 續古逸叢書景宋刻本配毛氏汲古閣本, p.14b.

29　"桓公召管仲而謀, 管仲對曰：'爲君不君, 爲臣不臣, 亂之本也.'桓公曰：'余乘車之會三, 兵車之會六, 九合諸侯, 一王天下.'"(周)管仲撰, (唐)房玄齡注：《管子》卷8《小匡》, 四部叢刊景宋刻本, p.12a.

고도 부른다.

이 시에서 작자는 齊桓公이 혼란에 빠진 춘추시기에 천하를 안정시킨 春秋五霸 가운데서도 으뜸가는 군주가 될 수 있었던 가장 핵심적인 이유가 재능있고 현명한 인물인 管仲을 알아보고 그를 재상으로 등용했으며 게다가 그의 명철한 의견을 흔 쾌히 받아들여 시행했음에 있었다고 평가하면서, 동시에 이러한 평가를 통해 간접 적으로 管仲의 탁월한 능력을 칭송하고 있다. 이 시는 서정적인 요소는 배제하고 제환공과 관중에 대한 평가와 관점을 촌철살인의 의론으로 풀어내고 있는데 전고 의 인용과 활용이 깔끔하고 절묘하여 군더더기가 없어 絶句로 쓰여진 詠史詩의 전 범을 보여주고 있다.

〈제환공의 묘[30]〉

자신의 허리띠 쇠를 활로 쏘아 맞춘 원수에게 온 나라를 들어 정사를 위
임했으니
莒나라에 망명했던 때가 그리 오래지 않아서 그 수모 잊지 않음이라네
임금과 신하가 서로 의기투합했음을 생각해보면
왕업과 패업이 애초부터 분명히 드러날 것을 이미 알 수 있었다네.

齊桓公墓
舉齊專委射鉤讎,[31] 指日[32]無忘在莒秋.[33]

---

30   尹暄《白沙先生集》卷1《七言絶句》, 韓國國立圖書館藏本, p.13b.

31   讎(수)는 怨讐, 仇敵의 뜻으로《尚書·泰誓下》"이에 너희 장령들을 통솔하여 저 원수들을 섬멸하고자 하네(誕以爾衆土, 殄殲乃讎)"라는 표현이 보인다. (漢)孔安國傳, (唐)陸德明音義 : 《尚書》卷6《泰誓下》, 仿宋相台五經本, p.6b.

32   指日이란 시기가 멀지 않다, 머지 않아서(未久)의 뜻이다.

33   秋는 일정한 시기, 때를 가리킨다.《史記·魏公子列傳》에 "지금 公子께서 위급한 처지를 당하게 되었으니 이는 곧 신이 목숨을 바칠 때입니다(今公子有急, 此乃臣效命之秋也)"라는 표현이 보인다. (漢)司馬遷撰, (劉宋)裴駰集解, (唐)司馬貞索隱, 張守節正義 :《史記》卷77《信陵君傳》, 清乾隆四年刻本, p.4b.

想得³⁴君臣相□³⁵處, 已知王欛³⁶辯³⁷初頭.³⁸

—《白沙先生集》尹暄

　　이 시는 명 천계 3년 奏聞(請封)兼辨誣使臣團 副使 尹暄이 지은 것으로 당시 사행단에 함께 동행했던 서장관 이민성의 《過齊桓公墓》, 정사 이경전의 《桓公墓》시와 비슷한 시기에 쓰여 졌을 것이며, 그 주제의식도 대단히 비슷하다. 이 시는 齊桓公이 제나라의 왕위에 오르기 전 거나라로부터 돌아올 때 이를 저지하려던 관중이 쏜 화살에 맞아 죽을 뻔 했지만 도리어 왕위에 오른 후에 관중을 처벌하기는 커녕 그를 재상에 등용하여 명분상으로는 주 왕실을 받들어 왕도정치를 표방하는 동시에 실질적으로는 뭇 제후의 霸主가 되었던 일을 거론하면서, 제환공이 이처럼 정사에 성공할 수 있었던 요인을 사적인 개인감정에 좌지우지되지 않고 충신의 간언을 받아들일 수 있는 넓은 도량과 배포, 그리고 인재를 알아볼 수 있는 식견과 인품에 있었다고 칭송하고 있다. 이러한 제환공에 대한 역사적 평가는 앞서 살펴본 正使 李慶全과 書狀官 李民宬이 가진 관점과 유사한데, 조선사신들은 아마도 이러한 사

34　想得는 料想과 같은 뜻으로 생각하다, 예상하다, 짐작하다는 뜻이다. 宋 柳永의 《少年游》詞 제5수에 "이별 후에 생각해보니 여전히 이전의 그 모양으로 단지 양미간을 찌푸릴 뿐이라네(想得別來, 舊家模樣, 只是翠蛾顰)"라는 표현이 보인다. (宋)柳永 : 《樂章集》卷中《少年游》, 強村叢書本, p.12a.

35　원판본에서 글자를 알아볼 수 없음.

36　王欛는 王霸과 통하며 王霸는 王業과 霸業을 가리키는데 《孟子·滕文公下》에 "크게는 왕업(왕도정치)를 행할 수 있고 작게는 패업을 이룰 수 있을 것입니다(大則以王, 小則以霸)"라는 기록이 보인다. (漢)趙岐注, (宋)孫奭疏 : 《孟子注疏》卷6上《滕文公下》, 重刊宋本十三經注疏本, p.1a.

37　辨은 表明하다는 뜻이다. 唐 韓愈《鄠人對》에 "한 집안을 이처럼 정문을 세워 효성스럽다고 칭찬하는 것은 온 마을에 다른 효자가 없다는 것을 널리 드러내는 것과 같다("旣以一家爲孝, 是辨一邑里皆無孝矣")라는 표현이 보인다. (唐)韓愈撰, (宋)廖瑩中校正 : 《昌黎集·外集》卷4《古詩》, 宋鹹淳刻本, p.5b.

38　初頭란 起初와 같고 '당초에 애초에'라는 뜻이다. 《朱子語類》에 "喪은 애초에는 단지 슬퍼할 뿐이었고 禮는 당초에는 검소할 뿐이었다(喪, 初頭只是戚 ; 禮, 初頭只是儉)"라는 표현이 보인다. (宋)朱熹撰, 黎靖德輯 : 《朱子語類》卷25《論語七》, 西京淸麓叢書本, p.7a.

행시를 통해 당시 조선조정의 권력자들에게 간접적인 충언을 전달고자 한 것일지
도 모른다.

　　〈제환공의 묘를 지나며〉

　　(제환공은) 그 옛날 제후들과 9차례 회맹하여 어지러운 천하를 바로 잡아
안정시켰으니

　　葵丘에서 제후들과 회맹하고 歃血의 예를 행한 것은 바로 尊王攘夷를
위함이었네.

　　(그러나 진시황은) 다만 눈속임과 폭력에 의지했을 따름이니 어린아이도
부끄러워할진대

　　행인들은 다만 (제환공과 진시황이 똑같이) 나라를 부국강병시켰다고 말할
줄만 아네.

　　過齊桓公墓

　　九合當年得一匡, 葵丘歃血正尊王.

　　只緣詐力羞童子, 行路猶知說富強.

　　　　　　　　　　　　　　　　　　　　　　—全湜《朝天詩(酬唱集)》

　　2구의 "丘歃血(규구삽혈)"은 "葵丘之會" 즉, "葵丘會盟"을 가리키는데 '규구'의
언덕에서 제후들과 회맹한 일을 가리키며 '삽혈'이란 옛날 제후들이 회맹할 때 서
로 맹세한 후에 신의를 지킨다는 의미에서 희생의 피를 조금씩 서로 나누어 마시는
의식을 가리키는데 일설에는 희생의 피를 마신 것이 아니라 손가락으로 찍어 입 주
변에 바른 것이라고도 한다. 《國語·齊語》의 기록[39]에 따르면, 周襄王 원년(B.C 651)

39　"葵丘之會, 天子使宰孔致胙於桓公, 曰：'餘一人之命, 有事于文武事, 使孔致胙.'且有後命
　　曰：'以爾自卑勞, 實謂爾伯舅, 無下拜.'桓公召管子而謀, 管子對曰：'爲君不君, 爲臣不臣,
　　亂之本也.'桓公懼, 出見客, 曰：'天威不違顏咫尺. 小白余敢承天子之命曰"爾無下拜", 恐
　　隕越於下, 以爲天子羞.'遂下拜, 升受命. 賞服大輅, 龍旗九旒, 渠門赤旗, 諸侯稱順矣." (三國)
　　韋昭解：《國語》卷6《齊語》, 士禮居叢書景宋天聖明道本, p.10b.

에 齊桓公이 宋, 魯 등의 國君와 周襄王의 使者인 宰孔과 함께 葵丘에서 會盟을 거행했다. 會盟을 할 때, 齊桓公을 패자로 지지하는 뜻에서 周襄王은 周文王과 周武王의 제사에 올린 고기를 齊桓公에게 하사하였고 게다가 무릎을 꿇는 禮까지 면제해주었다. 당시 禮에 따르면 제사에 올린 고기는 주왕실과 같은 姓을 가진 동족 제후에게만 하사하는 것이었고 고기를 받을 때는 무릎을 꿇는 예를 갖추어야 했다. 그런데 齊桓公은 管仲의 의견에 따라 주양왕의 처분을 그대로 따르지 않고 무릎을 꿇는 예를 갖추어 겸손한 태도로 周襄王이 하사하는 고기를 받았고 이러한 제환공의 처사와 태도는 다른 모든 제후들의 인정을 받았다. 그후 제환공은 다른 제후들과 서로 전쟁하지 않고 함께 外敵을 물리칠 것(尊王攘夷)을 맹약했으니 곧, 葵丘之會는 齊桓公이 春秋五霸의 가운데 으뜸이 되었음을 상징하는 역사적 사건으로 이해된다. '규구지회'에 관한 다음과 같은 기록이 《孟子·告子下》에도 보이는데 맹자 또한 제환공을 오패 가운데 으뜸으로 평가하고 있음을 알수 있다. "五霸 가운데 桓公이 가장 훌륭한데, 葵丘에서 회맹할 때 제후들과 함께 제사에 올릴 희생을 묶고 맹서를 올린 다음 歃血하지 않고서 명하며 말하기를 첫째, '不孝한 자는 주살하고 적자와 서자를 바꾸어 대를 잇지 말며 첩을 처로 삼지 말라!' 둘째, '현명한 자를 존중하고 인재를 육성하여 덕이 있는 자를 널리 표양하라!' 셋째, '노인을 공경하고 어린 아이를 자애롭게 대하고 손님 접대 잘하는 것을 잊지말라!' 넷째, '선비는 대를 이어 관직을 세습시키지 말고 관직을 겸직시키지도 말며 반드시 적임자를 얻어 맡기고 대부를 마음대로 죽이지마라!' 다섯째, '(여러 나라를 거쳐 흐르는 강의 물길을) 함부로 구부려 막지말고 나라 사이의 양식의 貸付와 무역을 막지 말며 大夫를 封하고서 주왕실에 보고하지 않는 일을 없게하라!'고 하였다. 끝으로 '오늘 맹약한 우리들은 이 맹약이 끝난 후에 이전의 갈등을 잊고 잘 지내기로 하자!'라고 했다"[40] 3구

---

40 "五霸, 桓公爲盛. 葵丘之會, 諸侯束牲, 載書而不歃血. 初命曰 : '誅不孝, 無易樹子, 無以妾爲妻.' 再命曰 : '尊賢育才, 以彰有德.' 三命曰 : '敬老慈幼, 無忘賓旅. 四命曰 : 士無世官, 官事無攝, 取士必得, 無專殺大夫.' 五命曰 : '無曲防, 無遏糴, 無有封而不告.' 曰 : '凡我同盟之人, 即盟之後, 言歸於好.'" (漢)趙岐注, (宋)孫奭疏 :《孟子注疏》卷12下《告子下》, 重刊

의 詐力이란 詐欺(사기)와 暴力을 가리킨다.《史記·秦始皇本紀》에 "秦始皇이 탐욕스럽고 비열한 마음을 품어 자신만 옳다고 여기고 분별없이 함부로 잘난 체하여 功臣을 믿지 않고 선비와 백성을 가까이 하지 않고서 王道를 폐하고 私權을 확립하였다. 또한 文書를 금하고 刑法을 가혹하게 만들고 남을 속이고 폭력을 행하는 일을 먼저하고 仁義는 뒷전에 방치했다"[41]라는 기록이 보인다. 4구의 行路란 행인을 가리킨다.《後漢書·黨錮傳·範滂》"행인들 가운데 이를 듣고는 눈물 흘리지 않는 자가 없었다(行路聞之, 莫不流涕)."라는 표현이 보인다.

이 시의 1, 2구는 앞선 시들과 마찬가지로 제환공이 9차례 제후들과 회합하여 그들을 규합하고 尊王攘夷의 기치 아래 어지러운 천하를 바로잡아 안정시켰으며(一匡天下) 제나라를 부국강병하게 만들어 춘추오패 가운데 으뜸 가는 제후로 역사에 이름을 남겼음을 찬양하고 있다. 그러나 이 시는 앞선 다른 시들과 달리 재상 관중을 언급하지 않았을 뿐만 아니라 관중이라는 인재를 알아보고 등용한 제환공의 뛰어난 용인술도 특별히 부각시키지 않았다. 그러나 3, 4구에서 법가사상을 주창한 인물을 등용하여 인의에 근거한 왕도정치를 전면적으로 폐기하고서 백성들을 속이고 폭력으로 억압하여 정복전쟁을 통해 천하를 통일하고 진나라의 부국강병에만 골몰하였던 진시황을 대비적으로 언급함으로써 인의에 근거한 왕도정치와 부국강병을 위한 패도정치 사이 균형 잡힌 정사를 시행했던 제환공의 성취를 간접적으로 칭송하고 있다. 이처럼 제환공을 진시황과 대비하여 평가한 것은 다른 시에서는 찾아볼 수 없는 이 시만의 독창적인 견해이기에 자못 흥미롭다.

한편, 조선사신들은 齊桓公의 墓 뿐만 아니라 그 곁에 있던 齊景公의 墓에 관한 시도 여러 편 남기고 있는데 아래에서 이들 시들도 함께 살펴보기로 한다.

宋本十三經注疏本, p.1b.

41 "秦王懷貪鄙之心, 行自奮之智, 不信功臣, 不親士民, 廢王道, 立私權, 禁文書而酷刑法, 先詐力而後仁義." (漢)司馬遷撰, (劉宋)裴駰集解, (唐)司馬貞索隱, 張守節正義 :《史記》卷6《二世皇本紀》, 淸乾隆四年刻本, p.12b.

〈齊景公의 墓를 지나며〉

백성들은 임금이 아닌 陳氏의 은혜를 칭송하는 노래를 부르면서
양미간을 찌푸리고 화려한 제나라 궁전을 못마땅한 듯 바라보았네.
(사정이 그러한데도 제경공은) 눈물만 흘리며 강성해진 뭇나라에 딸을 시집
보내고는
어찌하여 자신을 위해 축언를 해준 무고한 제사관만 죽이려 했었는가?
명재상 안영의 보좌가 없지 않았으나
오히려 그로 인해 공자가 제나라 땅에 봉해지는 것이 저지되었으니
천고의 세월에 만인의 웃음거리로 남게 되었는데도
양구거 같은 소인배가 자신과 同黨이라 말하네.

過齊景公墓
民歌陳氏惠, 蹙頻視公宮.
出涕女吳國, 何心誅祝工.
非無晏子救, 猶沮仲尼封.
千古留餘笑, 梁丘與我同.

—李民宬《燕槎唱酬集》

이 시도 앞서 살펴본 〈過齊桓公墓〉 시와 마찬가지로 천계 3년(1623) 7월 4일 서
장관 이민성이 청주부성을 출발하여 青州 金嶺驛으로 가는 길에 齊景公의 무덤을
지나면서 지은 것이다. 1구 "民歌陳氏惠"에서 보이는 陳氏는 원래 陳나라의 貴族
이었다. 齊桓公 14년(B.C.672)陳나라 임금 陳宣公이 太子인 禦寇(어구)를 죽이고 嬀
款(규관)을 太子로 새로이 세웠다. 이 때 禦寇와 관계가 밀접했던 公子 陳完(字는 敬
仲)은 목숨을 보존하고자 齊나라로 달아나서 정착했다. 이후 陳氏 일가[42]는 제나라

---

42   옛날 "陳"과 "田"은 음이 같아서 함께 쓰였으므로 사람들이 陳氏를 田氏라고 부르기도 했
     다. 그러다가 차츰 田氏 더욱 널리 쓰이게 되었다. 원래 제나라는 姜太公의 후손인 姜氏가

에서 자리를 잡아 대대로 살았는데 齊景公 때에 이르러서 陳氏의 세력은 크게 강성해지기 시작했다. 당시 齊景公은 백성들의 민생을 살피지 않고 과중한 세금을 거둔 반면, 陳氏 일가는 자신들이 손해를 보면서까지 어려운 백성들에게 곡식을 대부해 주었기 때문에 널리 민심을 얻었다. 그래서 백성들은 자진해서 陳氏 일가의 세력에 귀속하면서 陳氏 일가의 德政과 善行을 찬송하는 민가를 지어 불렀다.《左傳》에 이와 관련하여 다음과 같은 기록이 보인다. "제경공이 안영과 궁궐의 대전에 앉아 탄식하며 '참으로 아름답구나, 제나라 궁궐이여! 그 누가 이런 곳을 소유할 수 있을까?'라고 말하니, 안영이 '감히 묻겠습니다. 무엇을 말하는 것인지요?'라고 물었다. 제경공이 말하기를 '나는 德의 유무에 있다고 생각한다'라고 하니 안영이 다음과 같이 대답했다. '임금께서 말한 바와 같은 사람은 陳氏일 것입니다! 陳氏가 비록 大德이 없지만 백성들에게 베푸는 바가 있습니다. 豆, 區, 釜, 鐘 등의 용량을 적용하면서 세금을 거둘 때는 공적인 기준을 적용하여 적게 거두고 백성들에게 베풀 때는 후하게 적용합니다. 그래서 백성들이 공께서는 너무 아낀하다고 여기고 陳氏는 너그럽게 베푼다고 여기고는 그에게 귀순하는 것입니다.《시경》에 말하기를 "비록 내가 너에게 줄 아름다운 德이 없으나 마땅히 함께 노래하고 춤추리라"했으니 陳氏가 베푸니 백성들이 노래하고 춤을 추는 것입니다. 만약 공의 후손이 정사에 나태해지는 반면 陳氏가 망하지 않는다면 이 나라는 그의 나라가 될 것입니다.'이에 공이 말하기를 '좋은 말이구나! 그럼 도대체 나는 어찌해야 하는가?'하니, 안영이 다음과 같이 대답했다. '오직 禮로써 이를 멈출 수 있습니다. 禮에 머물면 大夫의 은혜가 封地를 넘어 미치지 않고 백성들은 옮겨가지 않으며 농민은 떠나지 않고 공인과 상인이 직업을 바꾸지 않으며 선비는 그 직분을 잃지 않고 관리는 태만하지 않으며 大夫는 나라의 이익을 취하지 않을 것입니다.'이에 공이 말하기를 '좋은 말이구나! 내가 지금까지 할 수 없었지만 이후로는 禮로써 나라를 다스릴 수 있음을 알

대대로 다스렸으나 齊康公 19년(B.C.386)에 卿의 지위에 있던 田和(이후의 齊侯太公)가 제강공을 내쫓고 주왕실의 허락을 받아 제후의 반열에 올라 새로이 기원 원년을 세웠다.

겠다'라고 하니 안영이 다음과 같이 답했다. '禮로써 나라를 다스린 일은 오래된 것
으로 천지와 더불어 병존한 것입니다. 군주는 명하고 신하는 공경하며 아비는 자애
롭고 자식은 효성스러우며 형은 사랑하고 동생은 공경하고 남편은 온화하고 처는
온순하고 시어머니는 자애롭고 며느리는 따르는 것이 다 禮인 것입니다. 군주는 명
하면서도 어긋나지 않고 신하는 공경하면서도 두 마음을 두지 않으며, 아비는 자애
로우면서도 가르치고 자식은 효성스러우면서도 간언하며, 형은 사랑하고 친구처
럼 대하고 동생은 공경하고 순종하며, 남편은 온화하면서도 의롭고 처는 온순하면
서도 바르며, 시어머니가 자애로우면 며느리가 따르고 며느리가 따르면 집안이 화
목해지니 이런 것들이 바로 禮가 이루는 좋을 일들입니다.' 제경공이 말하기를 '좋
은 말이구나! 寡人이 오늘에서야 이 禮라는 것이 정말 높은 것임을 듣게 되었구나'
하니, 안영이 다음과 같이 대답했다. '先王께서 이 禮를 하늘로 부터 받아서 백성을
다스린 것입니다. 그래서 선왕께서 禮를 높이신 것입니다.'"[43]

　　2구의 蹙頞(축알)이란 걱정으로 괴로워하는 모습을 묘사한 것이다.《孟子·梁惠
王下》에 "百姓들이 궁실에서 울리는 종과 북과 같은 타악기, 퉁소와 생황같은 관악
기 소리를 듣고 모두가 골치를 아파하면서 양미간을 찌푸리며 괴로워하면서 서로
말하기를"이라는 기록이 보이는데 趙岐는 注에서 "蹙頞은 근심스러워하는 모습"[44]

43　"齊侯與晏子坐于路寢, 公歎曰：'美哉室! 其誰有此乎?' 晏子曰：'敢問, 何謂也?' 公曰：'吾
　　以爲在德.' 對曰：'如君之言, 其陳氏乎! 陳氏雖無大德, 而有施於民. 豆, 區, 釜, 鐘之數, 其
　　取之公也薄, 其施之民也厚. 謂公斂焉, 陳氏厚施焉, 民歸之矣.《詩》曰：'雖無德與女, 式歌
　　且舞. 陳氏之施, 民歌舞之矣. 後世若少惰, 陳氏而不亡, 則國其國也已.' 公曰：'善哉! 是可
　　若何?' 對曰：'唯禮可以已之. 在禮, 家施不及國, 民不遷, 農不移, 工賈不變, 士不濫職, 官
　　不滔, 大夫不收公利.' 公曰：'善哉! 我不能矣. 吾今而後知禮之可以爲國也.' 對曰：'禮之可
　　以爲國也久矣, 與天地並. 君令臣共, 父慈子孝, 兄愛弟敬, 夫和妻柔, 姑慈婦聽, 禮也. 君令
　　而不違, 臣共而不貳；父慈而教, 子孝而箴；兄愛而友, 弟敬而順, 夫和而義, 妻柔而正, 姑
　　慈而從, 婦聽而婉, 禮之善物也.' 公曰：'善哉! 寡人今而後聞此禮之上也.' 對曰：'先王所禀
　　於天地, 以爲其民也, 是以先王上之.'" (周)左丘明撰, (晉)杜預注, (唐)孔穎達疏：《左傳注疏》
　　卷52《昭公》, 重刊宋本十三經注疏本, pp.12a-13b.
44　"百姓聞王鐘鼓之聲, 管籥之音, 舉疾首蹙頞而相告." 趙岐注："蹙頞, 愁貌." (漢)趙岐注, (宋)
　　孫奭疏：《孟子注疏》卷2上《梁惠王下》, 重刊宋本十三經注疏本, p.2a.

이라고 설명했다. 公宮은 君王의 宮殿을 가리키는데 여기서는 제경공이 머물던 宮殿을 말한다.

3구의 "出涕女吳國"의 고사는 《孟子》에 다음과 같이 상세한 내용이 보인다. "孟子가 말하기를 '天下에 道가 있으면 작은 덕을 가진 자가 큰 덕을 가진 사람을 위해 일하고 조금 현명한 자가 크게 현명한 자를 위해 일한다. 천하에 道가 없으면 작은 나라가 큰 나라를 위해 부역하고 약한 나라가 강한 나라를 위해서 부역한다. 이 두 가지는 천리이니 하늘을 따르는 자는 살아남고 하늘을 거스르는 자는 망한다.'라고 하니, 齊景公이 말하기를 '이미 명령을 내릴 수도 없고 그렇다고 명령을 받지도 않는다면 이는 다른 나라와 외교를 단절하는 것이다.'라고 하면서 울면서 딸을 吳나라에 시집보냈다." 이처럼 "出涕女吳國"이란 당시에 남쪽 오랑캐(南蠻)의 나라로 여겨지던 吳나라 강성해진 반면, 도리어 齊나라는 약소해졌으므로 부득이하게 오나라의 요구를 받아들일 수밖에 없었던 齊景公이 굴욕을 참으면서 눈물을 머금고 공주를 吳나라로 시집보낸 일을 가리킨다.

4구의 祝工(축공)이란 옛날 祭祀를 주관하던 祝官의 別稱이다. 여기서는 구체적으로 齊景公 때의 축관인 史固와 祝佗(축타)를 가리킨다. '誅祝工'의 고사는 《晏子春秋·內篇諫上》에 다음과 같이 상세한 내용이 기록되어 있다. "齊景公이 하루를 걸러 열이 나는 학질에 걸려 일 년이 지나도록 낮지 않았다. 그래서 會譴, 梁丘據, 안영 등의 신하들을 불러 '寡人의 이 병은 정말 고통스럽다. 그래서 史固와 祝佗로 하여금 山川과 宗廟를 순례하면서 제사를 지내게 하고 제사에 올리는 犧牲과 사용하는 珪璧 등의 기물은 부족함이 없이 모두 갖추어 매번 先君인 齊桓公 시절보다 넉넉히 했다. 齊桓公 때 하나를 했다면 寡人은 둘을 하는 식이었다. 그러나 병이 낫기는커녕 더 심졌다. 내가 이제 史固와 祝佗, 이 둘을 죽여 上帝를 기쁘게 하려는데 어떻게 생각하는가?'라고 물었다. 會譴, 梁丘據는 '좋습니다'라고 동의했으나 안영은 아무런 대답도 하지 않았다. 이에 공이 '안영 당신의 의견은 어떻소?'라고 물으니, 안영이 '공께서는 제사를 지내 축원하는 일이 유익하다고 생각하십니까?'라고 되물었다. 공이 '그렇소'라고 대답하니 안영이 冠帽를 벗으며 말하기를 '축원이 효과가 있다면 저주 역시 효과가 있겠지요. 공께서 보좌하는 신하를 소홀히 여기고 멀리 하시면 충신들이 말문이 막혀 충언을 감히 올리지 못합니다. 신이 듣건대 측신들이 침묵하고 궁궐 밖의 신하들도 말을 하지 못하면 백성들의 여론은 쇠덩이를 녹일 정도로 들끓게 됩니다. 지금 聊와 攝(섭)땅의 동쪽부터 姑水와 尤水의 서쪽까지 제나라 영도 일대의 수많은 제나라 백성들이 공을 원망하고 비방하고 있으니 이는 곧, 상제에게 공을 저주하는 자가 많은 것입니다. 온 나라 사람들이 저주를 하고 단지 두 사람만이 축원을 하는 것이니 비록 아무리 축원을 잘 하는 자라고 할지라도 효과를 볼 수 없습니다. 게다가 축원을 할 때 있는 그대로 말하면 공을 비방하는 것이 되고 만약 공의 과실을 숨기게 되면 이는 상제를 속이는 것입니다. 上帝는 神이니 속일 수 없고 上帝가 神이 아니라면 축원해도 소용이 없을 것입니다. 바라건대 공께서는 이런 이치를 살피십시오. 그렇지 않고 罪가 없는 사람을 벌하면 이는 夏나라와 商나라가 명말한 길을 따르는 것입니다.'라고 하니, 제경공이 '정말 옳은 말이다!'라고 대답했다."[45] 이처럼 "誅祝工"이라는 典故는 제경공이 간신을 가까이 하고 충신을 멀리하여 헛된 미신을 믿어 무고한 사람을 죽이려한 일을 가리킨다.

5, 6구인 "非無晏子救, 猶沮仲尼封"는 바로 다음과 같은 "晏嬰沮封"의 고사를 가리킨다. 齊景公이 孔子에게 어떻게 나라를 다스려야 하는지를 물은 적이 있었는데 공자는 정치의 관건이 재물을 아끼는 데에 있다고 답했고 이러한 공자의 대답에 크게 만족한 齊景公은 泥溪의 땅을 공자에게 내려 대부로 봉하려고 했다. 그러나 晏嬰이 그 사실을 알게 되자 제경공에게 공자를 중용하지 말 것을 간언했고 결국

---

45 "景公疥且瘧, 期年不已. 召會譴, 梁丘據, 晏子而問焉, 曰：'寡人之病病矣. 使史固與祝佗巡山川, 宗廟, 犧牲, 珪璧莫不備具, 數其常多先君桓公. 桓公一則寡人再. 病不已, 滋甚. 予欲殺二子者, 以說於上帝, 其可乎?' 會譴, 梁丘據曰：'可.' 晏子不對. 公曰：'晏子何如?' 晏子曰：'君以祝爲有益乎?' 公曰：'然.' 晏子冕冠曰：'若以爲有益, 則詛亦有損也. 君疏輔而遠拂, 忠臣擁塞, 諫言不出. 臣聞之, 近臣嘿, 遠臣瘖, 衆口鑠金. 今自聊攝以東, 姑尤以西者, 此其人民衆矣. 百姓之咎怨誹謗, 詛君於上帝者多矣. 一國詛, 兩人祝, 雖善祝者不能勝也. 且夫祝直言情, 則謗吾君也；隱匿過, 則欺上帝也. 上帝神, 則不可欺；上帝不神, 祝亦無益. 願君察之也. 不然, 刑無罪, 夏商所以滅也.' 公曰：'善!'" (周)晏嬰：《晏子春秋》卷1《內篇諫上》, 經訓堂叢書印本, p.7.

공자는 제나라에서 벼슬을 얻지 못하고 고향인 魯나라로 돌아가야만 했다.《史記》에 다음과 같이 상세한 기록이 보인다. "다른 날에 齊景公이 孔子에게 다시 정치에 대해 물었다. 공자가 '정치는 재물을 절약함에 있다'라고 대답하니 제경공이 기뻐하면서 尼溪의 땅을 孔子에게 봉지로 주려했다. 그러자 晏嬰이 간언하여 말하기를 '儒學을 믿고 따르는 자들은 번지르르한 언변에 능할 뿐 법도를 따르지 않고, 오만한 태도로 스스로 옳다고 여겨 다른 사람의 신하가 되지 않으려 합니다. 또 喪禮를 숭상하여 크게 애통해하므로 재산을 탕진하면서 후하게 葬禮를 치르니 이는 한 나라의 풍속이 될 수 없고, 온 나라를 돌아다니며 유세하고 얻어먹으니 한 나라를 다스릴 수 없습니다. 성현이 다시 세상이 나타나지 않자 주왕실이 쇠망했고 禮樂이 사라진 지 오래되었습니다. 지금 공자가 용모와 복식을 성대하게 갖추고서 관혼상제의 절차와 존귀한 자와 비천한 자들의 행동거지의 세칙을 번거롭게 정하니 몇 세대에 걸쳐서 배워도 다 배우지 못할진대 지금 그가 말하는 禮를 배운들 제대로 알 수조차 없습니다. 그런데도 공께서 공자의 禮를 채용하여 제나라의 풍속으로 삼으려 하시니 이는 민초들을 우선시하는 것이 아닙니다.'라고 했다. 그후로 제경공이 공자를 만났을 때 다시는 禮를 묻지 않았다. 어느 날 제경공이 공자에게 다음과 같이 말했다. '노나라에서는 당신을 季氏의 등급으로 대우한다고 하는데 나는 그럴 수는 없소. 季氏보다는 낮고 孟氏보다는 높은, 그 중간으로 대우하겠소.' 그 후로 齊나라 大夫들이 공자를 죽이려 했는데, 제경공은 되려 '내가 이제 늙었으니 당신을 등용할 수 없소이다'라고 했기에 공자는 이 말을 듣고는 마침내 길을 떠나 魯나라로 돌아왔다."[46]

---

46 "他日, (齊景公)又復問政於孔子. 孔子曰 : '政在節財.'景公說, 將欲以尼溪田封孔子. 晏嬰 進曰 : '夫儒者滑稽而不可軌法 ; 倨傲自順, 不可以爲下 ; 崇喪遂哀, 破産厚葬, 不可以爲 俗 ; 遊說乞貸, 不可以爲國. 自大賢之息, 周室既衰, 禮樂缺有間. 今孔子盛容飾, 繁登降之 禮, 趨詳之節, 累世不能殫其學, 當年不能究其禮. 君欲用之以移齊俗, 非所以先細民也.'後 景公敬見孔子, 不問其禮. 異日, 景公止孔子曰 : '奉子以季氏, 吾不能. 以季孟之間待之.'齊 大夫欲害孔子, 孔子聞之. 景公曰 : '吾老矣, 弗能用也.'孔子遂行, 反乎魯." (漢)司馬遷撰, (劉 宋)裴駰集解, (唐)司馬貞索隱, 張守節正義 :《史記》卷47《孔子世家》, 清乾隆四年刻本, p.3.

　　8구의 梁丘는 바로 제나라 大夫 梁丘據를 가리키는데 "梁丘與我同"의 고사는 다음과 같이 《左傳》에 자세한 이야기가 보인다. "하루는 제경공이 사냥을 다녀오는 길이었는데 안영이 遄台(천대, 말을 쉬게 했던 곳으로 지금 淄博市 臨淄區 齊都鎮 小王莊에 유적이 남아 있음)에서 제경공을 시봉하고 있었다. 이때 子猶(양구거의 字)가 말을 몰아 거기에 왔다. 공이 이를 보고 '오직 양구거만이 나와 잘맞아 조화를 이루지!'라고 말하니, 안영이 '양구거는 단지 공에게 영합할 따름이지 어찌 조화를 이룬다 하십니까?'라고 대꾸했다. 이에 공이 '잘맞아 조화로운 것과 영합하여 따르는 것에 무슨 차이가 있는가?'라고 물으니 안영이 다음과 같이 대답했다. '전혀 다릅니다. 조화로움이란 마치 국을 끓이는 것과 같습니다. 물에 식초, 젓갈, 소금, 매실을 넣고 불로 가열하여 생선과 고기를 끓입니다. 장작으로 화력을 조절하고 주방장은 맛을 조화시켜 간을 맞추는데 너무 담백하면 간을 더하고 맛이 너무 진하면 물을 더 탑니다. 君子가 이처럼 맛이 조화된 국을 먹으면 그 마음이 평온해집니다. 임금과 신하의 관계도 이런 것입니다. 임금이 가능한 일이라 말해도 거기에는 완전하지 않은 부분이 있으므로 신하는 그 부분을 개선토록 간언하여 그 가능한 일을 완성시킵니다. 임금이 불가능한 일이라 말해도 거기에는 가능한 부분도 있으므모 신하는 그 가능한 부분을 간언하여 실현시키고 불가능한 부분은 버리도록 합니다. 그러므로 정치는 서로 화평하여 서로 간섭하지 않고 백성들은 빼앗고 다투는 마음이 없습니다. 그래서 《시경》에 이르기를 '또한 조화롭게 간이 잘 된 국이 있으니 그 맛이 다 갖추어지고 화평하도다! 신령이 와서 흠향함에 질책하는 말이 없고 위 아래가 모두 화평하여 다툼이 없도다!'라고 했습니다. 先王께서는 五味와 五聲을 잘 배합하여 그 마음을 평온하게 하여 그 정치를 완성시켰습니다. 五聲의 소리도 맛과 같이 一氣와 二體, 三類, 四物, 五聲, 六律, 七音, 八風, 九歌가 서로 기대어 완성되고 淸濁과 小大, 短長, 급하고 여유로움, 슬프고 즐거움, 강함과 부드러움, 빠르고 느림, 높고 낮음, 들어가고 나감, 조밀하고 성김이 서로 구해주는 것입니다. 그런데 임금께서 가능하다고 말하면 양구거 역시 가능하다고 대답하고, 임금께서 불가능하다고 말하면 양구거 역시 불가능하다고만 대답하니 이처럼 국이 싱거운데 다시 물을 더해 간을 맞추면 누가 그런 국을 먹겠습니까? 또 음악을 연주하는데 오직 한 가지 가락으로만 한다면 누가 그런 음악을 듣겠습니까? 영합하여 따르기만 하는 일은 이처럼 해선 안 되는 일입니다.'"[47]

〈제경공〉

(제경공은 당시) 해거름에 牛山에 올라 옷소매를 온통 눈물로 적시고
4천 필의 말을 소유하고 관리하느라 온갖 노고를 아끼지 않았다네
지금 제나라의 옛 도성 臨淄를 직접 여행하면서
황량한 벌판에 한 움큼 흙으로 남은 제경공의 무덤을 씁쓸한 미소 지으며 가리켜보네.

齊景公
落日牛山淚滿巾, 當時千駟又勞神.
只今行旅臨淄路, 笑指荒原一掬[48]塵.

—李慶全《石樓先生朝天錄》

---

47 "齊侯至自田, 晏子侍於遄台, 子猶馳而造焉. 公曰：'唯據與我和夫!'晏子對曰：'據亦同也, 焉得爲和?'公曰：'和與同異乎?' 對曰：'異. 和, 如羹焉. 水, 火, 醯, 醢, 鹽, 梅, 以烹魚肉, 燀之以薪, 宰夫和之, 齊之以味, 濟其不及以洩其過, 君子食之, 以平其心. 君臣亦然. 君所謂可而有否焉, 臣獻其否以成其可. 君所謂否而有可焉, 臣獻其可以去其否. 是以政平而不幹, 民無爭心. 故《詩》曰：'亦有和羹, 既戒既平, 鬷嘏無言, 時靡有爭.'先王之濟五味, 和五聲也, 以平其心, 成其政也. 聲亦如味, 一氣, 二體, 三類, 四物, 五聲, 六律, 七音, 八風, 九歌, 以相成也. 清濁, 小大, 短長, 疾徐, 哀樂, 剛柔, 遲速, 高下, 出入, 周疏, 以相濟也. 君所謂可, 據亦曰可；君所謂否, 據亦曰否. 若以水濟水, 誰能食之? 若琴瑟之專一, 誰能聽之? 同之不可也如是.'" (周)左丘明撰, (晉)杜預注, (唐)孔穎達疏：《左傳注疏》卷49《昭公》, 重刊宋本十三經注疏本, p.14.

48 掬(국)은 수량 단위를 나타내는 의존명사로서 한 움큼의 양을 가리킨다. 《小爾雅·廣量》에 "한 손으로 움켜잡은 양을 溢이라 하고 두 손으로 움켜잡은 양을 掬이라 한다"라는 표현이 보인다. 《小爾雅·廣量》："一手之盛謂之溢, 兩手謂之掬." (漢)孔鮒著, (宋)宋鹹注：《小爾雅·廣量十二》, 陽山顧氏文房小說本, p.7b.

2구의 千駟(천사)란 4천 필의 말을 가리키는데 비유적으로 말의 수량이 아주 많음을 뜻한다. 《論語·季氏》에 "齊景公에게 4천 필의 말이 있었지만 그가 죽자 그의 덕을 칭송하는 백성이 없었다."라는 표현이 보이고 何晏은 集解에서 '공자가 말한 千駟은 4천 필의 말이다'라고 해설했다.[49] 이 시에서 작자는 제경공이 말을 좋아하여 4천 필에 이르는 말을 소유했다는 "馬千駟"의 典故를 인용하여 齊景公이 仁政과 덕을 베풀지 않고 백성들에게 과중한 세금과 부역을 부과하여 민심을 잃었음을 간접적으로 비판하였다. 또한 작자는 옛 제나라 도성으로 가는 길가에 한 움큼의 흙으로 쓸쓸하게 남은 제경공의 무덤을 바라보면서 일찍이 제경공이 해질녘에 牛山에 올라 인생무상에 눈물 지었다는 고사를 떠올렸는데 작자 자신 또한 제경공으로 인해 인생무상을 느끼고는 씁쓸한 미소를 지을 수밖에 없었다.

〈제경공의 무덤을 지나며〉

일찍이 (제환공이) 남긴 70 여 성읍의 패업 성대하기 그지없으니
당시 열국들은 제환공을 賢君이라 칭송했다네
(그러나 후손인 제경공은) 맑은 가을기운으로 온통 청려한 우산에 올라서는
되려 허망하게 인생무상에 눈물이나 흘렸으니
유구한 세월 동안 뭇 사람들이 그의 황폐해진 무덤을 보고 씁쓸한 미소만 짓게 하네.

過齊景公墓

---

49 《論語·季氏》에 "齊景公有馬千駟, 死之日, 民無德而稱焉." 何晏集解 : "孔曰 : '千駟, 四千匹.'" (魏)何晏集解 : 《論語》卷8《季氏第十六》, 天祿琳琅叢書景元翻宋本, p.10b.

七十餘城舊業殷,[50] 當時列國[51]是賢君.

清秋謾[52]灑牛山淚, 千載令人笑廢墳.

—全湜《朝天詩(酬唱集)》

　　1구의 "七十餘城"이란 일찍이 齊宣王이 燕나라 등과의 전쟁을 통해 병합하여 확장한 영토에 설치한 제나라 城邑이 70여 곳에 이르렀기 때문에 생긴 별칭으로 춘추전국시기 강성했던 제나라를 상징한다.[53] 이 시는 文韵으로 압운한 7언 절구의 근체시이며 1, 2구와 3, 4구의 인물을 서로 대비하여 각각의 인물 형상을 도드라지게 하는 수법을 사용하고 있다는 점에서 앞서 같은 작자가 쓴《過齊桓公墓》라는 시와 그 작시 수법이 동일하다. 곧, 앞선 시에서는 제환공을 진시황과 대비하여 크게 칭송한 반면, 여기서는 제경공을 제환공과 대비하여 비판하고 있는 것이다. 작자는 1, 2구에서 춘추시기 초기에 尊王攘夷의 명분을 내걸고 제나라를 부국강병시켜 전국적으로 70여 성읍을 거느린 강국으로 만들어 자신은 춘추오패의 으뜸 가는 인물로 역사에 이름을 남긴 제환공을 칭송하였다. 이어서 3, 4구에서는 아무도 찾지 않는 황폐해진 제경공의 무덤을 직접 목도하면서 제경공이 제환공의 패업을 잇기커녕 백성들에게 세금을 무겁게 하고 혹형을 가하며 사치를 일삼는 등 失政을 하는 바람에 그의 사후에 田氏에게 나라를 통째로 뺏기는 빌미를 제공한 군주가 되었고 이후 오랜 세월동안 세인들의 조롱거리가 되었음을 탄식하고 있다.

50　殷(은)은 盛大하다는 뜻이다.《莊子·山木》에 "이게 무슨 새인가. 날개는 성대해도 날지 못하고 눈은 커도 보지 못하네(此何鳥哉, 翼殷不逝, 目大不睹)"라는 표현이 보인다.

51　列國이란 春秋시기의 제후국들을 가리킨다.《左傳·莊公十一年》에 "列國에 凶한 일이 있을 때 스스로 덕없는 고독한 자라 일컬으니 이는 禮에 부합한다(列國有凶稱孤, 禮也)"라는 표현이 보인다. (周)左丘明撰, (晉)杜預注, (唐)孔穎達疏:《左傳注疏》卷9《莊公》, 重刊宋本十三經注疏本, p.3b.

52　謾(만)은 "漫"자와 통하며 蔓延하다, 뻗어나가다의 뜻이다. 宋 蘇軾의《虛飄飄》시에 "하늘하늘 휠~휠~ 꽃잎 흩날려 바다에 떨어지기도 전에 오색 무지개 일어나 하늘로 뻗어나가 둥근 다리가 되었네(虛飄飄, 花飛不到地, 虹起謾成橋)"라는 표현이 보인다. (淸)張玉書, 陳廷敬輯:《佩文韻府》卷17《下平聲》, 淸康熙五十年刻本, p.203b.

53　(漢)司馬遷撰, (劉宋)裴駰集解, (唐)司馬貞索隱, 張守節正義:《史記》卷80《樂毅傳》, pp.1b-3a.

제환공의 무덤 소재지에 관한 최초의 기록으로 보이는, 당대 원화 연간 李吉寶가 쓴《元和郡縣誌》에는 "齊桓公의 묘가 임치현에서 동남쪽으로 23리 떨어진 鼎足山 아래에 있으며 정관 11년 조서를 내려 제사를 올리고 무덤 주위 20보 이내에서는 벌목을 금하도록 했다"[54]는 기록이 보인다. 元代의 지리서인《齊乘》에는 이보다 좀 더 자세한 기록이 다음과 같이 보인다. "蛇頭山(타두산)은 鼎足山(정족산)이라고도 하는데 지금 임치현으로부터 동남쪽으로 15리 떨어진 곳에 있다(元代 전후로 臨淄縣 城의 위치에 변화가 있었기 때문에 당대와 원대 지방지 사이에 지리적 거리의 차이가 있음). 이곳을 속칭 二王塚(이왕총)이라고 부르는 이유는 齊桓公과 그의 딸의 무덤이 있기 때문이다."[55] 곧, 원대 지리서인《齊乘》에는 당대 지리서에는 보이지 않던 정보, 즉 제환공의 무덤 곁에 그의 딸의 무덤이 있어 二王塚으로 불렸다는 정보가 추가되어 있다. 그런데 명대에 와서는 이러한 정보에 재차 변화가 생긴다. 즉, 嘉靖《青州 府志》에는 제환공의 묘의 위치를 이전 지방지와 비슷하게 임치현에서 남쪽으로 7리 떨어진 淄水에 있다고 하였으나[56] 이전 지방지에는 보이지 않던 "제경공의 묘는 제환공의 묘와 같은 곳에 있다"[57]라는 정보를 추가하고 있는 것이다. 청대 지방지인 康熙《青州府志》에도 "제경공의 묘는 제환공의 묘 근처이다"[58] 라는 기록이 보이고, 民國《臨淄縣誌》에는 "제경공의 묘는 제환공의 묘 근처인데 묘비는 淄河驛의 대로변 동쪽에 있으며 齊景公墓라고 쓰여있다."[59]라는 기록이 보인다.

---

54   "齊桓公墓, 在(臨淄)縣東南二十三里鼎足山上. 貞觀十一年詔致祭, 禁二十步內不令樵蘇"(唐)李吉甫 :《元和郡縣誌》卷11《河南道六》, 清乾隆間武英殿木活字印武英殿聚珍版叢書本, p.21b.

55   "蛇頭山又名鼎足山, 今臨淄東南十五里俗呼二王塚者, 因山兩墳, 謂是桓公與其女之塚"《齊乘》卷2《益都水》, 清文淵閣四庫全書本, p.9b.

56   "桓公墓, 在縣南七里淄水南. 括地志雲：齊桓公墓在臨淄縣南二十一里牛山上, 一名鼎足山, 一名牛首岡, 一所二墳. 晉永嘉末人發之, 初得版, 次得水銀池, 有氣不得入, 經數日乃牽犬入, 中得金蠶數十薄, 珠襦, 玉匣, 繪彩, 軍器不可勝數. 又以人殉葬, 多骸骨狼籍"嘉靖《青州府志》卷11《古跡》, 明嘉靖刻本, p.60b.

57   "景公墓, 與桓公墓同處"嘉靖《青州府志》卷11《古跡》, 明嘉靖刻本, p.60b.

58   "景公墓, 近桓公墓"康熙《青州府志》卷9《古跡》, 清康熙六十年刻本, p.14a.

59   "景公墓, 近桓公墓, 有碑在淄河驛大路之東, 題曰齊景公墓"民國《臨淄縣誌》卷3《古跡志》,

이상의 중국 지방지의 기록과 앞서 살펴본 명말 조선사신 정두원, 조즙, 김덕승의 기록 및 "菟頭山(도두산)은 일명 鼎足山(정족산) 혹은 駝頭山(타두산)이라고 하며 산 위에 제환공의 무덤이 있고 …… 제환공 딸의 무덤도 그 곁에 있다"[60]라는 조선사신 남이웅의《路程記》기록을 함께 고려해보면, 잠정적으로 다음과 같은 2가지 결론을 도출해 볼 수 있을 것이다. 첫째, 鼎足山에 제환공 딸의 무덤이 있다는 민간의 전설이 명대 말기에도 여전히 유전되고 있었다. 둘째, 명대 중국 지방지에서부터 제환공 딸의 무덤이 제경공의 무덤으로 바뀌어 기록되고 있으나 淸代에 들어서면서부터는 비록 제환공의 무덤이 鼎足山에 있다는 기록에는 변함이 없으나 제경공의 무덤에 대한 기록은 오히려 모호하고 상세하지 않다. 이상을 종합해보면, 지금까지 정족산에 남아 있는 제환공의 무덤의 진위에는 이견이 없으나 지금 남아 있는 제경공의 무덤이 과연 제경공의 것인지 아니면 제환공의 딸의 것인지에 대해서는 정확하게 그 진위를 고증할 길이 없다.

관련 중국 지방지 기록[61]에 따르면 명대 말기 鼎足山은 東漢 시기에는 菟頭山(도두산), 北魏 시기에는 蛇頭山으로 불리다가 唐代에 이르러 비로소 鼎足山 혹은 牛首岡으로도 불렸다. 宋代에는 鼎足山, 管仲陂(관중파) 등으로 불렸으며 明淸 시기에는 鼎足山, 菟頭山, 駝頭山(타두산) 등으로 불리다가 民國 시기에는 菟頭山, 鼎足山, 牛首岡, 紫金山(俗稱)등으로도 불렸으며 오늘날에는 鼎足山으로 통칭되고 있다. 지금의 鼎足山은 臨淄 시내에서 동남쪽으로 8000m 정도 떨어진 齊陵街道 鄭家溝村 서남부에 위치하는데 淄博市 臨淄區과 靑州市의 경계를 이루는 산이다. 鼎足山의 구체적인 지형을 살펴보면, 3개의 봉우리로 구성되며 그 모습이 뒤집어 놓

民國九年石印本, p.12a.

60 "菟頭山一名鼎足, 又名駝頭. 上有齊桓公塚……桓公女塚亦在其旁."[朝鮮]南以雄 :《路程記》, 韓國首爾大學奎章閣藏本.

61 咸豐《靑州府志》卷21《山川考一上》, 淸咸豐九年刻本, p.14 ; 民國《臨淄縣誌》卷2《興地志下》, 民國九年石印本, pp.49b-50a ; 淄博市臨淄區地名委員會辦公室編《山東省淄博市臨淄區地名志》, 山東省地圖出版社1989年版, p.161 ; 臨淄區民政局編《臨淄區地名志》, 山東人民出版社2018年版, pp.459-460.

은 솥발의 형상과 비슷하여 그러한 명칭이 붙었다. 정족산의 동쪽 봉우리는 牛首岡
으로 불린다. 남쪽 봉우리는 臨淄縣의 牲口市(생구시)에 속하는데 그곳 현지인들이
당나귀를 많이 키웠기 때문에 속칭 驢山(려산)으로 불리고 혹은 南山, 鞍子山(안자
산), 菟頭山(도두산) 등으로 칭해진다. 정족산의 북쪽 봉우리는 紫金山으로 불린다.

정족산의 세 봉우리는 모두 石灰岩으로 이루어져 있어 일찍부터 현지인들이 캐
서 사용하는 바람에 동쪽 봉우리인 牛首岡은 현재 평지가 되어버려 정족산을 멀리
서 바라보면 2개의 봉우리 밖에 보이지 않는다. 이 정족산 위에 조선사신이 齊景公,
齊桓公의 墓의 묘라고 기록한 속칭 "二王塚"(혹은 "二王墳""二王墓")이 있다. 1980
년대에 현지 역사전문가들에 의해 대대적인 발굴조사가 이루어져 "二王塚"에 대
한 실제적인 고증작업이 이루어졌고 그 결과 두 무덤은 齊桓公과 田和(太公和 혹은
田和子라고도 불리며 제나라에서 姜氏 왕족을 몰아내고 田氏 왕권을 최초로 세웠음)의 것
으로 확인되었다.

사진 5-4   20世紀初의 二王冢[62] 원경

62   淄博市 臨淄區 地名委員會 辦公室 編《山東省淄博市臨淄區地名志》, 山東省地圖出版社
1989年版, 卷首圖.

사진 5-5   淄博市 臨淄區 齊陵街道와 青州市 益都街道의 경계를 이루고 있는 지금의 "二王塚"원경

간선 역로를 따라 臨淄縣(임치현)의 경계로 들어서니 역로에서 齊桓公(제환공), 齊景公(제경공), 齊宣王(제선왕)의 무덤을 바라볼 수 있었다. 丘陵을 바라보니 구불구불 기복을 이루고 있으니 이는 무덤의 봉분이 궁릉을 이루어 연이어 있는 것이다. 손으로 가리켜 보는 동안 자신도 모르게 눈물이 흘러 옷소매가 젖었다.

用周路入臨淄縣界. 齊桓公, 景公, 宣王墓在路旁. 瞻望丘陵, 坡陀封墓穹隆, 指點不覺淚沾衣也.

—尹暄《白沙集》[63]

위의 인용문은 명 천계 3년(1623) 奏聞(請封)兼辨誣使臣團의 부사 윤훤이, 그가 귀국한 이듬해인 천계 4년에 사은겸주청사신단의 부사로서 사행길에 올랐던 吳翻에게 쓴 《送吳翻朝京並序》란 글에서 이 구간 역로에서 윤훤 자신이 직접 보았던 제나라 옛 군왕들의 무덤을 회상하면서 쓴 구절이다. 위의 윤훤의 기록을 통해 다음과 같은 몇 가지 사실을 확인할 수 있다. 첫째, 적어도 명 천계 연간 해로 사행 기간 동안 먼저 명나라를 사행했던 조선사신들은, 조정관료로서의 의무감에서인지, 자

---

63   尹暄《白沙先生集》卷2《七言絕句》, 韓國國立圖書館藏本, p.31b.

신들이 겪었던 어려움을 덜 겪게 하려는 선배로서의 선의인지 아니면 과시욕의 발로인지 정확히 판단할 수는 없지만, 자신들의 견문과 감회를 시나 기타 문장의 형식으로 써서 남겨 나중에 출행하는 사신들에게 제공하는 것이 하나의 관례였던 같다. 둘째, 윤훤의 기록에서 "周路"라는 표현을 통해 조선사신들이 한자를 표기할 때, 중국음이 아니라 한국 한자음으로 通假하는 경우도 종종 있었다는 사실을 알 수 있다. 곧, 윤훤의 기록에서 "周路"는 응당 "主路(지선이 아닌 주된 驛路)"로 써야 하는데 "主"와 "周"의 중국어 발음은 다르지만 한국 한자음이 같으므로 이를 通假하여 표기하고 있는 것이다. 또한 이를 통해 명대 말기 濟南을 지나 臨淄縣城의 동남쪽에서 옛 제나라 군왕들의 무덤 곁을 통과하여 靑州와 萊州府, 登州府를 차례로 잇던 역참로가 명대의 주요 역참로였음도 알 수 있다.

그 밖에 앞서 조선사신 김덕승의 기록에는 "四王碑" 즉, "齊威王, 齊宣王, 齊湣王, 齊襄王"의 四王塚이 언급되었으나 조선사신들이 지난 이 구간 역참로 곁에는 단지 "제환공묘", "제경공묘", "제선왕묘"의 비각만이 서 있었기 때문에 조선사신들은 제환공과 제경공 이외에 四王 중에서는 단지 제선왕에 관한 시만 지었다.

〈제선왕의 사당[64]〉
[조선]윤훤

雪宮 깊은 곳에서 賢士인 맹자를 만났으나
옛 선왕의 왕도정치를 묻지는 않고 원림의 즐거움에 대해서만 물었다네
만약 (제선왕이 맹자를) 제환공이 管仲을 대하듯이 하였다면
당시 그가 다스리던 齊나라의 패업이 쇠망하지는 않았으리라!

齊宣王廟[65]

---

64   尹暄《白沙先生集》卷1《七言絶句》, 韓國國立圖書館藏本, p.13b.
65   尹暄《白沙先生集》卷1《七言絶句》, 韓國國立圖書館藏本, p.13b.

[朝鮮]尹暄

雪宮深處見賢士, 不問皇王問苑池.

若法桓公待管仲, 治齊功業未爲卑.

윤훤의《白沙公航海路程日記》의 기록[66]에 따르면, 이 시는 아마 명 천계 4년 (1624) 3월 15일 북경에서 조선으로 돌아가는 길에 쓰여졌을 것이다. 1구의 雪宮이란 齊나라 임금이 외부로 순행할 때 머물던 행궁의 명칭이다.《孟子·梁惠王下》에 "齊宣王이 孟子를 雪宮에서 만났다"라는 기록이 보이고 趙岐는 注에서 "雪宮이란 離宮의 명칭인데 설궁 안에 苑囿(원유)가 있어 누대와 연못으로 꾸미고 다양한 禽獸를 키웠다"[67]라고 설명했다. 2구의 皇王이란 옛 성현, 선왕을 가리킨다.《詩·大雅·文王有聲》에 "四方에서 한 마음으로 선왕을 임금으로 세웠네"라는 표현이 보이고 毛傳에서 "皇은 큰 것이다"라고 설명하고 있다.[68] 苑池란 경치가 아름다운 원림을 가리킨다. 일찍이 齊宣王이 맹자를 접견할 때 현명하고 덕이 있는 사람도 원림을 노닐면서 사냥하는 즐거움을 누리는지 물었는데 맹자는 이에 대해 다스리는 자가 백성들과 同苦同樂한다면 그러한 즐거움을 누리는 것이 나쁜 것이 아니라 오히려 천하에 王道 정치를 행하는 핵심적인 행위가 됨을 역설했다. 이와 관련된《孟子·梁惠王下》의 구체적인 기록은 다음과 같다. "齊宣王이 孟子를 雪宮에서 접견하면서 '현자도 역시 이러한 즐거움이 있습니까'라고 물으니 맹자가 다음과 같이 대답했다. '있지요, 백성들이 이런 즐거움을 얻지 못하면 윗사람을 비방합니다. 얻지 못한다고 해서 윗사람을 비방하는 것은 그릇된 것입니다. 그러나 백성들을 다스리는 자가 되어 백성들과 함께 즐기지 않는다면 이 또한 그릇된 것입니다. 윗사람이 백성

---

66 "(三月)十五日, 朝霧晚晴. 霧中過齊宣王, 景公, 桓公墓"[朝鮮] 尹暄 :《白沙公航海路程日記》, [韓國] 林基中編《燕行錄全集》第15冊, 韓國東國大學出版部2001年版.

67 "齊宣王見孟子于雪宮." 趙岐注 : "雪宮, 離宮之名也. 宮中有苑囿台池之飾, 禽獸之饒." (漢) 趙岐注, (宋)孫奭疏 :《孟子注疏》卷2上《梁惠王下》, 重刊宋本十三經注疏本, p.9b.

68 "四方攸同, 皇王維辟." 毛傳 : "皇, 大也." (漢)毛亨傳, 鄭玄箋, (唐)陸德明音義 :《毛詩》卷16《文王之什詁訓傳第二十三》, 仿宋相台五經本, p.23b.

들의 즐거움을 함께 즐기면 백성들 역시 윗사람의 즐거움을 즐거워할 것이고, 백성들의 근심을 함께 걱정하면 백성들 역시 윗사람의 근심을 걱정할 것입니다. 이처럼 천하 사람들과 함께 즐거워하고 함께 걱정하면서도 천하에 왕노릇하지 못하는 사람은 지금껏 없었습니다.'"[69]

　이 시에서 작자는 제선왕이 雪宮에서 맹자를 접견한 전고를 인용하면서, 옛날 제환공이 관중을 중용하여 춘추오패 중 으뜸 가는 인물이 되어 제나라의 패업을 완성했던 것과 달리, 제선왕은 맹자라는 인물을 제대로 알아보지 못하고 그를 중용하지도 않아 결국에는 제나라의 옛 패업을 계승하지 못하고 쇠락의 길로 이끈 실패한 군주가 되었음을 탄식하고 있다. 한편, 이 시의 제목이 "제선왕의 사당"이므로 작자가 제선왕의 사당에 배알을 하면서 쓴 것으로 보이는데, 이처럼 명대 말기에 제선왕의 묘에 제사를 올리는 사당이 있었다는 사실은 齊景公 등 다른 四王塚의 곁에도 이러한 사당들이 아마도 존재했었음을 방증해준다.

69　"齊宣王見孟子于雪宮. 王曰：'賢者亦有此樂乎?' 孟子對曰：'有. 人不得, 則非其上矣. 不得而非其上者, 非也；爲民上而不與民同樂者, 亦非也. 樂民之樂者, 民亦樂其樂；憂民之憂者, 民亦憂其憂. 樂以天下, 憂以天下, 然而不王者, 未之有也.'" (漢)趙岐注, (宋)孫奭疏：《孟子注疏》卷2上《梁惠王下》, 重刊宋本十三經注疏本, p.9a.

그림 5-6   青州府城 내 雪宮의 옛 사진

〈제선왕의 묘〉

제선왕은 재물과 여색을 좋아하는 여러 병폐가 있었으나

타고난 자질은 되려 질박한 점이 있었으니

제나라 도성 稷下에 널리 명사들을 초빙하여

도성의 사람들이 그들을 존경하고 본받게 했다네.

그러나 功利와 覇業에 미혹되었으니

어찌 강성한 楚나라와 秦나라를 이길 수 있었겠는가!

길가 모퉁이에 황폐한 모습으로 남은 제선왕의 무덤을 바라보노라니

장구한 세월 흘렀건만 밀려오는 슬픔 참기가 어렵네.

齊宣王墓

王疾雖多欲, 天資卻近淳.[70]

---

70   淳(순)은 질박하다, 돈후하다는 뜻이다.《淮南子·齊俗訓》에 "천하의 단순하고 순박한 것을
      자라고 성장하게 하고, 천하의 단순하고 질박한 것을 나누어 정치하게 발전시킨다"라는
      표현이 보이고 高誘는 注에서 "淳은 敦厚한 것이다"라고 설명했다. "澆天下之淳, 析天下

招延^가稷下士, 矜式國中人.

所患迷功利, 何由制楚秦.

荒墳臨路左, 千載爲悲辛.

—李民宬《燕槎唱酬集》

　　이 시는 이민성이 명 천계 3년(1623) 7월 4일 청주부성에서 임치현으로 가는 도중에 四王塚을 지나면서 지은 것이다. 1구의 疾(질)이란 인격이나 성격상의 단점, 병통을 일컫는 말이다.《孟子·梁惠王章句下》에 제선왕이 재물과 여색에 욕심이 많은 병통이 있었다는 고사가 보이는데 자세한 내용은 다음과 같다. "(齊宣)王이 '과인에게는 병통이 있는데 바로 재물을 좋아하는 것입니다' 라고 하니 맹자가 다음과 같이 대답하였다. '옛날 公劉도 재물을 좋아했습니다.《시경》에 '가을 곡식 안밖의 창고에 쌓아두고, 마른 양식은 큰 자루와 작은 자루에 담아 두네. 백성들의 편안함을 생각하고 나라를 빛내기 위해 활과 화살 펼쳐들고 창과 방패 높이 세워들고 드디어 멀리 원정을 떠나네"라고 했듯이, 나라에 머무는 백성들은 창고에 쌓아둔 곡식이 있고 원정을 떠나는 군대는 자루에 담은 양식이 있어야 비로소 멀리 전쟁하러 갈 수 있는 것입니다. 만약 임금께서 재물을 좋아하시되 백성들과 함께 하신다면 그것이 임금님께 무슨 병통이 되겠습니까?'제선왕이 다시 '과인에게 병통이 있으니 바로 여색을 좋아하는 것입니다.'라고 하니, 맹자가 다음과 같이 대답했다. '옛날 太王도 여색을 좋아하여 왕비를 총애했습니다.《시경》에 '고공단보(주문왕의 아버지)께서 새벽 일찍 말을 타고 위수의 서쪽 물가를 따라 岐山 아래에 이르시어 거기서 姜女와 함께 집터를 살피고 사이좋게 지내셨네'라고 했듯이 당시는 안으로 과부가 없었고 밖으로는 홀아비가 없었던 것입니다. 만약 임금께서 여색을 좋아하시되

之樸."高誘注 : "淳, 厚也." (漢)劉安 :《淮南子》卷17《齊俗訓》, 明嘉靖九年刻本, p.22b.

71　招延(초연)이란 초청하다, 초빙하다는 뜻이다.《史記·梁孝王世家》에 "사방 호걸을 초빙하였으니 殽山 동쪽의 유세가로서 그 누구라도 이르지 않은 자가 없었다(招延四方豪傑, 自山以東遊說之士, 莫不畢至)"라는 표현이 보인다. (漢)司馬遷撰, (劉宋)裴駰集解, (唐)司馬貞索隱, 張守節正義 :《史記》卷58《梁孝王世家》, p.4a.

백성과 더불어 하신다면 왕께 무슨 병폐가 되겠습니까?"[72] 3구의 稷下는 바로 稷下
學宮(직하학궁)을 가리킨다. 춘추전국시기 齊威王과 齊宣王은 일찍이 齊나라 都城
臨淄城 西門 곧, 稷門 부근에 學宮을 짓고는 천하의 명사를 초빙하여 강학하고 토
론하도록 했기에 당시 稷下學宮은 제자백가 각 학파가 서로 모여 활동하는 학술의
중심지가 되었다. 漢 應劭의《風俗通·窮通·孫況》에 "齊威王, 齊宣王 때에 천하의
현사를 稷下에 모아 그들을 우대하고 존중해주었다"[73] 라는 기록이 보인다. 4구의
矜式(긍식)이란 존중하여 본받는다라는 뜻이다.《孟子·公孫丑下》에 "과인(제선왕)
이 나라의 도성에다가 맹자의 집을 마련해주고 제자를 기르고 萬鐘의 복봉을 주어
뭇 大夫들과 백성들로 하여금 그를 존중하고 따르도록 하겠다"라는 표현이 보이는
데 趙岐는 注에서 "矜은 존경한다는 뜻이고 式은 본받는다는 뜻으로 뭇 大夫들과
백성들로 하여금 그의 도를 존경하고 따르도록 한다"[74]라고 설명했다. 5구 迷功利
는 제선왕이 단지 공적과 이익만을 중시하고 패자로 군림하는 일에만 미혹되었다
는 뜻이다.

이 시에서 작자인 조선사신 이민성은 제선왕에 대해 긍정과 부정이 반반씩 섞인
평가를 내놓고 있는데, 우선 전반부인 1-4구에서는 제선왕이 재물과 여색을 지나
치게 좋아하는 등 단점이 있기는 했으나 훌륭한 임금이 될 수 있는 기본적인 자질
은 충분히 갖추었다고 평가하면서 그 대표적인 예로 학술과 아름다운 풍속을 진흥

---

72 "(齊宣)王曰 : "寡人有疾, 寡人好貨:" (孟子)對曰 : '昔者公劉好貨,《詩》云 : "乃積乃倉, 乃
    裹餱糧, 于橐於囊. 思戢用光. 弓矢斯張, 干戈戚揚, 爰方啟行."故居者有積倉, 行者有裹囊
    也, 然後可以爰方啟行. 王如好貨, 與百姓同之, 于王何有?' 王曰 : '寡人有疾, 寡人好色.' 對
    曰 : "昔者太王好色, 愛厥妃.《詩》云 : '古公亶父, 來朝走馬, 率西水滸, 至於岐下, 爰及姜
    女, 聿來胥宇.'當是時也, 內無怨女, 外無曠夫. 王如好色, 與百姓同之, 于王何有?" (漢)趙岐
    注, (宋)孫奭疏 :《孟子注疏》卷2上《梁惠王下》, 重刊宋本十三經注疏本, p.14b.
73 "齊威, 宣王之時, 聚天下賢士於稷下, 尊寵之." (漢)應劭 :《風俗通義》卷7《窮通》, 明天啟六
    年刻本, p.3b.
74 "我欲中國而授孟子室, 養弟子以萬鐘, 使諸大夫, 國人皆有所矜式."趙岐注 : "矜, 敬也 ;
    式, 法也. 欲使諸大夫, 國人皆敬法其道." (漢)趙岐注, (宋)孫奭疏 :《孟子注疏》卷4下《公孫
    醜下》, 重刊宋本十三經注疏本, p.6b.

하고자 齊威王의 정책을 이어서 제나라 도성 임치 직하학궁에 孟子, 鄒衍, 淳于髡 등 훌륭한 학자들을 초빙하고 등용하여 제나라의 기풍을 일신하려 했던 일을 들고 있다. 그러나 후반부에서는 시상이 변화되면서 비판적 견해를 강하게 토로하고 있는데, 우선 5, 6구에서는 제선왕이 왕도정치보다는 覇業에 대한 지나친 욕심으로 제나라가 쇠락의 길로 들어서는 단초를 만들었던 행적을 비판하고 있다. 제선왕은 蘇秦(소진)의 견해에 따라 趙, 魏, 韓(이상 3개국을 三晉이라 칭함), 燕, 楚나라와 合縱 (합종)하여 秦나라를 공략했으나 결국에는 실패하여 秦나라의 세력을 키우는 결과 만 가져왔다. 또한 눈앞의 이익에만 눈이 멀어 정란으로 혼란한 연나라를 공격하여 도성을 점령하고는 사람들을 무참히 죽이고 재물을 약탈하여 연나라 사람들의 원 한을 사고 말았으니, 이후 그의 아들인 齊湣王 때 연나라 장군 樂毅(악의)에 의해 제 나라의 72개 성이 함락되는 굴욕을 겪었고 그후 초나라와 진나라의 공격을 받아 제 나라는 크게 쇠락하게 되었던 것이다. 이어진 7, 8구는 結로서 먼 조선 땅에서 온 작 자는 장구한 수천년의 세월이 흐른 후 길가의 한 줌 흙으로 남은 황폐해진 제선왕 의 무덤 곁을 직접 목도하면서 자신도 모르게 안타까운 마음과 인생무상에 대한 감 회로 슬픈 눈물을 흘리게 되었다고 하면서 시를 마무리하고 있다.

〈제선왕의 묘〉

(맹자께서) 차마 제나라 晝(주) 땅 떠나지 못하고 3일 동안 머뭇거린 의도 는 무엇이었던가!
(제선왕은) 현자의 거처를 마련하고 존중하겠다고 입으로만 헛된 공언을 내뱉었다네.
지금 불초한 조선사신은 제선왕의 무덤에 참배를 올리며
한 잔 고수레 술을 소략하나마 저 淄河의 강물 위에 뿌려보네.

宣王墓

遲遲三宿[75]意如何, 授室[76]尊賢語謾誇.[77]

今日敬王無似[78]我, 一杯聊欲酹[79]淄河.

—李慶全《石樓先生朝天錄》

이 시는 명 천계 3년 奏聞(請封)兼辨誣使臣團 정사 이경전이 지은 것으로 앞서 살펴본, 같은 사행단 서장관 이민성의《제선왕묘(齊宣王墓)》와 같은 시기에 지어졌을 것이다. 우선 1, 2구는 제선왕과 맹자에 관한 전고를 인용하고 있다. 애초에 맹자는 梁나라 惠王에게 가서 政事를 도모했으나 양혜왕의 후계인 襄王의 사람됨에 실망하여 양나라를 떠나 齊나라로 가서 제선왕에게 왕도정치를 설파했다. 이에 제선

75　三宿(삼숙)은 삼 일의 뜻이다.

76　授室(수실)이란 원래는 집안일을 새로 시집온 新婦에게 맡긴다는 뜻인데 여기서는 제선왕이 맹자에게 살 집을 마련해준다는 뜻으로 쓰였다.《禮記·郊特牲》에 "시부모는 서쪽 계단에서 내려오고, 신부는 동쪽 계단에서 내려옴은 집을 신부에게 맡기는 것이다"라는 기록이 보이고 孔穎達은 疏에서 "시부모가 손님이 이용하는 계단에서 내려오고 신부가 주인이 이용하는 계단에서 내려옴은 집안일을 신부에게 주어 맡기는 뜻이다"라고 해설했다. "舅姑降自西階, 婦降自阼階, 授之室也."孔穎達疏："舅姑從賓階而下, 婦從主階而降, 是示授室與婦之義也."(漢)鄭玄注, (唐)陸德明音義：《禮記》卷8《郊特牲第十》, 仿宋相台五經本, p.15b.

77　謾誇(만과)는 황당하고 쓸 데 없는 일을 과찬한다, 헛되이 칭찬한다는 뜻이다. 唐 戴叔倫의《塞上曲》제1수에 "한고조는 婁敬의 황당한 계책을 과찬했으니 결국에는 궁녀를 공주로 삼아 흉노족 單于에게 시집보냈네(漢祖謾誇婁敬策, 卻將公主嫁單于)"라는 표현이 보인다. (淸)彭定求纂：《全唐詩》卷274《戴叔倫》, 淸康熙四十四至四十六年刻本, p.6b.

78　無似(무사)란 겸양하는 말로서 不肖(불초)의 뜻이다.《禮記·哀公問》에 "과인이 비록 불초하나 이른바 三言의 이치에 대해서 선생님의 가르침을 받을 수 있을까요?"라는 표현이 보이고 鄭玄은 注에서 "無似란 不肖하다는 말이다"라고 해설했다. "寡人雖無似也, 願聞所以行三言之道, 可得聞乎?"鄭玄注："無似, 猶言不肖."(漢)鄭玄注, (唐)陸德明音義：《禮記》卷15《經解第二十六》, 仿宋相台五經本, p.6b.

79　酹(뢰)란 땅에다 고수레 술을 붓고 제사를 지내는 행위를 말한다. 唐 李白《山人勸酒》에 "堯임금의 왕위 선양을 거부하고는 潁水에서 그런 제안을 들은 귀를 씻은 許由와 그 물조차 더럽다고 키우는 소가 마시지 못하게 한 巢父에게 고수레 술을 부으면서 그 얼마나 맑은 분들인가 찬탄하네(擧觴酹巢由, 洗耳何獨淸)"라는 표현이 보인다. (宋)楊齊賢撰, (元)蕭士贇補注：《分類補注李太白詩文》卷4《樂府》, 四部叢刊景明郭雲鵬刻本, p.8a.

왕은 맹자에게 卿의 작위를 부여하고 십만 鐘(종)의 봉록을 내렸으나 藤나라에 조문 사행을 다녀오게 하는 등 국정의 핵심 요직에는 참여시키지 않았고 맹자의 왕도정치의 이념을 본격적으로 국정에 채용하지도 않았다. 그래서 몇 년을 머문 끝에 맹자는 결국 경의 지위를 버리고 제나라를 떠나고자 했다. 이에 제선왕이 맹자에게 사람을 보내 도성 내에 집을 주고 만 鐘의 녹봉을 내려 제자를 키우도록 지원하여 여러 신하들과 백성들의 존경을 받도록 하겠다는 제안을 하지만 왕도정치의 이상을 펼칠 수 없다고 느낀 맹자는 결국 제나라 도성을 떠났다. 그러나 제나라 서남부 끝 晝(주) 땅에 이르자, 경계를 넘어 자신의 고향인 鄒나라로 넘어가기 전에 3일 동안 머물면서 제선왕의 최종적인 연락을 기다렸으나 별소식이 없자 어쩔 수 없이 그대로 귀국하고 만다. 이와 관련된 고사는《孟子·公孫丑下》제10-12장에 다음과 같이 그 상세한 내용이 보인다. "맹자가 齊를 떠나자 尹士가 사람들에게 이르기를 '……(맹자가) 3일을 더 머문 후에 晝 땅을 떠났다고 하니 왜 바로 떠나지 않고 이처럼 체류한 것인가?'라고 했다……(맹자가) 다음과 같이 말했다. '尹士란 자가 어찌 나의 뜻을 알겠는가?……내가 3일을 머문 후 주 땅을 떠난 것은 나 스스로 느끼기에는 오히려 조급하게 떠난 듯한데 이는 왕이 그 마음을 바꾸기를 기다린 것이다!'"[80] "과인(제선왕)이 나라의 도성에다가 맹자의 집을 마련해주고 제자를 기르고 만 鐘의 복봉을 주어 뭇 大夫들과 백성들로 하여금 그를 존중하고 따르도록 하겠다."[81]

  우선 전반부인 1, 2구에서 작자는 제선왕이 성군이 될 수 있는 자질이 있어 맹자를 알아보고 그를 제나라에 초빙하여 경의 작위까지 내리면서 수 년간 곁에 두었음에도 불구하고, 제환공이 관중을 재상으로 등용하여 명실상부한 패자가 된 것과는 달리, 맹자를 중용하지 않아 결국에는 걸출한 인재를 놓치고 제나라에 왕도정치의 이상을 펼 수 없게 된 것을 안타까워하고 있다. 이어진 3, 4구에서는 제선왕이 비록

---

80 "孟子去齊, 尹士語人曰 : '……三宿而後出晝, 是何濡滯也?'趙岐注 : '留於晝三日, 怪其淹久.'……(孟子)曰 : '夫尹士惡知予哉?……予三宿而出晝, 於予心猶以爲速, 王庶幾改之!'" (漢)趙岐注, (宋)孫奭疏 :《孟子注疏》卷4下《公孫丑下 12章》, 重刊宋本十三經注疏本, p.9b.

81   각주74) 참조

이상적인 군주였다고는 할 수 없지만, 그의 무덤 곁을 지나던 조선사신 이경전은 맹자를 聖人 공자의 학통을 이은 위대한 인물로 亞聖의 반열에 두고 있었을 것이므로, 제선왕이 맹자를 알아보고 그를 몇 년간 신하로서 등용한 사실 자체에 존경을 표하고자 했다. 그래서 제선왕의 무덤 앞에서 발걸음을 멈추고 배알하면서 제나라의 흥망성쇠의 역사를 오롯이 지켜보았을 치하의 강물 위로 고수레 술을 뿌리면서 깊은 감회에 젖게 되었다.

　관련 중국 지방지 기록[82]에 따르면, 조선사신 김덕승이 언급한 四王墓는 北魏 시기에는 四豪塚, 四豪, 四王塚으로 불렸고 元, 明, 淸시기에는 四王墓, 四王塚, 齊四王墓, 田氏四王塚 등으로 칭해지다가 지금은 四王塚 혹은 田齊王陵으로 불리고 있다. 현재 전제왕릉(田齊王陵) 유적은 臨淄縣城에서 남쪽으로 15리 떨어진 곳(지금의 淄博市 臨淄區 淄河店村 남측)으로 牛山의 동쪽 산기슭에 위치하고 있으며 산 위에 네모난 기단에 둥근 봉분을 북돋은 형태(方基圓墳)로 동에서 서쪽으로 일렬로 4개의 무덤이 벌려있다. 이 무덤은 차례로 齊威王(제위왕), 齊宣王(제선왕), 齊湣王(제민왕), 齊襄王(제양왕)의 무덤이며 1988년부터 四王塚 유적은 국가지정 역사유적지구로 선정되어 보호받고 있다.

82　《水經注》卷26《淄水》, 明嘉靖二十三年刻本, p.10a；嘉靖《靑州府志》卷11《古跡志》, 明嘉靖刻本, pp.60b-61a；康熙《山東通志》卷21《陵墓》, 淸康熙四十一年刻本, p.15a；咸豐《靑州府志》卷24下《古跡考下》, 淸咸豐九年刻本, p.6b；民國《臨淄縣誌》卷3《古跡志》, 民國九年石印本, p.15；臨淄區民政局編《臨淄區地名志》, 山東人民出版社2018年版, pp.483-484.

사진 5-7   지금의 田齊王陵 유적지 표지석

사진 5-8   지금의 田齊王陵 역사유적지구 표지석

사진 5-9   田齊王陵 역사유적지구 안내판

사진 5-10   지금의 田齊王陵 원경1(겨울)

사진 5-11   지금의 田齐王陵 원경2(여름)
멀리 좌측에 보이는 4개의 봉우리가 四王塚이며 멀리 우측에 보
이는 2개의 봉우리가 二王塚이다.

(7월) 4일 임진일. (청주부 彌陀寺미타사에서 發行하여) 金嶺鎮(금령진)에 도착했다……臨淄縣(임치현) 南界를 지나 齊桓公(제환공), 齊景公(제경공), 齊宣王(제선왕), 田單(전단)의 묘를 지났다. 각각의 무덤에는 묘비석이 갖추어져 있었고 구릉같은 무덤들은 서로 연이어 있었다.

(七月)初四日壬辰. (自青州府彌陀寺發行)到金嶺鎮. ……過臨淄縣南界, 齊桓公, 景公, 宣王, 田單墓, 俱有碑表, 諸塚如丘壟, 累累不絶.

—李民宬《癸亥朝天錄》

　명 천계 3년 7월 4일 이민성 일행은 청주부성 북쪽 彌陀寺에서 출발하여 "四王塚"과 "二王塚"을 지나면서 田單墓(전단묘)라고 새겨진 석비를 보았고 아래와 같은 《過田單墓》라는 시 한 수를 지어 남겼다.

〈전단의 묘를 지나면서〉

戰國 시기 일곱 나라가 서로 자웅을 타툴 때
전단이라는 일세의 영웅이 출세했다네.
火牛陳의 묘책으로 연나라를 무찔러 결국에는 제나라 영토를 수복했으니
그 명성은 피난의 혼란을 예상하여 수레축 양단에 철테를 끼워 집안사람들을 무사히 대피시킬 때부터 시작되었다네
(연나라와의 전쟁이 끝난 후 적성을 공략할 때는) 황금걸쇠 허리띠 매고 기수와 승수 사이를 호쾌하게 내달리는 즐거움에 빠지기도 했으나
(결국에는 노중련의 경고에 각성하여) 화살과 투석이 쏟아지는 최전선에 친히 앞장서서 진격의 북을 울려 최후의 승리를 쟁취했다네
(이처럼) 아름다운 명성 후세에 두고두고 떨칠 수 있었던 까닭은
자신을 굽혀 현자 노중련을 알현하고 그의 의견을 따랐기 때문이라네.

過田單墓
七季爭雄際, 田公一世英.

火牛終奏捷, 鐵籠始知名.

橫帶繩淄樂, 援抱矢石爭.

垂聲百代下, 見屈魯連生.

—李民宬《燕槎唱酬集》

이른바 제나라 四王(齊威王, 齊宣王, 齊湣王, 齊襄王)이 활동하던 시기에 조선사신들이 가장 주목한 또 다른 인물을 꼽으라면 田單(전단)을 들 수 있을 것이다. 전단은 齊나라 도성인 臨淄 사람이다. 제선왕이 연나라 도성 사람들을 도륙하고 재물을 약탈한 일을 설욕하고자 燕나라 장군 樂毅(악의)가 전국시기 다른 다섯 나라와 연합하여 제나라의 70 여 성을 파죽지세로 함락하고 제나라를 멸망의 위기로 몰아넣었을 때, 즉묵성의 태수로서 배수진을 치고 제나라를 구하였고 이후 제나라 재상이 되어 安平君에 봉해진 인물이 바로 전단이다.

1구의 七季는 戰國시기 七國 즉, 秦, 楚, 齊, 燕, 趙, 魏, 韓 등 7개 나라를 가리킨다. 3구 "火牛終奏捷(화우종주첩)"은 연나라 악의 장군의 공격으로 齊나라의 70 여 성이 함락된 후 齊나라가 即墨城(즉묵성, 지금의 靑島市 即墨)을 최후의 보루로 삼고 항전하던 절

그림 5-12 《航海朝天圖》중《齊靑州府》에 묘사된 田單墓

체절명의 순간에 即墨城의 守將이던 田單이 火牛陣으로 燕나라 군대를 궤멸시키고 승리를 거두었고 결국에는 잃었던 제나라 70여 성의 영토를 다시 회복한 일을 가리킨다. 이에 관한 자세한 고사가 《史記·田單列傳》에 다음과 같이 보인다. "(전단)이 이내 성 안에 있던 1천여 마리의 황소를 모아 …… 황소의 뿔에는 칼날이 서 있는 병기를, 꼬리에는 기름을 적신 갈대를 묶은 후, 황소 꼬리의 갈대에 불을 놓았

다. 그리고 미리 성안에서 밖으로 뚫어 놓은 수십 개의 굴을 통해 이들 황소떼를 몰아내면서 건장한 병졸 5천 명이 그 뒤를 따르도록 했다. 황소들은 꼬리가 타들어가자 화가 나서 미친 듯이 연나라 군진을 휘저었고 연나라 군대는 한밤중에 대경실색했다."[83] 4구의 鐵籠(철농)이란 옛날 수레축 양단을 보호하는 철테를 말한다. 이와 관련된 전고는《史記·田單傳》에 다음과 같이 자세한 내용이 보인다. "燕나라 군대가 파죽지세로 齊나라를 쓸어버리자 田單은 安平으로 달아나서는 집안 사람들로 하여금 수레 차축의 양단을 잘라 철테를 붙이라고 명했다. 이윽고 연나라 군대가 安平을 공략하자 성은 함락되었고 제나라 사람들이 길을 다투어 달아나는 바람에 수많은 수레들의 차축 끝이 서로 부딪치고 수레가 부서져 연나라 군대의 포로로 잡혔으나 오직 田單 집안 사람들만 수레 차축 양단을 철테로 둘렀기에 (수레가 부서지지 않아) 무사히 탈출하여 동쪽으로 가서 即墨을 지켜낼 수 있었다."[84]

5, 6구는 전단이 즉묵성에서 연나라를 중심으로 한 연합군을 물리치고 전세를 일시에 역전시켜 제나라의 옛 영토를 회복한 후 安平君으로 봉해지고 나서는 처음의 초심을 잃고서 사치와 향락에 빠져 자만하다가 狄城(적성, 지금 산동 高靑縣 동남 지역)을 공략할 때는 이전과 달리 오랫동안 고전하였던 일, 그리고 결국에는 현자인 노중련의 경고에 각성하여 초심을 회복하고 친히 사졸들의 사기를 진작시키는 한편 위험을 무릅쓰고 최전선에서 전쟁을 독려한 끝에 적성을 함락시킨 고사를 인용하고 있다. 자세한 이야기는《戰國策·齊策六》에 다음과 같이 보인다. "田單이 장차 적성을 공략하고자 하여 노중련(魯仲連)을 찾아갔다. 그런데 노중련은 '장군이 적성을 공격한다고 해도 함락시킬 수 없습니다.'라고 대답했다. 이에 田單이 '저는 일

---

83 "(田單)乃收城中得千余牛……束兵刃於其角, 而灌脂束葦於尾, 燒其端 ; 鑿城數十穴, 夜縱
    牛, 壯士五千人隨其後, 牛尾熱, 怒而奔燕軍, 燕軍夜大驚." (漢)司馬遷撰, (劉宋)裴駰集解, (唐)
    司馬貞索隱, 張守節正義 :《史記》卷82《田單傳》, 清乾隆四年刻本, pp.3b-4a.

84 "燕師長驅平齊, 而田單走安平, 令其宗人盡斷其車軸末而傅鐵籠. 已而燕軍攻安平, 城壞,
    齊人走, 爭途, 以轉折車敗, 爲燕所虜, 唯田單宗人以鐵籠故得脫, 東保即墨."
    (漢)司馬遷撰, (劉宋)裴駰集解, (唐)司馬貞索隱, 張守節正義 :《史記》卷82《田單傳》, 清乾隆
    四年刻本, p.1.

찍이 (즉묵에서) 단지 5리의 내성과 7리의 외성, 나라 잃은 패잔병들만을 이끌고서도 萬乘의 燕나라 군대를 무찌르고 제나라의 잃은 영토를 회복했었는데 지금 적성을 공격해도 함락할 수 없다고 하니 무슨 말입니까?'라고 하고는 수레에 올라 인사도 없이 떠나 그 길로 적성을 공격했다. 그러나 3개월이 지나도 적성을 함락시킬 수 없었다. 이 때 제나라 아이들이 다음과 같은 동요를 불렀다. '키만큼 큰 모자를 쓰고 턱 아래까지 오는 긴 검을 짚고서 적성을 공략하지만 함락시키지 못하여 길 가운데 높은 성을 쌓네.' 전단이 이 동요를 듣고는 두려워져 노중련에게 와서 '선생께서 일전에 제가 적성을 함락시키지 못할 것이라고 하셨는데 그 이유를 듣고 싶습니다.'라고 물었다. 이에 노중련이 다음과 같이 답했다. '장군께서 即墨에 계실 때는 앉아서는 마대를 짜고 일어서서는 농기구를 들고 일을 하시며 仕卒들을 소집하여 '우리가 어디 돌아갈 곳이라도 있단 말인가? 이렇게 종묘 사직이 다 망했는데? 이처럼 나라가 망한 지 오래되었으니 어디로 돌아가겠는가!'라고 말씀하셨지요. 당시 장군께서는 죽을 결심을 했고 사졸들도 죽기를 각오했으니 장군의 그런 말씀을 듣고는 모두가 눈물 흘리고 격분하여 어깨를 들썩거리며 싸움터에서 분전했습니다. 이것이 바로 당시 燕나라 군대를 격파한 이유인 것입니다. 지금 장군은 그때와 달리 동쪽으로는 액현 지역에서 거둔 세금 수입이 있고 서쪽으로는 치수 강가에 아름다운 원림을 소유하고 황금 교구가 달린 허리띠를 차시고는 淄水(치수)와 繩水(승수) 사이의 땅을 수레를 타고 호기롭게 내달리시니 삶의 즐거움은 있으나 죽음을 각오하는 정신은 없습니다. 이것이 바로 지금 이길 수 없는 이유입니다.' 이에 전단이 '제가 죽을 각오가 있습니다. 선생은 잘 지켜보십시오'라고 하고는 다음날부터 성 주위를 순시하면서 사졸들의 사기를 진작시키고 적의 화살과 투석이 미치는 최전방에 직접 서서 북채를 쥐고 진격의 북을 울리니 마침내 적성 사람들이 항복했다."[85]

85　"田單將攻狄, 往見魯仲子. 仲子曰 : '將軍攻狄, 不能下也.'田單曰 : '臣以五里之城, 七里之郭, 破亡餘卒, 破萬乘之燕, 復齊墟. 攻狄而不下, 何也?'上車弗謝而去. 遂攻狄, 三月而不克之也. 齊嬰兒謠曰 : '大冠若箕, 修劍掛頤, 攻狄不能下, 壘枯丘.'田單乃懼, 問魯仲子曰 : '先生謂單不能下狄, 請聞其說. 魯仲子曰 : '將軍之在即墨, 坐而織蕢, 立則杖插, 爲仕卒倡,

우선 이 시는 起인 1, 2구에서 전국시기 일곱 나라가 패자를 다투던 난세에 전단이라는 일세의 영웅이 나타났다고 하면서 전단을 크게 찬양하는 어조로 시작하고 있다. 承인 3, 4구에서는 이러한 시상을 이어받아 전단의 비범함을 세상에 알린 대표적인 전고인 火牛陣과 鐵籠에 관한 고사 두 가지를 인용하여 전단의 영웅적 행위를 다시 한번 찬양하고 있다. 그러다가 轉인 5, 6구에서는 시상의 전환이 일어나는데 먼저 5구에서는 연나라 연합군과의 전쟁에서 승리한 후 안평군에 봉해진 전단이 경제적 부와 명성, 권력을 손에 얻어 나태해졌기에 적성을 공략할 때 계속 실패할 수밖에 없었다고 비판했다. 그러나 이어진 6구에서는 이러한 나태하고 오만한 마음을 고쳐잡아 결국 초심을 회복하여 적성 공략에 성공했다면서 전단을 재차 칭찬하고 있다. 마지막으로 주제에 해당하는 結인 7, 8구에서 작자는 전단이 이처럼 여러 대에 걸쳐 아름다운 명성을 떨칠 수 있었던 이유를 자신을 굽히고 현자인 노중련을 찾아 자문을 구하고 그의 의견을 따랐던 것에서 찾고 있다. 곧, 작자인 이민성은 아무리 뛰어난 자질을 가진 영웅과 제왕이라도 그들이 성공하기 위해서는 현자의 보좌가 반드시 필요함을 강조하여 당시 명대 조정이나 조선의 군왕, 집권자들에게 간접적인 충언을 올리고 있었던 것으로 볼 수 있다.

한편, 조선사신 김덕승은 전단의 무덤에 관해 다음과 같이 관련 기록을 남기고 있다.

太公塚(태공총)은 본시 옛 周나라 땅에 있는데 齊나라 사람들이 태공의 덕을 그리워하여 그의 衣冠을 모셔다가 여기에 장례를 치렀다. …… 四王(사왕)과 齊桓公(제환공)의 묘지 비석이 길 왼편에 나란히 서 있었다. 田單(전단)의 묘는 그 서쪽에 있었는데 곧, 火牛陣으로 燕나라를 물리치고 齊나

日 : "可往矣? 宗廟亡矣?"雲曰 : "尚矣! 歸於何黨矣!"當此之時, 將軍有死之心, 而士卒無生之氣, 聞若言, 莫不揮泣奮臂而欲戰. 此所以破燕也. 當今將軍東有夜邑之奉, 西有淄上之虞, 黃金橫帶, 而馳乎淄, 繩之間, 有生之樂, 無死之心, 所以不勝者也.'田單曰 : '單有心, 先生志之尖.'明日, 乃厲氣循城, 立于天石之所及, 援袍鼓之, 狄人乃下." (漢)高誘撰, (宋)姚宏續撰 :《戰國策注》卷13《齊六》, 士禮居叢書景宋剡川姚氏本, pp.6b-7a.

라의 영토를 회복하여 齊襄王을 옹립한 인물이다.

　太公塚在於周, 而齊人思其德, 葬衣冠於此. ……而四王碑, 桓公碑並立路
左. 田單墓在其西. 火牛敗燕, 復齊迎襄.

　　　　　　　　　　　　　　　　　　　—金德承《天槎大觀》

　　앞서 이미 언급했듯이 김덕승 등 조선사신들이 사행문헌을 기록할 때《大明一
統志》를 참고하는 경우가 많았다. 그러나《大明一統志》의 臨淄縣 陵墓에 관한 기
록을 살펴보면[86] 太公塚, 齊桓公塚, 管仲墓, 杞梁墓(기량묘), 晏嬰墓, 三士墓, 公冶長
墓, 四王墓, 王蠋墓(왕촉묘), 蘇秦墓에 관한 내용은 있으나 田單墓에 관한 기록은 전
혀 보이지 않는다. 그러므로 전단묘에 관한 사행기록은 조선사신 김덕승 자신이 직
접 田單墓의 묘비석 실물을 보고 그 내용을 사행록에 기록한 것으로 보인다. 이상
과 같이 이민성과 김덕승의 기록을 종합해보면 田單墓는 "四王塚"과 "二王塚" 서
쪽으로 멀지 않은 곳에 있었던 것으로 파악된다. 그런데 이상한 점은 田單墓에 관
하여 다른 조선사신들은 아무런 기록을 남기지 않았다는 점이며 더구나 현존하는
명청 시기 중국 지방지에서도 전단묘에 관한 기록을 찾을 수 없다는 것이다. 그런
데 民國《臨淄縣誌》에는 민국 시기 臨淄縣 문인 于允恭(우윤공)이 田單墓를 제재로
한 한시 2수를 남기고 있으므로 조선사신들이 전단묘에 관해 남긴 시문들에 대한
비교 참고 자료로서 여기서 함께 살펴보기로 한다.

　　　〈전단의 묘 제1수〉
　　　(민국 시기) 우윤공

　　　안평군 전단의 무덤은 淄河 물굽이 곁에 아직 남아 있고
　　　齊나라 옛 도읍 임치성 멀리 수면 위에 비치는 강가 숲 경치 그림처럼 아
　름답네.

86　《大明一統志》卷24《靑州府》, 明天順五年內府刻本, p.33.

황폐해진 제왕장상들의 능묘를 돌아가는 강줄기는 마치 옛날 전단이 황금 허리띠를 두른 모습같고

달빛 밝은 밤이면 무덤가에 우뚝 솟은 화표석은 보석을 두른 듯이 빛났으리!

옛날 초나라 대부 신포서는 (천신만고의 노력으로) 이웃 진나라의 힘을 빌려 나라를 지켰고

제나라 관중은 문무의 재능을 겸비하였다네

(그러나 지금) 왜적의 우환이 심각하지만 그 누가 이 나라를 구할 수 있을까?

위대한 옛 조상들 추억하다보니 (불초한 후손은) 슬픈 마음 다할 길 없네.

田單墓 其一[87]

(民國) 于允恭[88]

安平[89]遺塚傍淄隈,[90] 遠映齊城樹色[91]開.

水繞荒邱橫帶[92]似, 月明華表[93]貫珠來.[94]

---

87 民國《臨淄縣誌》卷3《古跡志》, 民國九年石印本, p.14b.

88 우윤공은 夢堯라고도 불렸는데 民國時期 臨淄縣 石槽村 사람으로 생졸년은 미상이다. 일찍이 民國《臨淄縣誌》의 편찬에 참여했다고 한다. 皇城鎭志編纂委員會編《皇城鎭志》, 山東省地圖出版社2002年版, p.368.

89 安平은 田單을 가리킨다. 연나라에게 빼앗겼던 齊나라의 영토를 다시금 회복한 공로로 전쟁 후 田單은 安平君에 봉해졌다.

90 淄隈(치외)란 제나라 淄河 물굽이 곁 외진 곳이란 뜻이다.

91 樹色이란 수목이 이루는 경치를 가리킨다. 南朝 梁 何遜의《日夕出富陽浦口和朗公》시에 "산 안개는 온 숲을 풍경화 같은 화폭으로 머금어 담고, 강물은 저녁 노을 빛 비추네(山煙涵樹色, 江水映霞暉)"라는 표현이 보인다. (南朝梁)何遜 :《何記室集》卷2《詩》, 七十二家集本, p.9a.

92 橫帶란 허리띠를 둘렀다는 뜻이다.

93 華表(화표)란 옛날 능묘 앞에 세운 돌기둥으로 그 표면에 다양한 무늬를 새겼다.

94 貫珠(관주)란 진주 보석을 꿰어 둘렀다는 뜻이다.《周書·異域傳下·吐谷渾》에 "婦人들은 모두 진주 보석을 꿰어두르고 머리를 묶어 참으로 고귀하게 보였다(婦人皆貫珠束髮, 以多爲貴)"라는 표현이 보인다.《周書·異域傳下·吐谷渾》

包胥尚借邻封力, 仲父兼储将相才.
倭患方深谁救国, 追维[95]先哲有餘哀.

5구의 包胥(포서)란 춘추 시기 楚나라 大夫 申包胥(신포서)를 가리킨다. 楚昭王 10년(B.C. 506) 吳나라가 伍子胥(오자서)의 책략을 받아들여 초나라를 공격하여 위험에 빠뜨렸고 초나라 대부였던 신포서는 秦나라로 가서 구원병을 요청했으나 秦哀公은 주저하면서 결정을 내리지 못했다. 이에 申包胥가 秦나라 장안을 떠나지 않고 7일 동안 밤낮으로 통곡한 끝에 그 정성에 감동한 秦哀公은 구원병을 보내 초나라를 구해주었다. 《漢書》에 이에 관하여 다음과 같은 자세한 기록이 보인다. "楚昭王 때 오나라 군대가 초나라 도성인 郢(영)땅까지 침입하니 초소왕이 신포서로 하여금 도성을 벗어나 秦나라로 가서 구원병을 요청하도록 하여 위기에서 벗어나고자 했다. 신포서는 천신만고 끝에 진나라의 조정에 설 수 있었고 7일 동안 거기서 대성통곡했다. 이에 秦哀公이 초나라에 구원병을 보내 吳나라 군대를 격퇴시켰다. 초소왕이 다시 도성으로 돌아와서는 신포서에게 상을 내리고자 했는데 신포서는 다음과 같이 대답하고는 상을 사양하고 달아났다. '제가 손발이 다 부르트고 두꺼운 굳은 살이 박힐 정도로 천신만고의 어려움을 무릅쓴 것은 임금을 위한 것이지 저의 일신을 위한 것이 아닙니다.' "[96]

우선 1, 2구는 田單墓의 위치와 주변 풍경에 대해 묘사하면서 시를 시작하고 있다. 곧, 전단묘는 치하의 물줄기가 돌아가는 물굽이 외진 곳에 덩그러니 남아 있으며, 멀리 전단묘를 감싸고 흘러가는 치하 강물의 수면 위로 옛 제나라 도성 임치성이 비치는 가운데 무덤 주위의 숲은 그림처럼 고즈넉한 풍경을 이루고 있다. 이어

---

95   追維(추유)는 "追惟"와 통하며 추억하다, 회고하다의 뜻이다. 宋 陳鵠(진곡)의 《耆舊續聞》卷7에 "英華가 남긴 말을 기억하고는 그녀가 남겨준 향을 취하여 태웠다(追惟英華之言, 欲取所遺香熱之)"라는 기록이 보인다. (宋)陳鵠 : 《耆舊續聞》卷7, 知不足齋叢書本, p.3a.

96   "楚昭王時, 吳師入郢, 昭王出奔申包胥如秦乞師, 踰越險阻. 曾繭重胝, 立于秦庭, 號哭七日. 秦哀公出師救楚, 而敗吳師. 昭王反國, 將賞包胥. 包胥辭曰 : '吾所以重繭, 爲君耳, 非爲身也.'逃不受賞." (漢)班固 : 《漢書》卷100《敘傳》, 清乾隆四年刻本.

진 3, 4구에서 시인은 위대한 영웅 전단이 활약하던 과거를 회상하면서 상상의 세계에 빠져드는데, 옛날 전단은 황금으로 걸쇠를 만든 허리띠를 차고 호기롭게 지금 시인이 바라보고 있는 치하가 구불구불 흘러가는 이곳 벌판을 종횡무진했을 것이며, 그가 묻힌 이곳 무덤에는 위대한 영웅을 기념하기 위해 세워진 화려한 화표석이 달 밝은 밤이면 화려한 보석을 두른 듯 밝게 빛났으리라 상상해보았던 것이다. 5, 6구에서는 전단 이외에 목숨을 걸고 초나라로부터 제나라를 구한 申包胥, 제환공을 보좌하여 제나라를 춘추시기 강국으로 만든 管仲의 전고를 인용하여 이 고장 출신 선조들의 조국을 위한 희생과 위대함을 재차 칭송하였다. 마지막 7, 8구에서는 지금 일본 제국주의 군대가 중국을 침략하여 그 환난이 극에 달했지만 그 옛날 전단, 신포서, 관중처럼 위기에 빠진 나라를 구할 위인이 지금은 없으니 불초한 후손인 작자 자신은 가슴 북받치는 슬픔을 다할 길이 없다고 토로한다.

〈전단의 묘 제2수〉

전단 장군의 墓가 날로 허물어지고 황폐해지는 것을 차마 보지 못하여
전단이 안평후로 봉해진 鄲城(휴성, 즉 안평성)에 높다란 송덕비를 세웠다네.
너른 벌판에 타고 가던 수레를 세움은 저녁놀 붉게 물든 황금들녘이 물결쳤기 때문이고
산세 좋은 이곳에서 술잔 높이 치켜듬은 밤새 내리던 비가 맑게 개였기 때문이네
훌륭하신 선현의 무공을 높이 찬양함은
후진들이 (선현을 좇아) 충성과 절의에 힘쓰기를 바라기 때문이네.
(그러나) 선현의 위대한 유산 제나라 옛 땅 산동 지역 곳곳에 두루 전해지거늘
어찌 유독 임치성 동쪽 휴성(안평성)에서만 선현을 송덕한단 말인가!

田單墓 其二[97]

不忍將軍墓欲平, 豐碑[98]屹立傍鄖城.

荒原弭節[99]農霞動, 勝地開樽[100]宿雨晴.

要與前賢揚武烈,[101] 還期後進勵忠貞.

三齊盛事流傳遍, 豈獨東郊有頌聲.

이 시는 작자가 민국 초기 臨淄縣 縣長 舒孝先을 따라 田單墓를 배알하고 새로이 묘비를 세울 때, 즉흥적으로 옛날 제나라를 위기에서 구한 田單을 찬양하기 위해서 지은 것이다. 2구의 鄖城(휴성)이란 安平城을 가리키며 田單이 바로 安平城에 봉해졌기에 安平君으로 불렸다. 民國《臨淄縣誌》에 "安平城은 일명 鄖城으로 불리며 임치현 동쪽 10리에 있다. 《春秋》에 '莊公 3년 가을 紀季(기계)가 鄖 땅을 齊나라에 바쳤다'는 기록이 보이는데, 杜預는 注에서 '齊나라 동쪽에 安平城이 있는데

---

97   原詩에는 원래 題目이 없이 "내가 서효선 현장을 따라서 전단묘를 알현하고 묘비를 세우는 행사에 참여한 김에 즉흥적으로 지은 시이다. (又陪舒[孝先]縣長謁田單墓且樹新碣因留小酌詩)"라는 기록만 남아 있는데 이 시가 전단묘를 제재로 하여 쓰여졌으므로 본고의 작자들이 이처럼 제목을 붙인 것이다. 民國《臨淄縣誌》卷3《古跡志》, 民國九年石印本, p.14b.

98   豐碑(풍비)란 업적과 공덕을 송양하기 위해서 세운 높고 큰 石碑를 가리킨다. 《南史·王琳傳》에 "의식을 갖추어 豐碑를 세웠으니 이는 그 덕을 기려 눈물 흘리는 사람들에게 남기는 것이다(豐碑式樹, 時留墮淚之人)"라는 표현이 보인다.

99   弭節(미절)이란 수레를 멈추는 것으로 《楚辭·離騷》에 "내가 태양신인 義和(희화)에게 명하여 수레를 멈추게 하고는 태양이 지는 산인 崦嵫(엄자)가 멀리 있음을 바라보고 가까이 다가가지 말라했네"라는 표현이 보이고 洪興祖는 補注에서 "弭(미)는 멈춘다, 정지시킨다는 뜻이다"라고 설명했다. "吾令義和弭節兮, 望崦嵫而勿迫." 洪興祖補注 : "弭, 止也." (明)汪瑗 :《楚辭集解·離騷》卷2, 明萬曆刻本, p.9b.

100   開樽(개준)이란 잔을 들어 술을 마시는 것을 가리킨다. 唐 杜甫《獨酌》시에 "늦은 저녁 깊은 숲을 산보하며 홀로 여유롭게 잔 들어 술 마시네(步屧深林晚, 開樽獨酌遲)"라는 표현이 보인다. (宋)郭知達集注 :《九家集注杜詩》卷10《古詩》, 宋寶慶元年刻本, p.12a.

101   武烈이란 전쟁에서 이룬 큰 공적을 가리킨다. 《國語·周語下》에 "成王은 능히 文德을 널리 밝히고 武勳을 세울 수 있는 분이다."라는 표현이 보이고 韋昭는 注에서 "烈은 威嚴이며 文德을 밝혀 널리 빛나게 하며 전쟁을 판가름하여 위엄을 떨친다는 뜻이다"라고 설명했다. "成王能明文昭, 能定武烈者也". 韋昭注 : "烈, 威也. 言能明其文, 使之昭 ; 定其武, 使之威也." (三國)韋昭解 :《國語》卷3《周語下》, 士禮居叢書景宋天聖明道本, p.9b.

齊나라가 紀나라를 멸망시키려 하자 기나라 왕의 동생인 紀季가 齊나라에 스스로 편입되어 附庸國이 되고자 했다'라고 설명했다. 田單이 安平君에 봉해졌는데 안평성이 바로 휴 땅이며 속칭 石槽城이라고도 하는데 그 유적이 아직도 남아있다"[102] 라는 기록이 보인다. 酅城의 옛 터는 지금의 淄博市 臨淄區 皇城鎮 皇城村의 남쪽 일대이다.

윗 시 1, 2구의 기술을 통해 민국 초기 臨淄縣 文人 우윤공은 "田單墓"가 임치현 東郊 즉, 酅城 遺址 안에 있다고 여겼고, 당시에 이미 "田單墓"의 보존상태가 별로 좋지 못했기에 縣長이 개인적으로 기부하여 "田單墓" 앞에 묘비석을 새로 세웠음을 알 수 있다. 民國《臨淄縣誌》에 "田單墓는 安平城 안 石槽城의 서쪽에 있는데 높이는 몇 丈이고 면적은 2-3畝 정도이다. 20년 전에 무덤 동쪽에 우물을 파다가 청동기 유물을 많이 발견하였는데 마을 촌로들이 이 사실을 알게 되자 급히 다시 묻어버렸다. 옛날에는 묘비석이 없었는데 縣知事(縣長에 해당됨) 舒孝先이 자금을 기부하여 '齊相田單之墓(제나라 재상 전단의 묘)'라고 새긴 석비를 세웠다"라는 기록[103]이 보인다. 이에 따르면 민국 시기 이전에는 田單墓에 석비가 없었던 것을 알 수 있다. 또한 田單墓의 위치에 대한 학계의 견해는 民國《臨淄縣誌》의 기록과 일치하고 있으니, 지금의 臨淄區 皇城鎮 安平故城 안에 있는 皇城村에서 동남쪽으로 500m 떨어진 지역 일대이다. 1977년 田單墓는 "臨淄墓葬群"의 하나로서 山東省 重點 문화유적지로 지정되었다.

한편, 원대 지방지 《齊乘》에는 "石槽城은 臨淄縣 동쪽 10리에 있으니 옛날 安平城이다. 성 안에 石槽가 있어서 그런 이름이 붙었다. 魯莊公 3년 紀季가 酅 땅을 齊나라에 바쳤다. 杜注에 '齊城의 동쪽 安平縣에 紀季의 墓가 있었고 북쪽으로 누구

---

102 "安平城, 一名酅城, 在縣東十里. 春秋莊公三年：秋, 紀季以酅入于齊. 杜預注：在齊東安平城. 齊欲滅紀, 紀季故入齊爲附庸, 田單封安平君. 即此. 俗呼石槽城, 故址猶存." 民國《臨淄縣誌》卷3《古跡志》, 民國九年石印本, p.6b.

103 "田單墓, 在安平城中石槽城西里許, 高數丈, 廣二三畝. 二十年前, 有於墓東掘井者, 得銅器甚多, 耆老聞知, 遂亟掩之. 舊無碑碣, 今有縣知事舒孝先捐資立碣, 曰'齊相田單之墓'" 民國《臨淄縣誌》卷3《古跡志》, 民國九年石印本, p.14b.

의 것인지 알 수 없는 무덤들이 있었다'라고 했으나 土人 雲蔽는 秦나라 때의 무덤이 없으므로 기계의 무덤인 것을 의심했다. 田單이 安平君에 봉해졌으니 바로 여기다"[104]라는 기록이 보인다.

　　이상 전단의 무덤 위치에 관한 중국의 역대 지방지의 기록과 시문을 종합해 보면, 그 지리적 위치가 조선사신의 기록과 차이가 남을 알 수 있다. 이러한 차이는 왜 발생했으며 과연 누구의 기록이 더 정확한 것인가? 최근 관련 학계의 고고학적 발굴조사 결과(《淄博市文物志(初稿)》[105])에 따르면, 安平故城 遺址는 남북으로 길이가 2000m, 동서로 폭이 1800m에 이르는 정방형의 터로 밝혀졌으며, 전단의 무덤과 紀季의 무덤이 있었다는 臨淄區 皇城鎭 石槽村 유적지는 安平故城 유적지 동쪽 내부 일대로 서쪽으로는 皇城村, 서남으로는 淄東張村, 북으로는 南榮村에 연접하고 있다고 한다. 이는 원대 지방지《齊乘》에서 기록한 바, 기계 묘의 위치(곧, 전단 묘의 위치)와 일치하는 것이다. 그리고 安平故城 유적지는 齊나라 故城 성벽 유적지에서 서쪽으로 7000m 떨어져 있고, "二王塚", "四王塚", 古驛道와 淄河가 만나는 교차점 등으로부터 서남쪽으로 각각 9000m , 10000m, 9800m 씩 떨어져 있다고 한다.

　　그러므로 옛 역참로를 지나던 조선사신들이 역참로 곁에 있던 "二王塚", "四王塚" 그리고 그 곁에 있던 田單墓를 보았다고 기록한 것은 잘못된 것이다. 이것은 아마도 당시 사람들이 많이 다니던 역도 길가에 臨淄縣 현지 사람들이 자신의 고장의 유구한 역사를 표양하기 위해서 그러한 역사적 인물들의 무덤과 유적이 역참로에서 멀지 않은 곳에 있음을 표시하기 위해서 세운 일종의 기념비였을 가능성이 크다.

104　"石槽城, 臨淄東十里, 即古安平城. 因城內有石槽, 故名. 魯莊公三年紀季以酅入于齊, 杜注 : '齊城東安平縣有紀季墓, 北有塚', 土人雲蔽無秦塚, 疑即季墓. 田單封安平君, 即此"《齊乘》卷4《古跡》, 淸文淵閣四庫全書本, p.3b.

105　《淄博市文物志》編纂組《淄博市文物志(初稿)》, 內部資料1984年版, p.34.

사진 5-13　지금의 臨淄區 皇城鎮 皇城村 동남측에 세워져 있는 "田單墓" 문물표지석

사진 5-14　지금의 田單墓 전경

사진 5-15　지금의 田單墓 전경 2

(1) (7월) 10일 기유일 맑음. 이른 새벽에 (益都縣익도현 洰洱店거이점에서)출발하여 35리를 가서 청주부에 도착했다. …… 다시 35리를 가서 溜河鋪(유하포)에서 잠시 쉬었다. 이어 큰 강을 건넜는데 溜河(유하)라고 한다. 다시 35리를 가서 金嶺驛(금령역)에 도착하여 張씨 姓을 가진 사람의 집에서 묵었다.

例一 : (七月)初十日己酉, 晴. 曉頭(自益都縣洰洱店)啟程, 行三十五里, 到青州府. ……行三十五里, 溜河鋪暫歇. 渡大川, 名溜河. 行三十五里, 到金嶺驛, 止宿張姓人家矣.

—崔應虛《朝天日記》

(2) (9월) 22일 임신일 金嶺驛(금령역)에 묵었다. (青州 益都縣에서 發行하여)……정오에 淄河店(치하점)을 지났는데 옛 臨淄縣(임치현)이다.

例二 : (九月)二十二日,[106] 壬申, 宿金嶺驛. (自青州益都縣發行)……午過淄河店, 古臨淄縣也.

—李德泂《朝天錄(一云航海錄)》

(3) (7월) 4일 임진일. (청주 彌陀寺미타사에서 출발하여) 金嶺鎭(금령진)에 도착했다. ……정오에 淄河店(치하점)에서 점심을 해먹었다. 淄河公署(치하공서)를 지나 길에서 우연히 현지 관원을 만났다. 서로 읍을 하며 예의를 표하고 지나쳤는데 바로 濟南都司로서 察院을 만나 영접하고 돌아가는 길이었다.

例三 : (七月)初四日, 壬辰. (自青州彌陀寺發行)到金嶺鎭. ……午, 中火於淄河店. 過淄河公署, 遇官人於道, 相揖以過, 乃濟南都司爲察院迎謁而來.

—李民宬《癸亥朝天錄》

(4) (10월) 19일 갑오일 맑음. (청주부성에서 출발하여) 淄河(치하) 강변

---

106 "二十一日"의 誤記임

에서 점심을 해먹고 저녁에 金嶺鎭(금령진)에 도착하여 유숙했다. 청
주로부터 70리 거리이다.

例四 : (十月)十九日, 甲午, 晴. (自青州府城發行)中火於淄河上, 夕至
金嶺鎭止宿, 去青州七十里.

—全湜《槎行錄》

위의 글들을 보면, 북경을 향하던 조선사신들은 청주부성이나 미타사에서 유숙
한 다음 서쪽으로 출발하여 치하를 건너 금령진(금령역)에 도착하여 하루를 묵었으
며 도중에 치하 근처의 역참에서 쉬거나 점심을 먹었음을 알 수 있다. 이 치하 근처
역참을 위의 글 (2)와 (3)은 淄河店으로 기록하고 있으나 (1)은 "淄河(치하)" "溜河
(류하)"로 기록하고 거기 있던 급체포를 溜河鋪(류하포)라고 기록하고 있다. 관련 중
국 지방지의 기록[107]을 살펴보면 (1)의 기록자인 조선사신 최응허가 말한 급체포는
淄河鋪이며 "淄河"의 "淄(치)"를 "溜(류)"로 오기한 것이 분명하다. 이러한 조선 사
행록의 중국 지명에 대한 오기는 본 연구팀의 앞선 고증 연구에서도 종종 보아왔던
현상으로 역관의 통역상의 오류, 당시 현지인의 방언의 영향 등 다양한 이유가 겹
쳐져 발생했을 것이다.

그런데 (3)의 기록을 좀더 살펴보면 이민성은 치하 근처의 역참으로 "淄河店"과
"淄河公署" 두 곳을 지났다고 기록하고 있어서 의문을 자아낸다. 왜냐하면 명대 역
참포는 특별한 이유가 아니면 10리마다 한 곳을 두는 것이 일반적이기 때문이다.
이러한 의문은 嘉靖《青州府志》에 "淄河店은 중요한 요로 곁에 있어서 義民들이
巡檢官을 도와 함께 지켰다"라는 기록 및 "臨淄縣의 급체포 중의 하나인 淄河鋪는
淄河店과 함께 모두 臨淄縣城 남쪽 15리에 있었다"라는 기록[108]을 보면 해소된다.

---

107 嘉靖《青州府志》卷6《山川》, 明嘉靖刻本, p.34b ; 嘉靖《青州府志》卷11《要隘》, 明嘉靖刻本,
     p.12a ; 民國《臨淄縣誌》卷16《交通志》, 民國九年石印本, p.49b.
108 "系重要路, 義民協同巡檢官守之"的淄河店和作爲臨淄縣及遞鋪之一的淄河鋪皆位於臨淄
     縣城南十五里. 嘉靖《青州府志》卷11《要隘》, 明嘉靖刻本, p.12a ; 嘉靖《青州府志》卷11《驛
     傳》, 明嘉靖刻本, p.42a.

곧, 치하는 군사적, 상업적 요지로서 그 근처에 함께 있던 두 개의 역참 중 하나는 군사 행정적 목적에서 巡檢司 官兵들이 상주하면서 왕래하는 인원들을 검문 검색하고 치안을 유지하는 일을 주로 했고(그래서 이민성은 이를 淄河公署[치하공서-일종의 관청]라고 기록했던 것이다), 다른 하나는 상업적 목적에서 사람들에게 숙식을 제공하는 등의 일을 주로 했던 것이다. 본서에서는 혼란을 방지하기 위해서 淄河店 혹은 淄河鋪로 불렸던 이 두 역참을 따로 구분하지 않고 하나의 역참으로 간주하기로 한다. 이렇게 보면 (4)에서 전식이 치하 강변에서 점심을 해 먹었다고 한 장소는 상업적 기능을 했던 淄河店을 가리키는 것이 분명하다.

　　그런데 이처럼 조선사신 대부분은 淄河店을 거쳐갔지만 직접 사행록에 관련 시를 남긴 조선사신은 없기 때문에 당시 치하점의 인문지리적 경관이 어떠했는지 살펴볼 길이 없다. 명대 말기 유명한 시인이자 박물학자였던 謝肇淛(사조제, 1567-1624)[109]가 치하와 치하점에 관한 시《宿淄河》,《宿淄水中夜聞雞》 2수를 남기고 있고, 명 천계 3년 奏聞(請封)兼辨誣使臣團의 부사였던 윤훤이 남긴《過齊有感》시의 일부분 중에 치하점에 관해 묘사한 부분이 있으므로 이 두 작자의 시를 여기서 함께 살펴보기로 한다.

〈치하 강변에서 하루밤 묵으며〉
(명) 사조제

하루 종일 말 타느라 지친 몸 이끌고 낡은 역관에 들어서니
푸른 이끼는 고요하고 깊은 정원을 가득 덮고 있네.

---

109 謝肇淛는 字가 在杭이고 長樂(지금의 福建 長樂)사람이다. 萬曆 壬辰년에 進士가 되어 司李로서 관직에 처음 발을 들인 후 粤西 方伯까지 지냈다. 관직에 있을 때 청렴하고 유능하다는 명성이 자자했다. 일찍이 황제에게 직언하는 상소문 수천 자를 올렸으니 다음과 같다. "여염집의 제한된 고혈을 짜서 부패한 관리들의 욕심을 채우는 일은 차마 하지 못합니다." 그 말이 지극히 간절하고 도리에 맞았으므로 만력 神宗 황제도 용납했다. 小草齋詩文과 雜組 十六卷이 전해진다.《武夷山志》卷17《名賢下》, 清乾隆刻本, p.24b.

연두빛 淄水는 두 갈래 물길로 흘러가고

멀리 牛山은 온통 푸른 빛이네.

보리밭에는 애꿎은 봄장마비 이어져 농민들 시름겨운데

멀리 보이는 강물 위 어선 불빛은 마치 밤하늘의 별빛같네.

어느 집 아낙네가 두드리는 다듬이질 소리는

하도 처량하여 차마 들을 수가 없네.

宿淄河[110]

(明)謝肇淛

疲鞍投古驛, 苔繡滿空庭.[111]

淄水雙條綠, 牛山一片靑.

麥田秋苦雨,[112] 漁火[113]夜疑星.

砧杵[114]誰家婦, 淒淒不可聽.

---

110 (明)謝肇淛 : 《居東集》卷1《詩上》, 明刻本.

111 空庭이란 그윽하고 고요한 정원을 말한다. 南朝 宋 謝靈運의 《齋中讀書》시에 "적막한 관청에는 논쟁하는 소리 끊어지고 그윽하고 고요한 정원에는 온갖 작은 새 날아드네(虛館絕靜訟, 空庭來鳥雀)"라는 표현이 보인다. (南朝宋)謝靈運 : 《謝康樂集》卷4《樂府》, 七十二家集本, p.16a.

112 苦雨는 오랜 기간 비가 내려 수해를 이룸을 말한다. 《左傳·昭公四年》에 "봄에는 차가운 바람 불지 않고 가을에는 水災를 일으키는 장마비가 내리지 않았다"라는 기록이 보이고 杜預는 注에서 "장마비가 우환과 고통으로 여겨지는 것"이라고 해설했다. "春無淒風, 秋無苦雨." 杜預注 : "霖雨爲人所患苦." (周)左丘明撰, (晉)杜預注, (唐)孔穎達疏 : 《左傳注疏》卷42《昭公》, p.24b.

113 漁火는 어선 위의 등불을 가리킨다. 唐 錢起의 《送元評事歸山居》시에 "배 위에서 잠을 자며 어선 위 불빛을 따르고 산을 따라 걸으며 대나무 사립문에 닿았네(水宿隨漁火, 山行到竹扉)"라는 표현이 보인다. (唐)錢起 : 《錢考功集》卷5《近體詩五十首》, 唐詩百名家全集本, p.5b.

114 砧杵(침저)는 "砧(침)"과 "杵(저)"의 合稱인데, 다듬이 돌을 砧(침)이라고 하고 다듬이 방망이를 杵(저)라고 한다. 南朝 宋 鮑令暉《題書後寄行人》시에 "밤에 다듬이질하는 소리 들리지 않고 낮에 높은 문은 굳게 잠겨있네(砧杵夜不發, 高門晝常關)"라는 표현이 보인다. (唐)歐陽詢輯 : 《藝文類聚》卷31《人部十五》, 宋紹興刻本, p.8a.

우선 1, 2구는 近景에 대한 묘사로 시작한다. 곧, 한창 봄기운이 완연한 어느 날, 여행 중인 작자는 하루 종일 말을 타느라 지친 몸을 누이고 유숙할 수 있는 치하 강변의 역참에 들어섰는데 최근 계속 내린 비로 인해 온통 푸른 이끼로 덮힌 역관의 정원은 고요하고도 적막하기만 하다. 이어진 3, 4구는 역관 주변의 遠景을 묘사하고 있는데 역관을 감싸돌아 흘러가는 치수 강물은 두 갈래 물길로 멀리 흘러가고 계절은 완연한 봄인지라 물빛은 연두빛으로 가득하다. 멀리 바라보이는 우산 또한 수목들이 봄을 맞이하여 온통 푸른 빛으로 물들었다. 5, 6구 또한 원경에 대한 묘사이지만 1-4구와 달리 쓸쓸하고 처량한 작자의 감정이 투사되면서 시상의 변화가 일어나고 있다. 곧, 수확철을 맞이한 봄 보리밭에는 애꿎은 비 계속 내려 때에 맞춰 수확을 할 수 없기에 농민들의 시름이 깊어지고 어부들은 생계를 이어가기 위해 밤에도 어선에 등불을 달고 고기잡이에 나서야 하는 것이다. 이러한 처량하고 쓸쓸한 작자의 감정은 7, 8구에서 절정에 이르는데 밤이 되자 어느 집 아낙네가 남편을 기다리며 두드리는 다듬이 소리는 너무나도 구슬퍼서 차마 듣지 못할 지경이라 작자는 밤새도록 잠을 청하지 못한다. 이 시는 명대 말기 치하 강변에 있던 역참 주변에 대한 지리적인 정보를 사실적으로 제공할 뿐만 아니라 일생을 청렴한 관리로서 백성들의 삶을 다독이고자 노력했던 사조제의 濟民 의식을 충실히 나타내고 있다.

〈치수가에 유숙하다가 한밤중에 꿩 우는 소리를 들으며〉
(명) 사조제

내고향 복건성 閩山과 벼슬살이 하는 魏水 땅은 하늘의 양 끝단처럼 서로 멀어서
관직 생활을 하며 보낸 세월 동안 고향집은 꿈속에서만 가보았다네.
한밤에 밝은 달 온창 가득 떠오를 때 구슬픈 꿩소리 멀리서 들려오니
돌연 이 내 마음 베옷 삼는 삼가닥처럼 온통 심란해지네.

宿淄水中夜聞雞[115]

(明)謝肇淛

閩山魏水各天涯, 馬上年光夢裡家.

半夜寒雞滿窗月, 一時心事亂如麻.

　이 시는 작자가 淄河店에 유숙하면서 한밤중에 야생꿩이 구슬프게 우는 소리를 듣고서 고향 생각에 마음이 심란해져 잠을 이루지 못하고서 지은 시이다. 이 시가 산동에서 수 천리 떨어진 복건성이 고향인 명대 말기 관료 사조제가 지은 시임을 감안하면, 수 천리 떨어진 조선을 떠나 북경으로 사행을 온 조선사신의 심정 또한 이 시의 작자와 비슷했을 것이며, 혹시 조선사신들도 치하점에서 묵으면서 깊은 밤 멀리서 구슬피 우는 야생꿩 소리를 들었을지도 모를 일이다. 1구의 閩山은 福建 福州 烏石山의 산봉우리 중의 하나를 가리키는데 작자인 사조제가 원래 복건 장락현 사람이므로 여기서는 작자의 고향땅을 상징한다. 魏水는 곧 渭水로서 황하의 지류 중의 하나인데 여기서는 작자가 주로 벼슬살이를 한, 자신의 고향인 복건 지역과는 수 천리 떨어진 북방 지역을 상징한다.

　관련 중국 지방지의 기록[116]에 따르면, 明末 淄河鋪 혹은 淄河店은 周代에 이미 역참으로 운영이 되었으며 처음에는 皇喪店[117]으로 불렸다가 青龍街로 바뀌었다. 이후 명대부터 민국 초기까지 淄河驛, 淄河店, 淄河鋪, 淄河街 등으로 불렸으며 지금은 淄河店村(치하점촌)이 공식명칭으로 사용되며 행정구역상 淄博市 臨淄區 齊陵街道에 속하고 있다. 지금의 淄河店村은 임치시 시내에서 동남쪽으로 6-7㎞ 정도 떨어진 곳에 위치하며 옛부터 교통요지로서 번성했다. 淄河店村은 명청 시기에는 臨淄縣 端智鄉 淄河社에 속했고 민국 초기에는 臨淄縣 南二社에, 1930년 이

115　(明)謝肇淛 : 《小草齋集》卷27《七言絕句一》, 明萬曆刻本, p.21a.

116　咸豐《青州府志》卷23《形勝考》, 清咸豐九年刻本, p.2b ; 民國《臨淄縣誌》卷1《村社》, 民國九年石印本, p.41a ; 臨淄區民政局編《臨淄區地名志》, 山東人民出版社2018年版, pp.272-273.

117　齊桓公의 葬禮를 여기에서 치루었기 때문에 이런 명칭이 붙었다고 함.

후로는 臨淄縣 第三區에, 1950년 이후로는 臨淄縣 第六區에, 1956년 이후로는 臨淄縣 孫婁區 淄河鄉에 속했다. 1961년 이후로는 臨淄縣 齊陵公社에, 1984년 이후로는 淄博市 臨淄區 齊陵鎮에 속했다가 2003년 이후로 지금까지 臨淄區 齊陵街道에 속해오고 있다.

사진 5-16   지금의 淄博市 臨淄區 齊陵街道 淄河店村 촌민위원회

〈옛 齊나라 땅을 지나며 느낀 감회 (제1수)〉
[조선] 윤훤

　일찍이《書經·禹貢》과 같은 옛 서적에서 익히 읽어 보았었지
　태산과 발해 사이 넓고 아득히 펼쳐진 이곳, 옛 제나라 청주 땅은 그 토양조차 희고도 기름지다고.
　이처럼 유서 깊은 이 고장을 오매불망 꿈에서나 한 번 볼 수 있었을지.
　살아 생전 어찌 (청주땅을 직접 견문할 수 있는) 이번 사행을 생각조차 했겠는가!
　옛 제나라 도성 臨淄로 가는 옛 길에는 인적이 드물고
　(전단이 연나라 악의를 물리쳤다는) 即墨城의 허물어진 잔해는 석양에 잠겨 나그네의 우수를 자아내네.

길은 어느덧 (牛山에 올라 인생무상에 눈물 흘렸다는) 齊景公의 무덤 아래로

접어들고

저 멀리 牛山이 한 눈에 들어오자 흘러내리는 눈물 멈추질 않네.

過齊有感[118] 其一[119]

[朝鮮]尹暄

曾于黃卷[120]見青州, 海岱蒼茫厥土[121]優.

夢裡何嘗來此地, 生前豈意作茲遊.[122]

臨淄古道行人少, 即墨殘城落日愁.

路入景公墳下過, 牛山一望淚長流.

이 시는 명 천계 3년 奏聞(請封)兼辨誣使臣團 부사 윤훤이 북경으로 가는 길에

지은 것으로 옛 齊나라의 도성이 있던 臨淄縣을 지나면서 목도한 풍경과 이 지역

---

118 [朝鮮] 尹暄 :《白沙先生集》卷2《七言絕句》, 韓國國立圖書館藏本, p.22.

119 여기서 제1수와 제2수의 구분은 본서의 집필진이 임의로 붙인 것으로 원판본에는 이런 구
분이 없음.

120 黃卷이란 서적을 뜻한다. 옛날 종이에 좀이 먹는 것을 방지하기 위해서 노란색 향료를 물
들인 것에서 유래한다. 晉 葛洪《抱樸子·疾謬》에 "자잘하고 소소한 이야기들은 모두 여항
의 유생들과 문장을 채집하기 좋아하는 인사들이 吟詠하여 마른 죽간에 새겨두니, 온종일
수많은 서적에 매달려 뒤적거리며 사는 자들도 마땅히 아는 것들로서 우리들에게 족히 물
을 것이 못된다."라는 표현이 보인다. "雜碎故事, 蓋是窮巷諸生, 章句之士, 吟詠而向枯簡,
匍匐以守黃卷者所宜識, 不足以問吾徒也." (晉)葛洪 :《抱樸子·外篇》卷25《疾謬》, 平津館
叢書本, p.8b.

121 厥土(궐토)란 그곳의 토양의 질이란 뜻이다.《書經·禹貢》에 "(청주 지역의) 토양은 백색이며
기름지고 바닷가에 위치하고 있어 넓은 염전이 개간되어 있다. 그곳 농지는 3등급에 속하
고 그곳의 농지의 세수는 4등급에 속한다(厥土白墳 ; 海濱廣斥. 厥田惟上下, 厥賦中上)"라는 표
현이 보인다. (漢)孔安國傳, (唐)陸德明音義 :《尚書》卷3《禹貢第一》, 仿宋相台五經本, p.1b.

122 茲遊(자유)란 이번 여행이라는 뜻인데 여기서는 윤훤의 당시 명대 조정으로의 사행을 가리
킨다. 宋 蘇軾의《六月二十日夜渡海》시에 "내가 남쪽의 황폐한 곳으로 폄적당할 때도 원
망함이 없었지만 이번 여행은 내 일생에서 가장 기이한 것이라 할 수 있다(九死南荒吾不恨, 茲
游奇絕冠平生)."라는 표현이 보인다. (宋)蘇軾 :《東坡七集·後集》卷7《詩八十九首》, 清光緒
重刊明成化刻本, p.2b.

에 얽힌 역사의 성쇠를 생각하면서 느낀 감회를 기술하고 있다. 1, 2구에서는 작자가 어린 시절부터 익히 읽어온 《尙書》의 구절들("海岱惟靑州[구주의 하나인 청주 땅은 발해와 태산 사이에 있다]", "厥土白墳[그 토양은 희고 기름지다]")을 직접 인용하여 이곳 靑州 땅이 유구한 역사를 가진 의미깊은 장소임을 강조하면서 시를 시작하고 있다. 이어진 3, 4구에서 작자는 옛 성현들의 자취가 남아 있는 이곳 청주 땅을 오매불망 그리워하여 과거 언젠가 이곳에 와 보는 꿈을 꾸었을 정도였는데, 이렇게 사행단의 일원으로 명나라에 배를 타고 와서 지금 자신이 직접 청주 땅을 밟게 되었다는 사실이 정말 믿기지 않는다고 감탄하고 있다. 이어진 5, 6구인 함련과 7, 8구인 미련에서는 작자가 직접 목도한 역도변의 풍경과 감회를 담담하게 기술하고 있다. 우선 옛 제나라 도성 臨淄로 향하는 驛道에는 그 옛날의 번영과 영광이 무색하게도 지금은 왕래하는 인적이 드물어 적막감이 느껴질 정도이고 이미 허물어져 황폐해진 옛 유적들 위로 석양이 깔리니 작자는 자신도 모르게 쓸쓸하고 슬픈 감정에 잠기게 된다. 길은 계속 이어져 四王塚 등 옛 제나라 제왕장상들의 무덤 곁을 지나기 시작하는데 멀리 문득 제경공이 올라 인생무상을 슬퍼했다는 牛山이 눈 앞에 들어오자 작자는 자신도 모르게 제경공의 심정에 공명이라도 된 듯, 알 수 없는 슬픔에 젖어 하염없이 눈물을 흘리게 되었다.

사진 5-17   지금의 臨淄區 齊陵街道 柳店村에서 胡家樓村에 이르는 古驛道 유적지

〈옛 齊나라 땅을 지나며 느낀 감회 (제2수)〉

[조선] 윤훤

　　강태공이 제후로 봉해진 제나라 강역은 태산과 발해 사이 아득히 광활한
데 당시는 천하의 열국들 사이 전쟁 그칠 날이 없는 암울한 시대였네

　　지금도 천하를 안정시킨 패자를 말하라 하면 제환공과 진문공이 강성했
음을 들고

　　유구한 역사 속 가장 탁월한 인물을 논하라 하면 관중과 안영을 꼽는 사
람이 많다네.

　　(그러나) 제경공이 올라 인생무상에 눈물을 흘렸다는 牛山은 (안영이 아니
라 맹자가 그를 보좌하여 仁義의 본성을 깨우쳐 주었더라면) 민둥산이 되지 않고

　　淄水에 비가 내려도 (우산의 수목을 윤택하게 하는데 쓰여) 큰 물로 범람하
지 않았으리니

　　臥龍선생 제갈량이 이곳에서 (안영을 비판한) 〈梁甫吟〉을 읊은 것은

　　나무꾼과 어부들에게 그 시를 남겨 그를 대신하여 널리 부르게 함이었네.

其二

尚父提封[123]海岱賒,[124] 中間列國暗兵戈.

至今語霸桓文盛, 終古論才管嬰多.

淚撒牛山無伐木, 雨過淄水不成河.

臥龍此地吟梁甫, 留於漁樵替作歌.

123　提封(제봉)이란 疆域(강역)을 뜻한다. 隋 薛道衡의 《老氏碑》에 "변방 지역인 장가, 야랑, 미
　　한, 상건 땅이 황제의 성스런 교화를 입어 모두 강역에 편입되었다(牂牁, 夜郎之所, 靡漢, 桑乾
　　之地, 鹹被聲教, 併入提封)"라는 표현이 보인다.

124　여기서 賒(사)는 광활하다, 멀리 아득하다는 뜻이다. 唐 楊炯의 《送李庶子致仕還洛》시에
　　"너른 벌판에는 짙은 연기 온통 낮게 드리우고 산악과 하천 아득히 뻗어감을 멀리 바라보
　　네(原野煙氛匝, 關河遊望賒)"라는 표현이 보인다. (淸)彭定求纂 : 《全唐詩》卷50《楊炯》, 淸康
　　熙四十四至四十六年刻本, p.3b.

3구의 桓文(환문)이란 春秋 五霸인 齊桓公과 晉文公 두 제후의 合稱이다.《孟子·梁惠王上》에 "공자의 제자들은 제환공과 진문공의 일을 말하는 자가 없으므로 후세에 전해지는 바가 없습니다"라는 기록[125]이 보인다. 5구의 "牛山無伐木"이란 맹자가 제자인 告子에게 牛山에 자라는 풀과 나무를 인위적으로 베어내거나 가축들로 하여금 뜯어먹지 않게 보호하면서 햇살 비치고 비가 내리는 가운데 자연히 자라도록 내버려두면 밤낮으로 성장하여 아름다운 숲을 이룰 수 있다는 사실을 예로 들어, 仁義란 인간의 본성으로서 이 본성을 억지로 말살하지 않고 자연스럽게 발현시켜 자라나도록 하면 누구나 聖人이 될 수 있는 가능성이 있음을 설파한 일을 가리킨다.《孟子·告子上》[126]에 다음과 같이 자세한 내용이 보인다. "牛山은 일찍이 수목이 무성하여 무척 아름다웠지만 큰나라 도성의 교외에 있었으므로 사람들이 와서 수목을 벌채해버렸으니 어찌 그 아름다움을 유지할수 있었겠는가? (그러나 이제라도 벌목을 그만 두게 하고 자연의 섭리에 따라) 밤낮으로 자라게 하고 비와 이슬을 맞게 하면 다시 무럭무럭 자라날 수 있을 것인데 사람들이 여기다 소와 양을 방목하여 얼마 남은 풀조차 뜯어먹게 하니 결국에는 완전히 벌거벗은 민둥산이 된 것이다." 7구의 臥龍(와룡)이란 삼국 시기 諸葛亮의 號이다. 梁甫(량보)란 樂府古辭《梁甫吟》[127](일명《梁父吟》)을 말한다. 전통적으로 諸葛亮이 지었다고 전하며 曲調가 슬프고 비애감이 느껴지기 때문에 옛날 喪歌로 사용되는 경우가 많았다고 한다.《梁

---

125 "仲尼之徒, 無道桓文之事者, 是以後世無傳焉."
126 "牛山之木嘗美矣, 以其郊於大國也, 斧斤伐之, 可以爲美乎? 是其日夜之所息, 雨露之所潤, 非無萌蘖之生焉, 牛羊又從而牧之, 是以若彼濯濯也."
127 全文은 다음과 같다. "제나라 도성 문을 걸어서 나오니 멀리 蕩陰 마을이 보이네. 마을 안에는 세 개의 墓가 있는데 크기와 모양이 비슷하고 서로 연이어 있네. 누구의 묘인지 물어보니 公孫捷, 田開疆, 古冶子 세 용사의 묘라하네. 그들은 南山을 밀어낼 만큼 힘이 장사였고 문장은 천지의 이치를 다했다네. 하루 아침에 讒言을 입어 복숭아 두 개로 인해 이들 세 용사는 죽게 되었네. 이런 음모를 능히 꾸밀 수 있는 자는 누구인가? 바로 제나라 재상 안영이라네(步出齊城門, 遙望蕩陰里. 里中有三墓, 累累正相似. 問是誰家墓, 田疆古冶子. 力能排南山, 文能絶地紀. 一朝被讒言, 二桃殺三士. 誰能爲此謀, 國相齊晏子.)"《藝文類聚》卷19《人部三》, 宋紹興刻本, p.6b.

甫吟》의 내용을 살펴보면, 제나라 성문을 나와 蕩陰 마을에 도착하여 "二桃殺三士
(이도살삼사)" 고사의 주인공인 세 용사의 묘를 보았다는 기록이 나온다. 그런데 중
국 지방지에 따르면, 탕음은 지금의 河南 安陽市 일대로 지금의 이도살삼사의 주인
공인 세 용사의 묘(곧 三士墓)가 소재한 임치현(산동 치박시의 屬縣)[128]과는 지리적 거
리가 너무 멀기 때문에 문헌학적 신빙성이 떨어진다. 그래서 현재는 후인이 제갈량
의 이름을 빌려 지은 것으로 보는 것이 일반적이다. 아마도 작자인 조선사신 윤훤
은 임치현 내 역도를 지나면서 三士墓 혹은 그 표지석을 보았기 때문에 제갈량이
지었다는《梁甫吟》을 떠올리고는 전고로 인용한 것 같다.

　이 시는 임치현에 대한 지리적 풍경에 대한 묘사는 거의 없으나 조선사신의 춘추
오패, 관중과 안영 등의 인물에 대한 평가를 여실히 확인할 수 있다는 점에서 흥미
롭다. 곧, 세인들은 춘추전국시대에 패자가 되어 尊王攘夷를 내세우며 천하를 안정
시키고 국가를 부국강병하게 만든 제환공이나 진문공과 같은 제후들와 왕들, 그리
고 재상의 자리에 올라 그들의 패도정치를 현실적으로 완성시켰던 관중이나 안영
같은 인물을 크게 칭송하곤 하지만, 그들은 공자와 맹자처럼 궁극적으로 왕도정치
를 추구하지 않았기에 역사적으로 높게 평가하기 어렵다고 주장하고 있다. 그래서
관중과 안영같은 인물은 궁극적으로 제갈량이《梁甫吟》에서 비판한 것처럼 자신
의 정치적 이익을 위해 나라에 필요한 인재라고 해도 서슴없이 제거했던 모략가에
불과하다고 평가절하고 세인들의 각성을 촉구하고 있다.

128　《大明一統志》卷24《靑州府》, 明天順五年內府刻本, p.33.

제2절 牛山,[129] "齊相管鮑墓"石碑,[130] 淄河[131]

牛山(우산) 또한 蕩陰里(탕음리)에 있다. 齊景公이 牛山에 올라 눈물을 흘리면서 "아름답구나! 우리 강토여! 왜 (나는 불노장생하지 못하고서) 이곳을 떠나 죽어야만 한단말인가?"라고 말하니 좌우의 신하들이 모두 따라 울었으나 안영만이 홀로 웃었다. 이에 제경공이 "그대는 왜 홀로 웃고 있는가?"라고 물으니 안영이 대답하기를 "만약 현명한 군주이기에 죽지 않았어야 한다면 姜太公과 齊桓公이 오랫동안 그 보위를 지켰을 것이며, 용감한 군주이기에 죽지 않았어야 한다면 齊莊公, 齊靈公이 오랫동안 그 보위를 지켰을 것이니 임금께서 지금 그 자리를 얻을 수 있었겠습니까?"라고 했다. 齊景公이 이 말을 듣고는 술잔을 들어 벌주를 마셨다. 李白의 시에서 "제경공은 어찌 한때 어리석게도 우산에 올라 눈물 흘려 다른 이들도 따라 울게 했단 말인가?"라고 한 곳이 바로 여기이다. 내가 직접 본 바, 牛山 봉우리는 홀로 몇 길이나 되는 높이로 너른 벌판 가운데 우뚝 솟아있으며 淄水(치수)와 澠水(승수)가 주위를 돌아흐르며 북으로는 臨淄(임치)를 에워싸고, 서쪽으로는 晝邑(획읍)을 등지고 있다. 臨淄는 옛 齊나라의 古都이다. 晝邑은 바로 맹자가 3일 동안 머물다가 떠난 장소인데, 그곳 현지 중국인에게 물으니 맹자가 떠난 곳인 晝 땅은 그 글자의 音이 畫(획)이라고 한다.

牛山, 亦在蕩陰里. 齊景公登牛山, 流涕曰 : "美哉國乎! 若何去此而死也?"左右皆泣, 晏子獨笑之. 公曰 : "子之獨笑, 何也?"對曰 : "使賢者不死, 則太公, 桓公常守之矣 ; 使勇者不死, 則莊公, 靈公常守之

---

129   조선사신들은 이곳을 "牛山"石碑, 景公之下淚處, "牛山淄水"牌榜이라고도 기록했다.

130   조선사신들은 이를 管晏墓, 齊相管鮑祠, 管仲墓, 管仲塚, 管仲之墓, 管鮑墓 등으로도 기록했는데 "齊相管鮑墓"은 "管仲墓"와 "鮑叔墓"의 合稱이다. 두 사람의 무덤은 서로 가까이 붙어 있으므로 본서에서는 둘을 합칭하여 함께 다루기로 한다.

131   조선사신들은 이곳을 "淄河"石碑, 淄水, 淄(河)上, 溜河, "牛山淄水"牌榜, "臨淄古渡"石碑 등으로도 기록했다.

矣. 君安得此位乎?"景公擧觴自罰. 李白詩曰 : 景公一何愚, 牛山淚相

續. 即此也. 臣見牛山孤峰數仞, 特立大野,[132] 環以淄, 澠之水, 北拱臨

淄, 西負畫邑. 臨淄, 昔齊之古都也. 畫邑, 即孟子三宿而出之地. 臣問

漢人, 則孟子出畫之畫字音畫.

—鄭斗源《朝天記地圖》

위의 정두원《朝天記地圖》의 牛山에 관한 기록은 여지껏 보아왔던《朝天記地圖》의 문체와 조금 다르다. 곧, 대부분의《朝天記地圖》서술 부분은 중국 지방지의 체례를 모방하고 있으나 여기서는 자신이 기존에 알고 있던 현지에 대한 지식과 직접 견문한 사실을 결합하여 마치 사실적인 기행문을 쓰고 있는 것 같다.

구체적인 내용을 분석해보면, 윗글의 처음에 언급된 "蕩陰里"는 諸葛亮의《梁甫吟》시에 "제나라 도성 문을 빠져나와 남쪽 멀리 탕음리를 바라보네"[133]라는 부분에 등장한 이후 세인들이 익히 아는 지명이 되었다. "탕음리"에 관해서는《大明一統志》에도 다음과 같은 기록이 보인다. "三士墓는 臨淄縣治의 남쪽에 있다. 齊나라 公孫捷(공손첩), 田開疆(전개강), 古冶子(고야자)가 齊景公의 수하로 일을 했는데 용감하기는 했으나 無禮하였다. 안영이 제경공에게 그들 세 용사에게 복숭아 2개를 주면서 功이 큰 사람이 먹도록 하라고 조언했다. 이에 公孫捷과 田開疆이 자신들의 공이 古冶子에 미치지 못한다고 여겨 고야자에게 복숭아를 다 먹게 하고 두 사람은 자결했으며, 고야자도 나중에 그들을 따라 자결하고 말았다. 諸葛亮이《梁甫吟》에서 말한 탕음리가 바로 여기다."[134](三士墓에 관해서는 나중에 상술함)《梁甫吟》

---

132 大野는 넓은 田野를 말하며 唐 李邕의《石賦》에 "넓은 벌판에 지팡이 짚고 서서 주위의 층층이 높다란 기암괴석을 바라본다(植杖大野, 周目層岩)"라는 표현이 보인다. (唐)李邕 :《李北海集》卷1《賦》, 明崇禎十三年刻本, p.6a.

133 "步出齊城門, 南望蕩陰里" (三國蜀)諸葛亮撰, (淸)朱璘輯 :《諸葛丞相集》卷1《梁甫吟》, 淸康熙三十七年萬卷堂刻本, p.1a.

134 "三士墓, 在臨淄縣治南. 齊公孫捷, 田開疆, 古冶子事景公, 勇而無禮. 晏子言於公, 饋之二桃, 令計功而食. 公孫捷, 田開疆各言其功不及古冶子, 而食挑, 乃自刎死. 古冶子亦刎死. 諸葛亮《梁甫吟》……."咸豐《青州府志》卷24下《古跡考下》, 淸咸豐九年刻本, p.8b.

에 관한《大明一統志》의 기록에 따르면, "탕음리"는 옛 臨淄城(지금은 "齊故城"으로 불림) 南門 밖의 三士墓가 있는 곳이고 원대 達魯花赤(元代 지방의 행정, 군사를 장관 하는 최고관직) 李仲明이 齊故城 남쪽의 臨淄縣城을 수리했다고 한다. 그러므로 정 두원이 언급한 "탕음리"는 齊故城 남쪽 지역을 범칭하는 것이다.

　　또한 정두원은 牛山에 대해서도 기록을 남기고 있는데 이는《晏子春秋》에 수록 된 이른바 "牛山歎(牛山淚 혹은 牛山悲)"의 典故이다. 이어 정두원은 詩仙이라 불린 李白이 及時行樂(인생이란 덧없으니 때를 놓치지 말고 즐겨야함)을 이야기한《古風》제 23수[135]에서 제경공을 언급한 두 구를 인용하였다. 다음으로 자신이 직접 목도한 牛 山의 풍경을 "봉우리는 홀로 몇 길이나 되는 높이이며, 너른 벌판 가운데 우뚝 솟아 있는데 치수와 승수가 주위를 돌아흐르며 북으로는 임치를 에워싸고, 서쪽으로는 획읍을 등지고 있다"고 사실적으로 묘사하였다. 이는《大明一統志》의 "牛山은 臨 淄縣 남쪽 11리에 있다"[136]라는 기록, 嘉靖《靑州府志》의 "臨淄城 남쪽 10리가 牛山 이다"[137]라는 기록이 단순히 객관적 사실만을 전달하는 것과 비교했을 때 실경에 대 한 회화적인 묘사로 당시 우산의 진면목을 생생하게 전하고 있다는 점에서 차별성 이 있다. 마지막으로 정두원은 "晝邑(획읍)"(상세한 고증은 후술함)이라는 지역의 연 원을 밝히고 당시 현지인이나 중국인 伴送官을 통해 알게된 多音字인 "晝" 字를 어 떻게 발음해야 하는지까지 기록하고 있다.

135　전체 시는 다음과 같다. "흰 옥과 같은 가을서리 동글동글 맺혀 정원의 초록잎사귀에 떨어 지네. 내가 우연히 가는 길에 이를 보았으니 가을날 추운 아침 세월을 재촉함이 슬퍼지네. 인생은 눈 앞에 날아가는 새처럼 덧없이 지나가니 어찌 점잖게 스스로를 단속하기만 하는 가? 제경공은 어찌 한때 어리석게도 우산에 올라 인생무상에 눈물 흘려 다른 이들도 따라 울게 했단 말인가? 사람의 우환은 자족하지 못함에 있는 것인 바, 이미 농 지역을 얻었는 데 또 촉 지역을 바랬단 말인가! 사람의 마음은 끊임없이 파문이 일어나는 물결같고 세상 사에는 곡절도 많다네. 그러니 일생동안(3만 6천 일 동안) 밤마다 등촉을 부여잡고 놀아야 하 리라. (秋露白如玉, 團團下庭綠. 我行忽見之, 寒早悲歲促. 人生鳥過目, 胡乃自結束. 景公一何愚, 牛山淚相 續. 物苦不知足, 登(一作得)隴又望蜀. 人心若波瀾, 世路有(一作多)屈曲. 三萬六千日, 夜夜當秉燭)" (唐)李 白：《太白全集》卷2《詩歌五十九首·古風上》, 宋刻本, p.5b.

136　"牛山, 位於臨淄縣南一十里"《大明一統志》卷24《靑州府》, 明天順五年內府刻本, p.27a.

137　"臨淄城南十里爲牛山"嘉靖《靑州府志》卷6《地理志一》, 明嘉靖刻本, p.10a.

牛山(우산)은 임치성 南郊山의 오른편에 있다. 제경공이 올라 사방
을 둘러보고 눈물을 흘렸는데 애공과 량구거는 따라 울었으나 안영은
홀로 웃었다. 제경공이 크게 부끄러워하며 술잔을 들어 벌주를 마셨
고 나머지 두 신하들에게도 각각 두 잔씩 먹게 했다. 둥글고 작은 봉우
리가 홀로 너른 벌판 가운데 우뚝한데 벌거벗은 듯한 민둥산의 모습
은 예나 지금이나 다름이 없었다. 管仲墓(관중묘)는 그 산 기슭에 있다.

牛山在其(南郊山)右. 景公顧國流涕, 艾孔, 梁邱據(即梁丘據)從而泣,
晏子獨笑, 公大慚, 舉觴自罰, 亦罰二臣者各二觴, 處而獨圓小峰, 蹲居
大野中, 濯濯之形今古如一. 管仲墓在其阿.

—金德承《天槎大觀》

(9월) 22일 임신일. (靑州 益都縣에서 發行하여) 金嶺驛(금령역)에서 묵
었다. ⋯⋯오후에 淄河店(치하점)을 지나서⋯⋯치하점에서 서쪽으로
5리 떨어진 곳에 牛山(우산)이 있는데 齊景公이 눈물을 흘렸던 곳이
다. 우산의 북쪽에 管仲塚(관중총)이 있고 동쪽으로는 菟頭山(도두산)
이 있는데 그 산 위와 아래에 있는 봉분들은 이루 다 기록할 수 없다.
⋯⋯부사와 서장관이 나에게 청하여 함께 올라가 보기로 약속했으나
함께 가 보지는 못했다.

(九月)二十二日,[138] 壬申, (自靑州益都縣發行)宿金嶺驛. ⋯⋯午過淄河
店⋯⋯店西五里有牛山, 即齊景公下淚處也. 山北有管仲塚, 東有菟頭
山, 上下邱(同"丘")墳不可勝記⋯⋯二使約公登臨, 而公未克[139]往.

—李德泂《朝天錄(一云航海錄)》

(9월) 21일 임신일 맑음. (靑州 益都縣 南關에서 發行하여)⋯⋯淄河店(
치하점)에서 점심을 해먹고⋯⋯치하점에서 서쪽으로 5-6리 떨어진 곳

---

138   "二十一日"의 오기이다.
139   克, 能夠.《書·舜典》: "慎徽五典, 五典克從"(漢)孔安國傳, (唐)陸德明音義 :《尙書》卷1《舜
　　　典》, 仿宋相台五經本, p.7a.

에 牛山이 있었기에 시간을 내어 올라가 사방을 바라보았다. 주위는 온통 거리가 이어진 마을이고 가을 바람이 소슬히 불어와 황량하기 그지없었다. 산봉우리는 푸른 암석들이 층을 이루어 마치 높다랗게 계단을 깎아 놓은 듯한데 바로 이곳이 제경공이 눈물을 흘린 곳이 아닌가! 산의 북쪽 기슭으로 管仲墓(관중묘)가 있고 묘 앞에는 비석이 있는데 字畫이 마멸되어 글씨를 읽을 수 없었다. ……산정상에 올라 주위를 두루 살펴본 후에 말머리를 돌려 하산하였다. 葵丘(규구)도 지났다. 아! (제환공은) 이곳에서 삽혈의 맹세로 제후들과 회맹하여 처음 패업을 이루었는데 어찌 또 다른 자손(제양공)은 오이가 맺힐 때 대부들을 이곳으로 수자리 보내어 화를 자초하였는가! 이 땅은 제양공 때나 제환공 때 전후로 차이가 없으나 일에는 성공과 실패가 있으니 제환공은 현명했고 제양공은 불초했음을 알겠다. 저녁에 金嶺鎭(금령진)에 도착하여 유숙했다. 이 날은 40리 여정이었다.

> (九月)二十一日, 壬申, 晴. (青州益都縣南關發行)……中火淄河店, ……店西五六里許, 有牛山, 遂往登臨, 四顧皆村巷, 秋風蕭瑟, 古跡荒涼. 蒼岩層致, 削如階級, 此是景公之下淚處耶. 山之北麓, 有管仲墓, 墓前有碑, 字畫漫滅不可識. ……登覽即周. 回鞭下山. 歷葵丘. 噫! 彼伯業當時, 歃血樹信, 而何子孫招禍於瓜戍, 地無前後, 事有成敗, 其君之賢不肖可見. 夕抵金嶺鎭止宿, 是日行四十里.
>
> —洪翼漢《花浦朝天航海錄》

김덕승의 기록은 앞선 정두원의 기록에서 언급하지 않은 명대 말기 牛山의 또 다른 모습을 그리고 있다. 곧, "바위로 이루어진 민둥산의 모습(濯濯之形)"이 "옛날과 지금이 한결같다(今古如一)"고 표현했다. 여기서 濯濯(탁탁)은 산에 나무나 풀이 거의 없어 벌거벗은 듯한 모습을 형용하는 말이다.《孟子·告子上》에 "牛山은 옛날 수목이 무성하여 아름다웠다……(비록 사람들이 벌목을 한다 해도 우산에는) 수목과 풀이 밤낮으로 다시 자라나 비와 이슬을 받아 윤택해지니 다시금 무성하게 자라났다. 그런데 또다시 소와 양을 거기에 방목하여 먹이니 결국 저렇게 민둥산이 되어 버린 것이다." 趙岐의 注에 "濯濯은 풀이 없는 모양"이라고 해설했다.[140] 이러한 김덕승의 기록은 우산이 명대 말기에도 춘추전국시기와 마찬가지로 민둥산으로 남아 있었음을 말해준다.

다음으로 명 천계 4년(1624) 謝恩兼奏請使臣團 정사 이덕형은 9월 21일에 牛山을 지나면서 우산 북쪽으로 管仲塚이 있는 것을 보았고 우산 동쪽으로 菟頭山(도두산 - 齊桓公, 齊景公墓가 있었음)과 그 산 위에 수많은 봉분이 이어져 있는 모습을 보고는 그 수가 많아 일일이 다 기록할 수 없다고 했다. 당시 이덕형과 동행했던 부사 오숙과 서장관 홍익한이 정사 이덕형에게 청하여 세 사람은 함께 우산에 올라 유람하자고 약속까지 했으나 어떤 이유에선지 이덕형은 끝내 약속을 지키지 못했고 다만 부사와 서장관만 우산에 올라 유람했다.

서장관이었던 홍익한은 그의 《花浦朝天航海錄》에서, 齊景公이 사람의 인생이 유한하여 부귀영화를 영원히 누릴 수 없음을 한탄하고 눈물을 흘린 牛山의 정상에 올라 사방을 바라보았는데 주위는 온통 거리가 이어진 마을이었고 牛山의 북쪽으로 수많은 제왕장상들의 墳墓가 언덕을 이루며 이어져 있는 풍경이 펼쳐졌으며, 그 가운데 소슬한 가을 바람이 불어와 황량한 분위기 속에서 처량한 기분을 느꼈다고 기록했다. 우산의 봉우리는 곳곳마다 청색의 바위들이 마치 계단을 층층이 깎아 놓은 듯 높다랗게 이어져 있었고 牛山의 북쪽 산기슭에는 管仲墓가 있었는데, 묘 앞에 세워진 비석은 오랜 풍화작용으로 마모되어 그 위에 새긴 글자를 읽어볼 수 없을 지경이었다.

牛山의 정상에서 사방을 둘러본 홍익한은 하산하면서 "葵丘(규구)"도 지나쳤다고 하면서 "葵丘"에 얽힌 두 가지 전고를 언급하고 옛 역사에 대한 비평까지 남겼다. 우선 齊桓公이 "葵丘"에서 제후들과 會盟하고 삽혈의 맹세를 행하여 처음으로 霸業을 이룬 전고를 이야기하였다. 다음으로 齊桓公의 이복형제인 齊襄公이 大夫

---

140 "牛山之木嘗美矣. ……是其日夜之所息, 雨露之所潤, 非無萌蘖之生焉, 牛羊又從而牧之, 是以若彼濯濯也."趙岐注 : "濯濯, 無草之貌." (漢)趙岐注, (宋)孫奭疏 : 《孟子》卷11下《告子上》, 重刊宋本十三經注疏本, p.1a.

連稱(연칭)과 管至父(관지보)를 "葵丘"에 수자리 보내면서 금년에 "오이가 달릴 때 가면(瓜時而往)" 내년에 다시 "오이가 달릴 때 교대해주겠다(及瓜而代)"고 약속했으나[141] 그 다음해 이러한 약속을 지키지 않자 두 대부가 반란을 일으켜 제양공이 살해당한 전고[142]를 언급하면서 똑같은 장소에서 한 군주(제환공)는 성공하고 한 군주(제양공)는 실패한 이유가 한 명(제환공)은 현명했고 한 명(제양공)은 불초하였기 때문이라고 평가하였다.

그러나 엄밀히 말하면 제환공이 제후들과 회맹한 "葵丘"와 管至父가 수자리를 산 "葵丘"는 실제로는 동일한 장소가 아니다. 管至父가 수자리를 산 "葵丘"는 嘉靖《青州府志》의 기록에 따르면[143] 臨淄縣 서쪽 10리에 있고 牛山은 嘉靖《山東通志》에 따르면[144] 臨淄縣 남쪽 10리에 있다고 했으니, 管至父가 수자리를 산 "葵丘"는 분명 牛山에서 멀지 않은 장소에 있었으므로 홍익한이 우산을 내려오면서 규구를 바라보았다는 언급은 틀린 말이 아니다. 그러나 齊桓公이 제후들과 회맹한 "葵丘"는 陳留(지금의 河南 蘭考縣, 民權縣 境內로 추정됨)지역으로 우산과는 무척 거리가 먼 곳이며 우산을 내려오면서 조망할 수 없는 곳이다.

그런데 대부분의 조선사신들은 홍익한과 마찬가지로 제환공이 제후들과 회맹한 "葵丘"와 管至父가 수자리를 산 "葵丘"를 동일한 장소로 인식하고 사행록을 기록했다. 예를 들어 명 천계 6년 冬至使 남이웅은《路程記》에서 "臨淄는 원래 齊나라 營丘 땅이다 ……(臨淄)북쪽에 葵丘가 있는데 左傳에 말한 바, 齊侯가 連稱과 管至父를 수자리를 보낸 곳이자 제후들과 회맹을 한 곳이다."[145] 라고 기록했으며, 명 천

---

141 "彼伯業當時, 歃血樹信"指齊桓公在葵丘會盟中, 初建霸業. "而何子孫招禍於瓜戌, 地無前後, 事有成敗"則指齊桓公同父異母之兄――齊襄公派遣大夫連稱, 管至父守衛"葵丘", "瓜時而往"並約定次年"及瓜而代", (周)左丘明撰, (晉)杜預注, (唐)孔穎達疏：《左傳注疏》卷8《莊公》, 重刊宋本十三經注疏本, p.16b.

142 자세한 내용은 앞의 제2장 제1절 참고바람.

143 嘉靖《青州府志》卷7《古跡》, 明嘉靖刻本, pp.33b-34a.

144 嘉靖《山東通志》卷6《山川下》, 明嘉靖刻本, p.7b.

145 "臨淄本齊國營丘地……(臨淄)北有葵丘, 左傳所謂齊侯使連稱管至父戌葵丘與葵丘之會者, 即此地也."[朝鮮] 南以雄：《路程記》, 韓國首爾大學奎章閣藏本.

계 2년 登極使 오윤겸은 《海槎朝天日錄》에서 "(9월) 19일 새벽달을 보면서 (鄒平縣 李山店에서) 發行했다. …… 역로 곁에 齊桓公, 齊景公, 宣王墓의 무덤이 있으니 아마도 제나라 葵山인 것 같다"[146]라고 기록했는데 이러한 조선사신들의 기록은 모두 사실과는 어긋나는 것이다.

명 천계 4년(1624) 謝恩兼奏請使臣團 서장관 홍익한은 윗글과 같이 제환공과 제양공을 대비하는 간단한 史評만을 남기고 있지만 그와 동행했던 정사 이덕형과 부사 오숙은 牛山을 지나면서 여러 편의 시를 남겼다. 이어서 그들이 남긴 시를 살펴보도록 하자.

그림 5-18   《航海朝天圖》중 《齊靑州府(圖)》에서 牛山을 묘사한 부분

사진 5-19   牛山에서 멀리 북쪽으로 지금의 臨淄市 시내를 조망한 풍경

---

146   "(九月)十九日. 曉月(自鄒平縣李山店)發行……路側有齊桓公, 景公及宣王墓, 想是齊國葵山也."[朝鮮] 吳允謙 : 《海槎朝天日錄》, 韓國首爾大學奎章閣藏本.

〈牛山을 지나면서〉
[조선] 이덕형

(다른 두 사신과 함께) 우산에 오르자는 약속을 지키지 못하고서

홀로 남았으니 늙어 병들어감을 한탄할 따름이네

(제환공이) 옛 제나라 땅에서 제후들을 만났으니 그 덕 밝게 빛나고

아홉 번 회맹하여 천하를 안정시켰으니 그 업적 장구하네

(그러나 지금은) 아무도 그의 패업을 이어가는 자가 없어

세월에 마모된 (제환공의) 글자없는 묘비석만이 덩그러니 남았네

멀리 아스라히 남아 있는 옛 능봉을 바라보며

(제환공을) 추모하는 시 슬프게 읊조려 보네.

過牛山[147]

登臨違宿約,[148] 獨自恨衰遲.[149]

147　原詩에는 제목이 없으나 본서의 집필진이 임의로 이러한 제목을 붙였다.

148　宿約이란 미리 맺은 약속을 뜻한다. 唐 姚合의《謝秦校書與無可上人見訪》시에 "道가 같
　　으면 미리 약속을 잡을 필요가 없고 삼복 더위에도 스스로 고요할 뿐이네(道同無宿約, 三伏自
　　從容)"라는 표현이 보인다. (唐)姚合 :《姚少監集》卷9《和答酬謝五十七首》, 唐詩百名家全
　　集本, p.12a.

149　衰遲(쇠지)는 사람이 늙고 병들어감을 뜻한다. 宋 陸游의《排悶》시에 "가난하고 곤궁함이
　　마치 과거시험 응시 전 조정의 인사들에게 行卷하던 때와 같고 늙어서 병들어가매 어느덧
　　관직을 떠날 때가 되었네(貧悴只如行卷日, 衰遲忽過掛冠年)"라는 표현이 보인다. (宋)陸游 :《劍
　　南詩稿》卷47《排悶》, 陸放翁全集本, p.20b.

濯濯[150]三齊[151]會, 悠悠[152]九合[153]時.

無人傳霸業, 沒字[154]有荒碑.

一髮[155]留陳跡, 悲吟吊古詩.

　　　　　　　　　—李德泂《朝天錄(一云航海錄)》

150　濯濯(탁탁)은 밝게 빛나는 모양을 형용하는 것이다.《詩·商頌·殷武》에 "그 명성 눈부시게 밝고 그 영험함 밝게 빛나네(赫赫厥聲, 濯濯厥靈)"라는 표현이 보이고 鄭玄은 箋에서 "밝고 밝게 그 존경함을 드러내는 것(濯濯乎其見尊敬也)"이라 했고 孔穎達은 疏에서 "밝고 밝은 그 광명은 神靈을 대하듯 그 존경함을 드러내는 것(濯濯乎光明者, 其見尊敬如神靈也)"이라고 해설했다. (漢)毛亨傳, 鄭玄箋, (唐)陸德明音義 :《毛詩》卷.

151　三齊는 초나라 項羽가 秦나라를 멸망시킨 후 옛 齊나라 땅을 齊, 膠東, 濟北 등 3개의 나라로 나눈 것에서 유래하는 말로 지금의 山東 東部에 해당한다. 그래서 이후로 "三齊"는 지금의 山東을 가리키는 말이 되었다.《史記·項羽本紀》에 "田榮이 三齊의 땅을 합쳐 왕노릇했다(田榮並王三齊)"라는 표현이 보이고 裴駰은 集解에서《漢書音義》을 인용하여 "삼제는 齊와 濟北, 膠東 땅(齊與濟北, 膠東)"이라고 설명했다. (漢)司馬遷撰, (劉宋)裴駰集解, (唐)司馬貞索隱, 張守節正義 :《史記》卷7《項羽本紀》, 淸乾隆四年刻本.

152　悠悠(유유)는 長久하다는 뜻으로《楚辭·九辯》에 "태양의 광명을 떠나서 깊은 밤의 장구함으로 들어서도다!(去白日之昭昭兮, 襲長夜之悠悠)"라는 표현이 보인다. (周)屈原撰, (漢)劉向編集, (漢)王逸章句 :《楚辭》卷8《九辯》, 湖北叢書本, p.3a.

153　九合은 제환공이 제후들과 여러 차례 會盟한 일을 가리킨다.《論語·憲問》에 "齊桓公이 아홉 번 諸侯들과 회맹한 것은 병거를 사용한 무력이 아니라 관중의 책략 때문이었다(桓公九合諸侯, 不以兵車, 管仲之力也)."라는 표현이 보이고 邢昺(형병)은 疏에서 "九合이라는 것은《史記》에서 (제환공이 제후들과) 兵車로 3번 회맹하고 乘車로 6번 회맹한 것을 말함이다(言九合者,《史記》云 : 兵車之會三, 乘車之會六)"라고 해설했다. (魏)何晏集解, (宋)邢昺疏 :《論語注疏》卷14《憲問》, 重刊宋本十三經注疏本, p.9a.

154　沒字란 글자가 없는 비석이라는 뜻으로《五代史·雜傳十·安叔千》에 "안숙천이 외모는 위풍당당했으나 문자를 몰랐으므로 행하는 바가 비루하였기에 사람들이 그를 글자가 새겨지지 않은 비석이라고 했다(叔千狀貌堂堂, 而不通文字, 所爲鄙陋, 人謂之'沒字碑')"라는 기록이 보인다. (宋)歐陽修撰, 徐無黨注 :《五代史記》卷48《雜傳》, 淸乾隆四年刻本.

155　一髮이란 먼산의 아스라이 실낱같이 보이는 모양을 가리킨다. 조선중기 문인 金誠一의《鶴峰續集》제1권〈朝天紀行〉에 "아스라이 멀리 실낱같이 보이는 천산에는 구름이 둘러 있고 백 장의 주필산엔 긴 병풍이 비껴 있네(千山一髮擁螺鬟, 駐蹕百丈橫長屏)"라는 표현이 보인다. 말함이다(言九合者,《史記》云 : 兵車之會三, 乘車之會六)

이 시는 명 천계 4년 9월 21일 謝恩兼奏請使臣團 정사 이덕형, 부사 오숙, 서장관 홍익한 3인이 牛山을 지날 때 지은 것이다. 세 사람은 원래 함께 牛山에 올라 유람하고 우산에 있는 옛 제나라 諸侯將相들의 무덤 앞에서 추모의 정을 표하고자 했다. 그러나 정사 이덕형은 아마도 너무나 연로하여 높은 산을 오를 수 없었을 것이고 결국에는 함께 우산에 오르자는 약속을 지키지 못했다. 그래서 정사 이덕형 혼자 멀리 牛山을 바라보면서 이 시를 지은 것이다. 1, 2구에서 작자인 이덕형은 원래 부사 오숙, 서장관 홍익한과 함께 牛山에 오르기로 약속했으나 나이들고 기력이 쇠잔하여 결국에는 그들과 더불어 우산에 직접 오르지 못하고 멀리서 바라보기만 해야하는 안타까움을 표현했다. 3, 4구에서는 우산 위에 제환공의 묘가 있다는 사실을 상기하고는 제환공이 옛 제나라 땅인 이곳에서 천하의 뭇 제후들을 만나 尊王攘夷의 기치를 내걸고 천하를 안정시킨 일을 칭송하였다. 그러나 5, 6구에서는 제환공의 霸業이 차츰 역사의 뒤안길로 사라지고 심지어 제환공의 묘지석의 글자가 마멸될 지경인데도 누구 하나 기억을 못할 정도라 이 땅에서 아무도 제환공의 패업을 이을 자가 없다고 한탄한다. 마지막으로 7, 8구에서는 멀리 우산 위에 아스라이 구불구불 보이는 듯 보이지 않는 듯 남아 있는 옛 능봉들의 유적을 바라보면서 제환공을 애도하는 의미에서 이러한 시를 읊조려 본다고 고백하면서 시를 마치고 있다.

한편, 정사 이덕형은 9월 21일 당일 이곳을 지나면서 이 시 이외에 아래와 같이 오숙이 남긴 시에 대한 창화시도 남겼다. 이어서 오숙과 이덕형의 창화시를 살펴보기로 한다.

〈임치현을 지나는 도중에〉

그 누가 알 것인가! 기나긴 여정에 지쳤지만 정해진 사행 일정에 맞추느라 바쁘기만한 이 내 마음을,
역로변 곳곳에 있는 주막에 높다랗게 내걸린 휘장 위로 가을 구름 무심한 듯 피어나네.

성현과 패자가 함께 교대로 흥망성쇠한 이 곳에

해와 달, 흐르는 강물은 옛부터 지금까지 변함이 없구나!

재주와 지혜가 뛰어나 한 시대를 풍미했던 管仲도 죽어서는 가련하게도

초라한 한줌의 무덤으로 남았고

田單이 남긴 유적을 바라보니 황금교구 달린 허리띠 차고 호쾌하게 말

달리던 그 모습 떠오르네.

말머리 돌려 해질녘에 牛山의 정상에 올라보니

(제경공이 바라보며 눈물 흘린 아름다운 우산의 풍경은) 지금도 변화없음에

탄식하며 눈물 흘리니 어느덧 옷소매 다 젖어버렸네.

臨淄途中[156]

誰識蒼茫[157]倦客[158]心, 旗亭[159]處處起秋陰.

皇王帝霸同興替,[160] 日月江河自古今.

---

156 詩自注：“墓在路傍.”

157 蒼茫(창망)은 총망하다, 매우 바쁘다는 뜻이다. 唐 杜甫《北征》시에 “내가 鳳翔에서 鄜州로 돌아와 총망하게 가족들을 만나고자 하여(杜子將北征, 蒼茫問家室)”라는 표현이 보인다. (唐) 杜甫：《杜工部集》卷2《古詩四十三首》, 續古逸叢書景宋刻本配毛氏汲古閣本, p.4a.

158 倦客(권객)이란 타지를 오랫동안 여행하여 여독에 지친 나그네라는 뜻이다. 宋 蘇軾의《書 普慈長老壁》시에 “피곤에 지친 나그네 다시 찾아옴은 항상 있는 일인데 덕 높은 스님의 미소는 옛날과 변함이 없네(倦客再遊行老矣, 高僧一笑故依然)”라는 표현이 보인다. (宋)蘇軾：《東坡七集》卷6《詩九十九首》, 淸光緒重刊明成化刻本, p.5a.

159 旗亭(기정)이란 酒樓를 뜻하는데 옛날에는 주루에 휘장을 걸어서 여행객의 주의를 끌었기 때문에 이런 명칭이 붙었다. 唐 劉禹錫의《武陵觀火》시에 “아름다운 고을이 오동나무에 불붙듯 타는데 주막에는 불을 끌 술이 없네(花縣與琴焦, 旗亭無酒濡)”라는 표현이 보인다. (唐) 劉禹錫：《劉夢得集》卷23《古調十六首》, 嘉業堂叢書本, p.2a.

160 興替(흥체)란 성쇠를 뜻한다.《晉書·陸玩傳》에 “상서령이란 직책은 조정의 흥망성쇠가 달린 중요한 자리인데 오랫동안 아무도 맡는 사람이 없는 채로 비워두고서, 현자가 맡으려해도 부임하지 못하게 한다(徒以端右要重, 興替所存, 久以無任, 妨賢曠職)”라는 기록이 보인다. (唐) 房玄齡：《晉書》卷77《陸曄傳》, 淸乾隆四年刻本, p.3b.

管仲高才[161]憐宿草,[162] 田單遺跡想橫金.

回驂莫上牛山頂, 感涕從來易滿襟.

—吳翻《燕行诗》

6구의 橫金(횡금)이란 제나라 장수 전단이 즉묵성에서 연나라 연합군을 대파하고 안평군에 봉해지고 나서 황금 교구가 달린 허리띠를 차고(黃金橫帶) 기세등등하게 淄水(치수)와 繩水(승수) 사이의 땅을 누비던 모습을 가리킨다.《戰國策·齊策六》에 다음과 같은 표현이 보인다. "지금 장군은 그때와 달리 동쪽으로는 액현 지역에서 거둔 세금 수입이 있고 서쪽으로는 치수 강가에 아름다운 원림을 소유하고 황금 교구가 달린 허리띠를 차시고는 淄水(치수)와 繩水(승수) 사이의 땅을 수레를 타고 호기롭게 내달리시니 삶의 즐거움은 있으나 죽음을 각오하는 정신은 없습니다. 이것이 바로 지금 이길 수 없는 이유입니다."[163]

명청교체기 해로를 통해 등주항에 도착한 조선사신들은 대부분 바다를 항해하는 동안 악천후로 인해 정해진 일정보다 짧게는 몇 주 길게는 심지어 몇 달이 지체되는 경우도 있었다. 그래서 등주에 입항한 이후 북경까지의 육로 노정은 명대 조

---

161 高才란 재주와 지혜과 뛰어난 사람을 가리킨다.《漢書·宣帝紀》에 "재주와 지혜가 뛰어난 데다 배우기도 좋아하고 게다가 협객을 좋아한다(高材好學, 然亦喜遊俠)"라는 표현이 보인다. (漢)班固 :《漢書》卷8《宣帝紀》, 清乾隆四年刻本, p.2b.

162 宿草(숙초)란 원래는 무덤 봉분 위에 자라는 다년생의 풀을 가리키는데 이후에 무덤 자체를 상징하는 어휘로 쓰이게 되었다.《禮記·檀弓上》에 "친구의 묘에 다음해 풀이 자라도 울지 않는다"라고 했는데 孔穎達은 疏에서 "宿草란 다년생 식물이다. 일년 지나도 뿌리가 살아 있다. 친구 사이에는 죽은 해에만 우는 것이다. 다음에 뿌리에서 새싹이 나면 울지 않는다"라고 해설했다. "朋友之墓, 有宿草而不哭焉."孔穎達疏 : "宿草, 陳根也, 草經一年則根陳也, 朋友相爲哭一期, 草根陳乃不哭也." (漢)鄭玄注, (唐)孔穎達疏 :《禮記注疏》卷6《檀弓上三》, 重刊宋本十三經注疏本, p.8a.

163 "當今將軍東有夜邑之奉, 西有緇上之虞, 黃金橫帶, 而馳乎淄, 繩之間, 有生之樂, 無死之心, 所以不勝者也." (漢)高誘撰, (宋)姚宏續撰 :《戰國策注》卷13《齊六》, 士禮居叢書景宋剡川姚氏本, pp.6b-7a.

정에서 이루어지는 중요한 외교 일정에 맞추기 위해서 긴박하게 움직여야만 했다.
그래서 대부분의 조선사신들은 심신의 여독을 풀 여유도 없이 사행일정을 강행해
야만 했고 이 시의 첫 연은 이러한 조선사신의 심정을 여실히 드러내고 있다. 그리
고 이러한 조선사신의 바쁘고 지친 심사와 대비를 이루며, 역로변 곳곳에 들어선
주막에 내걸린 휘장은 바람 따라 흔들리고 가을 구름은 무심한 듯 하늘 위에 뭉게
뭉게 피어나고 있다. 이어진 둘째 연의 3, 4구에서는 바쁜 일정 속에 미처 인식하지
못하고 있다가 임치현 경계를 넘어서자 문득 이곳이 바로 춘추전국시대 강국 중 하
나인 제나라 수도 임치성이 있던 곳임을 깨닫게 되었음을 말한다. 시인은 역사 속
에서 교대로 흥망성쇠했던 옛 현군과 패자들을 떠올려보고 세월의 무상함을 느낌
과 동시에 하늘의 해와 달, 우산과 치수 등의 자연 산천의 의구함에 새삼 감탄하게
되었다. 5, 6구에서는 역도변에 서있는 관중의 묘와 전단의 묘를 직접 보고 참배하
면서 한 시대를 풍미한 위대한 인물들도 결국에는 한줌의 흙으로 돌아갈 뿐임을 새
삼 깨닫고는 유한한 인간의 생에 동정심을 느낀다. 끝으로 7, 8구에서 작자는 말머
리를 돌려 우산의 정상에 직접 올랐는데 옛날 제경공이 바라보면서 눈물을 흘렸다
("牛山悲"의 전고)는 우산의 아름다운 풍경이 지금도 변함없음을 확인하고는 마치
제경공의 심정에 공명하게 된 것인양 눈물이 흘러내려 자신도 모르는 사이 온 소매
가 다 젖어버렸다고 하였다.

〈부사 오숙의 "임치현을 지나는 도중에"라는 시를 次韻하여 짓다〉

　　옛 제나라 땅에는 괴이하고 황당한 유풍 대대로 전해져
　　득도하여 신선이 되었다는 기이한 이적들에 관한 표지가 하도 많아 헤아
릴 수 없네.
　　蓬萊를 점점 멀리 벗어나 옛 燕나라(河北省 북부)와 趙나라(山西省 서부)
땅에 가까워지니
　　황하의 강물은 제남부의 서쪽을 지나 태산의 동쪽으로 흘러가네.
　　사행임무에 노심초사 하다보니 흰머리 늘었지만 사행여정 멈출 수 없고

시편을 지어 고단한 심사 날려보내니 공교로운 기교는 바라지 않네.

동행하는 이들이 저기가 관중의 묘라고 가리켜주거늘

(그가 바로 제환공으로 하여금) 제후들과 회맹하도록 하여 천하를 안정시킨

만세의 영웅 관중이 아닌가!

次副使韻

迂怪[164]靑齊[165]有舊風, 列標奇跡浩難窮.

蓬萊漸遠燕山近, 河水經西岱嶽東.

髮白緣愁仍作客, 詩成排悶不期[166]工.[167]

行人指點夷吾廟,[168] 糾合[169]功成萬代雄.

—李德泂《朝天錄(一云航海錄)》

164　迂怪(우괴)란 엽기적이고 황당하다는 뜻이다.《隋書·禮儀志七》에 "수레에 衣冠을 싣고 다니니 심히 황당하다(輿輦衣冠, 甚多迂怪)"라는 기록이 보인다. (唐)魏征等撰:《隋書》卷12《禮儀志》, 淸乾隆四年刻本, p.2a.

165　靑齊란 원래 靑州 지역에 속한 齊나라 군현을 가리키는데 춘추전국시기 齊나라 영역의 일부로서 지금의 山東半島 泰山 동쪽 일대이다. 이후에 山東 지역을 가리키는 범칭으로 사용된다. 宋 蘇軾의《和錢穆父送別》에 "다시 靑齊지역으로 가서 소식을 구하여 從事가 누구인지 알아보려 하네(更向靑齊覓消息, 要知從事是何人)"라는 표현이 보인다. (宋)蘇軾:《東坡七集·後集》卷3《詩六十六首》, 淸光緒重刊明成化刻本, p.7b.

166　不期란 바라지 않다, 요구하지 않는다는 뜻이다.《韓非子·五蠹》에 "聖人이 옛것을 따르기를 바라지 않고 불변함을 법으로 삼지 않는다"라는 표현이 보이고 梁啟雄은 解에서 "《禮記》의 注에 '期는 요구한다'는 뜻이고 '不期修古'란 先王의 古道를 그대로 따르기를 요구하지 않는 것이다"라고 해설했다.《韓非子·五蠹》: "聖人不期修古, 不法常可."梁啟雄解:《禮記》注: '期, 要也'. '不期修古', 謂不要求修行先王之古道." (周)韓非:《韓非子》卷19《五蠹第四十九》, 淸嘉慶二十三年影宋刻本, p.1a.

167　工이란 기교의 뜻이다. 宋 魏泰《臨漢隱居詩話》에 "梅堯臣 또한 詩를 잘 지었으니 비록 고아한 아취는 부족했으나 평담한 가운데 기교가 있었다(梅堯臣亦善詩, 雖乏高致而平淡有工)"이라는 표현이 보인다. (宋)魏泰:《臨漢隱居詩話》, 知不足齋叢書本, p.13a.

168　夷吾廟란 臨淄 牛山에 있는 管仲廟를 가리키니 관중의 이름이 夷五이다.

169　糾合(규합)이란 모이게 한다는 뜻이다.《左傳·僖公二十四年》에 "召穆公이 周나라의 德이 예전과 같지 않음을 근심하여 宗族을 도성인 成周(지금의 낙양)에 모이게 하고는 常棣 시를 지었다(召穆公思周德之不類, 故糾合宗族于成周而作詩)"라는 기록이 보인다. (周)左丘明撰, (晉)杜預注, (唐)孔穎達疏:《左傳注疏》卷15《僖公》, 重刊宋本十三經注疏本, p.19b.

이 시는 정사 이덕형이 부사 오숙의 시에 차운하여 쓴 창화시인데 齊桓公을 보좌하여 패업을 이룬 齊相 관중에 대한 흠모와 찬탄이 주요한 주제를 이룬다. 시의 전반부인 1-4구에서 말하기를, 옛 齊나라 땅인 산동 등주부와 래주부, 청주부에는 예로부터 신선술과 장생술에 관한 기이한 전설이 유전되어 왔기에 신선의 도를 닦아 우화등선하였다는 기이한 이적이 남아 있는 곳이 많았다. 그래서 제남부로 오기 전까지 역도를 지나면서 작자는 신선의 이적을 기념하기 위한 표지물과 기념물을 무수히 많이 보았다. 그러나 차츰 옛 제나라 땅을 벗어나 연나라, 조나라 땅에 가까워지자 눈앞에 황하의 거대한 물줄기가 제남부의 서쪽을 지나 태산의 동쪽을 거쳐 발해로 들어가는 것을 목도하게 되었다. 이제 기나긴 해로사행의 여정도 막바지에 들어선 것이니 이어진 시의 후반부인 5-8구에서 시인은 지난 몇 달 간 겪은 온갖 고초를 떠올리며 흰 머리카락 더욱 무성해졌음을 슬프게 자각하였다. 동시에, 사행의 중차대한 임무를 무사히 수행하고 있다는 보람도 느꼈고 역로를 지나면서 직접 견문한 유적지와 자연경물을 소재로 지은 시들을 떠올리면서 한순간이나마 고단한 심사를 잊게 되었다. 때마침 작자가 지나는 역참로 곁에 놓인 무덤이 바로 관중의 묘라고 하니 작자는 다시 한번 제나라의 위대한 재상이었던 관중의 유적을 직접 목도하게 된 기쁨을 느끼면서 그의 역사적 업적을 떠올리며 감개무량함에 젖어 감탄과 탄복을 금치못한다.

〈해지는 석양에 牛山을 바라보며〉

마음으로 진정 사랑한다면 (다시 보기 어려운 유적지를) 놓치기 어려운 법이거늘
머나먼 사행길이라 조금이라도 멈추어 머물기 어렵네.
(그래도) 천고에 그 아름다움이 전해지는 우산
해 지는 석양에 봄기운 가득한 치수
황폐해져 길게 자란 수풀에 뒤덮힌 齊桓公과 齊宣王의 묘

이지러진 석비만 남은 管鮑祠 (를 직접 보았다네)
이 땅 그 누가 알아주리! 조선에서 온 여행객이
눈물 흘리면서 감회 서린 시편을 써내려갔음을!

牛山晚眺
心賞[170]難孤負,[171] 征途[172]且少遲.[173]
牛山千古勝, 淄水暮春時.
草沒桓宣墓, 碑殘管鮑祠.
誰知東海客, 揮淚一題詩.

—吳翻《燕行诗》

이 시는 오숙이 명 천계 5년 3월 8일 북경에서 외교일정을 마치고 조선으로 돌아오는 길에 재차 臨淄縣 牛山을 지날 때 지은 것이다. 전통시기 조선문인들은 동아시아 한자문화권에 속한 식자계급으로서 그 역사의식과 학문, 가치관에 있어 중국

---

170 心賞이란 진심으로 사랑하는 것이다. 南朝 宋 鮑照의 《代白頭吟》에 "진심으로 사랑하는 것조차 오히려 믿기 어려운데 외모가 공경하다고 어찌 쉽게 의지할 수 있겠는가?(心賞猶難恃, 貌恭豈易憑)"라는 표현이 보인다. (南朝宋)鮑照 : 《鮑氏集》卷3《代白頭吟》, 明正德五年刻本, p.4b.

171 孤負란 중요하고 좋은 기회를 명명백백히 실수로 놓치거나 지나침을 비유적으로 표현하는 것이다. 宋 黃機의《水龍吟》詞에 "도미꽃이 바람에 다 떨어진 것을 한스러워했는데, 앵두꽃 피는 계절도 지나가 버렸구나. 이렇듯 명백한 실수만 저지르네(恨荼蘼吹盡, 櫻桃過了, 便只恁成孤負)"라는 표현이 보인다. (淸)沈辰垣纂 : 《歷代詩餘》卷74《水龍吟》, 淸康熙四十六年刻本, p.14a.

172 征途(정도)는 "征塗"라고도 쓰며 원래는 먼 길, 여정을 뜻하는데 여기서는 사행을 가리킨다. 唐 杜甫의《龍門》詩에 "먼 길을 다니면서 주위 풍광 바라보니 내 생애 몇 차례나 오가겠는가?(相閱征途上, 生涯盡幾回)"라는 표현이 보인다. (唐)杜甫 : 《杜工部集》卷9《近體詩八十五首》, 續古逸叢書景宋刻本配毛氏汲古閣本, p.10b.

173 遲(지)는 멈추어 머문다는 뜻이다. 南朝 宋 鮑照의 《登翻車峴》 시에 "오랫동안 타향에 머문 나그네는 옛 고향 생각하고, 막 집 떠나 출타한 손님 새로운 마을에 멈추어 머문다(遊子思故居, 離客遲新鄉)"라는 표현이 보인다. (南朝宋)鮑照 : 《鮑氏集》卷6《登翻車峴》, 明正德五年刻本, p.2b.

문인들과 공유하는 바가 많았다. 명청교체기 해로 사행의 육로구간은 상당 구간이 옛 齊魯의 땅인 산동지역으로 성현의 역사가 숨쉬는 문화공간이었기에, 사행이 아니더라도 조선문인들이 한 번쯤은 직접 순례하고 참배하고 싶어하던 곳이기도 하였다. 그래서 조선사신들은 사행의 여정이 허락하는 한 많은 역사유적지를 직접 답사해보고 싶었으나 빠듯한 사행 일정과 체력적 한계 등으로 인해 이러한 바램을 실현하지 못하는 경우가 많았다.

이 시 역시 첫 연 1, 2구에서 이러한 아쉬움을 토로하는 것으로 시작했다. 그러나 북경에서의 공식 일정을 끝내고 나면 조선으로 돌아가는 여정은 상대적으로 여유가 있었기 때문에 북경으로 가는 길에 보지 못해서 아쉬었던 장소를 다시 찾기도 했으니 이 시의 제2, 3연에서 우산, 치수, 제환공과 제선왕의 묘, 관중과 포숙아의 사당을 직접 둘러볼 수 있었던 것을 기술했다. 그리고 마지막 연에서는 이국 타향 먼 곳에서 온 이방인 여행객인 시인이 황폐해진 성현의 자취를 잊지 않고 탐방하고 감회에 젖어 눈물까지 흘렸다는 점을 강조하면서 현지인들이 성현의 도를 망각하고 심지어 홀시하는 것에 일종의 각성을 촉구하면서 시를 마무리하고 있다.

이상의 조선사신들의 기록과 시들에서 별도로 주목해 볼 것은 "管鮑祠(관포사)"에 대한 기록이다. 청 강희 연간 靑州知府 陶錦(도금)이 쓴 《重修臨淄管鮑祠碑記》[174]에 따르면, 淸初 이전에 管鮑祠는 원래 牛山 북쪽 柳店(지금의 臨淄區 齊陵街道 柳店村, 구체적인 고증은 후술함)에 있었는데 淄河의 홍수로 인해 무너져 나중에 牛山 서남쪽의 "溫泉(天齊淵)"이 있는 곳(지금의 齊陵街道 劉家終村 부근)으로 옮겼다고 한다. 이러한 《重修臨淄管鮑祠碑記》의 기록은 앞서 조선 사신들이 管仲墓가 牛山의 북쪽 기슭에 있다고 한 것과 일치하므로, 결국 명대 말기 "管鮑祠"와 "管仲墓"는 모두 牛山의 북쪽에 청주와 래주를 잇던 역참로 부근에 있었던 것이 된다.

(7월) 4일 임진일 (靑州 彌陀寺에서 출발하여) 金嶺鎭(금령진)에 도착

---

174   康熙《靑州府志》卷22《藝文》, 淸康熙六十年刻本, p.52b.

했다. ······ 臨淄縣(임치현) 南界에서 ······ 淄河店(치하점)에서 점심을
해먹고, 淄河公署(치하공서)를 나서 ······ 길의 좌우로 牛山, 淄河라 적
힌 비석 2개를 보았다. ······ 牛山(우산)은 臨淄縣에서 남쪽으로 10리
떨어진 평원 가운데 있었는데 그렇게 높고 크지는 않았으나 齊나라
도성(임치성)을 굽어보고 있었다. 이곳이 바로 齊景公이 梁丘據와 함
께 올라 도성을 굽어보고 눈물을 흘린 곳이다. 산자락이 완만하게 뻗
어내려와 淄河의 東岸까지 이어져 있었다.

　　(七月)初四日, 壬辰. (自靑州彌陀寺)到金嶺鎭. ······過臨淄縣南界
······午中火於淄河店, 過淄河公署······路左右有牛山, 淄河二碑······
牛山在臨淄縣南十里平原中, 不甚高大, 俯臨齊都, 齊景公與梁丘據登
臨涕泣處. 其山足委靡,[175] 抵於淄河之東岸.

—李民宬《癸亥朝天錄》

　　위의 글은 천계 3년 奏聞(請封)兼辨誣使臣團 서장관 이민성이 기록한 것이다. 기
록에 따르면, 이민성은 천계 3년 7월 4일에 일행과 함께 益都縣과 臨淄縣의 경계
서쪽에 있는 淄河店을 지난 후, 역참로의 좌우, 즉 남과 북으로 각각 "牛山"과 "淄
河"라고 쓰인 각석 표지를 보았다. 이 두 표지석에 대해 현존 중국 지방지에는 어떠
한 기록도 남아 있지 않으므로 이민성의 기록은 명대 말기 淄河店 각석에 대한 유
일한 근거 자료가 된다.

　　그밖에 이민성은 자신이 직접 목도한 牛山의 풍경을 사실적으로 묘사하였으니
곧, "평원 가운데 있었는데 그렇게 높고 크지는 않았으나 齊나라 도성(임치성)을 굽
어보고 있었고 그 산자락이 완만하게 뻗어내려와 淄河의 東岸까지 이어져 있었다"
라고 설명했고, 간단하게 牛山에 얽힌 제경공의 "牛山悲"의 典故를 소개했다. 이날
이민성은 아래와 같은《牛山》시 한 수도 남겼다.

175　여기서 委靡(위미)는 평탄하고 완만하게 끊임없이 이어져 있다는 뜻이다.

사진 5-20   지금의 淄河 西岸에서 멀리 牛山을 바라본 풍경1

〈우산〉

齊景公은 옛날 이곳 우산에 올라

어찌하여 쓸데없이 옷소매를 온통 눈물로 젖게 했던가?

간신 양구거는 임금에게 아첨하는 자라

그 옆에서 함께 탄식하며 울었으나

"흥함이 있으면 반드시 망함도 있는 법이니

이러한 즐거움이 어찌 영원할 수 있겠는가!"

(라는) 안영의 말은 참으로 경천동지할 만하여

혼용무도한 임금을 깨우쳐 주기에 충분하였다네.

(그러니) 상구씨가 처음으로 다스린 제나라 옛 강역에 속한 저 우산을 바라보며

어찌 사냥과 주색에 빠졌던 제경공만을 조문하랴!

우산은 지금도 (맹자가 제나라에 있었던 때와 마찬가지로) 여전히 민둥산으로 남아 있으니

그 남긴 뜻은 우산에 소와 양을 방목(하여 풀이 자라지 못하게 하듯이 사람이

하늘로부터 타고난 仁義의 본성을 기르지 못)하는 사람을 경계함이어라!

牛山[176]

景公昔登兹, 胡爲[177]浪[178]沾裳.

據也從君者, 歔欷[179]泣在傍.

有興必有廢, 此樂安可常.

諒哉平仲[180]言, 可以牖[181]昏狂.[182]

瞻彼爽鳩墟, 何獨吊荒亡.

至今猶濯濯, 餘意[183]警牛羊.

　　　　　　　　　　　　　　　—李民宬《燕槎唱酬集》

176　詩題에는 이민성의 自注로 "임치현 남쪽 10리에 있다(在臨淄縣南十里)"라는 기록이 첨부되어 있다.

177　胡爲는 왜, 어찌하여라는 뜻이다. 《詩·邶風·式微》에 "쇠미해진 군주를 위한 것이 아니라면 어찌하여 새벽이슬 맞으시며 생활하시는가?(微君之故, 胡爲乎中露)"라는 표현이 보인다. (漢)毛亨傳, 鄭玄箋, (唐)陸德明音義：《毛詩》卷2《邶柏舟詁訓傳第二》, 仿宋相台五經本, p.16a.

178　浪은 쓸데없이 낭비한다는 뜻이다.

179　歔欷(허희)란 歎息하고 한숨 짓는다는 뜻이다. 《楚辭·離騷》에 "또 다시 탄식하고 한숨 짓고 우울해진다네, 슬프도다, 내가 때를 만나지 못함이여!(曾歔欷余鬱邑兮, 哀朕時之不當)"라는 표현이 보인다. (周)屈原撰, (漢)劉向編集, (漢)王逸章句：《楚辭》卷1《離騷經》, 湖北叢書本, p.11b.

180　平仲은 晏嬰을 가리킨다. 안영의 字는 仲이고 諡號는 平인데 이 둘을 합쳐 보통 平仲이라는 호칭으로 불렸다.

181　牖(유)는 깨우쳐주다라는 뜻이다. 元 劉壎(유훈)의 《隱居通議·雜錄》에 "누가 그들을 깨우쳐 주어 그들의 임금이 되며 누가 그들의 미혹됨을 훈도하여 그들의 스승이 되리오(孰總其群, 乃作之君；孰牖其迷, 乃作之師)"라는 표현이 보인다.

182　昏狂(혼광)이란 昏庸無道하다, 망령되어 도리에 어긋나다라는 뜻이다. 《資治通鑑·宋順帝升明元年》에 "어린 황제가 혼용무도하니 마땅히 여러 대신들과 密議하여 함께 太后께 아뢰어 그를 폐위하도록 조칙을 내려야 한다. (少帝昏狂, 宜與諸公密議, 共白太后, 下令廢之.)"라는 표현이 보인다. (宋)司馬光：《資治通鑑》卷134《順帝》, 四部叢刊景宋刻本, p.11b.

183　餘意란 다하지 못하여 남은 뜻을 가리키며 唐 錢起의 《太子李舍人城東別業》시에 "양지 바른 동산 위 날아가는 새들 손으로 가리키며 멀리 아득한 풍경 바라보니 다하지 못할 뜻이 남네(東皋指歸翼, 目盡有餘意)"라는 표현이 보인다. (唐)錢起：《錢考功集》卷3《往體詩三十二首》, 唐詩百名家全集本, p.1b.

9구의 爽鳩墟(상구허)라는 말에서 爽鳩는 爽鳩氏를 가리키는데 전설에 따르면 옛날 少皞(소호)의 司寇(도적을 잡고 법률을 집행하는 관리)로서 옛날 齊나라 강역을 다스린 최초의 인물이었다. 그래서 爽鳩墟라는 말은 춘추전국시기 齊나라의 강역을 상징하는 말이 된다. 10구의 荒亡(황망)은 사냥과 주색 등의 행위에 빠지는 것을 가리킨다. 《管子·戒》에 "이러한 무리가 다니면서 그 백성들의 양식을 먹어치우는 것을 "亡(망)"이라고 하고 행락의 즐거움을 좇아서 정사에 복귀하지 않는 것을 "荒(황)"이라고 합니다. 先王께서는 백성들의 어려움을 살펴 보살피려는 행위인 "遊(유)"는 했지만, "荒亡"같은 일은 스스로 한 적이 없습니다."[184]라는 기록이 보인다.

이 시는 陽韻으로 압운을 한 五言 排律詩이나 제5구에 三仄尾가 보이는 등 평측의 운용에 있어 약간의 오류가 발견된다. 내용 전개상으로 보면, 전반 8구와 후반 4구로 나누어지는데 전반의 8구는 우산에 직접 오른 작자가 제경공의 "牛山悲"의 전고를 떠올리면서 제경공에게 아첨했던 양구거 등의 무리를 비판하고 경천동지할 언행과 견해로 제경공을 깨우쳐 주었던 안영을 찬양하였다. 이어진 후반 4구에서는 牛山을 배경으로 한 맹자의 "浩然之氣"의 고사를 언급하면서 제경공 때는 수목으로 울창하던 우산이 맹자가 제나라에서 대부로 있던 시절에는 민둥산으로 변했고 명대 말기 작자가 방문할 당시에도 여전히 민둥산으로 남아있는 속뜻은 바로 맹자의 "호연지기"의 가르침을 후세사람들에게 가르치려 한 것이 아닐까 상상해 보고 있다.

〈우산에서 회고하며〉

淄水의 물길 아득히 멀리 흘러가고
민둥산인 우산은 벌판 가운데 우뚝하네.
그 누가 제환공의 패업을 다시 이을손가!

---

184 "夫師行而糧食其民者, 謂之亡 ; 從樂而不反者, 謂之荒. 先王有遊息之業於人, 無荒亡之行於身." (周) 管仲撰, (唐)房玄齡注 :《管子》卷10《戒第二十六》, 四部叢刊景宋刻本, p.1a.

수목 한 포기 없는 산 정상에는 쓸쓸한 가을바람만 부네.

管仲은 제환공의 편협한 식견을 보좌하였고

田單은 (제나라를 위기에서 구한) 일세의 영웅이라네.

제환공과 관중, 전단이 죽어 묻힌 무덤들 말없이 나란히 서있는데

우산의 풍경은 예나 지금이나 변함이 없구나!

牛山懷古[185]

淄水悠悠[186]去, 牛山濯濯[187]崇.

有誰回霸氣,[188] 無木起秋風.

管仲諸狹佐,[189] 田單一世雄.

君臣俱寂寞, 景物古今同.

—尹暄

이 시는 윤훤의 사행록이 아니라 《白沙先生集》에 수록되어 있는데 그의 문집은 시간의 순서에 따라 편집된 것이 아니므로 이 시가 북경으로 사행가는 길에 쓰여진 것인지 아니면 북경에서 조선으로 돌아가는 길에 쓰여진 것인지 정확히 알기는 어

---

185 [朝鮮] 尹暄《白沙先生集》卷1《五言律詩》, 韓國國立圖書館藏本, p.13b.

186 悠悠는 아마득히 멀어서 다함이 없는 모양을 형용하는 말이다. 《詩·王風·黍離》에 "나를 아는 사람은 내 마음 시름겹다고 말하고 나를 모르는 사람은 내가 무엇을 구하느냐고 말한다. 아득히 먼 푸른 하늘이여! 이것은 누구탓인가?"라는 표현이 보이고 毛傳에서는 "悠悠는 아득히 멀다는 뜻"으로 해설했다. "知我者謂我心憂, 不知我者謂我何求, 悠悠蒼天, 此何人哉." 毛傳 "悠悠, 遠意." (漢)毛亨傳, 鄭玄箋, (唐)陸德明音義 :《毛詩》卷4《王黍離訓詁傳第六》, 仿宋相台五經本, p.1b.

187 濯濯은 헐벗은 모양을 형용하는 것이다.

188 霸氣는 霸者의 군세고 사나운 기세를 뜻한다. 唐 王勃의《江甯吳少府宅餞宴序》시에 "패자의 사나운 기운 다하니 강산은 공활한데 황제의 교화가 맑으니 조정은 일신되네(霸氣盡而江山空, 皇風淸而市朝改)"라는 표현이 보인다. (唐)王勃 :《王勃集》卷6《序》, 趙氏藏書本, p.10b.

189 佐는 보좌하다, 돕다는 뜻이다. 《詩·小雅·六月》에 "왕이 이에 출정하여 천자를 보좌하네(王於出征, 以佐天子)"라는 표현이 보인다. (漢)毛亨傳, 鄭玄箋, (唐)陸德明音義 :《毛詩》卷10《南有嘉魚之什詁訓傳第十七》, 仿宋相台五經本, p.8b.

렵다. 그러나 淄水(淄河)가 계절성 하류로서 여름에 물이 불어났다가 겨울에는 건천으로 변한다는 중국 지방지의 기록과 이 시의 1구에서 "淄水悠悠去"라는 묘사를 함께 고려해보면 이 시는 북경으로 사행가는 길[190] 곧, 천계 3년 7월 4일 경에 쓰여진 것으로 유추해볼 수 있다. 6구의 田單은 燕나라 장수 樂毅가 제나라를 공격하여 거의 모든 제나라 영토가 함락당했을 때 제나라 최후의 보루인 即墨城의 태수가 되어 온갖 어려움 속에서도 연나라 대군을 물리치고 제나라의 옛 영토를 다시 회복한 맹장이다.

이 시는 멀리 치수의 물길이 아득히 흘러가고 민둥산인 우산이 너른 벌판에 우뚝 솟은 풍경을 묘사하면서 시작된다. 이어진 2연에서는 이곳 우산이 바로 제환공이 제후들과 회맹하여 패업을 이루고 혼란한 천하를 안정시킨 장소라는 것을 떠올리면서 명대 말기 당시 만주족인 청나라의 침략으로 혼란해진 천하를 안정시킬 위대한 인물이 지금은 다시 없음을 안타까워한다. 3연에서는 그 옛날 이 땅에는 관중 같은 명재상과 전단 같은 명장이 있어 천하를 안정시키고 나라를 구했음을 상기시켜 보지만, 결국 이들 모두는 이제 죽은 후 땅에 묻혀 나란히 서있는 무덤으로만 남았음을 뿐임을 목도하면서 옛날과 변함이 없는 우산과 치수의 풍광과 대비하여 절실하고 착잡한 심정을 드러내며 시를 마치고 있다.

> (3월) 14일 무진일 저녁에 비가 옴. 淄河店(치하점)에 도착함. 아침에 鄒平(추평)에서 출발하여 淄川(치천) 근처 長店(張店의 오기)에서 점심을 해 먹었다. 오후에 金嶺馹(금령일)에서 쉬고 淄水(치수)를 건너 牛山(우산)을 거쳐 淄河店(치하점)에 도착했다. 약 130리 여정이었다.
>
> (三月)十四日, 戊辰, 夕雨, 到淄河店. 朝發鄒平, 做火於淄川之長店(張店之誤記). 午憩金嶺馹, 過淄水, 曆牛山, 抵淄河店, 約行一百三十里.
>
> —李民宬《癸亥朝天錄》

---

190 《白沙公航海路程日記》은 殘本으로 단지 조선으로 돌아가는 여정의 일부분만 수록되어 있다.

천계 4년 3월 14일 奏聞(請封)兼辨誣使臣團 서장관 이민성은 북경에서의 외교임무를 완수하고 조선으로 돌아가는 길에 재차 "淄水"와 "牛山"를 지났고 아래와 같은 시를 지어 남겼다.

牛山에서 갑작스러운 소나기 맞으며

누군가(즉 상구씨와 같이 제나라에 선정을 펼친 선왕)의 즐거움은 또한 누군가(곧 제경공과 같이 실정한 임금)의 슬픔이라 하나니
제나라의 흥망성쇠는 족히 그 시비를 평론할 만 하다네
우산을 지나다가 갑자기 소나기 맞았으니
시구 다시 가다듬으며 젖은 옷 갈아입네.

牛山値雨
誰樂又誰悲, 興亡足是非.[191]
無端過路雨, 翻作[192]更沾衣.[193] [194]

—李民宬《燕槎唱酬集》

---

191 是非는 포폄하다, 평론하다는 뜻이다. 《史記·太史公自序》에 "공자께서 자신의 말이 쓰이지 않고 도가 행해지지 않을 것임을 알고는 노나라 242년의 역사의 시비를 가려 천하의 본보기로 삼고자 하셨다("孔子知言之不用, 道之不行也, 是非二百四十二年之中, 以爲天下儀錶)"라는 기록이 보인다. (漢)司馬遷撰, (劉宋)裴駰集解, (唐)司馬貞索隱, 張守節正義 : 《史記》卷130 《太史公自序》, 淸乾隆四年刻本, p.9.

192 翻作(번작)이란 옛 曲譜에 새로운 가사를 써 붙이는 것을 가리킨다. 唐 白居易의《琵琶行》에 "사양하지 않고 다시 앉아 한 곡 더 연주한다면 그대를 위해 비파행의 곡조에 맞춰 새로이 가사를 써보겠네(莫辭更坐彈一曲, 爲君翻作琵琶行)"라는 표현이 보인다. (唐)白居易 :《白氏長慶集》卷12《感傷四》, 宋刻本, p.57a.

193 沾衣(첨의)란 너무 슬프거나 기뻐서 눈물이 흘러 옷을 다 적시는 일을 가리킨다. 宋 蘇軾 《八聲甘州》詞에 "서주로 떠나는 길, 뒤돌아보며 나를 위해 눈물 흘려 옷소매 다 적시지 마시길(西州路, 不應回首, 爲我沾衣)"이라는 표현이 보인다. (宋)蘇軾 :《東坡樂府》卷2《八聲甘州》, 彊村叢書本, p.22a.

194 詩의 끝에 다음과 같은 작자의 自注가 달려있다. "(1구의) 樂자는 (안영이 제경공에게 말한 바) 爽鳩氏의 樂(즐거움)이란 글자에서 시상을 일으킨 것이다. 현지 중국어로 소나기를 過路雨라고 한다."

이 시의 작자인 이민성이 직접 첨부한 自注로 보건대 1구는 晏嬰과 齊景公이 나눈 대화에 등장하는 "爽鳩之樂(상구지락)"의 전고를 인용한 것으로 우산을 지나던 작자가 이 전고를 떠올리고는 즉흥적으로 지은 것임을 알 수 있다. "爽鳩氏之樂"의 고사는 《左傳·昭公二十年》에 보이며 구체적인 내용은 다음과 같다. "(제경공이 궁중에서) 술을 마시며 즐거워 안영에게 '옛날 선왕들께서 죽지 않았다면 그 즐거움이 어떠했을까?' 라고 말했다. 안영이 다음과 같이 대답했다. '옛날 선왕들께서 죽지 않았다면 그건 옛 선왕들의 즐거움일뿐 임금께서 거기서 무슨 즐거움을 얻을 수 있겠는지요? 옛날 爽鳩氏가 처음 이 땅에 정주하였고 季蒻(계측)과 逢伯陵(봉백릉), 蒲姑氏(포고씨)가 차례로 그 뒤를 이었습니다. 그후 太公께서 계승하셨던 것입니다. 만약 옛 선왕들이 죽지 않았다면 爽鳩氏 같은 선왕들의 즐거움일 뿐 임금께서 원하시는 바가 아닌 것입니다.'"[195] 3구의 過路雨란 작자인 이민성이 自注를 달아 설명했듯이 漢話(명대 白話 중국어)로 소나기라는 뜻이다. 이민성의 설명을 통해 우리는 명대 시기 조선에서는 당시 백화 중국어를 "漢話"라고 칭했음을 알 수 있다. 이처럼 조선사신들이 명대 현지에서 통용되던 백화 중국어를 "한화"라고 칭하고 관심을 기울여 배우고자 한 것은 그 연유가 명대 초기까지 거슬러 올라간다.[196] 명나라와 조선은 비록 고전 문언문을 공통 서면어로 사용했으나 원나라 때부터 외교문서에는 고전문언문을 토대로 당시 백화 중국어의 요소가 침투된 史文을 사용했으며 이 이문은 고전문언문에만 정통했던 일반 조선문인은 제대로 이해하지 못하는 문

---

195 "飮酒樂. 公曰 : '古而無死, 其樂若何?'晏子對曰 : '古而無死, 則古之樂也, 君何得焉? 昔爽鳩氏始居此地, 季蒻因之, 有逢伯陵因之, 蒲姑氏因之, 而後太公因之. 古者無死, 爽鳩氏之樂, 非君所願也.'" (周)左丘明撰, (晉)杜預注, (唐)孔穎達疏 : 《左傳注疏》卷49《昭公》, 重刊宋本十三經注疏本, p.19b.

196 明 洪武 30년(1397) 3월 8일의 기록에 따르면, 조선 參贊門下府事 安翊, 同知中樞院事 金希善, 藝文春秋館學士 權近이 명나라에서 사행의 임무를 마치고 조선으로 돌아갈 때 救慰詔書, 宣諭聖旨, 御制詩 및 두 건의 禮部諮文을 가지고 갔는데 자문에는 다음과 같은 내용이 있었다. "다음과 같이 성지를 받들라: 이후로 조선사신들이 래조할 때는 반드시 현지 중국어에 능통한 자가 와야 하며 중국어를 알지 못하는 자는 사신으로 와서는 안된다. (奉聖旨 : 今後差使臣來時, 要通漢人言語的來, 不通漢人言語的不許來)"《太祖實錄》卷11, 太祖六年三月八日.

체였다. 그래서 조선사행단에는 현지 백화에 능통한 통역관뿐만 아니라 백화와 고전문언문, 외교문서의 체례에 능통한 이문학관이 반드시 포함되었다.

　작자는 우산을 지나다가 갑자기 내린 소나기에 옷이 다 젖게 되었다. 그 순간 우산에 올라 인생 무상의 감상에 눈물을 흘려 입은 옷을 다 적셨다는 제경공의 "牛山淚"의 典故를 떠올렸고 작자 자신이 제경공의 상황에 감정이입이 된 듯하였다. 그러면서 제나라를 흥망성쇠로 이끌었던 여러 善君들과 覇王, 실정하여 몰락에 빠진 廢君들을 생각하고 시비를 따져보면서 당시 어지러운 명말의 정세를 진단해보고자 한 듯하다.

　　〈正使와 함께 牛山에 오르기로 약속했으나 비를 만나 실행하지 못하고
지은 시197〉
　　[조선] 윤훤

　　앞으로의 일정을 헤아려보니 오늘 臨淄縣 경내를 지나겠거늘
　　함께 牛山에 올라 제경공이 바라보고 울었다는 풍광을 一覽하고자 했네
　　그러나 인간사란 변화무쌍하여 한 치 앞을 내다보지 못하는 법이라 흐린
봄하늘에서 갑자기 비가 내리고
　　(우산은) 부슬부슬 내리는 봄비 속에서 더욱 푸르게 우뚝하네
　　앞에 보이는 마을은 길 가까워지니 滋河店임을 알겠고
　　오래된 성벽 구름 일어나는 곳에 管鮑祠가 멀리 보이네
　　아름다운 봄풀 산정상까지 자라고 봄꽃 고요히 피는 牛山에
　　이제는 齊景公의 눈물이 떨어지지 않으나 그보다 더한 눈물같은 봄비가
내리네.

　　與正使約上牛山, 逢雨未果作198

197　[朝鮮] 尹暄《白沙先生集》卷2《七言絶句》, 韓國國立圖書館藏本, p.25a.
198　[朝鮮] 尹暄《白沙先生集》卷2《七言絶句》, 韓國國立圖書館藏本, p.25a.

[朝鮮] 尹暄

計程[199]今日過臨淄, 擬上牛山一望悲.

人事多魔[200]還草草,[201] 春陰[202]作雨故絲絲.

前村路近滋河店,[203] 古壁雲深管鮑祠.

芳草連天花寂寞, 景公無淚淚甚垂.

천계 4년 3월 14일에 북경에서 조선으로 돌아가는 귀로에서 부사 윤훤은 정사 이경전과 함께 牛山에 올라 주위 경치를 유람하고 옛 사람의 무덤에 조의를 표하고 자 했다. 그러나 갑자기 소나기가 내려 두 사람은 원래 약속을 실현하지 못했기에 부사 윤훤은 이 시를 써서 아쉬움을 달래고자 한 것이다. 우선 전반부인 1-4구의 내 용을 보면, 천계 4년 謝恩兼奏請使臣團 3명의 조선 사신들은 그날의 여정을 따져 보다가 당일 臨淄縣 경내를 지나게 된다는 사실을 인지하게 되었다. 그래서 세 사 람은 서적에서만 익히 보아온 "牛山"를 함께 유람하고 齊景公이 느낀 "牛山悲"의 감정을 직접 느껴보자고 약속했다. 그러나 인간의 일이란 한 치 앞도 내다보지 못 한다고 했듯이 세 사람은 갑작스러운 비로 함께 牛山에 오르자는 약속을 실현시키 지 못했고 그것이 못내 아쉽기만 했다. 그러나 천고의 세월 동안 그 자리를 지켜온

---

199 計程이란 노정을 계산한다는 뜻이다. 《魏書·食貨志》에 "汾州에는 조세를 내는 곳이 있는 데, 분주로부터 백 리를 넘지 않고 華州로부터 강까지는 60리를 넘지 않는다. 그리고 노정 의 길이를 계산하여 예전대로 값을 치르는데 수레로 배를 타는 곳에 보낸다(汾州有租調之處, 去汾不過百里, 華州去河不滿六十, 並令計程依舊酬價, 車送船所)"라는 표현이 보인다. (北齊)魏收 : 《魏書》卷110《樂志》, 清乾隆四年刻本, p.7a.

200 魔란 변화무쌍하여 예측하기 어렵다는 뜻이다.

201 草草란 초목이 무성한 모양이다. 宋 蘇軾《和子由記園中草木》제3수에 "그대는 보이는가. 명아주와 곽초는 늘 생기가 넘치며 무성하다네(君看藜與藿, 生意常草草)"라는 표현이 보인다. (宋)蘇軾 : 《東坡七》卷2《詩八十二首》, 清光緒重刊明成化刻本, p.1b.

202 春陰이란 봄하늘이 흐릴 때 공중에 가득한 陰氣를 가리킨다. 南朝 梁 簡文帝의 《侍游新 亭應令詩》 시에 "강변의 모래 무늬가 물결에 따라 쌓이고, 봄기운 자욱한 기운은 강 위로 건너오네(沙文浪中積, 春陰江上來)"라는 표현이 보인다. (宋)李昉輯 : 《文苑英華》卷179《詩 二十九》, 明刻本, p.1a.

203 滋河店은 淄河店을 通假로 기재한 것이다.

우산을 멀리서나마 바라볼 수 있었으니 연두빛으로 물들어 봄비 내리는 들판 가운데 우뚝하니 서 있는 우산은 마치 멀리 조선에서 온 사신들이 조문을 오는 것을 기다리고 있는 것만 같았다. 이어진 후반부 5-8구에서는 멀리 우산을 끼고 계속 역참로를 따라 전진하자 臨淄縣 淄河店에 도착할 수 있었고 이어서 길이 牛山의 북쪽 산기슭에 이르자 오래된 성벽 사이 운무에 싸인 管鮑祠를 아득히 바라볼 수 있었음을 형용하였다. 새로이 돋아난 연두빛 봄풀이 역로변 산자락에서 우산의 정상까지 이어져 자라나 그 푸르름이 하늘과 맞닿은 듯하고 우산의 곳곳에는 이름모를 봄꽃들이 고요히 피어 나고 있다. 그러면서 작자는 문득 이 봄비가 제경공이 우산에서 흘린 눈물보다 더욱 애상감을 자아낸다고 느끼면서 시를 마치고 있다.

〈白沙公 윤훤의 시에 次韻하여 짓다〉

(강태공께서) 제나라의 땅에 봉해진 이후로 세월이 흘러 차츰 주왕실과 관계가 소원해졌으니

周夷王이 哀公을 삶아죽이는 형벌로 처형한 이후로는 더이상 주왕실을 위해 싸우지 않게 되었다네.

관중은 재주가 뛰어났으나 (공자께서는) 그릇이 작다고 평했고

회맹을 주관한 제환공은 덕이 없었으나 오히려 (尊王攘夷의 기치를 내걸고 패자가 되어) 이룬 功이 많았네

남쪽으로 衡嶽을 순회하며 태산처럼 봉선제를 행하려 했으나

동쪽으로 너른 평원에서는 물길을 올바로 다스리는 대책을 결행했다네.

장구했던 제나라의 옛 역사를 두루 회고하면서

저녁 하늘 맑은, 강가 역참에서 시 한 수 지어 읊어보네.

次白沙韻

受封青社歲年[204]賖,[205] 肇自[206]周王倒載戈.[207]

伯佐有才嫌器小, 主盟無德尚功多.

南巡衡嶽儀如岱, 東決平原策治河.

俯仰悠悠千古事, 晩晴漁店一聲歌.

—李民宬《燕槎唱酬集》

　　白沙는 부사 윤훤의 호인데《次白沙韻》은 서장관 이민성이 지은 위의 시《與正
使約上牛山, 逢雨未果作》를 차운하여 지은 것이다. 1구의 青社란 원래 東方의 土
神에게 제사를 지내는 곳을 가리키는데 제나라가 주왕실의 동쪽에 있었으므로 이
후 제나라 강역을 일컫는 말로 사용되었다.《史記·三王世家》에 "元狩 6년 4월 을
사일, 한무제가 御史大夫 張湯에게 太廟에서 아들 劉閎을 齊王에 봉하도록 하면서
'아! 아들 유굉은 이 青社 땅을 받아라!'라고 고했다"라는 기록이 보이고 司馬貞은
索隱에서 "蔡邕이《獨斷》에서 이르기를 '皇子를 王으로 봉하여 天子의 太社의 땅
을 받도록 했는데 만약 동방의 제후로 봉할 경우에는 青土를 담아 白茅로 감싼 것
을 주어서 그 땅에 사당을 짓도록 했으므로 茅土라고 불렀다'라고 했으며, 齊나라

---

204 歲年이란 年月을 가리킨다. 唐 劉知幾의《史通·自敍》에 "장안과 낙양에서 노닐며 자못 세
　　월을 보냈다(旅遊京·洛, 頗積歲年)"라는 기록이 보인다. (唐)劉知幾 :《史通》卷10《內篇》, 明萬
　　曆三十年張鼎思刻本, p.9b.

205 賖(사)란 공간적 거리가 멀다는 뜻인데 이후 관계가 소원하다는 뜻으로 인신해서 쓰이게
　　되었다. 前蜀 貫休의《野店偶作》詩에 "道에 무심하면 도리어 道를 自得하게 되고 의도적
　　으로 사람에게 접근하면 도리어 관계가 소원해지네(無心於道道自得, 有意向人人轉賖)"라는 표
　　현이 보인다. (清)李調元輯 :《全五代詩》卷53《前蜀》, 函海本, p.11b.

206 肇自(조자)란 어디에서 시작하다는 뜻이다. 漢 班固《西都賦》에 "한고조로부터 시작하여
　　한평제에 이르기까지 장안성은 끊임없이 확장되고 증수되어 커지고 화려해졌으니, 12대
　　에 걸친 장구한 복록이 이어져 크고도 화려함의 극치를 다한 것이네(肇自高而終平, 世增飾以
　　崇麗, 曆十二之延祚, 故窮泰而極侈)"라는 표현이 보인다. (梁)蕭統輯, (唐)李善注 :《文選》卷1《西
　　都賦》, 清嘉慶重刻本, p.5b.

207 倒載戈(도재과)는 "倒置干戈" 혹은 "倒戢干戈"라고도 하며 兵器를 거꾸로 세워 넣어둔다
　　는 의미로서 다시는 전쟁을 하지 않는다는 뜻으로 인신해서 쓰인다.

는 동방에 있었으므로 青社라 이른 것이다"[208]라는 기록이 보인다. 2구의 周王이란 周夷王을 가리킨다. 《史記·齊太公世家》에 "癸公이 죽자 그의 아들 哀公 不辰이 제후의 자리에 올랐는데 紀侯가 그를 周나라에 참소하자 周王이 哀公을 삶아 죽이는 형벌에 처하고는 애공의 동생 靜을 세웠으니 그가 胡公이다"[209] 라는 기록이 보인다. 3구의 器小란 도량이 편협하다. 그릇이 작다는 뜻이다. 孔子가 관중을 검소하지 않고 禮制를 지키지 않는다는 점에서 "그릇이 작다(器小)"고 평가한 전고를 가리키는데 구체적인 내용은 《論語 八佾》에 다음과 같이 보인다. "공자께서 '管仲이 그릇이 작은지고!'라고 말씀하였다. 이에 어떤 사람이 '管仲은 검소합니까?'라고 물으니 공자께서 '관중에게는 3채의 저택이 있고 가신의 일을 겸직시키지 않았으니 어찌 검소하다고 하겠는가?'라고 답하였다. 그러자 다시 '관중은 예를 압니까?'라고 물으니 공자께서 '제나라 임금이 가림벽을 세우자 관중도 역시 가림벽을 세웠고, 지금 두 나라 임금의 우호를 위하여 술잔을 엎어 놓는 반점을 두자 자신도 역시 두었으니 관중이 禮를 안다고 한다면 누가 禮를 모르겠는가?'라고 답하셨다."[210]" 5구의 儀如岱란 태산에서 행하는 봉선제를 가리킨다. 齊桓公이 霸者가 된 후 葵丘會盟을 할 때 封禪祭를 지내려 하다가 管仲의 충언을 받아들여 그만 둔 일을 가리킨다. 《漢書·郊禮志》에 이와 관련된 자세한 내용이 보인다. "穆公 9년에 齊桓公이 이미 패자가 되어 葵丘에서 제후들을 모아 회맹하고 하늘에 제사를 지내고자 했다. …… 관중이 제환공의 의지를 보니 끝까지 말리지 못할 것 같으므로 제단을 설치하

208 "維六年四月乙巳, 皇帝使御史大夫湯廟立子閎爲齊王. 曰: 於戲, 小子閎, 受茲青社!"司馬貞索隱: "蔡邕《獨斷》云: '皇子封爲王, 受天子太社之土, 若封東方諸侯, 則割青土, 藉以白茅, 授之以立社, 謂之茅土.'齊在東方, 故雲青社." (漢)司馬遷撰, (劉宋)裴駰集解, (唐)司馬貞索隱, 張守節正義: 《史記》卷63《三王世家》, 清乾隆四年刻本.

209 "癸公卒, 子哀公不辰立. 哀公時, 紀侯譖之周, 周烹哀公而立其弟靜, 是爲胡公." (漢)司馬遷撰, (劉宋)裴駰集解, (唐)司馬貞索隱, 張守節正義: 《史記》卷32《齊太公世家》, 清乾隆四年刻本.

210 "子曰: '管仲之器小哉!'或曰: '管仲儉乎?'曰: '管氏有三歸, 官事不攝, 焉得儉?'然則管仲知禮乎?'曰: '邦君樹塞門, 管氏亦樹塞門. 邦君爲兩君之好, 有反坫, 管氏亦有反坫. 管氏而知禮, 孰不知禮?'" (魏)何晏集解: 《論語》卷2《八佾第三》, 天祿琳琅叢書景元翻宋本, p.4.

고 일을 시행하면서 '옛날 封禪은 鄗上의 기장과 北里의 벼를 가지고 했으니 성대
했고 江淮에서 나는 영험한 띠풀 세 단이 있어서 땅에 깔 수 있었던 것입니다. 또한
동해에는 比目魚가 이르고 서해에는 比翼鳥가 날아왔으며 그런 연후에도 부르지
않아도 스스로 오는 길상수가 15가지가 더 있었습니다. 지금은 鳳凰도 麒麟도 이르
지 않고 아름다운 곡식도 나지 않은 상태에서 다만 쑥과 강아지풀만 무성하고 부엉
이 같은 흉조만 무리지어 날아오는데도 封禪을 행하려 하시니 어찌 불가하다 아니
하겠습니까?'라고 하였다. 이에 제환공이 봉선을 그만 두었다."[211] 6구의 策治河란
치수의 책략이라는 뜻이다. 齊相 管仲이 제후들과의 "陽谷會盟", "召陵會盟", "葵
丘會盟"에서 "毋障谷(계곡을 임의로 막지 않음)", "毋曲堤(물길을 인위적으로 틀어 제방
을 쌓지 않음)", "毋雍泉(강물의 원천이 되는 샘물을 막지 않음)"등의 치수책을 제안하고
실행하여 황하 유역의 제후국들이 홍수나 가뭄의 재해를 입지 않고 수자원을 서로
효율적으로 이용할 수 있게 하여 여러 제후들의 지지를 받았으므로 이는 제환공이
패자의 지위를 유지하는 데 도움이 되었다.

1연의 1, 2구에서 말하기를, 姜尚이 처음으로 제나라 營丘 땅에 봉해진 이후로 제
나라는 날로 강성해졌지만 周王室과의 관계는 오히려 소원해졌다. 특히, 周夷王이
紀侯의 참언을 듣고는 齊哀公을 처참하게 죽인 이후로 제나라는 제후국으로서 더
이상 주나라에 군사적인 도움을 주지 않았다. 이어진 2연에서는 제환공은 덕이 없
고 관중 또한 공자로부터 그릇이 작다는 평가를 받은 인물들이지만 "尊王攘夷"의
바른 대의명분을 내걸었기 때문에 어지러운 천하를 안정시키고 후세에 남을 큰 업
적을 세울 수 있었다고 평가했고, 3연에서도 이러한 기조를 이어서 봉선제를 행하
려는 제환공을 설득하여 그만 두게 하고 황하의 물길을 올바로 다스리는 치수의 계

---

211 "穆公立九年, 齊桓公既霸, 會諸侯于葵丘, 而欲封禪. ……管仲睹桓公不可窮以辭, 因設之
以事, 曰：'古之封禪, 鄗上黍, 北裡禾, 所以爲盛 ; 江淮間一茅三脊, 所以爲籍也. 東海致比
目之魚, 西海有比翼之鳥. 然後物有不召而自至者十有五焉. 今鳳凰, 麒麟不至, 嘉禾不生,
而蓬蒿藜莠茂, 鴟鴞群翔, 而欲封禪, 無乃不可乎?'於是桓公乃止." (漢)班固：《漢書》卷25
《郊祀志》, 清乾隆四年刻本, pp.5b-6a.

책을 제안하고 실행하여 제환공의 패자로서의 지위를 공고하게 한 관중의 업적을 회고하고 있다. 마지막 연에서 작자는 장구한 제나라의 역사를 회고하는 가운데 자신도 모르게 이러한 시를 짓고 읊조리게 되었다고 고백하면서 시를 마무리하고 있다.

> (10월) 19일 갑오일 맑음. 淄河(치하) 강변에서 점심을 해먹고, 저녁에 金嶺鎭(금령진)에서 유숙했다. 靑州로부터 70리 거리이다. ……이 날 아침에 靑州를 지나서……임치성의 서쪽 5리에 牛山(우산)이 있는데, 齊宣王(제선왕)의 墓가 그 아래에 있고 , 齊景公(제경공), 齊桓公(제환공)의 墓도 큰 길의 북측에 있었는데 길 옆에 표지석을 세워 써 놓았다.
>
> (十月)十九日, 甲午, 晴. 中火于淄河上, 夕至金岭镇止宿, 去青州七十里. ……是日朝过青州……且有牛山在城西五里地, 宣王墓在其下, 景公, 桓公墓则在大路北边, 立石道上以志之.
>
> —全湜《槎行錄》

명 천계 5년 10월 19일 冬至兼聖節使 전식은 청주부에서 출발하여 牛山을 지나면서 아래와 같은《過牛山》이라는 시 한 수를 남겼다.

〈牛山을 지나며〉

齊宣王의 마음은 무성한 띠풀 우거진 듯이 꽉 막힌 지 오래라 그 인의의 본성이 거의 메말라 사라졌으니
맹자께서 여기 우산에서 선한 본성을 회복하는 일을 자세히 말씀한 것은 모두 헛된 것이었네
지금까지도 그 옛날처럼 여전히 벌거숭이 민둥산으로 남은 牛山도
그 본성이 원래부터 소와 양을 방목하는 것을 좋아하지는 않았을 것이리라!

過牛山

茅塞王心已牿亡, 聖言於此謾[212]精詳.[213]

至今濯濯猶前日, 山性元[214]非喜牧羊.

—全湜《朝天詩(酬唱集)》

이 시는 맹자가 우산의 초목이 무성하게 자라는 것을 사람의 마음 속에 인의의 본성을 배양하는 일에 비유한 전고를 인용하여, 제선왕이 인의의 선한 본성을 따르지 않고 자신의 사욕을 위해 정치를 이용하다가 제나라를 결국 쇠망의 길로 이끈 사실을 비판하고 있다. 1구의 茅塞(모색)이란 무성한 띠풀이 우거져 꽉막히는 것을 말한다. 《孟子·盡心下》에 다음과 같은 전고가 보인다. "산속의 오솔길도 가끔씩이라도 다니면 길을 이루지만 오랫동안 버려두어 사용치 않으면 띠풀로 막혀버린다. 지금 너의 본성은 띠풀로 막혀있구나!"[215] 牿亡(곡망)이란 "梏亡"이라고도 쓰며 저지받아 사라지는 것을 가리킨다. 《孟子·告子上》에 다음과 같은 전고가 보인다. "사람에게 보존되어 있는 것 가운데 어찌 仁義의 마음이 없겠는가? …… 매일 밤 동안에 인의의 본성을 배양시키고 새벽 맑은 기운을 받음에도 선을 좋아하고 악을 미워하는 본성에 가까운 자가 드문 것은 낮 동안에 행하는 행위들이 그 마음을 막아서

212　謾(만)은 쓸데없이, 공연히의 뜻이다. 宋 李淸照의 《漁家傲》詞에 "나는 말하네, 갈길은 먼데 저녁해는 이미 뉘엇뉘엇 지니 탄식 절로 나고, 시를 배움에 쓸데없이 사람을 놀라게 하는 시구를 짓지 못하면 죽어도 쉬지 않겠다고 맹세했었네."라는 표현이 보인다. "我報路長嗟日暮, 學詩謾有驚人句." (宋)李淸照：《漱玉詞》, 詩詞雜俎本, p.2b.

213　精詳은 주도면밀하고 세밀하다는 뜻이다. 《後漢書·竇融傳》에 "두융은 신중하고 주도면밀하게 살펴 드디어 대책을 결정하고는 동으로 향했다."라는 표현이 보인다. "融小心精詳, 遂決策東向." (劉宋)範曄撰, (晉)司馬彪撰, (梁)劉昭注, (唐)李賢注：《後漢書》卷53《竇融傳》, 淸乾隆四年刻本, p.4a.

214　元이란 본래부터, 예로부터의 뜻이다. 三國 魏 嵇康의 《琴賦》序에 "그 말미암은 바를 미루어보면 본래부터 소리를 이해하지 못하는 것 같다"라는 표현이 보인다. "推其所由, 似元不解音聲." (三國魏)嵇康：《嵇中散集》卷1《賦》, 七十二家集本, p.1b.

215　"山徑之蹊間, 介然用之而成路；爲閒不用, 則茅塞之矣. 今茅塞子之心矣!" (漢)趙岐注, (宋)孫奭疏：《孟子》卷14上《盡心下》, 重刊宋本十三經注疏本, p.10b.

없애버리기 때문이다."[216]

이 시의 전반부에서는 齊宣王이 齊桓公의 霸業을 회복하고자 하는 야망이 있었으나 孟子와 같은 聖人의 간언을 직접 듣고서도 그를 등용하여 대업을 펼치지 못한 것에 대한 아쉬움을 말했다. 이어진 후반부에서는 제선왕 때로부터 수천 년이 지나 명대 말기 작자 자신이 직접 사신의 신분으로 옛 제나라 땅에 와서 牛山을 목도하게 되었는데, 그 옛날 孟子가 묘사한 바 그대로 "도끼로 함부로 벌목하고(斧斤伐之)" 거기다가 "소와 양까지 방목하여(牛羊又從而牧之)" "원래부터 수목이 없는 것 같은(未嘗有材)" 민둥산의 형상을 여전히 유지하고 있음을 알게 되었다. 이에 맹자가 말한 바 "정말 그 본성을 잘 기르기만 하면 자라나지 않을 것이 없고, 정말 그 본성 기르기를 잃어버리면 그 어떤 것도 사라지지 않음이 없다"[217]라는 性善의 도리를 떠올리면서, 생명이 없는 우산조차도 민둥산으로 있기보다 자기의 본성대로 울창한 수목을 키우며 살고 싶어할 것이라고 상상해 보았다.

〈牛山〉

우산의 山勢는 원래부터 그리 높지 않은데
양 치는 사람조차 없어 마른 들풀만 쓸쓸한 가을 바람에 쓸려 흔들리네
뜬 구름 같은 사람의 인생이란 원래부터 물거품과 같이 덧없거늘
제경공은 그 옛날 어이하여 이 산 정상에 올라 눈물 흘렸는가!

---

216 "雖存乎人者, 豈無仁義之心哉?……其日夜之所息, 平旦之氣, 其好惡與人相近也者幾希, 則其旦晝之所爲, 有牿亡之矣." (漢)趙岐注, (宋)孫奭疏 :《孟子》卷11下《告子上》, 重刊宋本十三經注疏本, p.1a.

217 "苟得其養, 無物不長 ; 苟失其養, 無物不消" (漢)趙岐注, (宋)孫奭疏 :《孟子注疏》卷11下《告子上》, 重刊宋本十三經注疏本, p.1b.

牛山

山勢元無百仞[218]崇, 牧殘衰草動秋風.

浮生[219]自是同泡幻,[220] 何事當年泣景公.

　　　　　　　　　　　　　　　　　—金尚憲《朝天錄》

　　김상헌의 사행기록에 따르면, 이 시는 응당 명 천계 6년 9월 중순[221]경에 쓰여 졌을 것이다. 시의 전반부 두 구에서는 시인이 직접 목도한 우산의 풍경을 간단하게 묘사하고 있다. 즉, 우산은 원래부터가 높고 기세가 강한 산세를 지닌 산이 아니라 오르기 편한 도성 교외에 있는 나즈막한 산으로 산 정상에는 양 치는 사람조차 없이 인적이 드물어 고요하고 적막하기만 하고 때마침 부는 쓸쓸한 가을 바람에 마른 풀만 뒹굴고 있다. 이어진 후반부 두 구에서는 시인의 감상을 표출하고 있는데 인생이란 원래가 물거품처럼 허망되고 부질없는 것인데 齊景公은 어이하여 이런 부질없는 인생에 연연하여 우산 정상에 올라 인생의 덧없음에 눈물 흘렸는지 책망하고 있다.

　　이외에도 淸 康熙《臨淄縣誌》에는 봄날 牛山의 아름다운 풍경, 즉 "牛山春景"을 臨淄縣 8경 가운데 하나로 꼽고 있다. 여기서 淸나라 臨淄縣 문인들이 지은 시작을 통해 명말청초 조선사신들이 직접 목도했을 우산의 아름다운 봄날 풍경을 재구해 보도록 한다.

218　仞(인)은 길이를 재는 단위로 1인은 8尺(一說에는 7尺)이다. 보통 百仞이란 산세가 지극히 높고 물이 아주 깊은 것을 비유적으로 형용할 때 사용된다.《列子·湯問》에 "수레를 가득 채울 만한 큰 물고기를 지극히 깊은 연못의 급류 중에서 잡아 올렸다(引盈車之魚於百仞之淵, 汩流之中)"라는 표현이 보인다. (唐)盧重元 :《列子注》卷5《湯問》, 淸嘉慶八年刻本, p.8b.

219　浮生이란 덧없는 사람의 일생을 가리킨다.《莊子·刻意》에 "그 삶이란 마치 정처없이 부유하는 것이고 그 죽음이란 마치 쉬게 되는 것과 같다(其生若浮, 其死若休)"라는 표현이 보인다. (周)莊周撰, (晉)郭象注 :《莊子》卷6《莊子內篇大宗師第六》, 四部叢刊景明刻本, p.3b.

220　泡幻(포환)이라 허황되다라는 뜻으로 宋 王禹偁의《月波樓詠懷》에 "사람의 한 생애는 물거품과 같이 허황되고 衣冠은 피부에 난 사마귀처럼 쓸 데 없다네(身世喩泡幻, 衣冠如贅瘤)"라는 표현이 보인다. (宋)王禹偁 :《小畜集》卷6《古詩》, 武英殿聚珍版全書本, p.6a.

221　[朝鮮] 金尚憲《九日宿朱橋驛》,《朝天錄》, 韓國國立中央圖書館藏本.

그림 5-21 《臨淄八景》중《牛山春雨》[222]

〈봄비 내리는 牛山〉
(청) 마을사람 우제비

처마끝에 부슬부슬 봄비 내리는 소리 청아하기도 한데
깨끗하게 씻어 내린 우산에 새벽같은 맑은 바람 불어오네.
행화꽃은 뽀얀 봄비 속에서 피어나고 꾸룩꾸룩 산비둘기 어디선가 우
는데
막 씨앗 뿌린 농민들은 (때마침 내린 봄비에) 환한 미소로 풍성한 가을 수
확 기약한다네.

牛山春雨[223]
(淸)邑人 于際飛
聽徹簷前淅瀝聲, 風光如沐曉風淸.
杏花煙裡鳴鳩[224]急, 大慰三農[225]望歲情.[226]

---

222 康熙《臨淄縣誌》卷首圖《八景圖》, 淸康熙十一年刻本, pp.3b-4a.

223 康熙《臨淄縣誌》卷14《詩》, 康熙十一年刻本, pp.6b-7a.

224 鳴鳩(명구)는 斑鳩와 같은 뜻으로 산비둘기를 뜻한다. 《詩·小雅·小宛》에 "저멀리 산비둘기
하늘 높이 날아오르다(宛彼鳴鳩, 翰飛戾天)"라는 표현이 보인다. (漢)毛亨傳, 鄭玄箋, (唐)陸德
明音義 :《毛詩》卷12《節南山之什詁訓傳第十九》, 仿宋相台五經本, p.16b.

225 三農은 원래 옛날 평지와 산지, 물가 등 세 지역에서 농사를 짓는 농민들을 가리켰는데 이
후에 農民를 가리키는 범칭으로 사용되었다. 《周禮·天官·大宰》에 "첫번째로 三農들은 아
홉 가지 곡식을 생산한다."라는 표현이 보이는데 鄭玄은 注에서 鄭司農을 인용하여 "三農
이란 平地, 山, 연못이다"라고 해설했다. "一曰三農, 生九穀."鄭玄注引鄭司農雲 : "三農,
平地, 山, 澤也." (漢)鄭玄注, (唐)陸德明音義 :《周禮》卷1《天官塚宰上》, 士禮居叢書景明嘉
靖刻本, p.13a.

226 歲情이란 풍성한 수확을 이룬 가을의 풍경을 말한다.

앞서 조선사신들의 우산에 대한 시는 제경공의 "牛山淚"의 고사나 맹자의 "牛山之木未嘗美矣"등의 고사를 인용하여 역사의 변천과 왕조의 흥망, 제왕장상들에 대한 포폄이 주를 이루는 영사시에 가까웠으나 淸初 臨淄人 于際飛가 쓴 이 시는 주로 청각과 시각, 촉각을 환기시키는 감각적인 묘사를 통해 봄비 내리는 牛山의 아름다움을 표현하는 산수시에 가깝다. 곧, 봄날 청명절이 가까워 杏花가 필 때 부슬부슬 봄비 내리는 우산에 온화한 봄바람까지 솔솔 불어오고 봄을 재촉하는 산비둘기는 어디선가 꾸룩꾸룩 울어댄다. 이처럼 은혜로운 봄을 맞이하면서 한 해 농사를 시작하는 농민들은 풍성한 수확의 때를 기약하며 달콤한 가을의 희망에 꿈처럼 젖어든다.

〈봄비 내리는 牛山〉
(청)지현 등성

봄에 새로 알에서 깬 산비둘기 봄비 소리에 꾸룩꾸룩 첫 울음 울고
산안개 뭉개뭉개 피어나는 우산은 청신한 기운 넘쳐나네.
문득 먼 옛날 우산 정상에 올라 인생무상에 눈물 흘렸던 제경공을 떠올려보니
무성하게 자라는 봄풀의 향기 속에서 알 수 없는 여운 마음 속에 깊이 남네.

牛山春雨[227]
(淸)知縣 鄧性[228]
新鳩初喚雨中聲, 山色煙凝倍覺淸.[229]

---

227 康熙《临淄具志》卷14《诗》, 康熙十一年刻本, pp.6b-7a.
228 "등성은 江南 南昌사람이며 진사로서 康熙 11년에 淄縣의 知縣으로 부임했었다. (鄧性, 江南南昌人, 進士, 康熙十一年知臨淄縣)"咸豐《青州府志》卷37《傳一之四》, 清咸豐九年刻本, p.7a.
229 淸이란 간결하면서도 빼어나다는 뜻이다. 晉 陸雲의 《與兄平原書》제6수에 "《漏賦》는 간결하면서 빼어난 작품이라 할 수 있다. 형인 陸機는 일시에 많은 문장을 짓지만 모두가 이처럼 참신하고 절묘하므로 사람을 놀라게 한다(《漏賦》可謂工. 兄頓作爾多文, 而新奇乃爾, 真令

遙憶登臨揮涕者, 萋萋230芳草尚餘情.

이 시도 앞에서 살펴본 청나라 사람 우제비의 시와 마찬가지로 봄비 내리는 우산의 아름다운 풍경을 묘사하는 데 치중한 산수시에 가까우나, 제경공의 "牛山悲"의 전고를 상기하면서 작자가 느끼는 봄날의 애상감을 배가시키고 있다.

조선사신이 언급한 牛山이라는 지명은《管子》에서 최초로 보이며 자세한 기록은 다음과 같다. "龍들이 馬謂의 남쪽과 牛山의 북쪽에서 싸우고 있었다. 관중이 입조하여 齊桓公에게 복명하며 '하늘이 使者를 임금의 땅에 보냈으니 청컨대 大夫들로 하여금 예복을 갖추어 입고 하늘에서 보낸 使者에게 제사드리도록 하십시오'라고 말하니 천하 사람들이 듣고서 다음과 같이 찬양했다. '하늘처럼 신묘하신 齊桓公이여! 하늘이 그의 땅에 使者를 보내셨도다!'"231 현재에 이르기까지 牛山이라는 지명은 변함없이 현지에서 통용되며, 관련 중국 지방지의 기록232에 따르면 牛山은 해발 174m로 나즈막하고 지금의 淄博市 臨淄區 구청청사에서 서남 방향으로 5km 떨어진 교외에 있다. 산의 전체적인 지형이 누워있는 소와 닮았기 때문에 이러한 명칭이 붙었다.

人怖)"라는 표현이 보인다. (晉)陸雲 :《陸士龍集》卷8《與兄平原書》, 漢魏六朝二十名家集本, p.3a.

230　萋萋(처처)란 茂盛한 모양이다.《詩·周南·葛覃》에 "칡넝쿨 골짜기로 뻗어나가 그 잎사귀 푸성한데"라는 표현이 보이고 毛傳에서 "萋萋는 무성한 모양이다"라고 해설했다.《詩·周南·葛覃》"葛之覃兮, 施于中谷, 維葉萋萋."毛傳 "萋萋, 茂盛貌."(漢)毛亨傳, 鄭玄箋, (唐)陸德明音義 :《毛詩》卷12《節南山之什詁訓傳第十九》, 仿宋相台五經本, p.16b.

231　"龍鬪于馬謂之陽, 牛山之陰, 管子入復於桓公曰 : '天使使者臨君之郊, 請使大夫初飭左右玄服天之使者乎.' 天下聞之曰 : '神哉齊桓公! 天使使者臨君之郊.'"(周)管仲撰, (唐)房玄齡注 :《管子》卷24《右菁茅謀》, 四部叢刊景宋刻本, p.9a.

232　《太平寰宇記》卷18《河南道十八》, p.8b ;《齊乘》卷1《山川》, 清文淵閣四庫全書本, pp.10b-11a ; 嘉靖《青州府志》卷6《山川》, 明嘉靖刻本, p.10a ; 民國《臨淄縣誌》卷2《山川》, 民國九年石印本, p.1 ; 山東省淄博市臨淄區志編纂委員會編《臨淄區志》, 國際文化出版公司1988年版, p.61 ; 淄博市臨淄區地名委員會辦公室編《臨淄區地名志》, 山東省地圖出版社1989年版, p.149.

牛山은 역사적으로 일찍부터 그 이름이 알려졌으니 《晏子春秋》에 "牛山淚"의 고사가 언급된 이후로 《孟子》에서 "牛山之木嘗美矣"의 고사 등이 언급되었기 때문에 고금의 시인과 묵객들이 우산을 소재로 하여 수많은 시문을 지었다. 대표적인 예로 李白은 《古風·秋露白如玉》시에서 "제경공은 어찌 한때 어리석게도 우산에서 눈물 흘려 주위 신하들이 따라 울게 만들었는가!"[233]라고 하였고 杜牧은 《九日齊山登高》시에서 "옛것이 가고 새것이 옴이 이와 같거늘 제경공은 어찌하여 우산에 올라 눈물 흘려 옷소매 다 적셨는가!"[234]라고 하였으며 蘇軾은 《定風波》詞에서 "옛것은 가고 새것이 옴에 누가 늙지 않겠는가? 조금 일찍 죽거나 조금 늦게 죽는다는 차이 밖에 없는데 제경공만이 어찌 유달리 슬퍼하여 우산에서 눈물 흘려 옷소매를 다 적셨는가!"[235]라고 하는 등 그 예를 이루다 말할 수 없다. 또한 牛山의 북쪽 산기슭에는 管仲의 墓가 있으며 우산의 서북쪽 기슭에는 유명한 샘물인 天齊淵[236]이 솟아났다고 한다.

　관련 지방지의 기록[237]에 따르면 牛山은 지금의 臨淄區(임치구) 교외 齊陵街道(제릉가도) 北山西村(북산서촌)의 서쪽에 위치하고 남북으로 길게 뻗은 형상을 하고 있으며 그 북쪽 산기슭의 동쪽으로 淄河가 흐르고 있다.

---

233 "景公一何愚, 牛山淚相續" (唐)李白：《太白集》卷2《歌詩五十九首·古風上》, 宋刻本, p.5b.

234 "古往今來只如此, 牛山何必獨沾衣" (唐)杜牧：《樊川文集》卷3《九日齊山登高》, 四部叢刊景明翻宋本, p.6a.

235 "古往今來誰不老, 多少, 牛山何必更沾衣." (宋)蘇軾：《東坡樂府》卷3《定風波》, 彊村叢書本, p.8a.

236 "聞始皇遇風雨, 即譏之. 於是始皇遂東遊海上, 行禮祠名山川及八神, 求仙人羨門之屬. 八神將自古而有之, 或曰太公以來作之. 齊所以爲齊, 以天齊也. 其祀絶, 莫知起時. 八神, 一曰天主, 祠天齊. 天齊, 淵水, 居臨淄南郊山下者" (漢)班固：《漢書》卷25《郊祀志》, 清乾隆四年刻本, p.9b ; "淄水自山東北流, 徑牛山西, 又東徑臨淄縣故城南, 東得天齊水口. 水出南郊山下, 謂之天齊淵, 五泉並出, 南北三百步, 廣十步, 山即牛山也. 左思齊都賦曰：牛嶺鎭其南者也. 水在齊八祠中, 齊之爲名, 起於此矣. 地理風俗記曰：齊所以爲齊者, 即天齊淵名也" (漢)桑欽撰, (北朝後魏)酈道元注：《水經注》卷26《淄水》, 明嘉靖十三年刻本, p.10a.

237 民國《臨淄縣誌》卷2《輿地志下》, 民國九年石印本, p.1a ; 臨淄區地名委員會辦公室編《淄傅市臨淄區地名志》, 1989年內部資料, 149 ; 臨淄區區志編纂委員會編《臨淄區志》, 中華書局2007年版, p.133.

사진 5-22   지금의 淄河 西岸에서 멀리 牛山을 조망한 풍경2

사진 5-23   지금의 淄河 西岸에서 멀리 牛山을 조망한 풍경3

앞서 언급했듯이 조선사신들은 牛山의 북쪽 기슭에 管仲墓(관중묘)가 있었다고 기재했으며 이와 관련해서도 여러 편의 시를 남겼다.

〈관중의 묘를 지나며〉

(제환공은) 큰 은혜를 넉넉히 베풀어 (관중을) 크게 후대해주었으니
(전임 재상) 高傒의 치적은 정말 관중의 업적과 비교할 수 없었네

　　비록 백성들은 (관중으로 인해) 오랫동안 제환공이 내리는 복을 받았다하나 (관중이 죽어) 지하에 가서 공자 규를 만난다면 분명 부끄럽기 그지없을 것이네.

　　過管仲墓[238]
　　沐沐熏[239]熏日幾三,[240] 高傒治績判無堪.[241]
　　百年民受皆君賜, 地下應逢子糾慚.

—金尚憲《朝天錄》

　　이 7언 절구시는 명 천계 6년 聖節兼陳奏使臣團 정사 김상헌이 지은 것이다. 2구의 高傒(고혜)는 제나라 대부로서 號가 白兔先生이고 諡號는 敬仲이며 高邑(지금의 山東 禹城)사람이다. 齊襄公이 죽자 高傒와 鮑叔牙는 함께 姜小白을 도와 그가 齊나라 國君이 되게 했는데, 강소백이 바로 齊桓公이다. 후에 管仲도 제환공을 도와 제나라가 춘추 칠웅의 우두머리가 되는 데 일조했다. 1, 2구와 관련된 관중과 포숙아에 대한 자세한 고사는 《史記·齊太公世家》에 다음과 같이 상세한 기록이 보인다. "鮑叔牙가 齊桓公에게 '신이 요행히도 주군을 따를 때, 주군께서 제후의 직위에 오르셨습니다. 주군께서 존엄해지시는 것에 신이 보탠 바가 전혀 없습니다. 주군께서 장차 齊나라만을 다스리려 하신다면 高傒와 저 鮑叔牙 둘만 있어도 족합니다. 그러나 주군께서 霸王이 되시고자 하신다면 管夷吾(관중)가 없으면 불가능합니다. 관중이 머무는 나라는 강국이 될 것이니 그를 잃어서는 안됩니다.'라고 말하니 齊桓公이 그 말을 따랐다. 그래서 원래는 管仲을 소환하여 설욕을 할 작정이었으나 마음을 바꿔 실제로 그를 등용하고자 했다. 관중도 이를 알고는 제나라로 가고

238　시의 제목에 "임치현에 있다(在臨淄縣)"라는 自註가 붙어 있다.
239　沐熏(목훈)이란 원래 경건하다는 뜻인데 여기서는 은혜로움이 가득하다는 뜻이다.
240　日幾三(일기삼)이란 하루에 거의 3차례 접견한다는 뜻으로 총애하여 크게 후대한다는 뜻이다.
241　無堪(무감)이란 가히 비교할 수 없다는 뜻이다.

자 했다. 포숙아가 堂阜에서 관중을 맞이하여 그의 차꼬와 수갑을 끌러주고 재계시
킨 후에 제환공을 만나게 했다. 제환공은 그를 厚禮하고 大夫로 삼아 정사를 맡겼
다"242 4구의 子紏(자규)는 관중이 제환공을 쫓아 제나라 재상이 되기 전에 섬기던
제환공의 형 공자 규를 말한다. 제환공이 제나라의 제후가 되기 전에 포숙아와 고
혜는 姜小白(이후 제환공이 됨)을 보좌하였고 관중은 公子 紏(제환공의 형)를 보좌하
였다. 姜小白이 결국 제나라 제후 제환공이 되자 포숙아의 건의를 받아들여 이전의
원한을 따지지 않고 관중을 등용했고 관중 또한 작은 절의에 연연하지 않고 관중을
따라 제나라 재상이 되어 결국 제나라의 霸業을 이루었다. 이와 관련된 자세한 고
사는《史記·管晏列傳》에 다음과 같이 보인다. "管仲(이름이 夷吾)은 潁上 사람이다.
어렸을 때 항상 포숙아와 놀았는데 포숙아는 그가 현명함을 알았다. …… 管仲이
다음과 같이 말했다. '……公子인 紏가 패하여 召忽은 죽었고 나는 갇혀서 모욕을
받았으나 포숙아는 나를 후안무치하다고 여기지 않았으니 내가 작은 절의에 구속
되지 않고 천하에 功名을 드러내지 못함을 부끄러워한다는 걸 알았기 때문이다. 나
를 낳아준 사람은 부모이지만 나를 알아준 사람은 포숙아이다.'"243

이 시는 전반적으로 천하의 패업을 이루기 위해 사적인 원한을 뒤로 하고 뛰어난
인재인 관중을 등용한 제환공의 큰 도량을 찬양하고 제환공을 도와 천하의 패자가
될 수 있게 한 관중의 뛰어난 재주를 칭찬하고 있으나, 마지막 구에서는 관중이 공
자 규에 대한 절의를 저버리고 그의 정적이었던 제환공을 쫓아 섬겼던 일종의 변절
행위에 대해서 아쉬움이 묻어나는 간접적인 비판도 가하고 있다.

---

242 "鮑叔牙(對齊桓公)曰：'臣幸得從君, 君竟以立. 君之尊, 臣無以增君. 君將治齊, 即高傒與叔
牙足也. 君且欲霸王, 非管夷吾不可. 夷吾所居國國重, 不可失也.'於是桓公從之. 乃詳爲召
管仲欲甘心, 實欲用之. 管仲知之, 故請往. 鮑叔牙迎受管仲, 及堂阜而脫桎梏, 齋祓而見桓
公. 桓公厚禮以爲大夫, 任政." (漢)司馬遷撰, (劉宋)裴駰集解, (唐)司馬貞索隱, 張守節正義：
《史記》卷32《齊太公世家》, 清乾隆四年刻本.

243 "管仲夷吾者, 潁上人也. 少時常與鮑叔牙游, 鮑叔知其賢. ……管仲曰：'……公子糾敗, 召
忽死之, 吾幽囚受辱, 鮑叔不以我爲無恥, 知我不羞小節而恥功名不顯於天下也. 生我者父
母, 知我者鮑子也.'" (漢)司馬遷撰, (劉宋)裴駰集解, (唐)司馬貞索隱, 張守節正義：《史記》卷
62《管晏傳》, 清乾隆四年刻本.

《淸陰先生年譜》에 따르면[244] 崇禎 9년(1636년 조선 인조 14년) 12월 청나라의 皇太極이 대군을 이끌고 조선을 침략했을 때 청나라 군대는 곧장 조선의 都城인 漢城(지금의 서울)을 공략했고 仁祖 임금은 南漢山城(지금의 京畿道 廣州郡 부근)에서 배수진을 치고 저항했다. 이때 67세의 고령에도 불구하고 金尙憲 역시 임금을 쫓아 南漢山城으로 들어 갔는데 이러한 국가존망의 위급한 상황에 처하여 김상헌은 "廟堂에 배알하고 항복의 국서를 찢으며 죽음으로 나라를 지킬 대의를 극진히 표하는 주문을 올렸다."[245] 병자호란의 끝에 결국 인조 임금이 항복하자 김상헌은 더이상 "官爵을 받을 수도 없고 大淸國의 연호도 사용할 수 없다" 고 하면서 "함께 南漢山城에 들어오기는 했으나 산성을 내려가는 가마를 함께 타고 갈 수 없다 하여 멀리 타지로 가버렸다."[246] 김상헌이 이처럼 청나라의 지배를 거부하고 명나라와의 의리를 지킬 것을 주장했기에 明 崇禎 13년(1640) 11월에 청나라 조정은 김상헌을 인질로 삼아 瀋陽으로 압송하여 감옥에 투옥하였다. 崇禎 17년(1644) 4월 瀋陽에 있던 김상헌은 명나라가 마침내 멸망했다는 소식을 듣고는 한 편의 시를 지어 통절한 심정을 표현했는데 이 시[247]를 통해 김상헌이 "崇明排淸"을 일종의 유가적 忠義 윤리의 연장으로 인식하고 있었음을 알 수 있다. 이처럼 충의를 중시했던 김상헌이었기에 관중이 자신이 원래 섬기는 군주인 공자 규를 배신하고 옛 군주의 정적이었던 제환공에게 귀순한 행위를 특별히 언급하여 비판했던 것으로 볼 수 있다.

---

244 《淸陰先生年譜》卷2,《淸陰集》, 韓國國立中央圖書館藏本, pp.8a-25b.

245 "詣廟堂, 哭裂國(歸降)書, 請封極陳死守之義"《淸陰先生年譜》卷2,《淸陰集》, 韓國國立中央圖書館藏本, p.12a.

246 "不受官爵, 不用大(淸)國年號", 更甚至"同入(南漢)山城, 不隨駕下城, 遠往他處"《淸陰先生年譜》卷2,《淸陰集》, 韓國國立中央圖書館藏本, p.20a.

247 《附次韻三首》其一 : "奉節朝周昔作賓, 皇恩如海到陪臣. 天翻地覆逢今日, 未死羞爲負義人."(《淸陰先生年譜》卷2,《淸陰集》, 韓國國立中央圖書館藏本, p.24a)

〈관중의 묘를 지나며〉

제후들과 아홉 차례 회맹하여 천하를 안정시키고 그 은택이 만백성에 미
쳤으니
(관중의 묘가 있는) 우산은 그 존재 자체로 나그네를 감동시키네.
억지로 왕도와 패도를 분별하지 말지니
공부자께서도 당시 관중을 仁하다 평하지 않았는가!

過管仲墓[248]
九合諸侯澤及民, 丘原猶自感行人.
莫將王霸生分別, 夫子當年亦許仁.

—高用厚《朝天錄》

이 시는 명 崇禎 3년(1630)冬至使 고용후가 지은 것인데 아마도 숭정 3년 10월
하순에서 11월 상순 사이, 혹은 5월 하순에서 6월 상순 사이에 쓰여졌을 것이다. 앞
서 이미 살펴본 淸陰 金尙憲의 《過管仲墓》시가 관중이 절의를 저버린 것에 대해
완곡한 비평까지 포함하고 있음에 반하여, 이 시는 시종일관 관중을 크게 칭찬하고
있어서 두 작가의 관점이 크게 대비된다. 곧, 고용후는 관중이 아홉 차례 제후들과
회맹하여 어지러운 천하를 안정시켜 백성들로 하여금 편안한 삶을 살게 하였다고
칭송하였다. 비록 어떤 사람들은 관중이 제환공을 왕도의 길로 이끌지 못하고 패도
의 길로 이끌었다고 비판을 하기도 하나 공자가 일찍이 제자의 질문에 답하면서 관
중이 仁한 사람이라고 할 수 있다고 평가한 점을 들어 그런 정치적 책략이 큰 허물
이 아님을 강조하고 있다.

2구의 丘原은 산봉우리와 平原을 말하는데 여기서는 牛山을 가리킨다. 南朝 宋
孝武帝의 《登作樂山》시에 "마침내 천 길 높이의 산 정상에 오르니 안과 밖으로 산

---

248 題注："在牛山."

과 평원이 펼쳐져 있네"[249]라는 표현이 보인다. 3구의 王霸란 王業과 霸業을 가리킨다.《孟子·滕文公下》에 "크게는 왕도정치를 행할 수 있고 작게는 패도를 행할 수 있을 것입니다"라는 표현이 보인다.[250] 生은 강행한다는 뜻이다.《魏書·禮志二》에 "지금 臣의 증조부께서 억지로 멀리 내쫓기셨으니 어찌 그들이 근본을 바로 세우고 公族을 융성케 하는 자들이라 하겠습니까?"[251]라는 기록이 보인다.

사진 5-24   지금의 牛山 북쪽 기슭에 있는 管仲紀念館 내 管仲墓 앞에 놓인 管仲像 석각

(7월) 4일 임진일. 金嶺鎭(금령진)에 도착했다. …… 臨淄縣(임치현) 南界를 지나서……오후에 淄河店(치하점)에서 점심을 해먹고 …… 管鮑莊(관포장) 또한 여기에 있었다.……

(七月)初四日, 壬辰, 到金嶺鎭. ……過臨淄縣南界……午, 中火於淄

---

249 "遂登千尋首, 表裏望丘原." (唐)歐陽詢輯 :《藝文類聚》卷7《山部上》, 宋紹興刻本, p.3a.

250 "大則以王, 小則以霸." (漢)趙岐注, (宋)孫奭疏 :《孟子》卷6上《滕文公下》, 重刊宋本十三經注疏本, p.1a.

251 "今臣之所親, 生見隔棄, 豈所以楨幹根本, 隆建公族者也." (北齊)魏收 :《魏書》卷108《禮志》, 清乾隆四年刻本, p.4a.

河店. ……管鮑莊亦在焉……

—李民成《癸亥朝天錄》

　　명 천계 3년 7월 4일 이민성은 淄河店을 지날 때 거기에 管鮑莊(관포장)이라 불리는 장소가 있다는 사실을 알게 되었고《過管晏墓》라는 시를 한 수 지었다. 앞서 제2장 1절에서 언급했듯이 명대 말기 牛山 북쪽 기슭에는 管仲墓가 있었고 牛山과는 상당히 떨어져 있던 登萊青 역참로의 柳店 근처에 管鮑祠(관포사)가 있었다. 이민성이 언급한 "管鮑莊"이란 응당 管鮑祠가 소재한 마을을 가리키는 것이므로 "管鮑莊"은 바로 淄河店의 서쪽에 있던 柳店임이 분명하다. 管鮑祠에 관해 조선사신들도 시를 남기고 있으나 관포사의 면모를 비교적 상세히 묘사하고 있는 명말청초 문인 勞之辨(노지변)의《管鮑祠》라는 시를 통해 당시 조선사신이 직접 목도했을 관포사의 모습을 비교적 상세히 상상해볼 수 있겠다.

　　　　〈관중과 포숙아의 사당〉
　　　　(청) 노지변

　　　　광활하고 넉넉한 청주땅에 옛 제나라 유풍 우러러 계승하듯
　　　　관중과 포숙아 두 재상을 모신 사당 메마른 잡풀 속에 우뚝하네
　　　　사람들이 관중과 포숙아를 진실된 우정의 모범으로 대대로 전하니
　　　　하늘이 둘을 함께 하나의 사당에 모셔 일세의 영웅으로 보은토록 하였네
　　　　(사당의 동쪽으로) 청주 雲門山은 층층이 짙푸른 높은 봉우리 하늘 높이
　　솟아 있고
　　　　사당을 감싸고 흐르는 淄水 긴 제방은 동쪽 청주 땅으로 내달리네.
　　　　옛날과 다름없는 古道에는 지금 단지 가을의 영락한 기운만 가득하고
　　　　붉게 물들어 가는 석양 아래 추모의 정 어쩌지 못해 가던 말 세우고 바라
　　보네.

管鮑祠[252]

(清) 勞之辨[253]

泱泱海國[254]仰齊風, 二相祠堂宿草中.

人以分金傳管鮑, 天將合祀報英雄.

雲門[255]迭翠飛千仞, 淄水長堤走大東.[256]

古道只今零落盡, 不堪駐馬夕陽紅.

이 시는 晩秋로 접어든 管鮑祠 풍경을 묘사하면서 관중과 포숙아 사이의 진정한 우정에 관한 옛일을 떠올리며 밀려오는 추모의 정을 애잔하게 표현한 시이다. 3구의 "分金傳管鮑"란 管鮑分金의 고사를 가리키며 친구 사이의 진실한 우정을 상징한다. 《史記·管晏列傳》에 다음과 같은 고사가 보인다. "管仲이 말하기를 '내가 젊

---

252 康熙《臨淄縣誌》卷12《成書》, 康熙十一年刻本, p.22b.

253 "勞之辨은 字가 書升이고 康熙 甲辰에 進士가 되어 翰林學士에서 6部의 司官이 되었다가 江南鄕試를 주관하였고 山東 督學이 되었는데 선발한 인원이 모두 뛰어난 인재들이었다. 新城의 尙書 王士禎이 말하기를 '우리 조정에서 齊와 魯 땅의 학인들을 대상으로 과거시험을 시행하기 위해 有司를 보내는데 전에는 京兆 戴京曾이요, 뒤에는 侍讀 施閏章과 노지변이 솥의 세 발처럼 鼎立하였다. …… 貴州의 糧驛道를 보수하고……관직이 副都御까지 이르렀다. 임금에게 성심성의를 다해 간언함에 하지 못할 말이 없는 것으로 생각했다(勞之辨, 字書升. 康熙甲辰進士, 由翰林改部曹, 典江南鄕試, 轉山東督學, 所拔皆眞才. 新城王尙書士禎謂本朝視學齊, 魯者, 前有戴京兆京曾, 後有施侍讀閏章, 與之辨鼎立而三. ……尋補貴州糧驛道……歷官至副都御, 竭誠獻替, 知無不言)"道光《石門縣誌》卷15《人物下》, 淸道光元年刻本, p.5.

254 海國이란 바다에 가까운 지방을 가리킨다. 宋 蘇軾의 《新年》 제3수에 "바닷가 가까운 땅은 공연스레 따뜻하고 봄산은 끝없이 맑다(海國空自暖, 春山無限淸)"라는 표현이 보인다. (宋) 蘇軾:《東坡七集·後集》卷5《詩一百三十首》, 淸光緖重刊明成化刻本, p.17a.

255 雲門이란 靑州府城 남쪽에 있는 雲門山을 가리킨다. 淸 周亮工의 《雲門送胡元潤還白下》 시에 "아무리 높은 산봉우리라도 능히 오를 수 있으니 雲門山에서는 반드시 잠시 멈추어야 한다네(勞崗君能到, 雲門得暫停)"라는 표현이 보인다. (淸)周亮工:《讀畫錄》卷2《雲門送胡元潤還白下》, 讀畫齋叢書本, p.6a.

256 大東이란 東方의 나라, 곧 옛날 齊나라가 있던 靑州 지역을 가리킨다. 《詩·魯頌·閟宮》에 "龜山과 蒙山까지 복속하고 마침내 거칠은 청주 땅에까지 이르러"라는 표현이 보이고 鄭玄은 箋에서 "大東은 極東이다"라고 설명했다. "奄有龜蒙, 遂荒大東." 鄭玄箋:"大東, 極東." (漢)毛亨傳, 鄭玄箋, (唐)陸德明音義:《毛詩》卷20》, 仿宋相台五經本, 第10頁b.

었을 때 곤궁하여 포숙아와 함께 장사를 한 적이 있었는데 이익을 분배함에 나 자
신에게 더많이 할애했으나 포숙아는 나를 탐욕스럽다 여기지 않았으니 내가 빈궁
하다는 사실을 알았기 때문이다.'라고 했다."[257]

시는 우선 제나라의 옛 땅인 청주 臨淄 경내에 管鮑祠가 역참로 곁 마른 수풀 속
에 우뚝 솟아 있는 모습을 묘사하였고 이어 후대인들이 관중과 포숙아의 사귐을 군
자 사이의 진정한 우정으로 인식하여 그 둘을 함께 사당에 모시고 대대로 제사지내
고 추모하고 있다고 찬탄했다. 조선사신으로 중국에 온 시인은 청주부로부터 이곳
까지 쉴 새없이 여정을 이어 오면서 雲門山의 층층이 높다란 푸른 봉우리들을 보
았고 淄河의 강물이 유유히 흘러 가는 것을 보았다. 그리고 管鮑祠가 있는 곳에 이
르러서는 가을 기운이 완연하여 주위의 초목들이 모두 영락한 가운데 때마침 붉은
석양까지 뉘엿뉘엿 서쪽으로 지고 있어서 차마 발걸음을 옮기지 못하였고 멀리 관
포사를 바라보면서 두 재상의 진정했던 우정에 새삼 감동하고 추념의 정을 보냈다.
이 시를 통해서 우리는 명말청초 柳店 淄水 곁에 있던 관포사는 아마도 淄水의 홍
수로 인해 발생한 우산의 산사태로 허물어지고 오랫동안 관리되지 못하여 이미 많
이 퇴락한 모습을 하고 있었음을 알 수 있다.

柳店은 지금의 臨淄縣 齊陵街道(제릉가도) 柳店村(유점촌)이다. 관련 지방지의 기
록[258]에 따르면 柳店은 淄河店의 서쪽 1.7km, 牛山의 동북쪽 약 400m 지점에 있었
으며 마을의 서쪽과 북쪽 양단을 淄河가 감싸고 흘렀다. 명대 초기에 마을이 세워
졌는데 淄河의 동쪽 강변에 위치해 있으면서 버드나무가 많았고 마을사람들은 대
부분 客店을 운영하여 생계를 이어갔으므로 그러한 마을 이름이 붙었다. 명청 시기
에는 臨淄縣 端智鄉(단지향)에 속했고 1920년 이후로는 臨淄縣 南二社에 속했으며

---

257 "管仲曰 : '吾始困時, 嘗與鮑叔賈, 分財利多自與, 鮑叔不以我爲貪, 知我貧也'"(漢)司馬遷
     撰, (劉宋)裴駰集解, (唐)司馬貞索隱, 張守節正義 : 《史記》卷62《管晏列傳》, 淸乾隆四年刻
     本, p.1b.

258 (淸)陶錦 : 《重修臨淄管鮑祠碑記》康熙《靑州府志》卷22《藝文下》, 淸康熙六十年刻本,
     p.52b ; 民國《臨淄縣誌》卷1《輿地志上》, 民國九年石印本, p.48a ; 淄博市臨淄區地名委員
     會辦公室編《臨淄區地名志》, 山東省地圖出版社1989年版, p.68.

1930년 이후로는 臨淄縣 三區에, 1946년 이후로는 臨淄縣 龍池區에, 1958년 10월
에서 1961년 9월까지는 益都縣 齊陵公社에 속했다. 1961년 이후로는 臨淄縣 齊陵
公社에, 1969년 12월 이후로는 淄博市 臨淄區 齊陵公社에, 1984년 4월 이후로는
臨淄區 齊陵鎭에 속했다가 2003년 이후로 지금까지 臨淄區 齊陵街道에 소속되었
다. 柳店村 주민 郭光興(곽광흥, 남, 93세)씨의 증언에 따르면 지금의 柳店村 북쪽과
胡家樓村 남쪽의 경계를 이루는 시골길이 바로 益都에서 臨淄로 가는 옛 官道라고
하였다. 지금은 옛 관도 위에 콘크리트가 덮여져 현대화되었다. 그런데 이 구간 관
도에는 명대에 건축된 "雙龍橋(쌍용교)"의 유적이 지금도 남아 있다. 대부분의 관련
지방지에는 이 雙龍橋의 건립에 대해 특별한 기록이 없으나 民國《臨淄縣誌》에는
"주위 모든 산들이 큰 비로 산사태가 일어나 물이 넘쳐 제방이 무너졌고 온 골짜기
에 큰물이 떠밀려와서 하천의 양안을 침식하여 다리의 기초석들이 삐뚤어졌다. 마
치 험준한 蜀道의 길과 같이 변하여 말들이 다리를 부들거리며 종종 걸음을 걸으니
다리없는 진흙탕 길을 건너는 것과 무슨 차이가 있겠는가! 그래서 다리를 이용하는
사람들 모두가 크게 두려워했다"라는 내용으로, 쌍용교의 훼손과 재건 필요성에
대한 기록이 남아 있으며 이로 인해 淸 同治 10년 臨淄 知縣 范繼安(범계안)이 사람
들을 동원하여 雙龍橋를 중수하였다고 한다.[259] 곽광흥씨의 증언에 따라 본서의 집
필진이 현지답사를 해본 결과 이 구간에 현재까지 남아 있는 역참로 유적은 그 길
이가 1.2㎞, 폭은 약 3-4m이고 콘크리트로 복개되어 있으며 길은 전체적으로 보면
동쪽에서 서쪽 방향으로 나 있었다. 雙龍橋는 三孔橋라고도 불리며 그 형태는 투박
하여 큰 바위 원석을 깎아서 조성되어 있었고 현재는 시멘트로 부분적인 보수가 이
루어진 흔적이 보였다.

---

259 "當群山瀑瀉, 怒漲吞堤；萬壑潮來, 驚濤齧岸. 雁齒傾斜, 致使險成蜀道；馬蹄蹀躞, 何殊
交系需泥. 遵路者悉爲寒心"安實信：《重修雙龍橋暨東西驛路牌》, 民國《臨淄縣誌》卷2《輿
地志下》, 民國九年石印本, pp.69b-70a.

사진 5-25   지금의 淄博市 臨淄區 齊陵街道 柳店村   사진 5-26   본서 집필진이 柳店村 주민 郭光興씨를
村碑   인터뷰하는 모습

사진 5-27   지금의 柳店村 동측에 있는 雙龍橋의 역   사진 5-28   雙龍橋의 전경
사 유적 안내표지석

사진 5-29   지금의 雙龍橋 동측에 남아 있는 옛 驛道 유적

　　"管鮑莊(관포장)"은 명대 말기 臨淄縣 管鮑祠가 소재한 柳店임이 분명한데 그렇다면 앞서 언급한 조선사신 이민성이 지었다는《過管晏墓》시에 언급된 "管晏墓(관안묘)"는 도대체 어디일까? 재미있는 사실은 관련 중국 지방지에는 "管鮑墓(관포묘)"에 대한 기록만 있을 뿐 "管晏墓"에 대한 기록은 전혀 보이지 않는다는 것이다. 咸豐《青州府志》에는 "鮑叔墓는 管仲墓의 서쪽에 있는데 두 묘는 그 터가 연결되어 있다. 明 按察使 鮑象賢(포상현)이 세운 碑가 있다"[260]라는 기록이 보이고,《元和郡縣誌》에는 "管仲墓는 縣의 남쪽 23리에 있고 晏嬰墓는 縣의 동북쪽 3리에 있다. 貞觀11년 조서를 내려 묘소의 15보 이내에서 나무를 벌채하고 풀 베는 일을 금했다."[261]라는 기록이 보이며 嘉靖《青州府志》에는 "管仲墓는 임치현성의 남쪽 牛山의 북쪽 기슭에 있다. 舊碑에는 管子之墓라고 써있다. 嘉靖 乙巳년에 按察使 鮑象賢이 무덤에 비석을 세웠다. …… 晏嬰墓는 城의 북쪽 1리에 있다"[262]라는 기록이

260　"鮑叔墓, 在管仲墓西. 二墓連址, 明按察使鮑象賢有碑."咸豐《青州府志》卷24下《古跡考下》, 清咸豐九年刻本, p.7b.

261　"管仲墓, 在縣南二十三里晏嬰墓, 在縣東北三里貞觀十一年, 詔十五步並禁樵蘇."《元和郡縣圖志》卷11《河南道六》, 清乾隆間武英殿木活字印武英殿聚珍版叢書本, p.22a.

262　"管仲墓, 在(臨淄縣城)城南牛山北麓. 舊碑題管子之墓. 嘉靖乙巳, 按察使鮑象賢立石塚上. ……晏嬰墓, 在城北一里"嘉靖《青州府志》卷11《陵墓》, 明嘉靖刻本, p.61a. 이 밖에 晏嬰을 왜 臨淄縣城 근교에 장사지내어 그의 묘가 임치현성 근교에 있게 되었는지에 관하여 嘉靖《青州府志》에는 다음과 같은 기록이 남아 있다. "晉載記에 따르면, 慕容德이 營丘에 올라 晏嬰塚을 바라보고는 주위의 사람들에게 묻기를 '禮에 大夫는 城의 근교에 장사지내지 않는다고 하였다. 안영은 옛날 예를 잘 아는 賢人이었고 평소 성내에서 생활하였는데 죽어서는 근교에 장사지냈으니 이는 어떤 뜻이 있는 것인가?' 라고 하니, 青州사람 晏謨가 다음과 같이 대답하여 말했다. '孔子께서 안영의 현명함에 굴복할 정도였으니 어찌 그가 旌門을 높이 세우고 禮를 풍성하게 할 줄 몰랐겠습니까? 그의 집에서 정사를 보았고 검소함으로 세상의 풍속을 바로잡으려 했으므로 평소 좁은 집에 살았는데 어찌 교외 밖 멀리 장지를 택해서 장사를 지냈겠습니까? 그러므로 멀리 문 밖으로 나가지 않은 것은 평생 동안 지킨 뜻을 어기지 않기를 바랬기 때문입니다.' 안모가 고증한 바에 따르면 안영의 묘는 바로 여기에 있었다. (按晉載記曰：慕容德登營丘, 望晏嬰塚, 顧謂左右曰：禮, 大夫不逼城而葬. 平伸, 古之賢人達禮者也, 而生居近市, 死葬近城, 豈有意乎? 青州晏謨對曰：孔子稱臣先人之賢, 豈不知高其梁, 豐其禮, 蓋政在家門, 故儉以矯世. 存居湫隘, 卒豈擇地而葬乎? 所以不遠門者, 冀無平生意也. 以謨考之, 嬰墓疑在此)" 嘉靖《青州府志》卷11《陵墓》, 明嘉靖刻本, p.61a ; 또한 咸豐《青州府志》에서는 다음과 같이 확언하였다. "안모의 고증에 따르면 임치현에 있는 안영의 묘는 진짜다. (以謨言考之, (晏

보인다. 원대 이후로 임치현성이 전체적으로 이주되었기 때문에 여러 문헌에서 管仲墓과 晏嬰墓의 위치와 방위에 조금씩 차이가 나지만 실제로 臨淄 관중묘와 안영묘의 위치는 변함이 없었다. 淸代 臨淄縣 문인 崔振宗[263]역시 "온 나라를 일생 동안 두루 다니며 교유했는데 마른 풀 우거진 晏嬰의 묘에 석양 내리니 절로 울음이 나네"[264]라는 시구를 남기고 있다.

晏嬰墓는 지금은 晏嬰塚(안영총)으로 불리며 지금의 臨淄區 齊都鎭(제도진) 永順村(영순촌)에서 동남쪽으로 750m, 지금의 齊國故城 유적지에서 동북쪽으로 약 600m 떨어진 곳에 있다.

사진 5-30   臨淄區 齊都鎭 永順村 동남쪽에 위치한 지금의 晏嬰塚

사진 5-31   晏嬰塚의 역사 유적 안내표지석

사진 5-32   晏嬰塚 남측에 세워진 역사 유적 지구 보호 안내판

사진 5-33   晏嬰塚 안에 세워진 "晏平仲像"석비

嬰)臨淄墓爲眞)"咸豐《靑州府志》卷24下《古跡考下》, 淸咸豐九年刻本, p.8a.

263   "崔振宗은 字가 光南이며 乾隆 연간에 歲貢을 바쳤으며 저서로 《午樹堂集》8권이 전한다."光緖《益都縣圖志》卷25《藝文志》, 淸光緖三十三年刻本, p.6b.

264   民國《臨淄縣誌》卷3《古跡志》, 民國九年石印本, p.13a.

이상의 기록을 종합해보면, 이민성이 언급한 "管晏墓(관안묘)"는 응당 牛山 북쪽 기슭에 있던 管鮑墓(관포묘)와 동일한 위치에 있었던 것이 된다. 왜냐하면 晏嬰墓는 益都와 臨淄를 잇는 역참로의 牛山 구간에서 서북쪽으로 약 8㎞ 떨어진 먼 곳에 있기 때문에 조선사신들이 목도했을 가능성이 없기 때문이다. 결국 이민성이 언급한 "管晏墓"는 咸豐《靑州府志》에서 언급한 "管鮑墓"인 것 같다. 한편, 民國《臨淄縣誌》에서는 "관중의 墓는 牛山의 북쪽 기슭에 있으나 鮑叔牙의 墓는 歷城에 있다. 府志에서 두 墓의 터가 연결되어 있다는 언급은 잘못된 것이다"라고 하여 관중과 포숙아의 묘가 함께 있다는 설이 잘못된 것이라고 지적하고 있으며, 그 원인에 대해서도 다음과 같이 고증을 하고 있다. "옛날 卿大夫의 葬地를 고를 때 도성 안에 정하지 않고 반드시 그의 采邑에 정했다. 포숙아의 食邑은 鮑 땅에 있었다. 歷城縣에서 동쪽으로 30리에 鮑城이 있었고 그 남쪽에 鮑山이 있었으며 묘는 그 산 아래에 있다." 그러므로 "府志에서 포숙아의 묘가 관중의 묘와 연결되어 있다는 설은 황당무계한 말이다."[265] 결국 牛山 북쪽 기슭에는 다만 齊相 管仲의 묘만 있었던 것이다.

이민성과 동행했던 정사 이경전과 부사 윤훤 또한 "管晏墓"를 언급한 바 없다. 이민성이 이처럼 잘못된 기록을 남긴 것은 아마도 이민성이 管仲의 墓를 지날 때 "관중의 墓碑가 이미 심하게 훼손되어"[266] 정확하게 글자를 알아볼 수 없었고《史記》등의 역사서에서 管仲과 晏嬰을《管晏列傳》으로 병렬하여 소개했기 때문에 부지불식 중에 "齊相管晏之墓"라고 인식한 듯하다. 그러므로 이민성이 쓴《過管晏墓》라는 시에서 언급한 "管晏墓"는 실제로는 명대 말기 지방지가 견강부회하여 이름 붙인 "管鮑墓"이며 정확히 고쳐 말하면 民國《臨淄縣誌》에서 고증한 바, 지금의

---

265 "管夷吾墓, 在牛山北麓. 鮑叔牙墓, 在歷城. 府志謂二墓連址者, 非是."原因在於"古者卿大夫卜葬, 不于國都, 必於采邑. 鮑叔食邑于鮑, 歷城縣東三十里有鮑城, 南有鮑山, 墓在其下", 故"府志謂與仲墓連址, 尤屬無稽"民國《臨淄縣誌》卷3《古跡志》, 民國九年石印本, p.10a.

266 "仲墓卑圮已甚"民國《臨淄縣誌》卷3《古跡志》, 民國九年石印本, p.10a.

臨淄縣에 있는 "管仲墓(관중묘)"이다. 그러면 이제 이민성이 지은, 실제로는 "管仲墓"를 보고 지은《過管晏墓》라는 시를 본격적으로 분석해보기로 한다.

사진 5-34   지금의 濟南市 曆城區 鮑山街道에 있는 "齊大夫鮑叔牙墓"

〈관안묘를 지나며〉

선비란 곤궁한 처지에 있을 때 그 지조가 드러나는 법이니
사람은 반드시 그가 빈천할 때 살펴보아야 하네.
하물며 친구 사이의 사귐에 있어서
(친구가 곤궁한 처지에 놓이면) 그 사람의 마음 씀씀이를 더욱 잘 볼 수 있는
법이네
아! 관중과 포숙아의 사귐이여!
친구가 빈궁한 처지에 놓였다고 하여 그 우정 변치 않았다네.
안평중 또한 사람과 잘 사귀어 오랫동안 존중을 받았으니
공부자께서 그를 善하다고 칭찬하셨네.
그러나 亞聖인 맹자께서는 그 둘을 비판하셨으니
나는 일단 누가 옳고 그른지 판단할 겨를이 없네.
오호라! 제나라의 국운이 쇠퇴하여

그 후로는 이 둘을 계승할 만한 재상이 없었네.

속마음 내뱉고 억지로 네, 네 하며 동의했지만

마음 속 품은 포부 원래 얕지 않았네.

그 누가 알았으리오! (순임금이 죽어 묻힌) 구의산에서

(두 왕비가 순임금을 찾지 못하고서) 다만 서로를 마주 대하게 될 뿐임을!

그래서 절교하려는 자의 마음을 누그러뜨리고

핑계를 찾아 치열하게 논변했다네.

지금 내가 찾아와 묘당과 신상을 바라보니

의관을 갖춘 그 모습 장중하고 준엄하기 그지없네.

만약 졸렬한 범부가 그 얼굴을 본다면 어찌 부끄러워하지 않을 자가 있겠는가!

다만 약간의 금전을 기부하여

무너진 사당의 울타리를 보수하고

때맞춰 성묘하는 일을 빠뜨리지 않으며

소와 양이 함부로 능묘에 올라가지 않게 해야하리.

어느 곳 언제 세웠다고 쓴

비석 하나 덩그러니 서있네.

士窮節乃見, 觀人必貧賤.

況於交際間, 心術尤可見.

嗟哉管鮑交, 不以窮達變.

平仲久而敬, 宣尼稱其善.

鄒孟責備言, 余姑不暇辨.

嗚呼世道衰, 後來繼者鮮.

吐膽強然諾, 心期本不淺.

誰知九疑峰, 乃在相對面.

所以廣絕交, 藉口馳論辯.

我來瞻廟貌, 儼然俱冠冕.

如令薄夫見, 爾顏能無靦.

我願捐錢帛, 庭籬稍修繕.

灑掃數不缺, 勿令牛羊踐.

何處系年月, 麗牲石一片.

—李民宬《燕槎唱酬集》

　　이 시는 오언 배율시로서 전체적으로 3부분으로 나뉜다. 우선 1구에서 8구까지
가 한 단락으로 霰韻으로 압운되어 있으며 주로 관중과 안영의 인품을 찬양하고 있
다. 특히 관중과 포숙아가 곤궁하고 어려운 처지에서도 서로의 우정을 변치 않아
세간의 아름다운 모범이 되었음을 크게 칭찬했고 안영의 경우는 공자가 그를 다른
사람과 잘 사귀어 오랫 동안 존중을 받았다는 점을 들어 높게 평가했다.

　　그 다음으로 9구부터는 銑韻으로 換韻이 이루어지고 있으며 9구에서 18구까지
가 한 단락을 이루어 맹자의 관중과 안영에 대한 비판을 작자의 입장에서 변론해주
고 있다. 곧, 맹자는 관중과 안영이 스스로의 능력이 출중하고 인품이 훌륭해서가
아니라 제나라가 크게 발전할 수 있는 입지를 갖추고 있었고 때를 잘 만나서 우연
히 패도의 정치를 성공시킨 것이라 비판했지만, 작자는 관중과 안영 이후로 제나라
가 크게 강성했던 적이 없었다는 점을 들면서 그들이 비록 도량이 작은 군주를 모
시면서 때로는 네, 네 하며 군주의 비위를 맞추어 주기도 했으나 기회가 닿을 때마
다 그들의 군주를 언변으로 설득하여 바른 길로 이끌었다는 점에 주목하였고 이것
이 결코 우연히 얻은 것이 아니라 그들의 능력과 인품의 결과라고 주장하고 있다.
그래서 제나라가 관중과 안영 같은 훌륭한 재상을 만나는 일이 마치 순임금의 두
왕비가 구의산의 계곡에서 순임금을 찾는 일 만큼이나 힘든 일이었다는 비유까지
들고 있다.

　　19구부터 마지막인 28구까지는 작자가 직접 관안묘를 방문하여 바라본 풍경과
자신의 소감을 직접적으로 술회하고 있다. 작자가 직접 찾은 관안묘는 울타리가 무
너지고 능묘 위에 소와 양이 풀을 뜯고 있어 제대로 관리가 되지 않고 있었고, 언제

누가 세웠다는 간단한 내용만 새겨진 초라한 비석 하나만 덩그러니 서 있는 퇴락한 모습이었다. 그러나 사당 안에 모신 신상의 모습은 의관을 정제하고 장중하고 준엄한 기상을 갖추고 있어서 졸부가 본다면 신상의 모습과 비교된 자신의 모습에 부끄러워하지 않을 자가 없을 것 같았다.

4구의 心術이란 마음 속 생각이나 사상이라는 뜻으로 宋 羅大經의 《鶴林玉露》 卷14에 "유종원은 문장이 精麗하지만 그의 내면적 사상을 가릴 수 없기 때문에 견해가 많고 조리가 잡혀있지 않다."[267]라는 표현이 보인다. 5구의 管鮑交란 "管鮑之交", "管鮑"라고도 하며 管仲과 鮑叔牙 두 사람이 서로를 잘 이해하고 서로를 위하는 우정도 깊었기 때문에 후에 우의가 깊은 친구 사이를 가리키는 전고로 널리 사용되었다. 《史記·管晏列傳》에 다음과 같이 자세한 이야기가 보인다. "管仲(이름은 夷吾)은 潁上 사람이다. 어렸을 때 항상 포숙아와 함께 놀았는데 포숙아는 그가 현명함을 알았다. 관중은 빈궁하였으므로 항상 포숙아를 속였지만 포숙아는 항상 그를 잘 대해주고 그를 탓하지 않았다. 그러다가 포숙아는 齊나라 公子 小白를 섬기고 관중은 公子 糾를 섬기게 되었다. 나중에 小白이 齊桓公으로 제후가 되었고 公子 糾는 죽었기에 관중은 옥에 갇히게 되었다. 그러나 포숙아가 관중을 천거하였고 관중은 마침내 제환공에게 기용되어 제나라의 정사를 맡았다. 齊桓公이 霸者로서 제후들과 아홉 차례 회맹하고 어지러운 천하를 안정시킨 것은 모두 관중의 책략이었다. 관중은 다음과 같이 말했다. '내가 젊었을 때 가난하여 포숙아와 함께 장사를 했는데 이익을 나눌 때 스스로 많이 가져갔으나 포숙아는 나를 탐욕스럽다고 여기지 않았으니 그는 내가 가난함을 알았기 때문이다. 내가 일찍이 포숙아를 위해 일을 꾀하다가 더욱 곤궁해진 적이 있었는데 포숙아는 나를 어리석다고 여기지 않았으니 그는 유리하고 불리한 시기가 있음을 알았기 때문이다. 내가 일찍이 세 번 벼슬길에 나갔으나 세 번 모두 임금에게 쫓겨났었는데 포숙아는 나를 불초하다 여기

---

267 "柳子厚文章精麗, 而心術不掩焉, 故理意多舛駁." (宋)羅大經：《鶴林玉露》卷14《宋廬陵羅大經》, 稗海本, p.10a.

지 않았으니 그는 내가 때를 못만났음을 알았기 때문이다. 내가 세 번 전쟁에 나가
세 번 모두 달아났는데 포숙아는 나를 겁쟁이라고 여기지 않았으니 나에게 늙은 어
머니가 있는 것을 알았기 때문이다. 公子 糾가 패하고 召忽은 그로 인해 죽었지만
나는 살아서 감옥에 갇혀 모욕을 받았는데도 포숙아는 나를 후안무치하다고 여기
지 않았으니 내가 작은 절의를 부끄러워하지 않고 功名을 천하에 드러내지 못하는
것을 부끄러워함을 알았기 때문이다. 나를 낳아준 분은 부모이지만 나를 알아준 이
는 포숙아이다!'…… 천하사람 가운데 관중이 현명하다는 것을 아는 사람은 많지
않지만 포숙아가 사람을 잘 알아본다는 것을 아는 사람은 많다"[268] 6구의 達變이란
사물의 변화에 따라 부단하게 변화하는 것을 가리킨다. 晉 陸機《文賦》에 "사물의
변화에 따라 변화하여 그 선후를 알게 되는 것은 흐르는 강물이 샘물을 받아들임과
같다"[269]라는 표현이 보인다. 7구의 "平仲"은 晏嬰(안영)을 가리키고 8구의 "宣尼"
는 孔子를 가리킨다. 晏嬰은 이름이 "嬰"이고 字가 "仲"이며 諡號가 "平"이다. 그래
서 보통 "平仲"으로 불리고 "晏子"로 존칭되기도 한다. 萊州 夷維(지금의 萊州市 平
里店)사람이다. 제나라의 재상이었던 晏嬰은 齊靈公, 齊莊公, 齊景公 등 三代에 걸
쳐 제나라 군주를 섬겨 제나라의 국력을 크게 신장시켰다. 그러므로 보통 齊桓公
의 재상으로서 제환공을 霸主로 만들었던 管仲과 함께 제나라 역사상 양대 명재상
으로 병칭되어 존숭되고 있다. 晏嬰은 사람들과의 관계를 잘 처리하여 존경을 받은
것으로 유명한데《論語·公冶長第五》에 "공자께서 말씀하시기를 '晏平仲은 다른

---

[268] "管仲夷吾者, 潁上人也. 少時, 常與鮑叔牙游, 鮑叔知其賢. 管仲貧困, 常欺鮑叔, 鮑叔終善
遇之, 不以爲言. 已而, 鮑叔事齊公子小白, 管仲事公子糾. 及小白立爲桓公, 公子糾死, 管仲
囚焉. 鮑叔遂進管仲. 管仲既用, 任政於齊. 齊桓公以霸, 九合諸侯, 一匡天下, 管仲之謀也.
管仲曰: '吾始困時, 嘗與鮑叔賈, 分財利, 多自與, 鮑叔不以我爲貪, 知我貧也；吾嘗爲鮑
叔謀事, 而更窮困, 鮑叔不以我爲愚, 知時有利不利也；吾嘗三仕三見逐于君, 鮑叔不以我
爲不肖, 知我不遭時也；吾嘗三戰三走, 鮑叔不以我爲怯, 知我有老母也；公子糾敗, 召忽
死之, 吾幽囚受辱, 鮑叔不以我爲無恥, 知我不羞小節, 而恥功名不顯於天下也. 生我者父
母, 知我者鮑子也!'……天下不多管仲之賢, 而多鮑叔能知人也." (漢)司馬遷撰, (劉宋)裴駰
集解, (唐)司馬貞索隱, 張守節正義：《史記》卷62《管晏傳》, 清乾隆四年刻本.
[269] "苟達變而識次, 猶開流以納泉." (晉)陸機：《陸士衡集》卷1《賦一》, 小萬卷樓叢書本, p.3a.

사람과 사귀기를 잘하여 오랫동안 다른 사람들의 존중을 받았다"[270]라는 공자의
안영에 대한 평가가 보인다.

9구의 鄒孟(추맹)이란 孟子를 가리킨다. 孟子가 전국시기 鄒나라 (지금의 山東 鄒
縣)사람이었기 때문에 이와 같이 불렸다. 明 呂天成의《齊東絶倒》에 "순임금의 아
버지인 맹인 고수는 항상 범죄를 저질렀고 착한 순임금은 도리어 그 아비를 숨겨주
었다는 齊나라 동쪽 野人들의 이야기는 고래로부터 전해오는 것인데 맹자는 이를
부정하고 순임금의 의도를 억측했다"[271]라는 표현이 보인다. 孟子는 일찍이 제자인
公孫丑와 대화하면서 管仲과 晏嬰의 도움으로 제나라가 강국이 되었으나 이는 제
나라의 입지와 당시의 정세가 제나라에 유리했던 것이지 그들의 능력이 뛰어나서
그런 것이 아니라고 평가했다. 맹자의 관중과 안영에 대한 자세한 평가는 다음과
같이《孟子·公孫丑第一》에 자세히 보인다. "공순추가 말하기를 '선생님께서 제나
라에서 벼슬을 맡게 되신다면 管仲과 安嬰의 공업을 다시 회복하실 수 있는지요?'
라고 하니 맹자가 다음과 같이 말했다. '너는 정말 제나라 출신답구나! 관중과 안영
밖에 모르는 걸 보니!'……'관중은 그 임금을 覇者로 만들었고 안영은 그 임금을 현
달하게 했는데 관중과 안영이 오히려 본받기에는 부족하다는 말씀입니까?' 맹자
가 답하였다. '제나라에서 왕노릇하기는 손을 뒤집는 것처럼 쉬운 일이다.'"[272] 15구
의 九疑峰(구의봉)은 九嶷峰 혹은 九嶷山, 九嶷山이라고도 쓴다. 湖南 寧遠縣 경내
에 있는 산의 명칭인데《史記·五帝本紀》,《水經注》등의 기록에 따르면 옛날 舜임
금이 남쪽으로 巡狩를 하다가 이 산속에서 죽어서 여기에 장사를 지냈다고 한다.

---

270 "子曰 : '晏平仲善與人交, 久而敬之.'" (魏)何晏集解 :《論語》卷3《公冶長第五》, 天祿琳琅
　　叢書景元翻宋本.
271 "瞎漢總然犯法, 乖兒卻會藏親, 齊東野語古來聞, 鄒孟揣摩虞舜." (明)沈泰輯 :《盛明雜劇》
　　卷30《齊東絶倒》, 誦芬室叢刻本, p.1a.
272 "公孫丑問曰 : '夫子當路于齊, 管仲, 晏子之功, 可復許乎?'孟子曰 : '子誠齊人也, 知管仲,
　　晏子而已矣!'……曰 : '管仲以其君霸, 晏子以其君顯 ; 管仲, 晏子猶不足爲與?'(孟子)曰 :
　　'以齊王由反手也.'" (漢)趙岐注, (宋)孫奭疏 :《孟子》卷3上《公孫醜上》, 重刊宋本十三經注
　　疏本, pp.1b-2b.

순임금의 두 왕비인 娥皇과 女英이 먼길을 마다하지 않고 순임금을 찾으려고 여러 계곡의 물줄기를 오르고 내렸지만 아홉 봉우리가 서로 비슷하여 어디가 어디인지 알 수 없어서 끝내 찾지 못했다고 한다. 17구의 廣絕交란 越石父(월석보)가 안영에게 절교하자고 하자 그의 마음을 누그러뜨려 상객으로 모신 일을 가리킨다. 여기서 광은 누그러뜨리다, 위로하다의 뜻이다. 《史記·管晏列傳》에 다음과 같은 자세한 이야기가 보인다. "越石父는 현자인데 체포되어 끌려가는 중이었다. 안영이 외출하다가 길에서 그 모습을 보고는 자신의 마차를 끄는 왼쪽 말을 풀어 속죄금으로 내어 주었다. 그리고 월석보를 마차에 태우고 집으로 돌아왔는데 그에게 인사도 하지 않고 그냥 방으로 들어갔다. 얼마후 월석보가 절교를 청했다. 안영이 놀라서 의관을 고쳐매고는 말하기를 '저 안영이 비록 不仁한 사람이지만 당신을 횡액에서 구해주었는데 어찌하여 이리 급하게 저와 절연하고자 하십니까?'라고 하니 월석보가 다음과 같이 대답했다. '그런 이유가 아닙니다. 내가 듣기로 君子는 자기를 몰라주는 사람에게는 굽힐 수 있지만 자기를 알아주는 사람에게는 존중을 받는다고 합니다. 아까 제가 체포되어 묶여 있을 때는 당신이 저를 몰랐던 것입니다. 그런데 당신께서 나를 알아보고는 나를 풀어주었으니 이제 나를 아는 것입니다. 나를 알고도 무례한 것은 정말로 체포되어 묶여 있는 것만 못합니다.'이에 안영이 그를 上客으로 청했다."[273] 25구의 灑掃(쇄소)란 물을 뿌리고 땅을 쓰는 일을 가리키는데 비유적으로 묘소를 찾아가 성묘함을 뜻하기도 한다. 唐 王建《寒食行》에 "목동이 소를 몰아 능묘 위에서 내려옴은 문중 사람들이 성묘를 하러 올까 염려했기 때문이네"[274]라는 표현이 보인다. 28구의 麗牲石(여생석)은 麗牲之石이라고도 하며 원래는 옛날

---

273 "越石父賢, 在縲絏中. 晏子出, 遭之塗, 解左驂贖之, 載歸. 弗謝, 入閨. 久之, 越石父請絕. 晏子懼然, 攝衣冠謝曰 : '嬰雖不仁, 免子於厄, 何子求絕之速也?'石父曰 : '不然. 吾聞君子詘于不知己而信于知己者. 方吾在縲絏中, 彼不知我也. 夫子既已感寤而贖我, 是知己 ; 知己而無禮, 固不如在縲絏之中.'晏子於是延入爲上客." (漢)司馬遷撰, (劉宋)裴駰集解, (唐)司馬貞索隱, 張守節正義 : 《史記》卷62《管晏傳》, 清乾隆四年刻本.

274 "牧兒驅牛下塚頭, 畏有家人來灑掃." (唐)王建 : 《王司馬集》卷2《寒食行》, 清康熙刻本, p.1b.

제사를 지낼 때 제물로 사용되는 가축을 묶어 두는 石碑를 가리키는데 이후에 祠廟
나 墓塚의 石碑를 범칭하는 말로 사용되었다. 唐 劉禹錫《彭陽侯令狐氏先廟碑》에
"이미 제사를 마쳤으니 석비를 세워야 하는데 마땅히 刊紀가 있어야 하므로 가신
중 장로가 글을 아는 자에게 죽간을 주고 말하기를"[275]이라는 표현이 보인다.

　　관련 지방지 기록[276]에 따르면, 管仲墓는 淄博市 臨淄區 시내에서 동남쪽으로 5
㎞ 정도 떨어진 臨淄區 齊陵街道 北山東村의 서쪽 400m 지점의 牛山 북쪽 등성이
위에 있다. 封土의 크기는 동서로 34m, 남북으로 13.5m, 높이는 약 14m이다. 1981
년 현지 지방정부에 의해 능묘 주위에 담장이 둘러쳐지는 등의 보호조치가 이루어
졌고 1982년에 무덤 앞에 管仲像과 "齊相管夷吾之墓(제상관이오지묘)"라고 새긴 碑
刻이 세워졌다. 2004년에는 臨淄區에서 "관중묘"를 중심으로 관중의 사당을 포함
한 管仲紀念館(관중기념관)을 세웠다.

사진5-35　지금의 관중기념관(管仲墓)의 정문

사진 5-36　관중기념관(管仲墓) 경내의 사당

275　"旣卒事, 顧麗牲之石, 宜有刊紀, 乃俾家老, 授其牒於所知云." (唐)劉禹錫 : 《劉夢得集》卷2
　　　《碑上》, 嘉業堂叢書本, p.4b.

276　咸豐《靑州府志》卷24下《古跡考下》, 淸咸豐九年刻本, p.7b.

사진 5-37　지금의 관중묘, 석비에는 "齊相管夷吾之墓"라는 글자가 써있다.

사진 5-38　관중묘 역사 유적 안내표지석

　　淄河(치하)는 萊蕪縣(래무현)에서 발원하여 臨淄(임치)를 지나 壽光(수광)에 이르러 濟水(제수)로 유입된다. 《禹貢》에서 濰水(유수)와 淄水(치수)의 물길을 냈다고 한 것이 이 곳이다. 그러나 이 곳은 물줄기가 가늘어서 여러 물줄기의 주류가 되기에 부족하니 아마도 세월이 지남에 따라 흐름이 변하여 옛 기록과 달라진 것 같다. 지나온 곳들은 과일과 곡식으로 들판이 뒤덮여 있었는데 뽕나무, 대추나무, 감나무가 역로 곁에서 울창한 숲을 이루고 있었다. 《農桑書》에 荊(형) 지역의 뽕잎과 魯(노) 지역의 뽕잎이 다른데 荊 지역의 뽕잎은 가늘고 얇으나 魯 지역의 뽕잎은 크고 두껍다고 했다. 지금 齊 지역의 뽕잎을 보니 다른 지역과 형상이 다른데, 아마도 魯 지역의 뽕잎과 동일한 것 같다.

　　淄河源出萊蕪縣, 經臨淄至壽光入濟水, 《禹貢》濰淄其道者, 即此也. 但此細流, 不足爲衆流之紀, 疑世久變遷, 與古不同耳. 所過果穀蔽野, 桑, 棗, 柿林郁密路傍, 按《農桑書》有荊桑, 魯桑之辨. 荊桑葉細而薄, 魯桑葉大而厚, 今見齊桑, 異於他處, 蓋與魯桑同也.

—李民宬《癸亥朝天錄》

　　淄水(치수)는 牛山(우산)의 아래에 있는데 《禹貢》에서 "濰水(유수)와 淄水(치수)의 물길을 냈다"고 한 곳이 바로 여기다. 내가 직접 물을 건너보니 수위가 타고 가는 말의 배에도 닿지 않았다.

　　淄水在牛山之下,《禹貢》: "濰淄其道", 即此也. 臣涉其水, 不及馬
腹.

　　　　　　　　　　　　　　　—鄭斗源《朝天記地圖》

　　조선사신 이민성과 정두원의 淄河(치하, 혹은 淄水치수)에 관한 기록은《大明一統
志》의 "淄水는 청주부성 서쪽 50리에 있는데 泰安州 萊蕪縣 源山에서 발원하여 臨
淄에 흘러닿고 壽光縣에 이르러 濟水에 합류한다.《禹貢》에 '濰水와 淄水의 물길
을 냈다(濰淄其道)'라고 한 곳이 이곳이다"[277]라는 기록과 거의 유사하며 이민성과
정두원은 여기에 자신이 직접 본 견문과 소감을 추가하였다. 곧, 淄河를 직접 본 이
민성은 일찍이 문헌에서 보았던 "濰淄其道"기록과는 달리 유수량이 너무 작다는
사실을 알게 되었고 그 이유를 시대의 흐름에 따른 기후 변화에서 찾았다. 정두원
역시 淄水의 수위가 자신이 타고 건넜던 말의 배의 높이에도 미치지 못할 정도로
수량이 적다고 기록했다.

　　그들의 사행록 기록을 보면 정두원은 10월 하순에서 11월 상순 사이 즉, 갈수기
에, 이민성은 7월경, 즉 豐水期에 淄河를 건넜다. 嘉靖《山東通志》, 民國《臨淄縣誌》
의 기록[278]에 따르면 명대 말기에서 민국 초기까지 淄河는 여름마다 물이 범람하여
주위의 농지가 침수되었고 그래서 臨淄縣 관청에서 상류지역인 韓家店 부근에 갑
문을 설치하고 홍수를 방지하는 제방공사를 시행했다고 한다. 그렇다면 7월에 淄
河를 건넜던 이민성은 왜 유수량이 그다지 많지 않다고 느낀 것일까? 그것은 아마
도 淄河가 본래 "하상이 높아서", "강바닥에 전체적으로 진흙이 퇴적되어 있었고

277　"淄水, 在(青州)府城西五十里. 原出泰安州萊蕪縣源山, 流達臨淄, 至壽光縣入濟水.《禹
　　貢》: '濰, 淄其道', 即此"
　　《大明一統志》卷24《青州府》, 明天順五年內府刻本, p.29a.

278　嘉靖《山東通志》卷14《橋樑》, 明嘉靖刻本, p.2a ; 民國《臨淄縣誌》卷8《經政志》, 民國九年
　　石印本, p.27a.

수초까지 무수하게 자라나 하도를 막고"[279]있었기에 상류에서 불어난 물이 하류까지 원활하게 흘러가지 못하였기 때문인 것 같다.

또한 이민성은《農桑書》와 "齊桑(제나라 지역 뽕)"에 대해서도 언급했다.《農桑書(농상서)》란《農桑輯要(농상집요)》를 말하며 원대에 편찬된 官修 農書로서 耕墾(耕作과 開墾의 뜻), 播種, 栽桑, 果實, 藥草 등 10門으로 내용을 분류하여 기술되었다.《農桑輯要》는 기존의《齊民要術(제민요술)》등의 전적을 참고하여 체계적으로 저술되었기에 옛날 중국의 농업 기술 보급에 상당한 공헌을 한 서적으로 평가받고 있다. 이 책은 고려 시기에 李岩에 의해 한반도에 전래되었다. 民國《臨淄縣誌》의 기록[280]에 따르면, 臨淄 현지에는 白桑, 雞桑, 山桑 등 다양한 품종의 뽕나무가 재배되고 있었는데 이민성이 언급한 齊桑이 구체적으로 어느 품종에 속하는지 지금으로서는 정확히 고증할 방법이 없다. 아무튼 이민성이《農桑輯要》를 근거로 제나라 지역 뽕나무에 대해서 언급한 사실을 고려해보면, 예부터 중국의 선진 농사 기술에 지대한 관심을 가지고 이를 적극적으로 한반도에 도입하여 농업생산력을 증대하고자 노력했음을 알 수 있고 이민성과 같은 조선 문인들은 당시 이미 실학적인 학문 기풍을 중시하고 있었음을 짐작할 수 있다.

명 천계 4년 7월 4일 淄河를 건널 때, 이민성은 다음과 같이《過淄河》시 한 수를 지었다.

〈치하를 건너며〉

지금의 淄河는 비록 가느다란 물줄기가 되었지만
옛날《尙書·虞書》에서 말한 靑州 지역으로서
(우임금께서) 항시 범람하는 치수와 유수의 우환을 처음으로 제거하고자

---

279 "地勢高昂", "通身皆有淤墊, 且荇藻叢生, 阻塞水道" (淸)白鐘山 :《豫東宣防錄》卷5, 淸乾隆五年刻本, p.54a.

280 民國《臨淄縣誌》卷12《物産志》, 民國九年石印本, p.18b.

손과 발에 굳은 살이 박히도록 분주히 다니며 하천을 준설하고 물길을
내었네.

간교하고 무능한 이들이 경천동지할 방안이라 하며 호소하고 나섰으나

(우임금은) 용의주도하게 (益, 稷, 契처럼) 재능있고 실천적인 인재를 등용
했네.

당시 백성들은 우임금이 없었더라면 물고기 신세가 되었을 것이라 탄복
했다 하니

흐르는 치수의 물길 바라보고 있으려니 우임금 그리는 마음 맴도네

過淄河

淄河雖細流, 虞史系青州.

氾濫初除患, 胼胝[281]屢導修.[282]

奸人籲可怪,[283] 別味用干求.

微禹其魚歟, 臨流意轉悠.

—李民宬《燕槎唱酬集》

시인은 1, 2구에서《尙書·虞書》에 우임금이 대홍수로 범람하는 물길을 직접 다
스렸다는 유서깊은 淄河를 직접 목도하게 되었다. 그러나 직접 본 치하는 시인의
상상처럼 거대한 물줄기가 흐르는 大河가 아니라 작은 물줄기로 변해 있었으므로

---

281 胼胝(변지)란 손바닥과 발바닥에 생기는 굳은 살을 가리킨다.《荀子·子道》에 "아침에 일찍
　　일어나고 밤에 늦게 자고 밭갈고 김매며 나무 심고 씨를 뿌리면서 손과 발에 굳은 살이 박
　　히도록 그 부모를 봉양하는데"라는 표현이 보인다. "夙興夜寐, 耕耘樹藝, 手足胼胝, 以養
　　其親." (周)荀況撰, (唐)楊倞注, (清)盧文弨校補 :《荀子》卷20《宥坐篇第二十八》, 抱經堂叢
　　書本, p.8a.
282 導修란 하천을 준설하고 보수한다는 뜻이다.
283 可怪는 사람을 놀라게 만든다, 괴이하다는 뜻이다.《後漢書·光武帝紀上》"劉將軍은 평생
　　작은 적을 보고 겁을 내었으나 지금은 큰 적을 보고도 용감하니 참으로 괴이하다"라는 표
　　현이 보인다. "劉將軍生平見小敵怯, 今見大敵勇, 甚可怪也." (劉宋)范曄撰, (晉)司馬彪撰,
　　(梁)劉昭注, (唐)李賢注 :《後漢書》卷1《光武帝紀》, 清乾隆四年刻本, p.6a.

시인은 한편으로는 의아스럽게 여겼고 한편으로는 위대한 성현인 우임금의 덕을 자연스럽게 떠올리게 되었다. 이어진 3, 4구과 5, 6구에서는 우임금의 치적을 구체적으로 영탄하고 있다. 곧, 우임금은 九州의 대홍수를 다스리기 위해서 13년 동안이나 집에 한 번도 들르지 않고 온 천하를 다니면서 물길을 내고 하천을 준설하느라 손과 발에는 굳은 살이 박혀 성한 날이 없었다. 또한 현장은 잘 모르면서 단지 이론과 가설로 구축된 방안을 기이하고 출중한 계책이라고 호소하는 간사하고 무능한 이들을 물리치고, 대신에 益, 稷, 契처럼 경험이 풍부하고 유능하면서도 실천적인 인재를 등용하여 마침내 천하의 대홍수를 다스릴 수 있었다고 칭송했다. 마지막인 7, 8구에서 시인은 이처럼 유서깊은 치하의 물줄기가 자신의 눈 앞에 도도히 흘러가는 것을 바라보면서 우임금이 없었더라면 대홍수의 물길 속에 빠져 죽어 물고기가 되고 말았을 것이라고 탄복했던 옛날 백성들의 목소리가 귓가에 맴도는 것 같다고 느끼면서 시를 마무리하고 있다.

　　2구의 虞史란 《書經》, 즉 《尙書》의 편명으로 堯典과 舜典을 가리키며 《虞書》라고도 한다. 孔穎達은 疏에서 "堯典은 비록 唐事라고 할 수 있으나 본래 虞史의 일부로 수록했고 舜임금이 堯임금에 의해 등용되었음을 말하지 않았다. 그래서 堯임금의 행적을 쫓아서 典을 지음에 唐史로서 수록하지 않았으므로 이를 《虞書》라고 칭한 것"[284]이라고 해설했다. 《尙書·禹貢》에 "발해와 태산 사이에 靑州가 위치해 있는데 嵎夷지역을 다스리고 濰水와 淄水에 물길을 냈다"라는 기록이 보인다. 孔穎達은 疏에서 "淄水는 泰山 萊蕪縣 原山에서 발원하여 동북으로 千乘인 博昌縣에 이르러 바다로 유입된다"[285]고 설명했다. 7구의 微禹(미우)란 "우왕이 없었다면"이라는 뜻인데 만약 大禹의 治水가 없었다면 천하 사람들이 모두 물고기 신세

284　孔穎達疏：“堯典雖曰唐事, 本以虞史所錄, 末言舜登庸由堯, 故追堯作典, 非唐史所錄, 故謂之《虞書》也.” (漢)孔安國傳, (唐)孔穎達疏：《尙書正義》卷2《堯典第一》, 重刊宋本十三經注疏本, p.2a.

285　“海岱惟靑州, 嵎夷既略, 濰淄其道.”孔穎達疏：“淄水出泰山萊蕪縣原山, 東北至千乘博昌縣入海.” (漢)孔安國傳, (唐)孔穎達疏：《尙書正義》卷6《禹貢第一》, 重刊宋本十三經注疏本, p.9b.

를 면치 못했을 것이라는 비유를 통해 大禹 治水의 공적이 위대함을 찬양했다.《左傳·昭西元年》에 "아름답구나, 禹王의 공적이여! 그 밝은 德이 멀리까지 미쳤구나. 禹王이 없었다면 우리는 물고기가 되었을 것이리라!"[286]라는 기록이 보인다.

조선사신들은 淄河를 지나면서 이를 소재로 한 시를 거의 남기지 않았다. 그러므로 여기서 명말청초의 현지 중국 문인의 시 한 수를 살펴보면서 조선사신들이 직접 목도했을 淄河의 겨울 풍경을 함께 만나 보도록 하자.

〈한겨울에 치수를 건너면서 느낀 바가 있어서 쓴 시(제1수)〉
(명) 종우정

겨울 朔風이 어찌나 매섭고 차가운지
치수의 큰 강물 온통 다 얼어붙어 검게 보이네.
필마 타고 옛 제나라 땅 여기저기 다니다
문득 멀리 날아가는 외로운 기러기를 바라보니 고향 그리는 마음 깊어만
가네
하늘 아래 너른 세상 이런 일 저런 일 분주히 하다가 늙어가는데
고향 마을에도 차가운 눈 서리 소복이 내려 쌓였겠지.
거칠고 짧은 삼베 옷 입고 밤새도록 바쁘게 글 써서 올려
임금의 중용을 받고자 했으나 종내 아무런 보람도 없네

仲冬過淄水有感 其一[287]
(明) 鐘羽正
朔風何凜洌, 冰結大河陰.
匹馬三齊道, 孤鴻萬里心.

---

286 "美哉禹功! 明德遠矣. 微禹, 吾其魚乎!" (周)左丘明撰, (晉)杜預注, (唐)孔穎達疏 :《左傳注疏》卷41《昭公》, 重刊宋本十三經注疏本, p.13a.

287 (明)鐘羽正 :《崇雅堂集》卷3《五言律詩》, 淸順治十五年丁耀亢刻本, p.3b.

乾坤生事老, 霜雪故園深.

短褐[288]從長夜, 無勞叩角吟.[289]

이 시의 작자인 종우정은 益都 곧 靑州 사람으로 萬曆20년(1592) 황제의 長子를
궁에서 내보내 교육시키도록 건의한 일로 황제의 노여움을 사 삭탈관직되어 평민
으로 강등되었고, 이후 30여 년을 초야에서 지내다가 光宗이 즉위하자 비로소 太
僕少卿으로 다시 기용된 이력을 가진 조정 淸流 중의 한 사람이다.[290] 이 시는 그가
오랜 기간 재야에서 야인으로 생활하면서 조정의 부름을 받고자 노력하던 힘든 시
기에 지어진 것으로 보인다. 작자는 이 시에서 한겨울에 꽁꽁 얼어붙어 검게 보이
는 치수의 강물을 말을 타고 건너다가 멀리 하늘 위로 날아가는 기러기를 바라보
고 지척에 있는 고향조차 오랫 동안 찾아가지도 못하고 분주히 살아가는 자신의 신
세를 한탄했다. 게다가 오랜 기간 황제에게 내쳐져 재야에서 지내면서 다시 조정에
복귀하여 가슴에 품은 큰 꿈을 펼치고자 했으나 조정에서는 여전히 아무런 전갈도
없어 가슴을 애태우며 긴 겨울날을 실의에 빠져 지낼 수밖에 없다고 읊고 있다.

(10월) 19일 병자일 하늘이 맑고 날씨가 온화했다. ……(靑州府 北關
에서 發行하여) 35리를 가서 淄水(치수)를 건너 역참의 객관에서 점심
을 먹었다. 淄水는 그 폭이 허리띠 정도에 불과하여 유수량이 말발굽

---

288 短褐(단갈)이란 빈궁한 사람들이 입는, 거친 삼베로 만든 짧은 옷을 가리키며 이후에 지위
가 낮은 사람을 일컫는 말로 사용된다.《墨子·非樂上》에 "옛날 齊康公이 온갖 음악과 가무
를 좋아했기에 萬人들이 짧은 삼베옷도 입을 수 없었고 지게미와 쌀겨조차 먹을 수 없었
다(昔者齊康公, 興樂萬, 萬人不可衣短褐, 不可食糟糠)"라는 표현이 보인다. (周)墨翟 :《墨子》卷8
《非樂上》, 四部叢刊景明嘉靖三十二年刻本, p.19b.

289 叩角(구각)은 牛角을 두드린다는 뜻인데 후에 말로서 군왕의 중용을 얻는 일을 가리키게
되었다.《藝文類聚》卷94에서 漢 蔡邕《琴操》를 인용하여 "甯戚(영척)이 수레 아래에서 소
에게 여물을 먹이면서 소뿔을 두드리며 슬픈 노래를 부르자 …… 齊桓公이 듣고서 그를
재상으로 삼았다(甯戚飯牛車下, 叩角而商歌……齊桓公聞之, 舉以爲相)"라고 기록한 것이 보인다.
(唐)歐陽詢輯 :《藝文類聚》卷94《獸部中》, 宋紹興刻本, p.3a.

290 자세한 생평은 제4장 제1절 각주 26번 참조

을 채울 정도밖에 안 되어 보였는데 제나라 도성(臨淄城)이 여기에 있
기 때문에 그런 명칭을 얻었다. 여기가 바로 이른바 田單이 황금 허리
띠를 두르고 호쾌하게 말을 달린 곳이다. 또한 "淄河晚釣(치하 강변에
서 저녁 석양에 낚시를 함)"라고 불리는 경치 좋은 곳도 있다. …… 저녁
에 金嶺驛(금령역)에 들어가 유숙했다. 이날 하루는 70리 여정이었다.

(十月)十九日, 丙子, 晴, 日气和暖. ……(自青州府北關發行)三十五里
過淄水, 中火於店舍. 所謂淄水, 不過一衣帶, 不足蹄涔, 而齊都在此故
自古得名. 此田單黃金橫帶, 馳騁之處, 且有"淄河晚釣"……晚入金嶺
驛宿. 今日行七十里.

—趙濈《燕行錄(一云朝天錄)》

상기의 기록에 따르면, 조즙 일행은 명 천계 3년 10월 19일 청주부성에서 서쪽으
로 35리 떨어진 곳에서 淄河(치하)를 건넜고, 갈수기에 접어든 淄河가 거의 물이 말
라서 그 수위가 조선사신 일행이 타고 가던 말발굽에도 미치지 못하는 것을 목도하
였다. 그런데 앞에서 이미 살펴보았듯이《大明一統志》의 기록에 따르면 淄河는 청
주부성의 서쪽 50리 지점에 있으며 嘉靖《青州府志》도 이와 같이 기록[291]하고 있으
므로 조즙의 기록에 淄河가 청주성에서 서쪽 35리 되는 곳에 있다고 한 것은 誤記
이다. 또한 조즙은 淄河를 건너면서 淄河의 굽이 흐르는 물줄기를 멀리 조망하고
"옛날 제나라 명장 田單이 이곳 치하 유역의 평야를 황금 허리띠를 매고 호쾌하게

---

291 "淄水는 지금 淄河라고 부르는데 府城의 서쪽 50리에 있다 齊乘에서 말하기를 泰山郡 萊
蕪縣 原山의 북쪽에서 발원하여 東北으로 馬陵을 지나고 다시 東北으로 牛山을 경유한 후
西北으로 꺾어서 天齊淵水에 이르고 다시 북으로 臨淄로 접어들어 濟수로 유입된다. 물길
은 다시 樂安의 북쪽 옛날 廣饒地를 거치고 다시 북으로 時水에 합쳐지고 淸水泊으로 유
입되어 馬車瀆으로 흘러들어 바다로 합쳐진다. 禹貢에서 濰수와 淄수의 물길을 내었다고
한 곳이 바로 여기를 가리킨다. (淄水, 今稱淄河, 在府城西五十裡. 按齊乘雲：出泰山郡萊蕪縣原山之
陰, 東北徑馬陵, 又東北徑牛山, 折而西北, 天齊淵水入焉. 又北漸臨淄, 入濟. 水經樂安北, 古廣饒地. 又北合
時水, 入淸水泊, 注馬車瀆, 入於海. 禹貢濰, 淄其道, 指此也)" 嘉靖《青州府志》卷6《地理志一》, 明嘉
靖刻本, pp.24b-25a.

내달리던 일"을 떠올렸다. 관련 고사는《戰國策·田單將攻狄》[292]에 자세히 보인다.
이 밖에 조즙은 淄河에 명대 말기 "臨淄八景(임치팔경)"중의 하나인 "淄河晚釣(치하
만조)"의 장소가 있다는 말을 들었다.

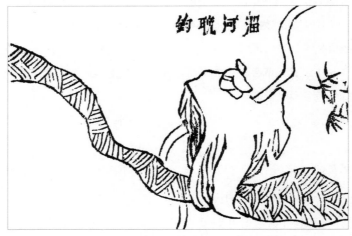

그림 5-39   《臨淄八景》중 하나인《淄河晚釣》[293]

실제로 조선사신 오숙은 "淄河晚釣"를 주제로 한 듯한《淄上贈張老人, 年八十》
이라는 시 한 수를 남기고 있으므로 여기서 함께 감상해 보기로 한다.

〈치수 강변에서 여든 나이의 張老人에게 증정한 시〉

바다 건너온 조선사신 우연히 학처럼 머리가 흰 노인을 만나
제환공과 제선왕 등 齊나라 옛 일을 함께 담론했네.
늦가을에 접어든 淄河의 강물은 바닥을 드러내고 牛山에는 석양이 내리
는데

---

292 (漢)高誘撰, (宋)姚宏續撰 :《戰國策注》卷13《齊六》, 士禮居叢書景宋剡川姚氏本, pp.6b-7a.
     본서 2장 1절 각주 81) 참조
293 康熙《臨淄縣誌》卷首圖《八景圖》, 淸康熙十一年刻本, p.3b.

옛 제나라의 霸業은 수 백년간 장구했었다네.

淄上贈張老人, 年八十
海客相逢鶴髮仙, 齊都往事說桓宣.
淄河水落牛山暮, 霸業悠悠幾百年.

—吳翻《燕行诗》

조선사신 오숙은 "淄河晩釣"가 "臨淄八景"중의 하나임을 알고 있었을지도, 혹은 齊나라에 처음으로 봉해진 姜尙이 일찍이 渭水의 강변에서 낚시를 하다가 周文王을 만났다는 典故를 상기하였는지도 모른다. 오숙은 명 천계 4년 9월 21일에 치수 강가에서 우연히 80세의 백발 노인을 만나서 이와 같은 시를 지어 증정했다. 1구의 海客이란 원래 바다를 항해하는 사람을 가리키는데 여기서는 해로를 통해 중국으로 온 조선사신을 말한다. 唐 駱賓王의《餞鄭安陽入蜀》시에 "뱃사람은 뗏목을 타고 건너고 仙童은 대나무 배를 몰고 돌아오네"[294]라는 표현이 보인다. 鶴髮仙(학발선)은 백발의 노인을 가리킨다. 4구의 悠悠는 장구한 모양이다.《楚辭·九辯》에 "눈부시게 밝은 태양이 떠나가고, 아득하게 길고 긴 밤의 시간이 젖어드네"[295]라는 표현이 보인다.

바다를 건너온 조선사신인 시인은 臨淄 淄河를 건너다가 여든 살이나 된 백발의 노인을 만났다. 옛날에는 이처럼 연세가 많지만 건강한 노인을 만나기 어려웠을 뿐만 아니라 그 노인은 상당한 학문적 소양을 갖춘 은자였다. 그래서 수천년 전에 역사의 무대에서 활약하고 지금도 여전히 그들의 무덤이 현지에 남아 있는 齊桓公, 齊宣王, 管仲 및 牛山 등을 주제로 옛 일을 함께 담론하였다. 그러는 와중에 어느덧 석양이 지는 저녁 때가 되어 늦가을 무렵 유수량이 크게 줄어 바닥이 드러나는 치

---

294 "海客乘槎渡, 仙童馭竹回." ㈜李昉輯 :《文苑英華》卷267《駱賓王七首》, 明刻本, p.2a.
295 "去白日之昭昭兮, 襲長夜之悠悠." (周)屈原撰, (漢)劉向編集, (漢)王逸章句 :《楚辭》卷8《九辯》, 湖北叢書本, p.3a.

수 강물을 붉게 물들였고, 작자는 노인과 나눈 대화를 새삼 회고하며 이 땅에서 수천 년 전에 펼쳐졌던 장구한 옛 제나라 왕들의 패업을 생각하고 깊은 생각에 잠겼다. 한편, 명말청초 臨淄知縣이었던 鄧性(등성) 또한 《淄河晚釣》라는 시 한 수를 남기고 있으므로 오숙의 시와 비교하여 감상해보면서 조선사신들이 당시 치하를 건너면서 바라보았을 "淄河晚釣(치하만조)"의 풍경을 상상해보고 그들이 느꼈을 심상을 함께 살펴보도록 한다.

〈치강에서 저녁에 낚시를 하며〉
(청) 등성(임치 지현)

치수 강변 깎아지른 듯한 절벽 아래로 강물 소용돌이 쳐서 잘게 부서진 자갈들이 강나루를 이루고
봄날 저녁 막 떠오른 달은 강물 위에 비치어 반짝반짝 파문을 일으키네
지금 낚시하는 노인을 우연히 만났으니
옛날 渭水에서 낚시하며 주무왕을 만난 강태공을 추억하네.

淄江晚釣[296]
(清)鄧性(臨淄知縣)
斷岸[297]瀠洄碎石津, 波光遙映月生春.
於今偶見垂綸[298]叟, 回憶當年釣渭人.

1구의 瀠洄(형회)란 강물이 소용돌이 치는 모양을 형용한 말이다. 宋 朱熹의 《精

---

296 康熙《臨淄縣誌》卷14《詩》, 康熙十一年刻本, p.4b.
297 斷岸이란 강변의 가파른 절벽을 말한다. 宋 蘇軾의 《後赤壁賦》에 "강물 흐르는 소리 요란하고 가파른 절벽은 천 尺 높이로 서있네"라는 표현이 보인다. "江流有聲, 斷岸千尺." (宋) 蘇軾 : 《東坡七集》卷19《後赤壁賦》, 清光緒重刊明成化刻本, p.17a.
298 垂綸(수륜)이란 낚시를 드리운다는 뜻이다. 三國 魏 嵇康의 《兄秀才公穆入軍贈詩》제15수에 "너른 강변에서 활쏘기 연습하고 長川에서 낚시질하네"라는 표현이 보인다. "流磻平皋, 垂綸長川." (三國魏)嵇康 : 《嵇中散集》卷1《賦》, 七十二家集本, p.12b.

舍閒居戲作武夷棹歌》제9수에 "八曲에 바람 불어 안개 걷히려 하고 鼓樓岩 아래
로는 물이 소용돌이쳐 흐르네"[299]라는 표현이 보인다. 淄河에는 "강바닥 아래 지하
로 흐르는 伏流가 많아서"[300] "상류와 하류에 18개의 구멍이 있다"[301]고 한다. 그래
서 淄河 유역에는 강물이 소용돌이 치는 곳이 많다. 4구의 釣渭人이란 渭水에서 낚
시를 하다가 武王을 만난 呂尙을 말한다. 《史記·齊太公世家》에 다음과 같이 상세
한 고사가 전한다. "呂尙이 일찍이 궁곤하였고 나이까지 많았기에 낚시질로 周 西
伯을 만나고자 했다. 西伯이 사냥을 나가고자 하여 점을 치니 '이번에 잡는 것은 용
도 이무기도 아니고 호랑이도 곰도 아니니 왕을 보좌할 사람을 얻을 것입니다'라고
했다. 이에 周 西伯이 사냥을 나가니 과연 姜太公이 위수의 북쪽에서 낚시를 하고
있었다. 그와 대화를 해보고는 크게 기뻐하면서 '나의 선왕이신 고공단보께서 "聖
人이 周나라로 오게 되면 周나라가 흥하리라"고 하셨는데 당신께서 바로 그분이
아닌가? 우리의 太公 고공단보께서 당신을 기다리신지 오래되었다'라고 말했다.
그래서 그를 "太公望"으로 호칭하고 수레를 타고 함께 궁으로 돌아와서 스승으로
모셨다."[302]

시의 전반부는 봄이 되어 만물이 소생하는 淄水와 牛山의 풍광을 묘사했다. 즉,
牛山의 서쪽 산기슭을 흐르는 淄河는 비록 갈수기에 접어들어 유수량이 많이 줄기
는 했지만 막 떠오른 달빛이 비치어 반짝반짝 수면이 빛나고 있었고, 수면 위로 봄
의 생기 가득한 牛山의 그림자가 어른거리면서 한 폭의 풍경화를 이루고 있다. 시

---

299 "八曲風煙勢欲開, 鼓樓岩下水瀠洄." (宋)朱熹 : 《晦庵集·文集》卷9《詩》, 四部叢刊景明嘉
    靖刻本, p.6a.
300 伏流란 강의 바닥 아래로 暗河가 흐르는 것이다. 唐 戴叔倫의 《下鼻淳瀧》시에 "因隨伏
    流出, 忽與跳波隔"라는 표현이 보인다. (清)彭定求纂 : 《全唐詩》卷274, 清康熙四十四至
    四十六年刻本, p.18b.
301 嘉靖《青州府志》卷6《地理志一》, 明嘉靖刻本, p.25a.
302 "呂尙蓋嘗窮困, 年老矣, 以漁釣奸周西伯. 西伯將出獵, 蔔之, 曰 : '所獲非龍非彲, 非虎非
    羆 ; 所獲霸王之輔.' 於是周西伯獵, 果遇太公于渭之陽, 與語大說, 曰 : '自吾先君太公曰
    "當有聖人適周, 周以興". 子真是邪? 吾太公望子久矣.' 故號之曰"太公望", 載與俱歸, 立
    爲師." (漢)司馬遷撰, (劉宋)裴駰集解, (唐)司馬貞索隱, 張守節正義 : 《史記》卷32《齊太公世
    家》, 清乾隆四年刻本, p.2a.

의 후반부에서는 우연히 淄河 강변에서 낚시를 하고 있는 노인을 만났고 자연스럽게 渭水의 물가에서 낚시를 하다 무왕을 만난 강태공의 고사를 떠올리게 되었다고 기술하였다.

사진 5-40   지금의 淄河와 치하의 강물 위에 비친 牛山 그림자의 모습
강물의 중간에 鄧性이 말한 "碎石津"이 보인다.

그림 5-41
《航海朝天圖》중
《齊青州府》의 일부.
"臨淄古渡"라 쓰인
석비를 확인할 수 있다.

그림 5-41의《航海朝天圖》중《齊青州府》그림의 좌측을 자세히 보면 "臨淄古渡(임치고도)" 刻碑를 묘사한 부분이 보인다. 앞서 언급했듯이《禹貢》에는 옛날 禹임금이 천하를 구주로 나누어 치수를 할 때 淄河의 물길을 냈다는 기록이 있다. 원래 臨淄라는 지명은 淄河에서 유래한 것이다. 그러나 관련 중국 지방지에는 조선사신의 조천도에서 묘사된 臨淄古渡에 관한 기록이 전혀 없다. 그런데 清末 臨淄縣 文人 崔寶信이 쓴《重修雙龍橋暨東西驛路碑》에는 "臨淄에 있는 淄河에는 오래된 나루터가 있다. 서쪽으로는 제남에 이르고 동쪽으로는 渤海에까지 닿기 때문에 산동

지역을 잇는 교통의 중추이며 산동 각 지역으로 통하는 길이 교차하는 곳이다"[303] 라는 기록이 보인다. 만약 "臨淄古渡"라는 碑刻이 정말로 존재한 것이라면, "임치 고도"는 아마도 淄河와 登州-萊州-靑州를 잇는 古驛道가 서로 교차하는 지점[304]에 있었을 것이다.

그러나 이처럼 중요한 교통 허브 구실을 했던 臨淄古渡가 명대 이후로는 역사 속에서 완전히 사라진 점이 좀 이상한데, 필자들이 보기에 여기에는 두 가지 원인이 있었던 것 같다. 첫째 기후변화로 인해 강수량이 감소하였고 淄河의 河床이 지층 斷裂帶 위에 있었기 때문에[305] 강물이 지하로 침수하여 옛날에 비해 강의 유수량이 크게 감소하면서 갈수기에는 유수량이 부족하여 차츰 상시적으로 배를 띠우기 힘들어졌기 때문인 것 같다. 《禹貢》의 기록에 따르면, 옛날 堯임금 시절에는 淄河의 유수량이 풍족하여 膠東半島에 살던 嵎夷族들이 淄河와 濰河를 통해 배를 타고 黃河로 들어가 주나라 왕실에 조공품을 바쳤다[306]고 한다. 그런데 차츰 유수량이 줄기 시작하여 전국시기로 들어오면서 겨울 갈수기가 되면 사람이 걸어서 치하를 건널 수 있을 정도로 유수량이 줄었다. 《戰國策》에 "田單이 齊나라 재상이 되어 淄水를 건널 때 어떤 노인이 치수를 건너면서 추위를 타자 입고 있던 갖옷을 벗어 입혀주었다"[307]라는 기록이 이러한 사실을 반증한다. 이처럼 지속적으로 유수량이 줄어든

---

303 "臨淄之有淄河, 古渡也. 西抵省垣, 東趨渤海, 據三齊之孔道, 占衆郡之通衢."民國《臨淄縣誌》卷2《橋樑》, 民國九年石印本, p.70a.

304 《左傳》에 "晉나라 군대가 齊나라 군대를 쫓아 丘輿로부터 들어와 馬陘를 공격했다(晉師從齊師, 入自丘輿, 擊馬陘)"라는 기록이 보이는데 "馬陘"이 바로 이곳을 가리킨다. (周)左丘明撰, (晉)杜預注, (唐)孔穎達疏: 《左傳注疏》卷25《成公》, 重刊宋本十三經注疏本, p.13b. 이 밖에 民國《臨淄縣誌》에는 다음과 같은 기록이 보인다. "淄水에 나루터는 비교적 규모가 큰 곳이 4군데 있는데 淄河驛, 崖村莊, 河崖頭壯, 白兔丘莊이 그것이다. (淄水津渡, 較大者凡四處, 曰淄河驛, 曰崖村莊, 曰河崖頭壯, 曰白兔丘莊)"(民國《臨淄縣誌》卷2《輿地志下》, 民國九年石印本, p.68a) 이상의 기록을 종합하면 "臨淄古渡"碑刻은 아마도 淄河驛의 서쪽 淄河의 東岸에 있었던 것 같다.

305 臨淄區志辦公室 : 《臨淄區槪況》, 1984年內部資料, pp.9-10.

306 周光華 : 《遠古華夏族群的融合──〈禹貢〉新解》, 海天出版社2013年版, p.52.

307 "田單爲齊相, 過淄水, 見老人涉淄而寒, 解裘衣之."民國《臨淄縣誌》卷2《輿地志下》, 民國

치하는 명대 말기에 이르자 겨울의 갈수기뿐만 아니라 여름의 풍수기에도 사람이
나 말이 걸어서 건널 수 있을 정도로 유수량이 줄어들었기 때문에 배로 강을 건네
주는 나루터의 필요성이 없어져 버린 것이다. 두번째는 명대 들어서 큰 규모의 교
량이 건설되면서 나루터가 더이상 필요 없어진 것 같다. 嘉靖《靑州府志》에 "淄河
橋(치하교)는 臨淄縣 남쪽 12리에 있다"[308]라는 기록이 보이고 민국 이전까지 이 다
리는 淄河와 제남-청주 역참로를 잇는 중요한 교량이었다. 이러한 두 가지 이유를
고려해보면, 조선사신들이 淄河와 옛 역참로가 서로 만나는 곳에 있었다고 묘사한
"臨淄古渡" 석비는 아마도 실제 존재했을 가능성이 아주 크다.

사진 5-42   지금의 淄河 西岸에 세워진 하천 관리 안내판

관련 지방지 기록[309]과 조선사신의 기록을 종합해보면, 淄河는 상고시대인 堯임

九年石印本, p.53.

308 "淄河橋, 在(臨淄)縣南一十二里." 嘉靖《靑州府志》卷11《關梁》, 明嘉靖刻本, p.37b.

309 (漢)孔安國傳, (唐)陸德明音義：《尙書》卷3《禹貢第一》, 仿宋相台五經本, p.2b ; (周)列禦寇
    撰, (晉)張湛注：《列子‧釋文》卷上, 湖海樓叢書本 ; (漢)司馬遷撰, (劉宋)裴駰集解, (唐)司馬
    貞索隱, 張守節正義：《史記》卷2《夏本紀》, 淸乾隆四年刻本, p.5a ; (唐)魏征等撰：《隋書》
    卷6《禮儀志》, 淸乾隆四年刻本, p.7a ; (宋)樂史：《太平寰宇記》卷18《河南道十八》, 趙氏藏
    書本, p.13a ; (明)陳循等：《寰宇通志》卷75《山東等處承宣佈政使司》, 明景泰刻本, p.4a ; (

금으로부터 周代까지는 淄로 불렸고 그 이후로 명대까지 淄水로, 명대 嘉靖 이후로는 淄河, 淄水로 불리다가, 지금은 淄河로 불리고 있다. 淄河는 濟南市 萊蕪區 和莊鎭 魯山의 남쪽 기슭에서 발원하여 동쪽으로 淄博市 博山區 石馬鎭, 博山鎭, 源泉鎭을 차례로 지나 淄川區 太和鎭 城子村에서 동남쪽으로 淄川區 寨里鎭, 青州市 廟子鎭, 淄博市 張店區 金山鎭, 青州市 邵莊鎭, 臨淄區 시내 동부를 거쳐 東營市 廣饒縣 大碼頭鎭 北堤村 서북쪽에서 小清河에 합류하여 동북 방향으로 흘러 渤海에 유입된다. 淄河의 臨淄區 내 유역 면적은 227.1㎢이고 河床의 폭은 850-1500m이며 계절성 하류에 속한다.

이상의 고증을 종합하면 臨淄縣 南界에서 淄河까지 조선사신들이 거쳐간 지역을 명대의 명칭으로 차례로 나열해 보면 다음과 같다. 1. 齊桓公 景公墓(齊桓公墓, 桓宣墓, 桓公碑, 齊宣王墓, 齊桓公塚, "齊桓公墓"石碑, "景公墓"石碑, 齊景公墓, 齊前後君臣之掩骨處, 菟頭山) 2. (威宣閔襄)四王碑(宣王墓, 齊宣王墓, "宣王墓"石碑) 3. 田單墓 4. 淄河店(淄河鋪, 滋河店, 淄河公署) 5. 牛山("牛山"石碑, 景公之下淚處, "牛山淄水"牌榜) 6. 齊相管鮑墓"石碑(管晏墓, 齊相管鮑祠, 管仲墓, 管仲塚, 管仲之墓, 管鮑墓) 7. 淄河("淄河"石碑, 淄水, 淄(河)上, 滋河, "牛山淄水"牌榜, "臨淄古渡"石碑)등.

이러한 명대 지명을 문헌고증과 현지답사, 인터뷰 등을 통해 현재의 지명과 대응시켜 재구해보면 다음과 같다. 1. 淄博市 臨淄區 齊陵街道 鄭家溝村 서남쪽 鼎足山 2. 淄博市 臨淄區 淄河店村 남쪽 田齊王陵 3. 鼎足山과 淄河 사이 지역 4. 淄博市 臨淄區 齊陵街道 淄河店村 5. 淄博市 臨淄區 시내 齊陵街道 北山西村 서쪽의 牛山 6. 淄博市 臨淄區 齊陵街道 牛山의 북쪽 구릉 7. 淄河의 臨淄區 牛山 구간.

明)李賢等：《大明一統志》卷24《青州府》, 明弘治十八年刻本, p.19a ; 山東省淄博市臨淄區志編纂委員會編《臨淄區志》, 國際文化出版社1988年版, p.68 ; 山東省萊蕪市地方史志編纂委員會編《萊蕪市志》, 山東人民出版社1991年版, p.95.

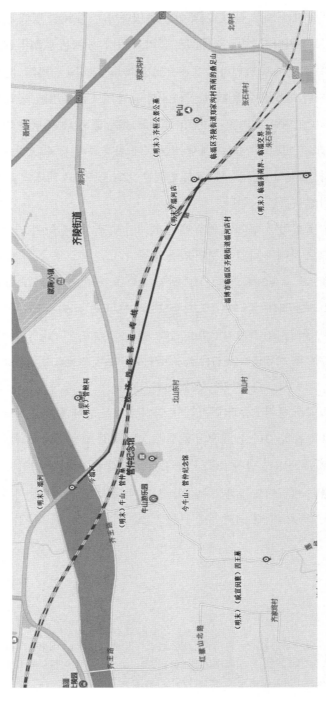

그림 5-43　臨淄縣 南界에서 淄河까지 조선사신 경유 노선 및 경유지점 명대 지명과 현대 지명 대조도

제6장 淄河에서 金嶺驛까지

(7월) 10일 맑음. 새벽에 (昌樂 서쪽 80리에서) 출발하여 靑州에 도착해서 王씨 성을 가진 민가에서 아침밥을 먹었다. 知府 蔡寅賓(채인빈), 益都知縣 胡良機(호량기)가 名帖과 下程음식을 보내왔다. 姜太公 때의 古城이 아직 남아 있었다. …… 淄河(치하)를 건너 金嶺馹(금령일)에 도착했다.

(七月)初十日, 晴. 曉發(昌樂西八十里), 到靑州, 朝飯于王姓家. 知府 蔡寅賓, 益都知縣胡良機送名帖, 下程食物. 太公時古城尚存. ……渡 淄河, 宿金嶺馹.

—安璥《駕海朝天錄》

臨淄(임치)는 본래 齊나라 營邱(영구)지역이다. 漢나라 때 여기에 營陵縣(영릉현)을 설치했는데 北海郡(북해군)에 예속되었고 東漢 때 다시 臨淄縣(임치현)을 설치했다. 唐나라 때는 靑州에 속했고 宋나라 때는 鎭海軍(진해군)에, 明나라 때는 다시 靑州에 속했으며 靑州府城에서 서쪽으로 30리 떨어져 있다.……서북쪽에 다섯 개의 城이 있다. 그 중 하나를 古齊城(고제성)이라고 하는데《史記·齊世家》에 姜太公이 營邱(丘)에 도읍을 정했고 그후 齊獻公이 도읍을 臨淄로 옮겼다고 했는데 바로 이곳이다.

臨淄本齊國營邱(丘)地, 漢置營陵縣, 爲北海郡, 東漢又置臨淄縣, 唐
屬靑州, 宋屬鎭海軍, 大明屬靑州, 自府西三十里也. ……西北有城五
焉, 一曰古齊城,《史記·齊世家》: 太公都營邱(丘)其後, 獻公徙都臨淄,
卽此.

—金德承《天槎大觀》

　　조선사신 안경은 청주부에서 출발하여 淄河를 거쳐 당일 유숙한 장소인 金嶺驛
에 도착하기까지의 여정을 기술하면서 치하를 건너기 전에 "姜太公 시절의 古城"
의 유적이 남아 있는 것을 보았다고 했다. 김덕승 또한 명대 말기 臨淄縣의 연혁을
상세히 기술한 후에 "古齊城"을 언급하면서 강태공이 처음 齊나라에 책봉되어 정
한 도읍은 "營邱"인데 齊獻公이 臨淄로 도읍을 이전하였고 당시 남아 있던 "고제
성"이 바로 그 곳이라고 지적했다. 사신들의 여정과 인문지리적 사실을 고려해보
면, 안경이 언급한 "강태공 시절의 고성"과 김덕승이 말한 "古齊城"은 모두 동일한
장소를 기리키는 것이다.

　　《大明一統志》에서는《史記·齊世家》를 원용하여 "강태공이 영구에 도읍을 정했
고 그후 제헌공이 도읍을 임치로 천도했다"[1]라는 기록이 보이므로 古齊城이 분명
明末 臨淄縣城의 북쪽에 있었음은 분명하지만 구체적인 거리는 정확하지 않다. 그
런데 民國《山東通志》를 살펴보면, "漢, 唐나라 때 臨淄縣治는 모두 古齊城에 있었
고 지금의 縣治는 古齊城의 서남쪽 10리에 있다", "본래는 土城이었는데 元末 達
嚕噶齊 李仲名이 중수하였다. 둘레가 6리, 높이가 2丈, 해자 연못은 깊이가 1丈으
로 이전 규모의 2배로 확장되었다."[2]라는 기록이 보이므로 齊古城은 春秋 齊獻公
시절부터 唐나라까지 줄곧 임치현의 治所가 소재한 곳이었고 明末 臨淄縣城의 동
북 10리에 위치해 있었음을 알 수 있다. 臨淄縣城은 靑州府城과 金嶺驛 사이에 위

1　"太公都營丘, 其後獻公徒都臨淄"《大明一統志》卷24, 明天順五年內府刻本, p.33b.

2　"臨淄縣, 漢, 唐縣治俱在古齊城, 今治在古齊城西南十里"及"本土城, 元末達嚕噶齊李仲
　　名築, 週六里, 高二丈, 池深一丈, 廣倍之."民國《山東通志》卷19《城池》, 民國七年鉛印本,
　　p.35b.

치하고 있었고 북쪽으로 조선사신이 지났던 驛道와는 어느 정도 거리가 있었기 때문에 촉박한 사행일정에 쫓기던 조선사신들은 臨淄縣城을 방문하지 못하고 그냥 지나칠 수 밖에 없었다. 그래서 조선사신들은 臨淄縣城이나 齊古城에 대해 관심은 많았으나 상세한 기록이나 시문을 거의 남기지 못했다.

　齊古城은 역사가 유구하고 줄곧 제나라의 도읍으로서 크게 번성하였다. 특히 전국시대 제자백가의 위대한 사상가들이 모여들어 백가쟁명의 토론을 펼쳤던 稷下學宮은 靑史에 이름을 크게 남긴 명소이자 수많은 文人墨客들이 탐방하여 무수한 시문을 남긴 곳이다. 北宋 司馬光은 《稷下賦》라는 작품을 남겼는데 거기에서 齊古城의 모습을 다음처럼 자세히 묘사했다. "학궁의 거대한 건물은 번화한 거리에 연접해있고 훌륭하고 장중한 재야 학자들이 수시로 드나들고 머물렀다." "齊나라 임금은 五帝의 유풍을 즐거워하였고 三王의 위대한 업적을 아름답게 여겨 千里 밖에서 뛰어난 선비들을 초빙하여 제자백가의 위대한 학설을 집대성하고자 했다." "들어가는 문은 높다랗고 거대하며 위풍당당한 건물은 처마가 길게 뻗어나왔고, 술잔과 단지는 정결하며 의자와 지팡이는 깨끗하고 장엄했다." 거기에는 춘추전국시기를 주름잡았던 名賢와 학자들이 몰려들어 "그들이 착용한 의관과 하얀 신발, 패용한 장식들이 서로 어울려 눈을 어지럽게 만들었고 단정히 무릎 꿇고 앉아서 예법에 맞게 행동하였다. 수염을 만지고 옷소매를 떨치며 열띤 토론에 몰입하는 고결한 선비들은 공자와 맹자조차 비판과 토론의 대상으로 삼았다."[3] 北宋 문인 李格非[4]는

3　"巨館臨康衢, 盛處士之游, 壯學者之居"的稷下學宮有"齊王樂五帝之遐風, 嘉三王之茂烈, 致千里之奇士, 總百家之偉說", 建築"高門橫閎, 夏屋長簷, 樽罍明潔, 幾杖淸嚴". 春秋諸國學士, 名賢在其內"雜佩華纓, 浮冠素履, 端居危坐, 規行矩止, 相與奮髥橫議, 投袂高族, 下論孔, 孟". 司馬光：《稷下賦》, 民國《臨淄縣誌》卷3《古跡志》, 民國九年石印本, p.1a.

4　"李格非는 字가 文叔이고 濟南사람이다. 어렸을 때부터 준수하고 빼어나 有司가 지방을 방문하여 詩賦로 인재를 뽑을 때 格非는 홀로 經學을 주제로 수만 字에 이르는 禮記說을 지어 진사에 급제했다. 이후 冀州司戶參軍, 試學官의 직위에 오르고 鄆州敎授가 되었다. 郡守가 그의 빈궁함을 알고 다른 관직을 겸직하도록 주선했으나 그는 不可하다 하여 사양했다. 太學錄에 충원되었가 博士로 전직했는데 문장을 잘 써서 蘇軾에게 인정을 받았다. …… 이후 著作佐郎, 禮部員外郎이 되었다가 京東 刑獄을 관장하는 提點이 되었다가 黨

이곳 제고성에 들러 옛날을 회고하고 옛 인물들을 추모하는 시《過臨淄絕句》한 수
를 남겼다.

사진 6-1   淄博市 臨淄區 齊都鎮 鎮政府(한국의 면사   사진 6-2   齊國故城遺址博物館 밖에 서 있는 역사유
무소에 해당) 북쪽에 있는 齊國故城遺址博物館   적 안내표지석

〈臨淄를 지나면서 쓴 絕句〉

(북송)이격비, 제남사람

籍 때문에 파직되었고 이후 61세에 사망했다. 格非는 詞章에 힘썼고 직언을 서슴치 않았
기에 아닌 것을 아니다라고 말하는 것을 쉽게 했고 筆力이 거침이 없었다. 劉克莊이 그의
문장을 평하기를, 확 뚫려 시원하면서도 의미가 깊어서 晁補之, 秦觀의 문장보다 위라고
했다. 일찍이 左丘明, 司馬遷, 班固, 範曄, 韓愈의 재주를 논하면서 말이 기특하면서도 확
실하다고 했고 또 문장이란 구차하게 억지로 지으면 안 되는 것이니 진실로 드러낼 바가
없다면 억지로 지을 수 없다고 했다. 晉나라 사람 가운데 문장을 잘 짓는 사람으로는 劉伶
의 酒德頌, 陶淵明의 歸去來辭를 들 수 있는데 자구 하나하나가 폐부를 드러내므로 다른
晉나라 문학가들보다 크게 빼어났으니 그 진실함을 드러냈기 때문이라고 논했다. …… 여
류시인으로는 李淸照가 있다고 평가했다. (李格非, 字文叔, 濟南人. 幼甚俊異, 有司方以詩賦取士,
格非獨用意經學, 著禮記說至數十萬言, 遂登進士第. 調冀州司戶參軍, 試學官, 爲郿州教授. 郡守以其貧, 欲
使兼他官, 謝不可. 入補太學錄, 再轉博士, 以文章受知於蘇軾. ……遷著作佐郎, 禮部員外郎, 提點京東刑獄,
以黨籍罷. 卒, 年六十一. 格非苦心工於詞章, 陵轢直前, 無難易可否, 筆力不少滯. 其爲文, 劉後村謂條鬯有義
味, 在晁, 秦之上. 嘗論左, 馬, 班, 範, 韓之才, 語奇而確. 又謂文不可苟作, 誠不著則不能工. 且晉人能文者多
矣, 至劉伯倫酒德頌, 陶淵明歸去來辭, 字字如肺肝出, 遂高步晉人之上, 其誠著也. ……女淸照)”乾隆《歷城
縣誌》卷40《列傳六》, 淸乾隆三十八年刻本, pp.4a-5b.

북 치고 생황 불며 7백년간 번화한 역사를 누렸다는

옛 제나라 臨淄城은 아직도 그 성곽과 궁궐터 여전히 남아있네

지금은 다만 밭 갈고 김매는 농부들만이 있어

가끔씩 옛날 사용하던 九府錢을 줍는다네.

過臨淄絶句[5]

(北宋) 李格非, 濟南人

擊鼓吹竽七百年, 臨淄城闕尚依然.

如今只有耕耘者, 曾得當時九府錢.

1구의 "擊鼓吹竽(격고취우)"란 북을 치고 생황을 분다는 뜻인데 여기서는 옛날 古齊城의 번화한 모습을 비유적으로 묘사한 것이다. 《戰國策》에 "臨淄는 지극히 부유하고 경제적으로 충실한 곳이어서 백성들 가운데 북 치고 생황 불고 금슬을 타고 築(축, 대나무 막대로 두드려 소리를 내는 현악기의 일종)을 두드리지 않는 자가 없었고 또한 鬥雞와 개 경주, 공차기, 장기 놀이를 즐기지 않는 자가 없었다"[6]라는 표현이 보인다. 4구의 九府錢(구부전)이란 옛날 齊나라에서 사용된 화폐이다. 九府란 周나라 때 재정을 관장했던 9곳의 관아를 일컫는다. 《史記·貨殖傳》에 "그 후 齊나라는 한때 쇠약해지기는 했으나 관중이 집정하면서 다시 제도를 정비하여 크고 작은 九府를 설치하여"라는 기록이 보이는데 張守節은 正義에서 "周나라에는 大府, 內府, 泉府, 職內, 職金, 職幣 등이 있었는데 모두 재정과 화폐를 관장하는 곳이었으므로 九府라고 일컬었다."[7]라는 설명이 보인다.

이 시에서 작자는 북송 당시까지 또렷이 남아 있던 옛 제나라 도성 임치성의 성

---

5   康熙《青州府志》卷22《藝文上》, 清康熙六十年刻本, p.17b.

6   "臨淄甚富而實, 其民無不吹竽, 鼓瑟, 擊築, 彈琴, 鬥雞, 走犬, 六博, 踏踘者" (漢)高誘撰, (宋)姚宏續撰 :《戰國策注》卷8《齊一》, 士禮居叢書景宋剡川姚氏本, p.10a.

7   "其後齊中衰, 管子修之, 設輕重九府."張守節正義 : "周有大府, 玉府, 內府, 外府, 泉府, 天府, 職內, 職金, 職幣, 皆掌財幣之官, 故云九府也." (漢)司馬遷撰, (劉宋)裴駰集解, (唐)司馬貞索隱, 張守節正義 :《史記》卷129《貨殖傳》, 清乾隆四年刻本, p.2b.

벽과 궁궐 유적을 바라보면서 옛날에 7백년 동안 크게 번성했었을 임치성의 모습을 떠올려 보았다. 그러나 지금은 농부들이 밭갈이를 하고 김매는 한적한 시골의 농토로 변한 임치성의 옛터를 멀리 조망하면서 격세지감과 인간사의 유한함을 느낌과 동시에 가끔 농부들이 밭을 갈다가 옛날 제나라에서 사용되던 구부전을 줍기도 한다는 소리를 듣고는 재미있고 신기하다는 생각을 해보게 되었다.

사진 6-3　齊國故城遺址博物館 안의 고건축물과 역사유적지구 보호안내판

〈臨淄를 지나며〉
(원) 학경

　옛 제나라 도읍 임치성의 성곽과 궁궐은 깊고도 장엄하게 태산과 발해
사이 자리잡고 있어서
　일찍이 한나라 때는 이곳을 천혜의 요새로 삼았다 하네
　오랜 노목들 아름다운 풍경을 이루는 천년 옛 고도에
　저녁 석양 내리니 푸르른 牛山은 온통 금빛으로 물드네
　管仲이 품었던 覇者의 웅대한 포부 아무도 작게 여기지 않고
　고아하고 정의로운 魯中連을 뉘라서 감히 따르겠는가!
　반평생을 실의에 빠져 이리저리 떠돌다가
　옛 성현을 추모하고 감탄하다보니 부끄러운 마음 절로 깊어지기만 하네.

過臨淄[8]

(元)郝經[9]

區宇[10]沉雄[11]海岱間, 漢家[12]曾著此秦關.[13]

風煙[14]老樹千年國, 金碧斜陽一片山.

---

8 (元)郝經:《陵川集》卷13《律詩》, 明正德二年刻本, p.10a.

9 "郝經은 字가 伯常이고 陵川(지금의 山西 陵川)사람이다. 아버지 思溫은 난리를 피해 河南
   魯山에 가족을 데리고 숨어 살다가 金나라가 망하자 順天으로 이사했다. 학경은 어렸을
   때 집이 가난하여 낮에는 땔감과 쌀을 옮겨주는 일로 가족을 부양했고 밤에 독서를 했다.
   5년이 지나 守帥 張柔와 賈輔의 눈에 띄어 上客이 되었다. 元나라 世祖가 아직 즉위하기
   전에 학경을 불러 經國安民의 도리를 자문했는데 수십 조의 정책을 올렸고 세조가 크게
   기뻐하여 마침내 王府에 머물게 했다. 세조가 즉위한 후 그를 翰林侍讀學士로 임명하고는
   國信使로 충원하여 南宋에 사신으로 보냈는데 그곳에서 구금되어 버렸으나 지조를 굽히
   지 않고서 16년이 지난 후 귀국했다. 사람됨이 절개를 중시하고 실용의 학문에 힘썼다. 저
   서와 문집 수백 권을 지었다. (郝經, 字伯常, 陵川(今山西陵川)人. 父思溫, 避地河南之魯山, 金亡徙順
   天. 經幼家貧, 晝則負薪米爲養, 暮則讀書. 居五年, 爲守帥張柔, 賈輔所知, 延爲上客. 元世祖在潛邸, 召經諮
   以經國安民之道, 條上數十事, 大悅, 遂留王府. 及即位, 以爲翰林侍讀學士, 充國信使使宋, 被留不屈, 居十六
   年而歸. 爲人尚氣節, 爲學務有用, 所著書及文集幾數百卷)"嘉靖《清苑縣誌》卷5《人物》, 明嘉靖刻本,
   p.21b.

10 區宇(구우)란 齊古城의 궁전 등 건축물을 가리킨다. 漢 班固의《西都賦》에 "清涼展, 宣溫
   展, 神仙展, 長年展, 金華展, 玉堂展, 白虎展, 麒麟展 등 未央宮의 궁전들은 이처럼 이루다
   열거할 수 없네(清涼·宣溫, 神仙·長年, 金華·玉堂, 白虎·麒麟, 區宇若茲, 不可殫論)"라는 표현이 보인
   다. (梁)蕭統輯, (唐)李善注:《文選》卷1《西都賦》, 清嘉慶重刻本, p.10a.

11 沉雄(침웅)이란 깊고 雄壯하다는 뜻이다.

12 漢家란 漢나라 왕조를 가리킨다.《史記·梁孝王世家》에 "지금 漢나라는 周나라를 법도로
   삼고 있는데 周道에 따르면 동생을 세울 수 없고 마땅히 아들을 세워야 한다(方今漢家法周,
   周道不得立弟, 當立子)"라는 표현이 보인다. (漢)司馬遷撰, (劉宋)裴駰集解, (唐)司馬貞索隱, 張
   守節正義:《史記》卷58《梁孝王世家》, 清乾隆四年刻本.

13 秦關이란 원래 秦나라의 관문과 요새를 가리키는데 이후에는 관문과 요새의 범칭으로도
   사용되었다. 晉 張華의《蕭史曲》에 "용처럼 하늘을 주름잡아 오르고 봉황처럼 관문을 넘
   어 훨훨 날아갔네(龍飛逸天路, 鳳起出秦關)"라는 표현이 보인다. (清)曾國藩輯:《十八家詩鈔》
   卷3《蕭史曲》, 清同治十三年刻本, p.10b.

14 風煙이란 경치, 풍광의 뜻이다. 唐 駱賓王의《在江南贈宋五之問》시에 "풍광은 빼어나게
   출중하고 인걸은 진실로 아름답기 그지 없도다(風煙標迥秀, 英靈信多美)"라는 표현이 보인다.
   (唐)駱賓王:《駱賓王集》卷2《雜詩》, 石研齋校刻書本, p.3a.

管仲霸圖[15]無謂小, 魯連高義[16]孰能攀.
半生失意仍漂泊, 歎舊懷賢益厚顔.[17]

　　원나라 때의 저명한 유학자 중의 한 명인 저자 郝經은 우선 1연에서 제나라의 옛
도읍인 임치성이 태산과 발해 사이에 있는 천혜의 요충지에 자리하여 역대로 그 군
사적 지리적 중요성을 인정 받아왔음을 이야기한 후, 이어진 2연에서는 옛날의 번
영은 사라졌지만 저녁 석양이 내려 황금빛으로 물든 옛 임치성 유적은 너무나도 아
름다워 옛날의 영광을 절로 회고하게 만든다고 하였다. 3연에서는 이곳에 활약했
던 인물들 가운데 제환공을 패자로 이끌었던 관중, 어느 한 국가의 이익을 대변하
지 않고 힘이 없어서 도탄에 빠진 나라를 도와 공평한 대의를 추구하며 고아하게
살아간 노중련을 떠올리고는 그들의 업적을 찬양했다. 마지막으로 4연에서 작자는
이러한 관중이나 노중련과 같은 인물과는 대조적으로 자기 자신은 반평생을 실의
에 빠져 살면서 천하를 위해 아무런 포부를 펼치지 못했음에 부끄러움과 자괴감을
크게 느끼게 되었다고 말한다. 6구의 魯連은 魯仲連을 가리킨다. 노중련은 戰國시
기 齊나라 사람으로 지모가 있었으나 한 나라의 관직을 맡는 것을 거부하였고, 항
상 천하를 떠돌아다니면서 여러 나라 사이의 어려움과 다툼을 해결해주었다.

　　한편, 청대 문단의 영수인 王世禎 또한 임치현에 머무를 때《臨淄懷古》라는 시를

15　霸圖란 霸者의 원대한 포부를 뜻한다.《晉書·涼武昭王李玄盛傳》에 "涼武昭王 李皓는 천
　　하를 다스릴 도량을 가져 呂氏 말기에 군웅들의 추봉을 받아 마침내 패자의 웅대한 포부
　　를 펼쳤다(玄盛以緯世之量, 當呂氏之末, 爲群雄所奉, 遂啟霸圖)."라는 기록이 보인다. (唐)房玄齡
　　撰 :《晉書》卷87《涼武昭王傳》, 淸乾隆四年刻本, p.9b.

16　高義란 그 행위가 고상하고 정의에 부합함을 가리킨다.《戰國策·齊策二》에 "趙나라를 구
　　해준 행위는 고상하고 정의로운 것이며 秦나라 군대를 물리친 것은 명예를 드러낸 것이다
　　(夫救趙, 高義也 ; 卻秦兵, 顯名也)"라는 표현이 보인다. (漢)高誘撰, (宋)姚宏續撰 :《戰國策注》
　　卷9《齊二》, 士禮居叢書景宋剡川姚氏本, p.4b.

17　厚顔이란 미안하거나 부끄럽다의 뜻이다.《周書·文帝紀上》에 "朕이 不德하여 천자의 지
　　위에 있으면서 외적의 침략을 받게 되었다. 오늘에야 서로 만나게 되었으니 참으로 면목이
　　없구나(朕以不德, 負乘致寇. 今日相見, 深用厚顔)"라는 표현이 보인다.
　　(唐)令狐德棻 :《周書》卷1《文帝紀》, 淸乾隆四年刻本, p.13b.

지어 남겼으므로 여기서 함께 살펴보기로 한다.

사진 6-4   淄博市 臨淄區 齊都鎭 長胡村 마을 입구에 있는 齊國故城 城桓(성환, 즉 성곽) 유적비

〈임치현 회고시〉

(청) 왕세정

수려한 임치현은 옛 제나라의 이름난 도성이었으나

지금은 옛날의 번영이 쇠락하여 그 규모가 절반도 채 되지 않는 듯!

푸르른 잡초 우거진, 폐허가 된 궁궐 멍하니 바라보니 슬픈 생각 절로 들고

무더진 궁궐 전각 주위로 높다랗게 담벽만이 외롭게 남아있네.

(이곳에 처음 정착했던) 爽鳩씨로부터 까마득한 세월 지나 다 부서진 비석만 남아 있고

(안영이 和而不同의 도리를 제경공에게 설파했던) 천대에는 아무도 없어 패업을 상실한 지도 오래되었네.

龍女祠 앞에는 春水闊이 서있는데

동풍은 옛날처럼 잡풀 무성하게 우거진 벌판을 흔들며 불어오네

臨淄懷古[18]

(清)王世禎

臨淄佳麗[19]古名都, 萬戶雕殘[20]半有無.

碧草淒迷故宮廢, 靑宮[21]回合[22]女牆孤.

爽鳩世遠餘荒碣, 戲馬人空失霸圖.

龍女祠前春水闊, 東風如舊繞平蕪.[23]

    1연의 1, 2구에서 작자는 임치성이 옛 제나라 시절에 이미 거주 인구가 7만 호에 이를 정도로 번성했다는 사실을 알고 있었기에 큰 기대를 안고 자연풍광이 수려한 임치성을 찾게 되었음을 말하고, 막상 직접 와서 보니 옛날의 번영은 쇠락했고 인구나 경제규모도 옛 제나라 시절보다 한참 뒤떨어짐을 알게 되었다고 술회하였다. 이어진 3, 4구에서 그럼에도 임치성 내 옛 궁궐 유적만은 어느 정도 잘 보존되었으

---

18   民國《臨淄縣誌》卷3《古跡志》, 民國九年石印本, p.7a.

19   佳麗는 秀麗하다, 아름답다는 뜻으로《楚辭九章·抽思》에 "곱고도 아름다운 한 마리 새 무리에서 떨어져 홀로 이역의 땅에 왔네."라는 표현이 보이고 王逸은 注에서 "容貌가 아름답고 높은 덕이 있는 모양이다"라고 해설했다. "好姱佳麗兮, 牉獨處此異域."王逸注"容貌說美, 有俊德也." (宋)朱熹撰 :《楚辭集注》卷4《九章第四》, 古逸叢書覆元刻本, p.9b.

20   雕殘(조잔)이란 凋殘(조잔)과 같은 뜻으로 빼빼 말라서 시들어 떨어지다, 쇠퇴하고 몰락하다는 뜻이다.

21   靑宮은 옛날 太子가 거주하던 東宮을 가리킨다. 東方은 오행상 木에 속하고 木은 靑色으로 상징되므로 이러한 이름이 붙었다. 이 시에서는 齊古城 궁궐 안에 있던 전각과 가옥들을 가리킨다. 唐 白居易《寄楊六》시에 "靑宮의 관료는 침착하고 냉정하게 일을 처리하고, 국가의 대사는 번거롭고도 중하다네("靑宮官冷靜, 赤縣事繁劇")라는 표현이 보인다. (唐)白居易 :《白氏長慶集》卷10《感傷二》, 宋刻本, p.18a.

22   回合이란 주위를 둘러싸다는 뜻이다. 金 元好問의《善應寺》제1수에 "나직한 언덕 온통 뽕나무와 삼으로 둘러싸여 있고, 맑은 샘물 백 갈래로 흘러내리는 계곡 양쪽 언덕에 꽃은 피어있네(平崗回合盡桑麻, 百汊淸泉兩岸花)"라는 표현이 보인다. (金)元好問 :《遺山集》卷13《七言絶句》, 四部叢刊景明弘治刻本, p.9a.

23   平蕪는 수풀이 무성하게 자라는 들판을 가리키며 南朝 梁 江淹의《去故鄕賦》에 "먹장 구름 바다 위를 온통 감싸고 잡초 무성하게 자란 평야는 하늘과 맞닿아 있네(窮陰匝海, 平蕪帶天)"라는 표현이 보인다.

    (南朝梁)江淹 :《江醴陵集》卷1《賦》, 七十二家集本, p.7a.

리라는 기대를 안고 직접 궁궐터를 찾아보았지만, 전각을 둘러싸고 있던 높다란 담벽만 군데군데 남아있을 뿐 궁궐 역시 폐허가 되어 잡초만 무성했다. 그래서 멍하니 궁궐 잔해들을 바라보다가 자신도 모르게 처연하고 슬픈 감정을 주체할 수 없었다. 5, 6구에서 다 부서지고 폐허로 남은 유적 사이에서 옛 제나라의 始祖 상구씨의 전설과 안영이 제경공에게 화이부동의 도리를 설파했던 일을 떠올리며 지금은 이곳에 그처럼 훌륭했던 인물이 없어 옛 영광을 되찾을 수 없음을 탄식했다. 마지막 연인 7, 8구에서는 옛 영광이 퇴락한 이곳에 옛 사람의 능묘와 사당만 남아 그 옛날을 기억할 수 있게 하는데, 다만 이전부터 변함없이 불어왔을 쓸쓸한 바람만이 너른 벌판에서 일어나 무성한 풀들이 파도처럼 너울진다.

　2구 萬戶는《戰國策》에 "臨淄에는 7만 호가 있었다"[24]라는 기록이 보이는데 齊古城에 일찍이 인구가 많고 경제가 번영했음을 상징한다. 6구의 戲馬는 원래 말경주, 승마 유희 등을 가리키는데 여기서 임치현에 있던 遄台(천대)를 가리킨다.《晉書·劉邁傳》에 "桓玄이 일찍이 殷仲堪의 관사 앞에서 말을 타고 놀다가 긴 창으로 殷仲堪을 겨누었다"[25]라는 표현이 보이고, 民國《臨淄縣誌》에 "遄台는 臨淄縣 서쪽 5리에 있는데 안영이 화이부동의 도리를 논한 곳이며 일명 歇馬台(헐마대) 혹은 戲馬台라고 한다"[26]라는 기록이 보인다. 遄台는 지금의 淄博市 臨淄區 齊都鎮 小王村 남쪽이다. 7구의 龍女祠는 民國《臨淄縣誌》에 "齊桓公 塚은 齊城 남쪽 20리에 있는데 산 위에 능묘를 조성했다. 큰 무덤 옆에 女水가 있는데 齊桓公 딸의 무덤이 그 위에 있다고도 한다. 그래서 강물의 이름을 그렇게 지은 것이다."[27]라는 기록에서 비

24　"臨淄之中七萬戶." (漢)高誘撰, (宋)姚宏續撰：《戰國策注》卷8《齊一》, 士禮居叢書景宋剡川姚氏本, p.10a.

25　"玄(桓玄)曾于仲堪廳事前戲馬, 以矟擬仲堪." (唐)房玄齡：《晉書》卷85《劉毅傳》, 清乾隆四年刻本, p.10b.

26　"遄台, (臨淄)縣西五里. 晏子辯和同處. 一名歇馬台, 又名戲馬台."民國《臨淄縣誌》卷3《古跡志》, 民國九年石印本, p.27b.

27　"齊桓公塚, 在齊城南二十里, 因山爲墳. 大塚東有女水, 或雲齊桓公女塚在其上, 故以名水也"民國《臨淄縣誌》卷2《輿地志下》, 民國九年石印本, p.61b.

롯된 지명이나 실제로는 龍女祠가 아니라 앞서 본고에서 고증한 바, 牛山의 북쪽, 淄河의 동쪽에 위치한 齊景公의 능묘이다.

사진 6-5   淄博市 臨淄區 齊都鎮 小王村 남쪽의 遄台(천대) 遺址

사진 6-6   淄博市 臨淄區 齊都鎮 長胡村 마을 입구에 있는 齊國故城 성곽유적(사진 우측에 수풀로 가려진 곳에 옛 토성 유적이 남아 있음)

제1절 太公塚(太公墓), 三士墓, 達子店

> (청주부성에서) 35리를 가니 비석이 하나 서 있는데 "齊桓公墓(제환
> 공묘)"라고 써있다.……太公塚(태공총)은 桓公塚(환공총)의 남쪽에 있
> 는데 齊나라 사람들이 그의 덕을 추모하여 衣冠을 이곳에 장사지낸
> 것이다.
>
> (自靑州府城)行三十五里, 有碑, 書之曰 : "齊桓公墓", ……太公塚在
> 桓公塚之南, 齊人思其德, 葬衣冠於此.
>
> —鄭斗源《朝天記地圖》

위에서 조선사신 정두원은 "齊桓公墓"의 남쪽에 齊太公(姜尙)의 衣冠塚이 있다
고 했는데 이는《大明一統志》에 "太公望은 周나라에 장사지냈으나 齊나라 사람들
이 그 덕을 추모하여 그의 衣冠을 臨淄에 장사지냈다"[28]라는 기록과 일치한다. 이
衣冠塚은 "臨淄周太公墓",[29] "太公塚",[30] "太公墓",[31] "齊太公塚",[32] "太公衣冠塚"[33]
등으로도 불렸는데, 본고에서는 이후 "太公塚(태공총)"이라는 용어로 통일시켜 사
용하기로 한다. 이 臨淄 太公塚의 위치에 대하여 중국 역대 지방지에는 2가지 설이
존재한다. 하나는《大明一統志》, 嘉靖《靑州府志》, 康熙《靑州府志》, 咸豊《靑州府
志》등에 기록된 바,[34] 태공총이 臨淄縣 남쪽 10리에 있다는 설이고, 다른 하나는 嘉

---

28 "太公望葬于周, 齊人思其德, 葬衣冠於此(指臨淄)"《大明一統志》卷24《靑州府》, 明天順五
年內府刻本, p.33a.

29 嘉靖《靑州府志》卷11《古跡》, 明嘉靖刻本, p.60b ; 康熙《靑州府志》卷9《古跡》, 淸康熙六十
年刻本, p.13b ; 咸豊《靑州府志》卷24下《古跡考下》, 請咸豊九年刻本, pp.5b-6a.

30 《大明一統志》卷24《靑州府》, 明天順五年內府刻本, p.33a.

31 康熙《山東通志》卷21《陵墓》, 淸康熙四十一年刻本, p.15a.

32 嘉慶《大淸一統志·靑州府二》, 民國二十三年上海商務印書館四部叢刊續編景舊鈔本,
p.19a.

33 民國《臨淄縣誌》卷3《古跡志》, 民國九年石印本, p.8b.

34 《大明一統志》卷24《靑州府》, 明天順五年內府刻本, p.33a ; 嘉靖《靑州府志》卷11《古跡》,
明嘉靖刻本, p.60b ; 康熙《靑州府志》卷9《古跡》, 淸康熙六十年刻本, p.13b ; 咸豊《靑州府

靖《山東通志》, 康熙《山東通志》, 康熙《臨淄縣誌》 등에 기록된 것으로[35] 臨淄縣 남쪽 20리에 있다는 설이다. 필자들이 문헌 상의 기록을 고금의 지도와 대조해본 결과, 태공총은 응당 臨淄縣 남쪽 10리에 있었을 것으로 판단된다.

조선사신들은 청주부성으로부터 서쪽으로 역참로를 따라 臨淄城의 남쪽 樂安店과 新店鋪를 차례로 지난 후 계속 서쪽으로 이동하여 金嶺驛에 도착했는데 도중에 태공총을 가리키는 표지석을 보았으므로 대부분의 조선사신들이 태공총을 그들의 사행록에 언급했다. 그러나 앞서 살펴본 齊古城과 마찬가지로 그들이 태공총을 직접 탐방한 것은 아니었으므로 관련 시를 남긴 사신은 드문데, 조선사신 李慶全이 3首의《呂尙》이라는 시를 남기고 있으므로 이 시를 통해 명말 조선사신들의 姜尙에 대한 인식을 대체적으로나마 엿볼 수 있다.

〈呂尙 三首[36]〉
李慶全

제1수
맑은 위수 동쪽으로 흘러가는 磻溪(반계) 물가에서 백발 노인 낚시대 드리우고 있었으니
그 노인이 바로 그 때 주나라가 은나라를 대신하리라는 예언이 적힌 황옥을 낚았음을 그 누가 알았으리!
넓고 넓은 호수와 바닷가에 낚시대 드리운 어부 수없이 많았으니
문왕을 만나지 못했다면 더이상 그 뜻을 펼치지 못했으리라!

志》卷24下《古跡考下》, 請咸豊九年刻本, 第5b-6a.

35 嘉靖《山東通志》卷19《陵墓》, 明嘉靖刻本, p.18a ; 康熙《山東通志》卷21《陵墓》, 清康熙四十一年刻本, p.15a ; 康熙《臨淄縣誌》卷1《古跡》, 清康熙十一年刻本, p.9a.

36 이 시들의 자세한 해설은 (왕가, 한종진, 당윤희,《명청교체기 대명 해로사행로의 노선과 지명 재구 및 인문지리학적 고찰3-산동청주부(1)》, 서울: 역락, 2022, pp.219-222)를 참조하시기 바람.

清渭東流白髮垂 一杆誰見釣璜時
悠悠湖海多漁父 不遇文王定不加

제2수
잔악한 은나라 주왕의 무리가 어찌 지극히 인애로운 문왕을 대적할 수
있었으리
　당시 일시에 성나 봉기함은 백성들을 편안하게 하기 위함이었네
　강태공이 이끈 삼천 명 정예 용사 모두가 일심이었기에
　위엄을 떨치지 않아도 상대를 쉽게 정복했다네.

殘賊何能敵至仁 當時一怒爲安民
三千盡是同心士 不必鷹楊藉別人

제3수
　맹진에서 800명의 제후가 약속이나 한 듯 저절로 모두 모였고
　봄바람은 백이와 숙제가 고사리를 캐어먹다 죽은 수양산에 쓸쓸히 불고
있었네!
　그 누가 알았으리! 목야에서 모여 주왕을 정벌하고자 맹세한 일은
　강태공이 위수가에 홀로 낚시대 드리우며 세월 보낼 때 이미 도모했던
계획이었음을!

八百紛紛總不期 春風吹長首山薇
誰知際會鷹楊志 己在垂竿獨釣時

　한편, 民國《臨淄縣誌》에는 청나라 때 현지에 살던 문인이 강태공을 주제로 쓴 시
가 기록되어 있으므로 여기서 함께 살펴보고 이경전이 남긴 시와 간단하게 비교해
보도록 한다.

〈姜太公을 영탄하며〉

(청나라 때 현지주민) 마계상

여든 살이 될 때까지 곧은 낚시바늘 드리우고 세월 낚는 늙은 어부 자처하였으나

(무왕을 만나자) 송골매 가을바람 떨쳐 날아오르듯 威武를 펼쳐 주왕을 정벌했네.

맑은 위수 물가에서 백발이 될 때까지 때를 기다린 깊은 뜻은 다함이 없었으니

누가 문왕의 꿈 속에 날쌘 곰을 보내 예언한 것인가!

詠太公[37]

(清邑人) 馬季常

八十垂垂直釣翁, 鷹揚輕肯奮秋風.

白頭清渭無窮意, 誰遣飛熊入夢中.

이 시는 이경전의《呂尚》시와 詩意가 거의 비슷하여 조선문인들과 중국문인들의 강태공에 대한 평가가 거의 비슷함을 알 수 있다. 곧, 강태공이 늙은 나이가 될 때까지 좌절하지 않고 자신을 알아주는 군주와 자신의 뜻을 펼칠 시기를 만날 때까지, 자신을 수양하고 천하를 건질 계책을 용의주도하게 준비하고 있었다는 점을 높이 평가하고 있으며 동시에 숨은 현자를 알아보고 자신을 낮추어 삼고초려했던 무왕의 군주로서의 자질도 함께 찬양하고 있다.

4구의 飛熊이란 군주가 자신의 대업을 보좌하여 완성해줄 은자나 현인을 만나게 될 징조를 뜻한다. 明 陳仁錫의《潛確居類書》에 "文王이 장차 사냥을 나가려 하였는데 꿈속에서 飛熊이 나타났다. 무사를 찾아 해몽을 해보니 '곰도 아니고 호랑이도 아니고 표범도 아니며 霸王을 보좌할 사람을 얻는 것입니다.'라고 아뢰었

37 民國《臨淄縣誌》卷21《人物志一》, 民國九年石印本, p.37a.

다."[38] 周 呂尙의《六韜》에 "文王께서 渭水의 북쪽으로 사냥을 가시면, 거기에서 장차 큰 것을 얻는데 용도 아니고 이무기도 아니고 곰도 아니고 호랑이도 아닌 公侯를 얻을 징조입니다. 하늘이 당신에게 스승으로 보냈으니 그의 도움으로 창성하여 三王의 정사에 이를 것입니다. …… 이에 문왕이 3일 동안 목욕재계하고 田車를 타고 田馬를 몰아서 위수의 북쪽으로 사냥을 나갔다. 마침내 띠풀을 깔고 앉아 낚시를 하고 있는 강태공을 만나서는 몸소 말에서 내려 다가가 물었다."[39]라는 고사가 전한다.

이상 사행록 기록과 중국 지방지 기록에 따르면 임치현 남쪽 10리에 있다는 太公塚은 바로 姜尙의 衣冠塚이다.《史記》에 다음과 같은 기록이 보인다. "周나라 成王 때 …… 召康公을 보내 姜太公에게 명하여 말하기를 '동으로는 바다에 이르고 서로는 황하에 이르고 남으로는 穆陵에 이르고 북으로는 無棣(무체)에 이르는 영토까지 五侯와 九伯을 모두 다 정벌하라'고 했다. 그래서 齊나라가 이로 인해 정벌을 감행하여 대국이 되었고 도읍은 營邱에 두었다. 集解에서《禮記》를 인용하여 '太公이 營邱에 봉해졌으나 그의 五世 후손까지는 모두 죽으면 周나라에 장사지냈다.'고 했고, 鄭玄은 '太公이 봉지를 받았으나 주나라의 太師로 남았기 때문에 周나라에 장사냈는데 五世 후손 이후로는 齊나라에 장사지냈다'라고 했으며,《皇覽》을 인용하여 '呂尙塚은 臨淄縣城 남쪽으로 10리에 있다' 라고 했다."[40] 그러므로 姜尙이 비록 齊나라에 봉해졌으나 그는 周나라의 도읍인 鎬京(지금의 陝西 西安)에서 별세

---

38 "文王將獵, 而飛熊入夢, 占之曰：所覆非熊非羆, 非虎非貅, 所得霸王之佐." 明陳仁錫輯：《潛確居類書》卷76《藝習部十二》, 明崇禎刻本, p.2b.

39 "文王將田于渭陽, 將大得焉. 非龍非螭, 非虎非羆, 兆得公侯. 天遺汝師, 以之佐昌, 施及三王. ……文王乃齊三日, 乘田車, 駕田馬, 田于渭陽. 卒見太公坐茅以漁, 文王勞而問之." (周) 姜尙：《六韜》卷1《文韜》, 平津館叢書本, p.1a.

40 "周成王……乃使召康公. 命太公曰：東至海, 西至河, 南至穆陵, 北至無棣. 五侯九伯, 實得征之. 齊由此得征伐, 爲大國, 都營邱. 集解：駰案：禮記曰：太公封于營邱, 比及五世, 皆反葬于周. 鄭玄曰：太公受封, 留爲太師, 死葬于周. 五世之後乃嬪齊. 皇覽曰：呂尙塚在臨淄縣城南, 去縣十里." (漢)司馬遷撰, (劉宋)裴駰集解, (唐)司馬貞索隱, 張守節正義：《史記》卷32《齊太公世家第二》, 清乾隆四年刻本, p.4.

했고 거기에 묻혔음을 알 수 있다.《關中陵墓志》에 "周나라 때 太公望의 墓는 咸陽의 동북 20리에 있다"[41]라고 했고 嘉慶《大淸一統志》에도 "太公墓는 咸陽縣의 동북쪽에 있다"[42]고 했다. 이상의 기록을 고금의 지도와 대조해보면, 西安에 있었다는 "太公墓"는 바로 지금의 "姜子牙墓(강자야묘)"이며 咸陽 周陵鎭 鎭政府(한국의 읍사무소에 해당)에서 동북으로 약 600m 떨어진 곳에 있다. 관련 지방지 기록[43]에 따르면, 臨淄 太公塚은 현재 "姜太公 衣冠塚", "太公 衣冠塚"으로 불리며 淄博市 臨淄區 聞韶街道 姜太公祠 안에 있다. 1980년대 무덤의 동쪽에서 漢代의 것으로 추정되는 2개의 陶壺(도자기 항아리)가 출토되었기 때문에 강태공의 의관총은 한나라 때 만들어진 것으로 추측하고 있다.

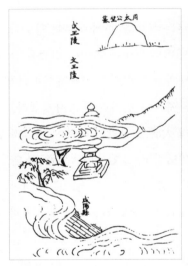

그림 6-7 《關中陵墓志》에 묘사된 명대 咸陽城 밖에 있던 "周太公望墓

사진 6-8 姜太公 衣冠塚과 石坊
石坊 상단에 가로로 쓰인 글씨는 "周師齊祖(주왕의 스승이자 제나라의 시조)"이고, 좌우 기둥에 대련으로 쓰인 글씨는 각각 "葬衣冠永懷太公德(의관을 장사지내 강태공의 덕을 영원토록 추모한다)", "建祠宇重現武成光(사당을 세워서 무성왕, 즉 강태공의 영광을 다시 드러낸다)"이다.

41 "周太公望墓, 在咸陽東北二十里." (明)祁光宗 :《關中陵墓志》不分卷, 淸鈔本.

42 "太公墓, 在咸陽縣東北."嘉慶《大淸一統志·西安府三》, 民國二十三年上海商務印書館四部叢刊續編景舊鈔本, p.23a.

43 臨淄區區志編纂委員會編《臨淄區志》, 中華書局2007年版, p.884 ; 臨淄民政局編《臨淄區地名志》, 山東人民出版社2018年版, p.484.

사진 6-9　지금의 臨淄 姜太公祠

사진 6-10　姜太公 衣冠塚의 비문

사진 6-11　姜太公 衣冠塚 역사유적 안내표지석

사진 6-12　大韓民國 晉州姜氏 中央宗會會長 姜顯松씨가
2004년에 세운 "姜太公追思碑"가 姜太公 衣冠塚 북쪽에 있다.

三士墓(삼사묘)는 (四王墓사왕묘의) 남쪽에 있다. 三士란 齊나라 公孫捷(공손첩), 田開疆(전개강), 古冶子(고야자)이다. 옛날 안영이 복숭아 두 개를 주어 수치스럽게 죽게 했다. 李白의 시에 "제나라 재상 안영이 복숭아 두 개를 써서 죽였다"고 한 것이 바로 이들이다. 제갈량의 〈梁甫吟〉에 "齊나라 도성 東門을 걸어나오니, 멀리 蕩陰里(탕음리)가 보이는데 마을에는 크기가 비슷한 3개의 무덤이 서로 줄줄이 연결되어 있다"라고 했는데 바로 이곳이다. 관중이 제환공의 재상이 되자 평범했던 齊나라가 五伯[44] 가운데 으뜸이 되어 이웃나라까지 널리 밝혔다. 그들 임금과 신하 사이에 뜻이 잘 맞았음을 생각하는 중에 부지불식 간에 눈물이 흘러 옷소매를 다 적셨다.

三士墓在其(四王墓)南, 三士者, 齊公孫捷, 田開疆, 古冶子也. 昔晏子饋以二桃而愧死, 李白詩 : 齊相殺之費二桃者, 此也. 諸葛亮梁甫吟曰 : "步出齊東門, 遙忘蕩陰里. 里中有三墳, 累累正相似", 即此也. 管仲相桓公, 以區區之齊爲五伯之首, 光燭鄰國, 臣想其君臣之際會, 不覺感淚沾衿.

—鄭斗源《朝天記地圖》

三士墓(삼사묘)는 (四王墓사왕묘의) 남쪽에 있다. 公孫樓,[45] 田開疆, 古冶子가 齊景公을 섬겼는데 용감했으나 무례했다. 안영이 제경공으로 하여금 그들에게 복숭아 두 개를 주어 공적을 따져서 더 나은 사람이 먹도록 했다. 공손첩과 전개강이 각각 자신들의 공이 고야자에게 미치지 못한다고 여기고 고야자에게 복숭아를 먹게 하고는 둘 다 자결했고 고야자도 역시 자결했다. 제갈량의 〈梁甫吟〉에 "齊나라 도성

---

44 五伯이란 春秋五霸인 齊桓公, 晉文公, 宋襄公, 楚莊公, 秦繆公을 가리킨다.《呂氏春秋·當務》에 "요, 순, 우, 탕, 문, 무의 여섯 왕과 오백을 두루 갖추어 비단하기를(備說非六王五伯)"이라는 표현이 보이고 高誘는 注에서 "五伯은 齊桓公, 晉文公, 宋襄公, 楚莊公, 秦繆公이다(五伯, 齊桓, 晉文, 宋襄, 楚莊, 秦繆也)"라고 해설했다. (秦)呂不韋撰, (漢)高誘注, (淸)畢沅校 :《呂氏春秋》卷11《仲冬紀十一》, 經訓堂叢書本, p.7b.

45 "樓"는 "捷"의 誤記이다.

문을 걸어서 나오니 멀리 蕩陰里(탕음리)가 보이네. 마을에는 크기가
비슷한 세 개의 무덤이 서로 줄줄이 연결되어 있네. 누구의 무덤인가
물으니 공손첩, 전개강, 고야자의 무덤이라 하네. 힘은 남산을 밀쳐 넘
어뜨릴 만하고 문장은 능히 천지의 이치를 다 써낼 만했으나 하루 아
침에 참언을 입어 복숭아 두 개로 세 명의 용사가 죽게 되었네. 누가 이
런 음모를 꾸밀 수 있었는가? 바로 제나라 재상 안영이라네"라고 했다.

> 三士墓, 在其(四王墓)南. 公孫棲, 田開疆, 古冶子事景公, 勇而無禮. 晏
> 子言於公, 饋二桃, 令計功而食. 田疆各言功不及, 冶子不食, 乃自刎,
> 冶子亦刎. 諸葛亮梁甫吟: "步出齊城門, 遙望蕩陰里. 里中有三墳, 累
> 累正相似. 借問誰家墳, 田疆古冶氏. 力能排南山, 文能絶地記. 一朝被
> 讒言, 二桃殺三士. 誰能爲此謀, 國相齊晏子."
>
> —金德承《天槎大觀》

위의 기록에서 정두원이 언급한 李白의 시란 唐 李白의 시《梁甫吟》으로, "힘이
南山을 밀쳐낼 만한 세 명의 壯士들, 제나라 재상 안영은 두 개의 복숭아를 써서 그
들을 죽였네"[46]라는 구절을 말한다. 위에서 정두원과 김덕승이 언급한 대로, 臨淄
에는 春秋 시기 齊나라에서 유명했던 세 명의 용사 公孫捷, 田開疆, 古冶子의 무덤
인 "三士墓"가 있었으며 이는《大明一統志》의 언급[47]과 일치한다. 이들 제나라 세
명의 용사에 대한 전고는 諸葛亮의《梁甫吟》으로 인해 세상에 널리 알려지게 되었
다. 嘉靖《青州府志》의 기록[48]에 따르면, 一基 三塚 형태의 三士墓가 齊古城 남문에
서 1리 정도 떨어진 곳에 있었다. 그러므로 청주부성과 金嶺驛을 잇는 登-萊-青 역
참로는 이곳을 경유하지 않는다. 그래서 조선사신들은 이 삼사묘를 직접 보지는 못
했을 것이며 그래서 이와 관련된 조선사신의 시도 전혀 남아 있지 않다.

---

46 "力排南山三壯士, 齊相殺之費二桃." (唐)李白:《太白集》卷3《詩歌三十一》, 宋刻本, p.3a.
47 "三士墓, 在臨淄縣治南. 齊公孫捷, 田開疆, 古冶子事景公, 勇而無禮. 晏子言於公, 饋之二
    桃, 令計功而食. 公孫捷, 田開疆各言其功不及古冶子而食挑, 乃自刎死. 古冶子亦刎死"
    《大明一統志》卷24《青州府》, 明天順五年內府刻本, p.33a.
48 嘉靖《青州府志》卷11《陵墓》, 明嘉靖刻本, p.17a.

아래에서 삼사묘의 옛 모습을 상상해보기 위해 현지 중국문인들의 삼사묘에 관한 시 두 편을 함께 살펴보기로 한다.

〈세 용사의 묘〉
(청) 왕심청

저 멀리 보이는 蕩陰里에
세 용사의 옛 무덤 무성한 덤풀에 덮여 있네.
용맹으로는 이들 세 용사를 으뜸으로 꼽건만
괴이한 모략으로 복숭아 두 개를 이용하여 (이들을 죽인 안영이) 한스럽네.
당시에 모두가 의롭고 열의에 차 있었으나
대대로 세 용사를 표양하는 이는 드물었다네.
이지러진 비석 앞에서 깊이 탄식하는데
가을 바람 때마침 사납게 불어오네.

三士墓[49]
(清) 王心清[50]

---

49   民國《臨淄縣誌》卷3《古跡志》, 民國九年石印本, p.13b.

50   "王心清은 字가 澄源이고 (臨淄縣)西門 사람이다. 어려서부터 총명하였고 18세에 縣學에 입학하였다. 성품이 효성스럽고 우애가 돈독하며 사람들과 성실하게 교제하였고, 생계를 위해 동분서주하지 않았다. 건륭 기해년에 향시에서 선발되어 齊河 教諭를 제수받았다. 모친상을 당한 후 집에서 근신하면서 詩賦 읊기를 그만 두었고,《竹堂詩集》과《竹堂雜記》를 지어둔 것을 家藏하였다. 이후에 다시 蓬萊 教諭로 복직하였다. 嘉慶 辛未년과 壬申년 사이에 登州와 萊州에 대기근이 발생하고 역병이 유행하자, 등주 지부가 사람들을 구휼토록 명을 받고 왕심청에게 일을 돕도록 하였다. 그는 아침 저녁으로 부지런히 업무를 처리하였으며 일마다 조리가 있어 온전히 살아난 자가 많았다. 그러나 본인은 과로로 인하여 병들어 다시 일어나지 못하게 되었다. 등주 사람들이 그의 문장과 인품을 존경하였고 그가 과로로 인해 죽었음에 감동하고 슬퍼하여 그의 상여를 따라오는 자가 많았으며, 백성들이 그를 毅正先生이라 칭했다. (王心清, 字澄源, (臨淄縣)西門人. 幼有夙慧, 年十八入邑庠, 篤于孝友, 接人以誠, 不爲世故周旋. 乾隆己亥擧於鄕, 授齊河教諭. 丁內艱, 居家教授, 並肆刀於吟詠. 著有竹堂詩集及竹堂雜記藏於家. 再補蓬萊教諭. 嘉慶辛未, 壬申間, 登萊大饑, 瘟疫流行, 登守奉文賑恤, 委心清助理, 朝夕調度,

茫茫蕩陰里, 古塚沒蓬蒿.[51]

大勇推三士, 奇謀恨二桃.

當時同激烈, 奕世[52]少旌褒.[53]

太息[54]殘碑下, 秋風正怒號.

이 시는 삼용사 묘와 그곳 주위의 쓸쓸한 풍경에 대한 "묘사"와 삼용사의 용기
와 공적이 충분히 칭송받을 만하지만 잊혀진 현실을 개탄하고 안타까와하는 "심정
의 표출과 평가"를 시적으로 형상화하였다. 곧, 시의 처음인 1, 2구와 마지막인 7, 8
구에서는 주로 삼용사의 묘가 기본적인 관리조차 제대로 되지 않아 덤풀이 무성하
고 비석은 다 부서져 쓰러져 있다고 묘사하면서 혼자서 탄식해 마지않았다. 3, 4구
와 5, 6구에서는 諸葛亮의《梁甫吟》의 관점을 그대로 쫓아 삼용사가 옛날 타고난
용맹과 충절로 국가를 위해 큰 공적을 세웠으나, 그를 경계하고 못마땅하게 생각한
재상 안영의 기괴한 모략에 넘어가 복숭아 두 개로 인해 살해당했음을 안타깝게 여
기고 후세 사람들이 그들을 족히 표양할 만하다고 평가했다.

事事有法, 所全活者眾. 竟以勤勞染病不起. 登人素重其文行, 人感其劬勞以歿, 經紀其喪以歸, 私諡曰毅正先
生)"《臨淄縣誌》卷24《人物志四》, 民國九年石印本, pp.23b-24a.

51   蓬蒿(봉호)란 글자 그대로 다북쑥과 민망초를 가리키며 인신하여 풀덤불을 의미하기도 한
     다.《禮記·月令》에 (초봄에는)명아주, 가라지, 다북쑥, 민망초가 무럭무럭 자란다[(孟春之月)
     藜莠蓬蒿並興]"라는 표현이 보인다. (漢)鄭玄注, (唐)陸德明音義 :《禮記》卷5《月令第六》,
     仿宋相台五經本, p.5b.

52   奕世(혁세)란 歷代, 대대로의 뜻이다.《史記·周本紀》에 "대대로 덕행을 계승하면서도 前人
     의 이름을 더럽히지 않았다(奕世載德, 不忝前人.)"라는 표현이 보인다. (漢)司馬遷撰, (劉宋)裴
     駰集解, (唐)司馬貞索隱, 張守節正義 :《史記》卷4《周本紀》, 清乾隆四年刻本.

53   旌褒(정포)란 표창하다, 표양하다는 뜻이다. 唐 柳宗元의《壽州安豐縣孝門銘序》에 "唐堯
     처럼 하늘과 신명과 같은 덕을 갖추신 폐하께 엎드려 비옵건대 마땅히 표창하여 하늘과 땅
     의 뜻에 부합해야 할 것입니다(伏惟陛下有唐堯如天如神之德, 宜加旌褒, 合於上下)"라는 표현이
     보인다. (唐)柳宗元 :《河東集》卷20《壽州安豐縣孝門銘序》, 宋咸淳刻本, p.12a.

54   太息이란 깊이 탄식하다는 뜻이다.《莊子·秋水》에 "公子 魏牟가 안궤에 엎드려 깊이 탄식
     하다가 다시 고개를 들어 웃으면서(公子牟隱機大息, 仰天而笑)"라는 표현이 보인다. (周)莊周
     撰, (晉)郭象注 :《莊子》卷6《莊子外篇刻意第十五》, 四部叢刊景明刻本, p.24b.

〈세 용사의 묘〉

(청나라 때 현지인) 최상곡

옛날 그때 온 제나라 땅에 늠름한 위엄 크게 떨쳤건만

지금은 길게 자란 잡풀과 우거진 관목이 墓域을 온통 뒤덮고 있네.

正道에 의거하여 공을 논하여 상을 주려 하지 않으니

결국에는 자신들의 목숨을 떠도는 구름처럼 가벼이 여겼네.

용기와 기백은 출중하나 아마도 지혜는 모자란 듯

功名을 추구함이 너무 심하여 그 몸을 가벼이 보았네.

예의와 변통이 함께 쓰이면 결국에는 혼란해지거늘

제갈량은 어이하여 (〈양보음〉을 지어 예의를 지키지 않는 세 용사를 복숭아 두

개로 죽인) 晏嬰을 비웃어야만 했는가!

三士墓[55]

(淸邑人) 崔象穀

當日威棱[56]七十城, 墓門今已長柴荊.[57]

---

55   民國《臨淄縣誌》卷3《古跡志》, 民國九年石印本, p.13b.

56   威棱(위릉)은 늠름하고 위엄이 있다는 뜻이다.《漢書·李廣傳》에 "그래서 명성이 夷族과 貉族에 드러나고 늠름한 위엄이 이웃나라를 떨게 했다"라는 표현이 보인다. 王先謙은 補注에서 "《廣韻》에 '稜은 棱字와 통한다'라 했고,《說文》에 '棱은 모서리의 뜻이다'라 했으며 《一切經音義》18권에서《通俗文》을 인용하여 '나무에 모서리가 4개인 것을 棱이라 한다' 라고 해설했다. 그러므로 사람이 위엄이 있으면 마치 각이 지고 모서리가 있는 것 같으므로 威棱이라는 말이 생겼다."라고 설명했다. "是以名聲暴於夷貉, 威棱憺乎鄰國." 王先謙 補注 "《廣韻》: '稜, 俗棱字.'《說文》: '棱, 柧也.'《一切經音義》十八引《通俗文》: '木四方爲 棱.'人有威, 如有棱者然, 故曰威棱." (民國)王先謙:《漢書補注》卷54《李廣蘇建傳》, 清光緒 二十六年刻本, p.4b.

57   柴荊(시형)은 "紫荊(자형)"이라고도 하며 잡목의 뜻이다. 唐 杜甫의《晨雨》시에 "잠깐 사이 잡목을 적셔 푸르고 싱그럽게 만들고 다시 가볍게 새와 짐승의 무리를 적시네"라는 표현이 보이고 仇兆鰲는 注에서 "柴荊은 작은 나무이다(暫起柴荊色, 輕沾鳥獸群)"라고 설명했다.仇兆鰲注: "柴荊, 小木." (清)仇兆鰲:《仇注杜詩》卷18《晨雨》, 清康熙五十二年刻本, p.36b.

非憑直道[58]論功賞, 竟把浮雲看死生.

勇力[59]雖優嫌智短, 名心[60]太重視身輕.

儀延並用終爲亂, 諸葛何須笑晏嬰.

　　이 시는 앞의 시와 비슷하게 삼용사 묘가 제대로 관리가 되지 않아 잡풀과 관목으로 뒤덮혀 황폐해진 모습에 대한 "묘사"와 삼용사에 대한 "평가"로 구성되어 있다. 그러나 삼용사에 대한 평가는 앞의 시와는 완전 상반되며 안영의 조치를 지지하고 제갈량의 견해를 견책하고 있다. 곧, 나라를 다스릴 때는 예법이 중요한데 삼용사는 이 예법을 무시하고 자신들 마음대로 행동했기 때문에 계속 묵과할 수 없는 상황이었고 그래서 안영의 조치는 마땅하다는 것이다. 그리고 안영이 그들에게 복숭아 두 개를 상으로 준 것 자체가 문제가 아니라 지혜가 모자라고 어리석어서 正道에 따라 論功行賞을 하지 못했을 뿐만 아니라 功名을 지나치게 추종하여 자신의 일신을 떠도는 구름처럼 가볍게 여긴 삼용사의 자질과 처신이 더 큰 문제라고 보았다. 그래서 〈양보음〉을 지어 안영의 조치를 비판한 제갈량의 견해가 궁극적으로는 잘못된 것이라고 비판하며 시를 마무리했다.

　　조선사신들이 기록한 三士墓는 현재 "三士冢"으로 불리고 있다. 현재의 三士塚은 높이가 12m, 동서로는 100여m, 남북으로는 50여 m의 규모이며 하나의 기단에 세 개의 봉분이 서로 연결되어 있는 一基三墓式 구조로 되어 있다. 현재 소재지는

58　直道란 正道를 가리킨다. 《禮記·雜記》에 "그 나머지는 정도로써 행한다는 것이 이것이다(其餘則直道而行之是也)"라는 표현이 보인다. (漢)鄭玄注, (唐)陸德明音義 : 《禮記》卷12《雜記上第二十》, 仿宋相台五經本, p.19b.

59　勇力은 용맹하고 큰 힘이 있다는 뜻이다. 《周禮·夏官·司右》에 "司右는 여러 右의 政令을 통솔하는데 …… 대개 나라에서 용맹하고 힘센 무사가 능히 다섯 병졸을 쓸 수 있다는 말이 이런 것이다(司右掌群右之政令……凡國之勇力之士, 能用五兵者屬焉)"라는 표현이 보인다. (漢)鄭玄注, (唐)陸德明音義 : 《周禮》卷8《夏官司馬下》, 士禮居叢書景明嘉靖刻本, p.4a.

60　名心이란 功名을 쫓는 마음을 뜻한다. 淸 李漁의 《風箏誤·遣試》에 "노년에는 공명을 쫓는 마음이 너무 강렬한 것을 가장 금기시하고 장년에는 벼슬을 하고자 하는 마음이 멀어지는 것을 근심해야 한다(老年最忌名心熱, 壯歲還愁宦念疏)"라는 표현이 보인다. (淸)李漁 : 《風箏誤》卷上之下《遣試》, 笠翁傳奇十種本, p.26a.

淄博市 臨淄區 齊都鎭 南關村의 동남쪽에 있다.

사진 6-13   臨淄區 齊都鎭 南關村 동남쪽에 있는 三士塚의 전경

사진 6-14   三士塚 앞의 역사유적 안내표지석

(6월) 14일 맑음. 아침에 해가 뜰 때 (菊迷河국미하에서) 출발하여 靑
州 北關 彌陀寺(미타사)에 도착했으나 말과 마부, 가마꾼들이 제때 오
지 않아 다시 출발하지 못했기에 아침부터 오후까지 절에 머물렀다.
…… 말과 마부가 제때 오지 않아서 오후에 출발했기 때문에 40리를
가서 達子店(달자점)에서 유숙했는데 양식을 실은 수레가 전부 당도

하지 않았다.

> (六月)十四日, 晴. 平明(自菊迷河)發行, 到靑州北關彌陀寺, 夫馬轎
> 軍不齊, 不復發. 自朝至午, 留寺. ……以夫馬未齊之故, 午後發行, 到
> 四十里, 宿達子店, 乾糧皆不及到.
>
> —吳允謙《秋灘東槎朝天日錄》

　　명 천계 2년 6월 14일, 登極使 오윤겸 일행은 益都縣 菊迷河(국미하, 巨彌河거미하)에서 출발하였으나 교대할 가마꾼, 말, 마부, 필요한 물품 등이 제때 도착하지 않았기 때문에 청주부성 근처에 있던 彌陀寺(미타사)에서 상당 시간 휴식을 취해야만 했다. 오후가 되어서 일행은 臨淄를 향해 출발하여 40리를 간 후 "達子店(달자점)"에 도착하여 유숙했다. 정두원의 《朝天記地圖》에 '청주부성에서 서쪽으로 益都縣 金嶺驛까지 70리 거리이다'라고 했고 최응허의 《朝天日記》에 '청주부성에서 淄河店까지 35리의 거리이다'[61]라고 하였으며 嘉靖《靑州府志》에 '益都縣 石洋鋪는 청주부성 서쪽 30리에 있다'[62]라는 기록이 있으므로 "達子店"은 아마도 臨淄縣 서쪽 5리에 있었을 것으로 추정된다. 咸豐《靑州府志》에 淄河店에서 "서쪽으로 몇 리를 가면 安樂店이 있고 옛날에 '達慈殿'이라고 불렸다"[63]라는 기록이 있으므로 이러한 정보를 토대로 고금의 지도를 대조해 보면 오윤겸 일행이 유숙했다는 "達子店"은 바로 "達慈殿(明末 安樂店의 俗名을 通假하여 기록한 것임)"이다.

　　관련 지방지의 기록[64]에 따르면, 오윤겸이 말한 "達子店"은 지금의 安樂店村(안락점촌)으로 臨淄 시내에서 동남쪽으로 약 3㎞ 떨어진 곳에 있고 마을의 동쪽으로 淄河가 흘러 지나간다. 명청 시기에는 청주부 臨淄縣 端智鄕에 속했고 1920년 이

61　[朝鮮] 鄭斗源：《朝天記地圖》, 韓國成均館大學尊經閣藏本 ; [朝鮮] 崔應虛：《朝天日記》, 韓國忠淸南道靑陽郡慕德祠藏本.

62　嘉靖《靑州府志》卷11《鄕社》, 明嘉靖刻本, p.47b ; 民國《臨淄縣誌》卷1《村社》, 民國九年鉛印本, p.42a ; 臨淄民政局編《臨淄區地名志》, 山東人民出版社2018年版, p.247.

63　"西數里爲安樂店, 古名'達慈殿'" 咸豐《靑州府志》卷23《形勝考》, 請咸豐九年刻本, p.2b.

64　嘉靖《靑州府志》卷11《驛遞》, 明嘉靖刻本, p.42a.

후로는 臨淄縣 南三社에, 1930년 이후로는 臨淄縣 第三區에 속하였다. 1955년 이후로는 臨淄縣 孫婁區 辛店鄕에 소속되었으며, 1965년 이후로는 臨淄縣 孫婁公社에, 1970년 이후로는 臨淄區 辛店公社에, 1997년 이후로는 淄博市 臨淄區 辛店街道에 속해 오고 있다. 安樂店村 주민 李東來(이동래, 남, 89세)씨의 증언에 따르면, 지금의 安樂村은 재개발로 새롭게 재건되었으나 마을 서남쪽에 옛 官道가 아직 보존되어 있다고 했다. 이 길이 바로 명대 말기 益都에서 金嶺으로 가는 옛 관도였으며 집필진이 현지답사를 한 결과 安樂店村 안에 길이 약 200m, 폭 5-6m의 잘 다져진 흙길이 동서로 이어진 옛 관도임을 확인할 수 있었다. 이 관도는 현재 臨淄區 辛安路의 동쪽 끝단과 연결되어 있다.

사진 6-15　본서의 집필진이 安樂店村 촌민 李東來씨와 인터뷰하는 모습

사진 6-16　본서의 집필진이 安樂村 주민들과 인터
뷰하는 모습

사진 6-17　安樂村 서남방에서 辛安路와 연결되는 古
驛道

사진 6-18　臨淄區 辛店街道 安樂店村 村碑(정면)

사진 6-19　安樂店村 村碑(후면)

　　한편, 李東來씨는 옛 官道가 安樂店에서 서쪽으로 뻗어나가 辛店村(신점촌)을
경유한다고 알려주었다. 嘉靖《靑州府志》에 "新店은 (臨淄縣)城 서남쪽 12리에 있
다"[65]라고 했고 咸豊《靑州府志》에도 "(臨淄縣)城 서남쪽 12리의 急遞鋪가 新店鋪이
다"[66]라는 기록이 있으므로 이들 중국 지방지에서 말하는 "新店"은 바로 李東來씨
가 증언한 "辛店"이다. 여러 지방지의 기록[67]에 따르면, 辛店은 지금 辛店街村(신점

65　"新店, (臨淄縣)城西南一十二里"嘉靖《靑州府志》卷11《鄉社》, 明嘉靖刻本, p.47b.

66　"(臨淄縣)城西南十二里(的急遞鋪)爲新店鋪." 咸豊《靑州府志》卷27《驛傳》, 清咸豊九年刻本,
　　p.15a.

67　嘉靖《靑州府志》卷11《鄉社》, 明嘉靖刻本, p.47b ; 民國《臨淄縣誌》卷1《村社》, 民國九年鉛
　　印本, p.42a ; 臨淄民政局編《臨淄區地名志》, 山東人民出版社2018年版, p.248.

가촌)으로 불리는데 원래는 新店으로 불렸으며 臨淄 시내에서 남쪽으로 1리 떨어진 곳에 위치해 있다. 전하는 바에 따르면, 辛店街村은 漢代에 마을이 세워졌고 明淸 시기에는 청주부 臨淄縣 端智鄕(단지향)에 속했다. 1920년 이후로는 臨淄縣 南三社에, 1930년 이후로는 臨淄縣 第三區에 속하였다. 1955년 이후로는 臨淄縣 孫婁區 辛店鄕에, 1965년 이후로는 臨淄縣 孫婁公社에, 1970년 이후로는 臨淄區 辛店公社에 속하다가 1997년 이후로 지금까지 淄博市 臨淄區 辛店街道에 속해오고 있다.

사진 6-20   淄博市 臨淄區 辛店街道 辛店街村 마을비(정면)

사진 6-21   辛店街村 마을비(후면)

제2절 "矮槐古跡"題門,[68] 矮槐橋

(7월) 10일 맑음, 새벽에 (泗洱店거이점을) 출발하여 青州에 도착했
다.……다시 村鋪를 지났는데 "矮槐古跡(왜괴고적)"이라고 써있었다.
……金嶺驛에 유숙했다.

(七月)初十日, 晴. 曉發(泗洱店), 到青州, ……又過村鋪, 題曰："矮槐
古跡". ……宿金嶺驛.

—安璥《駕海朝天錄》

臨淄縣의 서쪽에 "矮槐夏陰(왜괴하음)"이 있고 역참 앞에 矮槐橋(왜
괴교)가 있었다. 촌락은 부유하고 사치스러웠다.

(臨淄)縣西"矮槐夏陰", 店前有矮槐橋, 村落豐侈.

—金德承《天槎大觀》

위의 사행록 기록에 따르면, 명 천계 원년 7월 10일 謝恩冬至兼聖節使臣團 서장
관 안경 일행은 益都縣 "泗洱店(거이점)"에서 金嶺驛으로 가는 도중에 "矮槐古跡
(왜괴고적)"이라고 쓰여진 題門이 서있는 客館을 지났다. 그리고 명 천계 4년 冬至
兼聖節使 김덕승 역시 臨淄縣 서쪽에 "矮槐夏陰店(왜괴하음점)"이라는 역참을 지
나게 되었고, 역참 앞에 "矮槐橋(왜괴교)"라는 다리가 있었다고 기록하고 역참이 있
던 촌락은 규모가 비교적 크고 인구도 많으며 촌민들의 생활은 부유하고 사치스러
웠다고 했다. 康熙《臨淄縣誌》의 기록[69]에 따르면, "왜괴하음점"은 명말청초 "臨淄
八景(임치팔경)" 중의 하나로서 역참의 객사 건물 밖으로 서있는 矮槐 나무, 古亭(矮
槐亭), "矮槐夏陰"이라고 쓴 碑刻, 그리고 주위를 휘감아 흐르는 맑은 개천이 한 폭
의 풍경화 같은 아름다운 곳이다. 이처럼 조선사신 김덕승의 "왜괴하음점"에 관한
기록은 중국 지방지의 기록과 일치하고 있다. 그리고 정황 상 안경이 기록한 "矮槐

---

68   조선사신의 사행록에서는 矮槐夏陰, 矮槐夏陰店이라고도 했다.

69   康熙《臨淄縣誌》卷首圖《八景圖》, 清康熙十一年刻本, p.3b.

古跡” 題門은 바로 “矮槐夏陰” 碑刻인
것 같지만, 중국 지방지에는 이에 대한
언급이 없으므로 단언하기는 어렵다.

　嘉靖《靑州府志》에 다음과 같은 기
록이 보인다. “矮槐亭은 臨淄縣의 西
南[71] 20리 거리에 郵亭[72]이 있는 곳에 있
다. 古槐 나무 열 주가 있는데 높이는 5
척 남짓이다. 전하는 바에 따르면 宋 藝
祖[73]가 아직 황제에 즉위하기 전에 이
곳을 지나가다가 입고 있던 도포를 벗

그림 6-22　《臨淄八景》중의 하나인《矮槐夏陰》[70]

어 나무 위에 걸었다고 한다.”[74] 이로 보건대 “矮槐夏陰”碑刻이 있던 이곳을 矮槐亭

70　康熙《臨淄縣誌》卷首圖《八景圖》, 淸康熙十一年刻本, p.3b.

71　원래 原文은 “西北”으로 되어 있다. 그러나 嘉靖《山東通志》에 “矮槐는 臨淄縣의 西北 20
　　리 郵亭處에 있다. 古槐가 10 株 있었는데 높이가 5尺 남짓이다. 전하는 바에 따르면, 宋藝
　　祖가 황제가 되기 전에 이곳을 지나가다가 도포를 나무위에 걸어 놓은 적이 있다고 한다(矮槐
　　臨淄縣西北二十里郵亭處, 有古槐十株, 高五尺許. 相傳宋藝祖未帝時過此, 嘗掛袍於上)”라는 기록이 있
　　고 또 고금의 지도를 대조해보면, 이곳의 원문은 誤記이며 응당 “西南”이 되어야 한다. 嘉
　　靖《山東通志》卷22《古跡》, 明嘉靖刻本, p.37a.

72　郵亭(우정) 이란 원래 망루의 뜻인데 여기서는 驛館을 가리킨다.《墨子·雜守》에 “그 주위로
　　郵亭을 세우고(築郵亭者圓之)”라는 표현이 보인다. (周)墨翟撰, (淸)畢沅注 :《墨子》卷15《迎
　　敵祠弟六十人》, 經訓堂叢書本, p.15b.

73　“藝祖”란 원래는 文德이 있는 始祖를 가리킨다.《書·舜典》에 “사냥에서 돌아와서 문덕이
　　있는 시조의 사당에 가서 수소를 희생으로 삼아 제사지낸다. (歸, 格于藝祖, 用特)”라는 표현
　　이 보인다. (漢)孔安國傳, (唐)陸德明音義 :《尙書》卷1《舜典》, 仿宋相台五經本, p.9b; 여기
　　서는 北宋 開國 皇帝 宋太祖 趙匡胤을 가리킨다. 淸 顧炎武의《日知錄·藝祖》에 “사람들이
　　宋나라 때 太祖를 藝祖라고 부른 사실은 알지만 원래 前代부터 太祖를 藝祖라고 부른 사
　　실을 모른다.……그러므로 藝祖는 역대로 太祖에 대한 通稱이다. (人知宋人稱太祖爲藝祖, 不
　　知前代亦皆稱其太祖爲藝祖……然則(藝祖)是歷代太祖之通稱也)”라는 표현이 보인다. (淸)顧炎武 :
　　《日知錄》卷24《藝祖》, 淸康熙三十四年刻本, p.1b.

74　“矮槐亭, 在(臨淄)縣西南二十里郵亭處. 有古槐十株, 高五尺許. 相傳宋藝祖未帝時過此, 嘗
　　掛袍於上.”嘉靖《靑州府志》卷7《古迹》, 明嘉靖刻本, p.32頁a.

혹은 矮槐라고도 불렀으며, 이곳에 있던 10 그루의 왜괴나무는 키가 1.56m[75] 정도로 작았기 때문에 그러한 이름이 붙었음을 짐작할 수 있다. 그리고 당시 민간에는 "矮槐夏陰"의 矮槐나무에는 宋 太祖 趙匡胤(조광윤)이 황제가 되기 전 이곳을 지나다가 그의 도포를 걸었었다는 전설이 유전되고 있었다. "矮槐夏陰"에서 "夏陰(여름 그늘)"이라는 표현을 보면, 역참 곁에 있는 10 그루의 왜괴나무가 비록 키는 크지 않았지만 가지가 무성하게 자라나 여름이면 크고 짙은 그늘을 드리워 역로를 지나다니던 이용객들의 더위를 식혀주는 휴식처가 되었음을 알 수 있다. 그리고 咸豊 《青州府志》에 "성의 서남쪽에 …… 20리 지점에 矮槐樹鋪가 있다"[76]라고 했으니 矮槐亭이 있었던 곳은 바로 臨淄縣의 서남쪽에 있던 급체포, 곧 矮槐樹鋪(왜괴수포)임을 알 수 있다.

조선사신들은 "矮槐亭" 곧, "矮槐樹鋪"를 지날 때 이곳의 연원과 역사에 대한 정보가 없었기 때문인지 아무런 관련 詩作을 남기지 않았다. 그러므로 여기서 명청시기 중국문인들의 관련 시편을 몇 편을 살펴보면서 조선사신들이 보았을 "矮槐夏陰"의 아름다운 풍경과 인문지리적 경관을 상상해보기로 한다.

사진 6-23   淄博市 臨淄區 辛店街道 矮槐樹村 동쪽에 있는 "矮槐夏陰" 石碑와 최근 복원 차원에서 심어놓은 槐나무.

---

75   明代에 1寸(10厘)은 3.11㎝, 1尺(10寸)은 31.1㎝, 1丈(10尺)은 3.11m, 1리는(180丈)559.8m 였다. 吳承洛：《中國度量衡史》, 商務印書館1937年版, pp.31-33.

76   "城西南……二十里爲矮槐樹鋪." 咸豊《青州府志》卷27《營建考》, 清咸豊九年刻本, p.15a.

〈왜괴나무 제1수〉

(명) 류익

하늘 위에 떠있는 상서로운 자색 구름은 마치 (옛날 송태조가 왜괴나무에 걸어 놓았다는) 황색 도포가 승천하여 변한 듯하고

외롭고 적막한 이곳 왜괴정은 짙은 녹음이 똬리를 튼 검은 용처럼 깔려 있네.

(지금 보니 왜괴나무의) 오랜 가지는 비취 깃털로 만든 도포조차 걸지 못할 듯 하니

황은을 입음이 뉘라서 왜괴나무보다 더할 것인가?

矮槐 其一[77]

(明) 陸釴[78]

黃袍已化紫雲[79]空, 牢落[80]郵亭臥黑龍.

老幹翠裘勝不得, 受恩誰比大夫松.

---

77   嘉靖《山東通志》卷22《古跡》, 明嘉靖刻本, p.37a.

78   "陸釴(륙익)은 자가 擧之이고 浙江 鄞縣 사람이다. 正德 辛巳년 殿試에 2등으로 급제하였고 嘉靖 연간에 翰林院修撰을 맡았다가 山東按祭副使, 提督學校까지 차례로 역임했다. 그는 성품이 청렴하고 신중하였고 공정하면서도 관후했으며 史學에 정통했다. 山東에 通志가 없기에 육익이 말하기를 '발해와 태산은 山川의 으뜸이고 孔孟은 人物의 조종인데 어찌 통지가 없을 수 있는가!'라고 하고는 마침내 參政 陳沂 등과 더불어 널리 자료를 수집하고 두루 살피고 온힘을 다하여 연구하여 여러 해가 지나 마침내《山東通志》를 완성했다. (陸釴, 字擧之, 浙江鄞縣人. 正德辛巳榜眼. 嘉靖時由翰林院修撰任山東按祭副使, 提督學校. 淸愼公恕, 精于史學. 山東舊無通志, 釴曰 : '海, 岱山川之望, 孔, 孟人物之宗, 志何可缺!'遂與參政陳沂等廣搜博覽, 殫精硏思, 竭盡心力, 踰年而志成)" 道光《濟南府志》卷35《宦績三》, 淸道光二十年刻本, p.40.

79   紫雲이란 紫色을 띠는 구름을 가리키는데 옛날에는 이를 길한 징조로 여겼다. 唐 李白《古風》제36수에 "東海는 푸른 빛에 잠겨있고 西關은 자색 구름 위에 떠있네(東海沈碧水, 西關乘紫雲)"라는 표현이 보인다. (唐)李白 :《李太白集》卷2《古詩五十九首》, 宋刻本, p.7b.

80   牢落(뇌락)이란 고독하고 적막하다는 뜻이다. 唐 張九齡《自彭蠡湖初入江》의 시에 "고독하고 적막하니 누구와 서로 보살펴 주리. 길게 늘어진 저녁해를 바라보고 있자니 절로 근심스럽네(牢落誰相顧, 逶迤日自愁)"라는 표현이 보인다. (唐)張九齡 :《曲江集》卷3《雜詩》, 明萬曆十二年刻本, p.9b.

〈왜괴나무 제2수〉

저녁 해는 왜괴정 곁으로 난 옛길 서쪽으로 지고

녹음의 긴그림자는 용들이 똬리를 튼 듯 지면에 깔리네.

(송태조 조광윤이 이곳 왜괴나무에) 도포를 걸었다는 옛 일 물어보나니

그 때는 왜괴교에 (조광윤이 이끌던) 수많은 군졸들이 가득히 진을 치고 있

지 않았을까 하네.

其二[81]

斜日槐亭古道西, 綠陰垂地曲蟠螭.[82]

掛袍試問當年事, 何似陳橋擁衆[83]時.

제1수의 전반부는 敍景에 중점을 두어 "왜괴하음"의 풍경을 그림을 그리듯 묘사
하였고, 후반부는 抒情에 중점을 두어 작자의 감정을 토로하였다. 시의 전반부인 1,
2구에서 작자는 무더운 한여름의 날씨 속에 녹음이 짙게 드리운 "왜괴하음"에 도
착했는데 주위는 고요하고 적막하며 청신한 기운이 가득했다. 나무그늘에 앉아 무
더위를 식히고 있자니 멀리 하늘 위로 상서로운 자색 구름이 뜬 것이 보였고 땅바
닥에 짙게 깔린 나무그늘은 마치 검은 용이 구불구불 똬리를 튼 것 같았다. 그래서
과연 송태조 조광윤이 황제가 되기 전에 이곳을 지나다가 도포를 걸었다는 말이 참
말인 것만 같다. 후반부인 3, 4구에서 말하기를 땀을 식히면서 자세히 왜괴나무를

---

81   嘉靖《山東通志》卷22《古跡》, 明嘉靖刻本, p.37a.

82   蟠螭(반리)란 구불구불 똬리를 튼 뿔 없는 용을 말한다. 漢 王延壽의《魯靈光殿賦》에 "두공
     은 흰 사슴이 목을 빼고 고개를 들고 있는 듯하고 처마는 구불구불하여 용이 떠받들고 있
     는 듯 하네"라는 표현이 보인다. "白鹿子蜺於欂櫨, 蟠螭宛轉而承楣." (明)王志慶編:《古儷
     府》卷11《居處部》, 四庫全書本, p.4b.

83   擁衆(옹중)이란 수많은 병졸을 거느리다는 뜻이다.《後漢書·岑彭傳》에 "이 때 田戎이 수많
     은 병졸을 거느리고 夷陵을 공략했는데 秦豐이 포위되었다는 소식을 듣고는 大兵이 몰려
     올 것을 두려워하여 항복하고자 했다(時田戎擁衆夷陵 , 聞秦豐被圍, 懼大兵方至, 欲降)"라는 기록
     이 보인다.

관찰하니 오래되고 왜소하기 그지 없는 나뭇가지가 황제가 될 자의 화려한 도포의 무게를 감당할 수 없을 듯한데 이런 초라한 나무가 그런 황제의 은혜를 입었다고 하니 정말 천복이 많은 나무가 아닐까하고 탄복했다. 4구의 大夫松이란 원래 진시황이 갑작스러운 폭풍우를 피했던 5그루의 소나무를 나중에 대부에 봉했던 전고를 가리킨다. 여기서는 송태조가 도포를 걸었던 왜괴나무를 가리킨다. 《史记·秦始皇本纪》에 다음과 같은 전거가 보인다. "진시황이 泰山에 올라 비석을 세우고 봉선제를 올린 후 하산했는데 갑자기 폭우가 내려 나무 아래에서 비를 피했다. 그래서 그 나무들을 五大夫로 봉작했다."[84]

제 2수도 제1수와 마찬가지로 전반부는 "왜괴하음"의 풍경을 그리고 있고 후반부는 송태조 조광윤의 고사를 떠올리며 상상한 일을 서술하고 있다. 1, 2구에서 말하기를 왜괴정과 왜괴나무는 역로 바로 곁에 있었고 저녁해가 역로의 서쪽으로 지자 녹음의 긴 그림자는 수많은 용들이 똬리를 튼 듯이 지면 위에 어지러이 깔리고 있었다. 3, 4구에서 이어서 말하기를 주위의 현지인들에게 송태조 조광윤이 이곳을 지나면서 여기 왜괴나무에 도포를 건 일에 관하여 물어보자, 현지인들은 너나 할 것없이 자기 고장의 전설을 자랑스럽게 떠들어 대었다. 시인은 송태조 조광윤이 이끌고 다니던 수많은 병졸들이 아마도 "왜괴정" 바로 곁에 놓여 있는 "왜괴교"에도 장사진을 치고 늘어서 있었을 거라고 상상하였다.

〈왜괴정〉
(명) 양응규

키 작은 홰나무 몇 그루 짙은 녹음을 만드니
홰나무 곁 작은 정자 고아하면서도 품위가 있어 속된 생각 끊어내게 하네.
구불구불 자란 성긴 나뭇가지는 마치 용과 이무기가 도사린 동굴 같고

---

84   "(始皇)乃遂上 泰山 , 立石, 封, 祠祀. 下, 風雨暴至, 休於樹下, 因封其樹爲五大夫."

늘어진 부드러운 잎사귀들은 마치 푸른 빛 비취 보석 숲을 이룬 듯하네

(송태조가 여기 왜괴나무에 도포를 걸었다는) 민간의 이야기는 누구를 통해 진위를 판단할 수 있을까.

먼길 오른 나그네는 무더위 피해 (이곳에 앉아) 길게 옛 이야기 읊조리네.

(제경공이 눈물을 흘렸다는) 牛山, (우임금이 치수를 했다는) 淄水 등은 모두 오랜 역사를 가진 곳이니

옛 제나라가 이룬 눈부신 패업 지금까지도 징험할 수 있다네.

矮槐亭[85]

(明)楊應奎[86]

---

85 康熙《益都縣誌》卷12《藝文》, 清康熙十一年刊本, p.26b.

86 "楊應奎는 자가 文煥이고 益都사람이다. 천성이 효성스럽고 우애가 깊고 돈후하면서도 밝고 활달했다. 正德 연간에 進士가 되어 仁和尹에 제수되고 兵部主事에 임직했다가 禮部員外가 되었다. 양응규가 湯陰에서 황제를 영접할 때 의례가 법도에 맞았으므로 御膳을 하사받았다. 臨洮縣(임도현)의 현령으로 발탁되었을 때 선조의 유훈을 가슴에 새겨 풍속을 정돈했다. 甘肅 지역의 驛站이 황폐해지자 힘을 다하여 정돈하여 백성들이 다시 생업에 종사할 수 있게 했다. 洮水(도수)를 끌어와 관개를 하고 물레방아를 돌리는 등 치적을 세우자 백성들이 은혜롭게 여겨 공덕비를 세웠다. 다시 南陽의 현령으로 갔을 때는 가뭄과 기아가 심각했는데 온갖 방안을 강구하여 백성들을 구제했기에 그로 인해 수 만명이 목숨을 건졌다. 또 제방과 둑을 정돈하여 民田에 물을 대도록 하자, 郡民들이 그의 은덕에 감동하여 生祠를 세우고 제사를 지냈다. 두 郡縣의 縣志를 모두 양응규가 편찬하였는데 후세 사람들이 이에 근거하여 살피고 연구했으니, 이는 그가 큰 체계를 세운 것이다. 일생동안 많은 서적을 두루 열람하였고 왕희지의 서법을 정밀하게 익혔기에 그 필치가 고아하고 정치했으며 늘 왕희지의 필법을 모범으로 삼았다. 관직을 파하고 고향을 돌아가서는 고향의 縉紳과 더불어 洋溪吟社를 결성하고는 매일 샘물과 자연과 벗하며 한적하게 지냈다. 《吟稿》와 《並澠谷文集》이 家藏하여 전하고 있다(楊應奎, 字文煥, 益都人. 天性孝友, 厚重朗豁. 正德間進士, 授仁和尹, 征拜兵部主事, 轉禮部員外. 迎今上于湯陰, 進儀注, 賜禦膳. 擢守臨洮, 刻祖訓以勵俗. 甘肅驛站久疲, 奎極力調處, 民皆復業. 引洮水灌田轉磑, 民利之, 有去思碑. 及調南陽, 值歲荒, 設法賑濟, 一活數萬人. 又正陂堰以灌民田, 郡民感德, 爲立生祠祀之. 而兩郡乘悉奎編纂, 後世賴以考觀, 茲又其大者. 平生博覽群籍, 精工右軍書法, 其高致雅行, 每以希文自期. 罷歸居鄕, 日與縉紳結洋溪吟社, 容與林泉. 有《吟稿》《並澠谷文集》藏於家)" 嘉靖《青州府志》卷14《人物》, 明嘉靖刻本, p.35.

短短槐株密密陰, 一亭清致[87]豁塵襟.[88]

疏枝盤曲龍蛇窟, 嫩葉低垂翡翠林.

里諺[89]不經將誰質,[90] 程途當暑漫長吟.

牛山淄水皆陳跡, 伯業[91]崢嶸[92]可到今.

관련 중국 지방지 기록[93]에 따르면, 조선사신이 언급한 "矮槐夏陰" 혹은 중국 문인들이 기록한 "矮槐亭"은 바로 지금의 淄博市 臨淄區 辛店街道 矮槐樹村(왜괴수촌)이다. 矮槐樹村은 일찍이 槐行村, 矮槐樹鋪, 矮槐亭, 矮槐 등으로 불렸다. 명청

87 清致란 청아하면서도 품위가 있다는 뜻이다. 宋 張道洽《詠梅》제2수에 "梅花를 가져야 비로소 남들과 다르다 할 수 있으니 일 년 중 가장 청아한 운치는 눈 속에서 피어나네("才有梅花便不同, 一年清致雪霜中)"라는 표현이 보인다.

88 塵襟(세금)이란 속된 마음이나 평범한 생각을 의미한다. 唐 黃滔《寄友人山居》시에 "아득히 끝도 없는 名利를 쫓는 이 세상에서 어떻게 해야 속된 생각 떨쳐내리(茫茫名利內, 何以拂塵襟.)"라는 표현이 보인다. (唐)黃滔 :《黃禦史集·上秩》, 天壤閣叢書本.

89 里諺이란 민간의 속언을 가리킨다.《漢書·賈誼傳》에 "세간에서 말하기를 '쥐를 때려잡고 싶지만 항아리를 깰까봐 그러지 못한다'고 했는데 이것이 참으로 옳은 말입니다(里諺曰 : '欲投鼠而忌器.'此善諭也)"라는 표현이 보인다. (漢)班固 :《漢書》卷48《賈誼傳》, 清乾隆四年刻本, p.23a.

90 質이란 평가하고 판단한다는 뜻이다.《周禮·夏官·馬質》에 "馬質이 말을 평가하는 일을 관장한다."라 했고 賈公彦은 疏에서 "質은 평가한다는 말이다. 주로 말의 힘과 털색 등을 평가하여 판매가격의 등급을 부여한다(馬質掌賈馬."賈公彦疏 : "質, 平也, 主平馬力及毛色與賈直之等)"라는 표현이 보인다. (漢)鄭玄注, (唐)賈公彦疏 :《周禮注疏》卷30《夏官司馬四》, 重刊宋本十三經注疏本, p.4a.

91 伯業이란 霸業를 가리킨다. 明 王錂의《春蕪記·慶壽》에 "예악으로 교화하여 萬戶가 맑아지고 패업은 千秋의 세월동안 성대하네"라는 표현이 보인다. "弦歌萬戶清, 伯業千秋盛." (明)毛晉輯 :《六十種曲·春蕪記》卷上, 明末刻本

92 崢嶸(쟁영)이란 우수하고 출중하다는 뜻이다. 宋 蘇軾의《和劉景文見贈》시에 "元龍 陳登(163-201)은 그 뜻이 조조와 손권을 비루하게 여겼고 호쾌한 기상 출중하여 결코 없앨 수 없네(元龍本志陋曹吳, 豪氣崢嶸老不除)"라는 표현이 보인다. (宋)蘇軾 :《東坡七集·後集》卷1《詩六十四首》, 清光緒重刊明成化刻本, p.17a.

93 嘉靖《青州府志》卷7《古跡》, 明嘉靖刻本, p.32a ; 咸豐《青州府志》卷21《山川》, 請咸豐九年刻本, p.15a ; 民國《臨淄縣誌》卷1《鄉社》, 民國九年石印本, p.41a ; 臨淄區民政局編《臨淄區地名志》, 山東人民出版社2018年版, p.251.

시기에는 臨淄縣 端智鄉 矮槐樹社에 속했다가 1920년 이후로는 臨淄縣 南四社에, 1930년 이후로는 臨淄縣 第三區에, 1958년 이후로는 臨淄縣 辛店公社에, 1991년 이후로는 淄博市 臨淄區 大武鎮에, 2001년 이후로 지금까지 臨淄區 辛店街道에 속해오고 있다. 왜괴수촌 마을 주민 袁向東(원향동, 남, 61세)씨의 증언에 따르면, 왜괴수촌의 동쪽에 있는 "矮槐夏陰" 石碑에 옛날 官道가 남아 있으나 현재 석비 곁에 서있는 괴나무는 1950년대 이후 새로이 심은 것이라 한다. 집필진이 직접 왜괴수촌의 "矮槐夏陰"石碑를 현지답사했을 때 석비 근처에 옛날 수레가 다닌 흔적이 역력한 너른 돌이 깔린 옛 관도의 유적(사진 3-26)을 확인할 수 있었다.

사진 6-24 臨淄區 辛店街道 矮槐樹村 村碑(정면)

사진 6-25   臨淄區 辛店街道 矮槐樹村
村碑(후면)

사진 6-26   臨淄區 辛店街道 矮槐樹村 동
쪽 槐나무 아래 남아 있는 古驛道 유적
(돌들 위로 수레가 다닌 자국이 역력하게 남아 있
음을 확인할 수 있었다)

　　한편, 조선사신 김덕승이 언급한 矮槐橋에 관하여 明 嘉靖《靑州府志》에는 어떠
한 관련 기록이 없다. 그러나 康熙《臨淄縣誌》에는 "申家橋는 臨淄縣城에서 서쪽
으로 25리 떨어진 時水 上流에 있다. 남으로 가면 槐行村에 이르는데 여기에 大石
橋가 있으며 金嶺驛鎭과 濟南의 大路로 통한다"[94]라는 기록이 있으므로 조선사신
이 언급한 "矮槐橋(왜괴교)"는 淸初에는 "大石橋(대석교)"라고 칭해진 다리임을 알
수 있다. 만약 김덕승의 기록이 정확하다면 명말청초 당시 현지인들은 "大石橋"를
"矮槐橋"라고 불렀을 것이다. 이 다리가 있는 곳이 時水의 발원지이기 때문에 민국
시기에는 "時水橋(시수교)"[95]라고 불렸다. 지금은 游源橋(시원교)라고 불리고 있으
며 현재 왜괴수촌의 동쪽에 있다. 집필진이 현장답사를 해보니 옛 역참로는 동쪽에

94　"申家橋, 去(臨淄縣)城西二十五里, 即時水上流. 南至槐行村, 又有大石橋, 亦通金嶺驛鎭濟
　　南大路" 康熙《臨淄縣誌》卷3《橋樑》, 康熙十一年刻本, p.10a.

95　"時源橋, 時水發源處"民國《臨淄縣誌》卷2《橋樑》, 民國九年石印本, p.69b.

서 서쪽으로 "矮槐夏陰" 석비를 지난 후, 다시 "淯源橋"를 거쳐 왜괴수촌으로 진입하고 있었다.

사진 6-27　淯源橋 곁에 서있는 문화유적 안내표지석

사진 6-28　臨淄區 辛店街道 矮槐樹村 동쪽에 있는 淯源橋 전경
(조선사신 김덕승은 이 다리를 "矮槐橋"라고 기록하고 있음)

제3절 "孟丘積翠"欄門, 金嶺驛[96]

> (靑州府로부터) 60리를 가니 패문이 하나 있는데 "孟丘積翠(맹구적
> 취)"라고 써 있다. 내가 생각컨대 맹자가 지나간 적이 있는 곳인 듯한
> 데 상세한 정보를 얻어듣지는 못했다.
>
> (自靑州府)行六十里, 有欄門, 書之日 : "孟丘積翠", 臣疑孟子經過之
> 地而未得詳焉.
>
> —鄭斗源《朝天記地圖》

위의 정두원의 기록에 따르면, 사신 일행이 청주부성을 출발하여 60리를 가자
"孟丘積翠(맹구적취)"라 적힌 패문을 지났고 "孟丘(맹구)"라는 이름 때문에 정두원
은 이곳이 "孟子"와 관련이 있는 곳이라고 추측했다. 嘉靖《靑州府志》에는 "益都縣
城의 서북 70리는 鐵山이고 金嶺鎭의 서쪽이다. …… 다시 남으로 10리를 가면 孟
丘山인데 산에 철광석이 많았기에 주민들이 몰래 캐어가는 일이 잦아서 문제가 되
었다"[97]라는 기록이 보이고 咸豐《靑州府志》와 民國《山東通志》[98]에는 이 곳에 철광
석이 많았으며 채광의 역사는 南燕(398-410) 시기까지 거슬러 올라간다고 했다. 그
러나 지방지에도 "孟丘山"에 대한 沿革이 자세하지 않아서 정두원의 추측을 정확
하게 고증할 방법이 없다.

《臨淄區地名志》의 기록[99]에 따르면, 孟丘山은 지금의 乘山(홍산)으로 淄博市 臨
淄區 雪宮街道에 위치하며 해발 약 200m이다. 그러나 조선사신이 언급한 "孟丘積
翠" 패문은 "孟丘山"에 있던 것이 아니다. 조선사신들은 矮槐樹村(왜괴수촌)의 서

---

96 조선사신들은 이곳을 金嶺馹, 金嶺, 金嶺鎭, 金鈴店, 趙秉忠之鄕, 孟子去齊三宿出晝之地
   (맹자가 제나라를 떠날 때 3일 동안 머무른 후 주땅을 떠났다는 고사의 장소) 등으로도 기록했다.

97 嘉靖《靑州府志》卷6《地理志一》, 明嘉靖刻本, p.8b.

98 咸豐《靑州府志》卷21《山川考一上》, 淸咸豐九年刻本, p.5b ; 民國《山東通志》卷41《物產》,
   民國七年鉛印本, p.9a.

99 淄博市臨淄區地名委員會辦公室編《臨淄區地名志》, 1989年內部資料, p.151.

쪽과 金嶺驛(금령역)의 동쪽 사이 구간 역도를 지나면서 "孟丘積翠" 패문을 목도했으나 "孟丘山"은 실제로는 역도변이 아니라 金嶺驛 서남쪽에서 약 5㎞떨어진 곳에 있다. 즉, 역도를 지나던 사람들에게 "孟丘山"이라는 곳을 널리 알리기 위해 "맹구산" 부근이 아니라 矮槐樹村의 서쪽과 金嶺驛의 동쪽 사이 구간 역도 곁에 "孟丘積翠" 패문이 서 있었던 것이다.

사진 6-29   지금의 淄博市 臨淄區 汞山(홍산)의 원경

(7월) 10일 기유일 맑음. 첫 새벽에 (거이점에서) 출발하여 35리 가서 청주부에 도착했다. …… 35리를 가서 溜(淄)河鋪(치하포)에서 잠시 쉬었다. …… 35리를 가서 金嶺驛(금령역)에 도착해서 張씨 姓을 가진 人家에 묵었다. 金嶺은 곧 孟子가 제나라를 떠날 때 3일 동안 晝(획)땅에 머무른 후 떠났다는 고사에 연관된 장소로 옛날 획땅이 여기라고 운운했다.

(七月)初十日, 己酉, 晴. 曉頭(自洰洱店)啟程, 行三十五里, 到青州府. ……行三十五里, 溜(淄)河鋪暫歇. ……行三十五里, 到金嶺驛, 止宿張姓人家矣. 金嶺乃孟子去齊三宿出晝之地, 古晝地云.

―崔應虛《朝天日記》

(7월) 10일 맑음. 새벽에 (昌樂을 출발하여 서쪽으로 80리를 가서) 青州에 도착했다. …… 金嶺馹(금령일)에서 묵었다. 거리는 갈래갈래 수많은 골목길들이 끝간 데 없이 길게 이어져 있었다. 평지에는 콩과 기장이 풍성하게 자라고 있었고 감나무, 대추나무, 가래나무, 배나무 같은 수목들도 무성했는데 크고 높은 집들이 그런 나무들 위로 솟아올라와 있었다.

(七月)初十日, 晴. 曉發(昌樂西八十里), 到青州, ……宿金嶺馹. 路多深巷長穀,[100] 其平地則豆, 黍豐茂, 樹木則皆柿, 棗, 楸, 梨, 巨家高甍,[101] 聳出林間.

—安璥《駕海朝天錄》

명 천계 원년(1621) 7월 10일 謝恩冬至兼聖節使臣團 정사 최응허와 서장관 안경은 益都縣 洰洱店(거이점)에서 출발하여 동쪽에서 서쪽으로 青州府城, 淄河店(치하점)을 차례로 지난 후 益都縣 金嶺驛(금령역)에서 하루를 묵었다. 최응허의 기록에 비해 안경의 기록이 좀 더 金嶺驛의 면모를 상세히 기록하고 있다. 즉, 金嶺驛이 있던 마을은 비교적 규모가 컸고 인구가 많았기에 큰 대로 양옆으로 수많은 골목길이 깊이를 모를 정도로 이어져 있었고 높다란 가옥들이 곳곳에 심겨진 나무들 사이로 솟아 있었다. 마을 주위의 너른 농지에는 콩과 기장이 무럭무럭 자라고 있었고 감나무, 대추나무, 배나무 등 과수나무와 가래나무 같은 관목들도 여기저기 심겨져 있었다. 금령역 마을의 이처럼 번화한 풍경은 조선사신 안경에게 깊은 인상을 남긴 듯하다.

咸豐《青州府志》에도 "金嶺鎮은 청주부성으로부터 70리 떨어져 있으며 益都의

100 谷(곡)이란 깊이 파인 저지대를 가리킨다. 《詩·小雅·十月之交》에 "높은 언덕이 깊은 계곡이 되고, 깊은 계곡이 언덕으로 변했다(高岸爲谷, 深谷爲陵)"라는 기록이 보인다.

101 甍(맹)이란 지붕을 받치는 마룻대를 가리킨다. 《左傳·襄公二十八年》에 "太廟의 서까래를 당기니 마룻대가 움직인다. 두예는 주에서 맹은 집의 마룻대라고 했다(猶援廟桷, 動於甍." 杜預注 : "甍, 屋棟.)"라는 기록이 보인다.

서쪽 경계를 이룬다. 이곳은 濟南과 靑州를 잇는 도로가 지나고 지세가 광활하며 여염집들이 5리 넘게 이어져 있다. 사람과 물산이 繁盛하고 먹을 거리와 재화가 넘쳐난다"[102]라는 기록이 있어 조선사신들이 기록한 금령역의 번화함이 사실이었음을 알 수 있다. 金嶺驛은 益都縣 서쪽 관문인 동시에 山東 내륙에서 東部 연해 지역으로 들어가기 위해서 반드시 거쳐야는 교통 요지이자 군사적 요충지였다.《舊五代史·朱珍傳》에 "淄 지역 사람들과 白章口에서 전쟁을 할 때 靑州 지역 사람들은 보병과 기병 2만명으로 金嶺驛에서 3열로 목책 방어선을 구축했다"[103]라고 한 곳이 여기다. 명대에 들어선 후 孟丘山 등지에 철광석이 많이 채굴되었기에 "광산을 쫓아 들어온 무리들이 함부로 모여드는 것(鉛礦之徒投寓)"을 방지하기 위하여 靑州府에서 여기에 "군진을 세워 관병을 주둔시켰다(鎭以官兵)"[104]라는 기록이 있다. 이처럼 지리적으로 교통과 군사의 요지에 위치하였기에 명대 말기의 金嶺驛은 상인과 물자의 왕래가 빈번하여 상업이 번성하였고 그에 따라 인구가 증가하면서 배후의 너른 농지를 이용한 농업 또한 크게 발전했다.

---

102 "金嶺鎭, 距府城七十里, 益都之西境也. 地當濟, 靑通衢, 地勢廣闊, 閭閻相接者五里余, 人物繁盛, 食貨充溢."咸豐《靑州府志》卷21《山川考一上》, 淸咸豐九年刻本, p.5.

103 "與淄人戰于白章口, 靑人以步騎二萬列三寨于金嶺驛", (宋)薛居正 :《舊五代史》卷19《梁朱珍傳》, 淸乾隆四年刻本, p.5a.

104 "金嶺鎭, 系重地, 鎭以官兵, 仍選風力官領本鎭及胡田並孟坵(丘)山前後十數莊槍手巡防. 又于柳行東西, 東侯高等莊各立莊頭一人, 不時稽查, 以絕鉛礦之徒投寓, 與顔神鎭長峪道官兵犄角策應."嘉靖《靑州府志》卷11《關梁》, 明嘉靖刻本.

사진 6-30　淄博市 臨淄區 金嶺回族 回族鎮 金嶺大街와 金嶺南街 교차지점 부근
에 세워져 있는 金嶺鎮 石碑(正面)

사진 6-31　金嶺鎮 石碑(背面)

한편, 최응허는 金嶺驛이 바로 "孟子가 제나라를 떠날 때 획지에 3일 동안 머무
른 후 떠났다는 고사"가 생겨난 그 장소라는 말을 들었다. 여기서 말하는 "畫地(획

지)"는 바로 畫地(주지), 畫邑(주읍)이며《孟子·公孫丑下》에 다음과 같은 전거가 보인다. "孟子가 齊나라를 떠나자 尹士가 사람들에게 말하기를 '……3일을 머무른 후에야 畫(주) 땅을 떠났다는 것은 너무 지체한 것이 아닌가?' ……孟子가 말하기를 '尹士가 어찌 나의 속마음을 알리오?……내가 3일 동안 머문 후 주 땅을 떠난 것은 내가 생각하기에는 오히려 너무 빨랐으니 왕이 그의 생각을 바꾸기를 기다렸기 때문이다."[105] 淸 顧炎武는《山東考古錄》에서 "孟子가 머무른 畫(주) 땅은 바로 畫邑(획읍)이고 획읍은 제나라 옛 도읍의 서남쪽에 있다"[106]라고 고증했다.

그러나 최근 학계의 연구에 의하면, "畫地"는 지금의 金嶺鎭이 아니라 淄博市 臨淄區 朱台鎭 桐林村 서남쪽 일대라고 밝혀졌다.[107] 최응허가 이처럼 金嶺驛를 맹자가 3일을 머문 곳으로 잘못 기록한 것은 현지인의 말을 검증없이 그대로 옮겨 적었기 때문일 것이다. 최응허 뿐만 아니라 조선사신 정두원도《朝天記地圖》에서 "내가 보건대 牛山은 외봉우리로 몇 길의 높이로 너른 들판 위에 우뚝 솟아 있고 淄水와 灃水가 감싸고 흐르며 북쪽으로는 臨淄를 받들고 서쪽으로는 畫邑을 등지고 있다. ……畫邑은 바로 孟子가 3일을 머물다가 떠난 곳이다"라고 기록하고 있다.[108]

(10월) 20일 정축일. 맑고 바람이 붐. (金嶺驛에서 發行하여) 30리를

---

105 "孟子去齊, 尹士語人曰: '……三宿而後出畫, 是何濡滯也?'趙岐注: '留於畫三日, 怪其淹久.'……(孟子)曰: '夫尹士惡知予哉?……予三宿而出畫, 於予心猶以爲速, 王庶幾改之!' (漢)趙岐注, (宋)孫奭疏:《孟子注疏》卷4下《公孫丑下》, 重刊宋本十三經注疏本, p.9b.

106 "考畫邑:《史記·田單傳》: '畫邑.'注: '劉熙曰: "齊西南近邑."'《正義》曰: '《括地志》云戟里城, 在臨淄西北三十里, 春秋時棘邑. 又云畫邑. 因畫水爲名也.'《後漢書·耿弇傳》: '時張步都劇, 使其弟藍將精兵二萬守西安, 諸郡太守合萬余人守臨淄, 相去四十里. 弇進軍畫中, 居兩城之間.'注: '西安, 縣名, 屬齊郡, 故城在今靑州臨淄縣西北. 畫邑故城在西安城東南.'按: 西安即今索鎭, 在臨淄之西, 非西北也. 孟子去齊, 宿於畫. 王曰: '寡人而歸.'是孟子自齊反鄒, 其道不由西北, 可知劉熙注是. 孟子所宿之畫, 即畫邑也" (淸)顧炎武:《山東考古錄》, 顧亭林遺書補遺本, p.29b.

107 臨淄區民政局編《臨淄區地名志》, 山東人民出版社2018年版, p.233.

108 "臣見牛山孤峰數仞, 特立大野, 環以淄, 灃之水, 北拱臨淄, 西負畫邑. ……畫邑, 即孟子三宿而出之地."[朝鮮] 鄭斗源:《朝天記地圖》, 韓國成均館大學尊經閣藏本.

가서 張店(장점) 지나 …… 長山縣(장산현) 경내로 들어섰다. …… 어제
金嶺(금령)에서 묵었는데 바로 趙秉忠(조병충)의 고향이다. 조병충은
스스로의 문장과 도학으로 당시 크게 이름을 날리고 있었는데 관직은
禮部右侍郎兼僉事府로서 지금 황제의 經筵官이다.

　　(十月)二十日, 丁丑, 晴風. (自金嶺驛發行)三十里過張店, ……入長山
縣界, ……昨宿金嶺, 乃趙秉忠之鄉也. 秉忠自以文章道學, 爲一世擅
名, 官則禮部右侍郎兼僉事府, 乃今皇帝經筵官也.

　　　　　　　　　　　　　　　　—趙濈《燕行錄一云朝天錄》

　　명 천계 3년 10월 19일 冬至聖節兼謝恩使 조즙은 자신이 투숙한 金嶺驛이 趙秉
忠의 고향이라는 말을 들었다. 康熙《益都縣誌》, 光緒《益都縣圖志》, 民國《山東通
志》의 기록[109]에 따르면, 趙秉忠(조병충, 1573-1626)은 字가 季卿이고 青州府 益都縣
사람이다. 萬曆 26년(1598) 진사에 급제하여 翰林修撰을 제수받았다. 會試同考官
등의 직책을 맡아 인재선발의 공을 인정받아 侍讀學士, 經筵으로 승진했고 이후
禮部侍郎, 詹事府를 차례로 역임했으며 관직이 禮部尚書에 이르렀다. 환관 魏忠賢
에게 미움 받아 파직되었다가 명 천계 6년 고향집에서 울분 속에서 죽었다고 한다.
崇禎 초기에 관직이 회복되고 太子太保에 추증되었으며 조정에서 제사와 장례를
내렸다.

　　康熙《青州府志》에 "禮部尚書 趙秉忠의 墓는 鄭母에 있다"[110]라는 기록이 보이는
데 鄭母는 바로 益都縣 東南 40리에 있는 鄭母店(정모점)을 가리킨다.[111] 지금의 青
州市 譚坊鎮 鄭母社區 東鄭村, 中鄭村, 西鄭村이다. 그러므로 조즙은 실제로는 益
都縣 서쪽 70리에 있던 金嶺驛을 益都縣 동쪽 40리에 있던 鄭母店으로 착각을 한
것이다. 이러한 誤記는 隨行譯官이 현지인의 말을 잘못 옮겼거나 현지인이 잘못된

109　康熙《益都縣誌》卷7《事功》, 清康熙十一年刊本, p.26 ; 光緒《益都縣誌》卷26《列傳》,
　　　pp.12b-14a ; 民國《山東通志》卷160《人物》, 民國七年鉛印本, p.35b.

110　"禮部尚書趙秉忠墓, 在鄭母." 康熙《青州府志》卷9《陵墓》, 清康熙六十年刻本, p.13b.

111　嘉靖《青州府志》卷11《驛遞》, 明嘉靖刻本, p.47.

정보를 제공했기 때문일 것이다.

그리고 조즙이 특별히 사행록에 趙秉忠을 언급한 것은 단지 그가 당시 명성을 떨치던 훌륭한 학자였기 때문만은 아니었다. 조병충은 당시 禮部右侍郎의 관직을 맡고 있었기 때문에 조선사신 조즙의 사행 임무와 밀접한 관련을 가지고 있던 인물이다. 천계 3년(1623) 3월 조선 綾陽君 李倧(이후의 인조)은 政變을 일으켜 光海君을 몰아내고 왕위에 올랐다. 당시 명나라는 인조가 사전 협의 없이 명나라가 책봉한 광해군을 몰아낸 것을 명나라에 대한 도전으로 생각하였고 혹시 조선이 여진족 後金과 결탁하지 않을까 염려했다. 이에 인조는 이러한 염려를 불식시키고 명나라 조정의 책봉을 받아서 왕권의 정당성을 확보하고자 奏請使(奏聞使)를 급히 파견했는데 이들이 바로 奏請兼奏聞使臣團 정사 李慶全(이경전), 부사 尹暄(윤훤), 서장관 李民宬(이민성)이었다. 그러나 이들이 북경에 들어가고서도 상당 기간 동안 확실한 외교적 성과를 얻지 못하자 인조는 다시 冬至聖節兼謝恩使 趙濈(조즙)을 京師로 보내 李慶全의 請封의 임무 완수를 돕도록 했다.

천계 3년 연말에 명나라 조정은 마침내 인조의 요청을 수용하여 인조를 책봉하는 칙서를 내린다. 翰林院檢討 顧錫疇(고석주)가 쓴《以秉忠經筵疏進建文帝卒復帝號行狀》에는 "천계 연간에 조선 국왕 李昖(이연, 곧, 선조 임금)과 그의 동생이 모두 죽어 그의 아들 李琿(이혼, 곧 광해군)이 왕위를 탈취하고자 환관과 대신을 뇌물로 회유했다. 조병충은 힘써서 선조의 손자 李倧(이종, 곧, 인조)이 재위에 오르도록 도우며 나라 안밖으로 힘을 보탰다"[112]라는 기록이 보이는데, 이를 통해 실제로 명대 禮部右侍郎 조병충이 조선사신 이경전이나 조즙 등과 접촉을 했고 조선사신들의 요구를 명나라 조정에 관철시키는 데 어느 정도 역할을 했음을 짐작할 수 있다.

---

112 "天啟中, 朝鮮國王李昖及弟暐皆薨, 其弟滄海君琿欲奪其位, 賄結巨璫大臣, 公力主暐世子倧, 中外壯之."咸豐《靑州府志》卷45《人物傳八》, 淸咸豐九年刻本, p.13b. 이 기록에는 광해군을 滄海君으로 기록하고 광해군을 선조의 동생으로 기록하는 등 사실관계에 착오가 있다. 위의 해당 본문은 필자들이 이러한 오류를 수정하여 사실 관계에 맞도록 재해석해서 번역한 것이다.

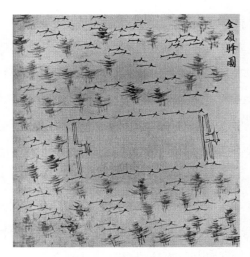

그림 6-32   정두원의《朝天記地圖》중《金嶺驛圖》

(7월) 4일 임진일. (청주 彌陀寺미타사에서 출발하여) 金嶺鎮(금령진)에 도착했다. …… 오후에 淄河店(치하점)에서 점심을 해 먹었다. …… 저녁에 金嶺鎮에 도착하여 역참에 묵었다. 이 날은 70리 여정이었다.

(七月)初四日壬辰. (自青州彌陀寺)到金嶺鎮. …… 午, 中火於淄河店. ……夕, 抵金嶺鎮, 宿於公署, 是日行七十里.

—李民宬《癸亥朝天錄》

(10월) 19일 갑오일. 맑음. 淄河(치하) 강변에서 점심을 해 먹고 저녁에 金嶺鎮(금령진)에 도착하여 유숙했다. 청주로부터 70리 거리이다. 鋪主 范瑞(범서)란 사람이 나와서 차와 술을 내와서 접대했는데 우리가 주는 사례를 받지 않았다. 법도가 있고 성실한 士人으로 나이는 적었지만 禮容을 갖추었다.

(十月)十九日, 甲午, 晴. 中火於淄河上, 夕至金嶺鎮止宿, 去青州七十里. 鋪主[113]范瑞出見, 設茶酒, 辭謝不得. 范實士人[114]也, 年少而有

---

113   鋪主는 店主를 말한다.
114   士人이란 儒生의 뜻이다.《史記·佞幸傳》에 "효문제 때 총신으로 유생 중에는 등통이 있고

禮容[115]焉.

—全湜《槎行錄》

(9월) 22일 계유일. 아침에 金嶺驛(금령역)을 출발했다. ……이 날은
長山縣(장산현)에서 묵었다.

(九月)二十二日, 癸酉, 朝發金嶺驛. ……是日宿長山縣.

—李德泂《朝天錄(一云航海錄)》

명 천계 3년 奏聞(請封)兼辨誣使 이민성, 천계 5년 冬至兼聖節使 전식 등도 북경
으로 가는 도중에 "金嶺鎮(금령진)"에 묵었다. 그런데 이민성은 "公署", 즉 驛館에
묵었지만 전식은 民鋪에 묵었다. 全湜 일행이 民鋪에 묵었을 때 주인인 范瑞는 조
선사신들을 맞아 차와 술을 내오는 등 성심성의를 다해서 접대했고 서로 우호적인
교류를 했다. 이에 전식은 주인이 나이는 어리지만 예의를 아는 사람이라고 칭찬했
다. 한편, 천계 4년 9월 21일 謝恩兼奏請使臣團 정사 李德泂(이덕형) 일행 역시 "金
嶺驛(금령역)"에서 하룻밤 묵은 후 다음 날 새벽에 서쪽으로 길을 떠나 濟南府 長山
縣에 도착했다. 22일 새벽 이덕형은 "金嶺驛"을 떠나면서 아래와 같은 시를 지어
남겼다.

〈아침에 금령역을 출발하며〉

새벽 일찍 일어나 이부자리에서 아침밥 먹고 새벽서리 맞으며

환관 중에는 조동, 북궁백자가 있다(孝文時中寵臣, 士人則鄧通, 宦者則趙同, 北宮伯子)"라는 표현
이 보인다. (漢)司馬遷撰, (劉宋)裴駰集解, (唐)司馬貞索隱, 張守節正義 :《史記》卷125《佞幸
傳》, 清乾隆四年刻本, p.1b.

115 禮容이란 禮制에 부합하는 예의 바른 모습을 말한다.《史記·孔子世家》: "공자가 어렸을
때 놀이를 좋아했는데 항상 제기를 벌려 놓고 예의 바른 모습을 갖추곤 했다(孔子爲兒嬉戲,
常陳俎豆, 設禮容)"라는 표현이 보인다. (漢)司馬遷撰, (劉宋)裴駰集解, (唐)司馬貞索隱, 張守節
正義 :《史記》卷47《孔子世家》, 清乾隆四年刻本, p.2b.

쓸쓸하고 적막한 역참에서 말을 타고 나서서 여정에 오르니

가야할 여행길 끝없이 하늘 끝까지 멀리 이어져 있고

나그네는 생각이 많아 밤이 길게만 느껴지네.

四海에 황제의 칙령 닿아 온 땅에 교화가 이루어졌으니

옛 제나라 땅인 이곳은 예로부터 농업과 길쌈이 흥성했네

꿈에서라도 해로 사행의 험난함 따지지 않았으니

관모 쓰고 홀 잡고 어서 빨리 황제의 조정에 입조하여 참례하길 바라네

朝發金嶺驛[116]

蓐食[117]郵亭[118]冒曉霜, 瀟瀟[119]征馬[120]彊[121]城疆.

客程無限連天遠, 羈思多端較夜長.

---

116   원판본에는 詩題가 없으나 본서의 필진이 시가 지어진 날짜와 여정, 내용 등을 고려하여 임의로 붙인 것이다.

117   蓐食(욕식)은 새벽에 일찍 일어나서 이부자리 위에서 식사함을 가리킨다. 《左傳·文公七年》에 "병사를 훈련시키고 병기를 날카롭게 하고 말을 먹이고 새벽에 일어나 이부자리에서 밥을 먹고 몰래 군사를 출동 시켜 밤에 기습한다(訓卒, 利兵, 秣馬, 蓐食, 潛師夜起)"라는 기록이 보인다" (周)左丘明撰, (晉)杜預注, (唐)孔穎達疏 :《左傳注疏》卷19上《文公》, 重刊宋本十三經注疏本, p.14b.

118   郵亭(우정)이란 驛館을 가리킨다.

119   瀟瀟(소소)란 처량하고 고독한 모양을 형용한다. 唐 劉長卿의 《石樑湖有寄》시에 "처량하고 쓸쓸한 맑은 가을 저녁, 솔~솔~ 차가운 바람 일어나네(瀟瀟清秋暮, 嫋嫋涼風發)"라는 표현이 보인다(唐)劉長卿 :《劉隨州集》卷1《七言律詩》, 明 銅活字印本, p.9b.

120   征馬란 먼 여행길에 오른 馬匹을 가리킨다.

121   疆이란 窮盡의 뜻이다. 《易·益》에 "益이 움직이면 겸손하여 날로 나아감에 다함이 없다(《益》動而巽, 日進無疆)"라는 표현이 보인다. (三國魏)王弼注, (晉)韓康伯注, (唐)孔穎達疏 :《周易注疏》卷4下《經鹹傳》, 重刊宋本十三經注疏本, p.29a.

四海即令覆[122]聖化,[123] 三齊終古[124]盛農桑.

夢魂[125]不計重溟阻, 冠佩[126]頻參待漏行.

—李德泂《朝天錄一云航海錄》

　　1, 2구에서 말하기를, 때는 차가운 서리가 내리는 깊은 가을, 사행의 중차대한 임무를 완수하기 위해 작자는 새벽 일찍 일어나 이부자리에서 아침밥을 먹고 길을 나서는데 새벽의 고요함에 빠진 역참 마을은 적막하고 쓸쓸하기 그지없다. 이어진 3, 4구에서는 앞으로 가야할 역참로를 바라보니 하늘과 맞닿은 지평선 끝까지 이어져 까마득하게 보이고, 이제까지 거쳐온 해로사행의 온갖 어려움과 앞으로 펼쳐질 고난들을 생각해보니 매일 밤 걱정이 앞서 잠을 이루지 못하여 밤이 길게만 느껴진다고 토로한다. 그러나 5, 6구에서는 이러한 시상의 전환이 일어나, 어느덧 사행의 여

122　覆(담)이란 사방팔방의 뜻이다. 唐 玄宗의《遊興慶宮作》시에 "바라는 바는 사방팔방 영토를 통일하여 孝悌의 법도를 천하가 하나같이 따르도록 하겠다("所希覆率土, 孝悌一同規")"라는 표현이 보인다. (宋)李昉輯：《文苑英華》卷174《應制七》, 明刻本, p.5a.

123　聖化란 天子의 教化를 가리킨다. 南朝 宋 劉義慶의《世說新語·方正》에 "陳群이 말하기를 '신과 華歆은 선제(曹操)를 충심으로 믿고 따랐습니다. 지금 황제(文帝 曹丕)께서 獻帝의 禪讓을 받으셔서 기쁘기는 하지만 선제에 대한 충절의 마음은 얼굴 표정에서 감출 수가 없습니다'(群曰：'臣與華歆, 服膺先朝, 今雖欣聖化, 猶義形於色.')"라는 표현이 보인다. (劉宋)劉義慶撰, (劉宋)劉孝標注：《世說新語》卷中上《方正第五》, 四部叢刊明景氏嘉趣堂刻本, p.2a.

124　終古란 自古以來의 뜻이다.《楚辭·九章·哀郢》에 "예부터 머물던 곳을 떠나서, 이제 소요하면서 동쪽으로 왔네(去終古之所居兮, 今逍遙而來東)"라는 표현이 보인다. (周)屈原撰, (漢)劉向編集, (漢)王逸章句：《楚辭》卷4《九章》, 湖北叢書本, p.9a.

125　夢魂이란 꿈 속의 자아를 가리킨다. 옛날사람들은 수면 중에 영혼이 육체와 분리된다고 여겼기 때문에 이러한 말이 생겼다. 唐 劉希夷의《巫山懷古》시에 "수심에 젖어 아름다운 침상에 누워있자니 어느새 잠이 들어 나의 혼 어디론가 훨훨 날아가네(頹想臥瑤席, 夢魂何翩翩)"라는 표현이 보인다. (宋)王安石輯：《唐百家詩選》卷1《巫山懷古》, 清康熙四十三年刻本, p.4b.

126　冠佩란 "冠珮"라고도 쓰며 옛날 관원들이 관복을 입을 때 머리에 쓰는 관과 몸에 장식하는 패물을 가리킨다. 宋 蘇轍의《次韻姚道人》제1수에 "이후에 관복과 홀을 풀어버리고 함께 끝없는 천하를 노닐겠네(他年解冠佩, 共遊無邊疆)"라는 표현이 보인다.
　　(清)王文誥注：《蘇文忠公詩編注集成》卷36《古今體詩六十五首》, 清嘉慶二十四年刻後印本, p.17a.

정은 절반을 넘어섰으며 지금도 농업과 길쌈이 풍성하기 그지없는, 황제의 교화가 크게 흥성했다는 옛 제나라 땅을 지나게 되자 느껴지는 감회가 새롭다고 감탄하였다. 그래서 마지막 연인 7, 8구에서는 애초에 사행의 중대한 임무를 자임하여 죽음의 위험조차 개의치 않고 완수하려 했던 초심을 떠올리면서 어서 빨리 경사로 입조하여 황제를 알현함으로써 조선의 군주가 위임한 임무를 반드시 완성할 것을 재삼 각오하게 되었다.

저녁 늦게 金嶺驛에 도착해서 주위의 아름다운 풍광을 볼 수 없었기 때문인지 아니면 金嶺驛 주위에 명승고적이 없었기 때문인지는 알 수 없으나 이덕형 이외에는 금령역에 관한 시를 남긴 조선사신이 없다. 그런데 명대 문인 몇 명이 금령역을 지나면서 몇 수의 시를 남기고 있으므로 여기서 함께 살펴보고 조선사신이 목도했을 금령역 주위의 인문지리적 경관을 상상해보기로 한다.

〈금령역〉
(명) 척계광

꾀꼬리 우는 소리에 절로 깊은 한숨 쉬면서
금령역 역관에서 낮잠 자다가 찡그린 얼굴로 깨어나네
그윽한 정원에 한낮의 시간 길기도 한데 아무도 오지 않고
홰나무 그늘에서 울기를 마친 꾀꼬리는 버드나무 그늘로 날아가네

金嶺驛[127]
(明) 戚繼光
楚雀[128]聲中感慨深, 郵亭午夢苦相侵.

---

127   (明)戚繼光 : 《止止堂集》卷1《橫槊稿上》, 清光緒十四年山東書局刻本, p.3b.
128   楚雀이란 꾀꼬리를 말한다.《爾雅·釋鳥》에 "꾀꼬리가 楚雀이다(鵹黃, 楚雀.)"라는 설명이 보인다. (晉)郭璞注, (宋)邢昺疏 : 《爾雅注疏》卷10《釋鳥》, 宋本十三經注疏本, p.7a.

院幽晝永[129]無人到, 啼罷槐陰過柳陰.

이 시는 명 嘉靖 30년 산동과 동부 연해 지역을 침범하던 왜구들을 소탕한 명장 戚繼光이 薊門(계문, 지금의 北京 西德門의 서쪽지역)으로 수자리 가면서 金嶺驛을 지날 때 지은 것이다. 연해지역의 왜구와 요동지역의 오랑캐의 발호로 인해 잠시도 편안한 날이 없었던 척계광이 우국충정에 고민하고 괴로워하다가 한낮 시간이 멈춘 듯이 고즈넉한 금령역에 들러 쉬다가 잠깐 낮잠을 자고 일어난 후 바라본 주위 풍경을 감성적인 태도로 읊조리고 있는 시이다.

〈금령역의 벽에 쓴 시〉
(명) 시윤장

역참 정자 곁 고목 오래되어 속이 썩고 텅 비었고
담장 밖 산들은 그 푸르름이 하나같이 똑같네.
늦봄 꽃들조차 다 져버린 이곳에 말을 세우니
달빛 밝은 밤 홀로 외로이 알 수 없는 감정에 휩싸이네

題金嶺驛壁[130]
(明) 施閏章[131]

---

129 晝永이란 낮 동안 시간이 아주 길게 느껴지는 것을 가리킨다. 宋 林逋의《病中謝馬彭年見訪》시에 "산속에 인적이 드문데 사립문은 절로 닫혀 있고 한낮 시간이 길기도 하여 베개 이리저리 옮기며 뒤척이네(山空門自掩, 晝永枕頻移)"라는 표현이 보인다.
　　(宋)林逋:《林和靖詩集》卷1《五言律詩》, 明萬曆四十一刻本, p.7b.
130 (清)施閏章:《學餘堂集·詩集》卷47《七言絶》, 清文淵閣四庫全書本.
131 "施閏章(시윤장)은 자가 尚白이고 호는 愚山이다. 9살이 되었을 때 고아가 되어 숙부인 譽의 손에 컸다. 몸이 허약하여 병치레를 자주 하였으나 好學하여 날마다 經史, 詞賦, 百家書에 힘썼고 博覽强記하여 알지 못하는 것이 거의 없었다. 은거한 선비인 沈壽民을 사사하여 그의 高弟가 되었다. 順治 丙戌년에 향시의 거인이 되었고 己丑년에 진사가 되어 刑部主事를 제수 받고 員外郎을 거쳤다. …… 督學의 직을 받들어 산동으로 와서 諸生을 이끌

驛亭樹老腹皆空, 牆外青山面面同.
駐馬殘春花落後, 含情獨夜月明中.

이 시는 늦봄 금령역의 풍경을 그림을 그리듯이 묘사하고 마지막 구에서 자신의 감정을 기탁했다. 즉. 금령역의 경내에는 수많은 오래된 고목들이 있어 이곳 역참의 오랜 내력을 알 수 있을 것 같았고 심지어 어떤 나무들은 속이 다 썩어 텅 비었을 정도로 오래 세월을 지내었다. 그리고 역참의 주위는 푸르른 산들이 병풍을 두르듯이 둘러싸고 있어 늦봄이 바야흐로 끝나고 울창한 여름날의 녹음으로 접어들고 있는 계절의 정취를 물씬 느낄 수 있다. 그러나 화려했던 꽃들은 역참 안 정원 바닥에 하염없이 떨어져 있고 깊은 밤이 되어 밝은 달이 떠오르자 시인은 잠을 못 이루고 정원에 홀로 나와 배회하면서 알 수 없는 인생무상의 감정에 휩싸인다.

고 論道하고 講學하여 鄒魯의 학풍을 풍성하게 진작시켰다.…… 康熙 己未년에 博學宏詞에서 翰林으로 선발되었고 侍講을 맡아 明史를 찬수하였다. 辛酉년에 河南의 主試가 되었다가 覆命하여 侍讀으로 옮겼다. 癸亥년에 관직을 하다가 죽었다. 시윤장은 성품이 효성스럽고 우애가 깊었고 理學를 계승하고 禮義를 숭상하였으며 평소 숙부를 아버지처럼 받들었고 친척이나 친구가 어려우면 자신의 의복을 풀어주고 자신의 음식을 밀어 양보하는 일을 싫어해본 적이 없다. 다른 사람이 어려움을 당하면 자신이 당한 것처럼 여겨 달려가 구휼함에 소홀함이 없었다. 더욱이 後進을 도와주는 것을 좋아하고 비록 자그마한 장점이나 특기에 불과할지라도 아름다운 말로 칭찬해주지 않음이 없었다. 그가 죽었다는 소식을 듣고 사대부들 가운데 눈물을 흘리지 않는 자가 없었다. 저서로《雙溪詩文集》몇 권이 세상에 간행되었다. (施閏章, 字尚白, 號愚山. 生九齡而孤, 字于叔父譽. 尪弱善病, 然好學, 日蕓蕓于經史, 詞賦, 百家書, 博覽強記殆徧. 受業沈征君壽民, 爲其高弟. 順治丙戌舉於鄕, 己丑成進士, 授刑部主事, 曆員外郎. ……泊奉使督學山左, 率諸生論道講學, 鄒魯之風蔚然振起. ……康熙己未, 以博學宏詞征入翰林, 官侍講, 纂修明史. 辛酉, 主試河南, 覆命轉侍讀. 癸亥, 卒於官. 閏章性孝友, 紹述理學, 矜尚禮義. 居恒事叔父如父, 凡親故貧乏, 解推不倦. 赴人難如已創, 拯恤備至. 尤好扶掖後進, 雖寸長片技, 不惜齒芬獎成. 卒之日, 士大夫聞者莫不垂涕. 所著《雙溪詩文集》若干卷行于世)" 嘉慶《宣城縣誌》卷15《儒林》, 清嘉慶刻本, pp.8b-9b.

〈금령역에서 묵으며〉

(명) 오유악

잔설이 남은 텅 빈 역관에 저녁 노을 내리는데 까마귀 울고

발해와 태산 사이 청주 땅 꽃샘 추위 매서워 매번 고향 그립네.

밝은 등촉 받쳐들고 앉아 옛 서적들 검토하고 있자니

외로운 기러기 우는 소리 어디선가 다시금 하늘 끝에서 들려오네.

宿金嶺驛[132]

(明) 吳維嶽[133]

雪殘空館暮啼鴉, 海岱春寒每憶家.

坐檢塵編托明燭, 孤鴻那復響天涯.

이미 계절은 봄이 되었건만 금령역참 경내에는 잔설이 여기저기 남아 있고 꽃샘 추위도 아직 매섭다. 그런데 저녁 노을을 지고 까마귀까지 울어 대자 고향 땅을 떠나 멀리 청주에서 벼슬살이하는 작자는 매번 그렇듯이 고향이 그리워 깊은 사념에 잠긴다. 그래도 해야 할 업무가 많기에 쓸데없는 상념을 떨치고 어두운 방에서 등촉에 의지하여 옛 서적과 씨름하고 있는데 갑자기 외로운 기러기 우는 소리 어디선가 먼 하늘가에서 들려오니 문득 다시 일어나는 애잔한 고향 생각 떨쳐내기 어렵다. 3구의 塵編이란 오래된 서적을 가리킨다.

---

132 (明)吳維嶽:《天目山齋歲編》卷20《戊午歲》, 明嘉靖刻增修本, p.2b.

133 "吳維嶽(오유악)은 자가 峻伯이다. 嘉靖 戊戌년에 5등으로 진사가 되었고 庚子년 江陰 지부로 부임하여 공무에 임할 때 청렴하고 공평했다. 더욱이 문학을 중시하여 그가 검증하여 선발한 자들 가운데 명사가 된 자가 많았다. 애초에 최고의 성적으로 尙書臺에 보임되려 했으나 나이가 어려 불합격되어 刑部郞이 되었다. 王元美(왕원미)와 함께 조정에 있으면서 詩로써 서로 명성을 다투었기에 여러 시집에서 그의 작품이 보인다. 관직이 大中丞에까지 이르렀다. (吳維嶽, 字峻伯. 嘉靖戊戌進士第五人, 庚子知江陰. 爲政廉平, 尤注意文學, 所鑒扳多名士. 以最征當補省台, 年少不及格, 爲刑部郞, 與王元美同曹, 詩名相頡頏, 見諸集中. 歷官至大中丞)"崇禎《江陰縣誌》卷4《人物志》, 明崇禎十三年刻本, p.19a.

관련 지방지의 기록[134]에 따르면, 조선사신들이 언급한 "金嶺驛", "金嶺鎮"은 청
주부성에서 서쪽으로 70리 떨어진 濟南府와 淄川縣의 접경지역에 있었다. 그곳에
서 남쪽으로 10여 리 떨어진 곳에 "金嶺"[金山, 金崤山(금책산), 金雀山이라고도 불
림]이 있었기에 이런 명칭이 붙었다. 지금의 淄博市 臨淄區 金嶺鎮 金嶺一, 金嶺二,
金嶺三, 金嶺四, 金嶺五, 金嶺六 등 여섯 마을과 金南社區가 있는 곳이다. 당 乾豐
연간에 "金嶺鎮"이란 이름이 처음 등장하고 북송에서 금대까지 淄川縣에 속했다.
명대 초기에는 金嶺遞運所가 운영되었다가 명 가정 연간에 金嶺遞運所는 폐지되
고 金嶺馬驛은 계속 유지되었다. 益都縣 지현 張鵬(장붕)이 金嶺驛을 중수했다. 명
대 "金嶺驛"은 青州府 仁智鄉 金嶺社에 속했다. 청 순치 16년(1659) 驛丞을 철폐하
고 益都縣이 直屬으로 관할하기 시작했다. 청 건륭 28년(1763)에 縣丞을 "金嶺驛"
으로 옮겼다. 清末 民初에 "金嶺驛"이 철폐되었고 청 광서 33년(1907)이전에는 益
都縣 仁智鄉에 속했다가 1941년 이후로는 桓台縣 新四區에, 1947년 이후로는 桓
台縣 金陵區에, 1955년 이후에는 淄博市 張店區 金嶺辦事處에, 1958년 이후로는
淄川區 金嶺回族鄉에, 1965년 이후로는 淄博市 張店區 金嶺公社에, 1969년 이후
로는 淄博市 臨淄區 金嶺公社에 속했다가 1984년 이후로 지금까지 臨淄區 金嶺回
族鎮에 속해오고 있다.

金嶺回族鎮 金嶺二村 주민 馬東(男, 93)씨의 증언에 따르면, 지금의 金嶺大街가
바로 張店과 益都를 잇는 옛 官道이며 金陵大街의 중간에 錦繡橋과 옛날 金嶺驛의
옛 터 및 金嶺驛 西城門 閣樓의 옛 터가 남아있다고 했다. 집필진들이 직접 현장답
사를 진행해보니 金嶺大街는 동서로 길이 나 있고 폭이 5-6m 정도였으며 길 양변
을 따라 민가가 쭉 들어서 있었다. 역로를 여러 번 새로이 닦는 바람에 많은 민가들

---

134   嘉靖《青州府志》卷11《驛傳》, 明嘉靖刻本 ; 康熙《大清一統志》卷140《青州府》, , 清乾隆九
       年武英殿刻本, p.41a ; 咸豐《青州府志》卷11中《表四之七中》, 清咸豐九年刻本, p.7b ; 嘉
       慶《大清一統志》卷172《青州府二》, 民國二十三年上海商務印書館四部叢刊續編景舊鈔本,
       p.15b ;《天下郡國利病書》卷42《山東八》, 清光緒五年刻本, p.22b ; 光緒《益都縣圖志》卷
       九《山川志上》, 清光緒三十三年刻本, p.7 ; 臨淄區民政局編《臨淄區地名志》, 山東人民出
       版社2018年版, p.169.

의 문지방이 길의 노면 아래로 내려와 있는 점이 특이했다. 馬東씨에 따르면, 金嶺
驛의 옛 터자리는 金嶺大街 중간 구간 북측인데 현재는 상점이 들어서 있다고 했
다. 馬東씨의 안내로 금령역의 옛 터자리, 金嶺驛 城門 閣樓의 옛터를 확인할 수 있
었다. 지금의 城門 閣樓가 언제 지어졌는지는 알 수가 없는데, 푸른 벽돌(青磚)을 쌓
아 만들었고 남쪽에 세워 북쪽을 바라보는(坐南朝北) 구조로서 문의 입구 터널은 높
이 약 2m, 폭이 약 3m였다. 錦繡橋는 이미 철거되어 사라진 지가 오래되어 그 흔적
을 찾을 수 없었으나, 현지 관청이 금릉대가를 문화유적거리로 복원하는 사업을 하
면서 옛 금수교와 주위의 풍경을 벽화〈사진 6-37〉로 남겨놓아 간접적으로나마 옛
역도의 풍경을 확인할 수 있었다.

사진 6-33   지금의 金嶺回族鎮 金嶺大街
현지 주민 馬東 씨(남, 93)의 증언에 따르면 이 길이 바
로 張店과 盆都를 잇는 옛 官道였다고 한다. 명청 교체
기 조선사신들도 북경과 등주를 오가는 여정에 바로
이 길을 지났을 것이다.

사진 6-34   金嶺大街에 있는 오래된 민가. 문의 난간이
도로보다 훨씬 아래로 내려가 있는 것을 보면, 원래 역도
가 지금보다 훨씬 낮은 지대에 있었음을 알 수 있다.

사진 6-35   金嶺驛 성문 유적지

사진 6-36   지금의 淄博市 臨淄區 金嶺回族鎮 金嶺大街

사진 6-37　金嶺大街에 있던 옛 錦繡橋의 자리에 그려진 벽화(철거 이전 금수교와 금수교 주위의 풍경을 상상해 볼 수 있다)

사진 6-38　현지 관청에서 지금의 金嶺大街에 조성한 조각상(옛날 역관들이 공문을 주고 받는 모습을 재현한 것이다)

사진 6-39　본서의 집필진이 현지주민 馬東 씨(남, 93세)를 인터뷰하는 장면

사진 6-40　현지 주민 馬東 씨가 증언한 명청 시기 金嶺驛 옛 터자리

이상의 고증을 종합하여 조선사신들이 淄河에서 金嶺驛까지 거쳐간 지역을 명대 지명으로 차례로 나열하면 다음과 같다. 1. 太公塚(太公墓) 2. 三士墓 3. 達子店 4. "矮槐古跡"題門(矮槐夏陰, 矮槐夏陰店) 5. 矮槐橋 6. "孟丘積翠"欄門 7. 金嶺驛(金嶺馹, 金嶺, 金嶺鎭, 金鈴店, 趙秉忠之鄕, 孟子去齊三宿出畫之地)등.

문헌 고증과 현지답사, 현지인 인터뷰를 통해 위의 명대 지명을 현재의 지역명에 대응시켜 차례로 나열하면 다음과 같다. 1. 淄博市 臨淄區 聞韶街道 姜太公祠 建築群 안 2. 淄博市 臨淄區 齊都鎭 南關村 동남쪽 일대 3. 淄博市 臨淄區 辛店街道 安樂店村 4. 淄博市 臨淄區 辛店街道 矮槐樹村 5. 淄博市 臨淄區 辛店街道 矮槐樹村 동쪽의 澅源橋 6. 淄博市 臨淄區 辛店街道 矮槐樹村과 淄博市 臨淄區 金嶺鎭 사이 7. 淄博市 臨淄區 金嶺回族鎭 金嶺一, 金嶺二, 金嶺三, 金嶺四, 金嶺五, 金嶺六 등 6개 마을과 金南社區. 이 밖에 현지답사와 현지인 인터뷰를 통해서 조선사신들은 지금의 淄博市 臨淄區 辛店街道 辛店街村도 경유했음을 알 수 있었다.

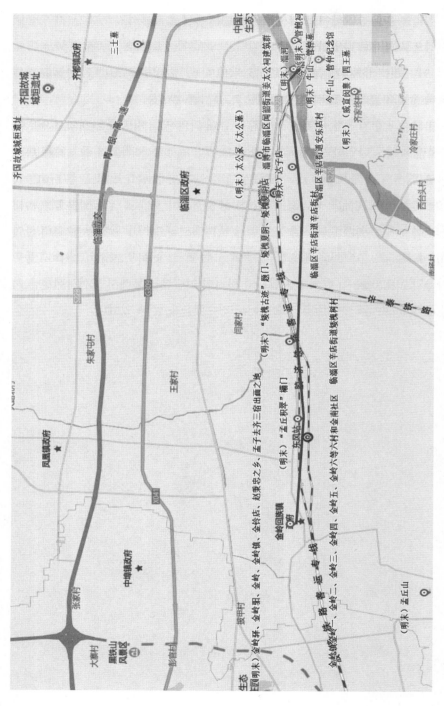

그림 6-41 淄河에서 金嶺驛까지 조선사신 경유 노선 및 경유지점 명대 지명과 현대 지명 대조도

제7장 金嶺驛에서 益都西界[1]까지

(10월) 20일 정축일 맑고 바람 붐. (金嶺驛에서 發行하여)……金嶺의
서쪽은 농지와 벌판이 척박하고 村落이 드문드문 있어서 앞서 지나온
곳만 못했다. 오늘은 70리 여정이다.

(十月)二十日, 丁丑, 晴風. (自金嶺驛發行)……金嶺以西, 田野瘠薄,
村落似稀, 不如前所經也. 今日行七十里.

—趙濈《燕行錄一云朝天錄》

천계 3년 10월 20일 趙濈 일행은 益都 金嶺驛에서 출발하여 濟南府 長山縣으로
향했다. 조즙이 본 바에 따르면 金嶺을 지나 서쪽으로 더 가자 토지는 척박했고 길
을 따라 이어지는 촌락들이 이전보다 드물게 나타났기에 金嶺에 도착하기 전에 본
동쪽 지역에 비해 좀 황량한 느낌이 들었다. 그러나 명 융경 2년(1568) 長山縣 知縣
韓希龍[2]은 "東으로 金嶺鎮의 서측과 西로 瀞山坡의 동측이 만나는 일대의 지세는
중앙이 숫돌 같고 폭이 100리에 이르는데 광활하고도 비옥하여 정말로 樂土라 이
를 만하다"[3]라고 하였으니 조즙의 기록과는 상반된다. 이는 아마도 명말 자연재해

---

1   "益都西界"는 본고의 필진들이 본 총서의 체제상 일관성과 독자의 이해를 돕기 위해서 임
    의로 붙인 명칭이며, 원래 사행록에는 益都西北九十里界와 같이 기술되어 있다.

2   康熙《長山縣誌》卷3《秩官志》, 淸康熙五十五年刻本, p.8b.

3   "東自金嶺鎮之西, 西自瀞山坡之東, 中央如礪, 相去百里, 平曠膏腴, 誠爲樂土." ㈜知縣韓

와 전란이 빈번하여 산세가 비교적 험준하여 사람의 접근이 어려웠던 금령역 동쪽 지역보다 이곳 금령역의 서쪽 지대가 더욱 피해가 심하여 인구가 줄고 많은 촌락이 소멸되었기 때문인 듯하다. 천계 원년(1621) 謝恩冬至兼聖節使臣團 정사 최응허와 서장관 안경의 기록[4]에 따르면, 천계 원년 山東 中東部 지역에 메뚜기 떼가 창궐하여 기근이 심하게 들어 민생의 질고가 아주 심했다는 기록이 보인다. 한편, 金嶺回族鎭 金嶺二村 주민 馬東(男, 93)씨의 증언에 따르면, 金嶺驛을 가로질러 지났던 옛 官道, 곧, 지금의 金嶺大街는 서쪽 끝단에서 齊州路에 연결되는데, 제주로 역시 金嶺驛과 張店을 잇는 옛 官道의 일부라고 한다.

　　希龍:《舊志序》, 嘉慶《長山縣誌》卷12《藝文志一》, 清嘉慶六年刻本, p.16b.

4　"(七月)初五日, 晴. 早發(黃縣)……暮入朱橋馹, 宿翰林客館. 是日行百二十里云. 路人皆曰: 六月灑雨, 蝗蟲蔽野. 田畝之上, 揮旗驅之, 或掘坎火埋, 或官令捕之, 或捕而食之"[朝鮮] 安璥:《駕海朝天錄》, 美國哈佛大學燕京圖書館藏本.

　　"(七月)初六日, 乙巳, 晴. 啟行(朱橋驛)……境內黃蟲大熾, 田穀損傷矣. 初八日, 丁未, 晴. 曉(自牛莊村)啟程……行三十里到濰縣城外北關王姓人家止宿. 境內黃蟲極織. 初十日, 己酉, 晴. 曉頭(自泗洱店)啟程, 行三十五里, 到青州府. 行三十五里, 到金嶺驛, 止宿張姓人家矣. ……黃蟲亦盛."[朝鮮] 崔應虛:《朝天日記》, 韓國忠清南道青陽郡慕德祠藏本.

사진 7-1　지금의 淄博市 臨淄區 金嶺回族鎮 鎮政府(한국의 읍사무소에 해당)

사진 7-2　金嶺大街의 서쪽 끝과 齊周路의 교차지점, 전방에 보이는 길이 齊州路이다.

사진 7-3　지금의 齊州路-금령역의 서쪽에서 張店으로 이어지는 옛 관도의 일부였다.

제1절 "金嶺桑麻"欄門, "迎神仙門"欄門, 益都西界[5]

金嶺驛(금령역)은 益都縣에 속한다. 金嶺으로부터 서쪽으로 長山縣
까지 70리 여정이다. 3리를 가자 欄門이 있는데 "金嶺桑麻(금령상마)"
라고 써있고 5리를 가자 또 패문이 있는데 글자가 마멸되어 무슨 글자
인지 알아볼 수 없었다.

金嶺驛屬益都縣, 自金嶺, 西至長山縣, 七十里程也. 行三里, 有欄門,
書之曰 : "金嶺桑麻". 行五里, 有欄門而字畫漫漶, 臣未得詳焉.

—鄭斗源《朝天記地圖》

위의 정두원의 기록에 따르면, 金嶺驛에서 서쪽으로 3리를 가면 "金嶺桑麻"欄
門(坊表)이 있는데 이 坊表에 대해 嘉靖《青州府志》, 萬曆《益都縣誌》, 康熙《益都縣
誌》 등 현존 중국 지방지에는 아무런 기록이 남아 있지 않다. 여기서 桑麻(상마)란
뽕나무를 재배하여 누에고치를 키워 비단을 짜고 마를 심어 그 섬유로 길쌈을 삼는
일을 말한다. 齊나라와 魯나라가 있던 이곳 산동 青州 경내 桑麻 재배의 역사는 아
주 유구하였다. 《書·禹貢》에 이미 "발해와 태산 사이 땅인 青州지역은 嵎夷가 평정
되자 濰水와 淄水가 소통되었다. 그 토양은 희고 비옥했으며 바닷가는 갯벌이 펼쳐
져 있다. 그 농지는 上品의 下등급이고 그 賦稅는 中品의 上등급을 따른다. 조공으
로 소금과 고운 칡베……태산 골짜기에는 명주, 모시, 납, 소나무, 괴석이 산출되었
고 萊夷가 목축을 하자 공물 바구니에 산누에 고치에서 뽑은 명주를 바쳤다"[6]라는
기록이 보이고, 齊나라 재상 管仲은《管子·四固》에서 "桑麻를 벌판에 심고 五穀을

---

5   조선사신의 사행록에는 益都西北九十里界, 青州益都縣西北九十里(店舍)라고 기록되어
    있다.
6   "海岱惟青州, 嵎夷既略, 濰淄既道. 厥土白墳, 海濱廣斥. 厥田惟上下, 厥賦中上. 厥貢鹽絺
    ……岱畎絲, 枲, 鉛, 松, 怪石. 萊夷作牧, 厥篚檿絲." (漢)孔安國傳, (唐)陸德明音義 :《尚書》
    卷3《禹貢第一》, 仿宋相台五經本, pp.2b-3a.

적당한 땅에 재배하는 것이 나라를 부강하게 하는 길이다"[7]라고 했다. 漢代에도 여전히 "옛 齊나라 魯나라 땅에는 桑麻가 대규모로 재배되는"[8] 광경을 쉽게 볼 수 있었다.《史記》에도 "齊나라는 산과 바다를 끼고 비옥한 토지가 천리에 이른다. 백성들은 무늬가 있는 비단, 면직물과 견직물, 해산물과 소금을 많이 생산한다. 臨淄 역시 바다와 태산 사이에 있는 큰 도회지이다. ……거기에는 선비, 농민, 상인, 공인, 병사 등 五民이 고루 살았다. 鄒나라와 魯나라는 바닷가에 연해있고 洙水와 泗水에는 아직도 周公의 遺風이 남아 있어 사람들은 유학을 좋아하고 예의를 갖추는 풍속을 따랐다. 사람들은 고지식하여 桑麻 농사를 업으로 삼는 사람이 많았으나 산림과 연못의 풍요로움은 없었다."[9]라는 기록이 보인다. 명대 青州는 여전히 "桑麻가 벌판에 가득하고 이웃마을의 닭과 개가 우는 소리가 서로 들렸으며"[10] 청대에도 "桑麻가 평야에 가득하고 누에고치에서 실을 뽑고 길쌈을 삼는 일이 보편화되어 있었다."[11] 이상의 기록들을 보건대 金嶺驛의 서쪽 3리에 있던 "金嶺桑麻(금령상마)" 欄門은 바로 金嶺驛 一帶가 桑麻 농사의 역사가 유구하며 재배면적도 넓은 곳임을 알리는 표지였음을 알 수 있다. 그런데 이런 풍경에 대해 조선사신이 남긴 시가 없으므로 여기서 명 가정 연간 益都사람 陳夢鶴가 남긴《齊都篇十首》중 제7수를 살펴보면서 간접적으로 조선사신들이 목도했을 광경을 상상해보기로 한다.

---

7   "桑麻殖於野, 五穀宜其地, 國之富也." (周)管仲撰, (唐)房玄齡注 :《管子》卷1《四固》, 四部叢刊景宋刻本, p.12a

8   "齊魯千畝桑麻" (漢)班固 :《漢書》卷91《貨殖傳》, 淸乾隆四年刻本, p.6b.

9   "齊帶山海, 膏壤千里, 宜桑麻, 人民多文彩, 布帛, 魚鹽. 臨淄亦海, 岱之間一都會也……其中具五民, 而鄒, 魯濱, 洙, 泗猶有周公遺風, 俗好儒, 備於禮, 故其民齪齪, 頗有桑麻之業, 無林澤之饒." (漢)司馬遷撰, (劉宋)裴駰集解, (唐)司馬貞索隱, 張守節正義 :《史記》卷127《貨殖傳》, 淸乾隆四年刻本.

10   "桑麻遍野, 雞犬相聞" (明)趙秉忠 :《東嶽廟募緣疏》, 康熙《青州府志》卷22《藝文志》, 淸康熙六十年刻本, p.66b.

11   "桑麻彌野, 繰絲績紵" 康熙《青州府志》卷首《重修青州府志序》, 淸康熙六十年刻本, p.4b.

〈齊나라의 도성 10수 중 제7수〉

(명) 진몽학

청주지역은 물고기와 소금으로 명절마다 제사를 지내고

해마다 밭갈고 김매어 뽕나무와 삼이 풍요롭네.

부국강병했다는 옛 제나라 이제 더는 말하지 말지니

우리 명나라는 천하 만리 온 땅이 하나로 통일되어 일가를 이루었네

齊都篇十首之七[12]

(明) 陳夢鶴[13]

海國[14]魚鹽供伏臘,[15] 歲時麃蓘裕桑麻.

---

12   嘉靖《青州府志》卷11《兵防》, 明嘉靖刻本, p.34b.

13   "陳夢鶴은 字가 子羽 혹은 經子이다. 어렸을 때 총명하고 영민하여 책을 한 번 읽으면 바로 암송했다. 嘉靖 二十六年 進士가 되었다.……工部主事를 제수받아 濟寧의 水利를 담당하여《閘河類考》二卷을 저술하였고 兵部選司로 전임되어《武銓邦政》二卷를 지술하였고 河南僉事로 승진하여 民兵을 이끌고 衛땅(지금의 산동성 章丘市)으로 들어가 승전을 상주하여 한 계급 승진하였고 軍中에서《治兵餘興》一卷을 지었다. 당시 嚴嵩이 집정을 하고 있어 司道로 전근하였는데 모두가 가서 인사를 했으나 진몽학은 홀로 예를 행하지 않았다. 파직당해 귀향하면서도 걸림이 없이 유유자적한 태도를 보였고 翼雅詩社를 香山과 洛社 사이에 결성했다. 晩年에 객혈했다. 저서로《慣病賦》가 있고 臨終할 때 유작으로《薄葬書》를 지어 子孫에게 남겼고 이 밖에《雅音萃稿》三十卷,《芝巘山人歲稿》三十卷,《平莊集》一百卷,《西平遊覽志》諸書가 있으며 欽定古今圖書集成이 전한다." 咸豐《青州府志》卷44《人物傳七》, 清咸豐九年刻本, p.29.

14   海國이란 바다 근처의 지역을 말하는데 여기서는 青州를 가리킨다. 宋 蘇軾의《新年》제3수에 "바다 근처 惠州 땅은 온화하기 그지없고 春山은 끝없이 맑네"라는 표현이 보인다. "海國空自暖, 春山無限清." (宋)蘇軾 :《東坡七集·後集》卷5《詩六十七首》, 清光緒重刊明成化刻本, p.17a.

15   伏臘(복랍)이란 "伏祭"와 "臘祭"의 簡稱이다. "伏祭"란 여름 복날에 지내는 祭祀이고 "臘祭"란 음력 12월에 지내는 祭祀이다. 伏臘는 또한 명절을 범칭하기도 한다.《周書·晉蕩公護傳》에 "사시 절일마다 제사를 올림에 高祖는 모든 親戚을 대동하여 가족의 禮를 행했고 술잔을 들고서 축수하였다"라는 표현이 보인다. "每四時伏臘, 高祖率諸親戚, 行家人之禮, 稱觴上壽." (唐)令狐德棻 :《周書》卷11《晉蕩公護傳》, 清乾隆四年刻本.

　　　　富强謾說東秦[16]事, 萬里車書[17]今一家.

　　이 시는 옛 제나라 땅인 青州지역에서는 해산물과 소금이 풍부하여 이러한 귀중한 토산품으로 절기마다 제사를 지내고 있으며 매년 봄이면 밭을 갈아 김을 매는 등 열심히 농사일에 전념하여 가을이면 뽕나무 잎으로 키운 누에에서 얻은 명주와 길쌈으로 얻는 직물을 풍성하게 얻는다고 찬탄했다. 그래서 춘추전국시기 옛 제나라는 부국강병한 패자의 나라로 사람들의 입에 오르내렸으나 이제는 명나라가 들어서서 사해가 일가로 통일되었으니 옛 제나라의 명성을 더는 말할 필요가 없다고 권계했다. 위의 시 1, 2구의 묘사를 통해 明代 中後期, 青州府 경내에는 桑麻의 재배가 많은 백성들의 생계수단이 되었음을 알 수 있고 이는 조선사신 정두원이 기록한 "金嶺桑麻"패문이 정말로 당시에 실제했을 가능성이 큼을 간접적으로 증명해준다.

　　정두원은 "金嶺桑麻"패문이 金嶺驛의 서쪽 3리에 있다고 했는데 이러한 사실을 고금의 지도와 대조해보고 필자들이 답사한 정황과 비교해보면 명말 "金嶺桑麻" 패문은 지금의 淄博市 臨淄區 金嶺回族鎮 金嶺大街와 金嶺南街의 교차지점에서 서쪽으로 약 300m 정도 떨어진 곳에 세워져 있었을 것으로 추정된다.

16　東秦은 戰國시기 秦나라와 齊나라가 국력이 강성하여 秦昭王과 齊湣王이 일찍이 스스로를 각각 東帝, 西帝라고 부른 것에서 연유하며 이후로 齊나라를 "東秦"이라고도 한다.

17　車書는《禮記·中庸》"지금은 天下가 수레는 차축의 폭이 같고 글을 쓸 데는 동일한 글자를 쓴다(今天下車同軌, 書同文)"에서 유래했다. (漢)鄭玄注, (唐)陸德明音義 :《禮記》卷16《中庸第三十一》, 仿宋相台五經本, p.18a. ; 수레 차축의 길이가 같고 文字가 같다는 것은 文物制度가 서로 동일하고 크게 통일 되었음을 상징하는 것이다. 唐 杜甫《題桃樹》시에 "지금은 남편을 잃은 과부가 도처에 생기고 도적떼가 횡행하는 시절이 아니라 천하가 사해일가로 하나된 세상이라네(寡妻群盜非今日, 天下車書已一家)"라는 표현이 보인다. (唐)杜甫 :《杜工部集》卷13《近體詩一百首》, 續古逸叢書景宋刻本配毛氏汲古閣本, p.19a.

사진 7-4　齊州路 옆의 사진 속 장소에 조선사신 정두원이 언급한 "金嶺桑麻"패문이 있었을 것으로 추정된다.

　　馬東 씨는 또한 옛 老官가 金嶺의 서쪽으로 계속 뻗어가 지금의"新安店"과 湖田을 차례로 지난 후 淄博市 張店區에 도착한다고 증언해주었다. 光緖《益都縣圖志》에 "益都縣 서남쪽 80리가 新安店"[18]이라고 했고 관련 지방지와 村碑의 기록[19]에 따르면 馬東 씨가 말한 "新安店"은 지금의 "辛安店"이며 한 때 "三家店"으로 불리기도 했다. 전하는 바에 따르면, 명대 초기에 마을이 세워졌고 명청 시기에는 "新安店"으로 불렸으며 益都縣 仁智鄕 胡田社에 속했다. 1948년 이후로는 桓台縣에, 1953년 이후로는 淄川縣 金嶺回族鄕에, 1962년 이후로는 淄博市 張店區 湖田公社에, 1984년 이후로는 淄博市 張店區 湖田鎭에, 1991년 이후로는 이름이 辛安店으로 바뀌었고 2010년 이후로는 淄博市 張店區 杏園街道에 속했다가 2015년 이후로 張店區 湖田街道에 속해오고 있다.

18　"(益都縣西南)八十里, (爲)新安店." (光緖)《益都縣圖志》卷1《八鄕村莊道裡表》, 淸光緖三十三年刻本, p.34a.

19　嘉靖《靑州府志》卷11《鄕社》, 明嘉靖刻本, p.47b ; 康熙《益都縣誌》卷4《市集》, 淸康熙十一年刻本, p.10a ; 光緖《益都縣圖志》卷8《疆域志下》, 淸光緖三十三年刻本, p.1a ; 山東省淄博市地名委員會編《淄博市地名志》, 山東省地圖出版社1989年版, p.26 ; 山東省淄博市張店區志編纂委員會《張店區志》, 中國友誼出版社1991年版, p.40.

사진 7-5　지금의 淄博市 張店區 湖田街道 "新安店"村 村碑(이 碑는 1988年에 건립되었으므로 辛安店으로 바뀌기 이전의 명칭이 적혀있다)

　관련 지방지 기록[20]에 따르면 馬東 씨가 말한 "湖田(호전)"은 명청 시기 益都縣 서남쪽 85리에 있던 "胡田鋪(호전포)"를 말하는 것이다.[21] 전하는 바에 따르면 이 마을은 당나라 중기에 세워졌고 명대 중기에서 청 광서 연간까지는 胡田鋪, 胡田으로 불렸으며 益都縣 仁智鄕 胡田社에 속했다. 청 광서 연간에는 胡田鋪, 胡田으로 불렸는데 인구가 계속 증가하자 上湖田, 下湖田으로 분리하였으나 여전히 益都縣 仁智鄕 胡田社에 속했다. 1948년 이후로는 桓台縣에, 1953년 이후로는 淄川縣 金嶺回族鄕에, 1962년 이후로는 淄博市 張店區 湖田公社에, 1984년 이후로는 淄博市張店區 湖田鎭에, 2010년 이후로는 淄博市 張店區 杏園街道에 속했다가 2015년

20　嘉靖《靑州府志》卷11《鄕社》, 明嘉靖刻本, p.47a ; 康熙《益都縣誌》卷4《市集》, 淸康熙十一年刻本, p.9b ; 光緒《益都縣圖志》卷8《疆域志下》, 淸光緖三十三年刻本, p.1a ; 山東省淄博市地名委員會編《淄博市地名志》, 山東省地圖出版社1989年版, p.25 ; 山東省淄博市張店區志編纂委員會《張店區志》, 中國友誼出版社1991年版, p.40.

21　嘉靖《靑州府志》載 : "胡田鋪, (靑州府)城西八十裡"嘉靖《靑州府志》卷11《驛遞》, 明嘉靖刻本. 光緒《益都縣圖志》亦載 : "(益都縣西南)八十五里, (爲)上湖田, 下湖田"(光緒)《益都縣圖志》卷1《八鄕村莊道裡表》, 淸光緖三十三年刻本, p.35. 對比古今地圖, "胡田鋪"位於靑州府城(即益都縣城)西八十五里.

이후로 張店區 湖田街道에 속해있다.

사진 7-6   淄博市 張店區 湖田街道 上湖村

사진 7-7   淄博市 張店區 湖田街道 下湖村 街道辦事處(한국의 동사무소에 해당함)

　　金嶺驛(금령역)은 益都縣(익도현)에 속한다. ……20리를 가니 패문
이 있는데 "迎神仙門(영신선문)"이라고 써 있다. 내가 생각컨대 진시
황과 한무제가 신선을 맞이한 곳인 듯한데 확실한 지는 알 수 없다.

　　金嶺驛屬益都縣……行二十里, 有欄門, 書之曰 : "迎神仙門", 臣疑秦皇漢武迎仙之處而未得詳焉.

—鄭斗源《朝天記地圖》

위의 정두원의 기록에 따르면, 金嶺驛에서 서쪽 20리 지점에 "迎神仙門" 패문이 있었고 이곳을 秦始皇과 漢武帝가 神仙을 맞이한 곳이라고 추측했다. 그러나 益都 縣 "迎神仙門" 패문(방표)에 관한 기록은 현존하는 중국 지방지에서 전혀 찾아볼 수 없다. 그렇다면 "迎仙神門"이 정말 진시황과 한무제와 연관이 있는 장소일까? 역사서에 따르면, 秦나라가 전국시기 여섯나라를 통일한 이후 도성인 咸陽을 중심 으로 전국 각지로 뻗어나가는 규격이 통일된 도로를 닦았다.《史記·秦始皇本紀》에 는 진시황 28년(기원전 219)에 6국을 통일한 후 진시황은 泰山에 올라 封禪祭를 마 치고 "渤海의 동쪽으로 黃(황, 지금의 煙臺 龍口市), 腄(수, 지금의 煙臺 福山區), 窮成山 (지금의 威海 榮成 成山頭)을 차례로 거쳐 之罘(지부, 지금의 煙臺 芝罘區 芝罘山)에 올 라서 秦나라의 德을 송찬하는 비를 세우고는 떠났다." 그 후 진시황은 다시 "남으 로 琅邪(랑야, 지금의 青島 黃島 琅琊山)에 올라 크게 즐거워하여 3개월을 머물렀다." 그리고는3萬戶의 주민을 여기 琅邪에 이주시키고는 琅邪台를 짓도록 했고 石刻를 세워 秦나라의 功德을 송찬했다. 琅邪에 있을 때 齊나라 사람 徐市(서불, 곧 徐福)이 글을 올려 말하기를 東海 바다 가운데 三神山(蓬萊, 方丈, 瀛洲)이 있는데 신선들이 사는 곳이라고 하면서 "齋戒하고 男女 아동을 데리고 신선을 구하러 가게 해달라 고 청했다." 이에 진시황은 기쁘게 이를 허락했다.[22]

秦始皇과 비슷하게 西漢 漢武帝도 여러차례 泰山에 올라 封禪을 행하고 동쪽으 로 순례하여 蓬萊仙山을 찾았다.《漢書·祭祀志》에 따르면 西漢 太始 元年(기원전 96) 漢武帝가 "東으로부터 와서 海上에 이르러 바다로 들어갈 방안을 강구하여 方

22　"乃並渤海以東, 過黃(今煙臺龍口市), 腄(今煙臺福山區), 窮成山(今威海榮成成山頭), 登之罘(今煙 臺芝罘區芝罘山), 立石頌秦德焉而去……南登琅邪(今青島黃島琅琊山), 大樂之, 留三月……請 得齋戒, 與童男女求之……" (漢)司馬遷撰, (劉宋)裴駰集解, (唐)司馬貞索隱, 張守節正義： 《史記》卷6《秦始皇本紀》, 清乾隆四年刻本.

士를 보내 신선을 구했으나 효험이 없었다. 이에 더욱 많은 사람을 보내 신선을 만나고자 했다.……渤海에 도착하여 멀리 蓬萊 등을 바라보고 제사를 지내 신선들이 산다는 정원에 도착할 수 있기를 바랬다."[23] 漢武帝는 西漢 때 黃縣에 예속되어 있던 蓬萊의 해변가에 "바다 가운데 있는 蓬萊山을 바라볼 수 있도록 城을 쌓았기에"[24] 이후에 이 성을 蓬萊城이라고 불렀다. 蓬萊에서 長安으로 돌아가는 길에 漢武帝는 公孫卿 등 方士의 건의를 받아들여 "長安에 蜚廉觀과 桂觀을 짓도록 하고 甘泉宮에는 益延壽觀을 짓도록 하고는 공손경으로 하여금 부절을 쥐고 신선을 기다리게 했다. 또 通天台를 짓고는 그 아래 제사도구를 차려놓고 장차 신선들을 맞이하려 했다. 이에 甘泉宮의 前殿을 고쳐짓고 모든 궁실을 크게 확장했다"[25] 이상의 역사기록을 보건대 "迎仙神門" 방표가 있던 곳은 일찍이 秦始皇이 직접 신선을 기다렸거나 혹은 徐福을 파견하여 신선과 함께 돌아오기를 기다렸거나 아니면 漢武帝가 신선을 맞이하기 위해서 세운 어떤 건축물이 있었던 장소일 가능성을 완전히 배제하기 어렵다. 그러나 수 천년의 세월이 지났기에 이를 정확히 고증하기는 불가능한 일이다.

정두원이 언급한 바, 金嶺驛의 서쪽 20리, 즉 益都縣에서 서쪽으로 90리에 세워져 있던 "迎神仙門" 패문은 고금의 지도와 대조해보면 지금의 淄博市 張店區 四寶山街道 迎仙村 남쪽을 지나는 湖光路 부근으로 추측된다. 필자들이 현장답사하면서 확인한 迎仙村 村碑의 기록에 따르면, 淸初 張씨 성을 가진 일족들이 마을을 세웠으며 형제들이 모두 8명이었으므로 八仙官莊이라고도 불렸다. 마을 안에 규모가 커서 장관을 이룬 迎仙殿이 있었고 매년 마을 북쪽에 있는 花山에서 廟會를 진행할 때 迎仙殿 안에 향을 피웠으므로 주변 지역에 명성이 높았고 마을은 迎仙官莊

---

23   "東至海上, 考入海及方士求神者, 莫驗, 然益遣, 幾遇之……臨渤海, 將以望祀蓬萊之屬, 幾至殊庭焉." (漢)班固 : 《漢書》卷25《郊祀志》, 清乾隆四年刻本.

24   "望海中蓬萊山, 因築城" (唐)杜佑 : 《通典》卷180《州郡十》, 清乾隆十二年刻本, p.17b.

25   "令長安則作蜚廉, 桂觀, 甘泉則作益, 延壽觀, 使卿持節設具而候神人. 乃作通天台, 置祠具其下, 將招來神仙之屬. 於是甘泉更置前殿, 始廣諸宮室" (漢)司馬遷撰, (劉宋)裴駰集解, (唐)司馬貞索隱, 張守節正義 :《史記》卷28《封禪書》, 清乾隆四年刻本, p.34a.

이라고도 불렸다. 사회주의 중국이 건립된 후 迎仙(村)이 조성되었다. 관련 지방지 기록에 따르면, 迎仙村은 명대에서 청 가경 연간까지 八仙官莊으로 불렸고 濟南府 長山縣 東路柔字約에 속했다. 1946년 이후로 官莊으로 불렸고 桓台縣 鐵山區에 속했다. 1992년 이후로는 迎仙村으로 불리며 淄博市 張店區 四寶山鎮에 속했다가 2001년부터 지금까지 淄博市 張店區 四寶山街道에 속해오고 있다. 이 밖에 현지주민들은 이전에 迎仙村 북쪽의 花山 위에 碧霞祠, 玉皇閣등의 道教 건축물들이 있었다고 했다. 그러나 이는 주민들 사이에 전해오는 이야기로 문헌상에는 관련 기록을 전혀 찾아 볼 수 없어 고증할 길이 없다. 그러나 정두원이 기록한 "迎仙神門" 패문이 세워진 내력과 이런 전설들은 아마도 연관이 있었을 것이다.

사진 7-8   지금의 淄博市 張店區 四寶山街道 迎仙村 村碑(正面)

사진 7-9   지금의 淄博市 張店區 四寶山街道 迎仙村 村碑(背面)

　　(7월) 5일 계사일 長山縣(장산현)에 도착했다. 아침에 金嶺(금령)을 출발하여 益都(익도)에서 西北으로 90리 떨어진 경계를 지나 다시 張家急遞鋪(장가급체포, 張店장점)를 지났다. 登州로부터 서남쪽으로 이동하면서 북쪽으로 보이는 산맥은 牛山에 이르러서는 좁고 가파르게 역로 곁에 근접했고 이곳을 지나자 산맥은 점점 서북으로 내달려 길

게 이어져 뻗어나가니 그 사이의 성곽과 저자거리, 계곡과 고랑 등의
상황은 대충 짐작할 수 있겠다.

(七月)初五日, 癸巳, 到長山縣. 朝發金嶺, 過益都西北九十里界, 又
過張家急遞鋪. 自登州西南而北, 所望之山抵牛山, 狹隘而近于路, 過
此漸遠, 橫馳西北, 邐迤不斷, 其間坊郭[26]畎澮,[27] 但可領略.

—李民宬《癸亥朝天录》

(10월) 20일 정축일 맑고 바람 붐. (金嶺驛에서 發行하여) 30리를 가서
張店(장점)을 지났고 40리를 가서 店舍에서 점심을 해먹었으니 곧, 青
州 益都縣(익도현)에서 서북으로 90리 떨어진 곳이다..

(十月)二十日, 丁丑, 晴風. (自金嶺驛發行)三十里過張店, 四十里中火
於店舍, 乃青州益都縣西北九十里也.

— 趙濈《燕行錄一云朝天錄》

조선사신 이민성에 따르면, 牛山의 동쪽 지역은 산맥과 구릉이 발달한 지역으로
역참로 역시 이런 산들의 사이를 지나가는 길이고 牛山의 서쪽 지역부터는 지세가
차츰 평탄해지기 시작하여 보이는 산들도 적어지고 멀리 보이기 시작한다. 그리고
우산의 서쪽 지역은 평원이 주로 펼쳐져 있기 때문에 성곽과 저자마을, 유수량이
적은 하류가 점점 많아질 것을 짐작할 수 있다고 했다. 한편, 이민성과 조즙이 "益

---

26   坊郭이란 城郭과 저자 마을을 가리킨다. 宋 蘇軾의《上神宗皇帝書》에 "(왕안석의 신법은) 성
      곽과 저자 거리, 저택에 사는 사람들을 농촌마을에 사는 주민들과 같이 균등하게 부역하고
      벼슬에 있는 권세있는 사람들을 일반 백성과 더불어 함께 부역시키려는 것이다(欲使坊郭等
      第之民與鄉戶均役, 品官形勢之家與齊民並事)"라는 표현이 보인다. (宋)蘇軾 :《東坡七集·續集》
      卷11《上神宗皇帝書》, 清光緒重刊明成化刻本, p.8b.
27   畎澮(견회)란 溪流와 溝渠를 가리킨다.《漢書·李尋傳》전에 "지금 汝(汝南郡)와 穎(穎川郡) 지
      역 일대의 계곡물과 고랑물은 모두 하천과 함께 합쳐져 물살이 사나워져 비가 내리면 백성
      들의 재해가 된다(今汝穎畎澮皆川水漂踴, 與雨水並爲民害)"라는 표현이 보이고 顏師古는 注에
      서 "畎澮(견회)란 작은 계곡물(小流也)"이라고 해설했다. (漢)班固 :《漢書》卷75《李尋傳》, 清
      乾隆四年刻本, p.3b.

都縣西北界"과 "張家店(즉, 張店)"에 대해 기록한 것을 보면 그 순서가 상반된다. 咸豊《靑州府志》에는 "益都縣의 西北으로 3개의 길이 나있는데, 하나는 50리를 가면 本府 臨淄縣城(임치현성)에 도착하고 다시 40리를 가면 현의 경계에 도착하여 濟南府 新城縣(신성현) 경내에 들어서니 대충 90리 길이다."[28]라는 기록이 있고, 咸豊《靑州府志》에도《益都縣道里近表》를 인용하여 "益都縣에서 西北으로 5리를 가면 滿洲駐防城에 도착하고……계속해서 15리를 가면 臨淄縣 淄河店에 도착한다. 臨淄 境內를 돌아서 32리를 가면 五里閣에 도착하고 임치현 경내로 들어서서 계속 5리를 가면 金陵驛에, 다시 계속 28리를 가면 紅廟(지금이 淄博市 張店區 湖田街道 辦事處 店子村)의 서쪽에 도착하는데 濟南府 新城縣 張店의 동쪽이며 新城縣으로 들어가는 경계이다. 대충 100리 길이다."[29]라고 기록하고 있으므로 李民宬이 기록한 바 "益都에서 西北으로 90리 떨어진 경계를 지나 다시 張家急遞鋪(張店)를 지났다."는 기록은 사실에 부합한다.

明末淸初 "張家急遞鋪"가 속한 행정구역은 계속 변경되었는데,[30] 이는 앞서 살펴본 迎仙村의 경우와 유사하다. 이곳 부근은 靑州府 益都縣, 高苑縣 그리고 濟南府 新城縣, 長山縣이 교차하는 지역으로 각 행정구역의 경계선이 빈번하게 바뀌었다. 이에 대한 자세한 고증은 이후에 다시 논하기로 한다. 또한, 앞서 정두원이 기록한 "영신선문" 패문은 금령역의 서쪽 20리에 있었으므로 금령역이 靑州府城(益都縣城)의 서쪽 70리에 있었음을 알 수 있고 명대 말기 "영신선문" 패문의 서쪽 부근이 응당 이민성과 조즙이 말한 "益都에서 西北으로 90리 떨어진 경계"로서 지금의

28　"(益都縣)西北分三路, 一路五十里至本府臨淄縣城, 又四十里至其縣界, 交濟南府新城縣境, 凡九十里."咸豊《靑州府志》卷3《道裡表》, 淸咸豊九年刻本, p.2a.

29　"(益都縣)西北邪五里至滿洲駐防城……直十五里至臨淄縣淄河店. 臨淄境內迂行三十二里至五里閣, 又入縣境直五里至金陵驛, 又直二十八里至紅廟(今淄博市張店區湖田街道辦事處店子村)西, 濟南府新城縣張店東, 交新城縣界, 凡百里."咸豊《靑州府志》卷3《益都縣道裡近表》, 淸咸豊九年刻本, pp.5b-6b.

30　"張家急遞鋪"即張店, 明嘉靖年間, 屬靑州府高苑縣. 明天啓四年, 爲張店鎭, 始屬濟南府新城縣. 淸康熙年間, 爲張店鎭, 張店(急遞)鋪, 屬濟南府新城縣. 嘉靖《靑州府志》卷11《市鎭》, 明嘉靖刻本, p.48b；康熙《新城縣誌》卷2《急遞鋪》, 淸康熙三十三年刊本, p.3a.

淄博市 張店區 四寶山街道 迎仙村 남쪽을 지나는 湖光路의 서쪽 부근이다.

사진 7-10   지금 309 國道의 臨淄區 경계 진입표지판

사진 7-11   지금 309 國道의 張店區 경계 진입 표지판

이상의 고증을 종합하면, 金嶺驛부터 益都西界까지 조선사신들이 경유한 지역을 명대의 지명으로 차례로 나열하면 다음과 같다. 1. "金嶺桑麻"欄門 2. "迎神仙門" 欄門 3. 益都西界[益都 西北 九十里界, 青州 益都縣 西北 九十里(店舍)] 이러한 명대

지역을 문헌과 현지답사, 현지인 인터뷰를 통해 고증한 바에 따라 현재의 지명에 대응시켜 차례로 나열하면 다음과 같다. 1. 淄博市 臨淄區 金嶺鎭 金嶺大街와 金嶺南街의 교차점 서쪽 약 300m 2. 淄博市 張店區 四寶山街道 迎仙村 남쪽을 지나는 湖光路 부근 3. 淄博市 張店區 四寶山街道 迎仙村 남쪽을 지나는 湖光路 서쪽 부근. 그 밖에 현지답사와 현지주민 증언을 통해 조선사신들이 지금의 淄博市 張店區 湖田街道 辛安店과 淄博市 張店區 湖田街道 上湖村, 下湖村도 경유했음을 알 수 있었다.

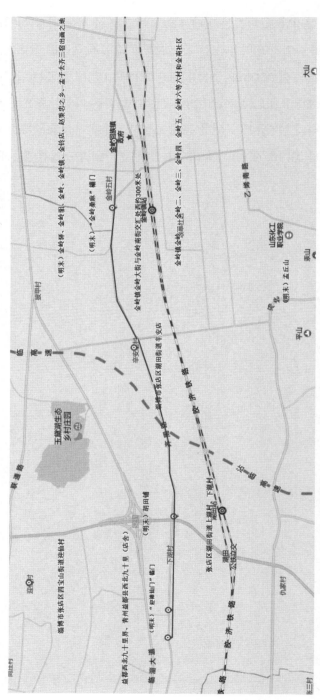

그림 7-12 金嶺驛에서 益都縣(西界)까지 조선사신 경유 노선 및 경유지점 명대 지명과 현대 지명 대조도

결론

　본서 청주부(하)권에서 연구자들은 청주부(상)권 서론의 〈표1 明末 對明 海路使行 중 登州路線使行 관련 文獻目錄〉에서 제시된, 명말 등주 노선을 거쳐간 조선사신 21명의 해로 사행 관련 문헌 30여종 전부를 연구 대상으로 하여 구체적으로 다음과 같은 방법으로 연구를 진행했다.

　첫째, 개별 사신의 사행록에서 청주부(상)권 구간(창락현에서 청주부성까지)에 이어서 본서의 연구 범위인 산동 청주부(하)권 구간(청주부성에서 임치현까지)을 대상으로 우선 사행 경유지를 추출하여 사신별 경유지를 파악는데, 이런 작업을 청주부(상)권 서론 〈표1 明末 對明 海路使行 중 登州路線使行 관련 文獻目錄〉에 제시한 모든 사신들의 문헌을 대상으로 시행하여 최종적으로 〈明末 對明 海路使行 中 靑州府(下) 經由地名 總覽表〉를 작성했다. 이 작업을 통해 우리는 명말 조선사신의 "산동 청주부(상편) 구간" 노선의 대체적인 경유지를 파악할 수 있었다. 그런데 〈明末 對明 海路使行 中 靑州府(下) 經由地名 總覽表〉에서 얻은 정보만으로는 명말 조선 사신이 거쳐간 지리적 경유지를 정확하게 확증하기 어려웠다. 왜냐하면 각 사신별로 동일한 경유지에 대해 지명을 달리 기록한 경우도 많고, 거쳐간 경유지가 차이가 나는 경우도 있었으며, 경유지가 같더라도 기록한 지점이 다른 경우도 있었기 때문이다. 그래서 두번째로 연구자들은 중국의 역대 지방지나 역사서, 한국의 고문헌 등을 참고하고 대조하여 경유지 지명의 역사적인 변천과정을 고증하였다. 이를 통해 각 조선 사신들이 기록한 경유지의 현재 지리적 위치를 대체로 파악할 수 있었다. 그런데 어떤 경우에는 문헌조사만으로는 조선 사신들이 거쳐간 경유지가 어디인지 불명확한 경우도 많았다. 그래서 세번째로 현지조사를 통해 경유지의 지리적 현황을 파악하고 조선사신이 언급한 역사유적, 자연풍광의 모습을 직접 눈으로 관찰하고 영상과 사진으로 채록하였으며 이와 더불어 현지 연구자 및 주민을 인터뷰하여 문헌에는 없는 사항을 확인함으로써 최종적으로 각 조선 사신들의 경유지를 정확하게 재구하고 지명의 변천과정을 고증할 수 있었다. 이를 바탕으로 최종적으로 〈明末 對明 海路使行 中 靑州府(下) 經由地名 變化表〉를 작성할 수 있었다. 이상의 문헌조사와 현장조사의 결과와 수집 자료를 바탕으로 네번째로 문학지리, 인문지리적 관점에서 각 경유지 현지에서 조선 사신이 남긴 사행록에 나타난 시와 문장, 공문서, 일기, 그림 등을 분석하여 명말 중국 현지의 풍속과 생활 양상, 조선사신이 관찰한 명말 중국 국내외 정세, 조선사신들의 실제 외교 활동의 모습, 중국 문인과의 시문 창화 등 문화 교류 활동, 조선 사신의 내면적인 심리와 중국에 대한 인식 등을 파악하고 그 의미를 분석해보았다.

〈표 明末 對明 海路使行 中 靑州府(下) 經由地 地名 變化表〉

序號	明代 地名	使行錄에 기록된 名稱	現代 地名	縣治로부터의 거리	名稱 變化	沿革
1	彌陀寺	彌陀寺, 彌院, 禪寺	靑州市 北關大街와 三合街가 만나는 고차로의 東側	益都縣城 北門밖	待考	待考
2	田文第, 田文故第	孟嘗君遺址, 孟嘗君第, 田文故第, 田文之故第, 孟嘗君古里	靑州市 博物館 남쪽일대	益都縣城 西北쪽일대	(戰國)田文第→(宋)龍興寺→(明 洪武 初)靑州府城隍廟, 이후)南北朝時期이 인읍인 劉普明 故宅	無
3	萬年橋	萬年橋, 南洋橋, 萬歲橋	靑州市 靑州古城 北端의 萬年橋	益都縣城 北門밖	(北宋)南陽橋→(明萬曆이후)萬年橋→(今)大澗村	宋 明道 年間(1032-1033), 靑州知州 夏竦이 南陽橋를 놓았는데 이것이 萬年橋의 前身이다. 明 永樂 十二年 知府 鄭鋼이 重修하였고 萬曆 二十二年 知府 衛一鳳, 知縣 劉養浩가 增修하고 萬年橋로 개명했다. 清 康熙 三十五年 여읍知府 羅大美가 重修했으며 嘉慶 六年 知府 戴笠가 기부하여 重修했고 初年에 靑州 慈善家 夏光斗가 기부하여 重修했다. 1986年 靑州市 시정에서 다리의 교각 상부을 重修했다.
4	雲門山	雲門山	靑州市 시내에서 남쪽으로 2.5km 떨어진 곳	益都縣南 5리	無	無

번호	青社驛	(復元 지명)	現 位置	金都縣城 기준	備考	설명
5	青社驛		青州市 王府街道 後官營社區 일대	金都縣城 北門 밖		青社驛이 언제 축조되었는지는 구체적인 시기는 미상이며 원래는 青社遞運所였다. 明 嘉靖 五年(1526) 知府 李獻可가 青社驛을 증건했고 明代 青州府 부속 驛站이었고 淸 康熙 년간 이후로는 金都縣 부속 驛站으로 변경되었다.
6	鎮青門, 馬驛門, 馬異門	(東陽故城之鎭)青眉門, 馬耳門	青州市 堯王山路와 駝山中路의 西南쪽 일대	金都縣城 北門 밖	(淸 康熙 六十年)五里鋪 →(淸 嘉慶 十四年)五里鋪, 曲家莊→(今)曲家莊村	사회주의 중국 건국 이후로는 鎭青門은 소실되었고 성벽만 길이 약 30m, 높이 약 20m, 즉 약14m정도가 남아 있었다. 2013-2014年 青州市에서 성문이 있던 옛 자리 즉, 青州市 堯王山路와 駝山中路의 西南處에 鎭青門 문화유적 공원을 조성하고 성문을 복원했다.
7	기록이 없음	"范井遺淸"欄門	青州市 邵庄鎮 鐘家莊村	金都縣西 7리		明나라 부터 民國 初年까지는 金都縣 第十區에, 1951年부터는 金都縣 第九區에, 1958年부터는 金都縣 普通鄉에,1984年부터는 青州市 普通鎮에 속했다가 1993年부터 青州市 邵庄鎮에 속했다가 2007年부터 지금까지 青州市 邵庄鎮에 속해오고 있다.
8	諺葬 禮部尙書, 贈太子少保, 諡文敏公馮琦墓	馮尙書墓, 馮氏先塋	青州市 邵庄鎮南辛店村	金都縣西北 10리	(明 嘉靖 年間)新店→(淸 康熙)新店鋪→(光緖)南新店, 北辛新店→(民國)南辛店, 北辛店	明 嘉靖 年間에는 金都縣 務本鄉에 속했고 淸 康熙때서 淸末까지도 金都縣 務本鄉에 속했다. 1930年부터는 金都縣 第五區에 속했다. 1948年부터는 金都縣 普通區에, 1958年부터는 金都縣 普通人民公社에, 1984年부터는 金都縣普通人民公社에 속했다가 2007年부터 지금까지 青州市 邵庄鎮에 속해오고 있다.

9	普通鋪	기록이 없음	青州市 邵莊鎮 南普通과 北普通	金都縣西北 20리	(明末)普通鋪→(清 光緒) 南普通, 北普通	明末에서 淸末까지는 青州府 金都縣 務本鄉에 속했고 1930年 이후로는 金都縣 第五 區에, 1948年 이후로는 金都縣 普通區에, 1958年 이후로는 金都縣 普通人民公社에, 1991年 이후로는 青州市 普通鎮에 속했다가 2007年부터 지금까지 青州市 邵莊鎮에 속한다.
10	기록이 없음	"堯山在望" 欄門	青州市 邵莊鎮 玉皇 廟村	金都縣西北 25리	無	明清時期에는 青州府 金都縣 務本鄉 第五區에 속했다, 1958年이후로는 金都縣 普通人民公社이에, 1966年이후로는 勝利大隊呈 불리다가 1984年이후로는 다시 玉皇廟村으로 불렸으며 金都縣 普通鄉에 속했다. 1993年이후로는 青州市 普通鎮에 속했다가 2007年부터 지금까지 青州市 邵莊鎮에 속해오고 있다.
11	拱辰橋	기록이 없음	青州市 邵莊鎮 玉皇 廟村의 西側	金都縣西北25리	待考	待考
12	石洋鋪, 石羊店	기록이 없음	青州市 邵莊鎮 石石 羊村, 馬石羊村, 朱 石羊村	金都縣西北 30리	(明 嘉靖)石洋鋪, 石羊店 →(清 康熙)石羊店→(清 光緒)石家石羊村, 馬家石 羊村, 朱家石羊村→(1952 年)石羊村, 朱石羊村, 馬 石羊村, 石羊村	明 嘉靖에서 淸末까지 金都縣 務本鄉에 속 했다. 1930年이후로는 金都縣 第五區에, 1952年이후로는 金都縣 普通人民公社에, 1958年 이후로는 金都縣 普通人民公社에, 1982年 이후로는 邵莊人民公社에, 1984年 이후로 는 邵莊鄉에 속했다가 1994年부터 지금까지 青州市 邵莊鎮에 속해오고 있다.

						備考
13	기록이 없음	臨淄縣 南界, (金都와) 臨淄 交界	青州市 邵莊鎭 馬石東村과 馬石西村 附近	기록이 없음	기록이 없음	明清 시기에는 金都縣 務本鄕에 속했다. 1930年 이후로 지금의 金都縣 第八區에 속했으며, 1952年 이후로 金都縣 이후로 지금의 명칭으로 불렸으며 1958年 이후로는 金都縣 普通人民公社에, 1962年 이후로는 金都縣 王孔人民公社에, 1982年 이후로는 金都縣 邵莊人民公社에, 1984年 5月이후로는 金都縣 邵莊鄕에 속했다가 1994年부터 지금까지 青州市 邵莊鎭에 속해오고 있다.
14	景公墓, 桓公墓, 鼎足山, 駝頭山	齊和公景公墓, 齊桓公墓, 桓公碑, 齊桓公墓, 宣王墓, "齊桓公墓"石碑, "景公墓"石碑, 齊景公墓, 齊景公墓, 齊前後君臣之墓, 齊臣之掩骨處, 兔頭山	臨淄市 시내에서 東南쪽으로 8km 근방 南쪽으로 齊陵街道 鄭家溝村의 西南쪽에 있는 鼎足山	기록이 없음	(東漢) 兔頭山→(北魏) 蛇頭山, 牛首岡→(唐) 鼎足山, 曾仲波→(宋)鼎足山, 兔頭山, 鼎駝頭山→(民國) 兔頭山, 牛首岡, 紫金山(俗稱)	朝鮮(使臣의) 記述한 齊景公, 齊桓公墓는 지금 "二王塚", "二王墳", "二王塚" 등으로 불리고 있다. 1980년대 전문가들이 발굴하여 고증한 바에 따르면, "二王塚"은 각각 齊桓公과 田和(大公和), 田和子라고도 하며 제나라의 姜氏 세기를 마감하고 새로이 田氏 세기를 연 인물임)의 능묘임
15	四王墓, 四王塚, 齊四王墓, 田氏四王塚	(威宣愍襄)四王碑, 宣王墓, 齊宣王墓, 宣王墓, "宣王墓"石碑	淄博市 臨淄區 淄河店村의 남쪽에 있는 四王塚(田興四王陵)	臨淄縣南 15리	(北魏)四豪塚, 四豪, 四王塚→(元明清)四王塚, 齊四王墓, 田氏四王塚	

번호		田單墓		臨淄縣 南 10여 리	待考	待考
16	기록이 없음	田單墓	臨淄區 齊陵街道 鄭家溝村 西南方에 있는 鼎足의 西側, 淄河의 東側 驛道 곁의 某處	臨淄縣 南 10여 리	待考	
17	渦河驛, 渦河店, 渦河鋪, 滋河店, 渦河街, 渦水	渦河店	淄博市 臨淄區 齊陵鎮 渦河店村	臨淄縣 南 15리	(周)皇囊店→(明에서 民國 初까지)渦河驛, 渦河店, 渦河鋪, 渦河街	明淸시기에는 臨淄縣 端智鄉 渦河社에 속했다. 民國 初에는 臨淄縣 南二社에 속했다. 1930年 이후로는 臨淄縣 第三區에, 1950年 이후로는 臨淄縣 第六區에, 1956年 이후로는 臨淄縣 孫婁區에, 1961年 이후로는 臨淄縣 齊陵公社에, 1984年이후로 淄博市 臨淄區 齊陵鎮에 속했다가 2003年부터 지금까지 臨淄區 齊陵街道에 속하고 있다.
18	牛山	牛山, "牛山"石碑, 景公之下淚處, "牛山淄水"牌榜	臨淄區 시내 齊陵街道 北山山西村의 서쪽 인대에 있는 牛山	臨淄縣 南 10리	待考	
19	기록이 없음	"齊相管鮑墓"石碑, 管仲塚, 管仲之墓, 管鮑墓	臨淄區 齊陵街道 北山東村에서 서쪽으로 약 400m 지점, 牛山의 북쪽 인근	臨淄縣 南 10리	待考	1981年 현지 관청에서 墓 周圍에 담장을 쌓아 보호조치를 했다. 1982年에 墳塚 앞에 管仲像과 "齊相管夷吾之墓"라 새긴 碑刻을 세웠다. 2004年 臨淄區 관청에서 "管仲墓"를 중심으로 주변일대를 管仲紀念館으로 조성하여 문화유적지화 하였다.

					待考	待考
20	柳店	管鮑莊, 齊相管鮑祠	淄博市 臨淄區 齊陵街道 柳店村	기록이 없음	待考	明清 시기에는 臨淄縣 端智鄕에 속했다. 1920年이후로는 臨淄縣 端智鄕 南二社, 1930年이후로는 臨淄縣 三區에, 1946年이후로는 臨淄縣 龍池區에, 1958年10月부터 1961年9月까지는 益都縣 齊陵公社에, 1961年이후로는 臨淄縣 齊陵公社에, 1969年12月이후로는 淄博市 臨淄區 齊陵公社에, 1984年4月이후로는 臨淄區 齊陵鎮에 속했다가 2003年부터 지금까지 臨淄區 齊陵街道에 속해오고 있다.
21	淄河, 淄水	淄河 "淄河"石碑, 淄河水, 淄河)上, 淄河 "牛山淄水"牌楼, "臨淄古渡"石碑	淄河 柳店村구간	기록이 없음	(上古堯帝부터 周代까지)淄→(明初부터 嘉靖 年間까지)淄水→(嘉靖이후)淄河, 淄水→淄河	淄河는 濟南市 萊蕪區 和莊鎮에 있는 魯山 남쪽 기슭에서 발원하여 동쪽으로 淄博市 博山區 石馬鎮, 博山鎮, 源泉鎮을 거쳐 淄川區 太和鎮 城子村 樂리鎮, 青州市 邵庄鎮, 臨淄區 金山鎮, 淄川區 嗣子鎮, 淄博市 張店區 南定鎮, 臨淄區 東部지역을 거쳐 후, 東營市 廣饒縣 大碼頭鎮 北堤村 西北지역에서 小清河에 합류하여 東北으로 渤海로 유입된다. 淄河의 流域面積은 227.1k㎡이고 河床의 폭은 850-1500m이며 季節性 河流에 속한다.
22	臨淄周大公墓, 太公塚	太公塚, 太公墓	淄博市 臨淄區 開紹街道 姜太公祠 문화유적지 내 太公衣冠塚	臨淄縣 南10리	(明)臨淄周太公墓, 太公塚→(清 康熙)太公墓→(民國)太公慶→齊太公塚→(지금)姜太公衣冠塚 太公衣冠塚	待考

23	三土墓	三土墓	淄博市 臨淄區 齊都鎮 南關村 東南 일대	齊都古城南門 밖	無	
24	達慈殿	達子店	淄博市 臨淄區 辛店 街道 安樂店村	臨淄縣 西5리	待考	明清시기에는 青州府 臨淄縣 端智鄉에 속했다. 1920年 이후로는 臨淄縣 南三區에, 1930年 이후로는 臨淄縣 第三區 辛店鄉에, 1955年 이후로는 臨淄縣 孫婁區 孫婁公社에, 1965年 이후로는 臨淄縣 辛店區 辛店公社에, 1970年 이후로는 臨淄區 辛店公社에, 1997年이후로 지금까지 淄博市 臨淄區 辛店街道에 속해오고 있다.
25	新店	기록이 없음	淄博市 臨淄區 辛店 街道 辛店街村	臨淄縣 西南12리		전하는 바에 따르면, 漢代의 마을이세워졌으며 明清시기에는 青州府 臨淄縣 端智鄉에 속했다. 1920年이후로는 臨淄縣 南三區에, 1930年이후로는 臨淄縣 第三區 辛店鄉에, 1955年이후로는 臨淄縣 孫婁區 孫婁公社에, 1965年이후로는 臨淄區 辛店公社에, 1970年이후로는 臨淄區 辛店公社에, 1997이후로 지금까지 淄博市 臨淄區 辛店街道에 속해오고 있다.
26	矮槐亭、矮槐、矮槐樹鋪	"矮槐古跡"題門、矮槐夏陰、矮槐夏陰店	淄博市 臨淄區 辛店 街道 矮槐樹村	臨淄縣 西南 20리	(明)矮槐亭、(淸)矮槐樹鋪→(지금)矮槐樹村	明清時期에는 臨淄縣 端智鄉 矮槐樹社에 속했다. 1920年이후로는 臨淄縣 南四社에, 1930年이후로는 臨淄縣 第三區에, 1958年이후로는 臨淄縣 辛店區 大武鎮에, 1991年이후로는 淄博市 臨淄區 辛店街道에, 속했다가 2001年이후로 淄博市 臨淄區 辛店街道에 속해오고 있다.

27	28	29	30
기록이 없음	기록이 없음	金嶺鎮, 金嶺驛, 金嶺	기록이 없음
矮槐橋	"孟丘積翠"欄門	金嶺驛, 金嶺馹, 金嶺鎮, 金鈴店, 趙孟之鄉, 秉忠之鄉, 子夫齊三宿出晝之地	"金嶺桑麻"欄門
淄博市 臨淄區 辛店街道 矮槐樹村에 있는 游源橋	淄博市 臨淄區 辛店街道 矮槐樹村과 淄博市 臨淄區 金嶺鎮 사이	淄博市 臨淄區 金嶺回族鎮 金嶺一, 金嶺二, 金嶺三, 金嶺四, 金嶺五, 金嶺六 등 여섯 촌과 金南社區	淄博市 臨淄區 金嶺回族鎮 金嶺大街와 金嶺南街의 교차지점에서 서쪽으로 약 300m 떨어진 지점
臨淄縣 西南 20리	기록이 없음	益都縣 西70리	益都縣 西73리
(淸初)大石橋→(民國)時水橋→(지금)游源橋	待考	(唐)金嶺鎮→(明初)金嶺遞運所→(嘉靖)金嶺馬驛, 金嶺驛→(淸末民初)金嶺鎮→(지금)金嶺鎮	待考
待考	待考	明代 "金嶺驛"은 靑州府 仁智鄕에 속했다. 淸 順治 十六年(1659)에 驛丞을 철폐하고 益都縣에 直屬함을 淸 乾隆 二十八年(1763)에 縣丞을 "金嶺驛"으로 옮겼다. 淸末民初에 "金嶺驛"이 철폐되었다. 淸 光緒 三十三年(1907)이전에는 益都縣 仁智鄕에 속했다. 1941年이후로는 桓台縣 新四區에, 1947年이후로는 桓台縣 金陵區에, 1955年이후로는 淄博市 淄川區 金嶺區 辦事處에, 1958年이후로는 淄博市 張店區 金嶺回族鄕에, 1965年이후로는 淄博市 臨淄區 金嶺公社에, 1969年이후로는 淄博市 臨淄區 金嶺公社가 金嶺回族鎮이 되어 지금까지 臨淄區 金嶺回族鎮에 속해오고 있다.	待考

31	新安店	기록이 없음	淄博市 張店區 湖田街道 辛安店村	金都縣 西南 80리	(明清)新安店→(1990년대 이후)辛安店	明清시기에는 金都縣 仁智鄉 胡田社에 속했다. 1948年이후로는 稻台縣에, 1953年이후로는 金嶺回族鄉에, 1962年이후로는 淄川縣 張店區 湖田區 湖田公社에, 1984年이후로는 淄博市 張店區 湖田鎮에, 2010年이후로는 淄博市 張店區 杏園街道에 속했다가 2015年이후로는 張店區 湖田街道에 속해 오고 있다.
32	胡田鋪, 胡田	기록이 없음	淄博市 張店區 湖田街道 上湖村, 下湖村	金都縣 西南85리	(明清)胡田鋪→(청 光緒부터 지금까지)上湖田, 下湖田	明代中期부터 清 光緒年間까지 金都縣 仁智鄉 胡田社에 속했다. 1948年이후로는 稻台縣에, 1953年이후로는 金嶺回族鄉에, 1962年이후로는 淄博市 張店區 湖田公社에, 1984年이후로는 淄博市 張店區 湖田鎮에, 2010年이후로는 淄博市 張店區 杏園街道에, 2015年이후로는 張店區 湖田街道에 속해오고 있다.
33	기록이 없음	"迎神仙門" 欄門	淄博市 張店區四寶山街道 迎仙村 남쪽 湖光路 附近	金都縣 西 90리	待考	待考
34	기록이 없음	金都西北九十里 界, 青州金都縣西北九十里(店舍)	淄博市 張店區四寶山街道 迎仙村 남쪽 湖光路의 西側 附近	金都縣 西 90리	待考	待考

그 결과, 첫째, 조선사신들이 그린(정확하게는 수행화원) 지도는 2가지 종류의 오류가 발견된다. 우선 정두원의《朝天記地圖》는 애초에 잘못 그려졌거나 너무 간략하게 그려진 부분들이 있다. 예를 들어《朝天記地圖》〈益都縣圖〉를 嘉靖《青州府志》〈益都縣境圖〉와 비교해보면 너무 지나치게 간략하여 청주부성 경내의 산천의 면모를 완전히 이해하기 어렵고, 특히 彌河 (巨洱河, 洱河, 洰洱河 등)의 하류 흐름은 잘못 그려져 오해를 불러일으킨다. 또한《朝天記地圖》府縣의 성곽도를 보면, 대부분의 성곽이 정방형이며 正東, 正西, 正南, 正北에 사대문을 가지고 있다. 그러나 이는 실제 중국 지방지의 성곽도와는 다르다. 예를 들어《朝天記地圖》의 〈昌邑縣圖〉에서 묘사한 4개의 성문과 그 위치는 중국 지방지와 전혀 일치하지 않는다. 萬曆《萊州府志》〈昌邑縣城圖〉를 보면 명말 창락현성에는 동문과 서문 단 2개의 성문밖에 없다. 이처럼 정두원은 제한된 정보에다가 임의로 주관적인 판단을 추가하여 불완전한 성곽도를 그리고 이에 기초하여 경유지의 구체적인 이정을 표시하는 방식을 취했던 것으로 보인다. 이러다 보니 성곽으로부터 해당 경유지까지의 이정은 상세하게 기록한 반면, 부현 성곽의 어느 지점에서 출발했다는 구체적인 기록이 없다. 이러한 기술방식은 "제초봉지" 패문의 경우처럼 해당 부현의 성곽 부근 지명이나 방표의 구체적인 위치나 거리를 자주 오기하는 원인이 되었다.

한편, 또 다른 오류 유형은 당시 조선사신들이 현지에 견문한 정보에 따라 그대로 그렸으나 당시 견문한 정보 자체가 잘못된 경우이다. 예를 들어《航海朝天圖》중 〈齊青州府圖〉를 보면 역참로 위로 "齊宣王墓", "齊景公墓"라고 쓰인 석비와 분묘를 확인할 수 있고, 아래로는 "齊桓公墓"라고 쓰인 석비와 무덤을 확인할 수 있으나 조선사신들이 제환공과 제경공의 능묘라고 알고 있었던 이왕총이 실제로는 제환공과 田和의 것이고 그 소재지는 임치현 시내에서 동남쪽으로 8㎞ 정도 떨어진 齊陵街道 鄭家溝村 서남부에 위치한 현재의 정족산 위쪽이다. 그러므로 조선사신들이 직접 목도했다고 여긴 명대 역로 옆 제환공과 제경공의 석비와 봉분도 실제로는 역로에서 멀지 않은 곳에 있다는 것을 가리키는 능묘 표지석이었고 봉분도 그들

의 것이 아니었다.[1]

둘째, 조선사신들이 언급한 역참로 곁의 많은 坊表들이 가리키는 지역이 반드시 패방과 가까운 거리에 있던 곳은 아니라는 사실이다. 이는 해당 지역의 어떤 명승지나 고적, 혹은 선현의 묘역 같은 것들이 실제로는 역참로에서 비교적 멀리 떨어져 있었음에도 불구하고 해당 지역의 주요한 교통 요지가 되는 급체포나 역참 부근에 坊表를 세웠기 때문이니, 아마도 이것은 해당 지역이 가진 유구한 역사와 그 지역에서 배출된 인재를 선양하기 위한 목적이었던 것 같다. 예를 들어 중국의 유명한 24인의 효자에 속하는 王裒를 선양하려는 "王裒故里"의 坊表 등이 대표적인 예이며 이러한 예가 무수히 보인다.

셋째, 여러 조선사신들이 공통적으로 경유한 동일한 지역이 사행록에 다양한 지명으로 표기된 원인이 다양한데 그 중 주요한 원인은 중국현지음으로 들은 지명을 한자로 옮겨적는 과정에서 다양한 通假현상이 발생했기 때문이다. 예를 들어 명 崇禎 2년(1629) 4월 29일 冬至兼聖節使 서장관 신열도 일행은 북경에서 사행의 임무를 완수하고 돌아오는 길에 周流店에 묵었다고 기록했다. 그런데 신열도가 기록한 "周流"라는 명칭은 중국 지방지 어디에도 그 기록이 보이지 않는다. 신열도의 기술에 따르면, 그들은 靑州府城에서 출발하여 동쪽으로 100리를 이동한 후에야 "周流店"에 도착했다. 咸豊《靑州府志》의 《昌樂縣道里遠表》와 《昌樂縣道里近表》에 근거해보면 신열도가 언급한 "周流"는 아마도 창락현에서 동쪽으로20리 떨어진 東朱集 부근이었을 것으로 추측된다. 嘉靖《靑州府志》, 嘉靖《昌樂縣誌》에 따르면 명대 말기 東朱集은 東朱鋪, 東朱店集, 東朱店, 朱留店 등으로도 불렸으며 昌樂縣城에서 동쪽으로 20리 떨어진 곳에 있었다. 그런데 朱留店의 "朱"와 "周"는 중국어로는 발음이 다르지만 한국어로는 모두 발음이 동일하므로 아마도 현지인, 수행역관, 신열도 사이에 의사 소통 과정에서 한자음의 假借 현상이 일어난 것으로 보인다.

---

1   한종진, 〈朝鮮中期 對明朝鮮使臣의 使行詠史詩에 대한 인문지리학적 연구—山東 臨淄縣 소재 齊桓公 齊景公 陵墓 使行詠史詩를 대상으로〉, 중국문학 114집, 2023. pp.102-104 참조.

이렇게 본다면, 신열도 일행이 29일 밤에 묵은 "周流店"은 중국 지방지에 기록된 "朱留店"을 通假하여 쓴 명칭이며 창락현에서 동쪽으로 20리 떨어진 急遞鋪인 東朱鋪를 가리키는 것이다.

넷째, 사행록은 조선사신이 당시 들은 견문을 사실대로 기록하고 있는 실록으로서의 자료가치가 충분히 있다. 비록 그들이 당시 들은 견문 자체가 오류이거나 잘못된 것일 수는 있으나 조선사신들은 당시 들은 견문을 들은 그대로, 있는 그대로 정확하게 기록하고 있기 때문에 당시 중국의 문헌들에는 보이지 않는 새로운 정보를 제공하고 있다. 예를 들어 조선사신 정두원의 "仙人石跡"에 대한 기록은 중국 지방지에는 보이지 않는 현지 전설을 상세히 기록하여 徐聖公의 사건이 비록 神怪의 요소가 있지만 그러한 전설이 나온 것은 당시 일반 민중들이 갈망하는 사회 정의를 표현한 것임을 반증하고 있으며 김덕승의 《天槎大觀》의 경우도 기존 연구에서는 《大明一統志》를 대부분 모방한 것으로 보았으나 "서성공"의 기록만 가지고 본다면 김덕승은 사행 여정 중에 현지의 백성들을 광범위하게 접촉하고 관련된 지방지와 서적들을 수집하여 이를 바탕으로 《대명일통지》의 기록을 새롭게 보충하면서 《천사대관》을 완성한 것임을 알 수 있었다. 또 다른 예로 조선 사신 윤훤, 조즙, 이덕형 일행과 홍익한은 각각 명 천계 3년(1623)과 천계 4년(1624)에 堯溝店을 지나면서 堯溝店 역참 마을 내에 있던 석교 입석에 "放勳橋"라는 글자가 새겨져 있다고 기록했다. 그러나 동일시기 중국 지방지에는 이 다리를 "王公橋"라고 기록하고 있으며 "放勳橋"라고 기록한 예는 전혀 보이지 않는다. 이는 靑州 知府 王家賓이 이곳을 떠나자 "王公橋"라는 명칭이 이후 "放勳橋"로 대체되었을 수도 있고 아니면 王公橋는 단지 官方의 공식적인 명칭이며 실제로 현지에서는 "放勳橋"라는 명칭이 보편적으로 사용되고 있었기에 이를 석교 입석에 새겼을 수도 있다. 그런데 咸豐《靑州府志》의 기록에 따르면, 왕가빈은 만력 42년(1614)에 자금을 기부하여 익도현 요산 위에 있던 堯廟도 중수했었을 뿐만 아니라 만력 40년(1612)과 만력 43년 사이에 청주부성 안에 있던 試院(시원)을 雲門書院으로 바꾸었고 청주부성 東關 남측의 三元橋를 확장보수했으며, 익도현 동북지역의 普通橋, 청주부성 북쪽의 靑

龍橋, 辛店橋 등도 자신이 자금을 들여 중수했다. 그리고 이후 왕가빈은 登萊兵巡道, 山東按察司副使 등의 벼슬을 차례로 역임했다. 이처럼 왕가빈이 이 지역에 공헌한 업적이 혁혁했음을 고려하면 堯河橋를 중수하면서 새긴 "王公橋"라는 명칭을 그가 이임한 후 "放勳橋"로 바꾸었을 가능성은 없어보인다. 그러므로 관방의 명칭을 따르지 않고 대대로 현지에 통용되던 명칭인 "放勳橋"를 입석에 새긴 것으로 보인다. 만약 이러한 가설이 다른 지역에서도 재차 확인된다면 이는 기존 중국 지방지 기록을 이용하는 데 중요한 지침이 된다고 할 것이다.

계속해서 또 다른 예를 들어보면, 조선사신들이 거쳐간 聖水祠(성수사)는 지금 靑州市 雲門山街道 東聖水社區 (村) 남쪽에 있으며 "聖水娘娘殿"으로 불린다. 그런데 흥미로운 점은 조선 사신 남이웅은 "성수사"의 명칭이 당 태종 이세민의 東征과 연관이 있다고 설명했는데 중국 지방지에는 이러한 기록이 전혀 없다는 점이다. 이는 아마도 남이웅이 현지에서 떠돌던 민간의 전설을 듣고 채록한 것으로 보인다. 산동 중동부 일대(일명 膠東半島교동반도)에는 진시황과 한무제가 신선을 찾아 동쪽으로 왔다는 전설, 당 이세민의 동정 전설, 戚繼光(척계광, 1528-1588)의 왜구토벌 전설 등이 광범위하게 유포되었다. 당 이세민의 동정이란 일반적으로 고구려 원정을 말하는데(어떤 전설에는 산동지역 왜구를 토벌한 것이라 하는데 신빙성이 없음)《新唐書》의 기록에 따르면, 정관18년(644), 정관21년(647), 정관22년(648) 총3차례 고구려 원정이 있었으나 당 태종이 親征을 한 것은 첫 번째 원정 단 한 번뿐이었고 이것도 당 태종은 요동 육로로 간 것이기 때문에 산동을 지난 적이 없다. 그러나 세 번째 원정에서 육군은 요동길로, 수군은 산동반도를 거쳐 萊州灣(내주만)에서 발해를 건너 육군과 협공을 했기 때문에 당의 군대가 청주 일대를 지났음은 역사적 사실이다. 그러므로 당의 군대가 청주 일대를 지났다는 역사적 사실에 기초하여 현지에서 민간의 상상력이 더해져 이러한 성수사의 전설이 만들어지고 구전된듯하다. 실제로 남이웅의 성수사 전설과 유사한 이야기가 당나라 군대가 지나간 지역 곳곳에 현재까지 전해져 온다.

다섯째, 조선문인들에게 대명 사행은 단순한 정치 행위에 그치지 않았고 견문을 넓히고 조선 밖의 세계에 대해 새롭게 인식하는 계기가 되기도 하였다. 그들은 사행이라는 여행을 통해 얻어진 견문에 그들이 가지고 있던 인문학적인 소양과 가치체계를 투사하여 해석하였고 동시에 새로 얻은 견문(때로는 문화충격)을 통해 자신의 가치체계를 확장적으로 재정립하였다. 예를 들어 명 천계 5년(1625) 3월 8일 謝恩兼奏請使 서장관 홍익한은 귀국길에 익도현 金嶺鎭을 출발하여 서쪽에서 동쪽으로 청주 "張孟口店"을 지난 후 익도현 "詎米店"(즉 巨彌店)에서 유숙했다. 그런데 도중에 홍익한은 몇 년 전에 조선에 출사했던 등극조사 劉鴻訓(유홍훈)이 새로 지은 別墅(별서)를 보았으니 이는 本宅과 별도로 한적한 田莊에 지은 별장이었다. 이 별장은 최고급 재료들로 무척이나 화려하게 건축되어 있었고 현지인들은 유홍훈이 이처럼 호화로운 별장을 지을 수 있었던 것은 조선에 칙사로 갔을 때 은을 뇌물로 받고 인삼을 갈취하는 등 부정 축재했기 때문이라고 말해주었다. 사행록,《조선왕조실록》과《明史》등 중국 사료의 기록을 종합해보면, 유홍훈과 양도인이 조선에 갔을 때 상당한 양의 인삼과 담비가죽 등을 뇌물을 착복하고 부정한 거래 행위로 엄청난 양의 백은을 거두어갔다는 "탐묵무비" 행위는 실재했던 것으로 보인다. 그러나 홍익한의 기록처럼 그의 財富가 전적으로 조선에서 부정한 방식으로 갈취해온 백은이나 인삼, 담비가죽 등의 물품에 의해 이루어졌다고는 보기는 어렵다. 그보다는 그의 가문이 대대로 다양한 방식으로 상당한 재력을 축적을 해왔고 조선에서의 부정한 수뢰와 부당한 거래를 통한 이익 추구 행위는 그 가문의 오랜 기간 동안 이루어진 재부 축적의 과정 중 하나에 불과했을 것으로 보인다. 조선사신 조즙도 趙御史鋪에 머무르면서《시경》을 인용하여 명말 중국 사대부들이 학문과 經世의 일보다는 상업을 통해 개인적인 부를 축적하는데 몰두하는 세태를 간접적으로 비난하였다. 조선사신들의 명말 사대부들의 치부행위에 대한 비판에 대해 필자들은 본서의 자매서인 래주부편에서 자세히 논의한 적이 있다. 이경전과 조즙 사행단이 사행을 마치고 귀국한 1624년 천계제가 이미 내린 칙서에 따라 誥命(고명)과 冕服(면복)을 빨리 보내주도록 요청하기 위해 조선 조정에서는 그해 8월 謝恩奏請使 李德泂 (부사 吳翻, 서장관 洪翼漢)을 파견했다. 이 때 서장관이었던 洪翼漢은 정사 李德泂과 함께 래주부성 밖에 있는 孫給事花園의 유람을 마치고 난 후 그 규모와 화려함이 한 나라의 국왕조차 얻을 수 없을 정도라고 혀를 내둘렀고 지방의 일개 사대부가 그처럼 거대한 부를 이룰 수 있었던 수단이 탐오에 따른 거액의 뇌물 수뢰라고 보고 신랄하게 비판하는 기록을 그의 사행록에 남겼다. 그러나 명대 말기 당시 중국은 은이라는 자본과 경쟁력을 가진 상품(비단, 도자기, 차 등)이 국제무역을 통해 전세계로 유통되면서 자본의 팽창과 집중 현상이 본격화되어 장강 하류와 동남부 해안 지역의 도시들에서는 대자본을 가진 부호들이 대거 양산되었다. 이 시기 탄생한 대상인들 가운데 적지 않은 이들이 관리 집안 출신의 지방 사대부들로서 명대 말기의 중국 사대부는 대다수가 부와 학문, 문인의 명망이 대립적인 것이 아니라 병행될 수 있는 것으로 인식했다. 그러므로 상기 조즙의 기록처럼 어사 벼슬을 지낸 청주부의 어느 사대부가 주요 역참에 客館을 열어 상업적인 이득을 취하는 행위가 당시 명말 사대부 사회에서는 보편화된 현상이었고 이를 비판적으로 보는 인식은 거의 없었다. 반면 이와 달리 당시 조선은 명나라와 같이 은과 같은 화폐가 본격적으로 유통되지 못했고 주변국가에서 본격화되고 있던 국제적인 무역활동에서도 상대적으로 소외되어 자본주의적 생산양식과 자본시장이 활성화되지 못한 상태였으며 지배계층이었던 사대부들에게 자본화된 생활 양식이 아직까지 정당한 것으로 인식되지 못했다. 조선의 문인들은 사대부 신분으로 상업적 이윤을 추구하는 행위가 순수하게학문을 추구해야 하는 선비의 명망과 가치관과 병립할 수 없는 것으로 인식하는 것이 보편적이었다. 이러한 인식의 차이로 인해, 명대 말기에 사행을 온 조선사신들은 하나같이 명나라 몰락의 원인으로 지나치게 상업을 중시하고 이윤을 추구하는 사회풍토를 비판했는데 사실 상업과 자본주의적 생산양식의 발전, 자본화된생활양식의 보급 등은 관료 사회에 만연한 부패와 명조정의 행정상의 비효율이라는 여러 부정적인 사회현상과는 무관한 문제로서 사실 만명시기 명나라의 쇠락의직접적인 원인이라고 볼 수 없다. 오히려 조선 중기 국가를 지배한 사대부 지도층이 명의 쇠락 원인을 이렇게 진단함으로써 조선사회는 조선후기에 접어들어서도 전통적인 중농주의를 지나치게 중시하였고 결과적으로 대외 개방과 자본의 적극적인 유통 등을 국가 정책으로 적극적으로 시행하지 못하였던 듯하다.

여섯째, 조선사신들의 사행영사시를 구체적으로 분석한 결과, 그들의 시에 성리학적 대일통의 천하 체계를 내재화한 화이론적 의리주의에 입각한 문화적 정체성이 일관되게 투영되어 있다는 사실을 알 수 있었고, 이는 인조반정 이후 임진왜란 때 조선을 도와준 명나라를 再造之恩의 도리를 다해 믿고 따르며 오랑캐인 청나라를 배격해야 한다는 崇明排淸의 주장이 팽배했던 당시 조선 조정의 여론이 적극적으로 반영된 결과로 판단된다. 반면, 조선사신들이 사행 과정 중 직접 겪은 경험과 견문(문화충격)을 통해 스스로 체화한 변화된 문화적 정체성이 그들의 사행영사시에 문학적으로 반영되고 있는 것을 발견할 수는 있었으나 상대적으로 많지 않았다. 이 경우에도 자신들의 문화적 정체성을 조정 확장하기보다는 기존 정체성을 더욱 강화하는 경향이 강했으며 명말 중국의 잘못된 세태를 비판하는 동시에 이른바 소중화 의식을 배태시켜나가는 방향으로 문학적 형상화가 이루어진 것으로 나타났다.[2]

이상과 같이 필자들은 본론에서 조선사신들의 과거 활동 공간을 현재의 중국 공간에 성공적으로 재구할 수 있었고, 이를 통해 과거의 기록인 사행록을 현재의 공간에 소환하여 인문지리·문학지리의 시각에서 조선사신들이 남긴 시와 문장, 공문서, 일기, 그림 등을 분석하여 조선사신이 관찰한 명말 중국 국내외 정세, 조선사신들의 실제 외교 활동의 모습, 중국 문인과의 시문 창화 등 문화 교류의 실체를 경험하는 한편, 조선 사신의 내면적인 심리와 중국에 대한 인식, 명말 중국 현지의 풍속과 생활 양상 등을 생생하게 파악할 수 있었다. 이후에 필자들은 본서의 연구방법론을 활용하여 산동 濟南府 구간의 해로사행노선에 대한 인문지리학적 고찰도 진행해 나갈 것이다.

---

2   한종진, 〈朝鮮中期 對明朝鮮使臣의 使行詠史詩에 대한 인문지리학적 연구—山東 臨淄縣 소재 齊桓公 齊景公 陵墓 使行詠史詩를 대상으로〉, 중국문학 114집, 2023. pp.91-92 참조.

參考文獻

使行文獻版本

[朝鮮] 崔應虛：《朝天日記》, 韓國忠清南道青陽郡慕德祠藏本.

[朝鮮] 安璥：《駕海朝天錄》, 美國哈佛大學燕京圖書館藏本.

[朝鮮] 崔有海：《東槎錄》,《默守堂集》, 韓國國立中央圖書館藏本.

[朝鮮] 高用厚：《朝天錄》,《晴沙集》卷1, 韓國首爾大學奎章閣藏本.

[朝鮮] 洪翼漢：《花浦先生朝天航海錄》, 韓國國立中央圖書館藏本.

[朝鮮] 金德承：《天槎大觀》,《少痊公文集》卷2, 韓國國立中央圖書館藏本.

[朝鮮] 金地粹：《朝天錄》,《苔川集》卷2, 韓國韓國學中央研究院藏書閣藏本.

[朝鮮] 金尚憲：《朝天錄》,《清陰集》卷9, 韓國國立中央圖書館藏本.

[朝鮮] 李德泂：《朝天錄一云航海日記)》, 載[韓國] 曹圭益：《朝天錄一雲航海日記》,《韓國文學
　　　　與藝術》2008年第2輯, 韓國崇實大學韓國文學與藝術研究所, 第251-344頁.

[朝鮮] 李民宬：《癸亥朝天錄》,《敬亭集續集》卷1-3, 韓國首爾大學奎章閣藏本.

　　　　　　　：《燕槎唱酬集》,《敬亭集》卷6-8, 韓國首爾大學奎章閣藏本.

[朝鮮] 李慶全：《石樓先祖朝天錄》, 韓國成均館大學尊經閣藏本.

　　　　　　　：《朝天詩》,《楸灘集》, 韓國首爾大學奎章閣藏本.

　　　　　　　：《朝天錄》, 韓國首爾大學奎章閣藏本.

[朝鮮] 李忔：《雪汀先生朝天日記》, 韓國國立中央圖書館藏本.

　　　　　　　：《朝天詩》,《雪汀集》卷1-3, 韓國國立中央圖書館藏本.

[朝鮮] 閔聖徽：《戊辰朝天別章帖》, 韓國慶南大學寺內文庫藏本.

[朝鮮] 南以雄：《路程記》,《市北遺稿》卷4, 韓國首爾大學奎章閣藏本.

[朝鮮] 全湜：《槎行錄》,《沙西集》卷5, 韓國韓國學中央研究院藏書閣藏本.

　　　　　　　：《朝天詩(酬唱集)》,《沙西集》卷1, 韓國韓國學中央研究院藏書閣藏本.

[朝鮮] 申悅道：《朝天時聞見事件啟》,《懶齋先生文集》卷3, 韓國國立中央圖書館藏本.

[朝鮮] 隨使臣同行之畫員,《燕行圖幅》, 韓國國立中央博物館藏本.

_____ :《航海朝天圖》, 韓國國立中央博物館藏本.

_____ :《朝天圖》, 韓國國立中央博物館藏本.

_____ :《朝天圖》, 韓國陸軍博物館藏本.

[朝鮮] 吳翩 :《燕行詩》,《天坡集》卷2, 韓國韓國學中央研究院藏書閣藏本.

[朝鮮] 吳允謙 :《海槎朝天日錄》,《楸灘集》, 韓國首爾大學奎章閣藏本.

_____ :《朝天詩》, 韓國首爾大學奎章閣藏本.

[朝鮮] 尹暄 :《白沙公航海路程日記》, [韓國] 林基中編《燕行錄全集》第15冊, 韓國東國大學出版
        部2001年版

[朝鮮] 趙濈 :《燕行錄一雲朝天錄》, [韓國] 林基中編《燕行錄全集》第12冊, 韓國東國大學出版部
        2001年版

_____ :《燕行酬唱集》, 趙冕熙編 :《(韓字)朝天日乘及(漢文)燕行錄及酬唱集》, 韓國同光出
        版社2002年版.

_____ :《北京紀行及酬唱詩》, 趙冕熙編 :《海路使行北京紀行及酬唱詩》, 韓國同光出版社
        2002年版.

[朝鮮] 鄭斗源 :《朝天記地圖》, 韓國成均館大學尊經閣藏本.

데이터 베이스

韓國國史編纂委員會,《朝鮮王朝實錄》DB.

韓國國史編纂委員會,《承政院日記》DB.

韓國媒體韓國學株式會社,《韓國學綜合DB》.

韓國歷史綜合資訊中心,《韓國歷史資訊綜合系統》DB.

(韓國)韓國學中央研究院,《韓國歷代人物綜合資訊系統》DB.

中国古籍

(周)佚名撰, (晉)郭璞注 :《山海經傳》, 四部叢刊景明成化刻本.

(周)左丘明撰, (晉)杜預注, (唐)孔穎達疏 :《春秋左傳注疏》, 清嘉慶二十年南昌府學宋本十三經
        注疏本.

(周)管仲撰, (唐)房玄齡注 :《管子》, 四部叢刊景宋刻本.

(周)荀況撰, (唐)楊倞注, (清)盧文弨校補 :《荀子》, 清乾隆嘉慶間嘉善謝氏刻抱經堂叢書本.

(春秋)晏嬰:《晏子春秋》,四部叢刊景明活字印本.

(春秋戰國)孟軻撰, (漢)趙岐注:《孟子》,四部叢刊景宋大字本.

(戰國)《論語》,四部叢刊景日本正平刻本.

(漢)司馬遷:《史記》,清乾隆武英殿刻本.

(漢)班固:《漢書》,百衲本二十四史景宋景佑刻本.

(漢)毛亨撰, (漢)鄭玄箋, (唐)陸德明音義:《毛詩》,四部叢刊景宋刻本.

(漢)孔安國:《尚書》,四部叢刊景宋本.

(漢)劉安:《淮南子》,明嘉靖九年刻本.

(漢)王充:《論衡》,四部叢刊景通津草堂本.

(漢)高誘撰, (宋)姚宏續注:《戰國策注》,清嘉慶道光間吳縣黃氏士禮居刻士禮居叢書景宋刻川
　　　姚氏本.

(魏)王弼注, (晉)韓康伯注, (唐)邢璹注:《周易》卷8《繫辭下八》,四部叢刊景宋刻本.

(後魏)酈道元:《水經注》,清武英殿聚珍版叢書本.

(西晉)陳壽:《三國志》,百衲本景宋紹熙刊本.

(南朝)宋範曄撰, (唐)李賢注:《後漢書》,百衲本景宋紹熙刻本.

(南北朝)蕭統編, (唐)李善注:《文選》,胡刻本.

(南北朝)劉勰:《文心雕龍》,四部叢刊景明嘉靖刻本.

(唐)歐陽詢輯:《藝文類聚》,清文淵閣四庫全書本.

(唐)杜甫撰, (清)仇兆鰲注:《杜少陵集詳注》,清康熙五十二年刻本.

(唐)元稹:《元氏長慶集》,明嘉靖三十一年董氏刻本.

(唐)杜甫:《杜工部集》,古逸叢書景宋刻本.

(唐)長孫無忌:《故唐律疏議》,清乾隆五十年至嘉慶十四年蘭陵孫氏刻岱南閣叢書本.

(唐)白居易輯:《白氏六帖事類集》,南宋紹興刻本.

(宋)司馬遷 編著, (元)胡三省音注:《資治通鑒》,四部叢刊景宋刻本.

(宋)葉適:《水心集》,清文淵閣四庫全書本.

(宋)洪邁:《夷堅支志》,清景宋鈔本.

(宋)劉克莊:《後村集》,四部叢刊景舊鈔本.

(元)左克明輯:《古樂府》,明嘉靖刻本.

(明)呂柟:《周子抄釋》,清文淵閣四庫全書本.

(明)王世貞輯:《蘇長公外紀》,明萬曆二十三年瑒氏燕石齋刻本.

(明)李濂撰:《汴京遺跡志》,清文淵閣四庫全書本.

(明)《明實錄》,臺灣"中研院"歷史語言所1962年校印本.

(明)徐溥, 劉健, 李東陽等:《大明會典》,明正德四年校正六年刻印本.

(明)嚴從簡:《殊域周諮錄》,明萬曆刻本.

(明)瞿九思,《萬曆武功錄》,明萬曆刻本.

(明)季本:《詩說解頤》,清文淵閣四庫全書本.

(明)吳明濟編, 祁慶富校注:《朝鮮詩選校注》,遼寧民族出版社, 1990.

(明)李攀龍選, (明)王穉登評:《唐詩選》,明閔氏刻朱墨套印本.

(明)朱善:《朱一齋先生文集》,明成化二十二年朱維鑒刻本.

(明)李贄:《焚書》,明刻本.

(明)沈國元:《兩朝從信錄》,明崇禎大來堂刻本.

(清)張廷玉等:《明史》,清抄本.

(清)傅維鱗:《明書》,清畿輔叢書本.

(清)龍文彬:《明會要》,中華書局1956年影印本.

(清)《清實錄》,中華書局1985年影印本.

(清)允祹等:《欽定大清會典則例》,清乾隆二十七年刻本.

(清)允祹等:《大清會典》,清文淵閣四庫全書本.

(清)谷應泰:《明史紀事本末》,中華書局1977年版.

(清)許鴻盤:《方輿考證》,清濟甯潘氏華鑒閣本.

(明)朱希召:《宋曆科狀元錄》,明刻本.

(明)馬端肅:《端肅奏議》,清文淵閣四庫全書本.

(明)過庭訓撰:《本朝分省人物考》,明天啟刻本.

(明)雷禮輯:《國朝列卿紀》,明萬曆徐鑒刻本.

(明)談遷:《國榷》,清抄本.

(清)彭定求纂:《全唐詩》,清康熙年間揚州詩局刻本.

(清)董誥等輯:《全唐文》,清嘉慶十九年武英殿刻本.

(清)徐倬輯:《全唐詩錄》,清文淵閣四庫全書本.

(清)王懋竑輯:《朱子年譜》,光緒十一年粵雅堂叢書本.

(清)沈辰垣輯：《歷代詩餘》,清康熙四十六年內府刻本.

(清)納蘭性德:《納蘭詞》,清同治光緒間仁和許氏刻榆園叢刻本.

(清)陳元龍輯：《歷代賦匯》,清康熙四十五年內府刻雍正後印本.

(清)張豫章纂：《四朝詩》,清康熙四十八年內府刻印本.

(清)盛楓輯,《嘉禾征獻錄》,清鈔本.

(清)張玉書,(清)陳廷敬輯：《佩文韻府》,清康熙五十年內府刻本.

(清)孫星衍輯：《續古文苑》,清嘉慶刻本.

(清)王世禎：《池北偶談》,清康熙四十年刻本.

(清)郭元釬輯：《全金詩》,清康熙五十年刻本.

(清)曾國藩輯,《十八家詩鈔》,清曾文正公全集本.

(清)胡天遊：《石笥山房集》,清咸豐二年刻本.

(清)汪日昕：《京省水道考》,清乾隆四十八年燃藜軒刻本.

(清)安致遠：《青社遺聞》,青州古籍文獻編委會2008年版.

(清)黃以周：《周易注疏》,宋本十三經注疏本.

(民國)趙爾巽：《清史稿》,民國十七年清史館排印本.

中國古代方志

(唐)李吉甫：《元和郡縣圖志》,清乾隆間武英殿木活字印武英殿聚珍版叢書本.

(宋)樂史：《太平寰宇記》,清文淵閣四庫全書補配古逸叢書景宋本.

(宋)歐陽忞：《輿地廣記》,四川大學2003版.

(元)孛蘭肸等：《大元大一統志(殘)》,玄覽堂叢書續集景袁氏貞節堂鈔本.

(元)于欽：《齊乘》,中華書局2012年校釋本.

(明)李賢,萬安等：《明一統志》,清文淵閣四庫全書本.

(明)曹學佺：《大明一統名勝志》,明崇禎三年刻本.

(明)陳循等：《寰宇通志》,明景泰年間內府刊初印本.

(明)陸釴等：嘉靖《山東通志》,明嘉靖刻本.

(明)陳循等：《寰宇通志》,明景泰年間內府刊初印本.

(明)杜思等：嘉靖《青州府志》,明嘉靖刻本.

(明)嘉靖《武定州志》,明嘉靖刻本.

(明)龍文明等：萬曆《萊州府志》, 明萬曆三十二年刻本.

(明)朱木等：嘉靖《昌樂縣誌》, 明嘉靖刻本.

(明)田仰等：萬曆《益都縣誌》, 明萬曆刻本.

(清)蔣廷錫等：康熙《大淸一統志》, 淸乾隆九年英武殿刻本.

(淸)和珅等：乾隆《大淸一統志》, 淸文淵閣四庫全書本.

(淸)穆彰阿等：嘉慶《大淸一統志》, 四部叢刊續編景舊鈔本.

(淸)顧祖禹：《讀史方輿紀要》, 中華書局2005年點較本.

(淸)顧炎武：《肇域志》, 上海古籍出版社2004年版.

(淸)史嶽濬等：康熙《山東通志》, 淸康熙四十一年刻本.

(淸)岳浚, 杜詔等：雍正《山東通志》, 淸文淵閣四庫全書本.

(淸)張昭潛著, 郭恩孚校刊：《山東省沿革表》, 淸刻本.

(淸)顧炎武：《山東考古錄》, 山東書局淸光緒八年七月重刊本.

(淸)葉圭綬：《續山東考古錄》, 淸咸豐元年刻本.

(淸)葉方恒：《山東全河備考》, 淸康熙十九年刻本.

(淸)崔俊等：康熙《靑州府志》, 淸康熙十五年刻本.

(淸)劉棨等：康熙《平陽府志》, 淸康熙四十七年刻本.

(淸)(明)楊恩原本, 紀元續修：康熙《鞏昌府志》, 淸康熙二十七年刻本.

(淸)王贈芳等：道光《濟南府志》, 淸道光二十年刻本.

(淸)毛永柏等：咸豐《靑州府志》, 淸咸豐九年刻本.

(淸)方汝翼等：光緒《增修登州府志》, 淸光緒刻本.

(淸)賀基昌等：康熙《昌樂縣誌》, 淸康熙十一年刊本.

(淸)張耀璧:康熙《濰縣誌》, 淸康熙十一年刊本.

(淸)陳食花等：康熙《益都縣誌》, 淸康熙十一年刊本.

(淸)李蕃, 範廷鳳等：康熙《黃縣誌》, 淸康熙十二年刻本.

(淸)周來邰等：乾隆《昌邑縣誌》, 淸康熙七年刻本.

(淸)張思勉等：乾隆《掖縣誌》, 淸乾隆二十三年刊本.

(淸)魏禮焯等：嘉慶《昌樂縣誌》, 淸嘉慶十四年刻本.

(淸)倪企望等：嘉慶《長山縣誌》, 淸嘉慶六年刻本.

(淸)沈鳳翔等：同治《稷山縣誌》, 淸通志四年石印本.

(清)張承燮等：光緒《益都縣圖志》, 清光緒三十三年刻本.

(清)餘澤春等：光緒《秦州直隸州新志》, 清光緒十五年刻本.

(清)佚名：光緒《長山縣鄉土志》, 清抄本.

(民國)王金嶽等：民國《昌樂縣續志》, 民國二十三年鉛印本.

(民國)宋憲章等：民國《壽光縣誌》, 民國二十五年鉛印本.

(民國)舒孝先等：民國《臨淄縣誌》, 民國九年石印本.

中國現代方志(연구자의 편의를 위해 중국 현지인들이 사용하는 간체자로 표기함)

马恒祥主编：《中国乡镇山东卷》上, 新华出版社1992年版.

山东省历史地图集编纂委员会编：《山东省历史文化村镇—潍坊》, 山东省地图出社2009年版.

潍坊市水利史志编纂委员会编：《潍坊水利志》, 内部资料1994年版.

青州市志编纂委员会编：《青州市志》, 南开大学出版社1989年版.

青州市地名委员会编：《青州市地名志》, 天津人民出版社1991年版

山东省昌乐县史志编纂委员会编：《昌乐县志》, 山东人民出版社1992年版.

昌乐县地方史志编纂委员会编：《昌乐县志》中华书局2008年版.

山东临朐县史志编纂委员会编：《临朐县志》, 山东人民出版社1991年版.

朝鮮方志와 관련 古籍

(朝鮮)韓致奫,《海東繹史》, 朝鮮古書刊行會明治四十四年(1911)刊本.

(朝鮮)古山子 編,《大東地志》, 1932, 韓國首爾大學奎章閣藏本.

(朝鮮)官修,《通文館志》, 朝鮮古書刊行會大正二年(1913)刊本.

(朝鮮)官修,《朝鮮迎接都監都廳儀軌》, 明天啟元年刻本.

(朝鮮)具允明 編,《典律通補》, 朝鮮正祖十年(1786)刊行本.

(朝鮮)李荇,《新增東國輿地勝覽》韓國首爾大學奎章閣藏本.

中文著作(연구자의 편의를 위해 중국 현지인들이 사용하는 간체자로 표기함)

安作璋：《山东通史》(明清卷), 山东人民出社1994年版.

白寿彝：《中国交通史》, 上海书店1984年版.

蔡锋编：《中国近海海洋》, 海洋出社2013年版.

陈尚胜等：《朝鲜王朝 1392-1910对华观的演变》, 山东大学出版社1999年版.

耿升, 刘凤鸣, 张守禄主编：《登州与海上丝绸之路》, 人民出版社2009年版.

顾松年编：《山东公路交通运输史》第一册, 山东科技出社1992年版.

顾松年主编：《山东交通史》第一册, 人民交通出社1989年版.

李海霞, 陈迟编著：《山东古建筑地图》, 清华大学出版社2018年版.

李剑平主编：《中国神话人物辞典》, 陕西人民出社1998年版.

李宗伟主编：《山东省省级非物质文化遗产名录图典》第二卷, 山东友谊出版社2012年版.

刘凤鸣：《山东半岛与古代中韩关系》, 中华书局2010年版.

刘焕阳, 陈爱强：《胶东文化通论》, 齐鲁书社2015年版.

刘廷銮, 孙家兰编著：《山东明清进士通览》(明代卷), 山东文艺出版社2015年版.

卢绳：《卢绳与中国古建筑研究》, 知识产权出社2007年版.

孙文良：《满族崛起与明清兴亡论稿》, 辽宁民族出社2016年版.

孙祚民主编：《山东通史》, 山东人民出版社1992年版.

谭其骧主编：《中国历史地图集》第1册, 中国地图出版社1982年版.

谭其骧主编：《中国历史地图集》第2册, 中国地图出版社1982年版.

王克奇：《山东政治史》, 山东人民出版社2011年版.

王臻：《朝鲜前期与明建州女真关系研究》, 中国文史出版社2005年版.

吴承洛：《中国度量衡史》, 商务印书馆1937年版.

杨雨蕾：《燕行与中朝文化关系》, 上海辞书出版社2011年版.

杨正泰：《明代驿站考》(增订本), 上海古籍出社2006年版.

章巽：《古航海图考释》, 海洋出版社1981年版.

赵炳武主编：《山东省地方志联合目录》, 中国文联出社2005年版.

赵树国：《明代北部海防体制研究》, 山东人民出社2014年版.

郑红英：《朝鲜初期与明朝政治关系演变研究》, 社会科学文献出版社2015年版.

韓國著作

왕가, 한종진, 당윤희,《명청교체기 대명 해로사행로의 노선과 지명 재구 및 인문지리학적 고찰
        1-산동등주부》, 역락, 2020.

왕가, 한종진, 당윤희,《명청교체기 대명 해로사행로의 노선과 지명 재구 및 인문지리학적 고찰

2-산동래주부》,역락, 2021.

왕가, 한종진, 당윤희,《명청교체기 대명 해로사행로의 노선과 지명 재구 및 인문지리학적 고찰
　　3-산동청주부(상)》, 역락, 2022.

이민성 著, 이영춘외 譯,《1623년의 북경 외교》, 대원사, 2014.

이정섭 역,《조선시대 개인일기 국역총서-조천일기. 국립문화재연구소, 2019.

정은주,《조선시대 사행기록화》, 사회평론, 2012.

조규익,《17세기 국문 사행록 죽천행록》, 도서출판 박이정, 2002.

조규익,《연행 길, 고통의 길, 그러나 깨달음의 길-국문 사행록의 미학》, 역락, 2004.

조규익,《《죽천행록》연구》, 연행록연구총서 5, 학고방, 2006.

조즙 著, 최강현 譯,《계해수로조천록》, 신성출판사, 2000.

하영선, (中)葛兆光, (中)孙卫国 等 編著,《사행의 국제정치16-19세기 조천·사행록 해석》, 한국아
　　연출판부, 2016년.

한명기,《임진왜란과 한중관계》, 역사비평사, 2001.

中文论文(연구자의 편의를 위해 중국 현지인들이 사용하는 간체자로 표기함)

陈尚胜:《明朝初期与朝鲜海上交通考》,《海交史研究》1997年1期.

陈长文,《登州与明末中朝海上丝路的复航》, 载《中国中外关系史学会会议论文集》, 中国中外关
　　系史学会, 2008.

中国中外关系史学会, 2009.

葛兆光:《从"朝天"到"燕行"—17世纪中叶后东亚文化共同体的解体》,《中华文史论丛》2006年
　　第1期.

金柄珉, 金刚:《对中国"燕行录"研究的历时性考察》,《东疆学刊》2016年第1期. 陈尚胜:《明清
　　时代的朝鲜使节与中国记闻一兼论〈朝天录〉和〈燕行录〉的资料价值》,《海交史研究》,
　　2001年第2期.

刘宝全:《明末中朝海路交通线的重开与中朝关系》,《陕西师范大学学报》2011年第4期.

孙卫国:《朝鲜人明海上贡道考》, 载《韩国学论文集》, 北京大学韩国学研究中心, 2009.

孙文良:《明代"援朝逐倭"探微》,《社会科学辑刊》1994第3期.

王禹浪, 程功, 刘加明:《近二十年中国《燕行录》研究综述》,《哈尔滨学院学报》2012年11期.

杨雨蕾:《登州与明代朝鲜使臣一以"朝天录"为中心》, 载陈尚胜主编《登州港与中韩交流国际学

术讨论会论文集》, 山东大学出社, 2005.

杨雨蕾：《明清时期朝鲜朝天一燕行路线及其变迁》, 载《历史地理》2006年第21辑, 上海人民出社2006年版.

赵树国：《海不扬波：明代京畿地区海上安全述论》, 载中国明史学会, 北京市昌平区十三陵特区办事处编《第十七届明史国际学术研讨会暨纪念明定陵发掘六十周年国际学术研讨会论文集(上)》, 燕山出版社2018年版.

韓國論文

구도영,〈조선 전기 대명 육로사행의 형태와 실상〉. 진단학보 117, 2013.

권혁래,〈《김영철전》의 등주 시절 스토리텔링〉, 온지논총 43, 2015.

권혁래,〈문학지리학적 관점으로서 본 등주〉, 국어국문학 154, 2010.

김경록,〈17세기초 명·청교체와 대중국 사행의 변화―대후금 사행을 중심으로〉, 국어국문학 154, 2010.

김동석 :《고려말권근(高麗末權近)의 사행(使行)과 그 의의》, 온지 논총, 2017.

김영숙,《조천록을 통해 본 명청교체기 요동정세와 조명관계》, 인하대 박사학위논문, 2011.

김영숙,〈명말의 중국사회와 조선사신의 외교활동: 김육의 조경일록과 조천록의 분석을 중심으로〉, 명청사연구31, 2009.

김지은,〈17세기 전반 해로사행문학연구〉, 이화대학교 대학원 석사학위논문, 2006.

김지현,〈17세기 초 대명 해로 사행록 서술의 양상〉, 한국문학과 예술 제15집, 2015.

김지현,〈이민성의《계해조천록》소고〉, 온지학회 추계학술대회, 2014.

김태준,〈중국 내 연행노정고〉, 동양학35권, 단국대학교 동양학연구소, 2004.

류보전,〈화천 조즙의 연행과 한시 창작〉, 동방한문학 제52집, 2012.

박경은,〈경정 이민성의 시문학―일상사 및 연행의 체험을 소재로 한 시를 중심으로〉, 한문교육연 구15집, 2000.

박현규,〈1621년 조선·명사절의 해로사행에 관한 실상과 평가〉, 동북아문화연구 36, 2013.

박현규,〈17세기 전반 대명 해로사행의 운항과 풍속 분석〉, 한국한문학연구48, 2011.

박현규,〈17세기 전반기 대명 해로사행에 관한 행차 분석〉, 한국실학연구 21, 2011.

박현규,〈1621년 명 등극조사의 '貪墨無比'에 관한 논란과 실상〉. 한중인문학연구35, 2012.

박현규,〈1621년 조선·명 海路使行의 媽祖 사적과 기록 분석〉. 역사민속학 Vol.40, 2012.

박현규, 〈1621년 조선·明 사절의 해로사행에 관한 실상과 평가〉. 동북아문화연구36, 2013.

박현규, 〈명 監軍 梁之垣 朝鮮出使 시기 해상활동에 관한 분석〉, 한중인문학연구39, 2013.

배종석, 〈안경(安璥)의 『가해조천록(駕海朝天錄)』에 드러난 해양 이미저리(Imagery)〉, 한국민족
　　　문화 Vol.66, 2018.

배종석, 〈명청교체기 조선사신단의 해양표류기 연구 -안경의 가해조천록을 중심으로-〉. 民族文
　　　化, 56집, 2020.

배주연, 〈명청교체기 조선문사 이안눌의 명사행시연구:조천록(1601)·조천후록(1632)을 중심으
　　　로〉, 비교문학38, 2006.

서지원, 〈鄭斗源의 《朝天記地圖》에 나타난 대외인식 고찰〉, 한국문학과 예술 17, 2015

송기헌, 〈이흘의 연행과 연행록 조천日이기의 관광학적 고찰〉, 관광산업연구제3권1호, 2009.

신선옥·유함함, 〈《조천항해록》에서 산동성의 노선과 그 주변 지역의 산악문화고찰〉, 동북아 문
　　　화연구 38, 2014.

신춘호, 《연행노정 영상아카이브 구축 및 콘텐츠 활용 방안 연구》, 한국외국어대학교 박사학위
　　　논문, 2014.

신춘호, 〈명청교체기 해로사행 노정의 인문정보 일이고《朝天记地圖》의 산동지역(등주—덕주)
　　　인문지리 현황을 중심으로—〉, 한국고지도연구8(1)2016.

신춘호, 〈연행노정 공간의 역사문화콘텐츠 활용 방안 일이고—《스토리테마파크》의 스토리를
　　　활용한 "병자호란 역사관광콘텐츠"기획을 중심으로—〉, 한문고전연구 31, 2015.

신춘호, 〈연행노정 영상콘텐츠와 영상 아카이브 구현 모델 연구〉, 한국문학과 예술 16, 2015.

楊雨蕾, 〈明清 시기 永平府 夷齊廟의 변천과 조선 사신의 '백이·숙제 고사'에 대한 인식〉, 한국
　　　학논집 77집, 2019.

왕가, 한종진, 당윤희, 〈明清 교체기 조선 사신의 海路使行路線 중 山東 青州府 夷齊廟의 문화
　　　공간 연구〉, 중국문학 110집, 2022.

윤재환, 〈17세기 초 대명 해로사행의 해상 사행시-대명 해로사행문학 연구의 기반과 토대 구축
　　　을 위한 시론〉, 한국문학과 예술 Vol.22, 2017..

이성형, 〈조선중기 대명 해로 사행노정 고찰〉, 제4회 해외한국학 씨앗형사업 국제 학술회의 발
　　　표논문집(중국 웨이팡대 한국학연구소, 2021년 12월 20일 건국대 개최), 2022.

이성형, 〈《천사대관》과 《노정기》의 상관관계와 내용구성 비교〉, 대동한문학 제49집, 2016.

이성형, 〈《천사대관》과 《대명일일통지》 수용양상 고찰—산동 육로 구간을 중심으로〉, 한문고전

연구, 제33집, 2016.

이성형, 〈연행록의 백이·숙제 관련 한시 연구—임진 수습기를 중심으로〉, 한문학논집31, 2010.

이승수, 〈1386년 정몽주의 南京 使行, 路程과 詩境〉, 민족문화 46집, 2015.

이승수, 〈고려말 대명 사행의 요동반도 경로 고찰〉, 한문학보 20, 2009.

이승수, 〈연행로 중 瀋陽~廣寧站 구간의 노정 재구〉, 민족문화 제42집, 2013.

이승수, 〈燕行路 중의 東八站 考〉, 한국언어문화 제48집, 2012.

이영춘, 〈병자호란 전후의 조선명청 관계와 김육의 조경일록〉, 조선시대사학보 38집, 2006.

이영춘, 〈인조반정 후에 파견된 책봉주청사의 기록과 외교활동〉, 조선시대사학보 59 집, 2011.

이정숙, 〈설정 이흘의《조천일기》구두점과 주해 연구〉, 청운대석사학위논문, 2010

이학당·우림걸, 〈17-8세기 중한 문인간의 문화교류와 상호작용 현상 日고찰〉, 한국실학연구 19 집, 2010.

임기중, 〈《항해조천도》의 형성양상과 원본비정—이덕형 가문의 항해일기와 관련하여〉, 한국실학연구9집, 2005.

임기중, 〈수로 연행록과 수로연행도〉, 한국어문학연구43집, 2004.

임기중, 〈水路燕行錄과 水路燕行圖〉, 한국어문학연구43, 2004.

임기중, 〈조천록과 연행록의 화답시〉, 연행록연구총서5, 학고방, 2006.

임영걸, 《壺亭 鄭斗源의《朝天記地圖》연구》, 성균관대학교 석사학위논문, 2011.

임형택, 〈17-19세기 동아시아 상황과 연행·연행록〉, 한국실학연구 20호, 2010.

임형택, 〈조선사행의 해로 연행록-17세기 동북아의 역사전환과 실학〉, 한국실학연구 9, 2005.

정영문, 〈17세기 사행록의 연구현황과 나아갈 방향—명·청 교체기의 사행을 중심으로〉, 한국문학과 예술 17집, 2015.

정은주, 〈명청교체기 대명 사행기록화 연구〉, 명청사연구 제27집, 2007.

정은주, 〈뱃길로 간 중국,《갑자항해조천도》〉, 문헌과 해석 26, 2004.

정은주, 〈조선시대 명청사행관계 회화연구〉, 한국학대학원 박사학위논문, 2007.

조규익, 《《죽천행록》의 사행문학적 성격〉, 국어국문학 129, 2001.

조규익, 〈使行路程으로서의 登州, 그 心象空間的 性格과 意味〉, 어문연구 38(4), 2010.

조규익, 〈조선 지식인의 중국체험과 중세보편주의의 위기〉, 온지논총 40집, 2014.

조규익, 〈조선조 국문 사행록의 통시적 연구〉, 어문연구31(1), 2003.

조규익, 〈조천록일운항해일기(朝天錄一云航海日記)〉, 한국문학과 예술 2, 2008.

조기영, 〈설정 이흘의《조천일기》연구〉, 동양고전연구 7집, 1996.

조기영, 〈이흘의《조천일기》에 나타난 17세기 문화양상〉, 연행록연구총6, 학고방, 2006.

조창록, 〈1632년의 해로사행과 홍호의《조천일기》〉, 온지논총 제42집, 2015.

조창록, 〈1636년 해로 사행과 이만영의《숭정병자조천록》〉, 인문과학 제47집, 2011.

조창록, 〈전식의 사행록과 해로 사행의 체험시〉, 동방한문학 46집, 2011.

최소자, 〈"연행록" 연구를 위한 제언〉, 명청사연구 30집, 명청사학회, 2008.

최소자, 〈명청과 조선, 조선과 명청 관계사 연구현황과 과제—수교20주년에 즈음하여〉, 명청사
　　　 연구 38집, 2012.

최윤정, 〈明·淸 교체기 조선文士의 사행체험—홍익한의《朝天航海錄》을 중심으로〉, 한국고전
　　　 연구11, 2005.

최창원, 〈《설정선생조천일록》에 나타난 사신들의 행적〉, 중국어문학논집 67호, 2011.

한종진, 〈朝鮮中期 對明朝鮮使臣의 使行詠史詩에 대한 인문지리학적 연구—山東 臨淄縣 소재
　　　 齊桓公 齊景公 陵墓 使行詠史詩를 대상으로〉, 중국문학 114집, 2023.

허경진, 〈최초로 바닷길 통해 명나라에 사신으로 다녀온 기록 "가해조천록"〉, 출판저널 Vol.316,
　　　 2002.

허경진, 〈水路朝天錄과 통신사행록의 바다 체험 비교〉, 한국한문학연구 43, 2009.

허경진·최해연, 〈명청교체기 최초의 수로조천록—안경의《가해조천록》〉, 중국학논총 34집,
　　　 2011.

허방, 김경희, 〈조선시대 해로 사행에 관한 연구현황과 전망〉. 동서인문학 60, 2021.

황만기, 〈청음 金尙憲《조천록》고찰〉, 한국한문학연구43집, 2009.

중국 현지 연구자와 현지인에 대한 인터뷰 장소와 날짜 목록
(연구자의 편의를 위해 중국 현지인들이 사용하는 간체자로 표기함)

1. 인터뷰 장소 : 青州市 地方史志 研究센터

    인터뷰 시간 : 2021年7月19日 10:00-11:00

    인터뷰 대상 : 地方史志 研究센터 主任(센터장) 閆成武

2. 인터뷰 장소 : 青州市 邵庄镇 南辛店村

    인터뷰 시간 : 2021年6月13日14:40-14:48

    인터뷰 대상 : 村民 张世葵(男, 80岁)

3. 인터뷰 장소 : 青州市 邵庄镇 石石羊村

    인터뷰 시간 : 2021年6月13日10:10-10:20

    인터뷰 대상 : 村民 冯美彩(女, 81岁)

4. 인터뷰 장소 : 淄博市 临淄区 齐陵街道 柳店村

    인터뷰 시간 : 2021年5月3日18:05-18:25

    인터뷰 대상 : 村民 郭光兴(男, 93岁)

5. 인터뷰 장소 : 淄博市 临淄区 辛店街道 安乐店

    인터뷰 시간 : 2021年5月3日 16:13-16:20

    인터뷰 대상 : 村民 李东来(男, 89岁)

6. 인터뷰 장소 : 淄博市 临淄区 金岭回族镇 金岭二村

    인터뷰 시간 : 2021年5月3日 12:10-12:30

    인터뷰 대상 : 村民 马东(男, 93岁)

한종진 韓鐘鎭, Han Jong Jin

서울대학교 원예학과를 졸업하고 같은 대학 중어중문학과에서 석사와 박사를 마쳤다. 서울대학교 중어중문학과에서 강의하다가 지금은 중국 웨이팡대학교 한국어학과 교수(초빙 전문가)로 재직 중이다. 주요 논저로 《韩国语汉字词学习词典》(商务印书馆 2018), 《조선에 전해진 중국 문헌》(공저, 서울대출판문화원, 2021) 등이 있다.

당윤희 唐潤熙, Dang Yun Hui

서울대학교 중어중문학과를 졸업하고 동대학 중어중문학과에서 석사학위를, 중국 북경대학교 중국어언문학계에서 박사학위를 받았다. 현재 건국대학교 중어중문학과 부교수로 재직하고 있다. 주요 논저로 《동아시아의 문헌 교류》(공저, 소명출판, 2014), 〈당 육지의 제고문에 대한 고찰〉(2018) 등이 있다. 저서로 《조선에 전해진 중국 문헌》(공저, 서울대출판문화원, 2021), 역서로 《육주약선·육고수권: 조선 정조가 편정한 당나라 재상 육지의 국가 경영책》(공저, 서울대출판문화원, 2020) 등이 있다.

This work was supported by Seed Program for Korean Studies through the Ministry of Education of Republic of Korea and Korean Studies Promotion Service of the Academy of Korean Studies (AKS-2020-INC-2250002).
이 저서는 2020년도 대한민국 교육부와 한국학중앙연구원(한국학진흥사업단)의 해외한국학 씨앗형 사업의 지원을 받아 수행된 연구임(AKS-2020-INC-2250002).

조선 해로사행의 인문지리학적 연구 4

명청교체기 대명 해로사행로의 노선과 지명 재구 및 인문지리학적 고찰 4
- 산동 청주부(하)

초판 1쇄 인쇄 2023년 3월 16일
초판 1쇄 발행 2023년 3월 30일

지은이 한종진 당윤희
펴낸이 이대현
편집 이태곤 권분옥 임애정 강윤경
디자인 안혜진 최선주 이경진 | **마케팅** 박태훈
펴낸곳 도서출판 역락 | **등록** 1999년 4월 19일 제303-2002-000014호
주소 서울시 서초구 동광로46길 6-6(반포4동 577-25) 문창빌딩 2층(우06589)
전화 02-3409-2060(편집부), 2058(영업부) | **팩시밀리** 02-3409-2059
이메일 youkrack@hanmail.net
역락홈페이지 www.youkrackbooks.com

ISBN 979-11-6742-536-2 93910

* 책값은 뒤표지에 있습니다.
* 잘못된 책은 바꿔 드립니다.